国际乐坛上的巾帼风采

100 位享誉世界的女性表演艺术家

夏 宏 编著

上海音乐学院出版社
SHANGHAI CONSERVATORY OF MUSIC PRESS

图书在版编目(CIP)数据

国际乐坛上的巾帼风采：100位享誉世界的女性表演艺术家 /
夏宏著． -上海：上海音乐学院出版社,2016.9
ISBN 978-7-5566-0159-2

Ⅰ.①国…　Ⅱ.①夏…　Ⅲ.①女性－音乐家－生平事迹－世界
Ⅳ.①K815.76

中国版本图书馆CIP数据核字(2016)第231743号

书　　名	国际乐坛上的巾帼风采——100位享誉世界的女性表演艺术家
作　　者	夏　宏

责任编辑	李　绚
封面设计	李　节
出版发行	上海音乐学院出版社
地　　址	上海市汾阳路20号
印　　刷	上海师范大学印刷厂
开　　本	787×1092　1/16
印　　张	32.5
字　　数	599千字
版　　次	2016年10月第1版　2016年10月第1次印刷
书　　号	ISBN 978-7-5566-0159-2/J.1130
定　　价	75.00元
出品人	洛　秦

本社图书可通过中国音乐学网站 http://muiscology.cn 购买

为艺术还是为爱情

自从乐坛声望最高的柏林爱乐乐团和维也纳爱乐乐团先后打破男性演奏员一统天下的百余年"传统",开始接纳女性演奏员,国际社会大概终于松了一口气。乐坛有关女性演奏员的演奏"会"影响乐队声音的话题从此逐渐减弱。在今天,一个音乐家在艺术上能否受到尊重已经与性别完全无关。对于一个个冒出来的优秀女演奏家,人们更关注的是她们的演奏风格与艺术品位,不会因为她们的性别而降低评判标准。

现在看起来这属于非常落伍的现象:在"男女平等"和"女权"概念早已在国际社会各界被普遍接受而成为举世公认的现代文明标志时,恰恰是这两大超级乐团曾对此不屑一顾。在成百上千交响乐团早已习惯接纳女性演奏员的同时,他们却公然对女性说"不"! 以致人们在对他们的艺术满怀欣赏的同时,也怀有一丝不安。"守旧""顽固"的议论时隐时现。

两大超级乐团对女性的一致排斥,究竟是女性在音乐演奏上真不及她们的男性同行,还是出于性别歧视? 如是前者,则遍布全球的交响乐团都有女性参与其中,而我们对此只知乐队水准有高低,却没听说有因男女比例不当而引起的差评;如是后者,在 20 世纪末,欧洲早已处于全球现代文明领先地位,以两大乐团在国际乐坛的巅峰形象,其"智商""情商"原本就技压群芳,更不至愚钝至此,而却敢冒天下之大不韪,公然排斥女性,不让进入乐团担任演奏员,这是为什么? 或者他们确实想要保持一种纯男性声音的乐队传统,就像男声合唱团那样,但怎么来证实呢? 柏林爱乐乐团的声音风格,在卡拉扬时代与阿巴多、拉特尔时代确实有所不同,但能说这是性别造成的吗? 谁又说过? 事实上,自从向女性演奏员开禁以来,柏林爱乐乐团音乐会票价一涨再涨。虽然这两者未必有因果关系,但至少说明柏林爱乐在艺术上没有因女性的进入而明显趋弱。

因此当面对杜·普雷、阿格里希、内弗这样的女性音乐天才时,我们对她们的尊崇丝毫不逊于海菲兹与霍洛维茨。音乐是面向大众的艺术,大众的认可才是对艺术家的最高褒奖。在音乐面前,人们甚至会因女性特有的细腻与敏感的表现力而相信她们更适合演奏音乐。

傅聪曾说过"钢琴家是世界上最孤独的人",他这是在谈到钢琴家的工作状态时说的。钢琴家不仅每日需要保持必不可少的练习,还要上下飞机,进出宾馆,上台下台,远离亲友。因为台上只需要一个人(独奏),所以出行常态也多半是茕茕孑立,形影相吊。钢琴家的名望越高,收入越多,收到的邀请越多,孤独也愈甚。他说的虽是钢琴家,其实适用于所有独奏家。男性尚且如此心怀怨怼,女性相信更难承受。

于是,当得知夏宏先生编撰这本《国际乐坛上的巾帼风采——100位享誉世界的女性表演艺术家》并要我为之作序时,我也心有同感,便欣然允诺。

全书100篇,介绍了100位女性音乐家。虽然丝毫没有提到她们与男性音乐家之间在艺术上的区别,但却有一系列的数据让人感到震撼。在这100人里,未婚者多达28人(有些是终身未婚,如与卡拉斯齐名的意大利女高音歌唱家苔巴尔蒂便是一例);有过离婚经历的29人;能保持家庭完整的仅41人;有过生育的仅三分之一。这份统计基本上已经能看出这些音乐精英为了艺术而在自己生活上付出多大的牺牲。再如已婚者中玛格丽特·朗、兰多芙斯卡都是在40岁上丧偶而未再婚,而这个年龄正是钢琴家一生最重要的上升期,人们不得不认为很可能是艺术事业影响了她们的生活;玛丽安·安德森在46岁才结婚。我们也认为很可能是对音乐的执着错过了她年轻时代的婚姻可能;最明显的例子要数阿格里希:这位5岁起登台表演的阿根廷女钢琴家,至今年逾七十,还依然活跃在琴坛。而在她一生中,却曾经有过为了结婚生子而中断舞台表演长达三年之久的事实。可见对于女演奏家,这实在是一道时时困扰于心的绕不开的人生路障。

从以上统计可以看出,女性音乐家在面对艺术与生活的眷顾同时,能做到两全的占比很小。而这百位音乐家又是近一个多世纪以来最优秀的女性音乐家。我们不难想象在这百强以外,一定有人因为对生活的更多热爱而放弃对艺术的追求或者至少因此在"跻身"百强之列时受到影响。我们也明白在走向乐坛巅峰的音乐家中,女性音乐家往往比男性要面对更多的障碍和更为艰难的挑战。总之,男性音乐家的艺术路上是没有这样一道屏障的。

我在主编新民晚报音乐版的时候,夏宏经常为我写乐评,是我的作者。我和他是先识文字,再识人。见面后,我才知道原来他和我是同行,是上海电视台的高级编辑。但是我早已从文章中判断出他是一位文风严谨的人。他写的文章,基本上不用改。不仅是文章,更是资料来源,都已经过他的细细考察。对于报纸编辑来说,众多作者中这是一份难得的稀缺资源。再后来我又知道,原来他大学专业是历史系图书馆专业古籍文献整理,这个专业更需要这样的严谨风格,不仅是写作,还包括对外文资料的翻译以及来龙去脉的取舍。专业的熏陶养成了夏宏这样的风格,从为文到为人。而他对于音乐的爱好和执着则一以贯之,除了大量的阅读和聆听,还曾得到过我国音乐学两位学界大家钱仁康先生和谭冰若先生的亲炙面命,由此提升了自己的艺术学养,已撰写出版了10种音乐类书籍。

我们这一代爱乐人,早年既没有 CD,更没有网络可以搜索下载,书店里也只有几本薄薄的音乐家介绍书籍,音乐资源堪称罕有,音乐会更不成规模。在那样的环境下,一张被转动得泛着白光的黑胶唱片,半本抄家剩下的破乐谱,一幅贝多芬的头像剪影,都是我们视为珍宝的心头之爱。我和夏宏几乎有完全同样的经历和感受。因此我很理解夏宏编这本书的目的:虽然现在书店架上的音乐类书籍铺天盖地,却没有一本专为女性音乐家写照的著述。

关键还在于,这本我称之为"全球女性音乐家百强"中提到的每一位音乐家,都有唱片录音存世可资与表述文字相参照;因此夏宏完成的不仅是一本资料性的音乐普及书籍,更是全球女性音乐家中顶尖精英层的一次全景式集体亮相。

沈次农

2016/03/20

目录

1. 世界上最可爱的声音
——内莉·梅尔芭(Nellie Melba)

1896年2月1日，由托斯卡尼尼指挥的普契尼歌剧《波西米亚人》在意大利都灵的皇家歌剧院首演了。尽管托斯卡尼尼在1896年首演《波西米亚人》时挑选饰演咪咪的是意大利女高音赛西拉·费拉尼，其后他在意大利全国的一系列演出中使用的仍是意大利的女高音，然而历史上第一位具有典范意义的咪咪饰演者却并非是意大利人，而是来自歌剧贫瘠、文化相对落后的地球南半部澳大利亚的内莉·梅尔芭。现代歌剧史写到女高音歌唱家时往往把梅尔芭放在首位，这种情形有些类似指挥家中的托斯卡尼尼和小提琴家中的约阿希姆，其在声乐领域内的标杆、楷模作用由此可见一斑。

梅尔芭的本名是海伦·内莉·波特·米切尔，她1861年5月19日出生于墨尔本近郊的里奇蒙。她的父亲大卫·米切尔是移居澳洲的苏格兰人，是一位成功的建筑承包商，同时也是一位颇有些才艺的业余小提琴家。大卫共有7个孩子。作为家中的老大，内莉从小就被父亲逼迫着先后学过小提琴、钢琴，可她自己内心很清楚她喜欢的其实是唱歌。6岁那年她就曾在公众面前初展歌喉，显示出了她在声乐方面的天赋。由于家境殷实，内莉一直接受的是贵族式的教育，上的是女子学校。及长，她随当地的一位意大利教师学习声乐，同时也在教堂里演奏管风琴。尽管父亲对她的音乐学习持鼓励态度，然而说到底他信奉的还是世俗传统的那一套，即女子其最终的归宿仍是结婚嫁人，成为家庭里相夫教子的贤惠淑媛。

内莉并没有摆脱父母为她安排的这一切，在1882年21岁时就披上了嫁衣。她的丈夫查尔斯·阿姆斯特朗是爱尔兰著名政治家安德鲁·阿姆斯特朗的儿子，其本人是一位音乐学家。然而这桩看似门当户对的婚姻并未给内莉带来幸福。他们生了一个儿子，但查尔斯却被曝经常对自己的妻子施以拳脚。正是对婚姻的失望以及潜藏于心头对歌唱的向往，于是内莉决定离开这个冷冰冰的家庭以及才刚满1岁的儿子，回到了娘家重拾少女时的梦想。起先她在墨尔本举行了演唱的处女秀，得到了听众的好评。获得了初步的认可后内莉有了更大胆的想法：她要到声乐艺术最发达的欧洲去进一步发展自己的演唱艺术。

内莉之所以能成为一位伟大的艺术家，除了具有高超的演唱天赋外，其个性中坚忍不屈、百折不挠的意志是成就她一生传奇的关键。在她所处的19世纪80年代，一个已经年届25岁、从未受过系统正规训练的女子要想在欧洲的歌剧舞台上立足谈何容易！事实上，在内莉刚到伦敦的头两年里，她想找一位老师学唱也都历经波折。1886年，她曾在王子大厅参与清唱剧《弥赛亚》的演出，根本没有引起任何人的注意；她也遍访英国最知名的歌剧演出公司谋求和他们签约，然而这些演出公司的大门却在她的身后一次次被重重地关上了。眼看在伦敦全无指望，毫不气馁的内莉又到了巴黎。在巴黎，她迎来了人生之路上的第一个转机——她终于找到了一直苦苦寻觅的良师，她就是法国第一流的声乐教师玛蒂尔德·马尔凯西。马尔凯西的确与伦敦的那些目光短浅、才资平庸的教师们不同，她以其慧眼断言："我最终将会拥有一位歌剧界的明星！"在马尔凯西的悉心调教下，内莉从最基本的发音、练声学起，凭着自己的刻苦好学以及天赋的不断被激发，她仅用了9个月的时间就已练就了堪以登台表演的演唱技能。在一次老师的家庭聚会上，当着作曲家托玛的面，内莉以充分的自信表演了托玛歌剧《哈姆雷特》里奥菲莉娅的"发疯场景"，她的演唱引得托玛和马尔凯西的频频点头赞许。

因着这次带有沙龙性质的私人演出的成功，很快内莉就等来了她人生中的第一份演出合约，那是比利时布鲁塞尔莫奈剧院送来的待遇相当优裕的合同。于是，在1887年10月12日，由内莉饰演剧中女主角吉尔达的歌剧《弄臣》在莫奈剧院如期上演了。她的这次舞台首秀获得了极大的成功。评论家赫尔曼·克莱恩描述她饰演的吉尔达"在初展歌喉的瞬间即以一种最耀眼的光芒征服了在场的听众……随后，在该剧院她饰演的《茶花女》中的薇奥列塔也是同样的不同凡响"。于是，几乎是在人们还茫然无所知的情形下，这位已为人母的"歌剧新星"冉冉升起了。或许她的老师马尔凯西早已预见到了她的一鸣惊人，在正式开演之前就建议内莉采用"梅尔芭"这个艺名。内莉欣然采纳了老师的建议，因为这个姓氏来源于她家乡的城市墨尔本（Melbourne）。

尽管梅尔芭在法语世界（巴黎和布鲁塞尔）取得了事业上的成功，然而作为英联邦的属民，她还是非常希冀在其母语国家获得首肯。于是她又转战伦敦，于1888年5月在柯文特皇家歌剧院首次登台，饰演《拉美莫尔的露契娅》里的露契娅。她得到了英国人礼仪上的友善和"矜持的认可",其受欢迎程度远低于信心满满的预期。这使得个性刚烈的梅尔芭拂袖而去,并发誓绝不再回柯文特开唱。第二年她还是在巴黎上演《哈姆雷特》,照样赢得了前所未有的喝彩和欢呼。当此之际,连伦敦的《泰晤士报》也不得不承认她的演唱"有一种非常具有灵活性的音色……她的表演是富于表现力并令人震惊的"。既然法国人喜欢她,梅尔芭便在法国的舞台上塑造了一个个鲜活、生动的歌剧角色:露契娅、吉尔达、奥菲莉娅,当然也少不了法国歌剧经典《浮士德》里的玛格丽特和《罗密欧与朱丽叶》里的朱丽叶。当然,在演唱法国歌剧时她的咬字吐音不那么纯正是显而易见的,但宽容的法国人却对此不以为意。著名作曲家——歌剧《拉克美》的作者德里勃就坦言他不会在意梅尔芭是用哪种语言演唱,反正只要她站在舞台上他都由衷地喜爱她的演唱;而意大利作曲家列昂卡瓦罗在观赏了由梅尔芭主演自己歌剧《丑角》中的女主角奈达后公开宣称:在她之前自己还从未见到过舞台上比她演得更出色的那个妖冶、放荡的奈达。

眼见梅尔芭在邻国大红大紫,当初颇有些轻慢她的柯文特皇家歌剧院不得不收敛起自己的傲慢,向梅尔芭发出了真诚的邀请,请她再次登临柯文特的舞台。1889年,梅尔芭以胜利者的姿态回归柯文特。梅尔芭虽然正式学习声乐起步较晚,而且"速成班"式的教育也使她来不及系统地学习每一个角色的舞台表演,然而她天赋神授的嗓音及其高大美貌的形象却在很大程度上弥补了她在方法、技术上的那些短板。她的音质纯净明亮,清晰而又特别柔润,音域宽,乐感好,使她的演唱具有水银倾泻般的迷人魅力,被誉为"世界上最可爱的声音"。自此,梅尔芭俨然成了柯文特的票房招牌,凡有她登台的戏码均被冠以"梅尔芭之夜",吸引着众多皇亲贵胄和社会名流慕名而至。这时的英国评论界已直接将她誉为"世界上最高标准美声唱法的奇女子"。

伦敦之后是纽约。1893年12月,梅尔芭在大洋彼岸的纽约大都会歌剧院完成了她的美国首秀。未曾几时,她即以饰演朱丽叶一角所取得的巨大成功取代了此前在大都会独占鳌头的西班牙女高音阿德琳娜·帕蒂(Adelina Patti,1843-1919),成为当之无愧的世界首席女高音歌唱家。

到了1899年7月1日,柯文特首次制作上演普契尼的《波西米亚人》,饰演女主角咪咪的理所当然是"伟大的内莉"梅尔芭。这个版本之所以经典,不仅在于此前在英国上演的该剧都是由英国歌唱家用英语演唱的;更在于这次首演时作曲家正好在伦敦,因而梅尔芭的诠释还得到了普契尼的亲自指点。而梅尔芭的表演也果然动人异常,在"人们叫我咪咪""我要回到孤寂的家"等重要咏叹调里,她以天真可爱、具有温婉妩媚的声线准确地表达出了这个贫穷的绣花女的爱恋情愫。而演出于世纪之交的美国大都会歌剧院版的经典性绝不逊色于柯文特版,因为它标志着梅尔芭声乐艺术的全盛时期。这个版本里与她演对手戏饰演鲁道夫的是伟大的男高音卡鲁索!

在屡遭挫折和困顿之后,梅尔芭在欧洲取得了事业上的空前成功;然而所谓"事业得意情场失意",她的情路却似乎总难顺遂。在 19 世纪 90 年代,梅尔芭陷入了一场"桃色事件"中,她与来自法国的奥尔良公爵菲利普王子坠入了情网。菲利普王子比梅尔芭小 8 岁,已娶伊莎贝拉公主为妻。梅尔芭与菲利普王子经常在伦敦形影相随,这招致了世人的蜚短流长。他俩的这种亲密关系的传闻自然也传到了梅尔芭远在澳洲的丈夫阿姆斯特朗的耳中,于是他向法院提起离婚诉讼,理由是妻子"对婚姻不忠"。他同时也把菲利普王子列为肇事的共同被告。由于此事牵扯到社会名流,一时间被闹得沸沸扬扬。虽然最终阿姆斯特朗被劝告撤回了诉讼,可事件的当事人之一的菲利普王子却难以承受巨大的社会舆论的压力,当了爱情的逃兵。他报名参加了一支去非洲为期两年的探险队,从此便消失在世人的视线里。梅尔芭的这段恋情便就此戛然而止。1900 年,她与那位有名无实的丈夫宣告正式仳离,之后带着她的独子乔治离开了备受情殇的欧洲,踏上了远赴美国的旅途。

如果说梅尔芭艺术成功的前半生主要是在欧洲取得的话,那么她将自己的后半生奉献给了美国以及她的祖国澳大利亚。在此后的十年里她一直是大都会歌剧院的首席女高音。除在大都会演出外,她也到芝加哥等其他大城市的歌剧院演出,名声大振,一时无出其右者。但梅尔芭心中始终没有忘记自己是澳洲的女儿,也没有忘记自己"梅尔芭"这个姓氏的特殊含义。1902 年是她离别家园数年后第一次荣归故里,她在墨尔本、悉尼、阿德莱德以及邻国新西兰举办了大规模的巡演,所到之处无不受到极其热烈的欢迎。此后她又先后三次重返澳洲演唱,其中最后一次 1922 年她在墨尔本和悉尼的音乐会上以低廉的票价吸引了七万名听众前来聆赏她的演唱,场面堪称鼎盛。梅尔芭对祖国充满着爱国之情,在第一次世界大战期间,她用自己的演唱收入筹集了十万英镑捐助给澳大利亚的慈善事业。基于她在声乐艺术领域所作出的杰出贡献,1918 年 3 月她获得了英帝国册封的女爵勋位。

战后梅尔芭又重回柯文特,依然盛况空前。她已成为英语世界里最受人爱戴的伟大女高音。1927 年 4 月,她的形象登上了美国《时代》周刊的封面,这是第一位出现在《时代》封面上的音乐女性!这样的荣誉足以对她辉煌的一生盖棺论定。接下去,便是一系列受人瞩目的"告别音乐会"。离开舞台后的梅尔芭回到故乡墨尔本,出任墨尔本音乐学院的院长,致力于发掘培养澳洲的青年歌唱人才。

谢幕的时刻来到了! 1931 年 2 月 23 日,梅尔芭因败血症病逝于悉尼的圣文森特医院,享年 69 岁。她的葬礼就在由她父亲负责建造的墨尔本苏格兰式大教堂内举行。她少女时代曾在该教堂的唱诗班演唱过。送葬那天,自发组织而来为她扶灵相送的队伍绵延一公里长;而她去世的消息一经发布,立刻占据了澳大利亚、新西兰以及英国等欧洲国家报纸的头条位置。人们缅怀这位伟大的女高音歌唱家。尽管梅尔芭在其演唱黄金时代的 20 世纪已先后进入了留声机时代和电影时代,然而囿于新兴技术的载体介质的条件所限,梅尔芭一生所演出的歌剧全本却没有被记录保留下来,而她的影像资料更是付诸阙如;然而我们还是可以凭借她的一些歌唱专辑得以一窥她歌唱艺术的魅力。与她的后辈相比,梅尔芭演唱的剧目相对有限,《泰晤士报》曾提及其一生饰演的歌剧角色不超过 25 个,而其中最能使其个性彰显的大约才 10 个左右。这些人物角色主要集中在她所塑造的意大利歌剧和法国歌剧里。她的嗓音较为纤细柔弱,尽管也能很好地胜任《奥赛罗》里的苔丝德蒙娜,却未必能够应付得了瓦格纳歌剧中的那些角色。1896 年,梅尔芭在大都会歌剧院曾试图挑战《齐格弗里德》里的布伦希尔德,但以失败而告终,因为她的音量根本就无法满足瓦格纳歌剧的要求。不过,在她塑造的那些温婉柔美的抒情性歌剧角色时,她的演唱是清亮圆润、情真意切和感人至深的。1952 年,百代发行了她的咏叹调与歌曲专辑(EMI 85826),收录了她演唱的最具代表性的《拉美莫尔的露契娅》《弄臣》《茶花女》《罗密欧与朱丽叶》《浮士德》《波西米亚人》和《奥赛罗》中的咏叹调以及托斯蒂的《告别》《小夜曲》,英国作曲家比晓普(Henry R.Bishop,1786-1855) 两首最脍炙人口的歌曲《家,可爱的家》和《看!柔顺的云雀在这里》以及古诺的《圣母颂》等 9 首艺术歌曲。值得一提的是:其中的第 14 曲《波西米亚人》第一幕的"啊!可爱的姑娘"梅尔芭与卡鲁索的二重唱真实地再现了 20 世纪初这对男女歌王的绝世风范。而 Pearl 先后于 1989 年、1993 年发行的两张梅尔芭专辑(Pearl 9353,9471)也同样精彩。前者收录有梅尔芭生前唯一的瓦格纳歌剧唱段——《罗恩格林》里埃尔莎的咏叹调"我孤独而忧伤"和她唯一的莫扎特歌剧录音——《费加罗的婚礼》里凯鲁比诺的"你们可知道什么叫爱情";而后者则为她演唱的法国歌剧与歌曲专辑,表现了她驾驭法国声乐作品的精湛造诣,其中就有梅尔芭的成名处女作《哈姆雷特》中奥菲莉娅的发疯场景。

梅尔芭是为歌剧而生的。她一生追求声乐艺术的真谛,矢志不移,无怨无悔,因而当她去世后,她的墓碑上镌刻着她生前曾饰演过无数遍的咪咪在《波西米亚人》第三幕里向鲁道夫告别时唱的那句歌词的意大利原文:Addio, senza rancor(再见吧,不留遗憾!)。这正是梅尔芭辉煌而自信一生的真实写照。

2. 尽情吟唱、歌声销魂的夜莺

——阿梅丽塔·加利－库契
(Amelita Galli-Curci)

正如一位哲人所云：命运并非机遇，而是一种选择。命运是可以通过人为的努力而改变的。20 世纪初著名的花腔女高音歌唱家阿梅丽塔·加利－库契就是这样的一位成功者。她原本可以成为一位相当不错甚至是颇为优秀的钢琴家，但仅凭这点她绝不可能跻身"伟大"之列；然而当她转行进入了声乐演唱领域，却成就为一位当之无愧的伟大歌唱家。加利－库契堪称是在留声机时代现代花腔女高音的先驱，她对日后花腔演唱艺术的发展产生了难以磨灭的深远影响。

阿梅丽塔·加利－库契 1882 年 11 月 18 日出生于歌剧重镇米兰。她的父亲恩里克是当地一位成功的商人。她的音乐基因在很大程度上来自母系一族，因为她的外祖父是歌剧指挥家，外祖母则是相当知名的女高音。据说当阿梅丽塔 1 岁时就已能模仿着母亲唱的摇篮曲准确地哼唱出音调和节奏了，天赋异禀。她从 5 岁起随母亲学习钢琴，练就了扎实的童子功，即便是长大后进入米兰音乐学院，她的钢琴成绩仍很出挑，看起来似乎成为一名钢琴家将是这个女孩未来的人生。1903 年，正值豆蔻年华的阿梅丽塔在学院的钢琴比赛中获得了头奖，学校也已许诺将会为她提供一个助教的职位。她接受了校方的建议，并开始为日后的演奏、教学生涯未雨绸缪起来。然而，一个大人物的出现从根本上改变了这一切！这个大人物就是著名作曲家马斯卡尼，他是阿梅丽塔家的一位老朋友。就在这次家庭式的音乐沙龙上，马斯卡尼在分别听了少女演奏的钢琴以及她演唱的贝利尼歌剧《清教徒》里的咏叹调之后，当着全家人的面明白无误地告诉她：他确信阿梅丽塔将会成为一位伟大的歌唱家而绝不是一位钢琴家。以他之见，阿梅丽塔从现在起就必须更弦易辙，向声乐领域进军！此时的马斯卡尼早已因创作了《乡村骑士》《朋友弗里兹》等歌剧在意大利乐坛上成为一言九鼎的人物，阿梅丽塔当然对他的预言深信不疑。她告诉大作曲家将会依照他的建议去重新规划自己的人生。

令人不得不佩服马斯卡尼的准确预见。阿梅丽塔的嗓音几乎可以称之为"上天赐予的礼物"。相比于学习经年并小有成就的钢琴演奏，她的声乐成就几乎全部是自学练就的。不仅如此，她还是在一种艰难的困境中练就的！因为不久之后她父亲就因生意破产带着她的两个弟弟远赴阿根廷图谋东山再起，家里只留下母亲与她相依为命。由于没钱请老师，她就照着曼努埃尔·加西亚的声乐教材勤学苦练。后来她自己回忆道："当我开始学习歌唱时，我就决定要靠我自己：因为这样做即使演唱有缺陷的话，那也只是我自身的原因；我可不想受那些平庸教师们的耽搁和折腾。"此外，她也非常留意同一时期其他女高音们的演唱来分析、比较，提高自己的演唱技巧。亏得她的那手钢琴功夫，她通过在钢琴上自弹自唱来训练旋律的音准和节奏，成效显著。

1906年秋，阿梅丽塔应邀参加了一个私人音乐会，她的演唱吸引了在场一位指挥家的关注。这位指挥家当即将她引荐给了任歌剧经理的朋友。事有凑巧，后者正在到处发掘那些具有潜质的声乐才俊，于是双方一拍即合。第二天，阿梅丽塔就收到了她人生中的第一份演出合约，让她饰演歌剧《弄臣》里的吉尔达。

同年的12月26日，正值圣诞节刚过，阿梅丽塔艺术生涯中的第一次舞台处女秀亮相于特拉尼剧院。那个晚上她演唱的"可爱的名字"一曲甫毕，顿时征服了在场的所有听众，籍籍无名的丑小鸭立即成为人见人爱的白天鹅！她甜美柔润的嗓音、轻盈灵巧的音质以及富有魅力的诠释得到了人们的一致肯定。在短短两年里，人们已不再去质疑这位女高音无师自通、自学成才的经历了，他们相信在她的面前将会展现辉煌灿烂的一片天！意大利人向来对歌剧表演异常挑剔，对那些技艺拙劣、嗓音难听的歌手他们会疯狂地投掷西红柿和胡萝卜对待之；而对阿梅丽塔他们却毫不吝惜地送上鲜花和掌声。也正是在这场成功的处女秀上，年轻的女高音还遇上了她的第一个丈夫——时年18岁的贵族青年路易西·库契，他与他的侯爵父亲正端坐在听众席里。路易西当时还是罗马音乐学院的学生，他当即就被阿梅丽塔的歌声与美貌迷得难以自己。两年后这对年轻人结为连理。或许是难以摆脱攀龙附凤的世俗观念，婚后的阿梅丽塔将丈夫的姓氏加到了自己的本姓上，从此加利 - 库契这个姓氏伴随了她的一生。

加利 - 库契属于那种轻型的花腔女高音。由于身材纤小音量偏弱，因而适合这个类型的歌剧角色都是她演来得心应手、驾轻就熟的。她最擅长的是吉尔达、薇奥列塔、咪咪、巧巧桑、罗西娜、艾尔薇拉等角色。她的音质清亮纤柔，音色柔美舒展，行腔轻快自如，婉转而弹性十足，尤其是高音部分一系列轻快灵巧、色彩丰富的花腔更是有如长笛的金属质感，给人以银铃般的动人美感。她的容貌也很出众，在作家的描绘中她被形容为"肤色黝黑，身材苗条，体态雅致，十足是波提切利(文艺复兴时期意大利佛罗伦萨画派杰出画家)笔下的那些美女再世。她的五官非常精致：鹅蛋脸，杏仁眼，鼻梁既直且挺，脖子细长，还生就一副美人肩，就仿佛是一座杰出的小型雕塑"，端的是回眸一笑百媚生，口未开启已醉人。1909年，她已在首都罗马的康斯坦齐歌剧院登堂入室，依然是饰演吉尔达，依然是喝彩一片。这时加利－库契已毫无争议地成了意大利的头牌女高音从她的歌声里唤回了对昔日声乐大师辈出时代的美好回忆。更有甚者将她的歌声视为是缓和社会矛盾的良药。当时的意大利弥漫着不少动乱因素，据说自从加利－库契走红后，社会也变得安稳了。在许多城市里，她的歌声都被认为是缓解民怨骚动的"解毒剂"(antidote)。

婚后，加利－库契偕丈夫在国内、埃及以及南美巡演，声名也扶摇直上。1915年她与男高音歌王卡鲁索在阿根廷首都布宜诺斯艾利斯联袂合作演出《拉美莫尔的露契娅》，轰动乐坛。此后他俩还在音乐会上同台献演并录制了几张唱片。

然而，任何人在其漫长一生中都不可能总是一帆风顺的，加利－库契也不例外。比如她在自己的祖国就碰过钉子。她曾要求在斯卡拉歌剧院饰演《梦游女》里的女主角，然而指挥却只分派给她该剧里的一个次要角色。她闻讯后神情表现得异常平静，但嘴里却放出狠话："从此我绝不再踏进这里一步！"她说到做到，这位意大利女高音此生便再也没有到这座全意大利最闻名的歌剧院开唱过。

1915年，加利－库契在去西班牙巡演途中，在巴塞罗那不幸染上了斑疹伤寒。连日的高烧几乎让她送了命，六星期的患病也几乎断送了马德里歌剧院的整整一个演出季。然而谁也没有想到这位瘦弱娇小的女子却远比他们想象的更坚强。退烧不久，她硬是坐在轮椅上在马德里的舞台上饰演了《塞维利亚的理发师》中的罗西娜，不仅展示了她的高超演技，更展现了她的高尚艺德。

度过病魔劫难后，加利－库契迎来了她人生中的第二个黄金高峰。1916年冬，当她结束了又一次南美之行，准备返回欧洲时，却意外地接到了美国芝加哥抒情剧院的邀请。于是，加利－库契临时决定到芝加哥加演一场。11月18日那天正值她34岁生日。

当天晚上开演前,芝加哥的听众们还对这位此前他们所不熟悉的女高音面面相觑,然而加利－库契饰演的吉尔达却让整座城市都为之疯狂。演出次日,美国的舆论界以这样的标题评价这场演出:"阿梅丽塔以她的情感冲击征服了新世界!"她的演出变成了该歌剧院的一个传奇。于是,抒情剧院一纸长达八年的合约将她招致麾下。同年她又与胜利唱片公司(即后来的 RCA 前身)签约成为公司的专属艺员。她的行情在美国迅速提升,她的唱片随之大卖,仅"可爱的名字"的单曲唱片首版就售出了一万张,这在当时简直是一个空前的数字。两年后她随剧院在纽约的列克星敦剧院上演梅耶贝尔的《狄诺拉》,这次的演出盛况更可谓前无古人,全场为她的演唱的鼓掌、喝彩竟达 61 次之多!

这种受欢迎的空前盛况自然刺激到了美国的歌剧豪门——纽约的大都会歌剧院。1921 年 11 月加利－库契在大都会完成了自己的首秀,此后她一直是大都会和芝加哥抒情剧院的双料首席女高音。她的财富与声誉呈正比例增长:在芝加哥每场 2000 美元,在大都会 2500 美元;而她外出巡演的价码更高,达到每场 3000 美元。这样的报酬甚至超过伟大的卡鲁索!而此时,她与她那位身为贵族后裔却日益沦落到要靠妻子为生的丈夫路易西离了婚。之后,她又再嫁长期为她伴奏的美国钢琴家荷马·萨缪尔斯(Homer Samuels),从而成为了美国公民。

在大都会歌剧院,加利－库契延续着自己的辉煌,听众们屡屡为她演唱的每一首咏叹调,甚至是为她唱出的每一个高音喝彩。在她的全盛期,她在演唱中会经常不顾标准的花腔唱法而代之以自己更个性十足的华彩,她的装饰音能唱到高音 E 甚至是高音 F!不过,年过 40 以后,她的嗓音已开始出现明显的下滑,音色不再如年轻时那般纯净明澈,演唱高音 E 和 F 时也感到力不从心,声调也变得摇晃不定。尽管她在舞台上的大气与优雅风姿不减,然而人们发现她昔日华丽而飞扬的神采消失了:加利－库契的颓势已现。

1930 年 1 月,加利－库契在大都会歌剧院举办了告别演出,剧目是《塞维利亚的理发师》。辞别舞台后,48 岁的她将全副心力专注于音乐会演唱上,然而演唱中喉头的不适以及最高音的不稳定问题仍困扰着她。于是在 1935 年她做了一次外科手术,摘除了喉头的甲状腺肿块。可是由于她复出心切,在术后尚未完全康复的情况下她又恢复了演唱,这种"带病工作"导致了她的第二次手术。而这次涉及喉头神经的手术最终使她完全丧失了昔日引以为傲的辉煌高音。此后在 1936 年至 1937 年期间她还举行过多场音乐会,却鲜有好评。在演唱时听众们可以很明显地感受到她所承受的痛苦,一切都在无情地表明:属于她的时代已然结束了。

退休后的加利－库契定居于加州风光宜人的圣地亚哥的拉·霍拉定居,教授私人学生。加利－库契一直对印度的冥想教和瑜伽学说深信不疑，并身体力行，她还为她瑜伽老师的一本书《来世絮语》撰写过前言呢。1963 年 11 月 26 日，她的生日刚过去 8 天，81 岁高龄的加利－库契因患肺气肿而辞世。

通常人们喜欢将演唱花腔女高音的著名歌唱家称作"夜莺"，加利－库契由于长期生活在美国的南加州，因而被誉为"圣地亚哥的夜莺"。加利－库契生前曾留下过大量的唱片录音。据统计，仅胜利唱片公司发行的 78 转单曲唱片就有近 150 种之多，这其中转制成 CD 介质的唱片以 Pearl、Nimbus 的出品具有代表性。前者的两款（Pearl 9308，0035）的录制日期分别是 1916-1923 年和 1925-1930 年，大致上反映了她演唱全盛时期的风貌；时间上两者也接续得上；而以转制 78 转时期声乐作品著称的 Nimbus 在其"头牌之声"（Prima Voce）系列里也有加利－库契的两张专辑（Nimbus 7806，7852）。最有意思的还是意大利唱片品牌 Fono，它于 2003 年发行的专辑标题就叫《夜莺》（The Nightingales，Fono 245144）。在这张时长为 77 分钟超大容量的 CD 里，别出心裁地挑选了加利－库契与玛丽娅·卡拉斯这两位相差 41 岁的女高音各自演唱的 6 首相同的歌剧咏叹调进行逐一对比，以此来展现花腔女高音的传承与发展。不同的是其中的第一、二、六首加利－库契的演唱只有咏叹调，而卡拉斯则分别加上了前面的宣叙调。

正如评论家们所指出的那样："加利－库契的歌声像一位天使，一只夜莺。无论是过去还是现在它都在向我们尽情地吟唱着那发自灵魂的令人销魂的美妙歌声。她以其美丽的内心世界去拯救那些因物欲世界的利益冲突而备受困惑烦恼的世人……"

3. 声乐王国里的舒曼

—— 伊丽莎白·舒曼

(Elisabeth Schumann)

舒曼(Schumann)是德国民族常见的一个姓氏,光在音乐界历史上就曾涌现过多位音乐家舒曼。当然,最鼎鼎大名的就是音乐史上的那对"不朽的情侣"罗伯特·舒曼与他的钢琴家妻子克拉拉·舒曼了。他们的故事家喻户晓,盛传弥新。那么在声乐领域有没有广为人知的舒曼呢?有!她就是20世纪上半叶杰出的抒情女高音歌唱家伊丽莎白·舒曼。

EMI唱片公司的资深撰稿人兼音响工程师肯思·哈德维克在1995年写道:"像施瓦茨科普夫、西弗里德等德国女高音歌唱家一样,伊丽莎白·舒曼的声音具有最高的艺术个性。在所有的抒情女高音里她是独树一帜的,她的歌声能渗透进入一首歌曲的灵魂里。我们都知道'不落痕迹的艺术才是艺术的最高境界'这个老生常谈,但舒曼演唱的所有作品确实都如同她发自内心的心声,如自然清新的春风般拂面而来,以最彻底的不着痕迹的表演给予听众最深刻的美感享受。"

伊丽莎白·舒曼1888年6月13日出生于德国萨克森地区的梅泽堡,那里距亨德尔的家乡哈雷仅十几公里。她的父亲阿尔弗雷德是教堂的管风琴师,同时也是镇上的音乐教师;母亲艾玛尽管没有受过音乐训练,却也唱歌非常动听,能在教堂演出的清唱剧里演唱。显然,他们的第一个孩子受到了这种浓郁的家庭氛围的感染熏陶,伊丽莎白从小就对音乐表现出特殊的敏感。在发现了女儿的音乐潜质后,父亲就亲自教她学习钢琴和基本乐理。7岁那年,她随父母头一次进入歌剧院的大门,观看瓦格纳的《唐豪瑟》,她立刻就被歌剧中那种华丽的场面和激越的歌声所彻底震撼了。于是,她就瞒着父母开始定期地去看歌剧,经常是在被逼着上床睡觉后趁父母不注意又蹑手蹑脚地匍伏着爬出家门,然后直奔歌剧院而去。去的次数多了后来她居然还结识了一个年长的领票员,他总会设法在剧场的角落里为这个"蹭票的小女孩"安排一个座位。从那时起伊丽莎白就打定主意要成为一名歌唱家。

　　16 岁那年,伊丽莎白·舒曼被送到德累斯顿师从娜塔莉·哈米施学习声乐,后又到柏林投在著名抒情女高音玛丽·迪特里希(Marie Dietrich)门下继续学习。在柏林,她结识了一个学习建筑的大学生沃尔特·普里茨,成为他的恋人。1908 年,普里茨毕业后到汉堡工作,于是舒曼跟他来到了这座北方城市,并在那里开始了艺术生涯。同年,她在汉堡歌剧院完成了自己的处女秀,在《唐豪瑟》里饰演男性牧童。她的第一个独立的角色是在韦伯的《魔弹射手》里饰演女配角安琛,获得认可。其后舒曼就在汉堡歌剧院上演了一系列歌剧,这一时期她以饰演喜剧女高音的角色为主,诸如《唐璜》里的采琳娜,《波西米亚人》里的缪塞塔和《后宫诱逃》里的侍女布朗德等。直到 1914 年首次随剧院赴美,在大都会歌剧院饰演的还是缪塞塔,当然,这是一个唱德语的缪塞塔。而在这个人生的第一阶段她经历的重要事件就是参与了布索尼的歌剧《挑选新娘》(Die Brautwahl)的世界首演,她在里面饰演阿尔贝蒂娜。

　　当时,汉堡歌剧院的指挥是奥托·克莱姆佩雷(Otto Klemperer, 1885-1973)。他看出舒曼身上所具有的抒情女高音的巨大潜质,着意拓展她的表演戏路。于是,舒曼在他指挥的《费加罗的婚礼》里塑造了凯鲁比诺这个角色。舒曼长得小巧玲珑,她从小就是个美人坯子,一张可爱的娃娃脸,一双大眼睛溜圆明澈,水汪汪的;她的嘴角向上微微翘起,十分惹人怜爱。这样的形象当然是饰演剧中那个可爱活泼的小书童的绝佳人选。舒曼的演出成功了! 后来克莱姆佩雷更进一步,想让她尝试《玫瑰骑士》里那个小白脸奥克塔维安伯爵,这也是歌剧中一个女扮男装的角色。虽说主意堪称巧妙,但却不适合舒曼的演唱风格。不过,在这种共同的合作探讨过程中两人的关系产生了微妙的变化。大约在 1912 年间他们坠入了爱河,且还上演了私奔的一幕。事后指挥家出走,而舒曼则在风波平息后重又回到歌剧院,仍然受到听众的欢迎。而她与恋人普里茨也重归于好,并于第二年结婚。又过了一年,他们的儿子格尔德出生了。

❧ ～～～ ❧

　　尽管在汉堡歌剧院取得了成功,然而伊丽莎白·舒曼一生的辉煌绝不在这里,而是在欧洲音乐的中心维也纳。与普里茨的婚姻终究没能维持多久,舒曼又与继克莱姆佩雷之后担任汉堡歌剧院指挥的卡尔·埃尔文(Karl Alwin, 1891-1945)产生了恋情。1920 年埃尔文离开汉堡就任维也纳国家歌剧院指挥,于是舒曼随着成为她第二任丈夫的埃尔文来到了维也纳,在这座音乐之都开始了其新的征服。

　　经过了在汉堡的十年历练,舒曼的戏路越来越宽泛,演技越来越成熟了。这时的她立足于抒情性女高音角色,并且还能演唱少量的花腔女高音和戏剧女高音角色。1919-1938 年近 20 年时间里她一直是维也纳国家歌剧院的当家花旦;而她一生所塑造的歌剧角色也集中体现在这一时期的艺术生涯中。据统计,舒曼一生总共饰演的歌剧角色达 91 个之多,洋洋洒洒,蔚为壮观。不过,她最为人称道的还是莫扎特歌剧代表作中的角色以及理查·施特劳斯歌剧《玫瑰骑士》里的少女索菲。以莫扎特歌剧《费加罗的婚礼》为例:早年她专演凯鲁比诺,而如今已能完美地诠释难度更高、音域更广、情感也更丰富的苏珊娜了。她与理查·施特劳斯则是艺术上忘年知音的典范,后者是她艺术生涯中具有决定性影响的领路人。舒曼不仅曾专程去施特劳斯位于巴伐利亚度假胜地加米施山谷的庄园与这位比自己年长 24 岁的大作曲家共同切磋交流,而且还于 1921 年在大师的陪同下途径巴黎赴美,去举行独唱音乐会,由后者亲自担任钢琴伴奏。这次巡演获得了极大的成功,同时也基于大师在世界乐坛的巨大声望,极大地提升了舒曼自身的国际影响力。她把理查·施特劳斯称作是"一个伟大的男人,一位令人惊叹的朋友"。自然,她演唱的他的作品也多受到大师的亲炙,因而具有很高的权威性和示范性。

伊丽莎白·舒曼的演唱有着无懈可击的音乐性,她对于作品的韵律有着极其敏锐的感觉。她的歌喉被形容为如同"一只银铃般的抒情乐器"那样悦耳动听;而她倾注于作品中的情感则具有一种与生俱来的鲜活感。与她合作过的所有音乐同行都高度评价她的演唱艺术。为她担任过伴奏的钢琴家伊沃·牛顿(Ivor Newton,1892-1981)这样写道:"在她的音乐会上,唯一的危险恐怕就在于她演唱的每一首作品都太完美了,使人根本挑不出任何瑕疵而流于千篇一律。可是她却总能发现曲目中或庄重或活泼、或忧伤或欢快的诸多变化。她毫无瑕疵的音乐性和使人喜闻乐见的音色从不会使自己的演唱丧失它不可思议的魔力"。而当时还属于小字辈的钢琴家杰拉尔德·莫尔(Gerald Moore,1899-1987)也对她的艺术赞赏不已。她与她同时代的另一名著名女高音洛特·莱曼(Lotte Lehmann,1888-1976)都曾师从过阿尔玛·夏朵(Alma Schadow),她俩既是同门师姐妹,又是同胞兼同庚,且在《玫瑰骑士》里莱曼饰演元帅夫人玛莎琳,舒曼则饰演少女索菲,因而两人的关系非但不因同行而"相轻",反倒是无话不谈的"闺密"。她俩还曾先后在汉堡和维也纳长期合作共事。

伊丽莎白·舒曼的艺术生涯以第二次世界大战为界,可以清晰地表现出她兴趣、志向的转变。尽管她是一个纯正的德国人,但对纳粹上台后的种种倒行逆施很不满。于是在大战前夕的 1938 年她决定移居美国,去那里继续自己的演唱事业。1938 年 11月 2 日,她乘坐"巴黎号"邮轮抵达纽约,开始了她的"美国时期"。在美国她又第三次结婚,她的最后一任丈夫汉斯·克吕格尔博士是一位皮肤病专家。她唯一的儿子格尔德也与她一同前往美国。这一时期她已很少再演歌剧,而把重心转向对艺术歌曲的演绎上。与此同时她也从事声乐教学,除私人授课外还去柯蒂斯音乐学院授课。

1944年她成为美国公民。作为同盟国的一员,她在1945年加入了英国的娱乐国际服务志愿队,穿上制服上前线为将士们演唱。战后,舒曼又重返欧洲,在英国、德国举行了许多场独唱音乐会。而那里的人们也并没有忘却这位歌声优美、神态优雅的女高音歌唱家,因而她很快就已恢复了战前在欧洲所取得的声誉。

舒曼的个性热情活泼,待人亲切谦和,在艺术圈内享有良好的口碑。她也是一位有着多种爱好的艺术家,其中最突出的就是喜欢小动物。人们不难发现,在她留下的大量照片中几乎有三分之一都有小狗为伴。她的两条爱犬公的叫"小可怜"(Sorry),母的叫希尔斯·玛丽娅。闲暇时分她总爱带上她的爱犬或在家里搂抱嬉戏,或到屋外遛狗散步,怡然自得。尽管她一生中当过三次新娘,然而晚年在临终之际的病榻上,她仍把当初与克莱姆佩雷的那段刻骨铭心的恋情称为"贯穿于我人生中的一根红线"(the red thread running through my life)。1952年4月23日她在纽约去世,享年64岁。她去世后,她儿子格尔德·普里茨为她撰写了传记,并由她的孙女翻译成英语于1996年在英国伦敦出版。

与舒曼塑造的众多歌剧角色一样,她身后也为后人留下了非常丰富的录音典藏,共计有231张商业录音唱片。她艺术生涯的全盛期正处于声学录音阶段以及电声录音的初期,因而她所饰演过的诸多全本歌剧只留下了1933年维也纳国家歌剧院版的《玫瑰骑士》录音,并且还是删节版(NAXOS 8.110191/92,2CD);然而今天的人们还是能通过大量的78转唱片和密纹唱片转制的CD里一聆她当年的艺术风采。EMI发行的舒曼精选集最多,2011年发行了一套题为《伊丽莎白·舒曼:优雅的女高音)(Elisabeth Schumann:The Elegant Soprano)的最新版本(EMI 18480,6CD),庶几较为全面地展现了她在演唱歌剧和艺术歌曲中的艺术风采。而德国独立品牌公司Preiser则以《真实的历史记录》(Lebendige Vergangenheit)为题发行了她的两辑唱片(Preiser 89031,89122)。她的音质纯净,音色明亮,行腔委婉,控制自如。在德奥艺术歌曲的演绎上,舒曼的演唱既体现出她对作品深刻的认知、诗意的表达,更给人带来极富美感享受的愉悦。在这个领域,她堪称是在施瓦茨科普夫之前最杰出的诠释者。

那么,伊丽莎白·舒曼演唱舒曼的艺术歌曲究竟如何?这是一个饶有兴味的话题。列入EMI"参考"系列的那张她演唱的舒曼、勃拉姆斯专辑(EMI 65498)令人信服地回答了这个问题。唱片收录了她演唱的舒曼的《妇女的爱情与生活》和其他九首艺术歌曲。她演唱的《月夜》质朴而感人,音量控制得婉转自如,对感情变化幅度的把控细致入微,极富感染力地再现了歌曲那宁静、柔美的意境;而在《核桃树》里她采用了比别人更慢的速度，歌声萦回飘逸，惟妙惟肖地刻画出少女始而在核桃树下倾诉衷肠，继而又陪伴甜蜜的憧憬坠入梦乡的生动场景。《噢！她的丈夫，她的评价》（O ihr Herren，O ihr werten）坚定里透着怜爱，铿锵中含着妩媚；《小玫瑰啊小玫瑰》则充盈着天真的活泼和俏皮的可爱。总之，由舒曼演唱的舒曼堪称绝配；而她演唱的勃拉姆斯的《摇篮曲》《徒劳的小夜曲》等也曲曲动人，诗意盎然。她的嗓音得天独厚，有着一闻可知的辨识度，正因如此，她的演唱艺术成为了后来者学习、效仿的典范与楷模。

舒曼与理查·施特劳斯

舒曼饰演《费加罗的婚礼》
里的凯鲁比诺

4. 绝对纯粹的花腔女高音
—— 莉莉·庞斯（Lily Pons）

在艺术家成为其艺术家的人生经历中，往往有着改变其原先设定的目标轨迹的转折、蜕变。无论这种转折、蜕变是天赐良机式的无心插柳，还是锐意进取式的有心栽花，都无不对其一生的艺术生涯产生了决定性的影响。如若一生中有过这么一次，或可称为稀奇；两次，则可称为惊奇；而三次庶几谓之神奇可也。在声乐领域，著名的花腔女高音歌唱家莉莉·庞斯就是这样一位堪称神奇的表演艺术家：她毕业于巴黎音乐学院钢琴专业，却成了一名歌唱家；她曾在法国的歌剧院屡次遭拒，却在大洋彼岸的美国一演成名；她的音质纤细柔弱，但却成功地挑战了人声音域的最高极限。她的传奇经历令人不得不叹服这样一个哲理，那就是永远也不要低估自己所具有的潜质潜能。一旦将它发挥到极致，便会带来自己也难以想象的成就和声望。

莉莉·庞斯 1898 年 4 月 12 日出生于法国影城戛纳附近的德拉吉尼昂，她的原名是爱丽丝·约瑟芬·庞斯。她的父亲是法国人，母亲则是意大利人。庞斯早年的经历不甚详实，但大约是与音乐有着密不可分的联系，要不她也不会在少女时代就进入巴黎音乐学院学习钢琴。她的学习成绩还相当骄人，15 岁那年曾获得学院的钢琴比赛一等奖。但一年后第一次世界大战爆发了，她与母亲以及比自己小 4 岁的妹妹搬回了戛纳，在那里她仍继续练琴。在著名的卡尔登大酒店里，她献上了人生的第一次新声，那是她为那里的法国士兵演唱。因为在战时这座大酒店已然成为了战地医院；而庞斯的母亲正在那里充当医护志愿者为士兵们救死扶伤呢。

战争结束后她又重回巴黎音乐学院，并以优异的成绩毕了业。不过，这位钢琴专业的高材生一开始却似乎并不想成为一名职业女性，她并未在舞台上施展自己的才艺，反而在 1921 年 23 岁时嫁给了成功的出版商奥古斯特·梅里兹为妻，安安生生地在家当了几年衣食无忧的家庭主妇。1925 年，庞斯受到了女高音歌唱家迪娜·布梅尔（Dyna Beumer）的鼓励和丈夫的支持，决定放弃优裕的上流社会生活，同时也放弃资质优越的钢琴技艺开始跟随著名的西班牙声乐教师德·戈洛斯蒂亚加（Alberto de Gorostiaga, 1883-1969）上专业的声乐训练课。这位名师对庞斯的禀赋颇为看好，认为她尽管入门已晚，但"不出五年，必定能在重要的歌剧舞台上不同凡响"。庞斯跟他学了三年，老师的预言果真得到了应验。

1928 年，庞斯在法国东部的米卢斯剧院饰演德里勃歌剧《拉克美》里的同名女主角，揭开了她日后歌唱事业的人生序幕。说来令人难以置信，作曲家这部以表现东方印度婆罗门教徒生活的歌剧仿佛就是为 15 年后这位初登舞台的歌剧女伶度身定制的一般。从此，拉克美这个东方少女的形象伴随了她的整个人生。庞斯的处女秀还算成功，于是嗣后她又相继辗转于法国的几家主要歌剧院去试唱试演，岂料皆招致他们的白眼：因为她唱的是花腔女高音，而包括巴黎歌剧院在内的剧院掌门人和乐队指挥们偏偏不信这位长得纤柔而声线更为纤柔的女高音将来会有多大的出息。正当她处在困惑茫然的十字路口之际，意大利男高音乔凡尼·泽纳泰罗（Giovanni Zenatello, 1876-1949）发现了这位已过而立之年但事业却一事无成的女高音的真正才艺。他决定把庞斯推荐给美国大都会歌剧院的掌门人——他的意大利同乡裘里奥·加蒂-卡萨查。

当泽纳泰罗把怯生生的庞斯带到加蒂-卡萨查的面前时，后者当即安排指挥大师塞拉芬（Tullio Serafin, 1878-1968）去审听庞斯的试唱。庞斯演唱了《拉美莫尔的露契娅》里的"我听到了他那甜美温存的声音"、《拉克美》里的"印度铃歌"和《弄臣》里的"可爱的名字"，得到了塞拉芬的高度认可。于是，凭着庞斯演唱的这三首咏叹调，在短短的 24 小时内她一举拿下了三份令人垂涎的合同：大都会歌剧院的五年合约，音乐会演唱的三年合约以及 RCA 胜利唱片公司与之签订的三年专属录音合约。于是，就有了 1931 年 1 月 3 日那个令人瞠目结舌的征服之夜、疯狂之夜……

在庞斯登上大都会首演的当晚，加蒂-卡萨查竟下了一个耐人寻味的赌注，以期获得前所未有的轰动效应。是夜上演的是《拉美莫尔的露契娅》，奇怪的是开演前竟没有任何形式大张旗鼓的声势渲染，不仅在报章广告上不见主演者的肖像影载，而且加蒂-卡萨查还为庞斯起了一个新的艺名，从此，爱丽丝·约瑟芬·庞斯变成了莉莉·庞斯。这是一个讨人喜欢的名字。在英语里 Lily 是指百合花，也泛指纯洁的人和物。于是乎，当大幕开启，一个人们闻所未闻的露契娅站在了他们的面前。她一开腔端的是犹如乳莺初啼，如泉出谷，听众们已强烈地感受到她音色的圆润流畅，优雅纯净，花腔技巧轻盈灵巧，晶莹剔透。尤其是第三幕里那首著名的"疯女之歌"，庞斯对花腔的诠释点燃了在场听众们的情绪，他们再也抑制不住了。一曲甫毕，雷鸣般的掌声和欢呼经久不息。乐评家兰弗朗科·拉斯博尼在其所著《最后的首席女高音》(The Last Prima Donnas) 一书里真实地记叙了当晚的这一幕："毫无思想准备的公众被眼前的这位音色纯洁无瑕、大胆无畏的歌坛新人简直弄晕了！尽管她的音量小得如同在走钢丝那般纤柔，但由于有准确牢靠的学院派功底，因而她总能将自己的声音传送到剧院的最后一排，无论这个剧场有多大都是如此。当晚疯狂的场面就是一场征服。在这个激动人心的时刻，没有一个人能数得清演出结束后莉莉·庞斯出来谢幕的次数究竟有多少"。

莉莉·庞斯可谓是一招鲜，吃遍天，从此她就完全取代了昔日的加利－库契，坐稳了大都会花腔首席女高音的宝座。同一年，她又上演了威尔第的《弄臣》，而与她演对手戏的意大利男高音贾科莫·劳里－沃尔皮 (Giacomo Lauri-Volpi, 1892-1979) 也对她印象深刻。他在其回忆录里描述道："一位法国的花腔女高音征服了美国，这在历史上可还是头一遭。美国人喜欢新鲜、新奇的东西，当人们看到她饰演的拉克美时，会促使它们的头脑中产生许多奇怪的幻想。莉莉的容貌秀美诱人，她的鹅蛋脸也很符合西方人印象中对东方女子的审美观，且还更具野性。她成了人们头脑中的'圣女'，她的歌声如同用嘴发射出的'超声波'在听众的耳中产生的回声萦绕回荡，深入人心"。

庞斯的花腔技巧精湛高超，非旁人所能及。她的花腔唱段有如银铃轻摇，玉珠落盘，玲珑剔透，悦耳动听。她时常在咏叹调里加入自己设计的花腔，使得演唱的效果更为甜美动人，趣味盎然。如她所唱的《拉克美》里的"印度铃歌"一上来就是一分多钟的花腔演唱，将这位少女模仿魔铃的婉转优美的歌声诠释得惟妙惟肖；而在《迷娘》中费琳娜那首著名的花腔女高音咏叹调"我是美丽的蒂塔尼娅"里，她也依据自身的演唱优势将结尾处的花腔演绎了一分半钟时长，更突出了这个剧团女伶活泼风骚的个性。有时她的演唱还使作品产生了别具异样的艺术效果，如里姆斯基-科萨科夫歌剧《金鸡》里的那首"太阳颂"，在歌曲的后半部原本是由下行的连音 (legato) 到达尾声的；但庞斯却改用花腔的顿音 (staccato) 而使其具有了颇为威风而又激动人心的效果。她能轻松地唱到高音 E，甚至高音 F；而她演唱的高音 D 则能持续一分钟以上。在她的演唱中高难度的花腔唱段比比皆是，同时拥有非常完美的换声技巧，使得演唱大段花腔时丝毫觉察不出换气的痕迹。

在 1931-1960 年的近 30 年里，莉莉·庞斯在大都会的演出达 300 场，凡歌剧里的一切花腔女高音角色几乎没有她不能演，演不好的，从莫扎特歌剧里的康斯坦察、布朗德、夜女王到意大利歌剧里的罗西娜、阿米娜（《梦游女》）、埃尔维拉（《清教徒》）、玛丽（《军中女郎》）、琳达（《夏牟尼的琳达》）、露契娅、吉尔达和薇奥列塔，再到法国歌剧里的拉克美、奥琳匹娅、狄诺拉、费琳娜和朱丽叶等，林林总总，一应俱全。而在这之中，她所塑造的两个最为经典的歌剧角色就是露契娅和拉克美，她们的演出次数分别达到了令人惊叹的 93 次和 50 次，成为后人难以望其项背、无法超越的艺术里程碑。索尼公司以《莉莉·庞斯：绝对纯粹的花腔女高音》（Lily Pons :Coloratura Assoluta, SONY 60655，2CD）为题推出的演唱专辑便是荟萃其花腔演唱艺术精华的集中展示。

1938 年，年届四十仍容貌姣好、光彩照人的莉莉·庞斯再披嫁衣，而正是这次婚姻又将她的影响力带入了美国文化的一个新领域。她的新婚丈夫安德列·科斯特兰尼茨（Andre Kostlanetz，1901-1980）是当时最著名的指挥家。他原籍俄罗斯，在苏联十月革命后来到美国。在 20 世纪 20 年代他在广播电台的音乐节目里指挥音乐会，30 年代开始在哥伦比亚广播公司定期举行每周一次的音乐秀。他不仅是指挥家，还是通俗音乐的编曲家。自那时起他就致力于将通俗的歌曲和百老汇音乐剧唱段改编成管弦乐曲在节目里演奏传播，因而他也堪称为 20 世纪轻音乐的先驱者之一。后来他长期与纽约爱乐乐团合作举行通俗音乐会，录制了大量唱片，这些唱片以"安德列·科斯特兰尼茨与他的管弦乐团"作为招牌而广受青睐。庞斯与他结婚后，除歌剧演出外，受丈夫影响她也经常在一些通俗音乐会上献声演唱。如她唱片里比晓普的《家，可爱的家》、格什温的《夏日》、普罗赫（Heinrich Proch，1809-1878）的《咏叹调变奏曲》以及阿利亚比耶夫的《夜莺》等歌曲都是在这种音乐会上雅俗共赏的热门曲目。2011 年再版发行的《莉莉·庞斯与安德列·科斯特兰尼茨和他的乐队在广播电台》的唱片（Sound of Yesteryear 856）就真实地记录了这场 74 分钟通俗音乐会的现场实况。一时间，妇唱夫随，令人好不艳羡。

庞斯还以其清秀的容貌和亲切的形象还赢得了好莱坞的青睐。在 20 世纪 30 年代她曾先后主演了雷电华影片公司的三部电影：《我梦想得到太多》（I Dream Too Much，1935 年）由她与著名影星亨利·方达领衔，记叙了一个颇有抱负的女歌手为使她那个不走运的作曲家丈夫能够咸鱼翻身而奔走斡旋，最后终于挽救了丈夫的事业也挽救了岌岌可危的家庭的动人故事；《来自巴黎的女郎》（That Girl From Paris，1936 年）则几乎就是以她自己的传奇经历为摹本而展开的；而《勇攀新高》（Hitting A New High，1937 年）里面则融入了由她演唱的多首著名花腔咏叹调。银幕上的庞斯可谓是才色双绝，亦歌亦演，又赢得了无数影迷的喜爱和拥戴。

作为一位徜徉于古典和流行、活跃于音乐和影视不同领域的明星，莉莉·庞斯俨然已成为美国人生活中的一个文化偶像，在文化生活的方方面面她的影响无所不在。在这方面，只有以后的好莱坞巨星玛丽莲·梦露才能与之媲美。

　　1960 年 12 月 14 日,庞斯在她结束大都会艺术生涯的告别演出中以一曲"可爱的名字"作别她大红大紫的歌剧舞台,而她的演唱仍持续到 1973 年。1976 年 2 月 13 日当她因胰腺癌以 77 岁高龄在达拉斯去世后,全世界喜爱她的歌迷们都将在聆听她那众多美不胜收的唱片时永远怀念这位拥有"可爱的名字"的动人花腔女高音歌唱家——莉莉·庞斯!

庞斯饰演《拉克美》里的同名女主角　　　　　　庞斯与其丈夫科斯特兰尼茨

5. 巴尔干半岛上空的 一抹亮色

——津卡·米拉诺夫 (Zinka Milanov)

巴尔干半岛与亚平宁半岛、伊比利亚半岛被并称为欧洲南部的三大半岛。与亚平宁半岛上以有着歌剧之乡自傲的意大利、伊比利亚半岛上以绚丽多彩的舞蹈著称的西班牙不同,位于亚得里亚海与黑海之间的巴尔干半岛却以"欧洲的火药桶"而闻名于世。自 20 世纪始这里不仅先后爆发了两次巴尔干战争,更在这里直接点燃了第一次世界大战的导火线。然而,就在这片硝烟弥漫、战火频仍的地区,却因一位杰出女高音歌唱家的横空出世,为这个地区饱受战乱之苦的人们带来了一缕慰藉和一抹亮色。她的歌声在某种程度上抚慰了人们痛苦哀伤的心灵,给予他们以美好未来的憧憬和向往。她,就是津卡·米拉诺夫。

津卡·米拉诺夫原名津卡·昆奇(Zinka Kunc),1906 年 5 月 17 日出生于克罗地亚的首都萨格勒布一个多子女的家庭,她是九个孩子中的第八个。由于各种原因,日后只有大哥鲍茨达(Bozidar Kunc)和她长大成人。鲍茨达是家庭里最早学习音乐的孩子,后来他成了一位作曲家。受大哥的感染和影响,津卡也从小就爱上了音乐。她喜欢唱歌,并有着一副得天独厚的好嗓子。就这样,大哥成了她走上音乐之路的启蒙老师,在他的指导下津卡愉快地成长起来。她 15 岁进入萨格勒布音乐学院接受系统的声乐训练,师从以演唱瓦格纳歌剧著称的女高音米尔卡·特尔尼娜(Milka Ternina, 1863-1941)。在津卡崛起之前,特尔尼娜是克罗地亚在欧美歌坛上最知名的歌唱家,她出自奥匈帝国时期的维也纳音乐学院,自从在不莱梅歌剧院出演了瓦格纳的《尼伯龙根的指环》四联剧后就一直被作为是诠释瓦格纳歌剧的优秀戏剧女高音,还曾先后在拜罗伊特艺术节与美国大都会歌剧院演唱过《帕西法尔》和《唐豪瑟》。回到故乡萨格勒布之后,特尔尼娜就从事声乐教学,而津卡就是她一手精心栽培起来的最得意成果。不过,由于津卡的体质偏弱,她倒没有沿袭老师的戏路,被培养成一位瓦格纳歌剧专家,而是成了一名出色的抒情 - 戏剧女高音(spinto)歌唱家。

从萨格勒布音乐学院毕业后,津卡为了进一步寻求歌剧艺术的真谛又专程赴意大利,在米兰音乐学院拜卡皮(Campi)为师。这次的游学对于她日后成功地驾驭意大利歌剧奠定了坚实而又最直感的基础。1927 年 10 月,年方 21 岁的津卡在卢布尔雅那(现斯洛文尼亚共和国首都)以威尔第歌剧《游吟诗人》里的莱奥诺拉完成了自己的舞台处女秀。为了这次人生的首演,她曾花了两年的时间去细细体味雕琢,她曾说:"我和我的老师是一个音一个音地练,一句一句地唱,哪怕是一页乐谱都要唱上一百次。"功夫不负有心人,辛勤的心血和汗水换来的是成功的掌声和喝彩。随后她回到萨格勒布,在国立歌剧院举行了汇报演出。在那里她饰演的是《浮士德》里的玛格丽特。家乡的人民以最热烈的欢呼来迎接这位萨格勒布的女儿,未来的世界之星。

特尔尼娜不愧为津卡人生中的良师益友,即便是当学生已经毕业、站上了歌剧舞台,但每逢津卡有重要演出,她还是会不辞辛劳地赶往演出地点,为昔日的弟子压阵助威。1928 年,津卡来到德国的德累斯顿,依然以莱奥诺拉现身于舞台。然而,特尔尼娜对这次演出并不满意,于是在演出结束后她又对津卡作了一番有针对性的指导和建议,使之演技得以更加完善。此后,津卡就一直在萨格勒布和卢布尔雅那的歌剧院里担任主要女高音。在为期六年的时间里她几乎已将自己日后在歌剧舞台上扬名的歌剧角色都唱了一个遍,为她来日的腾飞和崛起作了卓有成效的"暖场"和铺垫。

历练经年,羽翼渐丰的津卡再次出国演出了。1936 年她来到捷克,与首都布拉格的新德国剧院签约。在那里,她使用德语演唱了意大利歌剧中的托斯卡、阿依达、阿梅莉娅和乔康达。也正是在那里,她那美妙动人的歌喉打动了著名指挥家布鲁诺·瓦尔特,他感到年轻的女高音以这种方式演唱意大利歌剧实在是一种莫大的耽误和浪费。于是他把津卡举荐给了他的意大利同行托斯卡尼尼。托斯卡尼尼在听了津卡的试唱后觉得眼前的这位青年女高音果然才华出众。他当即安排津卡在第二年的萨尔茨堡艺术节上担任由自己指挥的威尔第《安魂曲》的独唱,这不仅催生了录音史上的一个经典版本,更为津卡带来了国际声誉。

萨尔茨堡艺术节上的一举成名惊动了大洋彼岸的美国。1937 年,津卡来到美国,叩开了大都会歌剧院的大门。她饰演的歌剧角色没有变,依然是她最拿手的莱奥诺拉,只不过这一次她把自己的姓氏由津卡·昆奇变成了津卡·米拉诺夫。大凡从事表演艺术的演员都喜欢使用舞台上的艺名,甚至有不少人还干脆将艺名终身当作自己的姓名;然而津卡的这次更名则多少有些无奈的成分。当时的她已经结了两次婚,她的第二任丈夫是塞尔维亚裔的演员马尔科维奇。这位马尔科维奇的艺名就叫米拉诺夫。据津卡自己说，"昆奇"这个姓氏对于她即将加盟的气派宏大的大都会歌剧院来说显得缺乏吸引力和号召力，而且"昆奇"的读音也很容易被那些不谙斯拉夫语的美国人读错。而当她以津卡·米拉诺夫的姿态出现在美国听众的面前后，她很快就在大都会站住了脚。自此之后她就一直是大都会歌剧院的首席戏剧性女高音。她的嗓音清澈优美，音质醇厚润泽，气息流畅自如，再加之吐字的清晰精准与表达的情真意挚，她成了这一时期美声唱法的杰出典范。米拉诺夫是以演唱威尔第歌剧《游吟诗人》里的莱奥诺拉起家的，在其一生的演唱生涯中她也同样以诠释威尔第歌剧里具有英雄气质的女性角色而著称于世。在她的演唱早期，声线还有些许尖锐刺耳之处，然而进入中年以后，她的音色愈发成熟诱人，在高音区能唱出华丽的连音（legato）和颤音（vibrato）；而在中声区的声音更美，能唱出令人难忘的坚实浑厚而又饱满有力的声腔，这使得她饰演的威尔第歌剧中的两个莱奥诺拉（《游吟诗人》和《命运的力量》）、两个阿梅莉娅（《假面舞会》和《西蒙·博卡涅格拉》）和阿依达等角色都给后人留下了难以磨灭的深刻印象而成为她演唱艺术中的经典。如她与美国男高音简·皮尔斯（Jan Peerce, 1904-1984）合作的两次《假面舞会》（1944 年大都会版、1955 年大都会版）、与意大利男高音德尔·莫纳科合作的《命运的力量》（1953 年新奥尔良歌剧院版）、与美国男高音麦克拉肯合作的《乔康达》（1957 年大都版）、与瑞典男高音比约林合作的《阿依达》（1955 年罗马歌剧院版）、《托斯卡》（1957 年罗马歌剧院版）、《游吟诗人》（1952 年罗伯特·肖合唱团版）等都真实地记录下了在 20 世纪 50 年代她在歌剧舞台上所展示的艺术风采。由于常年签约大都会歌剧院的关系，米拉诺夫也成了 RCA 的专属艺员，她的绝大部分唱片都由 RCA 予以发行。但由于 RCA 唱片公司已于 1987 年被贝塔斯曼（BMG）收购，因而她的这些歌剧录音如今反倒是在由一些从事老版唱片翻录复制的独立品牌小公司发行的产品中更易觅得。相较于那些大部头的歌剧全剧，由 Nimbus 发行的两张专辑则可谓是汇聚她声乐艺术精粹的代表性呈现。标题为《津卡·米拉诺夫演唱的威尔第》的一张（Nimbus 7941）集中汇集了她演唱的《游吟诗人》、《假面舞会》、《命运的力量》和《阿依达》里的 11 首著名咏叹调；而在《津卡·米拉诺夫的音乐会》（Nimbus 7948）则展示了她演唱音乐会艺术歌曲的才华和功力。在 21 首歌曲中，既有巴洛克风格的意大利古典歌曲《我亲爱的》，又有浪漫派风格的舒曼的《月夜》《奉献》、勃拉姆斯的《摇篮曲》《在星期日早晨》和理查·施特劳斯的《呈献》《亲切的幻影》，更有一组很难听到的克罗地亚传统民歌和艺术歌曲，这其中就有她大哥鲍茨达创作的三首歌曲《渴望》（Longing）、《云雀振翅》（Quivering）和《空寂的世界》（The World is Empty）。

　　尽管津卡·米拉诺夫受教于特尔尼娜，然而她毕生却甚少演出德国歌剧。她一生也从未演唱过《蝴蝶夫人》，但当别人问起此事时她却自信满满地回答："是啊。假如我要唱的话，那将会在世界上诞生一位音色最为优美的巧巧桑！"

　　说到米拉诺夫，她与前南斯拉夫领导人铁托的关系是一个绕不过去的话题，这也可以解释为何她在1947年事业如日中天之际突然离开了大都会返回萨格勒布。

　　铁托是前南斯拉夫的杰出领导人。在第二次世界大战期间他率领南斯拉夫各族人民英勇地抗击了德国法西斯的占领，并最终取得了祖国的独立和民族的解放。但在他传奇性的一生中却也艳遇不断。他的第二任妻子赫尔塔·哈斯早已与他仳离，而在1946年伴随在他身旁的伴侣达沃尔扬卡又去世了。于是他的一个亲密助手伊凡·斯特沃（Ivan Stevo）就着手为自己的领袖物色一个志同道合的恋人。最早为铁托推荐的是从17岁起就参加游击队的年轻漂亮的约万卡（Jovanka Broz, 1924-1980），她后来一直在铁托位于贝尔格莱德的贝利·德沃官邸工作。但铁托却不喜欢姑娘那风风火火的个性，他更愿意找一位更成熟又有风韵的女性为伴。于是斯特沃将在大都会红透半边天、且已与第二任丈夫离婚的津卡·米拉诺夫介绍给铁托。铁托同意了，让斯特沃代为转达自己的爱慕之情。身处大洋彼岸的米拉诺夫写信予以回复，除需要有时间更多地了解铁托外，她提出的唯一要求就是拥有继续在世界各地举行演出的完全自由。后来，两人在贝尔格莱德进行了一次私人会面，据说铁托同意不会限制她的演唱事业。尽管如此，这段感情最终还是未能像人们想象的那样延续下去，两人的恋情无疾而终。米拉诺夫后来嫁给了前南斯拉夫的将军兼外交官；而铁托也在1952年4月迎娶约万卡作为自己的第三任妻子，约万卡日后顺理成章地成为了前南斯拉夫的第一夫人。

　　在返回欧洲的那段日子里，米拉诺夫在意大利的斯卡拉歌剧院、罗马歌剧院继续演唱威尔第、普契尼的歌剧，1950年当大都会新的当家人鲁道夫·宾（Rudolf Bing, 1902-1997）开始执掌剧院后，米拉诺夫应他盛邀重归大都会，重续她与大都会"艺术良缘"的辉煌。一直到1966年，年满60岁的米拉诺夫才在老的大都会歌剧院行将关闭的那个晚上举行了自己的告别演出。离开舞台后的她主要从事声乐教学。在此后长达二十多年的教学中，她教出的得意弟子有著名的黑人女高音格雷丝·邦布里（Grace Bumbry, 1937-）和美国次女高音雷金娜·雷斯尼克（Regina Resnik, 1922-），还有两位出色的克罗地亚女高音米尔卡·斯托亚诺维奇（（Milka Stojanovic）和杜勃拉沃卡·佐博维奇（Dubravka Zubovic）。因为她虽然身在异国，可心中念念不忘的仍是生于兹长于兹的故国和她心中难以割舍的人民。

　　1989年5月30日，津卡·米拉诺夫以83岁高龄病逝于纽约。

6. 20 世纪的艺术歌曲女神
——伊丽莎白·施瓦茨科普夫
（Elisabeth Schwarzkopf）

"荒岛唱片"（Desert Island Discs）是流行于西方社会的一个长盛不衰、屡试不爽的有趣问卷，它假设一个现代都市人如果像兵败的拿破仑被流放到南大西洋中的圣赫勒拿那样的荒凉孤独的小岛上，而随身只允许带一张或数张唱片为伴度过余生，你会从身边数量可观的收藏中选择最心仪的哪几张呢？当然，对于这种有形或无形的民意测验，每一个喜爱音乐的人都会有自己的选择，但类似的问卷大体上仍可勾勒出不同时期欣赏音乐的审美观念与流行趋势的大概轮廓。1958年英国的 BBC 也举行了一次这样的"荒岛唱片"评选。当时伊丽莎白·施瓦茨科普夫参加了这个活动。当她被要求遴选出八张自己最喜爱的唱片时，这位声誉卓著的女高音歌唱家毫不犹豫地选择了自己的七张独唱专辑，第八张则给了由卡拉扬指挥的歌剧《玫瑰骑士》，而在该剧中也正有她饰演的那个后人难以比肩的元帅夫人玛莎琳。这就是施瓦茨科普夫，一位极度自信睿智而又充满着卓越的艺术才华和惊艳美貌的女高音歌唱家。

伊丽莎白·施瓦茨科普夫 1915 年 12 月 9 日出生于普鲁士管辖的波兹南地区(现波兰境内)的雅罗钦。从她的本名奥尔珈·玛丽娅来看，她的血液里有东欧民族的成分。她从小就展示出对音乐的浓厚兴趣，1928 年她在马格德堡中学读书期间就在学校里演出了人生中的第一部歌剧：饰演格鲁克《奥菲欧与优丽狄西》里的女主角，那一年她 13 岁。不过，除音乐外，施瓦茨科普夫的其他功课也非常优异，尤其是化学。要不是因时局的风云突变，她几乎已通过了高中的毕业考试，按父亲的意愿进入柏林大学成为化学系的一名大学生了。1933 年，就在纳粹法西斯上台不久，她的父亲——一名当地学校的校长被纳粹分子剥夺了校长的职务，还被开除了教职，原因是他曾拒绝纳粹党徒在他的学校里举行集会。而像这样"被惩治家庭"的子女是无法进入全德国的最高学府柏林大学的。不过如此一来反倒更遂了女儿自己的意愿。1934 年，19 岁的施瓦茨科普夫进入柏林高等音乐学校系统地学习声乐，师从卢拉·梅兹－格迈纳。在校期间她即以好学、博学而闻名，不光专修声乐，同时还兼修了钢琴与作曲课程。1938 年她以优异的成绩毕业。毕业以后，在德国男中音歌唱家卡尔·施密特－瓦尔特的建议下，施瓦茨科普夫转而拜花腔女高音玛丽娅·伊沃根（Maria Ivogun，1891-1987）为师继续深造。伊沃根原籍匈牙利，曾长期担任柏林国家歌剧院的台柱，以演唱莫扎特歌剧而著称。后来她转而专事音乐会艺术歌曲的演唱。可以说无论是其教学方式还是艺术经历，伊沃根都在年轻的施瓦茨科普夫的人生轨迹上烙下了深深的印迹。伊沃根的丈夫——钢琴家米歇尔·劳赫森（Michael Raucheisen，1889-1984）对她的成长也教益良多。他不仅指导施瓦茨科普夫的钢琴技艺，后来还成为她音乐会上的第一位钢琴伴奏。在以后相当长的时间里，施瓦茨科普夫始终牢记伊沃根第一次见面时就告诫自己的话："要使自己高贵起来，我的孩子！"

施瓦茨科普夫把老师的教诲作为自己安身立命的座右铭。自此之后，无论是在艺术舞台上还是在社交场合和日常生活中，人们见到的施瓦茨科普夫永远都是那么高贵典雅、仪态万方；举止得体、气度不凡。1938 年 4 月 15 日，年方 23 岁的施瓦茨科普夫完成了自己的第一个专业处女秀，在柏林的德意志歌剧院饰演瓦格纳《帕西法尔》第二幕里的第二献花少女。尽管这个角色几乎没有任何施展发挥的空间，可她还是在 1940 年得到了德意志歌剧院的完全合同，成为它的签约演员。受伊沃根的影响，施瓦茨科普夫最初在舞台上是以花腔女高音的面貌出现的，这一时期她饰演的理查·施特劳斯《纳索斯岛上的阿里阿德涅》里美艳轻浮的泽比纳塔和普契尼《波西米亚人》里泼辣风骚的缪塞塔正是她"花腔女高音时期"两个最具代表性的戏剧角色。尽管如此，对自己人生规划有着周密计划的施瓦茨科普夫还是希望加盟柏林的歌剧第一豪门——柏林国家歌剧院。当时的形势是：德意志歌剧院在纳粹宣传部长戈培尔的控制之下；而国家歌剧院则属于纳粹第二号人物戈林的势力范围。纳粹头面人物这"两戈"在音乐领域的这种明争暗斗使得当时的施瓦茨科普夫难遂其愿。于是，在 1942 年她突然宣布与德意志歌剧院解除合同，她离开了"政治干预艺术"的纷争中心——柏林，转投奥地利的维也纳国家歌剧院。此举令戈培尔大为光火。施瓦茨科普夫之所以甘冒得罪纳粹文化头子之大不韪，是由于维也纳国家歌剧院不仅能给予她更为优越的待遇，更由于它的领导人是自己极为钦佩的著名指挥家卡尔·伯姆。在得到这位德国的未来之星后，伯姆马上邀请她参加剧院的演出，在那里她饰演了《后宫诱逃》里的康斯坦察、《波西米亚人》里的缪塞塔和咪咪以及《茶花女》里的薇奥列塔，她的声名由此而鹊起。

　　尽管在战争期间施瓦茨科普夫作为歌坛的一颗新星已冉冉升起，然而她真正在国际乐坛上脱颖而出并最终牢固地树立起自己的地位还是在二战以后。颇为庆幸的是，由于她加盟了维也纳国家歌剧院，那里的"纳粹化"程度相对更低些；且在1945年她成了奥地利公民，因而她得以轻易地通过了战后接受的同盟国的"政治甄别"，继续在歌剧舞台上亮相。1947年她随剧院赴英国巡演，在柯文特皇家歌剧院饰演《唐璜》里的埃尔维拉，极受好评。人们发现这时的她已由当初的花腔女高音转型为抒情女高音了。这固然与她1942年得的那场肺结核不无关系，但却也与她主观上的刻意为之密不可分，因为德国人性格中沉稳含蓄的民族个性使她感到自己不太适合塑造那些表演夸张、音色炫耀的花腔女高音角色。施瓦茨科普夫的音乐素质扎实深厚，她的音色清澈温润，甜美动人；表演又细腻内敛，拿捏得体，因而特别适合歌剧中那些性格温柔而又楚楚动人的女主角。次年1月她在柯文特再度登台，用英语演唱了《魔笛》里的帕米娜。与此同时，她还在意大利的斯卡拉歌剧院上演了《费加罗的婚礼》和贝多芬的《庄严弥撒》。1950年代早期，她与斯卡拉的亲密合作使她获得了更多的演出机会，在那里留下了她一生中仅演过一次的梅丽桑德、玛格丽特（古诺的《浮士德》）以及埃尔莎（瓦格纳的《罗恩格林》）。然而，战后施瓦茨科普夫最辉煌的时期是在英国，她成为了当时英国最受欢迎的杰出女高音之一。这不仅由于她在柯文特用英语演唱了多部歌剧，更有赖于英国著名的音乐制作人瓦尔特·莱格（Walter Legge, 1906-1979）为她的成功所作的运筹帷幄和保驾护航。

　　莱格是一个裁缝的儿子，没有受过高等教育，也没有任何音乐背景的铺垫，然而他却天资异禀，精通法语和拉丁语，后来因痴迷瓦格纳的歌剧而下苦功自学音乐和德语。1927年他加入了EMI的前身HMV。由于他文笔极好，成了公司的文案策划和唱片说明书的撰稿者。后来他由于成为大指挥家比彻姆的助理以及战时带乐队去前线慰问演出，从而极大地锻炼了自己的组织才干和积累了丰富的人脉资源，因而到了战后，他已俨然成为百代唱片公司一言九鼎的音乐制作人了。1946年3月，他请当时还只是小有名气的施瓦茨科普夫来公司试唱，让后者唱了沃尔夫的一首艺术歌曲。一曲甫毕，莱格认定这位气质典雅端秀、音色清纯透亮的年轻人有着极大的艺术潜质，遂大笔一挥将她签入公司旗下。签约EMI后，施瓦茨科普夫在莱格的策划下在录音室里完成了一部部歌剧、一张张唱片的录音工作。在此后长达七年的时间里，两人的关系由工作中的合作上升到艺术上的知音，进而发展到生活中的伴侣。尽管施瓦茨科普夫在患肺结核期间和战后分别曾与一个党卫军官员和一个美国人有过两段恋情，但在 1953 年 10 月 19 日,年已 38 岁的她还是决定与 47 岁的莱格结为眷属。在著名乐评人诺曼·莱布雷希特(Norman Lebrecht,1948-)的笔下,莱格尽管才华横溢,举止却极为不堪。然而正是凭借着莱格这个犹太人的聪明睿智,才使施瓦茨科普夫一步步登上了世界歌坛的金字塔尖。施瓦茨科普夫在 EMI 的录音可谓是张张精彩,绝无招人诟病的败笔,如她在 50 年代录制的莫扎特的《费加罗的婚礼》(EMI 67142,2CD)《唐璜》(EMI 63860,3CD)《女人心》《后宫诱逃》,小约翰·施特劳斯的《蝙蝠》《吉普赛男爵》《维也纳气质》以及理查·施特劳斯的《玫瑰骑士》(EMI 67605,3CD)、《纳克索岛上的阿里阿德涅》(EMI 67077,2CD)和《随想曲》等各种版本不是三星带花就是历史三星,都堪称是 EMI 唱片库里的典范之作。

尤为难能可贵的是,施瓦茨科普夫饰演一部歌剧绝不仅限于该歌剧里的一个角色,如她就在《费加罗的婚礼》里演唱过伯爵夫人、苏珊娜和凯鲁比诺三个不同的女高音角色。她演唱的"往日的欢乐今何在"(第三幕)以戏剧性的情感对比幅度刻画了伯爵夫人遭受丈夫背叛后始而自怨自艾继而对复仇跃跃欲试的心理变化;在"美妙的时刻将来临"(第四幕)又以含蓄而深藏不露的声线控制揭示了女仆苏珊娜的机敏和聪慧;而在演唱凯鲁比诺的"我不知道自己是怎么回事"(第一幕)时她采用了较硬的音调声腔以突出这个小书童的男性特质。在莫扎特的另一部歌剧《唐璜》中也复如是,施瓦茨科普夫先后塑造过剧中的所有三个女主角:个性刚烈的埃尔维拉、柔弱善良的安娜以及天真烂漫的采琳娜,皆各人各面,性格鲜明。此外,她还在《女人心》里分别饰演过菲奥迪丽姬和多拉贝拉两姐妹;在理查·施特劳斯的《玫瑰骑士》里分别饰演过元帅夫人玛莎琳和少女索菲这两位年龄相差甚殊的女主角,展现了她高超的声乐表现功力以及宽泛全面的嗓音运用技巧。

进入 1960 年代,施瓦茨科普夫却令人惊讶地从歌剧舞台上"全线撤退"了,除了专攻《唐璜》里的埃尔维拉、《费加罗的婚礼》里的伯爵夫人、《女人心》里的菲奥迪丽姬、《玫瑰骑士》里的玛莎琳以及《随想曲》里的玛达莱娜这五个角色而外,不再饰演其他的歌剧,却专心致力于德奥艺术歌曲(Lieder)的演唱,其独特的建树尤其体现在沃尔夫和理查·施特劳斯的艺术歌曲上。她演绎的理查·施特劳斯的《四首最后的歌》成了后人难以逾越的里程碑式的经典。她的演唱举重若轻,又感人肺腑,近乎完美地将作品中那种德国语言的音节之美以及蕴含在诗句和旋律中的德国文化美学的精神特质都淋漓尽致地展现无遗。她为《四首最后的歌》留下了两个绝对经典的版本,分别是奥托·阿克曼指挥的爱乐管弦乐团版(1953 年单声道,EMI 85825)和乔治·塞尔指挥的柏林广播交响乐团版(1965年立体声,EMI 66908)。对于艺术歌曲,施瓦茨科普夫可谓是倾注了她"知天命"后的全副心力。她一生没有孩子,但她自豪地宣称:"我唱过的那500首歌曲就是我与莱格的孩子。"与她多次合作的指挥大师卡拉扬由衷地发出了"施瓦茨科普夫是最伟大的音乐会歌唱家"的赞叹。

与莱格结婚后,施瓦茨科普夫又成了英国公民,在20世纪70年代,夫妇俩移居瑞士。自1971年12月31日施瓦茨科普夫在布鲁塞尔的莫奈剧院饰演了玛莎琳后,她就再没有在歌剧舞台上露过面;而她1979年3月17日在瑞士苏黎世举行的音乐会是一场十足的告别音乐会。这位著名的女高音歌唱家从此将消失在公众的视线之中,而且由于她丈夫莱格不顾医生的劝告,在心脏病发作的当口还执意抱病前往音乐会现场,三天后就因病情再次发作而与她阴阳两隔。丈夫去世后,施瓦茨科普夫耕耘于教学领域,在世界各地举办大师班课徒授艺。在她的高足中不乏像芮妮·弗莱明、托马斯·汉普森(Thomas Hampson,1955-)和玛格丽特·马夏尔(Margaret Marshall,1949-)这样当代一流的歌唱艺术家。其实,无论是在歌剧演出,音乐会舞台还是教学课堂上,施瓦茨科普夫都可谓是硕果累累,达到了一个前人所未及的艺术高度。与她合作歌剧的指挥家是卡尔·伯姆、朱里尼、克莱姆佩雷和卡拉扬;为她演唱的莫扎特咏叹调担任钢琴伴奏的是瓦尔特·吉塞金;舒伯特歌曲的钢琴伴奏是埃德温·菲舍尔;而为她演唱的沃尔夫歌曲担任钢琴伴奏的两版合作者竟然是大名鼎鼎的福尔特文格勒(EMI 67570)和杰拉尔德·莫尔,这样的搭档配备后人只能望其项背,难以复制。因而,在施瓦茨科普夫生前,她确乎是"著作"等身,声誉卓著。她曾获萨尔茨堡莫扎特协会颁发的莉莉·莱曼勋章、法国唱片学会授予的"奥菲欧"录音奖和荷兰的爱迪生奖。德国政府授予她大十字荣誉勋章,法国艺术与通信学院推举她为荣誉院士;而英国王室更于1992年授予她帝国女爵荣誉勋位。在声乐领域她真算是"位极人臣"了。

然而,就在这光鲜亮丽、荣誉等身的背后,施瓦茨科普夫也有着难以启齿的烦扰,她的心病就是二战期间的那段历史。施瓦茨科普夫于2006年8月3日去世后,以研究第三帝国音乐形态而闻名的英国学者迈克尔·坎特(Michael H·Kater)在英国《卫报》上以《顽固不化的耀武扬威》(Triumph of the wilful)为题发表文章,直指已故的著名女高音在青年时代曾先后加入过三个不同的纳粹组织,并在其成长的每个关键时刻都受到统治当局的某种庇护照顾,云云。他将这种因素称之为她成功的"政治泛音"(Political overtones)。然而,当今天的人们剥离了这种政治影响艺术的"泛音",回归于施瓦茨科普夫音乐艺术的本体,她仍不愧是20世纪的艺术歌曲女神,舍此岂有它哉?

7. 瓦格纳歌剧女皇

—— 比尔吉特·尼尔森

（Birgit Nilsson）

在 20 世纪上半叶的歌剧舞台上，那些伟大的瓦格纳女高音清一色地都由来自北欧的歌唱家所垄断。被誉为"世纪之声"的克尔斯滕·弗拉格斯塔德（Kirsten Flagstad，1895-1962）就来自挪威，她曾雄踞美国大都会歌剧院首席女高音近 20 年；而在挪威的邻国瑞典，二战后竟同时涌现出两位杰出的女高音，她们不仅在同一年出生，且都以演唱瓦格纳作品而称誉于世。她们就是阿斯特里德·瓦奈（Astrid Varnay，1918-2006）和比尔吉特·尼尔森，其中又尤以尼尔森的影响更大，成就更著，她被公认为是弗拉格斯塔德最当之无愧的继承者，是 20 世纪下半叶的"瓦格纳女神"。

尼尔森的成才经历具有令人啧啧称奇的传奇性。1918 年 5 月 17 日，本名为玛尔塔·比尔吉特·斯文森的她出生在瑞典南部城市斯科纳一个叫卡鲁普的村庄里。她的父母都是从事田头农活的农民，并且自她父亲上溯六代也都是农民。这个世代务农的家庭或许做梦也不会想到家里将会孕育出一位伟大的歌唱家。尼尔森从小就对音乐特别敏感，3 岁时就能在母亲为她买的玩具钢琴上把听到的乡间民谣弹奏出曲调来。她曾告诉采访者自己在还不会走路之前就已能唱歌了，并且还不忘加上一句："我甚至在我的梦境里也在唱歌。"不过，长大后的她也跟随父母从事农业劳动，在田里种植甜菜和土豆。她的音乐天赋第一次被发现还是在她当教堂唱诗班歌童的时候。一位合唱团领班在去教堂时路过她家附近，就听得一个清脆而透亮的童声悠然响起。他循声而至，当即表示愿意推荐这个农夫的小女孩去上专业的声乐课。于是，尼尔森被送到博斯塔德跟随一名叫拉格纳尔·布伦瑙的教师学习。23 岁那年她考上了首都斯德哥尔摩音乐学院声乐系，师从苏格兰男高音约瑟夫·希斯洛普（Joseph Hislop，1884-1977）。希斯洛普曾教出过著名的瑞典男高音比约林，也算名师一个。不过，从小自由自在、随心所欲唱惯了的尼尔森却无法适应学院式的声乐教学,对于老师的指导全然不得要领,即便后来又为她换了一名丹麦籍的歌唱家阿尔内·森内加德(Arne Sunnegard)也是枉然,于是她干脆放弃了音乐学院。

正如尼尔森成名后一直所坚称的那样,她认为自己的成功完全得自自学成才,"舞台才是最好的老师"成为她艺术事业的座右铭。自我摸索的过程是曲折、痛苦的,但也是卓有成效的。事实证明这种自我完善的学习方法使她受用了一辈子。1946年,28岁颇有些大器晚成的尼尔森在斯德哥尔摩的皇家歌剧院实现了自己的处女秀,连续三晚她都饰演韦伯《魔弹射手》里的女主角阿加特。这位无师自通的大姑娘还真有"初生牛犊不怕虎"的劲头,不料由于事先没有吃透作品,硬生生地把自己的处女秀给演砸了。有道是"福乃祸所依",转眼到了第二年,尼尔森人生中的贵人出现了,他就是德国指挥家弗里兹·布什(Fritz Busch,1890-1951)。布什是应歌剧院之邀准备上演威尔第的《麦克白》的。孰料饰演麦克白夫人的女高音临时爽约,这一次,早已卧薪尝胆多时的尼尔森再也不想错失这来之不易的机遇了,她成了"救火队员"。她成功了,她的演唱赢得了举国的关注。在布什的举荐下,一连串的演出合约接踵而至,从理查·施特劳斯、瓦格纳到威尔第、普契尼,甚至是柴科夫斯基的歌剧角色都由她搬上了斯德哥尔摩的舞台。在艺术生涯的初期,她走的还是抒情—戏剧(即spinto)的路子。在此期间她用瑞典语饰演了《唐璜》里的安娜,《波西米亚人》里的咪咪,瓦格纳《唐豪瑟》里的维纳斯和《漂泊的荷兰人》里的森塔,还有柴科夫斯基《黑桃皇后》里的丽莎以及理查·施特劳斯《玫瑰骑士》里的玛莎琳。在1949年,她又与本国的另两位女高音荣迪斯·施姆贝里(Hjordis Schymberg,1909-2008)和伊丽莎白·索德斯特罗姆(Elisabeth Soderstrom,1927-2009)联袂献演了《纳克索岛上的阿里阿德涅》。

将尼尔森推向国际乐坛的仍然是弗里兹·布什。在他的提携下,尼尔森于1951年第一次走出国门,在英国的格林德伯恩歌剧艺术节上她试验了莫扎特歌剧《伊多曼纽》里的埃勒特拉,这是她在瑞典以外塑造的第一个重要的角色。获得了公众的一致肯定后,她又于1953年出现在维也纳国家歌剧院的舞台上。这一次她展现给世人的是瓦格纳歌剧《罗恩格林》和《女武神》里的埃尔莎和齐格琳德。在维也纳的成功对于尼尔森有着标志性的意义,因为她对这两个人物角色的出色诠释使人们认准了这位35岁的戏剧女高音是继弗拉格斯塔德之后最优秀的瓦格纳女高音。恰在此时那位昔日的"瓦格纳歌剧女王"已公开宣布退出歌剧舞台,于是这样的新旧交替便更显得其顺理成章、合乎"天意"了。既然已征服了维也纳,那么瓦格纳歌剧的圣地拜罗伊特就不再是遥不可及的了。1954年,尼尔森在拜罗伊特艺术节上又以埃尔莎这个角色征服了瓦格纳的忠实拥趸,就连向来对瓦格纳歌剧喜欢骨头里挑刺的乐迷们也为之心悦诚服。从此她就成为每届拜罗伊特艺术节的固定主演,她作为瓦格纳作品权威演释者的地位也由此而最终确立。

作为一位瓦格纳女高音,需要拥有一个高亢雄浑的嗓子和一副气息充盈的胸腔,从而能引发强大的共鸣和穿越厚重的交响乐队的戏剧声响效果。而这正是尼尔森所具备的。她长得身高马大,体格健硕,而从小就在田间旷野里无羁的歌唱又练就了她宽广而悠长的气息。正如与她合作过的著名指挥家埃里希·莱因斯多夫所指出的那样,尼尔森之所以能够成为继弗拉格斯塔德之后最毫无争议的继任者,"首先是基于某种斯堪的纳维亚民族的体质和传统;但这还不够。瓦格纳歌剧需要的是那种富有思想的、体现出坚忍辛劳和行为有序面貌的那种女性;而这正是尼尔森的演绎超越他人的地方"。尼尔森的嗓音上下非常统一,音色纯正。她的高音自如明亮,穿透力极佳,耐久力也极强,没有丝毫的声音颤抖和音准摇晃,完全不会陷入倒嗓的"滑铁卢"中。凭借着得天独厚的自然条件和异乎常人的刻苦钻研,在 1954 年的慕尼黑艺术节上,她携手巴伐利亚国家歌剧院平生第一次将《尼伯龙根的指环》全本搬上了舞台,在剧中饰演布伦尔德。从此,布伦希尔德在以后很长的一个时期内都几乎是尼尔森的代名词,成为她艺术人生中最引以自豪的歌剧角色。

尼尔森的成功在国际乐坛上掀起了一场地震,各大歌剧院的邀约纷至沓来。1956年她首次到美国,与旧金山歌剧院合作饰演了布伦希尔德;1958 年则是米兰的斯卡拉。尼尔森自己认为在整个艺术生涯里对于个人而言最重大的事件就是在斯卡拉的乐季开幕大戏中饰演普契尼的《图兰朵》,因为这是继伟大的卡拉斯之后第二位非意大利裔的女高音在剧院的开幕大戏里饰演女主角。此后,又是维也纳、柏林、柯文特、巴黎、汉堡、东京甚至是南美的布宜诺斯艾利斯,尼尔森简直成了世界上所有重要歌剧院都趋之若鹜的上宾。然而这些都比不上她 1959 年 11 月 4 日在美国大都会歌剧院的首秀。在大都会,她又创造了一个后人难以逾越的经典角色——伊索尔德。在演出次日,有关她的评论和剧照就成了各重要报刊的新闻头条。她也就此戴上了大都会歌剧院首席女高音(Prima Donna)的桂冠。在此后的 22 年里再也没有第二个人堪与她媲美争锋。

其实,身为举世公认的瓦格纳女高音,尼尔森并不只擅长瓦格纳作品,她饰演的贝多芬、韦伯、理查·施特劳斯的歌剧同样可圈可点,不同凡响,其中尤以饰演后者歌剧里的埃列克特拉、莎乐美、玛莎琳、巴拉克之妻(《没有影子的女人》)而著称。在意大利歌剧领域,她给后人留下最深印象的当数普契尼的《图兰朵》和威尔第的《阿依达》。她饰演的图兰朵为人津津乐道。也许很难有人会相信,这位瓦格纳专家竟录制有至少五个版本的《图兰朵》唱片。说起《图兰朵》还有一个发生在她身上的小故事。某次,她在意大利的古城维罗纳由古竞技场改建的露天剧场里演唱《图兰朵》,当她唱到歌剧里公主的那个高音 C 时,其激越高亢的歌声直冲云霄,竟然惊动了周边的居民。他们还以为是剧场内的消防警报器拉响了,火灾近在眼前,于是纷纷离家出逃。事后虽然被证明是虚惊一场,但也足以可见尼尔森的"爆发性高音"是多么地撼人心魄的了。

在 20 世纪后半叶,尼尔森堪称是世界歌坛上无可替代的重量级人物,也是各大唱片公司争相罗致的"香饽饽"。她的录音散见于 EMI、DECCA、DG、RCA 等主流唱片公司出品的唱片里,而经独立品牌公司转录翻制的更是不胜其数。而其中首屈一指的当然要数 DECCA 发行的《尼伯龙根的指环》全集(DECCA 414 100,15CD)。这套"指环"全集堪称是录音史上的一个里程碑式的创举,因为它不仅是史上第一个录音室全集,更兼其阵容之鼎盛,耗时之冗长都达到了前无古人、难以复制的高度。这项录音工程从 1958 年开始筹备,历时七年直到 1965 年方才大功告成。它由索尔蒂指挥维也纳爱乐乐团伴奏。在录制过程中,第一部《莱茵的黄金》里饰演女主角弗莉卡的弗拉格斯塔德于 1962 年去世,此后的三部即由尼尔森接替担纲,由她饰演的布伦希尔德大放异彩,一唱惊艳;再加之诸如菲舍尔-迪斯考、萨瑟兰、克里斯塔·路德薇(Crista Ludwig,1928-)、汉斯·霍特尔(Hans Hotter,1909-2003)、乔治·伦敦(George London,1920-1985)等男女大牌的鼎力加盟,遂引发全球空前争抢的狂潮。尽管唱片大卖,然由于 DECCA 前期投入过大,录制过程又旷日持久,因而导致预算入不敷出,倾家荡产,最终不得不将公司股份出售给宝丽金集团的悲惨结局。而在这之后,尼尔森与大指挥家卡尔·伯姆在 1967 年为乐迷们又奉献了一个拜罗伊特现场版全集录音(Philips 412 478,14CD),同样好评如潮。而尼尔森与索尔蒂、卡尔·伯姆分别合作的两个《特里斯坦与伊索尔德》版本(DECCA 430 234,DG449 772)就经典性与权威性而言,也毫不逊色于她那部伟大的"指环"。

由于尼尔森声名显赫,因而她的收入也颇为殷实,她是同一时期票房收入最高的歌唱家之一。且她又善于理财,被同行称为是"一位精明的商业女王"(a shrewd businesswoman)。但她从不因财大气粗而对人颐指气使,跋扈张扬;相反无论是在艺术合作还是商业谈判中她都显示出了其机敏睿智且幽默风趣的个性。比如有一次她与索尔蒂合作《特里斯坦与伊索尔德》时,指挥家认为乐队的节奏太慢,担心这样尼尔森唱起来会比较吃力。可没曾想在排练时尼尔森非常"顺乎民意"地以更慢的节奏完成了自己的唱腔,显示出她对节奏和声音的绝对控制力,使得索尔蒂和整个乐队都对她心生钦佩之情。还有一次她与指挥家汉斯·克纳佩茨布什(Hans Knappertsbusch,1888-1965)在合作中产生了一些分歧。指挥家在给她打电话时怒气冲冲地张口便喊"喂!",而当尼尔森与他交流沟通后到通话结束时,比她年长整整 30 岁的大指挥家的语气已经友好地称她为"哈罗"了。

尼尔森的艺术生命延续得很长,她自然松弛的歌唱方法使自己的嗓音不因年龄的增长而魅力衰退。她直到 1985 年才宣告正式退休,距离她在斯德哥尔摩的处女秀差不多整整四十个年头。令人动容的一幕发生在 1983 年 10 月 22 日纽约大都会歌剧院庆祝建院百年的纪念音乐会上。这次音乐会可谓是群贤毕至,群星闪耀。就当那些威名赫赫的歌唱家们一一表演过后,在音乐会临近结尾时尼尔森出现了。尽管她那时已处于半退休状态,但身材仍然保持得很好,丝毫不见发胖臃肿之态。她带着微笑,步履轻盈地上得台来,在乐队伴奏下演唱了伊索尔德在第一幕里的"叙事与诅咒",音质还是那么稳定,最后的高音仍是那么高亢震撼。在所有听众的热烈欢呼声中她又加演了一首用瑞典语演唱的家乡民谣《当我十七岁时》(When I was seventeen),这一次她不用乐队伴奏,即兴清唱并加入了花腔,演唱时脸上焕发出少女时代所具有的那种纯真与幸福的神情与光彩。大都会主办方安排这一幕颇具深意,因为在 100 年前的这一天大都会的开张演出中,饰演古诺歌剧《浮士德》里的玛格丽特的也是一位叫尼尔森的瑞典女高音——克里斯汀娜·尼尔森(Christina Nilsson,1843-1921)。是的,当尼尔森在鲜花和掌声中徐徐走下舞台,当她于 2005 年 12 月 25 日去世之后,这个世界才深深地感到昔日瓦格纳歌剧女高音叱咤风云的的时代将一去而不复返了。

1948 年,时年 30 岁的尼尔森与一名叫贝蒂尔·尼克拉森的年轻兽医在一次旅途的火车上邂逅相遇,他们于当年结成眷属。婚后美满,没有孩子……她一生大红大紫,但无论何时何地她总牢记幼年时母亲教导她的那句话:"永远要脚踩实地,那样当你一旦掉下去时你就不会受到太多的伤害。"……所有这一切,都在她于 1977 年出版的自传《我的回忆》中向喜爱她的人们娓娓道来……

8. "天使之声"

—— 蕾娜塔·苔巴尔蒂
（Renata Tebaldi）

作为世界十大女高音,蕾娜塔·苔巴尔蒂成为一名歌唱家似乎有某种必然,因为在她出生的意大利滨亚德里亚海的港口城市佩扎罗,正是有着"佩扎罗的天鹅"之誉的 19 世纪伟大作曲家罗西尼的诞生地。然而,她最终成就为著名的歌唱家又有着某种偶然,因为如仅凭其资质禀赋,而不是依靠后天倍于他人的刻苦和努力,她的名字或许早已湮没在学习声乐的芸芸众生之中了。

蕾娜塔·苔巴尔蒂 1922 年 2 月 1 日出生于一个音乐家庭,她的父亲是大提琴家,母亲则喜欢唱歌,甚至差点成为专业的歌唱家。不过,这种家庭背景却与苔巴尔蒂没有丝毫关系,因为她仅出生三个月父亲就因有了外遇而抛弃了她们母女一走了之。于是,母亲抱着尚在襁褓之中的女儿回到了娘家——靠近帕尔马的兰格伊拉诺。严酷的现实迫使母亲放弃了当歌唱家的愿望而成为了一名护士,整日为生计而操劳忙累。

有道是屋漏偏逢连夜雨。家里日子本来就过得紧巴巴的,谁知苔巴尔蒂 3 岁时又得了小儿麻痹症,本就单薄的体质就更加虚弱了。她一直到 6 岁才能像正常人一样走路。所幸在患病期间由于无法像其他孩子们那样参加需要用力的活动,反倒使她能有更多的时间去学习她喜爱的音乐。苔巴尔蒂从小就具有一副好嗓子,再加上母亲稍加点拨,后来她成了当地教堂唱诗班的歌童。13 岁那年,母亲用省吃俭用积攒下的钱送她到帕尔马音乐学院去学钢琴。她学得相当勤奋,每天总要练上四五个小时;同时她也没有放下唱歌,从广播中学着把听到的歌曲用她那优美的歌喉唱出来。后来母亲拗不过她的执着,同意她转学声乐。她的老师坎珀加利亚尼(Ettore Campogalliani)对她的要求很严格,据她说在自己被允许正式演唱第一首歌曲之前,光是在练声和音准上就足足花了两年的功夫。

尽管父亲无情地抛弃了她,但苔巴尔蒂仍在假期里到佩扎罗去探望父亲家的亲威。她的叔叔在当地开了一家小咖啡馆，它的一位固定的主顾是前斯卡拉歌剧院的头牌女高音、曾与卡鲁索和蒂塔·鲁弗一起演过歌剧的卡门·梅利斯（Carmen Melis，1885-1967）。如今她是佩扎罗音乐学院的教授。于是，叔叔不失时机地将侄女推荐给了梅利斯。梅利斯在听过苔巴尔蒂的试唱后惊叹道：我从未听过这么美妙的声音，欣然开门纳徒。名师出高徒，以演唱真实主义歌剧见长的梅利斯的教学果然有一套，当跟随梅利斯学习了几次再回到帕尔马时，那里几乎没有任何人相信现在的苔巴尔蒂是先前他们认识的同一个人，因为她歌唱的音质变化实在是太大了。于是，苔巴尔蒂毅然决然地转到了佩扎罗音乐学院梅利斯的班上，除在学期间刻苦勤练外还在课余向老师私人求教。待学生学有所成，梅利斯组织了一个音乐沙龙，将苔巴尔蒂介绍给音乐圈的同行们。1944 年，22 岁的苔巴尔蒂在威尼斯的罗维戈歌剧院以鲍依托的歌剧《梅菲斯托费勒》中的女主角——希腊美女海伦的角色完成了自己的歌剧处女秀。尽管在台上亮相时间有限，但已令人眼前一亮。不久，她就主演了该剧中的女主角玛格丽特，备受欢迎，反响热烈。但初登舞台的苔巴尔蒂似乎还未为自己找到准确的定位，她不仅饰演威尔第、普契尼的歌剧，也演唱过瓦格纳的《唐豪瑟》、《罗恩格林》和《纽伦堡的名歌手》。不过，这一时期梅利斯对她的指点和把控仍显得十分重要，正是经由她的引荐，苔巴尔蒂通过米兰斯卡拉歌剧院总裁和乐队指挥的试听后顺利地进入了战时的剧院，以《奥赛罗》里的苔丝德蒙娜完成了在斯卡拉的首秀。

1946 年，随着二战的结束，因反对墨索里尼独裁暴政而愤然去国的大指挥家托斯卡尼尼如凯旋的英雄般回到了斯卡拉，负责筹备战后歌剧院的重建。属于"苔巴尔蒂的时代"真正到来了！她得到了向大师当面试唱的宝贵机会。她怯生生地演唱了乔尔达诺《安德列·谢尼埃》里的"妈妈逝去了"和威尔第《奥赛罗》里著名的"杨柳之歌"，尤其是后一首的演唱更是充分发挥了自己音色与气息的完美结合。一曲甫毕，大师不禁脱口而出："她的演唱给予我极大的满足！"同年的 5 月 11 日，重新开张的斯卡拉以罗西尼的歌剧《摩西出埃及》作为剧院的开幕大戏。是日，当担任独唱的苔巴尔蒂站在升降机上从高空徐徐而下，一边引吭高唱着剧中的祷告唱段时，在场的听众都亲眼目睹了这一激动人心的时刻。这场演出由托斯卡尼尼亲任指挥。他将这个场面形象地形容为"这是从天而降的天使之声"（Voce d'angelo）。从此，"天使之声"的美誉便不胫而走，成为苔巴尔蒂声乐艺术的代名词。而听众们更从苔巴尔蒂的演唱中依稀寻觅到了 100 多年前传奇女高音、当年该剧的首演者伊莎贝拉·柯尔布兰（Isabella Colbran，1785-1845）的身影；而柯尔布兰正是作曲家罗西尼的妻子。

　　正如当年罗西尼与柯尔布兰的合作令作曲家灵感涌动、佳作迭出一般，托斯卡尼尼与苔巴尔蒂的合作也堪称珠联璧合，相得益彰。在斯卡拉，他们还联袂献演了威尔第的《安魂曲》和普契尼的《波西米亚人》。接着，托翁又鼓励苔巴尔蒂尝试阿依达这个角色。苔巴尔蒂起先有畏惧感，认为阿依达这个角色是为戏剧女高音准备的，怕自己难以演好。又是托翁将她带到录音室里亲自指导她对角色的排练，终于使她在1950年将《阿依达》成功地搬上了美国旧金山歌剧院的舞台。当时与她同台飙戏的是著名男高音德尔·莫纳科以及意大利女中音菲多拉·巴尔比埃里（Fedora Barbieri,1920-2003）。需要指出的是：菲多拉正是苔巴尔蒂的表姐。这次演出的成功直接将苔巴尔蒂推向了国际性艺术舞台的中心。从此，她以一线女高音的姿态亮相于世界各地的重要歌剧院，并为她日后在美国大都会歌剧院辉煌的18年打下了坚实的基础。

　　战后的和平生活催生了歌剧事业的又一次勃兴，与此同时也涌现出了一批歌剧艺术的优秀人才，像苔巴尔蒂这样正处于二十四五岁黄金年龄段的青年歌唱家就有不少。她们在国际舞台上的登堂入室自然为歌剧的繁荣增添了新的生机与活力，但也无可避免地形成了彼此间的竞争与抗衡。这其中尤以苔巴尔蒂与比她小1岁的玛丽娅·卡拉斯的关系更显得引人瞩目。苔巴尔蒂在1950年代早期一直牢固地占据着斯卡拉头牌的位置，然而悄然崛起的卡拉斯却向她发起了挑战。此后，在斯卡拉歌剧院内部就形成了泾渭分明的"挺苔派"和"拥卡派"，并由此而带动了广大的听众也形成了各自的两大阵营。就艺术特点而言，苔巴尔蒂与卡拉斯却又有鲜明的特征区别。尽管她们都属当时"美声唱法"（bel canto）复兴的领衔人物，但苔巴尔蒂的演唱以嗓音醇美、音色的柔润流畅和松弛自如为其特色。她的音质丰满，统一、通透、自然，对声音的控制收放自若，对音准的把握非常考究，几乎无懈可击。她的舞台风格总是显得那么雍容华贵，从容大气。凡此种种都与卡拉斯的歌唱风格迥然有异。

　　然而，艺术观念的歧见或表演风格的差异并不能构成两人直接对抗的必然因素。事实上，媒体和唱片公司为了各自商业利益的推波助澜才是形成这场被称之为"传奇性的个人世仇"（the legendary feud）的真正导因。苔巴尔蒂是DECCA的金字招牌，而卡拉斯则是EMI的摇钱树。很显然，造成两位歌唱家的对峙，形成"有你没我"的局面只会对各自唱片的销量有莫大的好处。比如：意大利的FONO唱片公司就先后发行过三张两人的合集，以此渲染当年的"英雌对决"的场面，然而里面两人所唱的咏叹调却没有一组曲目是能直接形成真正的比拼和对抗的。

　　当然，这场"传奇性的个人世仇"没有演变成"罗密欧与朱丽叶"式的结局。1968年，当苔巴尔蒂在大都会饰演了契莱亚歌剧《阿德里亚娜·莱科芙勒尔》之后，当时已从舞台上渐渐隐退的卡拉斯令人意外地出现在了后台。她手捧鲜花向正在卸妆的苔巴尔蒂表示了祝贺。还有报道称两人抱头痛哭,彼此相拥而笑,了却了多年的宿怨。而这竟也是这两位同时代的伟大女高音的最后一次见面!

继在斯卡拉的成功之后,1955 年 1 月 3 日苔巴尔蒂与德尔·莫纳科合作在美国大都会歌剧院以《奥赛罗》里的苔丝德蒙娜华丽亮相,迎来了她征服美国、征服世界的鼎盛时代。在对待剧目与角色的选择上,苔巴尔蒂显示出她高度的慎重与睿智。她不容许自己饰演的角色有任何的瑕疵,因而不会为追求音量而损毁嗓子,不唱力所不能及的作品。与她多次成功合作的意大利指挥家塞拉芬曾几次劝说她,让她饰演贝利尼的《诺尔玛》,却一再遭到她的婉拒,因为她知道以自己的个性与音色去塑造这样一个艺术形象是事与愿违的。她在大都会的舞台上塑造的最成功的就是苔丝德蒙娜、阿依达、咪咪、巧巧桑、曼侬·列斯科和莱奥诺拉(威尔第《命运的力量》)等柔弱纯情或无辜受难的悲剧性角色,她们已被镌刻上了鲜明的"苔巴尔蒂印记"。

由于出众的艺术造诣和亲切谦和的好人缘,苔巴尔蒂与大都会听众之间营造起了一种特殊的良好互动关系。每逢她在那里登台,总是人头攒动,宾客盈门,因此她被院方称为"票房良药小姐"(Miss Sold Out)。她在大都会的演唱次数超过 270 场,其间还说服了大都会掌门人鲁道夫·宾将被冷落了半个世纪的契莱亚的歌剧《阿德里亚娜·莱科芙勒尔》等冷门歌剧重新搬上了舞台,使它们重又焕发出了艺术的光辉。尽管后来她的演唱也时有声腔不甚连贯的情形发生,然而听众们还是对她报以极大的宽容,仍对她的表演赞赏有加。

1963 年 2 月起,苔巴尔蒂暂时离开了舞台去调整身心,并积极恢复。一年后她重又站上了舞台。正当人们以为从此她再也不敢再唱那些激动人心的高音时,1966 年 9 月她却令人惊叹地向自己发起了挑战。这一次她选择的是此前从未唱过的彭契埃利的《乔康达》,这是一个高难度的角色,人物的情感起伏极大,戏份非常吃重。然而她呈献给听众的仍是圆润饱满的音色和丰沛连贯的气息,尤其是她的中声区音质一如以往那般非凡出众,醇厚甘美。她在大都会的告别演出于 1973 年 1 月 8 日举行,饰演的仍是苔丝德蒙娜,这距离她初登大都会舞台饰演同一角色已经整整过去了 18 年矣。

从舞台上退下的苔巴尔蒂又唱了 3 年,她将人生中的最后一场音乐会献给了自己成名的地方——斯卡拉歌剧院。截至她歌唱生涯结束,苔巴尔蒂一生总共参加了1262 场演出,其中 1048 场为全本歌剧,其余则为独唱音乐会。她为签约的 DECCA 留下了多达 27 部歌剧全剧录音。假若要从这么多的录音版本中挑选最为经典的代表作,则无疑当数她与指挥家塞拉芬合作的《波西米亚人》《蝴蝶夫人》,与卡拉扬合作的《阿依达》《奥赛罗》。此外，还有四部歌剧的录音也不可忽视，因为它们都是与她同一时期的女高音所未曾染指而具有"苔巴尔蒂专利"的真实主义剧作，它们是鲍依托的《梅菲斯托费勒》、卡塔拉尼的《瓦丽》（La Wally）、契莱亚的《阿德里亚娜·莱科芙勒尔》以及乔尔达诺的《安德列·谢尼埃》。DECCA 旗下的 London 发行的"伟大的声音"（Grandi Voci）系列中的苔巴尔蒂卷（London 440 408）堪称是一张蒐集其精华的精选集，它从苔巴尔蒂演唱的 15 部歌剧代表作里撷取剧中最著名的咏叹调，每部一首，可谓是曲曲醉人，音音珠玑。而由独立小品牌 Gala Records 发行的苔巴尔蒂 1974 年 11月 12 日在荷兰阿姆斯特丹皇家音乐厅的独唱音乐会实况专辑（Gala Records 327）里，她在意大利指挥家兼钢琴家爱德华多·缪勒（Eduardo Muller）的钢琴伴奏下演唱了诸如斯卡拉蒂的《别再使我痛苦迷惘》、格鲁克的《啊！我怀着满腔热情》、佩戈莱西的《假如你爱我》、贝多芬的《啊！负心人》以及罗西尼的《承诺》等以往鲜有耳闻的艺术歌曲，得以一窥她被其辉煌的歌剧生涯所掩盖的音乐会演出的艺术风采。

苔巴尔蒂的人生纵然辉煌，但也有其缺憾。她一生从未结婚成家。尽管在演艺道路上曾多次与她的合作者陷入热恋，甚至据说连十分赏识并提携过她的托斯卡尼尼也一度与她引发绯闻，然而事实却是她仍然孑然一身地走完了自己的人生。1995 年在接受《时代》周刊的采访时，这位 73 岁风韵依然的女高音表示对此并不感遗憾："我曾多次陷入爱河，作为女人这是很幸福的。我怎么能同时当一个妻子、母亲和歌者呢？当你满世界地奔波演唱时谁去照料你的孩子呢？如果你有孩子，恐怕他是不会叫你妈妈的，只会叫你蕾娜塔！"2004 年 12 月 19 日苔巴尔蒂以 82 岁高龄病逝于圣马力诺。生前，她在自己的官网上这样为自己盖棺定论："我的歌唱生涯始于 22 岁，止于54 岁。歌唱成了我的生活，32 年的艺术人生凝聚着我的成功、满足和奉献（success, satisfaction and sacrifice）。"是啊！这三个"S"涵盖了这位伟大女高音歌唱家的全部人生价值。

9. 成功的天使

——维克托莉娅·德·
洛斯·安赫勒斯
（Victoria de los Angeles）

20世纪40年代正当苔巴尔蒂和卡拉斯为争夺世界头牌女高音的宝座而斗得如火如荼之时，一位与她俩同时代的西班牙女高音却以其低调的姿态和极富亲和力的舞台形象进入了国际乐坛的中心。不能说她是因前两位歌唱家的"鹬蚌相争"而收获了"渔人之利"，而是由于她的确是凭借其高超的艺术、优雅的表演俘获了歌剧乐迷们的心，从而跻身于世界十大女高音歌唱家之列。她，就是维克托莉娅·德·洛斯·安赫勒斯。英国《独立报》的评论家伊丽莎白·福布斯在她的文章中这样写道："在20世纪五六十年代，不可能想象还有比安赫勒斯在事业的巅峰时期更纯正美妙的歌声了"。

安赫勒斯1923年11月1日出生于西班牙的巴塞罗那，是一个标准的加泰罗尼亚人。她的家就位于著名的巴塞罗那大学附近，而父亲就是巴塞罗那大学的看门人。安赫勒斯从小就喜爱音乐，五六岁时已能自己拨弄着手中的吉他自弹自唱了。在学校里她的歌声使同学们羡慕不已，可有时也会令她的老师们感到厌烦，因为她实在是太喜欢唱歌了，几乎是时时都在欢乐地唱着。17岁那年一个偶然的场合，巴塞罗那大学的一位教授发现了她歌唱的天赋，于是极力推荐少女去学习声乐。然而，在进入巴塞罗那音乐学院之前，她还是没少花功夫去竭力说服思想较为传统保守的父母同意她走音乐之路。在音乐学院，她师从多罗莱斯·弗洛（Dolores Frau，1882-1964）学习声乐，同时又随格拉齐亚诺·塔拉戈（Graciano Tarrago，1892-1973）学习吉他演奏。她敏而好学，又天资聪慧，每门功课都名列前茅，并且只用了三年的时间就学完了六年的大学课程。她的这种学习劲头和优异成绩足以使全校的师生都为之叹服。

1944年，21岁的安赫勒斯首次在公众面前露脸，她在巴塞罗那的音乐会上演唱了蒙特威尔第的《奥菲欧》。尽管其时她还只是音乐学院的学生，但已引起了世人的关注。1945 年 1 月,安赫勒斯的舞台处女秀在巴塞罗那的利切乌大剧院上演了,她饰演的是《费加罗的婚礼》中的伯爵夫人。能够登上利切乌的舞台曾是安赫勒斯童年时代的梦想,她 9 岁起就经常在歌剧院的门外排长队,以期能买到价格便宜的票子去观赏歌剧。如今,梦想实现了!而在利切乌的第二个演出季里,她更是塑造了日后在她一生中四个最具代表性的人物角色:咪咪、曼侬、玛格丽特以及《唐豪瑟》里的伊丽莎白。不过,更使她名声大噪的还是于 1947 年举行的日内瓦国际声乐大赛。

创办于 1939 年的日内瓦国际音乐比赛是当今国际上历史最悠久、门类最齐全的综合性音乐比赛,每年一届。但在声乐领域,直到 1946 年之前的历届优胜者几乎全由来自德国和瑞士的歌唱家包办囊括。然而到了 1947 年,这种由少数国家垄断奖项的局面发生了根本性的改观,来自西班牙的 24 岁选手安赫勒斯以其惊人的表现从 120 名竞争者中脱颖而出,毫无争议地夺得了大赛的第一名——金奖;与此同时来自东欧的捷克、匈牙利、波兰以及奥地利的四位年轻歌手则瓜分了并列第二名的名次。消息传来,米兰斯卡拉歌剧院的总经理当即打电话给安赫勒斯,请这位新科状元前来米兰试唱。孰知令他始料未及的是安赫勒斯却不予领情,她给出的理由竟是"要回家看看,向父母报喜"。

安赫勒斯拒绝了意大利的歌剧院,却没有拒绝意大利的歌唱家。夺冠奏凯归国后,她在首都马德里与著名意大利男高音吉利(Beniamino Gigli, 1890-1957)同台献演了《波西米亚人》《曼侬》,得到了祖国同胞的热情欢迎。要知道这时的吉利早已取代了卡鲁索的地位,称雄歌坛。借助着与这位比自己年长 33 岁男高音歌王"老少配"的机遇,再加之自己在演出中的出色发挥,安赫勒斯由此奠定了她在歌坛上的地位,成为自二次世界大战后涌现出的最令人期待的青年女高音歌唱家。

❦ ❧

正如评论家们以幽默的笔调所指出的那样:安赫勒斯和与她同时期的苔巴尔蒂、卡拉斯相比,在各方面都只稍稍差那么"一点点"。论长相,安赫勒斯算不上是绝顶漂亮;论音质,她也不如后两者那般明丽透亮,然而,她却能根据自己的演唱特点将音色定位为精致而又高雅、纤细然不失弹性的基点之上。她的声线清澈灵活,音色富于变化,表演情感真挚,声情并茂,被誉为"具有融化听众心灵的优美音色"。就本质而言,安赫勒斯属于抒情女高音,其温馨精致、圆润而又楚楚动人的歌喉使她成为演绎咪咪、巧巧桑、薇奥列塔、苔丝德蒙娜、曼侬、玛格丽特、奈达和梅丽桑德等角色当仁不让的出色诠释者。英国《每日电讯报》的评论里特别指出:"她的中声区格外优美,使她在全盛时期保持了二十年的坚强有力和状态稳定的动人音色⋯⋯而她的中低音区在那些具有戏剧性的场景中显得尤为令人难忘,具有非常优美的连音(legato)和异常生动鲜活的音质。"

1950 年,安赫勒斯出现在英国的柯文特皇家歌剧院,她演出的《波西米亚人》令人惊艳,从此,咪咪这个角色成为她舞台艺术上一个最为经典的人物形象。在 1956 年当她得知自己将与著名的瑞典男高音歌唱家约西·比约林(Jussi Bjorling, 1911-1960)合作为《波西米亚人》录音时她更是对此合作充满着向往,因为她非常钦佩比约林的艺术;而比约林对这位比自己年少 12 岁的西班牙女高音也是青睐有加。早在 1953 年比约林就曾希望与安赫勒斯合作录制马斯卡尼的《乡村骑士》,然而麻烦在于他签约的是 RCA,而安赫勒斯则是 EMI 旗下的专属艺员,因而未能如愿。不过,后来在《丑角》的录制中圆了他俩的合作之梦。在 1956 年的这个版本里,与比约林、安赫勒斯共同构成"黄金铁三角"的是著名指挥家比彻姆。比彻姆与作曲家普契尼的关系相当不错,两人曾于 1920 年歌剧在伦敦首演期间一起共过事,故而他对把握、驾驭这部歌剧可谓是心有灵犀,有其独到的见解。这三人的强强合作使得这个录音理所当然地成为了经典版本。其后,比约林与安赫勒斯还合作了普契尼的另一部歌剧《蝴蝶夫人》。安赫勒斯一生中与她合作过的歌剧男主角逾百,但她却唯独对比约林推崇备至,赞叹他那绝无仅有的独特天赋和艺术才华。在她晚年自己的传记里她这样写道:"无论录音技术如何发展,也不可能有任何录音能还原比约林他那最真实的声音,那是一种远比你在他留下的唱片里所听到的更美、更美的动人歌声。"

当然,作为一位来自加泰罗尼亚的歌唱家,安赫勒斯演唱法国歌剧的优势也是与生俱来的,因为加泰罗尼亚民族一直就是同时使用西班牙语和法语两种语言的。但在安赫勒斯塑造的众多歌剧角色里有一个却显得颇有些独特,那就是卡门。因为在旁人看来以她那样的声音条件,似乎像卡门这么一个重量级的歌剧角色未必适合她,毕竟较之那些"传统的卡门",她的音量和音色都要来得更轻型些。然而 1958 年仍是在比彻姆的指挥下,属于安赫勒斯的卡门还是成功地诞生了,这是一个与众不同的卡门! 在演绎《卡门》的过程中她获得了一种以前从未有过的、新的饱满而有力的音质,却又不失人物角色以往那种轻快活泼、性格张扬而又性喜嘲讽戏弄他人的个性本色。她的诠释是不可思议的。这个录音的经典之处还在于:安赫勒斯是录制这部故事发生于西班牙的歌剧全剧的第一位西班牙女高音! 而她为自己本国作曲家留下的一部歌剧经典就是德·法雅的《人生短暂》(La Vida breve)。

1951 年 3 月,安赫勒斯在美国纽约以《浮士德》里的玛格丽特完成了她在大都会歌剧院的首秀,一炮而红,获得了它的长期签约。在此后的十年里她一直是大都会歌剧院的首席女高音,这是她舞台生涯最辉煌的时期。后来她又出人意外地出现在德国拜罗伊特艺术节的舞台上,在德国人普遍认为她不可能是瓦格纳歌剧歌唱家的质疑目光下出演了《唐豪瑟》。正当世人乐于看到她像苔巴尔蒂、卡拉斯一样步入世界歌剧领域的顶端之际,安赫勒斯却又一次出人意外地逐渐从歌剧舞台上隐退了。从 20世纪 60 年代后期起她转而致力于音乐会艺术歌曲的演唱。她的这个决定令所有喜爱她的歌剧迷们匪夷所思,没有人能够确切地解释她在 46 岁这个黄金年龄从歌剧舞台上急流勇退的真实原因。然而,一个不容否认的事实是:在其后的 20 年里,作为一位音乐会歌唱家,她在艺术歌曲领域同样取得了令人瞩目的成就;并且在这一领域除施瓦茨科普夫和继她之后的阿梅林外,几乎没有其他女高音歌唱家能企及她在艺术歌曲演唱领域的艺术高度。

与安赫勒斯终身签约的 EMI 唱片公司于 20 世纪 70 年代推出了一套名为《维克托莉娅·德·洛斯·安赫勒斯:一位天使的歌声》(Victoria de los Angeles—The Voice of An Angel, EMI 2173082, 7CD) 的专辑。这套录制于 1948-1974 年间的唱片近乎全面地展示了安赫勒斯一生的艺术成就,充分体现出她善于以多样的音色、细致的语调以及切合的唱风表达出不同国家、不同时期、不同风格艺术作品的特点,歌路宽广又神形兼备的演唱个性与艺术特征。这套专辑里的第四辑法国作曲家康特卢布 (Marie-Joseph Canteloube, 1879-1957) 根据传统地方方言歌曲搜集改编的《奥佛涅山区歌曲》在 1999 年作为单张唱片 (EMI 66978) 发行时更是激起了唱片界的一片叫好声,成为该曲目的绝对首选之作。其中的一曲《贝莱罗》(Bailero) 以后又经当今跨界当红女歌星莎拉·布莱曼的演绎,曲名变为《牧羊女之歌》,流传影响更为广泛。

安赫勒斯的演唱生涯一直持续到 20 世纪 90 年代,而 1992 年她在故乡巴塞罗那奥运会闭幕式上的演唱也许是她最后一次出现在公众面前。她为人一贯低调稳重,除艺术演出而外很少在其他非职业性的社交场合抛头露面,流言绯闻与之绝迹。1948年,时年 25 岁的安赫勒斯与自己的艺术经纪人恩里克·马格里纳结婚,育有两个儿子。2005 年 1 月 15 日,年老的安赫勒斯因心脏病在巴塞罗那去世,享年 81 岁。

安赫勒斯原名是维克托莉娅·戈麦斯·希玛,而安赫勒斯则是她登上舞台后给自己取的艺名。在西班牙语里,维克托莉娅的意思是成功、胜利;而安赫勒斯的意思是天使。她以其一生的勤奋与追求、卓越与成就最终完美地诠释的就是自己名字的涵义,那就是"一位歌唱天使的成功"。她无愧为"那些伟大的稀世奇珍歌唱家中的一员"(one of the those great rarities)。

10. 歌剧的女神　艺术的化身
—— 玛丽娅·卡拉斯(Maria Callas)

20 世纪乐坛上,假如要从能跻身于著名、杰出或顶尖等头衔的众多女性歌唱家中只挑选一位作为"歌坛之后"的话,相信大多数人都会毫不犹豫地选择卡拉斯。因为在他们心目中,她早已超越了凡人的认知范畴,达到了神祇的境界,是一位当之无愧的女神。与卡拉扬齐名的世界著名指挥家伯恩斯坦一生只指挥过卡拉斯演唱的一部歌剧,但就是这仅有的一次合作,却使他由衷地发出了"卡拉斯的声音是歌剧的圣经"(the Bible of opera)的赞叹。2006 年,权威的《歌剧新闻》刊文写道:"在卡拉斯去世近 30 年后,她依然是今天定义歌唱家们是否能成为歌剧头牌女伶的标尺,她的影响之不朽超过了 20 世纪的任何一位(女性)歌唱艺术家!"

玛丽娅·卡拉斯 1923 年 12 月 2 日出生于美国纽约一个希腊移民的家庭里。在这个希腊东正教徒的家里,刚出世的小女孩的名字是索菲娅·塞西莉娅·卡洛格罗普洛斯。后来,只是为了更便于人们称呼才将繁复拗口的姓氏改为卡拉斯。卡拉斯的童年并不幸福,她曾说:"儿童时代理应有一个奇妙而精彩的童年,可我没有一而我希望我有!"

她的母亲就像贝多芬的父亲,尽管望女成凤,但她施予女儿的永远只有一味的严厉苛责和永无止境的更高目标。但卡拉斯的音乐天赋也实在不得不令人叹服。有一次,全家人都围坐在收音机旁收听电台里播放的大都会歌剧院上演的歌剧《拉美莫尔的露契娅》。当听到歌剧里那个著名的发疯场景时,小卡拉斯突然站起来叫道:"露契娅唱走调了!"母亲马上斥责道:"胡说!那是莉莉·庞斯,大都会的头牌女高音,她是不会唱错音的。"这时的卡拉斯脸涨得通红,她睁大了眼睛回应道:"不管她是谁,反正她就是走调了!"俗话说三岁看老,少女时代的卡拉斯强烈的音准概念和不屈的鲜明个性由此显现端倪。

后来,她的父母分居了,母亲把她带回了希腊,那时她才 13 岁。母亲曾试图把她送入雅典音乐学院学习,但没有成功,因为她的声音不曾经过任何训练,丝毫不能打动人。倒是希腊国立音乐学院的女教授玛丽娅·特里维拉(Maria Trivella)勉强收下了她,但不久她也对这个小姑娘失去了信心,因为看上去她既不是花腔女高音,也不是戏剧女高音。眼看着跟随特里维拉学了两年,进展缓慢,于是母亲又想方设法去找了音乐学院的另一位女教授,她就是西班牙著名的花腔女高音埃尔维拉·德·伊达尔戈(Elvira de Hidalgo, 1891-1980)。卡拉斯为伊达尔戈试唱了韦伯歌剧《奥伯隆》里巴格达公主莱契娅的咏叹调"海洋,你这巨大的怪物"。尽管唱的声音毫无节制,但卡拉斯却在演唱中投入了非常强烈的戏剧情感,这打动了伊达尔戈,因为这位昔日美国大都会的头牌女高音在卡拉斯身上看到了她所具有的歌唱与表演的巨大潜质。她收下了这个学生。于是在 1939 年秋,卡拉斯得以正式进入希腊国立音乐学院,成为伊达尔戈班上的一名学生,这年她 16 岁。

伊达尔戈也许是"美声唱法"(bel canto)最后一位真正的伟大教师,因为她有着一套极为科学系统的训练方法。卡拉斯说:"作为一个十几岁的女孩子我几乎是立即就投入了她的怀抱,这意味着从此我将掌握美声唱法的方法和诀窍……简而言之,美声唱法在它自身的歌唱体系里就是一种百试百灵、安全无懈可击的语言!"

而伊达尔戈也对这位先天条件差强人意、长得胖嘟嘟又戴着大大的近视眼镜的学生赞赏有加。在伊达尔戈的正确引领下,卡拉斯开始走上了歌唱舞台。她第一个专业的舞台角色是 1942 年 2 月在希腊国家歌剧院饰演苏佩的轻歌剧《薄伽丘》里的理发师之妻贝娅特里丝,已经小露锋芒。据当时担任合唱的一位女歌手回忆:"甚至在排练中玛丽娅那难以置信的表演才能就已彰显无遗。从那时起,其他人便开始想方设法去阻扰她的脱颖而出。"然而,卡拉斯生就一副敢于与任何人抗争挑战的性格。就在同龄人的嫉妒眼热中,同年 8 月她又第一次饰演了《托斯卡》;而在希腊时期她最成功的角色是《乡村骑士》里的桑图查。

二战后,希腊获得了解放。伊达尔戈鼓励她到歌剧的故乡意大利去创建自己的声誉。于是在 1945 年 9 月,卡拉斯离开了祖国,这时的她已在七部歌剧里出场了 56 次,因此她对自己的意大利之行充满着自信:"当我去寻求我的事业时,对于我而言已不再有任何的成功值得我去过分的惊喜了。"

在意大利的古城维罗纳,22 岁的卡拉斯遇上了日后在她艺术和人生中两个极为关键的人物。这两个比她大三四十岁的意大利人一个成了她艺术生涯中的导师,而另一个则成了她日常生活中的伴侣。在意大利,塞拉芬是声名仅次于托斯卡尼尼的著名指挥大师,虽然他只是与卡拉斯第一次见面,却颇为看好眼前这位体魄硕壮的姑娘,并独具慧眼地预言:"这个女孩凭借着她的勇气和巨大的声音将会给歌坛带去强大的冲击。她的将来一定非常美好!"塞拉芬邀请她在维罗纳的古代圆形剧场饰演了彭契埃利的《乔康达》。第一次饰演如此有难度的角色,卡拉斯却以绝对的自信与勇气迎接了挑战。尽管当时她的声音仍属于那种大号的戏剧女高音,还未自觉地运用典型的美声唱法去演绎那些纯粹的美声歌剧,但是演出还是获得了赞誉。对于塞拉芬,卡拉斯在她的回忆中曾发自肺腑地说:"真的很幸运!是塞拉芬教会我演歌剧必须要充满感情,要把人物表现得有血有肉,尽美尽善。他让我理解了什么是音乐的深度,歌唱的依据。从他那儿我真的、真的尽情地领略到了我所能得到的一切!"

同样在维罗纳,卡拉斯结识了一位比自己年长近30岁、出生于当地的殷实富商乔凡尼·梅内基里。梅内基里非常喜欢音乐,更为卡拉斯的歌声所倾倒。或许是一个人只身在外缺乏情感的慰藉,1949年,这对年龄相差悬殊的人结合在一起了,梅内基里也自然成了卡拉斯的艺术经纪人。在之后的十年里,他运用自己的商业眼光和人脉影响,为即将到来的"卡拉斯王朝"打开了成功之路。

真正的转折发生在1949年的威尼斯!当时卡拉斯正准备在凤凰歌剧院上演瓦格纳《女武神》里的布伦希尔德。不过,在同一剧院,原先将饰演贝利尼《清教徒》里埃尔维拉的另一名意大利女高音玛格丽塔·卡罗西奥(Margherita Carosio,1908-2005)突然病倒了。这天,卡拉斯接到了塞拉芬的电话。在电话里后者推荐她去火速救场。卡拉斯听了电话有些发晕,因为还是在音乐学院时伊达尔戈曾教过她《清教徒》里的一首咏叹调,而且还是看着谱子唱的;要演全剧她可连总谱都没看过啊!但塞拉芬却不想给她拒绝的机会,他要求卡拉斯必须在六天里准备好完成埃尔维拉这个角色,并坚定地表示"我保证你能做到"!在歌剧史上,还从来没有一位歌唱家曾在相同的时间段里同时饰演布伦希尔德和埃尔维拉这两个天差地别的角色。塞拉芬也知道这的确是太难了,于是他竟扔下了正在排练的整支乐队,亲自到卡拉斯下榻的酒店房间里指导卡拉斯如何唱好这个新的角色。所谓"临阵磨枪,不快也光",这位"速成"的埃尔维拉终于由卡拉斯呈现在舞台上,演出引起了巨大的轰动。当时,著名的意大利电影、戏剧导演弗兰科·泽菲雷利也在现场。他说:"在威尼斯发生的这一幕真是太不可思议了!只有精通歌剧的人才能意识到卡拉斯的成就有多么巨大。本该演唱瓦格纳的人去唱了贝利尼,就如同以演唱瓦格纳歌剧著称的比尔吉特·尼尔森一夜之间替代了以花腔见长的贝弗莉·西尔斯(Beverly Sills,1929-2007)。"卡拉斯的这次成功在她的人生艺途上堪称里程碑。此后,她就被视为是19世纪美声歌剧最理想的诠释者,这种荣耀的光环使她迅速超越了同时代的其他任何女高音,成为歌剧界最璀璨耀眼的明星。她的第一批唱片录音也都诞生于这一年。而在她的第一张唱片 (My First Record, Fono 1006)里收录的正是她在 1949-1950 年间演唱的贝利尼《诺尔玛》里的"圣洁女神,银光四射",《清教徒》里埃尔维拉的发疯场景以及瓦格纳《特里斯坦与伊索尔德》里的"爱之死"和《帕西法尔》里第二幕终场康德丽的咏叹调,其反差之强烈、情感之真挚已经尽现无遗了。

　　卡拉斯被誉为歌剧女神不是偶然的,她在 20 世纪歌剧舞台上的经历堪称是一个难以再现的神话、难以复制的奇迹,因为从她的一飞冲天到迅速陨落,其间的辉煌时刻仅有短短的十年! 然而,就是这十年的艺术成就却足以使她傲立歌坛风云的风口浪尖,睥睨圈内圈外的褒贬毁誉。她在第二次世界大战后的世界歌剧艺术格局中至少有两项重大贡献是旁人难以企及的,那就是她带动了战后美声唱法学派的全面复兴和她以自身的经典诠释体现了声乐与戏剧两者在歌剧艺术中的全面平衡。

　　在 19 世纪中期以后,歌剧表演的舞台已让位于以威尔第、普契尼为代表的现实主义、真实主义表现风格;而以罗西尼、贝利尼、唐尼采蒂、凯鲁比尼和梅耶贝尔等为代表的"唯美派"美声歌剧崇尚以技巧高超的华美旋律去表达歌剧角色千姿百态、复杂多变情感,已很少再被歌唱家们青睐。自从卡拉斯在威尼斯饰演埃尔维拉成功之后,一系列为人们阔别已久的美声歌剧角色如诺尔玛、阿米娜(《梦游女》)、伊莫金(贝利尼《海盗》)、露契娅、安娜·波莱纳、菲奥莉拉(罗西尼《土耳其人在意大利》)以及乔康达和薇奥列塔等演出的邀约便接踵而至。除此之外,在 1949 年去南美巡演中她又增添了阿依达、图兰朵这样的戏剧性角色。而所有这些角色都是在与塞拉芬指挥的合作中完成的。塞拉芬曾这样高度评价卡拉斯:"这个女性能演唱任何为女性声部所写的作品";而卡拉斯终身签约的 EMI 唱片公司掌门人莱格更是声称卡拉斯拥有对于一位伟大歌唱家而言最基本的要素,那就是"一个即刻就能被辨识的嗓音"! 卡拉斯的音域范围极广,可以从中央 C 以下的升 F 一直唱到高音 E,几乎达到三个八度。她的嗓音穿透力强,能随意变换音色并且非常灵活,这也使她能比别人胜任更多的歌剧角色。1954 年,卡拉斯在芝加哥抒情剧院的落成开幕大戏里饰演《诺尔玛》,这是她在美国头一次饰演这个自己人生中最经典的角色。美国的媒体以"抒情剧院在卡拉斯演唱诺尔玛的歌声中诞生了"为通栏标题进行了报道。1956 年 10 月 29 日她第一次登上了纽约大都会歌剧院的舞台,仍饰演《诺尔玛》。而这一次,她的诺尔玛剧照则直接刊上了具有世界声誉的《时代》周刊的封面。

　　卡拉斯的戏剧天赋同样伟大。与她同时代的绝大多数女高音不同,她与生俱来的戏剧表演禀赋使得她在塑造歌剧形象时如虎添翼,也使得她在确立那些性格复杂、情感跌宕起伏的人物如诺尔玛、埃尔维拉、露契娅、美狄娅、卡门和托斯卡等角色并赋予她们真挚鲜活的个性方面尤其显得如鱼得水,得心应手。她在歌唱中所展现的情感投入与戏剧张力彰显在每一个细节之中。这无疑得益于伊达尔戈和塞拉芬对她长年的浸淫提点,更缘自她对作品本能的感悟和把控。1950年代与苔巴尔蒂"双雌对峙"的岁月里,她曾将自己与苔巴尔蒂的演唱比喻为"香槟与干邑白兰地(Cognac)",言下之意就是苔巴尔蒂的演唱虽甜美可口,但却是每个人都能接受的千曲一面,平淡无奇。正如与她合作、指挥了1955年那个著名的斯卡拉版《茶花女》的指挥家朱利尼所亲身体验的那样:"要描述卡拉斯的声音是非常困难的。她的嗓音是一种非常特殊的乐器,它既像弦乐里的小提琴,又是像中提琴或大提琴。当你听到她以这样的嗓音演唱的一瞬间,你的第一感觉就是它有些奇异;然而,只需几分钟之后当你熟悉了它,你就会感到这种声音成了你的朋友;它变得那么富于魔力,使你再也离不开它。这,就是卡拉斯!"

卡拉斯堪称古典音乐领域最值钱的声乐艺术家,她录制的唱片不仅数量多,种类全,而且销量惊人。难怪有人说当初EMI发财起家依靠的就是一副嗓子(卡拉斯)、一个指挥(卡拉扬)和一支乐团(爱乐管弦乐团),此话不无道理。卡拉斯的唱片在EMI的目录上品种繁多,应有尽有。2002年,EMI发行了一套《四十位女高音》的唱片(Les 40 Sopranos,EMI 75287,2CD),将卡拉斯当之无愧地列在四十位之首。而德国的Membran则在2006年为她发行了蔚为大观的十年精选豪华套装(Membran 224097,26CD)。

所谓峣峣者易折,皎皎者易污。这正是卡拉斯的人生写照。卡拉斯一生都致力于追求歌唱的真谛,却很少在意演艺圈内的世态炎凉和人情世故。或许早年母亲的高压和严苛造就了她高度独立和叛逆反抗的性格,她说话行事喜欢直来直去,不善委蛇巧饰。于是乎"不要和我谈规则,我在的地方由我来定这该死的规则"被视为傲慢,狂妄;她后来与母亲的紧张关系又被斥为冷酷无情。她在媒体的妖魔化渲染中被形容为一头到处向人挑衅的"母老虎"(tigress),令人望而生畏。而后来以将她从大都会"炒鱿鱼"而声名大振的大都会总经理鲁道夫·宾更是称她为"曾合作过的最难伺候的艺术家"。为了使自己的舞台形象更仪态万方,明媚动人,卡拉斯硬是将早年91公斤的体重减成了55公斤,在从"畸形的胖子"到变身为"舞台上最漂亮的女性"的同时,也使自己的声音条件受到了一定程度的损害。她在希腊船王奥纳西斯的狂热追逐下放弃了与丈夫的十年婚姻,投入到这个身材矮胖、举止粗鲁的世界首富怀里,却最终又遭无情的背叛,情感创伤更令她心力交瘁,在歌唱事业如日中天之际就早早地告别了舞台,最后于1977年9月16日在孤寂中离奇地死于巴黎的寓所内,年仅54岁。

卡拉斯一生塑造得最成功、最鲜活、最经典的都是悲剧性的歌剧角色;她自己的一生也具有强烈的悲剧色彩。她奇诡灵异、跌宕起伏的人生就如同电影界的玛丽莲·梦露一样给后人留下了太多至今无法参透的谜;而她那声情并茂、激动人心的歌声又令后人反复品味,永难忘怀。斯人已逝,其音长存。行笔至此,不由得浮现出宋代柳永《雨霖铃》中的词句:便纵有千种风情,更与何人说。

CALLAS FOREVER!

卡拉斯饰演《茶花女》里的
薇奥列塔

卡拉斯与她的恩师伊达尔戈(右一)

11. 感动世界的俄罗斯女高音
—— 加琳娜·维谢涅夫斯卡娅
（Galina Vishnevskaya）

提及加琳娜·维谢涅夫斯卡娅，人们从来都是将她与她的丈夫——世界著名的大提琴艺术家兼指挥家姆斯蒂斯拉夫·罗斯特罗波维奇的名字紧密地联系在一起的，也和 20 世纪下半叶前苏联的政治文化生活紧密地交织在一起。因为他们的个人遭际与悲欢离合已成为那个诡异动荡、风云变幻的时代的一个缩影和写照。他们以其自身的作为和选择表达了一位艺术家所秉持的维护尊严、正义直言的高尚人格。正是这种人格力量与他们精湛卓越的艺术技艺赢得了全世界人们的尊重和爱戴。

加琳娜·维谢涅夫斯卡娅 1926 年 10 月 25 日出生于列宁格勒（今圣彼得堡），她的父亲是附近海军基地的一名军官，母亲则是波兰裔女子，有吉卜赛血统。加琳娜从父亲那里沿袭了出色的声乐天赋基因，又从母亲那里遗传了吉卜赛民族特有的美丽的容貌和热情的性格。加琳娜是由其祖母带大的。军营附近充斥着贫穷饥馑的景象和酗酒斗殴的风气，就在周遭如此恶劣的社会环境中加琳娜却如同淤泥中的一叶嫩荷，出落得亭亭净植，香远益清。她天生有一副好嗓子，又有敏锐的听觉和良好的乐感。凭借着祖母给她的一台老式留声机跟着唱片边学边唱，对听过的歌曲能够过耳不忘。"每当此时，仿佛和小伙伴的玩耍也都变得不重要了"，她说。她也曾去里姆斯基-科萨科夫开设的音乐学校去学习，可她那令人过目难忘的美貌还是给她带来了麻烦，这位当地的头号美人招致了全城男人的垂涎追逐。为了生计，17 岁那年，她草草地嫁给了基地的一个下级军官维谢涅夫斯基。由于两人根本没有共同的语言和志趣爱好，加琳娜很快又离了婚，但却保留了维谢涅夫斯卡娅这个姓氏。

离婚后的加琳娜靠那走穴式的小分队演出积攒了足够的钱，以每小时一卢布的学费向一位 80 岁的声乐女教师薇拉·加莲娜学艺，这才算真正走上了艺术之路。薇拉对出身寒微却心比天高的加琳娜说："你将成为一名女高音歌唱家，而且是歌剧中的女高音。你将是未来的明星。"不过，对当时温饱尚难自保的加琳娜而言，老师的鼓励和期望不啻画饼充饥。为了生存，她又去了州轻歌剧团，结果又被该剧团的团长马克·鲁宾盯上了。死死纠缠的结果是18岁的加琳娜又一次成了新娘，嫁给了比自己整整大22岁的鲁宾。靠着这层关系，她才在剧团里站住了脚，饰演一些侍女之类的配角和唱些地方上的通俗歌曲。

同年，她与鲁宾的儿子出生了。当时正值二战期间，德军包围了列宁格勒，许多市民被活活饿死。加琳娜在她的回忆录中描述了她是如何在那个艰难的时刻几次被从死亡边缘拉回来的。她还未来得及品尝初为人母的喜悦，两个月后婴儿就因食物中毒而夭折；而她自己也患上了肺结核被送进了医院。这差一点葬送了加琳娜日后的歌唱生涯，因为它已严重地损害了她的肺功能。为了尽快地恢复，她不得不设法到黑市上去买一些抗生素。在医院疗病期间她痛定思痛，决心离开看不到任何希望的轻歌剧团。她与鲁宾分了手，再不想依靠男人去改变自己的命运。1952年的一天，加琳娜在涅瓦大街上无意中发现了一幅莫斯科大剧院招收进修班学员的海报。她喜出望外地报了名并参加了选拔，结果一鸣惊人：这位没有任何学历和受过系统训练的"流浪艺人"竟因出色的嗓音条件被破格录取为大剧院的歌唱演员。1953年10月，加琳娜在大剧院首次登台，饰演柴科夫斯基歌剧《欧根·奥涅金》中的女主角塔吉娅娜，一炮而红，从此她平步青云，彻底告别了往昔不堪回首的"卖艺"生涯，登上了歌剧院的殿堂。她以其得天独厚的优美嗓音和动人外表迅速成为了大剧院的新宠，并在最短的时间里一跃而成为令人折服的头牌女高音歌唱家。

在加琳娜·维谢涅夫斯卡娅的演唱生涯中，她唯一的恩师薇拉·加莲娜对她的教诲和指点影响了她的一生。正是薇拉帮她准确地找到了自己的定位——抒情/戏剧女高音（spinto），而在此之前她一直认为自己是一个女中音。的确，与同一时期涌现出的西方女高音不同，作为俄罗斯女高音，她的演唱音域更广，兼有女高音和次女高音的宽阔音区，音色圆润醇厚，声腔共鸣更为浑厚。在演唱中，她的声区转换是那么地自然连贯，巧妙妥帖，各声区间的过渡音运用得极好，听不出任何明显的声区分野，给人以流畅纯正、浑然一体的感觉。她的声区能达到两个半八度，这就使她既能得心应手地诠释如塔吉娅娜、娜塔莎（普罗科菲耶夫《战争与和平》）、凯瑟琳（舍巴林《驯悍记》）、玛琳娜（穆拉杰利《十月》）和柳儿（普契尼《图兰朵》）等典型的抒情女高音角色，又能驾轻就熟地演绎卡捷琳娜（肖斯塔科维奇《姆钦斯克县的麦克白夫人》）以及西方歌剧里的莱奥诺拉(贝多芬《费德里奥》)、阿依达、巧巧桑、薇奥列塔等戏剧女高音角色。她仿佛天生就注定是为歌剧舞台而生的。1960年5月她出现在萨拉热窝国家剧院饰演阿依达;1961年她首度访美,在大都会亮相演的又是阿依达;又过了一年,她仍以同一角色作为登上伦敦柯文特皇家歌剧院的处女秀。1964年,加琳娜在米兰斯卡拉歌剧院饰演的则是《图兰朵》里的柳儿,与她同场飙戏的是瑞典的"霹雳女高音"尼尔森,饰演卡拉夫王子的则是世界十大男高音之一的弗朗科·柯雷利。她的演唱受到了西方舆论的高度评价,他们盛赞她温柔甜美的音色、清脆流畅的吐字和非凡出众的连音(legato),称她的演唱具有"热情洋溢、催人泪下的表演风格"。而在所有俄罗斯歌剧艺术的保留剧目中,加琳娜更是20世纪下半叶当仁不让的第一人。她不仅在音乐艺术领域一骑绝尘,而且还以积极的姿态介入时代发展的进程。这在很大程度上与她结识了日后的丈夫罗斯特罗波维奇有着莫大的关系。

尽管加琳娜和斯拉瓦(罗斯特罗波维奇的爱称)都是各自领域内的佼佼者,然而在1955年之前他俩对对方却毫无所识。他俩是在捷克首都布拉格邂逅相遇的。当时的加琳娜正随大剧院出访捷克,应邀在"布拉格之春"艺术节上演出《欧根·奥涅金》,这也是她首度走出国门;而斯拉瓦其时则是艺术节的大提琴比赛评委。两人在一次官方的招待会上不期而遇了。28岁声名大噪然而情感世界还一片空白的大提琴家一见加琳娜惊为天人,立即开始了对她的狂热追求。"当时我从未听过他的演奏;而他也没有听过我的演唱,因而我们的结合绝不是被对方的名声和地位所吸引。"由于加琳娜过往的两段婚姻以及令人心酸的早年遭际,他们生怕回国后他们的结合会遭到更多的舆论非议,于是决定就在布拉格这个富有诗意的城市缔结良缘,共谱爱曲。

加琳娜与斯拉瓦的恋爱过程尽管速战速决,然而他们坚贞不渝的情感维系却决定了他俩将相伴一生一世。婚后的加琳娜迎来了她艺术生涯的辉煌时期;而斯拉瓦为了能和妻子经常在一起,竟然还亲自担任妻子音乐会上的钢琴伴奏。原来这正是他4岁起就练就的童子功,还一直未有施展的时机呢!从此夫妇俩便妇唱夫随,如影随形,丈夫成了她的专职钢琴伴奏。加琳娜演唱专辑里的录音便是他俩默契合作的成果见证。而当加琳娜演唱歌剧时,丈夫又当仁不让地成了歌剧的乐队指挥,如加琳娜的几部代表作:《姆钦斯克县的麦克白夫人》(EMI 49955,2CD)、《鲍里斯·戈东诺夫》(Erato 45418,3CD)、《战争与和平》(Erato 45331,4CD)等就都是由斯拉瓦指挥而成为权威名版唱片的。

在婚后的漫长岁月里,这对艺术伉俪始终保持着对艺术、对人生和信念的高度一致。他们荣辱与共,不仅在如日中天的时候能齐头并进,同享辉煌;而且在遭遇挫折困顿,面临人生抉择的关键时刻也始终相濡以沫,不离不弃。这突出地表现在他们与前苏联作曲家肖斯塔科维奇、英国作曲家布里顿的友谊上。

　　20世纪60年代,他们与作曲家肖斯塔科维奇比邻而居。斯拉瓦视肖氏为自己的精神导师,对他的作品和人格推崇备至;而肖氏也深为这对邻居夫妇杰出的艺术才华而折服,分别为他们创作了不少得意之作。如他就曾为加琳娜创作了声乐套曲《讽刺诗集》(Satires),但这部作品遭到了当局的禁演,理由是怀疑它所要讽刺的内容指向"有问题"。于是作曲家又将另一部声乐套曲《根据亚历山大·布洛克诗篇而作的七首浪漫曲》题献给她,并在1966年的首演音乐会上亲自为加琳娜的演唱担任钢琴伴奏。而这也成为这位20世纪最伟大的作曲家在公众场合的最后一次登台演奏。此外,肖氏还为穆索尔斯基的声乐套曲《死之歌舞》重新编配了管弦乐版,也交由加琳娜夫妇首演。这两部作品连同歌剧《姆钦斯克县的麦克白夫人》第三幕由EMI作为"20世纪伟大艺术家系列"予以再版(EMI 82829)。作品中所折射出的作曲家对于死亡本质的冷峻思考经由加琳娜那富有思辨与情感的诠释而更凸显其作品的深意要旨。而《死之歌舞》另有一个钢琴版,由加琳娜演唱,斯拉瓦伴奏,同样精湛精彩(Philips 446 212)。必须指出的是,肖氏在创作中构思题为"亡灵之歌"的《第十四交响曲》(1969年)以及由《姆钦斯克县的麦克白夫人》更名的《卡捷琳娜·伊兹梅洛娃》的歌剧新版(1963年)时在创作过程中,作品中的女高音声部都是专为加琳娜所预留的,并由她首演成功。

　　同样的情形也出现在英国作曲家布里顿的创作之中。他与加琳娜夫妇是在1961年伦敦的一次音乐会上相识的,由此奠定了他们之间的终身友谊。布里顿受考文垂圣米切尔大教堂邀约,为重建的大教堂落成仪式所作的《战争安魂曲》于1962年5月30日首演。作品中的女高音声部本来就是依据加琳娜的嗓音特点而创作的,可是前苏联当局却不允许加琳娜前往考文垂参加首演。主办方不得已只得另请英国女高音希瑟·哈珀(Heather Harper,1939-)入替。但到了第二年,由加琳娜与英国男高音彼得·皮尔斯和德国男中音迪特里希·菲舍尔-迪斯考合作,并由作曲家亲自指挥的录音版本还是被全世界的人们所听到了,它成了这部作品最经典的权威版本(DECCA 425 100)。至于加琳娜演唱的西方歌剧咏叹调,尽管数量较少,但仍可在德国的Preiser发行的"真实的历史"系列里的加琳娜专辑(Preiser 89690)中一聆真切。

　　由于同情并庇护了被苏联当局视为"持不同政见者"的诺贝尔文学奖得主亚历山大·索尔仁尼琴,斯拉瓦和加琳娜这两位苏联"人民艺术家"的地位和待遇发生了急剧的变化。斯拉瓦被官方以"技艺明显衰退"为由而遭封杀;而加琳娜的歌剧演出则惨遭音乐评论的"集体失语"。在如此恶劣的社会环境下,1974 年他们不得不带着两个女儿全家被迫离开了祖国。而在他们离开后,他们的公民权也随之被褫夺了,理由竟是他们"有计划地损害了苏维埃的声誉"。

事实上,在加琳娜歌唱的全盛时期西方听众很少能见识到她的艺术风采。当她与丈夫移居西方时她已年过 48 岁了。这时期她的演唱也会出现发声粗砺或音准摇晃的迹象。然而,她那精致优雅的音质和高度投入的情感张力仍是其歌唱艺术最吸引人的个性特征。如她 1975 年在美国大都会的演唱就被西方媒体誉为"一颗划过天际的璀璨明星";而长期以来她一直精心地保持着自己的体重和体形,这样,她在舞台上所塑造的艺术形象则是绝大多数俄罗斯歌唱家们都为之羡慕嫉妒恨的。随着斯拉瓦 1977 年被任命为美国华盛顿国家交响乐团的首席指挥,他们重又成了国际乐坛上的风云人物。而当 1993 年斯拉瓦率领着他的乐团重新回到了去国经年的家乡,在莫斯科红场上奏响了柴科夫斯基的《第六交响曲》时,全世界的人们都通过广播电视见证了这历史性的一刻。在俄罗斯加琳娜发起成立了以她与斯拉瓦名字命名的基金会,为贫苦的同胞和孩子提供食物、药品和医疗设备;她还成立了自己的歌剧艺术中心,旨在发掘和培养年轻的声乐艺术人才。

1982 年,56 岁的加琳娜宣告结束自己长达近 40 年的歌唱生涯。在告别演出中她在巴黎大歌剧院最后一次演唱了她毕生挚爱的《欧根·奥涅金》,仍由斯拉瓦担任乐队指挥。而当 2007 年斯拉瓦去世后,加琳娜又以一个令人意想不到的形象出现在公众面前。当年 5 月,在第六十届法国戛纳国际电影节上首映了由当代著名俄罗斯导演亚历山大·索科洛夫执导的新片《亚历山德拉》(Aleksandra),影片里那位白发苍苍的老祖母就是由时年 81 岁高龄的加琳娜饰演的。索科洛夫也是 2005 年执导加琳娜与斯拉瓦这对艺术伉俪的纪录片《人生的祭奠》(又名《挽救生命》,Elegy of Life)的导演。而加琳娜本人的那部自传:《一个俄罗斯人的故事》(A Russian Story)于 1985 年 10 月出版后,更被法国当代作曲家马塞尔·兰多夫斯基(Marcel Landowski,1915-1999)在 1996 年改编为歌剧搬上了舞台。2012 年 12 月 13 日,加琳娜因病在莫斯科辞世,享年 86 岁。斯人已逝,她那传奇性的人生就这样通过文字、通过音乐在不断地向人们诉说着她的音乐之恋,祖国之恋……

12. 声如洪钟的
全能花腔女高音
—— 琼·萨瑟兰(Joan Sutherland)

澳大利亚的历史与欧洲那些发达的国家相比只能算是一个小弟弟。然而,令人不可思议的是:就是在这片被传统欧洲人视为"文化沙漠"的大地上,却先后诞生了两位足以影响世界歌剧进程的著名女高音。除了内莉·梅尔芭外,就在她于英国柯文特皇家歌剧院举行告别演出的五个月后,另一个歌剧生命就如同是冥冥之中上天安排好了似的降临到这个星球上。这位被誉为"梅尔芭再世"、成为 20 世纪十大女高音的歌唱家,就是琼·萨瑟兰。

萨瑟兰(Sutherland)这个姓氏源自苏格兰一个古代的郡县名,居住在那里的人就以此地名作为家族繁衍的姓氏。因而很显然,琼·萨瑟兰的祖上来自苏格兰。她1926 年 11 月 7 日出生在新南威尔士州首府悉尼,父亲是一名裁缝,但在她 6 岁时就去世了。她的母亲是一名女中音,曾经专门学过声乐,但却从未吧歌唱当成一种赖以安身立命的职业。不过,母亲对少女萨瑟兰的影响是无可估量的,她从小就是在母亲的练声和吟唱的民歌声中长大的。母亲还教她学习声乐与钢琴。从圣凯瑟琳中学毕业后她曾在一家公司担任过短期的秘书工作,同时开始跟随一对音乐夫妇约翰·狄肯斯和艾达·狄肯斯学习声乐。嗣后,萨瑟兰进入悉尼音乐学院。1947 年,21 岁的萨瑟兰在家乡完成了她的人生处女秀,在音乐会上饰演了普塞尔歌剧《狄多与埃涅阿斯》里的女主角。首演的成功使她荣获了澳洲最主要的音乐大奖"太阳奖",引起世人的关注。4 年后,作为悉尼音乐学院的优等生她在时任该院院长的英国作曲家欧根·古森斯(Eugene Gossens,1893-1962)的歌剧《犹滴》(Judith)里出色地演绎了这个犹太民族女英雄,她成为萨瑟兰登上歌剧院舞台的第一个歌剧角色。

在悉尼音乐学院求学期间,萨瑟兰结识了一位名叫理查德·波宁吉(Richard Bonynge,1930-)的钢琴系男生。波宁吉不仅钢琴弹得棒,并且还热衷于指挥,是学院合唱团的声乐指导兼指挥。而萨瑟兰凭借其出色的嗓音是合唱团里引人瞩目的"女一号"。两人就在青葱岁月的学生时代萌发了彼此倾慕的爱意。当波宁吉获得奖学金去英国皇家音乐学院深造后,为了追随心爱的人,更是为了求得在声乐艺术上更高的造诣,萨瑟兰也离别家乡去了英国,进入皇家音乐学院师从著名的英国男中音克里夫·卡雷(Clive Carey,1883-1968)。不久,卡雷推荐她去柯文特皇家歌剧院试唱,当即被录取为备选的女高音。1952年10月,萨瑟兰完成了在柯文特的首秀,在莫扎特的《魔笛》里饰演夜女王麾下的第一侍女。虽说这个角色无足轻重,但一个月后她的境遇就大相径庭了。同年11月,她得到了在《诺尔玛》里饰演女配角克洛蒂尔德的机会,而在剧中饰演女主角诺尔玛的竟是正如日中天的玛丽娅·卡拉斯!这次的演出对萨瑟兰日后的艺术生涯意义重大,因为在与卡拉斯这位世纪歌后的同台演出中她头一次切身地感受到美声歌剧的艺术魅力以及卡拉斯那无与伦比的戏剧天赋。当然,当时初出茅庐、茅塞未开的萨瑟兰是不敢想象有朝一日自己将取卡拉斯而代之,成为20世纪最经典的诺尔玛的。

　　早年的萨瑟兰尽管已步入歌剧演艺之路,然而她身上却有着难以摆脱的自卑感。这种自卑感一半来自生理方面;一半源于心理因素。成年以后的萨瑟兰长得身材高大,举止有几分笨拙;而且她的脸型偏于扁平,缺乏明晰的轮廓线条,这些似乎都是成为一位优雅淑女的"天敌",更是成为一名优秀的歌剧演员的"心病"。而且自小她就受到母亲的不断教诲:要保持低调。"小时候你哪怕只要表现出一丁点儿想出人头地的苗头,就会被母亲扔到床上去,还不给饭吃"。这或许就是苏格兰式家庭传统而质朴的家教,但却形成了她艺术事业向上突破的心理障碍!而更要命的是:这一时期的萨瑟兰甚至还根本没有找到适合自己歌唱风格的准确定位。尽管她已接连饰演过《假面舞会》《魔弹射手》《费加罗的婚礼》等歌剧中的一系列角色,但由于她的魁伟身材和宽广气息,她曾被当作像弗拉格斯塔德那样的"瓦格纳式"戏剧女高音的天然人选,演过齐格琳德和布伦希尔德。而萨瑟兰自己则一度坚持认为自己是女中音,因为她的母亲就是女中音,耳濡目染的熏陶结果是她已习惯用比较低沉的嗓音去演唱;并且从她的喉头位置和声带条件去考量,也确乎是一个女中音的资质。但偏生她又对歌剧中那些性格鲜明、活色生香的女高音角色充满着憧憬和向往,这使她陷入了痛苦的迷惘、傍徨之中。

　　正当萨瑟兰在事业上裹足不前、进退维谷之际,1954年她与相恋多年的波宁吉的婚礼给予了她最大的安慰和喜悦。事实证明这对来自澳洲的同乡,艺术上的知音的

结合对于萨瑟兰日后突破艺术上的"瓶颈"桎梏,乃至取得令人惊异的腾飞具有转折性的意义。波宁吉尽管比萨瑟兰小 4 岁,却不仅在钢琴、指挥领域造诣斐然,在声乐艺术上也有着人所不及的独特慧眼。如前所述,他以前曾担任过合唱团的声乐指导,并且这时已开始指挥歌剧了。以他对歌唱人声的理解,他敏锐地指出妻子不仅是一位女高音,还是具有成为演唱 19 世纪美声歌剧优异潜质的花腔女高音。在他俩结婚后波宁吉足足花了五年时间在家里与萨瑟兰一起钻研切磋,练声不息(每天的训练达 4 小时之久)。波宁吉非常痴迷于意大利的美声歌剧,曾在贝利尼、唐尼采蒂的作品上下过苦功。为了克服萨瑟兰的心理阴影,他专门设计了一套行之有效的训练方式,如他为妻子弹伴奏时要求她背对着钢琴,然后在练习中有意识地在钢琴上提高音域,在无形中带动着萨瑟兰的演唱冲破原先的设定,朝着她本来连想都不敢想的高音 C,甚至是高音 F 冲刺。当然,在切磋探讨中也免不了争执、口角,但就是在这种亲密无间的学术氛围里,萨瑟兰日后的花腔演唱艺术终于日渐成型,并为她的出山问鼎做好了成熟的准备。

在新婚燕尔的 1955 年,萨瑟兰在奥芬巴赫的《霍夫曼的故事》里一人饰演剧中的三位女主角:花腔的奥琳匹娅、抒情 / 花腔的朱丽叶以及纯抒情的安东尼娅,预示了她日后作为"全能女高音"的深厚底蕴。1957 年,她与亨德尔歌剧协会将作曲家的《阿尔辛娜》搬上了舞台,这是她头一次在舞台上展示转型后的意大利美声唱法的歌喉。她的转型得到了人们的认可。评论将之誉为"我们时代最杰出的亨德尔歌唱家"。其后她又在一次广播里演唱了唐尼采蒂一部冷门歌剧《利物浦的艾美莉娅》(Emilia di Liverpool)里的选段,这也是她第一次以 19 世纪的美声歌剧示人。而在 1958 年,她在演唱了亨德尔的清唱剧《参孙》里的"让撒拉弗更光辉"之后更是赢得了在场听众长达 10 分钟的欢呼喝彩!

然而,这一切都无法与 1959 年 2 月 17 日的那个"柯文特之夜"相提并论。当晚演出的剧目是唐尼采蒂的名作《拉美莫尔的露契娅》。这部歌剧在柯文特已有 30 年没有上演了。很显然,此次剧院方面将演出成功的"宝"押在了已经转型成功的萨瑟兰身上。为此,他们组成的团队之强大,鼎盛一时。除了萨瑟兰外,由意大利大师塞拉芬担纲指挥,更由杰出的意大利电影、戏剧导演弗兰科·泽菲雷利(Franco Zeffirelli,1923-)出任舞台导演。萨瑟兰自己也是对这次关键性的演出自信满满,表示这是她掌握美声歌剧风格作品的一次重大尝试。初次排演的效果就不同凡响。萨瑟兰的演绎清新脱俗,她通过时而柔美、时而激越的演唱,通过游刃有余、扣人心弦的花腔技巧将主人公由幻想的悲歌、安谧的喜悦、豁亮的心境直至最后绝望的凄切的情感脉络都完美地体现出来,甚至连见识过无数动人场面的塞拉芬都被感动得流下了眼泪。在歌剧彩排现场还出现了三位重量级的人物，他们就是 EMI 的掌门人瓦尔特·莱格与他的歌唱家妻子施瓦茨科普夫，但最重要的却是卡拉斯——这位昔日难以逾越的"露契娅"。当彩排结束后，卡拉斯当面向萨瑟兰表示祝贺，肯定了她诠释的成功。而这两位女高音的这次会面更具有象征性的意义，因为尽管卡拉斯只比萨瑟兰年长 3 岁，但就其出道之早和成名之盛堪称是后者的前辈。此时她已淡出歌剧舞台，因而她们之间的握手毋宁视作一种歌坛王位的权柄交接。相较于即将"君临"的新歌后，卡拉斯自叹萨瑟兰在其丈夫波宁吉的指导下对歌剧角色的探索和把控已使自己的工作落后了一百年。

《拉美莫尔的露契娅》首演的当晚，柯文特皇家歌剧院被沸腾的激情点燃了。在极其出色地诠释了该剧中那个著名的发疯场面后，萨瑟兰这个昔日的"灰姑娘"已然蜕变为一位国际级的歌坛巨星了。正如演出次日的评论所说的那样："事实上，在还未成名时她曾一直就是剧院化妆间里被别人逗趣的笑话；然而在昨晚她却以露契娅这个悲剧的女主角征服了所有的听众，并使得他们也如同剧中发疯的女主角一样彻底地疯了！"一年以后，由 DECCA 为她发行的《首席女高音的艺术》唱片（DECCA 425 493,2CD）面世，立即受到乐迷们的疯抢。它由萨瑟兰演唱的 16 首花腔女高音咏叹调构成，集中展示了她那高亢嘹亮的声腔和华丽丰饶的音色，如同示范性的颤音以及令人美不胜收的花腔技巧。该套唱片与 1962 年荣获格莱美古典演绎类的最佳声乐独唱者奖。

进入 1960 年代，萨瑟兰已经建立起了作为世界一流花腔女高音的国际声誉，人们从她的身上看到了历史上那些伟大花腔女高音帕蒂、梅尔芭、加利－库契和莉莉·彭斯的身影。1960 年她在巴黎演唱露契娅再度获得殊荣。1961 年她凭借这一角色又一鼓作气拿下了世界上两个最重要的歌剧重镇——米兰的斯卡拉和纽约的大都会。而当她在意大利威尼斯的凤凰歌剧院饰演《阿尔辛娜》后，那里的听众给她送了个外号，叫"声如洪钟的大个子"（La Stupenda）。从此这个诨号便不胫而走，迅即被世界各地的报媒所争相引用。

萨瑟兰的声音涵盖了从抒情花腔、美声花腔到戏剧花腔女高音的广阔类型，被认为是 20 世纪下半叶花腔艺术的集大成者。她的声音清亮剔透，柔润华美，在优美而富力量的嗓音基础上又融合了精确的音准、如同针尖般短促灵巧的顿音、轻柔敏捷的颤音以及高音区异常灵活美妙的花腔。演唱的曲调铿锵时通达淋漓，缠绵时又轻盈曼妙，对音量情绪的驾驭技巧一流；即便是在她的最高声区，音色仍是那么丰沛富庶，质地饱满,辉煌而明亮。后来她又在自己的保留剧目中增加了薇奥列塔、咪咪等美声歌剧以外的舞台形象,使得她的表演戏路更为宽广,舞台生涯也愈益得心应手。到了1970年代后期,她的音质开始出现衰退的迹象,颤音效果不再那么富有弹性,变得松弛而缺乏连贯;然而因有轻快机敏、坚实有力的技术支撑,她反而继续朝着最困难的角色发起了挑战。在1974、1976和1983年,她三度将马斯涅的歌剧《埃斯克拉芒德》(Esclarmonde)搬上了舞台。要知道该剧乃是这位法国作曲家最雄心勃勃的一部剧作,全剧模仿瓦格纳的乐剧风格,里面的咏叹调极其难唱,纵观整个20世纪敢于尝试这个角色的著名女高音屈指可数。科萨瑟兰却以"知天命"之年不仅成功地饰演了歌剧,还留下了录音(DECCA 475 7914,3CD),足见其功底有多么扎实可靠,训练的方法有多么科学严谨。2007年她在接受英国《卫报》的采访时说自己一生最引以自豪的成就莫过于演唱了《埃斯克拉芒德》。

1965年,正值全盛时期的萨瑟兰带着以自己名字命名的演出公司荣归故里,在澳大利亚举行全国巡演。在这次为期三个月的巡演中,她挑选了一位初出茅庐的大个子青年男高音作为她的搭档,他就是帕瓦罗蒂。事实证明这次巡演是这位未来的"高音C之王"艺术生涯中的一个重要转折。也可以说,正是萨瑟兰提携并造就了这颗男高音巨星。从此,两人在20世纪六七十年代合作了多部歌剧,被认为是20世纪下半叶歌剧舞台上的最佳拍档。此外,经常与他俩形成紧密合作关系的还有美国女中音歌唱家玛丽琳·霍恩。他们1981年在美国林肯艺术中心的现场演唱会实况是一张不可多得的、标志着三位艺术家精湛默契的重唱艺术的精彩录音(DECCA 789 095)。

萨瑟兰的谢幕演出选择在她祖国的悉尼歌剧院。时年63岁的她在告别演出中仍以原谱演唱了贝利尼的《清教徒》。在演出结束前她又加演了毕晓普的那首《家,可爱的家》,歌曲寄寓了她对家乡的深挚情意,歌声依然是那么年轻、优美、动人,令全场听众都为之潸然泪下,情难自抑。退休后的萨瑟兰定居于瑞士,很少再出现在公众面前。她与波宁吉有一个儿子亚当,还有一个继女和两个孙辈。晚年的萨瑟兰过着淡泊宁静的乡间生活。2010年10月11日,83岁的萨瑟兰因癌症病逝于瑞士家中。

萨瑟兰生前荣誉等身,1979年她被册封为大英帝国贵妇荣誉称号。英国女王伊丽莎白二世曾在白金汉宫为她举办午宴;而英国前首相约翰·梅杰的夫人诺尔玛·梅杰(Norma Major,1942-)更为她的传记捉刀代笔。她一共为后人留下了45部全本歌剧的录音,其中绝大部分都由DECCA发行。正如她去世后澳大利亚时任女总理朱丽叶·杰拉德在她致的悼辞中所说的那样:"萨瑟兰无愧于20世纪最伟大的歌剧之声。在她的身上最完美地体现了澳大利亚人的价值。她是为歌剧舞台而生的。"

13. 冲破种族樊篱的天才
——莱昂婷·普莱斯（Leontyne Price）

1955年。这一年，对于歌剧演出史具有"破冰"的重大意义。

1955年1月7日，美国黑人女低音歌唱家玛丽安·安德森登上了纽约大都会歌剧院的舞台，她在著名指挥家米特罗普洛斯指挥下成功地饰演了威尔第歌剧《假面舞会》里的黑人女仆乌莉卡，从而成为大都会历史上的第一位黑人歌唱家。而这也是安德森一生饰演过的唯一的歌剧角色。这一年，她56岁。

一个月后，比安德森小一辈的莱昂婷·普莱斯则成为第一位在电视荧屏上现身的黑人歌唱家。她在由全国广播公司向全世界转播的普契尼歌剧《托斯卡》里饰演同名女主角。而这仅仅是普莱斯一生艺术生涯的开始。这一年，她28岁，正好只有安德森年龄的一半！

～～～～

莱昂婷·普莱斯1927年2月10日出生于美国南部密西西比河畔的劳累尔，她的父亲是木材厂的锯木工，母亲则是一个助产士。他们都无音乐背景。不过，她的祖父是当地黑人教堂里的牧师，还主持过教堂唱诗班；而母亲也喜欢去唱诗班里演唱。这对黑人夫妇结婚13年后才终于迎来了自己的孩子莱昂婷，他们在这个新生婴儿身上倾注了所有的期许与热爱。在孩子3岁时他们为她买了一架玩具钢琴，让她在钢琴上敲敲打打。进了幼儿园，父母决定要为她买一架立式钢琴，以便能正式向当地的一位教师学琴。为凑足购买钢琴的钱，他们甚至把家里唯一的留声机低价送进了当铺。因而，少女时代的普莱斯既学钢琴又学唱歌，兴趣爱好十分广泛。她的童声非常优美，因而担任了当地圣保罗卫理公会教堂的合唱团领唱。他们的合唱团经常到州里的黑人中小学去演出。14岁那年，她随合唱团在州首府杰克逊聆听了来此演出的玛丽安·安德森的音乐会。日后她回忆道：这次经历使她的心灵受到了深深的震撼，并终生难忘。她非常仰慕安德森的勇气与才华，但却不敢想象有朝一日自己或许也能像她一样，并青出于蓝而胜于蓝。由于家境贫穷，她根本上不起专业的音乐学校；相反，在读书之余她还要在别人的葬礼上演唱悼歌以挣得一份额外的收入贴补家用。此外,她也时常会到一对叫做希晓尔姆的富庶白人夫妇家里去,因为她的姨妈是那家的洗衣工。希晓尔姆夫妇称赞普莱斯的钢琴弹得好,但慢慢地他们发现这个黑人小姑娘的歌喉更是迷人。

然而,普莱斯这时可不敢有什么奢望,她的人生目标就是去当一名音乐教师,这既可满足自己的兴趣喜好,又可免除难以承受的高昂学费。于是,她进入俄亥俄州的一所黑人学院接受正规的音乐教育课程,课余则在校合唱团里担任独唱和领唱。1949年毕业后她想进一步专修声乐,于是靠着希晓尔姆夫妇的牵线她有幸结识了著名的黑人男低音歌王保罗·罗伯逊(Paul Robeson,1898-1976)。罗伯逊听了普莱斯的演唱后大为赞赏,认为是一块可雕之玉。当听说普莱斯家境拮据,恐无力支付专业音乐学院的费用时,罗伯逊特意举办了一场慈善演唱会,将募捐所得全数捐给普莱斯。于是,肩负着家乡父老以及男低音歌王的殷殷之情,普莱斯来到了纽约,叩开了全美最著名也最昂贵的私立音乐学府——茱莉亚音乐学院的大门,师从弗洛伦斯·金波尔(Florence Page Kimball,1888-1977)。金波尔不愧为茱莉亚的首席声乐教授,她不仅为普莱斯打下了坚实的声乐基础,还对她天生的美妙歌喉进行了细致而科学的调教,使她的歌唱技巧日趋完善。

1952年,当时还是一名在校学生的普莱斯就实现了自己的舞台处女秀,她在威尔第歌剧《法尔斯塔夫》里饰演女主角艾丽丝。嗣后不久,美国当代作曲家维吉尔·汤姆森(Virgil Thomson,1896-1989)邀请她在自己创作的全部由黑人演员饰演的歌剧《三幕剧中的四圣徒》(Four Saints In Three Acts)里演圣女特蕾莎。该剧自1934年首演以来已有近二十年未出现在舞台上了。此番复排再演,作曲家将它安排在百老汇上演。岂料一连二周,观众欲罢不能,反响空前地热烈。经过这次演出,普莱斯这位25岁黑人女高音的嗓子已是名声在外了。这也惊动了已故著名作曲家格什温的哥哥艾拉·格什温,他也正着手准备将弟弟的《波吉与贝丝》重现舞台呢。他找到了普莱斯,邀请她出演歌剧中的女主角贝丝。年方妙龄的普莱斯不仅明眸皓齿,长得漂亮,更为难得的是她作为一位黑人,更能传神地将剧中身处社会底层、饱受生活艰辛和情感纠结困扰的人物特性表现得入木三分。果然,由她主演的《波吉与贝丝》一炮而红。对于普莱斯而言,意义更为重大的是后来该剧被美国国务院遴选为去欧洲巡演的官方剧目,这意味着普莱斯不仅已登上了美国的歌坛,而且还将到大洋彼岸的欧洲去展示自己的艺术实力了。与此同时,她还因主演该剧而收获了婚姻。就在这次欧洲巡演的前夜,普莱斯与在《波吉与贝丝》里和她演对手戏的著名黑人男中低音歌唱家威廉·沃菲尔德(William Warfield,1920-2002)结为伉俪,尽管他们的这场婚姻并未能如人所愿地白头偕老。由于婚后各自忙于事业，聚少离多，他们于1973年宣布离婚，也没有孩子；然而，这对曾经的歌坛眷属仍给人留下了他俩在《波吉与贝丝》里默契配合的精彩录音（RCA 85234）。在这个版本里，普莱斯一人包揽了歌剧里所有三个女高音角色贝丝、克拉拉和赛琳娜的唱段。

1954年11月，普莱斯在纽约的城市大厅举行了她的首次个唱。在音乐会上她首演了巴伯的声乐套曲《隐士之歌》（Hermit Songs），并由作曲家亲自弹钢琴为她伴奏。凭借着这次首演的成功以及巴伯在美国音乐界举足轻重的地位，这就有了本文开篇时的那次轰动一时的《托斯卡》的电视转播。正巧这一年，卡拉扬首次率领柏林爱乐乐团访问美国。在卡内基音乐厅，身为哥伦比亚唱片公司签约艺员的普莱斯由其经纪人引荐给了这位刚接手柏林爱乐的乐坛新贵。当普莱斯开始为卡拉扬试唱时，大指挥家还心不在焉、可有可无地听着。但当普莱斯将威尔第《命运之力》里的咏叹调"主啊！赐我安宁吧"唱到一半时，卡拉扬完全被她那醇美而又虔诚的歌声所感染了，他再也坐不住了，扔下了手里的三明治，推开了为普莱斯伴奏的钢琴手，亲自为她弹起伴奏来。试唱结束后，卡拉扬当即邀请普莱斯去参加来年柏林爱乐乐团的音乐会。这位被卡拉扬誉为"未来的艺术家"的黑人女高音参加了柏林爱乐的巡演，并在接下去的三个演出季里三度在全国举行了她的独唱巡演，1950年代中后期还到过亚洲的印度和大洋洲的澳大利亚访问演出。1957年9月20日，普莱斯第一次登上了美国四大歌剧院之一的旧金山歌剧院，饰演了普朗克的歌剧《加尔默罗会修女的对话》里的修道院院长玛丽嬷嬷，这是该剧在美国的首度上演。几个星期后她又接到了临时替代患病的意大利女高音安东尼塔·斯苔拉（Antonietta Stella, 1929-）饰演威尔第的歌剧《阿依达》的召唤。

正是这次看似无心插柳的临时救场，却造就了20世纪歌剧舞台上最感人心魄的阿依达！次年5月24日，普莱斯在卡拉扬的指挥下，在维也纳国家歌剧院第二次饰演了《阿依达》。紧接着，她饰演的阿依达有如制胜秘笈又相继"攻陷"了伦敦的柯文特皇家歌剧院和意大利维罗纳的古圆形剧场等"堡垒"。尽管一时间普莱斯的崛起有如喷薄之势不可阻挡，然而她自己心里却很清楚，如果不征服纽约的大都会歌剧院，则永远到达不了艺术事业的顶峰。其实，大都会早在1958年就已一再向这位歌剧新星发出邀请，让她去饰演她那炙手可热的阿依达。不过，普莱斯对此却有着自己鲜明的主见。她一直在等待着最恰当的时机。她所要求的可不光是只演《阿依达》，她想要在大都会的舞台上全方位地展示自己！

这样的时刻终于来临了。1961 年 1 月 27 日，普莱斯与意大利男高音弗兰科·柯雷利联袂登上了大都会的舞台，领衔主演了威尔第的《游吟诗人》。这对于这对男女主角而言是双重的处子秀，因为柯雷利也是首度在此亮相。演出的结果是历史性的！演出结束后，听众报以雷鸣般的掌声欢呼长达 35 分钟，堪称是大都会历史上最长的喝彩之一。1961 年 9 月，她饰演的普契尼《西部女郎》掀开了大都会新演出季的序幕，这又书写了一个记录：因为这是第一次由黑人女歌唱家担任主演的演出季开幕大戏。她饰演的女主角明妮获得了听众的首肯。

普莱斯书写美国歌剧演出的记录仍在不断刷新。1963 年她随大都会去德克萨斯州的达拉斯，这是她第一次在美国南部演出，她也就此成为在南方歌剧舞台上饰演女主角的第一位黑人歌唱家！尽管此时距离废除奴隶制度的南、北战争已过去一百多年了，然而南方对于黑人的歧视和抗拒势力却根深蒂固。当年，普莱斯饰演的《托斯卡》在电视转播时，就曾遭遇到全国广播公司一些南方分公司的抗议，他们取消了那次转播的计划。因而，普莱斯此次在达拉斯演出成功的意义早已超越了音乐的层面而上升到种族和解和民族和谐的境界。

继普莱斯之后，有越来越多的黑人歌唱家在美国的歌剧舞台上登堂入室，饰演歌剧中的主角，然而她作为这多项第一的骄人纪录保持者仍被世界歌坛广为称颂。值得一提的是在 1967 年大都会版的《阿依达》（Living Stage 1130，2CD）里，不仅普莱斯仍饰演阿依达，连歌剧中的第二女主角阿姆奈丽丝的饰演者也换上了黑人女高音格蕾丝·邦布里（Grace Bumbry，1937-）。两位黑人女高音同台竞技，堪称不可多得的《阿依达》版本。在声誉稳步迈向事业巅峰的同时，普莱斯的票房薪酬也水涨船高，攀升到了顶尖的水平。1964 年她的每场演出报酬达 2750 美元，这个身价与同一时期的白人一线歌唱家卡拉斯、苔巴尔蒂和萨瑟兰并驾齐驱；而凌驾于她们之上的唯有比尔吉特·尼尔森，她每场的报酬达 3000 美元，但她可是唯一的既能演唱意大利歌剧又擅长瓦格纳歌剧的"天之骄女"啊。

从 1961 年到 1985 年，在长达近四分之一世纪里，普莱斯一直是大都会歌剧院屹立不倒的台柱子。在长达 30 多年的艺术生涯中，她的音色始终保持着演唱的最佳状态。尽管她以抒情女高音自居，然而她也是歌剧里那些英雄性的戏剧女高音角色的最佳人选，如《游吟诗人》和《命运的力量》里的两个莱奥诺拉、托斯卡等就都是典型的戏剧女高音角色。而抒情 / 戏剧女高音（spinto）角色阿依达更是她一生经典的翘楚，既具抒情性的温馨柔美，又具戏剧性的豪迈大气。虽然她的音色较暗，但无论是哪个声区她的演唱都是那么圆润、浓郁、畅达和醇美,刚柔相济,统一贯通,在 20 世纪下半叶的世界歌坛上独树一帜。而她那特有的黑人的质朴深沉的音质又使她成为演绎黑人灵歌的不二人选。

普莱斯在歌剧剧目的选择上并不追求面宽量广,她的代表作主要集中在威尔第、普契尼以及美国作曲家的歌剧作品上,一直到她歌剧生涯的后期才又加入了理查·施特劳斯的《纳克索岛上的阿里阿德涅》。普莱斯饰演的歌剧录音由于与其合作的指挥家卡拉扬、索尔蒂的原因有部分出现在 DG 和 DECCA 的唱片目录上,但其大宗仍在其签约的 RCA 目录上不难找到。

自 20 世纪 60 年代后期起,普莱斯逐渐将歌唱的重心转移到独唱和交响音乐会上,她更多地辗转于美国和欧洲,先后在汉堡、维也纳和巴黎等地举行独唱音乐会;而在萨尔茨堡艺术节上她更是最受欢迎的歌唱家,曾连续六年在艺术节上献艺。1985 年 1 月 3 日,58 岁的普莱斯在大都会的舞台上举行了她的告别演出,这也是她平生最后一次饰演她曾演了上百次的《阿依达》。《时代》周刊描述道:“这是一次足以令人窒息的演唱(a vocally stunning performance),这表明她仍处于演唱的高峰状态。”演出结束后,听众们以长达 25 分钟的欢呼喝彩去报答并送别这位一代黑人歌后。

在 2007 年,英国的《BBC 音乐杂志》举办了一项由 21 位英国音乐评论家与 BBC 听众参与投票的评选“20 世纪最优秀女高音”的活动。评选结果普莱斯仅位于卡拉斯、萨瑟兰和安赫勒斯之后名列第四,由此可见乐迷对她的喜爱程度。1996 年,RCA 为祝贺她 70 大寿特意发行了一套由 11 张 CD 组成的纪念专辑《普莱斯声乐艺术精华》(The Essential Leontyne Price)。整套专辑洋洋洒洒,蔚为大观,以此而涵盖、提炼了普莱斯卓越的声乐艺术,名副其实。

普莱斯在她的自传中写道:“作为一名黑人歌唱家站在万众瞩目的舞台上,当你真正地放开手脚,敞开心扉,展现出黑人的魅力是怎样一种风姿时,那么在场的每一个听众都会乐意倾听你的歌唱。”她不仅是美国黑人的自豪,更是 20 世纪世界歌坛的骄傲!

14. 燧石之声
—— 安娜·莫芙 (Anna Moffo)

2006 年 3 月 17 日,当世界著名女高音歌唱家安娜·莫芙去世后一个星期,著名女乐评家伊丽莎白·福布斯在英国的《独立报》上撰文纪念这位令人怀念的艺术家。在她题为《使人销魂而音色温柔的女高音》文章的起首第一段她这样写道:"一个美丽的女人,也是一个可爱、温柔的抒情女高音嗓音的拥有者,安娜·莫芙是许多歌剧女主角的最完美诠释者。那些女主角或因肺痨而死,或因其他的疾病而亡;要么就是为了得不到回报的爱情而殉情而逝,诸如《茶花女》里的薇奥列塔和《波西米亚人》里的咪咪,这是意大利歌剧中两个典型的悲情角色。而在法国歌剧中也有两个类似的角色:马斯涅歌剧里的曼侬和《霍夫曼的故事》里的安东尼娅……"

是啊,一个美丽的女人! 世上优秀的女高音歌唱家不胜枚举,她们大都端庄美丽,身上散发着女性艺术家所特有的高贵典雅的气质。然而要让几乎所有人都众口一词地将之誉为美貌动人的女高音毕竟还是不多的。卡拉斯当然是首屈一指,可是不要忘了生活中的卡拉斯可是在相当长时期内都是以"胖姑娘"的形象而遭人白眼的。如果要从 20 世纪下半叶选一位在舞台上、生活中都令人惊艳难忘的女高音的话,那么安娜·莫芙就当是毫无争议的一位。

安娜·莫芙 1932 年 6 月 27 日出生于美国费城附近维恩的一个意大利移民的家庭里。她的父亲尼科拉是一个鞋匠。莫芙从小就长得聪明伶俐,活泼可爱。她很早就已显示出了歌唱与表演的天分。7 岁那年她在所在小学的学校集会上演唱了一曲《鲜红的玫瑰》而就此引起人们的关注。此后这个鞋匠的女儿就不断在自己的家乡和周边的社区里演唱。小时候莫芙就是个美人坯子,她所拥有的出众容貌和动人歌喉已经预示着这个小女孩今后一生的事业走向。渐渐地小童星的名声甚至引起了好莱坞的青睐。于是在她高中毕业时好莱坞的星探还专门给她发了信函,让她去影城试镜。

莫芙当然很想去好莱坞闯闯,然而与歌唱相比她最终还是选择了音乐。因此,她拒绝了好莱坞的邀请,进入著名的柯蒂斯音乐学院开始正式学习声乐。她的主课老师是尤菲米娅·吉安尼尼—格雷戈里(Eufemia Giannini-Gregory),她也是意裔美国人,她的姐姐杜索丽娜·吉安尼尼(Dusolina Giannini,1922-1986)则更为知名,是大都会著名的戏剧女高音,尤以饰演托斯卡而著称。莫芙的学业无疑是出类拔萃的,在学期间她已被费城管弦乐团试用,与此同时她又以骄人的成绩获得了富尔布赖特奖学金(一项由美国政府支持的学术教育交流项目),得到了前往意大利继续学习的机会。

20 世纪的富尔布赖特奖学金的含金量可堪比 19 世纪巴黎音乐学院的罗马大奖啊!于是莫芙离开了美国到了她的祖籍地意大利。她进入罗马的圣塞契莉娅音乐学院,师从西班牙歌唱家梅塞德斯·略帕尔特(Mercedes Llopart,1895-1970)。略帕尔特果有点石成金之术,莫芙经过她的指点调教在声乐艺术上的造诣更是上了一个台阶。在学习的同时她也积极参与学院的演出实践。在罗马歌剧院她又遇上了一位伯乐——路易吉·里奇(Luigi Ricci,1893-1981),这对她日后的艺术起步起到了至为关键的作用。里奇早在歌剧院担任助理指挥期间就与乐坛上的歌剧大师马斯卡尼、普契尼有着多年的合作经历与私人友谊,他同时也是圣塞契莉娅音乐学院的声乐指导。在学校里他发现了莫芙那过人的艺术才华,遂着意提携栽培这颗歌坛新苗,不断地让她参与罗马歌剧院的彩排,使她积累了必要的舞台实践历练。

1954 年,莫芙在圣塞契莉娅完成了自己的学业,第二年她就随罗马歌剧院在斯波莱托艺术节上上演的唐尼采蒂歌剧《唐·帕斯夸勒》里饰演女主角诺丽娜。虽然是初登舞台的处女秀,莫芙却也演得有模有样,中规中矩。其后,在饰演了一些不太知名的小角色后,小荷才露尖尖角的莫芙终于迎来了她的大场面亮相。意大利电视台(RAI)向她发来邀请,让她在由电视台制作的歌剧《蝴蝶夫人》里饰演巧巧桑。该剧于 1956 年 1 月 24 日经由电视播出,莫芙那俊俏的扮相与深挚动人的歌喉使她在一夜之间成为意大利歌剧迷们是夜辗转反侧的梦中情人。一位在美国出生的意大利后裔在人才济济的歌剧之乡脱颖而出,并给人留下深刻难忘的印象,这实在得归功于她的唱演俱佳,歌靓人美。于是乎后两部电视歌剧的邀约接踵而至,分别是《法尔斯塔夫》里的少女南内塔和《梦游女》里的主角阿米娜,同样获得成功。

一年之内三部歌剧电视的荧屏"轰炸"使得安娜·莫芙在她的祖籍地意大利人气爆棚,家喻户晓。于是她在 1957 年又登临维也纳国家歌剧院和萨尔茨堡艺术节,俘获了德奥歌剧迷们的心。当然,她征服的最主要一个听众还是后来成为她丈夫的马里奥·兰夫伦契(Mario Lanfranci,1927-)。兰夫伦契是意大利的影、视、剧三栖导演,与意大利的一众歌剧明星都交往甚密。由莫芙主演的三部歌剧电视就都是由他担任电视导演的。他倾心于莫芙的美貌与才华,惊为天人,便展开激烈的追求。莫芙也难以招架这位艺术才子的气质与风度,他俩遂于当年底结为连理。从此,兰夫伦契不仅成为她的艺术指导,更成为她的演出经纪人。结婚之后的莫芙在欧洲的盛名传到了美国,于是她在芝加哥的抒情剧院实现了她在美国的首秀,与瑞典著名男高音约西·比约林合作饰演了《波西米亚人》,美国的女儿终于回家了!

然而,莫芙的终极目标是纽约的大都会歌剧院。1959 年 11 月 14 日,人们终于在大都会的舞台上见到了这位在欧洲红透半边天的歌剧新秀。27 岁的莫芙以《茶花女》里的薇奥列塔在大都会一鸣惊人,这不仅宣告了她"美国时期"的肇始,更藉此使自己从此牢牢地"钉"在了这个世界上最顶尖的歌剧舞台上。在此后长达 17 个演出季里她一直是薇奥列塔的不二首选;而《茶花女》也成为她人生最具标志性的代表作。世界著名女高音里很少有不演《茶花女》的,然而一生中演《茶花女》多达 900 次的唯有一人,那就是安娜·莫芙。正如伊丽莎白·福布斯在她的评论中指出的那样:薇奥列塔这个艺术形象仿佛就是作曲家为她而度身定制的,"她既有温柔细腻、抒情甜美的嗓音,又有着符合角色需要的那种'上流社会交际花'般的艳丽容貌,因而从各方面而言薇奥列塔都堪称是莫芙最好的角色。大部分的歌唱家要么抓住歌剧第一幕里的花腔成分极尽华丽之能事;要么就只着力表现后两幕里女主角的抒情悲情气质。莫芙则不然,她既能在大的戏剧场面中表现出最欢乐自在的声音激情,又能在抒情的段落中发掘出主人公骨子里的对未来充满憧憬向往的乐观(delight)。她在花腔与抒情两者之间都展现得无与伦比,她为塑造好这个艺术形象投诸了完全令人信服的天性与大量丰富多彩的情感。"

莫芙在大都会的舞台上塑造的完美形象绝不止薇奥列塔。继《茶花女》的轰动一时后,她在这个舞台上又塑造了包括露契娅、吉尔达、阿蒂娜(《爱之甘醇》)、咪咪、奈达(《丑角》)、帕米娜、玛格丽特、朱丽叶、曼侬、梅丽桑德以及《霍夫曼的故事》中的所有四个女高音角色! 从 1950 年代后期起,她也开始涉足莫扎特歌剧,曾在朱利尼指挥的《费加罗的婚礼》里饰演苏珊娜(与她演对手戏饰伯爵夫人的是施瓦茨科普夫)。她早期的唱片都由 EMI 发行。EMI 还发行了她演唱的莫扎特咏叹调专辑。然而她最主要的歌剧录音都在 RCA 唱片公司。1960 年代后莫芙的艺术触角也到达了世界各国,她在英国柯文特皇家歌剧院首秀饰演的是《弄臣》里的吉尔达。此外她在斯德哥尔摩、柏林、蒙特卡洛以及南美的墨西哥城和布宜诺斯艾利斯频频亮相,聚集了极高的人气和声望。

安娜·莫芙 20 世纪六七十年代在欧美大红大紫的另一个身份是因为她同时又是一位出色的电视节目主持人兼影视演员。尽管她为了音乐而放弃了去好莱坞试镜的机会，然而潜藏在她身上的那种不可遏制的表现欲仍透过不同的人生机遇顽强地展现出来。在歌剧女高音里她可谓是最早"触电"的一位，自 1956 年主演了三部歌剧电视后她就与影视扯上了难以割舍的联系。由于丈夫兰夫伦契的关系，也由于她前期在意大利积淀的深厚人望，在 20 世纪 60 年代她就在意大利的电视中主持自己的"安娜·莫芙秀"（The Anna Moffo Show），以其出众的美貌、活泼的个性以及流利的语言备受欢迎。后来她又亮相于美国的电视节目中，是大众心目中养眼而悦耳的时尚宠儿。在意大利，她曾被公众投票当选为"意大利十大美女"之一。而后，由其丈夫执导的另两部歌剧电视：1968 年的《茶花女》（Video Artists International 4223，DVD）、1971 年的《拉美莫尔的露契娅》（品牌同前，4211，DVD）的问世更使她作为全能艺人的形象深入人心。至于她参与拍摄的两部非歌剧的电影《拿破仑在奥斯特里茨》（Austerlitz，1960 年）和《大冒险家》（The Adventures，1970 年）中她所饰演的都是"花瓶"类的小角色，实乃单纯的走秀客串，似可忽略不计。

诚如《周易》中所阐述的哲学辩证思想那样：泰极否来。莫芙长时间、高强度地亮相于歌坛影视两栖，在大洋两岸的往来奔波使她的身心受到了严重的伤害。1969 年，大都会总经理鲁道夫·宾不得不对这位他宠爱有加的麾下丽人下达了"禁止令"，暂停一场由她领衔的《拉美莫尔的露契娅》的演出，因为她的状态显然无法达到演出的标准。此后又有几次在演出和录音时她出现了"倒嗓"，这对于向来在演艺事业上顺风顺水的莫芙犹如吃了当头一棒。再加之长年的聚少离多，她与兰夫伦契的婚姻已岌岌可危。两人终在 1972 年宣告离异。事业的挫折，家庭的不幸使情感脆弱的莫芙一下子跌入了谷底。她曾对《纽约时报》的著名乐评人安东尼·托马西尼说："我的工作实在是太累了，在外旅行的日子实在太多了。别看我表面上光彩照人，可在心灵深处我是不幸的，是永远、永远的孤独。"

在此后的两年里她退出了舞台，处于身心的调整恢复之中。在此期间她又再披嫁衣与 RCA 的总裁罗伯特·萨尔诺夫（Robert Sarnoff，1918-1997）结为伉俪。婚后，在丈夫的支持下她去上了声乐课程，以期重拾信心，重新恢复昔日的音色与技巧。尽管 1974 年她确又重登歌剧舞台，但毕竟已很难再重现昨日的艺术风采了。好在还有丈夫的鼎力支持，复出后的莫芙更专注于一些纯抒情的歌剧角色。不过后来她却又挑战诸如《游吟诗人》里的莱奥诺拉和诺尔玛这样更富戏剧性的角色。但毕竟如此吃重的角色不适合她的嗓音条件。莫芙并非不知道这一点,她此举无非是为了试图重新唤回世人对她的关注而已。1976年3月15日,在大都会歌剧院她举办了自己的告别演出。一如她当年的首次登台,饰演的仍是她最心爱的《茶花女》。从1959年到1976年,大都会的17年莫芙在这个舞台上总共出场了200多场,饰演过18部歌剧里的主角。

莫芙共有三个版本的《茶花女》。除前述的电视版外还有早年为EMI录制的与卡拉扬合作的斯卡拉版(Opera D'oro 1306,2CD)以及RCA的罗马歌剧院版(RCA 68885,2CD)。她的其他代表作还有与罗马歌剧院合作的《波西米亚人》《蝴蝶夫人》、与索尔蒂指挥的意大利歌剧院版《弄臣》等,都由RCA发行。在音乐会演唱方面她的录音当首推她与斯托科夫斯基指挥的美国交响乐团合作的康特卢布的《奥佛涅山区歌曲》(RCA 87831);还有一款她于1971年全盛时期录制的意大利艺术歌曲独唱专辑(Eurodisc 69113),里面收录了罗西尼、贝利尼、唐尼采蒂与威尔第的15首著名的声乐独唱曲。

淡出艺术舞台的莫芙在其人生的后期曾在大都会举办过大师教学班;而大都会也未曾忘却这位昔日为它增光添彩的著名女高音。直到她的第二任丈夫萨尔诺夫去世(1997年)后,1999年大都会还为她的舞台生涯40周年举办了一个盛大的庆贺纪念演出(Gala)。2006年3月9日莫芙因长期患有乳腺癌而病逝于纽约,享年74岁。安娜·莫芙一生从不缺乏她的歌迷和"粉丝"。著名的意裔美国世界一级方程式赛车冠军马里奥·安得雷蒂便是她狂热的拥趸。无论莫芙到哪儿举行演出,只要他没有比赛便会一场不落地追随捧场。当代英国诗人兼评论家维恩·克斯滕鲍姆在1990年还特意为她创作了单行本长诗《安娜·莫芙颂》(Ode To Anna Moffo)。斯人已逝,留给21世纪当代人的还是留存在她那些唱片与影碟中纯净华美的歌声与优雅怡人的倩影。人们将她的歌声誉为"燧石之声"(Voice of Firestone)。

15. 女高音中的"小资范儿"
——艾莉·阿梅林（Elly Ameling）

在世界著名的"低洼之国"荷兰，有着享誉国际的"荷兰三宝"：被奉为国花的郁金香，遍布于乡村田野的风车以及商店里做工精巧、琳琅满目的木屐（Klompen），它们分别象征着这个古老的欧洲国家的自然、历史和风俗。殊不知，20世纪的荷兰还有着它引以自豪的"音乐三宝"：他们就是距今已有125年悠久历史、且在今天仍居全球最佳交响乐团排行榜前三的阿姆斯特丹音乐厅管弦乐团，现已85岁高龄却仍驰骋于乐坛的当代指挥名宿伯纳德·海汀克以及当代最杰出的音乐会女高音歌唱家艾莉·阿梅林。

艾莉·阿梅林1933年2月8日出生于莱茵河下游具有"世界第一大港"之称的鹿特丹，她的原名为伊丽莎白·萨拉·阿梅林，"艾莉"是其爱称。她早年在家乡师从声乐教师约·伯勒坎普（Jo Bollekamp, 1920-1996），后又进入海牙音乐学院师从雅克巴·顿特（Jacoba Dhont）。雅克巴不仅是荷兰著名的女低音歌唱家，并且她的丈夫塞姆·德累斯顿（Sem Dresden）还是著名的作曲家、指挥家兼海牙音乐学院的院长。阿梅林在这对夫妇的悉心调教下成长得很快，演唱技艺得到了长足的进步。以优异的成绩毕业后，阿梅林为了更好地掌握法国声乐艺术又赴巴黎，拜著名的法国男中音歌唱家皮埃尔·贝尔奈（Pierre Bernac, 1899-1979）为师，成为他的门下弟子。贝尔奈不仅是法语艺术歌曲的权威，同时也精于德奥艺术歌曲的教学与演绎。在教学中贝尔奈发现阿梅林的嗓音虽然轻柔甜美，但她的音量不大，音色也偏暗，故认准她将来是一株演唱艺术歌曲的好苗子，于是对她宠爱有加，遂倾其所长毫无保留地传授给了这位女弟子。名师出高徒。学成之后的阿梅林于1956年在荷兰举办的赫尔托根博什国际声乐比赛上一鸣惊人，夺得了比赛的第一名。初战告捷的她再接再厉，两年后的1958年，阿梅林在更具影响力的第20届日内瓦国际音乐比赛上以"黑马"的姿态和优异的表现力压两位赛前夺魁呼声甚高的前苏联和保加利亚女选手，一举荣获这项含金量最高的大赛金奖，由此而声誉鹊起。

　　1961 年，阿梅林在首都阿姆斯特丹完成了自己的舞台处女秀，她的第一次演出就是一场独唱音乐会。首演的成功似乎已昭示了这位 28 岁几乎已有些大器晚成的歌唱家今后一生演艺生涯的艺术定位，那就是她将从事音乐会演唱而不是歌剧！至于当初为何会选择艺术歌曲演唱这一条路，除了她的老师贝尔奈对她的强烈影响而外，或许还有不少客观因素。在 2012 年的一次访谈中她谈到："当我开始演唱之时，我的祖国还没有一座高规格的歌剧院，可见歌剧在我们荷兰并不像那些丰富的清唱剧那样更有传统基础。而在学校之外，凭借着我的知识以及对文学的热爱，我发现广播里播放的那些艺术歌曲最自然地流淌到我的心田，也最有助于我艺术天分的发展。"由此可见，选择艺术歌曲演唱而不是有机会"一朝成名天下知"的歌剧在很大程度上也与她恬淡内敛、娴静安逸的个性有着莫大的关系。当然，演唱艺术歌曲还有一个好处，那就是无需时刻等待歌剧院的召唤在世界各地往来奔波，而且还可排除歌剧演出中复杂微妙的人际关系，这样更有利于支配自己的时间，能心无旁骛、专心致志地沉浸在自己心爱的歌唱艺术里。事实证明：阿梅林在看似冷门的艺术歌曲演唱领域同样获得了令世人瞩目的骄人业绩。继在阿姆斯特丹首唱成功后，她 1966 年在伦敦、1968 年在纽约的首秀都成为她日后艺术发展的重要里程碑。正是这成功的"三部曲"将她最终送上了征服世界的巅峰，成为 20 世纪继德国的施瓦茨科普夫之后最杰出的艺术歌曲女高音歌唱家。

　　作为一名音乐会歌唱家，阿梅林的演唱曲目"内存"惊人。纵向而言，从巴洛克时期到 20 世纪的现当代作品无不涉猎；横向而言，她演唱的语种兼及德、法、英、意、西、荷甚至日语，林林总总，包罗万象。而在这其中首先应被提及的是她演释的德奥艺术歌曲和法国艺术歌曲。德奥艺术歌曲和法国艺术歌曲都是以诗歌与音乐的完美结合而著称的，它们之中的优秀之作堪称是用音乐谱就的诗篇，用歌声吟唱的心声。如若将歌剧比喻为气势恢宏、跌宕起伏的交响乐，那么艺术歌曲则更像是亲切倾诉、倾心交谈的室内乐。显然，阿梅林无论在声乐气质还是在艺术积淀上都更契合于后者。首先，她属于那种轻型的女高音，尽管音量不大，但音色却出奇地纯净柔美，晶莹明亮，并且具有一种非常奇妙的、能自由支配运用强弱对比藉以丰富表现音色多变的特征。她在使用轻声、半声（mezzo voice）以及高声区渐弱等技巧上的表现尤为出众。这样，就便于她将蕴含于作品中的那种极为纤巧细腻的情感变化都经由她的歌声惟妙惟肖地传递给听众。其次，她敏锐过人的艺术感觉也使她在诠释、把握不同风格、不同时期的作品时能做到驾轻就熟，游刃有余；每曲各面，性格鲜明。最后，就是她在对作品语言的研究和诗句结构的分析上的深奥功底从根本上保证了她的歌唱艺术达到了孔子所说的"从心所欲而不逾矩"的自由王国的境地。假如说前一项或许是一位优秀的歌唱家必须具备的基本功的话,那么后两项的培养和造就则有赖于艺术家持之以恒的个人修为和矢志以求方能修炼而成。

阿梅林就如同是女高音族群里那位清新高雅、不慕虚荣的"小资",她总是刻意规避着浮华世界的欢呼和掌声,也不喜在公众场合抛头露面。她告诉《歌剧新闻》的记者:"我的工作应当是让歌曲本身自己'说话'。"她以巴赫为例:"巴赫就从未接受过什么采访呀,他总是在那里不停地创作。"这也可视为是她人生的艺术准则。当被问及"究竟是你选择了艺术歌曲还是艺术歌曲选择了你"时,阿梅林的回答是:"只要你像我一样喜欢诗歌,那么艺术歌曲就会像磁铁那样吸引着你的心灵。我喜欢阅读诗歌,就如同是掌握一门语言般对我有着强烈的吸引力。在20世纪四五十年代我大约12岁,那时的我已学会了德语、法语和英语。在学校里我对学习外国文学总是兴味盎然。艺术歌曲是一种奇妙的、无可替代的语言和旋律的结合,它是人心的真实表露,也是我从事演唱的欢乐所在。"

在音乐会舞台上,人们注意到阿梅林作为演唱者她的动作幅度是很小的,除了脸部的眼神和嘴角的肌肉会随着演唱作品的喜怒哀乐而传神地自然流露出来外,往往只借助于细小的手指动作去加强作品蕴含的表达内涵。那么她是如何做到所演绎的作品每曲各面,性格鲜明的呢?她以同为奥地利作曲家的舒伯特和沃尔夫为例。"舒伯特的作品中到处是美妙而丰富的旋律。在他的歌曲里寄寓了他全部的情感。在创作上他一般依据诗歌的主题和个性所营造出的氛围一气呵成地完成他的写作;而沃尔夫则不同。他是通过词对词,音对音(即指依据语言的发音和走向创作旋律的音符)的方式去诠释原作的诗意的。两者在和声上也大相径庭。沃尔夫的旋律是非常半音化的,这会使钢琴的伴奏部分增加许多紧张的张力,这与他歌曲演唱部分的情感表达是相一致的。比如这两位都根据歌德的诗写过歌曲《迷娘》,而两者的风格就迥然有异。沃尔夫在他1888年创作的《迷娘》里塑造的迷娘形象是非常戏剧化的,因为在他看来,迷娘是一位成年女性而绝不是像小女孩似的少女;可在舒伯特的笔下,迷娘恰恰正是一位出现在音乐会上的少女形象。她们的不同之处显而易见。总体而言,沃尔夫在他的创作中发展了比舒伯特歌曲中更多的戏剧性心理表现手法。再回过头来看歌德的原诗,这两种人物的个性特征都存在,只不过两位作曲家各自撷取了其中的一个侧面。所以我有时会这样想:如果舒伯特的生命更长些,他笔下的迷娘又该是怎样的形象呢?而如果真是这样,那么比他小63岁的沃尔夫在写相同题材的歌曲时又该如何去接舒伯特的'招'呢?"

　　看！就是两首短短几分钟的艺术歌曲，在阿梅林的头脑里却将之分析得如此头头是道，透彻入里，这也难怪她演唱的音乐会作品尽管数量众多，但却都能以声情并茂、神形兼备而令人赞不绝口、叹为观止了。阿梅林不仅在演唱莫扎特、舒伯特、舒曼、勃拉姆斯、沃尔夫以及理查·施特劳斯等德奥艺术歌曲领域一枝独秀；基于早年贝尔奈对她的提点调教，她演唱的法国艺术歌曲也堪称一绝。如她演唱的柏辽兹声乐套曲《夏夜》和拉威尔的声乐套曲《舍赫拉查德》都为唱片名版；同时她也曾录制了德彪西、拉威尔、福列和普朗克的艺术歌曲全集，皆由与她长期合作的美国钢琴家达尔顿·鲍德温（Dalton Baldwin1931-）携手。这些唱片不仅多为唱片指南上的推荐首选，而且普朗克的艺术歌曲全集还是迄今为止唯一的一个全集录音版本。

　　除了艺术歌曲，音乐会演唱的另一个重要领域就是由交响乐伴奏的清唱剧、康塔塔等大型声乐体裁。在这方面阿梅林也不遑多让。她将演释的重点放在了巴洛克时期的巴赫、亨德尔和维瓦尔第等人的作品上。1972年3月18日，由两位同龄的当代女性音乐会歌唱家——女高音阿梅林、女中音珍妮特·贝克领衔与伦敦的巴赫协会合唱团在伦敦的圣巴托洛梅大教堂录制了一版巴赫《马太受难曲》选曲的现场录音（BBC 4168-2）。阿梅林与贝克尽管声部不同，却联袂呈现了一台精彩经典的演出。如阿梅林演唱的第八曲"亲爱的主啊，心已碎"是全曲中十分重要的一段咏叹调。弦乐断断续续的演奏象征着耶稣的胸膛里不断渗出鲜血，在此基础上女高音唱出哀伤凄美的歌。阿梅林的嗓音清亮而感人，包含情感张力，歌声中张扬着耶稣对其信仰的坚定信念。第十二、十三曲的宣叙调与咏叹调"主啊，救世主！我属于你"表现的是在最后的晚餐后耶稣已预知了自己即将受难的归宿，但却仍对未来充满信心的心境。在木管乐器的衬托下，阿梅林以舒展的气息和浓郁的声腔赋予唱段以韵律感和推动力，大大增强了它抚慰人心灵的艺术效果。在由女声二重唱与合唱组成的第二十七曲"我的耶稣被捕了"里，阿梅林与贝克在合唱团的烘托下声部时而交织，时而交替，珠联璧合地诠释出了对耶稣被捕的焦虑、急切的心声。而在第四十九曲"为了爱，我的耶稣献身了"里她又以真切、绵长的歌声传神地表达出人们对耶稣离去的痛惜和依恋，进一步深化了作品的悲剧色彩。

　　那么阿梅林毕生有没有演过歌剧呢？演过，但仅有唯一的一部，那就是她分别于1973年在荷兰歌剧院和1974年在美国华盛顿歌剧院饰演的莫扎特的冷门歌剧《伊多梅纽》里的女主角伊莉娅。然而，这并不等于说她不喜欢演唱歌剧；相反，她演唱的歌剧还别具特色，另有一功。在Philips旗下的"五音"于2005年发行的一款《莫扎特、舒伯特的歌剧与音乐会咏叹调》唱片（PentaTone 5186133）里就收录有她演唱的歌剧选曲。总体而言，由于习惯了音乐会演唱，因此在演唱歌剧咏叹调时她的唱腔走板语速较慢，唯此她咬字吐音的精准清晰，旋律起伏的抑扬顿挫的艺术特点却极为细致地被放大了，给人以一种丝丝入扣、朗朗上口的新鲜感。这一点，只要将之与其他歌剧艺术家演唱的相同曲目作一比较，便可立即鲜明地彰显出来。她演绎的苏珊娜机警、调皮；凯鲁比诺青涩、可爱；而采琳娜则纯真、娇嗔，都非常传神。在该片里她还演唱了鲜有耳闻的舒伯特的歌唱剧《维拉·贝拉的克劳蒂娜》和未完成的歌剧《担保》（Die Burgschaft）里的咏叹调，可谓令人耳目一新，别开生面。然而，当被问及"你难道从未感到应当演唱更多的歌剧以吸引更大的公众群"时，阿梅林坦然答曰："也许与伊莉娅相比我更喜欢唱苏珊娜和梅丽桑德，我甚至还能唱《费加罗的婚礼》里的伯爵夫人以及巴洛克歌剧。但我确实没有想过把扩大公众群作为我艺术追求的目标。我只想在我从事的领域内做到最好。"

在 1995 年从音乐会舞台上退休之前，阿梅林总共录制了 150 张个人专辑；而在纪念套装方面最值得推荐的是她的《舒伯特艺术歌曲》（Philips 438 528，4CD）；《福列艺术歌曲全集》（Brilliant 92792，4CD）；为她 70 岁诞辰而发行的《艾莉·阿梅林的艺术》（Philips 473 451，5CD）以及 2012 年最新发行的《艾莉·阿梅林：荷兰的夜莺》（Elly Ameling：The Dutch Nightingale，EMI 79073，8CD）。尽管阿梅林一生低调淡泊，远离尘嚣，然而这个世界却并不因此而淡忘她，相反给了她极高的荣誉。她录制的唱片收获了各类唱片奖项。1975 年她被荷兰王室授予"拿骚骑士勋章"；2008 年在她 75 岁寿辰之际又荣获了身为荷兰国民的最高荣誉"荷兰名人狮子勋章"。正如评论家戴维·P．斯蒂尔斯所说的那样：阿梅林是所有继她之后演唱早期声乐作品的声乐家们的教母（the godmother of all early music vocalists who followed）！

16. 八十高龄兀自站在
舞台上引吭高歌

——蒙塞拉特·卡伐耶
（Montserrat Caballe）

西班牙东北部的加泰罗尼亚地区是西班牙境内最大的民族自治区。经济富庶、文化发达的加泰罗尼亚在历史上曾是罗马帝国在伊比利亚半岛上最早建立的领地之一，加泰罗尼亚人有自己的语言、传统与风俗，他们的民族特征在社会生活的方方面面都顽强地展现出来。在体育领域，以加泰罗尼亚首府巴塞罗那组成的巴塞罗那俱乐部足球队与首都马德里的皇家马德里俱乐部足球队的比赛是世界上最著名的"国家德比"；而在音乐领域，加泰罗尼亚民族也居功至伟，杰出的西班牙作曲家阿尔贝尼兹、格拉纳多斯、曾创作了著名吉他曲《阿尔汉布拉宫的回忆》的塔雷加以及 20 世纪的大提琴泰斗卡萨尔斯等就都是加泰罗尼亚人的骄傲。在声乐领域，它则贡献了"世纪十大女高音歌唱家"中的两位：维克托莉娅·德·洛斯·安赫莱斯和蒙塞拉特·卡伐耶。

蒙塞拉特·卡伐耶一生的经历非常诡谲奇特，丰富多彩。她 1933 年 4 月 12 日出生于巴塞罗那一个穷苦的家庭，父母都与音乐毫无所涉。要说她有音乐的遗传基因，或许得自于她那位喜欢唱歌的祖母吧。她原来的名字叫玛丽娅，而家族的姓氏卡伐耶在西班牙语里是小马的意思，可以推测她的祖上很有可能是以养马、驯马为业的劳动者。卡伐耶小时候家境清贫，又体弱多病，于是父母便将她抱到本笃会蒙塞拉特修道院去寄养以寻求保佑庇护。这座建于 11 世纪的修道院一直是加泰罗尼亚民族的精神寄托。她的父母对着修道院嬷嬷发下宏愿：只要这个孩子能够成活并长大成人，那么他们就将以修道院的名称蒙塞拉特为女儿洗礼命名，这也就是玛丽娅的名字变成蒙塞拉特的由来。

就这样，卡伐耶在修道院的环境里成长起来了。在修道院里修女们教会了她弹琴、唱歌,还有法语和意大利语。当然,童年时代的卡伐耶就意识到了自己嗓音的独特出众。从那时起她就怀揣着一个梦想:那就是要用歌唱去改变自己的命运,并帮助家庭"脱贫"。当时,意大利歌剧指挥家拿破仑·安诺瓦奇(Napoleone Annovazzi,1907-1984)来到修道院指导她们的合唱,当他听了卡伐耶的演唱后告诉她母亲:这个女孩的声音将来会有着非常具有发展的潜质。于是,在安诺瓦奇的推荐安排下卡伐耶就进入利切乌音乐学院,先后师从匈牙利裔声乐女教师尤琴尼娅·凯梅尼(Eugenia Kemeny)和加泰罗尼亚歌唱家孔契塔·瓦迪亚(Conchita Badia,1897-1975)。卡伐耶日后回忆道:"从逻辑上说,我的两位老师一个教会了我歌唱的艺术技巧与方法,而另一个则使我掌握了对艺术作品的积累,因而她们都是我人生中的良师。"

卡伐耶的学习成绩是优异的,1954年,21岁的她以学院金质奖章(第一名)获得者的身份毕业。当时,虽然二战早已结束,但西班牙却仍处于佛朗哥政权的独裁统治下,百业凋敝,文化事业更是难见复苏迹象。于是,卡伐耶毕业后来到了瑞士,加盟巴塞尔歌剧院。在那里她以普契尼《波西米亚人》里的女主角咪咪一角完成了自己的舞台处女秀,那一年她23岁。在以后的三年里她一直是巴塞尔歌剧院的演员,她饰演的大多为莫扎特歌剧中的角色。虽然莫扎特的歌剧主要是意大利歌剧,这对来自拉丁语系国度的卡伐耶来说语言不成问题。不过,在那段日子里她也演唱了理查·施特劳斯的《莎乐美》,用德语演唱歌剧对于一位西班牙歌唱家可就不同寻常了,因而她引起了世人的关注。

当然,由于掌握了德语,这为卡伐耶事业的下一站打下了坚实的基础。她移师前往德国的不莱梅歌剧院,在不莱梅又度过了一个三年的合约期。尽管在这期间她已经试验了咪咪、薇奥列塔、托斯卡、阿依达和塔吉娅娜等不同的歌剧角色,甚至还登上过维也纳国家歌剧院的舞台演唱了《莎乐美》,但总的说来这一时期她的表现属于叫好不叫座,始终处于一种半温不火的尴尬境地,事业发展遭遇到了"瓶颈"。

作为一位性格鲜明、个性刚强的加泰罗尼亚人,卡伐耶对自己是充满自信的:"我要做一名伟大的艺术家!我不是平凡之辈,拥有出众的好嗓音。我想尽心竭力地让自己为家乡、事业和音乐增添荣耀。无论我是否能成功,我也决不放弃为此而进行的奋斗。"卡伐耶如此说。

在她事业陷入低谷之际,家人的陪伴与亲情的慰藉成为支撑她坚定信念的最大动力。她的父母特意从西班牙赶来看望失意中的女儿,而作为她经纪人的弟弟卡洛斯也千方百计地为她寻求艺术上的突破口。怎奈还是机缘未到,短时期内难有大的转机与改观。于是,卡伐耶回到了家乡,1962 年她首次在利切乌歌剧院亮相,饰演理查·施特劳斯歌剧《阿拉贝拉》里的同名女主角。同年秋天她又启程去美洲的墨西哥和阿根廷演出。在这次巡演中她又为自己的保留剧目中增加了第一个法国歌剧角色——马斯涅的《曼侬》。1964 年,她在家乡巴塞罗那饰演《蝴蝶夫人》,在剧中与她演对手戏的是西班牙男高音贝尔纳比·马尔蒂(Bernabe Marti)。有意思的是,在舞台上轻浮负心的平克尔顿抛弃了痴情纯真的巧巧桑,而在台下卡伐耶与马尔蒂却因戏结缘,两人一见钟情,一演倾心,于是不久即结为一对歌剧伉俪。成家之后的卡伐耶在丈夫的鼓励下决心重整旗鼓,再闯天下。

果然,皇天不负有心人,卡伐耶的人生迎来了根本性的转折。1965 年 4 月 20 日,卡伐耶临时应邀在美国的卡内基音乐大厅替代无法履约的美国歌唱家玛丽琳·霍恩,以音乐会演唱的形式完成了唐尼采蒂歌剧《卢克雷齐娅·波契亚》中妖艳迷人的同名女主角的演唱。这场临时"救火"的演出获得了出奇热烈的反响。听众们丝毫也不因女主角是一位他们事先毫无所知的歌唱家而吝惜他们的掌声,卡伐耶获得了长达 25 分钟的欢呼喝彩;而评论家们也在次日的报端激扬文字,大唱赞歌,因为他们知道:在歌剧里有着大段唱腔的这个角色是当时尚名不见经传的卡伐耶在不到一个月的时间里一点一点地啃下来的。这次演出的成功不仅标志着卡伐耶演唱 19 世纪美声歌剧的尝试"一击即中",更使她的声名由此不胫而走,由原先的默默无闻一夜间变成了誉满天下。这一年她已年过 32 岁了,真正的大器晚成。

当年年底,卡伐耶重返卡内基,这一次她又制造了新的惊喜,她带来的是唐尼采蒂一部被湮没已久、直到新近才被重新发现的歌剧《罗贝托·德弗罗》(Roberto Devereux),叙述的是英国历史上伊丽莎白一世与她的恋人埃克塞斯伯爵之间的一段情史。演出同样受到听众的赞誉。而 12 月 22 日她在大都会歌剧院饰演的古诺的《浮士德》里的玛格丽特则宣告了在自己人生中的转折之年的鸣金收兵。自此,她终于走出了艺术生涯前期的磕磕绊绊,踏上了前程似锦的康庄大道。由于美国的评论家都一致认为卡伐耶是继卡拉斯和萨瑟兰之后最好的抒情女高音,而美国也的确是她得以"咸鱼翻身"的一方福地,因此她就以美国为基地全方位地展示自己的艺术才华。她与当时一流的美国男高音歌唱家理查德·塔克、詹姆斯·金以及詹姆斯·麦克拉肯等合作在大都会的舞台上上演过威尔第的《游吟诗人》、《奥赛罗》、《茶花女》、《路易莎·米勒》和普契尼的《图兰朵》。这一时期的卡伐耶以意大利歌剧为主线,她饰演的角色也从纯抒情的咪咪、柳儿,抒情/戏剧(spinto)的苔丝德蒙娜、巧巧桑、路易莎到花腔的薇奥列塔、莱奥诺拉,涵盖了女高音的所有类型。1969 年 7 月 2 日,在意大利维罗纳著名的古圆形剧场上演了全明星阵容版的《唐·卡洛斯》,与卡伐耶饰演的伊丽莎白公主演对手戏的是西班牙男高音多明戈和意大利男中音皮埃罗·卡普契利。在演出中,当歌剧结尾卡伐耶演唱伊丽莎白的咏叹调"虚幻的人生"时,她的高音 B 竟比乐队结束的终止和弦还延长了 20 多个小节,此举着实震惊了整个乐坛。这场惊世骇俗的演出录音见于美国 Allegro 传媒集团旗下 Opera D'oro 发行的唱片(Opera D'oro 1296,3CD)。1970 年她首次登上米兰斯卡拉歌剧院的舞台,饰演的剧目仍是《卢克雷齐娅·波契亚》。

卡伐耶的嗓音清澈优美,纯洁甘醇。她的气息控制独树一帜,丰沛而贯通。她的演唱高音明亮流畅,中低音充实自然;连音(legato)纯正婉转,跳音则干净利落,尤其是她在高音区唱出的轻声更是其演唱艺术的"独门秘笈",音色控制极为精妙,可谓纤细入微,萦人心怀。她既能令人信服地演唱美声歌剧中绚丽华彩的花腔,又能准确把握威尔第、普契尼歌剧中富含戏剧性的人物角色。在 20 世纪 70 年代,卡伐耶不断地在美国的歌剧舞台上上演《玛丽娅·斯图亚特》、《诺尔玛》与《茶花女》等剧。1975 年她在大都会第一次主演了《阿依达》,而与她合作饰演埃及公主阿姆奈丽丝的正是 10 年前被其取代并藉此一举成名的美国女中音玛丽琳·霍恩。她被誉为是继卡拉斯和萨瑟兰之后最好的诺尔玛,曾录有两个《诺尔玛》版本。在 1972 年与多明戈等合作的 RCA 版(RCA 86502,3CD)里她饰演诺尔玛;而在 12 年后的 DECCA 版里她则饰演剧中的修女阿达琪莎,而诺尔玛则由萨瑟兰主演。尽管阿达琪莎的角色最初作曲家贝利尼的确是为女高音而设计的,然而在实际演出时她却往往由女中音来演唱。卡伐耶正是那种非常稀少的女高音,她很好地诠释了这个人物形象,并使自己的嗓音保持着最年轻的音质,尽管此时她已年过半百了。

岁月是一把无情的刀,它不以人的意志为转移而消蚀着艺术家的青春与歌喉。随着年龄的增长,卡伐耶后期的声音逐渐丧失了早期的那种辉煌与纯净的音质,但她却通过演唱像托斯卡、阿德里亚娜·莱科芙勒尔这样戏剧性的角色去探求一种更富戏剧化与情感化的歌唱表演风格去挑战自己。1988 年 1 月 22 日,是卡伐耶第 99 次,也是最后一次在大都会登台,她以与帕瓦罗蒂合作的《波西米亚人》告别了这个将她塑造成世界顶尖歌唱家的艺术舞台。

然而,进入 1990 年代,已过花甲的卡伐耶又一次将全世界的目光重又聚焦在自己的身上。1992 年巴塞罗那奥运会的主题歌《巴塞罗那》至今令人激动不已,无论是那富于张力的管弦乐引子还是歌曲中那铿锵高亢的吟唱都完美地诠释了"更快、更高、更强"的奥运精神。这首主题歌的演唱者之一正是卡伐耶。原来早在 1986 年,英国著名摇滚乐队"皇后"（Queen）的主唱弗雷迪·墨丘利（Freddie Mercury，1946-1991）就已创作了这首歌曲。然而，令人扼腕痛惜的是：它被确定为奥运会主题歌后，当奥运会真正拉开帷幕之际墨丘利却已于一年前因罹患艾滋病而不治身亡。因而当卡伐耶在开幕式现场引吭高歌《巴塞罗那》时，原本准备与她一起在现场献唱的墨丘利的声部播放的是他的生前录音。但这首奥运会主题歌还是不胫而走，很快便蹿上了流行音乐的排行榜榜首，而它的同名专辑也在世界各地引发了一股抢购狂潮。

卡伐耶不仅是一位著名的艺术家，也是一位享誉国际的社会活动家。她积极参与各类慈善事业，是联合国教科文组织的亲善友好大使。她与丈夫马尔蒂育有一子一女，其中女儿蒙塞拉特·马蒂（Montserrat Marti）也是一名优秀的女高音，她继承了母亲的衣钵，母女俩录有《我们的圣诞节颂歌》专辑（Unsere Weihnachtslieder，SONY 44398）。说来或许令人难以置信：卡伐耶早年体弱多病，步入歌坛后又屡遭疾病的困扰，从 1970 年代后期起她因心脏病、肾病、癌症与脑瘤等疾病总共动过 7 次手术，也曾因过于硕大肥胖的躯体不止一次地痛苦"瘦身"；然而，令人称奇的是她竟然是世界十大女高音中唯一在八十高龄仍能在舞台上引吭高歌的歌唱家。2013 年 3 月 12 日，卡伐耶携她的女儿一同出现在俄罗斯首都莫斯科。在一场慈善音乐会上，这对艺术家母女与俄罗斯男高音尼古拉·巴斯科夫（Nicolai Baskov，1976-）一同在 8000 名音乐教师面前演唱了多首意大利歌剧中的著名咏叹调与重唱曲，当然不可缺少的还有她与巴斯科夫演唱的《巴塞罗那》。可又有谁曾想到：就在 2012 年 10 月中旬她在俄罗斯叶卡捷琳堡的一次演出前还突然中风晕倒，并导致上臂骨折而被送回了西班牙医院急救，并宣布暂停一切演出活动呢？！

卡伐耶曾在 1988 年来过中国，为参加"爱我长城"的义演活动，她在人民大会堂演唱了歌剧《图兰朵》里著名的咏叹调"在这圣殿里"。她以自己的实际行动诠释了一位著名的艺术家、一位杰出的社会活动家的高尚人格与艺术风范。正如在 2003 年她在自己的艺术纪录片《音乐之外的卡伐耶》（Caballe Beyond Music，Euroarts 2053198）中所说的那样"音乐是神奇美妙的；与音乐相伴是一种特殊的荣幸！"

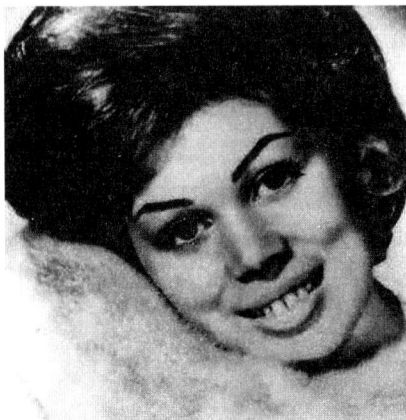

17. 从丑小鸭到世上最好的"咪咪"

——米蕾拉·弗雷尼
（Mirella Freni）

提起跻身于世界十大女高音之列的意大利歌唱家米蕾拉·弗雷尼,恐怕人们总容易将她与著名男高音歌王帕瓦罗蒂联系在一起。当然,这丝毫不牵扯到这对男女歌唱家之间的绯闻轶事,而是世人早已从各种传媒资讯中探知他俩之间不是情侣而胜似情侣的关系。首先,他们是同乡;其次是同庚(帕瓦罗蒂只比弗雷尼小7个多月);再次是同门,他们师从的是同一位声乐教师;最后则是同行,两人在舞台上联袂合作,留下了不少堪称经典的歌剧录音。然而,即便他们的关系如此密切,帕瓦罗蒂可算不上是弗雷尼迈上歌坛之巅的关键人物。在弗雷尼辉煌的一生中,有三位男性在各个不同的阶段充当了她引路人(mentor)的重要角色。正是借助于他们的指点与扶持,早年被视为"丑小鸭"的弗雷尼一步步地成长为在歌剧世界傲视群英的女王(A Reiging Queen)。

❧❧❧❧❧❧

弗雷尼1935年2月27日出生于意大利的北方城市摩德纳。20世纪30年代的意大利正是墨索里尼独裁统治甚嚣尘上的时代。由于当权者奉行穷兵黩武的法西斯主义,搞得国内经济一片萧条,民不聊生。弗雷尼是一位贫穷雇工家的长女,她的母亲和帕瓦罗蒂的母亲一样都是当地烟厂的女工。烟厂女工是不可能有固定的时间去给自己的孩子喂奶的,于是两家商量着合用一个保姆给这两个孩子当奶妈。当然,日后帕瓦罗蒂成了歌坛有名的胖子,他体格硕壮,体重最重时据称竟达160公斤以上。而弗雷尼则似乎有些先天不足,身高还不到1.6米,又瘦又小,世人很难相信这对"巨人与小不点"吃的是同一个奶妈的奶。所以后来弗雷尼曾将此事予以调侃,称自己很怀疑当初胃口大的帕瓦罗蒂总是先把奶妈的奶水吸吮光了才来喂养自己,以致于才发育得如此瘦小体弱。

尽管弗雷尼的家庭似乎与音乐无缘,不过当她还在蹒跚学步时就已显露出了艺术天分。转眼到了 10 岁上下，个子瘦小、在众人面前毫不起眼的弗雷尼却在一个学生的音乐会上意外亮嗓，她演唱了威尔第《茶花女》里最难唱的一首咏叹调"我愿像空气一样自由"，这着实惊倒了在场的所有人！于是，两年后头上顶着"歌坛小童星"光环的她被推荐参加了一次由电台主办的歌唱比赛，结果她又在人们不看好的情形下脱颖而出，以普契尼《蝴蝶夫人》里最著名的"晴朗的一天"夺得了这次青年歌唱家国际比赛的桂冠。当时的评委席上端坐着著名的意大利男高音吉利，他从这位少女的歌声中发现了其独特的天赋和巨大的潜质，但他同时也认为她的演唱毕竟属于无师自通的"野路子"，缺乏必要的科学调教。于是吉利找到了弗雷尼的家人，建议将她送去专门的声乐教师那里去接受正规教育；同时又语重心长地告诫弗雷尼切不可在嗓子完全发育成熟之前再唱这种高难度的作品，拔苗助长只会适得其反，将自己的嗓子与天赋挥霍殆尽。从此，弗雷尼便牢牢记住了大师的这番话，在任何时候都不强迫自己去从事力所不能及的事。因而，在她的祖国意大利，弗雷尼成名后得了一个外号，人们把她称为"精明主义者"（La prudentissima），这恐怕是基于早年吉利对她的谆谆教诲并恪守践行是分不开的。

弗雷尼去了邻近的曼图瓦，跟随名师埃托蕾·坎波加利亚尼（Ettore Campogalliani）学习声乐。正巧在那里她又遇上了他的奶弟——帕瓦罗蒂。于是这对年轻人又拜在同一位老师的门下一起学习成长，好不快乐。坎波加利亚尼不愧为一位名师，弗雷尼在她的调教下成长很快，她摒弃了早年的一些演唱陋习，严格地按照老师的要求和步骤一步步地去提高、丰富自己的演唱技巧与手段；而在上课之余她和帕瓦罗蒂也没有忘记去摩德纳的市立歌剧院去观摩歌剧演出。当然，由于两人都是穷孩子，因而他们观看歌剧的位置总是固定的，那就是剧院最顶层的站票！

1955 年 1 月 3 日，年方 20 的弗雷尼完成了自己从一位看客到舞台演员的角色转变，她在摩德纳市立歌剧院的舞台上实现了艺术上的处女秀，在《卡门》里饰演米卡埃拉。尽管演出获得了成功，也吸引了从各大剧院派出的星探们的关注目光，然而令人有些意外的是她为自己设定的人生步骤却与其他女高音都不同，她没有初战告捷后乘胜追击，反而是先成家后立业。她嫁给了莱奥纳·马基埃拉（Leone Magiera）——一位在博洛尼亚音乐学院担任讲师的音乐家。马基埃拉作为钢琴家曾受到卡拉扬的青睐，他"钦点"马基埃拉为自己喜爱的歌唱家的演唱担任钢琴伴奏。作为弗雷尼的音乐指导和音乐会上的合作者，马基埃拉在她艺术事业的头 20 年里起过不容置疑的重要作用。第二年，他们的女儿就出生了。为了纪念自己的舞台处女，秀弗雷尼为女儿起的名字就叫米卡埃拉。在将女人一生中最重要的婚姻和生育大事都安排停当后弗雷尼开始复出了。1958年她获得了在维切尔举行的维奥蒂国际声乐比赛的头奖。这个奖对于她日后的歌唱生涯起着一种"催化剂"的作用。于是意大利一些中流的歌剧院的演出邀约接踵而至。此后她又相继在荷兰歌剧院和英国的格林德伯恩歌剧艺术节上亮相。1961年她意外地得到了在伦敦的柯文特皇家歌剧院登台的机会,在《法尔斯塔夫》里饰演南内塔一角。这个角色是弗雷尼仅花了不到10天的时间"攻克"下来的。翌年她再现于格林德伯恩,这一次她饰演的是《费加罗的婚礼》里的苏珊娜。当时,《歌剧》杂志的安德鲁·波特形容她"形象迷人,她的演唱与表演,她在舞台上所呈现的一切都鲜活清新、可信自然而又毫不费力"。

由于长得身材瘦小,因而直到目前为止弗雷尼在舞台上塑造的都是喜剧女高音的角色。她的音色纤柔清纯,活泼脆亮,所以她自己也十分认同演出经纪人对她定的戏路类型,似乎并不想再在演唱风格上有更多的拓展了。然而,有人却不这么认为,他以为弗雷尼这样做是作茧自缚。如欲攀登歌剧演唱的高峰,她就必须克服自己心理上的障碍,努力去拓展自己的潜质,向着更高的难度挑战。这个人,就是卡拉扬!

1962年,当弗雷尼在米兰的斯卡拉歌剧院饰演南内塔和《图兰朵》里的柳儿时,她那优美流畅的嗓音以及情真意挚的表演引起了卡拉扬的关注。此时,卡拉扬已贵为"指挥皇帝",他对于世界上几乎所有的演出团体都拥有毋庸置疑的权威。于是,从此时起卡拉扬取代了弗雷尼丈夫马基埃拉,成为了她艺术事业高速发展期的引路人。卡拉扬打造弗雷尼的第一步是让她先成为纯粹的抒情女高音。在他的坚持下,由弗雷尼饰演咪咪的《波西米亚人》于1963年1月31日首演于斯卡拉歌剧院。弗雷尼的音色和表现力都十分符合卡拉扬的要求,他认为这就是他心目中那位柔弱而多情的咪咪。当然,对于弗雷尼饰演的咪咪更大的赞誉来自广大的听众和音乐评论家们,他们都以极大的热忱对她的演绎表示高度的肯定与狂热的欢迎。从此,咪咪这个角色就成为了她一生舞台艺术的标志性符号,以致于后来演唱咪咪的歌唱家们通常都要以她的精彩诠释去衡量评判自己演绎的优劣高低。1963年11月,弗雷尼饰演的咪咪出现在维也纳国家歌剧院;两年后她仍以这个角色作为登临美国大都会首秀的"见面礼"。对于这场演出,《纽约先驱论坛报》的评论家阿兰·里奇写道:"弗雷尼的音色是纯净清新的,她的演唱通达流畅,几乎称得上是完美无缺……她对于人物角色性格变化的色彩处理不可思议,已然成为推动剧情发展的一种本能的感应。"

塑造咪咪的成功使卡拉扬对自己当初的判断愈加自负。于是他又开始实施改造弗雷尼的第二步,鼓励她去挑战《茶花女》里薇奥列塔这个角色。什么?薇奥列塔?这几乎是一位全能女高音方能胜任的角色啊!自从少女时代不知深浅地唱过之后,弗雷尼便再也没有碰过这个角色。她的头脑中一直牢记着吉利对她的告诫。尽管她对能否胜任这个角色心存疑虑，但饰演咪咪的成功还是令弗雷尼对卡拉扬的判断笃信不疑。更何况卡拉扬为了提携弗雷尼上这个角色，甚至在排练阶段不惜炒掉了比弗雷尼成名更早，且在舞台上富有演出经验与好评的另一名"薇奥列塔"蕾娜塔·斯科托呢。不过，事实证明卡拉扬也终究是人不是神，他也有误判失策的时候。这一次，在斯卡拉饰演薇奥列塔的弗雷尼算是"搞砸了"。舞台上这位相对稚嫩生疏、表演有待提高完善的"新"薇奥列塔激怒了米兰的歌剧迷们。在 1964 年底上演的这版《茶花女》简直炸开了锅，一时间剧院内倒彩与口哨齐鸣，蕃茄与鸡蛋横飞，怒气冲冲的听众们大有将剧院的屋顶掀翻的势头。院方一见大事不妙，仅仅演了一场就不得不赶紧去搬救兵，让另一位女高音安娜·莫芙取代了弗雷尼。这次惨痛的经历深深刺痛了弗雷尼，她为没有谨遵自己的人生信条而懊悔。但这也无疑给她上了颇有价值的一课，让她更清楚自己的特长与定位。此后她再也不碰薇奥列塔这样的角色了，因为她不想让自己的嗓音毁于在歌坛上争强斗胜的"名利场"上。

然而，这并不代表弗雷尼对自己的艺术固步自封，裹足不前；相反，她积极地探索、尝试一些新的角色塑造。从 1970 年代起，她开始向威尔第的歌剧进军。1970 年在萨尔茨堡艺术节上，她与卡拉扬合作了《奥赛罗》，饰演剧中的苔丝德蒙娜；1975 年则成功地饰演了《唐·卡洛斯》里的伊丽莎白；而在 1979 年则是阿依达。由于吸取了饰演《茶花女》时急于求成、仓促上阵的经验教训，弗雷尼在以后接演新角色时都显得极为小心谨慎，每演一个新角色在公演前她都必须精心打磨至少一年以上，以避免抒情女高音转型为抒情／戏剧（spinto）女高音时常会遭遇到的尴尬与麻烦，最终成功实现了自己的戏路转型。

❧ ～ ❧

弗雷尼是个聪明的艺术家，她自知如果单凭舞台的扮相无法与以安娜·莫芙为代表的"美女派"相比拟；而唯有通过在舞台上真情实感地演唱以及对表演细腻传神的表达才能赢得听众们的心。

对于弗雷尼的成就，美国大都会早已垂涎不已，它曾于 1968 年开出了条件丰厚的邀约想与她长期签约。然而弗雷尼却以不愿和家人长期分开而婉拒了。到了 1976 年，随着女儿的长大成人她才又重回大都会，并迅速地填补了自己离开后留下的"真空"。然而，她的第二次返美却使自己的婚姻亮起了红灯。在 1981 年她与丈夫友好地分手了，不久又嫁给了与她长期同台合作的保加利亚男低音歌唱家尼古拉·盖乌洛夫（Nicolai Ghiaurov，1929-2004）。正如同弗雷尼在前期的艺术生涯中得到马吉埃拉的助力那样,在她艺术生涯的后期她又得到了盖乌洛夫的教益与鼓励。正由于丈夫的斯拉夫民族血统,从 1980 年代中期起,弗雷尼又转向了柴科夫斯基的歌剧。 1985 年,她在芝加哥抒情剧院首演了《欧根·奥涅金》里的塔吉娅娜获得成功;进入 1990 年代后她又先后饰演了《黑桃皇后》里的丽莎和《新奥尔良少女》里的约安娜,并乐此不疲。直到 2005 年 4 月 11 日在华盛顿国家歌剧院举行告别演出时,弗雷尼留给人们的最后一个舞台形象仍是约安娜。要知道这可是一位 70 岁高龄的歌唱艺术家在饰演剧中那位十几岁的妙龄少女呵!

弗雷尼是一位演唱与录音并重的歌唱家,她总共录制过 50 部以上的全本歌剧录音。一般认为,在她所塑造过的众多角色中,《波西米亚人》里的咪咪、《蝴蝶夫人》里的巧巧桑和《欧根·奥涅金》里的塔吉娅娜是她长达半个世纪歌唱生涯中最富于创造性、成就也最大的三个女主角。其中,单单《波西米亚人》就有五个以上的录音,既有与卡拉扬合作的柏林德意志歌剧院版(DECCA 421 049,2CD)、维也纳国家歌剧院版(Opera D'oro 1332,2CD)和米兰斯卡拉歌剧院版《DG 476709, DVD》;又有与托马斯·希珀斯合作的罗马歌剧院版(EMI 69657,2CD)和罗马意大利广播合唱团版(Opera D'oro 1143,2CD)。《蝴蝶夫人》则有分别与帕瓦罗蒂、卡拉扬合作的(DECCA 417 577,3CD)和与多明戈、卡拉扬合作的(DG 428 209, DVD)两个维也纳国家歌剧院版以及与西诺波利合作的安布罗西亚歌剧院版(DG 423 567,3CD)。至于《欧根·奥涅金》她留下了或许是意大利女高音唯一的经典录音:莱比锡广播合唱团版(DG 423 959,2CD)。弗雷尼还有一款《伟大的歌剧二重唱》专辑也很值得推荐、收藏,在专辑里再现了她与不同时期的艺术搭档盖达、柯雷利、帕瓦罗蒂、多明戈、卡雷拉斯以及她的丈夫盖乌洛夫演绎歌剧经典二重唱的每个精彩瞬间(EMI 63665)。必须指出的是,尽管弗雷尼三度录制演唱了《蝴蝶夫人》,然而她却从未在舞台上饰演过这个角色。她认为巧巧桑这个角色必须要从头唱到尾,对于自身而言对嗓子的消耗太甚,所以宁可弃之,也不愿勉为其难,以免酿成大错。的确,弗雷尼是歌唱家中的"智者",惟其如此,1990 年代中期当大多数歌唱家都准备考虑自己的退休问题时,这位先天条件并不算好的女高音却仍然自信地站在舞台上引吭高歌,这已是她在歌剧世界的顶尖地位的第五个十年了!

18. 女高音中的"小清新"
——卢契娅·波普（Lucia Popp）

在 20 世纪 60 年代，国际乐坛上出现了一股东欧元素，涌现出了一批来自东欧地区的优秀女高音歌唱家，如来自罗马尼亚的伊莲娜·柯特鲁巴斯（Ileana Cotrubas，1939-）、有匈牙利血统的安娅·齐尔亚（Anja Silja，1940-）和来自保加利亚的安娜·托莫娃-辛托（Anna Tomowa-Sintow，1941-）等，她们的崛起为歌剧舞台注入了一股富于旺盛生命力的新鲜血液，也在一定程度上平衡了东西方音乐发展不对称的局面。而在她们之中最为人称道而至今令人难以忘怀的是卢契娅·波普，她来自东欧的另一个国度斯洛伐克。

波普是一个德语化的姓氏，卢契娅·波普原名是卢契娅·波波娃，她 1939 年 11 月 12 日出生于今天斯洛伐克共和国的首都布拉迪斯拉发附近的乌尔斯卡·维斯。她的父亲是一名工程师，而母亲则是业余歌唱家。受母亲的影响，她自小就喜欢唱歌。她的嗓音条件也极好，总是成为家庭聚会和社区活动中的歌唱小明星。不过，由于父亲的缘故波普还是进了正规的学校完成了中学教育，并在毕业后进入布拉迪斯拉发大学成了一名化学系的大学生。在学习了两个学期后她突然对戏剧表演产生了浓厚的兴趣，结果在得到校方的同意后转到了戏剧表演系继续学习。正如威尔第歌剧《弄臣》里的咏叹调所唱的那样，"女人善变"，学着学着，少女时代有着诸多幻想的波普渐渐地心智趋于成熟，她最终发现还是难以摆脱歌唱对于自己的强大诱惑力。于是她又一次向校方提出申请要求转到音乐系。过一过二岂能过三？她的请求遭到了校方的拒绝。但打定了主意的波普也不含糊，她退了学。在上了几次私人传授的声乐课程后她如愿考入了布尔诺音乐学院（后更名为布拉迪斯拉发音乐学院）正式接受专业的声乐艺术教育。最初她被作为一位女中音来训练，但她的老师安娜·卢索夫斯卡-普洛森科娃（Anna Hrusovska-Prosenkova）发现她的音色甜美而清亮，穿透力强，而且她的嗓音运用又敏捷灵巧，具备演唱花腔女高音的优异潜质。因而，在老师的正确引领下波普的演唱声区竟次第升高,由最初的女中音一跃而成为了花腔女高音。

安娜在对波普的训练方面是很有一套的,她认为作为一名女高音尤其是一名花腔女高音保护好自己的嗓子格外重要。为此她为波普制定了一套严格的训练方案,规定她在没有完全吃透角色发声的位置之前不许用全嗓去练习,只能用半嗓先悉心领会。安娜告诫她只有在正式的演出是才能全情投入地放开自己的歌喉,这样可以避免声带的意外受伤,从而有效地保持演唱艺术生命。此外,每当波普掌握了要演唱的曲目后,安娜会要求她将它们暂时搁置一下,等过一段时间再去演唱,这样也就为更充分地理解和领悟赢得了更多的时间,规避了新手上路时那种急于求成、染上"半生不熟,囫囵吞枣"的陋习积弊,成为日后成长很难纠正的顽疾。在老师的这种精心而又科学的调教下,波普的演唱技艺得到了快速而全面的提升。

与许多花腔女高音一样,波普对花腔角色的学习也是从莫扎特作品入手的。在校期间她演唱《魔笛》里夜女王的咏叹调就曾获得老师与同学的一致好评。因而在1963年,当刚从音乐学院毕业的波普听说著名指挥家奥托·克莱姆佩雷将要到布拉迪斯拉发歌剧院排演歌剧《魔笛》时简直激动得兴奋难耐。她找到了歌剧院,自告奋勇地表示愿意参加竞演歌剧中夜女王这个角色。由于有她老师安娜的倾力推荐,歌剧院接纳了这位不速之客的请求;而当克莱姆佩雷亲自听了她的试唱后更是毫不犹豫地认定这位初出茅庐的姑娘正是他理想中的夜女王人选。于是,在布拉迪斯拉发歌剧院的处女秀上,波普果然一唱成名,这位嗓音、容貌俱佳的夜女王立刻吸引了音乐评论家们的眼球,他们纷纷将溢美之词献给突然崛起的花腔女高音新星。然而,对于当时的欧洲乐坛而言,布拉迪斯拉发歌剧院这座"庙"还委实太小,很难为波普的施展再提供更大的发展空间。事有凑巧,此时身兼奥地利维也纳国家歌剧院音乐总监的著名指挥家卡拉扬已闻知了波普的"芳名",向她发来了邀请,让她去那里饰演《费加罗的婚礼》。尽管在《费加罗的婚礼》中等待波普的只是剧中的女配角帕帕丽娜,但维也纳国家歌剧院毕竟是世界四大歌剧院之一,与家乡的歌剧院不可同日而语;更何况还是由卡拉扬亲自发来的邀请,更是可遇而不可求的良机啊。于是,波普欣然前往维也纳。她的表现也果如卡拉扬所期望的那样令他满意。剧院方当即与她签订了合约,从此,波普就从维也纳这个音乐之都起步,开始了日后精彩纷呈的艺术人生之旅。

波普的艺术经历与维也纳国家歌剧院一直紧密地维系在一起。自1963年起她在这个舞台上演出了一系列歌剧,并由一名新生的歌剧演员逐渐被擢升为歌剧院最受欢迎的头牌花腔女高音,特别是她赖以成名的夜女王更是成为她标志性的招牌角色。说来似乎有些令人难以置信,波普的身材小巧玲珑,长着一张五官精致端秀的娃娃脸,一副大而明亮的眼睛和微微向上翘起的嘴角,真有一种甜而不媚,美而不艳的亲切与可爱。可就是这样一位人见人爱的"小清新"在舞台上塑造起夜女王来却显得气场不凡,霸气十足,尤其是她演唱的歌剧里那两首令人视为畏途的花腔女高音咏叹调更是音色壮丽,语调铿锵,与她本人的形象形成了极大的反差。其实,波普尽管在舞台上显得高贵大气,胜券稳操,但事实上她对塑造夜女王这个角色还是难免会心有余悸的,每次演下来总如同是经历了一场重大的战役般感到紧张与疲惫。尽管如此,她在维也纳国家歌剧院还是攒足了超高的人气。1964 年,波普在克莱姆佩雷的指挥下录制了享有盛誉的《魔笛》唱片(EMI 55173, 2CD),成为这一时期她舞台艺术的一个代表作。在此期间她也收获了自己的第一份感情。乔治·菲舍尔(Gyorgy Fischer, 1935-)是来自匈牙利的钢琴家兼指挥家,当时正在维也纳国家歌剧院担任卡拉扬的助手。于是这两位同样来自东欧的艺术家走到了一起结为眷属。

1966 年,波普首次登上伦敦柯文特皇家歌剧院的舞台,在那里她饰演了一个新的花腔角色——威尔第《假面舞会》里的俏皮女仆奥斯卡。第二年她又应美国大都会歌剧院之邀再次饰演了夜女王,照样好评如潮。不过,这也是波普在舞台上最后一次饰演这个角色了,因为 4 年后当波普再次亮相于大都会时尽管上演的还是《魔笛》,可人们却意外地发现她在剧里饰演的角色已由那位不可一世的夜女王变成了楚楚动人的"被监护人"帕米娜。波普已成功地转型了,她由花腔女高音变成了一位纯粹的抒情女高音。

波普的转型在很大程度上与她离开维也纳国家歌剧院有关。自卡拉扬卸任后作为卡拉扬助手的乔治·菲舍尔也于 1967 年出任德国科隆歌剧院的艺术总监,于是波普跟随丈夫开始了她的"科隆时期"。在科隆她学习了更多的歌剧剧目,也演了更多的歌剧角色,越来越意识到作为纯粹的花腔女高音的局限性。她感到自己必须转型以拓展更宽广的戏路。在此期间她饰演了格鲁克的优丽狄茜、唐尼采蒂的阿蒂娜(《爱之甘醇》)以及莫扎特歌剧中的苏珊娜、采琳娜和伊莉娅(《伊多梅纽》)等一系列抒情角色。但这一时期她塑造得最有代表性的角色当属理查·施特劳斯《玫瑰骑士》里的索菲。其实,早在 1964 年她就曾在奥地利的林茨歌剧院演过这个角色。出演理查·施特劳斯的歌剧对她而言还是一个全新的挑战。由于她的德语基础不好,为了帮助她塑造好这个角色,卡拉扬还曾专门为她请了一名语言指导提高她德语的"咬文嚼字",并且还亲自辅导她在演唱时的艺术处理,终使她拿下了这个角色。此后,波普在维也纳、慕尼黑、伦敦、巴黎和萨尔茨堡等地多次饰演过索菲,其中在萨尔茨堡艺术节上演时她饰演的索菲被一位评论家誉为"宁芬堡(Nymphenburg,坐落于德国慕尼黑宁芬堡皇宫内的皇家御用瓷器工坊,以出产欧洲顶级且全球唯一的皇家烧瓷而著称于世,距今已有超过260年的悠久历史)瓷器中最令人赏心悦目的一件"。而波普本人也认为索菲是一个可以供自己无限延伸表演空间的角色,每一次演唱都会有新的体验,因而这个角色"完全属于自己"。她饰演的索菲堪称是其艺术生涯中最具闪光点的一个突出代表,仅在音像制品中就分别留下了1973年与卡洛斯·克莱伯合作的巴伐利亚国家歌剧院现场版(Orfeo 581083,3CD)、1978年与克里斯托弗·冯·多纳伊合作的萨尔茨堡现场版、1979年与卡洛斯·克莱伯合作的巴伐利亚国家歌剧院版(DG Unitel 073 4072, 2 DVD)以及1990年与伯恩斯坦合作的维也纳国家歌剧院版四个不同的版本,其中演绎得最淋漓尽致、总体艺术水准最高的无疑是1979年的那个DVD版。应当指出的是,尽管在这四个版本里她都饰演索菲,然而她也曾在别的场合演过剧中的另一女主角——元帅夫人玛莎琳。评论家称她饰演的玛莎琳"塑造了一个令人感动的、并赋予角色以伟大女性的艺术形象,她努力在公众面前刻意保持自己的高贵典雅,却暗地里打碎牙往肚里吞地掩饰着自己的纷烦与苦恼"。其实,由于自己的演唱音域宽泛,音色变化多端,波普在同一部歌剧中饰演不同角色的例子是屡见不鲜的,如在《费加罗的婚礼》里她分别饰演过苏珊娜和伯爵夫人这对主仆;在《魔笛》里饰演过夜女王和帕米娜这对母女;在理查·施特劳斯的《阿拉贝拉》里饰演过阿拉贝拉和茨登卡这对姐妹;在约翰·施特劳斯的《蝙蝠》里饰演过罗莎琳达和阿德勒这对主仆;在韦伯的《魔弹射手》里又饰演过阿加特和安琛这对闺密。而在莫扎特的《唐璜》里她更是"通吃"了剧中的三位女主角:埃尔维拉、安娜和采琳娜!且都每人各面,形象鲜活。

❦❦❦

随着年龄的增长,在20世纪80年代,面容依然年轻甜美、声音依然甜美动人的波普竟"中年变法",又由抒情女高音向着唱功更足的抒情/戏剧女高音(spinto)方向发展。1982年她在柯文特的舞台上第一次饰演了瓦格纳《纽伦堡的名歌手》里的埃娃。人们发现尽管此时已年过半百,然而她在舞台上的形象仍保持着年轻时一样的娇美可爱,且愈益散发出成熟女性特有的稳重大气的迷人风韵。1989年她又因一次偶然的"玩票"饰演了瓦格纳《罗恩格林》里的埃尔莎。其实,就本意而言波普不喜欢瓦格纳的歌剧,因为过于沉闷的剧情氛围与太吃重的演唱戏份并不符合自己的天性气质,但由于她与第一任丈夫乔治·菲舍尔分手后又于1986年与德国男高音歌唱家彼得·塞弗特(Peter Seiffert,1954-)结了婚,这位比波普小15岁的丈夫非常渴望能与自己的"大娘子"妻子在歌剧中合作一把。于是,当塞弗特接下了《罗恩格林》的合约后他就力荐波普饰演剧中的女主角埃尔莎。因为剧中的埃尔莎与罗恩格林正巧也是姐弟关系,这与现实生活中夫妇俩的情形不谋而合。虽然是偶尔为之的"逢场作戏",但演出效果却出乎意料地好。至于波普与第一任丈夫乔治·菲舍尔的合作,人们可以在波普演唱的《莫扎特歌剧咏叹调》专辑(EMI 47019)里一窥端倪。

作为一位出身于斯拉夫民族的艺术家,波普一直将弘扬本民族的音乐经典视为己任,身体力行地在世界各地的舞台上演唱斯美塔纳的《被出卖的新嫁娘》、德沃夏克的《水仙女》、雅纳切克的《耶奴发》和《狡猾的小雌狐》以及柴科夫斯基的《欧根·奥涅金》等歌剧。她演唱的《水仙女》咏叹调"月亮颂"真挚感人,沁人心扉;与原籍捷克的澳大利亚指挥家查尔斯·马克拉斯合作的维也纳国家歌剧院版《耶奴发》(DECCA 414 483,2CD)和《狡猾的小雌狐》(DECCA 417 129,2CD)更是同名歌剧中的首选之作。而波普在音乐会演唱领域的成就也可圈可点,她一生总共三次录制了理查·施特劳斯的《四首最后的歌》,两次录制了马勒的声乐套曲《儿童的奇异号角》,也录制过舒伯特、舒曼的艺术歌曲以及舒伯特的《弥撒》和罗西尼的《圣母悼歌》。在这方面最为经典的一张唱片当属1971年她在著名指挥家索尔蒂指挥下与芝加哥交响乐团合作的马勒的《第八交响曲》(DECCA 414 992),这是一张唱片界公认的发烧天碟,曾囊括了当年度的企鹅三星带花、格莱美以及史蒂文森等多项荣誉,在业界家喻户晓。

卢契娅·波普的艺术生涯几乎是在突然间戛然终止的。1993年秋她被诊断患上了脑部恶性肿瘤,从发现到去世仅仅只有几个月时间。而在1992年3月她还在瑞士苏黎世歌剧院饰演了莫扎特的《蒂托的仁慈》,而她人生中的最后一场独唱音乐会则刚刚在当年9月在维也纳举行。1993年11月16日,刚过完自己54岁生日四天后的一代歌坛丽人溘然辞世。在她长达30年的艺术生涯里,她以其清新可爱、甜美动人的形象气质在自己与音乐以及她的听众之间建造起了一种神奇的情感黏合力,人们深深喜爱并怀念这位唱演俱佳、既富艺术才智又亲切而善解人意的女高音歌唱家。正如百代在2009年推出的纪念专辑(EMI 98515,7CD)的标题所示"卢契娅·波普:夜里的女王,白昼的少女"(Lucia Popp-Queen of Night, Maiden of Light),可谓是对她一生艺术成就最恰如其分、言简意赅的褒誉和赞美了。

19. 她为毛利人争得了
世界声誉

——基丽·狄·卡纳瓦
（Kiri Te Kanawa）

音乐艺术人才的涌现有时真不能以民族的传统、人口的数量以及文化的积淀与否去衡量。20 世纪初，澳大利亚女高音内莉·梅尔芭在美国大都会一唱成名，相信当时没有多少欧洲人会相信在那片还很有些蛮荒又地广人稀的大洋洲殖民地上能诞生一位令他们如此吃惊的世界首席女高音；同样，70 年后当基丽·狄·卡纳瓦在英国的柯文特一演惊艳时，更难有人相信这位女高音竟来自大洋洲的另一个国度——新西兰，况且还是新西兰的少数民族——毛利族。如今，她已成为世界上 30 万毛利人引以自豪的形象代言人。

❧❧❧

基丽·狄·卡纳瓦 1944 年 3 月 6 日出生于新西兰北岛濒临太平洋的吉斯伯恩，它是被称为"世界上每天早晨第一个迎接太阳"的城市，也是新西兰毛利族人口集中的聚居地。卡纳瓦原名克莱尔·玛丽·特蕾莎·罗斯特隆，她的生父是当地的毛利人，母亲则是欧洲后裔。然而，出生刚满一个月，由于家庭无力抚养这个婴儿，于是她被生母送到当地的社会福利院，后由另一位毛利人汤姆·狄·卡纳瓦将其收养，并为她改名为基丽。在毛利语种，基丽的意思就是"银铃"，仿佛预示着这个女婴日后将以她银铃般甜美的歌声为世人带来欢乐。当然，汤姆为孩子取名为基丽也绝非是毫无根由的"狂想"，因为他的爱尔兰裔太太内尔就很有音乐才能，她不仅会弹钢琴，还很喜欢唱歌。由于她自己的两个孩子都不怎么喜欢音乐，因而内尔就决定要将这位养女培养成一名音乐家。从基丽 7 岁起内尔就亲自教她学习基本声乐技术。为了使她能得到更为正规、系统的教育，在基丽 12 岁那年他们干脆举家前往新西兰的最大城市奥克兰。由于家庭已皈依基督教，于是基丽进入了圣玛丽学院学习。圣玛丽学院是圣玛丽修道院的附属学院,学院里任教的老师大多是来自修道院的神职人员。使少女卡纳瓦三生有幸的是在这里她遇见了玛丽·莱奥修女(Sister Mary Leo,1895-1989)——新西兰最知名的声乐教师。莱奥修女原是匈牙利的犹太人,她在祖国受过严格正统的音乐教育,多才多艺。来到新西兰后她既教小提琴,也授歌唱和舞蹈课程。在圣玛丽学院她更是将学校里的乐队、合唱队训练一把抓,还担任了校合唱队的指挥。在20世纪,新西兰两位最具国际声誉的女高音皆出自她的门下,一位是玛尔维娜·梅杰(Malvina Major,1943-),另一位就是基丽·狄·卡纳瓦。

莱奥修女的教学以严谨、严格而著称,当然与之齐名的则是她教学的成功和高效。她特别能调动卡纳瓦的歌唱潜力,在她的训导下卡纳瓦很快就成了学院里的"金嗓女郎"。日后,每当功成名就的卡纳瓦回忆起自己的艺术起步时,提到影响她一生的两位匈牙利裔犹太艺术家的名字,一位是莱奥修女,另一位就是指挥家索尔蒂:"他们是真正为音乐而生的人。我觉得他们两个人对于音乐的理解与创新的独见不下于20位行家意见的总和。是他们对音乐的执着促使我这样慵懒的人也变成了工作狂。我生命中如果没有这两位恩师的帮助是不可想象的"。

在学习的同时,卡纳瓦从14岁起就开始在国内演唱了。当时的她还只能在歌厅、俱乐部或婚礼晚宴上演唱,但即便这样她仍然成了奥克兰小有名气的歌星;而由她参与演唱的小约翰·施特劳斯的轻歌剧《卡萨诺瓦》里的"修女合唱"发行后还成了新西兰有史以来的第一张金唱片。渐渐地,卡纳瓦的名字开始定期地出现在新西兰的报刊杂志上了。1963年,19岁的卡纳瓦参加了在新西兰举办的歌唱选秀大赛(Mobil Song Quest),已显示出了其强劲的艺术实力,她获得了比赛的第二名;而第一名正是她的同门师姐马尔维娜·梅杰。两年后她卷土重来,终于如愿以偿斩获冠军。1966年她又摘得了在澳大利亚举行的"太阳歌唱比赛"的桂冠;而正巧梅杰也于前一年刚刚收获了这项荣誉。一时间,莱奥修女门下双姝的争奇斗妍成为这个国家音乐生活中人们街谈巷议的一段佳话。

凭借着比赛所得的560英镑奖金以及由英国的伦敦歌剧中心所颁发的1300英镑奖学金,1966年卡纳瓦在养母内尔的陪伴下来到英国继续深造。这时在她面前展现的是一个更为广袤无垠的艺术世界,因为在新西兰她还从未在歌剧院亮过相,一展歌喉呢。她后来自陈:"直到进入伦敦歌剧中心我才真正意识到,歌唱对于我而言是唯一可以从事的职业。"在歌剧中心她分别师从英国声乐家詹姆斯·罗伯逊与原籍匈牙利的女声乐家维拉·罗查(Vera Rozsa,1917-2010)。当时,卡纳瓦演唱的声部其实是女中音。一次,在中心排练莫扎特的《人皆如此》时适逢澳大利亚女高音萨瑟兰的丈夫波宁吉受邀来主持大师班教学。他在听了由卡纳瓦饰演的多拉贝拉的咏叹调后当即指出:"你不是一位女中音,而是女高音!""于是我想我人生中的另一个故事就此开始了。我所需要的就是按照他的指点去做。所幸在歌剧中心我还有相当棒的声乐教师维拉。在她的具体指导下我用心调整着自己的演唱,这样声音自然而然地就唱上去了。此前我可从不敢想象自己还能唱出高音 C 或高音 D,经过训练我也能像其他的女高音一样地把它们唱出来了。"

卡纳瓦的舞台处女秀是在莫扎特歌剧《魔笛》里饰演夜女王麾下的第二侍女,一年后又在山德勒·威尔士剧院饰演了普塞尔歌剧《狄多与埃涅阿斯》里的贝琳达。此后尽管又相继饰演了唐尼采蒂《安娜·波莱纳)里的同名主人公和罗西尼《湖畔夫人》里的埃莱娜,算是当上了主角,但却反响平平,不温不火。直到她成功地饰演了莫扎特《伊多梅纽》里的克里特王子伊达曼特(系女高音角色)后她才时来运转,收获了柯文特皇家歌剧院的一纸为期三年的主演合约。卡纳瓦成了获得这份丰厚邀约的最年轻歌唱家之一,当时她还只有 25 岁。在柯文特的第一个演出季里她饰演了穆索尔斯基《鲍里斯·戈东诺夫》里的戈东诺夫之女克谢尼娅和瓦格纳歌剧《帕西法尔》里的鲜花少女,算是为日后的华丽亮相热了身。接着,从 1970 年开始她便开始在著名指挥家柯林·戴维斯与优秀的歌剧导演约翰·柯普利的指导下精心打造她在柯文特的第一部大戏:《费加罗的婚礼》。

然而人们所不知的是,卡纳瓦学习这部歌剧却是先由英语入手的。她先用英语对歌剧进行了排练,而后随剧院到美国新墨西哥州的圣达菲歌剧院演出时唱的也是英语版。回到柯文特后她才开始用意大利语从头来过。当时卡纳瓦的情绪极为亢奋,她对完成伯爵夫人这个角色跃跃欲试,心里直对自己鼓劲:"上啊!上啊!上啊!"由英语版到意大利版的过程院方给了她两年的时间准备,可卡纳瓦只用了一年半就完成了。1971 年 12 月 1 日,这是一个可以载入卡纳瓦个人生涯史册的日子。是夜,她在柯林·戴维斯的指挥下成功地饰演了《费加罗的婚礼》里的伯爵夫人。27 岁的她在舞台上甫一亮相,她亭亭玉立的修长身材,一对明媚动人的大眼睛里满含的幽怨与伤感之情,兼之颦笑有致的高贵气质与优雅举止,俨然是莫扎特笔下的那位大家闺秀的范儿,未曾亮嗓,已迷倒了台下的听众一片。及至微启朱唇,清澈甘美的旋律流淌而出,那抒情的嗓音,敏锐的乐感,丰富的色彩和深挚的情感更是令所有人甘之如怡,欣喜不已。第二天的《金融时报》评论道:"这样一位伯爵夫人不要说是在柯文特,只怕就是在萨尔茨堡也是前所未有啊!一颗璀璨的巨星诞生了,她就是卡纳瓦!"当晚疯狂的欢呼和掌声简直令卡纳瓦本人的头脑都"几乎要被震炸了"。是的,这次的成功使这位女高音完成了从生涩的歌唱演员到令人瞩目的歌坛巨星的"巨大一跃"。

1972 年，卡纳瓦又相继在法国里昂歌剧院和美国旧金山歌剧院连续饰演了伯爵夫人一角，自此她所塑造的这个角色已然深入人心。同年，她在苏格兰格拉斯哥歌剧院第一次涉足了威尔第的作品，在《奥赛罗》里饰演苔丝德蒙娜。到了 1974 年，卡纳瓦再现神奇。当时她正在美国纽约为她的大都会首秀《奥赛罗》做准备，首演的日期定在 3 月 7 日。岂料在 2 月 9 日上午她突然接到大都会的来电，称原定于当天晚上饰演苔丝德蒙娜的原籍希腊的加拿大女高音特蕾莎·斯特拉塔斯（Teresa Stratas, 1938-）几分钟前刚刚病倒告假了，因而剧院方面紧急通知卡纳瓦要"火速救场"。天哪！比自己预计的演出整整提前了一个月！尽管此前她已演过《奥赛罗》，但毕竟是登上大都会这样世界级的歌剧殿堂，谁又不想准备得充足些搏个"开门红"呢？然而这场演出却是推脱不得的，因为它将经由广播电视向全国千百万人播出。当时的卡纳瓦身边她的演出团队一个人都不在，连个商量的人几乎都没有。然而卡纳瓦天生就是为歌剧舞台而生的，她对事业的追求，对机会的把握以及血液里毛利人勇敢无畏的精神都驱使她揽下了这件"瓷器活"，于是，在自己的寓所里练了一个多小时后她就毅然决然地跳上了驶往林肯中心的出租车……

尽管困难重重，然而卡纳瓦还是凭借她深厚的底蕴、精湛的造诣完成了这项看似"不可能完成的任务"，这场意料之外的首演格外成功。当晚，她在老资格的男高音歌唱家乔·维克斯（Jon Vickers, 1926-）的烘托映衬下演唱发挥出了超水平。当演出结束后她做最后一次谢幕时，情难自抑的听众们甚至将手中的节目单撕成碎片向空中抛撒，以此作为向她致谢的献礼。纽约《每日新闻》的评论家罗恩·艾耶尔称"这足以说明她是我们时代最伟大的歌唱家之一"。

在这两次巨大的成功之后，接下去的几年里巴黎、悉尼、米兰、萨尔茨堡和维也纳，这些令人垂涎的歌剧重镇一个个成了被卡纳瓦征服的城堡。这一时期，人们发现她在原有抒情女高音的基础上又进一步拓宽了自己的戏路，她的演唱剧目中又增加了《唐璜》里的埃尔维拉、《魔笛》里的帕米娜、《人皆如此》里的菲奥迪丽姬以及《波西米亚人》里的咪咪等角色。除莫扎特歌剧外，卡纳瓦也擅长演释理查·施特劳斯歌剧中的女主角。其实，早在 1977 年她在休斯顿歌剧院就饰演了《阿拉贝拉》里的同名女主角，随后又相继成功地饰演了《玫瑰骑士》里的元帅夫人玛莎琳和《随想曲》里的伯爵夫人玛达琳娜。而这些歌剧都是她在指挥大师索尔蒂的指挥下完成的。由于卡纳瓦演出的歌剧大都是与柯林·戴维斯和索尔蒂合作的，因而她的歌剧唱片也就主要由 Philips 和 DECCA 这两家予以发行。自然,说到她数量可观的歌剧唱片与影像,就不能不提及已成为她歌剧艺术标志的《费加罗的婚礼》。她总共留下了五个版本的《费加罗的婚礼》,由此可见,对《费加罗的婚礼》的演绎确乎贯穿了她歌唱生涯的整个黄金时代。除了以上提及的几部外,还有两部歌剧值得引起足够的重视,那就是比才的《卡门》和伯恩斯坦的《西区故事》。

卡纳瓦向来很少演唱法国歌剧,但她 1973 年在索尔蒂指挥下的柯文特歌剧院版《卡门》(Opera D'oro 7010,3CD)却仍使人眼前一亮。她那温婉柔美的抒情唱腔将米凯埃拉的形象惟妙惟肖地还原于听众们的脑海之中。而伯恩斯坦的《西区故事》原是作曲家完成于 1957 年的一部音乐剧。在 1984 年他决定将作品重新录制,请卡纳瓦与西班牙男高音卡雷拉斯领衔并由他本人第一次亲自担任指挥。这个被称作"歌剧版本"的《西区故事》(DG 411 253,2CD)在 1985 年荣获了格莱美的最佳歌剧大奖。在音乐会声乐作品中,她的录音首推她分别与索尔蒂指挥的芝加哥交响乐团合作的巴赫的《马太受难曲》和亨德尔的《弥赛亚》。当然,必须提及的还有她献给自己民族的专辑《毛利之歌》(Maori Songs, EMI 56828)。

基于卡纳瓦在世界声乐领域的巨大声望,1981 年,在英国查尔斯王子与戴安娜王妃那场万众瞩目的世纪婚典仪式上,卡纳瓦在全球六亿人的注目之下引吭高歌了亨德尔清唱剧《参孙》里的欢乐颂歌"让光明永佑天使"(Let the Bright Seraphim)。她那庄严、激昂的音乐礼赞回荡在圣保罗大教堂的上空,歌声绕梁,余音不绝。在这个特殊的时刻,卡纳瓦为自己、为她的祖国、为她的民族赢得了至高无上的荣耀。第二年她被大英帝国授予女爵荣誉称号。1995 年她又被新西兰授予新西兰荣誉勋章。此外,她还是包括剑桥、牛津、巴斯等多所著名高等学府的荣誉博士。尽管如此,卡纳瓦却一向以低调示人,无论是她 23 岁时与澳大利亚矿产工程师德斯蒙德·帕克一见钟情式的"闪婚",还是 30 年后由于聚少离多的婚变离异都不曾在新闻媒体上制造出大的"舆论绯闻"。由于倾心于歌唱事业,导致她两度流产,后来他们夫妇共同收养了两个孩子:安东尼娅与托马斯。2010 年 4 月,当她在德国的科隆歌剧院连演两场《玫瑰骑士》后宣告了她一生的舞台谢幕。之后她在世界各地举办大师班传授技艺,并在新西兰设立了以自己名字命名的基金会,用以资助祖国那些富有才华的青年艺术家,以使他们能最终实现自己的音乐梦想。她还与英国 BBC 广播二台共同发起举办了基丽声乐比赛。总之,要她退出歌剧舞台可以,然而让她终止歌唱事业却万万不能,因为她信奉一生的座右铭就是:如果我停止歌唱,我也许会死去!

20. 黑人全能歌唱通才
——杰西·诺曼 (Jessye Norman)

在国际声乐舞台上，涌现过几位公认的歌坛巨人。这里的巨人不仅指的是他们在歌唱艺术上的造诣无与伦比，并且他们在日常生活中的外在形象也确乎世所罕见。如著名的俄罗斯歌唱家菲奥多尔·夏里亚宾就不仅是名副其实的男低音歌王，也是一位当之无愧的伟岸丈夫。他高大魁梧，玉树临风，无论走到哪里都俨然一副帝王君临的威严气派，令人景仰。而在当代，也有两位堪称"航空母舰"式的著名声乐大师，一位是人们熟知的"高音 C 之王"帕瓦罗蒂，身高 1.84 米的他体重在其峰值阶段竟达 150 公斤（300 斤）以上；而女性歌唱家中的大个子则由黑人女高音杰西·诺曼拔得头筹，因为身高为 1.78 米的她体重也达到了 136 公斤（300 磅），是歌坛女性中的"最重量级选手"。然而，她与帕瓦罗蒂在 20 世纪七八十年代世界歌坛的地位也与他们的体重一样是出类拔萃、无可撼动的。

❦

杰西·诺曼是标准的战后一代，她 1945 年 9 月 15 日出生于美国乔治亚州的奥古斯塔。虽然她的父母都是南方的黑人，然而从她家族的姓氏 Norman 还是不难发现其祖上的日耳曼民族渊源。拉斯·诺曼是一位保险推销员，他的妻子詹妮则是小学音乐教师。很显然，他们的孩子杰西的音乐基因源自母系家族，因为詹妮的母亲和外婆（即杰西的外婆和太外婆）都是钢琴家，而詹妮的父亲则是当地合唱团的歌手。杰西从小就被母亲认为应该走音乐之路，于是她先是被送往查尔斯·沃尔克基础学校学习钢琴，以后随着年龄的增长拾级而上，无论是在约翰逊初级中学还是在露西·兰尼高级中学她都没有放弃过钢琴学习。

不过，其实杰西·诺曼自己最喜欢的还是唱歌。作为基督教家庭的孩子她 4 岁时就进入浸礼会教堂唱诗班，演唱黑人灵歌，她的高音始终是整个唱诗班里的制高点，声音富于明亮的穿透力。9 岁那年，她从收音机里头一次听到了里面播放的歌剧演唱，年幼的她立即就被那富有激情而感染力的歌声所吸引住了。打那时起她开始有意识地收听广播中的音乐节目,及至长到十四五岁,随着知识的不断积累以及种族认同的意识增强,她尤其注重聆听黑人前辈歌唱家玛丽安·安德森和莱昂婷·普莱斯的演唱。这两位黑人歌唱大师也成为诺曼日后一生所效仿的艺术偶像。16岁那年,少女诺曼参加了在费城举行的玛丽安·安德森声乐比赛,她闯进了决赛圈,虽然最终未能成为比赛的优胜者,但她那优异的艺术潜质与极佳的表现欲望还是让她拿到了霍华德大学的全额奖学金,得以进入这所大学成为一名声乐系的学生。她师从女教授卡洛琳·格兰特(Carolyn Grant),还在学校的合唱团里演唱,并因在林肯纪念堂举行的宗教弥撒中担任独唱与领唱而初露头角。1966年,在学期间的诺曼又赢得了由全美艺术与通信协会举办的国际声乐比赛的一等奖。第二年当她以优异的成绩毕业于霍华德后旋即又转入皮博迪音乐学院和密西根大学继续深造。她在密西根大学获得了硕士学位,而攻硕期间她的两位导师是美国女中音伊丽莎白·曼尼翁(Elizabeth Mannion)和法国杰出的男中音歌唱家皮埃尔·贝尔奈——荷兰女高音歌唱家阿梅林的老师。

像那个时代的许多青年音乐家一样,硕士毕业后的杰西·诺曼首先到欧洲去历练自己,以积累知识阅历和增长实践经验。1968年,适逢欧洲最著名的两大综合性国际音乐比赛之一的慕尼黑国际音乐比赛开始报名,诺曼毫不犹豫地参与了这项全球有志青年艺术家翘首以盼的顶级赛事的角逐。凭借其出众的嗓音条件和状态极好的艺术诠释,这位来自大洋彼岸的23岁黑人女高音竟在众多欧洲好手中脱颖而出,一举摘得大赛桂冠,从而将全世界的目光都聚焦到了自己身上。

今天的乐迷或许很难相信当年的杰西·诺曼竟是以瓦格纳的歌剧而进入专业的演唱生涯的。在荣获慕尼黑国际大赛之后,诺曼很快就收获了一份与柏林的德意志歌剧院为期三年的演出合约,这为她日后的艺术道路开了个好头。1969年底,她在德意志歌剧院首度亮相,以瓦格纳《汤豪瑟》里的伊丽莎白一角完成了自己的舞台处女秀。诺曼演唱瓦格纳歌剧自有其得天独厚的优越条件:首先她年轻时已长得体格健硕,有着演唱瓦格纳所需的宏大音量与明亮音质;同时由于曾师从两位中音歌唱家,因而她的中、低声区也得到了完善的开发与训练,这就具备了瓦格纳剧中人物要求的宽广的音域和深阔的幅度。诺曼果然不负众望,将伊丽莎白这个角色塑造得声情并茂,楚楚动人。对此,德国的评论家将之誉为是"自德国教母级的女高音洛特·莱曼(Lotte Lehmann,1888-1976)之后最漂亮的嗓音"。第二年,她在这个舞台上又饰演了《罗恩格林》里的埃尔莎,同样好评如潮。一时间,这位年青的黑人女高音被世人寄予厚望,似乎她将成为新一代瓦格纳歌剧的代言人了。的确,诺曼的演唱声线是异常独特的,无论是在明亮圆润的高音区、饱满扎实的中音区还是宽阔醇厚的低音区,她的音色都具有着惊人的艺术表现力,难怪评论家们都叹服她的演唱音域涵盖了由女低音到戏剧女高音的几乎所有女性声区,堪称是一位"歌唱通才"。

1970年,当诺曼第一次出现在意大利佛罗伦萨时,人们讶异地发现这位"新一代的瓦格纳女高音"竟来了个180度的华丽转身,唱起了巴洛克作品——亨德尔的清唱剧《德博拉》(Deborah)。1971年,还是在佛罗伦萨,在五月音乐节上她却又令人意外地出彩地完成了法国大歌剧代表之作——梅耶贝尔的《非洲女》里女主角塞莉卡的人物塑造。同年,诺曼还在柏林音乐节上饰演了莫扎特《费加罗的婚礼》里的伯爵夫人。就这样,短短两年时间,诺曼犹如歌剧舞台上的"变色龙"一般,以令人目不暇接的速度创造了如此类型不同、角色迥异的舞台艺术形象,且都个性鲜活,风格到位。这不由得不使人叹服于这位黑人女高音的戏路之广,造诣之精了。

杰西·诺曼之所以能在各个时期、各种学派的歌剧演唱中游刃有余,自然与她在学习阶段的刻苦钻研密不可分,但也着实得益于她的语言天赋。她精通五国语言,因而无论是德奥歌剧、法国歌剧还是意大利歌剧,语言的表达对她而言都绝对构不成障碍,反而成为她得心应手驾驭作品的有力手段。于是,1972年她登上了米兰斯卡拉歌剧院的舞台,在这座世界歌剧殿堂里字正腔圆地唱起了威尔第的《阿依达》。由于一年前诺曼在英国著名指挥家柯林·戴维斯的指挥下与BBC交响乐团合作录制的《费加罗的婚礼》荣获了蒙托国际唱片大奖的荣誉,因而柯林·戴维斯对她的演唱才华极为赏识。在1972年他力邀诺曼与他再度合作,这就有了诺曼在柯文特皇家歌剧院的首秀,在柏辽兹的歌剧《特洛伊人》里饰演剧中的女主角。众所周知,在国际乐坛戴维斯是以诠释柏辽兹作品而贵为权威的。尽管如此,英国人却仍对一位美国歌唱家能否演好这部法国歌剧而心存疑虑,毕竟它不是一部非常讨巧的热门作品啊!然而,在首演当晚,柯文特的听众们却为诺曼而疯狂了,她在舞台上所展现的那种端庄大气将那位能准确预言未来灾祸、却难得到国人信任和理解的特洛伊公主卡桑德拉(歌剧前半部)以及国难当头、却在维护民族利益与个人情感之间两难割舍最后蹈火自焚的迦太基女王狄朵(歌剧后半部)这两个悲剧性人物的形象气质与复杂的情感思绪都诠释得丝丝入扣,深挚感人;与此同时,人们也为诺曼那纯正流利的法语发音而啧啧称奇。其实,这毫不奇怪,因为这都要归功于当年她的恩师贝尔奈对她的亲授真传啊!

当在欧洲业已获得全面胜利之后,诺曼第一次回到祖国。1973年在好莱坞的碗型剧场她首次在美国公众面前亮相。这位从欧洲载誉而归的女英雄以《阿依达》作为她向祖国人民交上的汇报答卷。这次演出的盛况是空前的,人们在她饰演的阿依达身上依稀见到了昔日的那位著名的阿依达诠释者莱昂婷·普莱斯的身影。这场演出的实况也被真实地记录了下来（Opera D'oro 1304，2CD）。此后，诺曼在美国上演了一系列瓦格纳歌剧音乐会，1973年纽约林肯艺术中心组织的"伟大表演艺术家"系列展演中她更是作为一位迅速崛起的歌坛新秀举行了自己的专场音乐会，全面展示了她的歌唱技艺与艺术才华。

杰西·诺曼的艺术已赢得了全世界乐迷们的首肯与赞许，她的演出日程也显得愈益繁忙，她几乎在世界一流的歌剧院以及包括爱丁堡、萨尔茨堡在内的一系列艺术节上都已占据了牢固的地位；然而，与此同时，一种隐患却也在日趋困扰着她，那就是她与日俱增的体重！在她与柯文特签订的为期五年的合约期间，有几次她提出了取消预订的演出。她给出的理由是需要进一步地休整、完善自己的演唱状态，然而大多数人却不以为然。在他们看来，诺曼日益增加的体形正在严重地损害她的舞台形象。诺曼自己当然清醒地意识到了这一点。于是，从1980年代起她开始将重心逐渐移向音乐会演唱领域。1976年诺曼重回美国，在接下去的两年里她很少演出歌剧，却由演唱门德尔松的《伊利亚》和弗朗克的康塔塔《八福》（Les Beatitudes）为肇始，开启了她艺术生涯中另一重要领域的才华施展。而事实证明，在这方面她甚至创造出了比在歌剧舞台上更为骄人的辉煌。

诺曼演唱的音乐会作品以法国艺术歌曲和德奥艺术歌曲为大宗。在前者范畴内她演唱了柏辽兹的声乐套曲《夏夜》《克莱奥佩特拉之死》，肖松的《爱与海之诗》、为女中音、钢琴与弦乐四重奏所作的《永恒的歌》（Chanson perpetuelle，Erato 45368），德彪西的康塔塔《中选的少女》《浪子》（Orfeo 12821），迪帕尔的《歌曲集》，拉威尔的声乐套曲《舍赫拉查德》、《马达加斯加歌曲》与《两首希伯莱歌曲》等；而在后者范畴内则有贝多芬的《第九交响曲》《庄严弥撒》，勃拉姆斯的《德意志安魂曲》《女低音狂想曲》，布鲁克纳的《感恩赞》《诗篇150首》，舒曼的《妇女的爱情与生活》（Philips 420 784），舒伯特的艺术歌曲以及她最为人称道的两套声乐艺术经典——马勒的管弦乐艺术歌曲（包括《大地之歌》、《亡儿悼歌》、《旅人之歌》和《儿童的神奇魔号》）以及理查·施特劳斯的《四首最后的歌》（Philips 411 052）。《四首最后的歌》是作曲家创作后期最重要的一部作品，历来演释的歌唱名家众多，但获得普遍赞誉者却寥寥。德国著名女高音施瓦茨科普夫的EMI版历来被奉为圭臬权威；然而诺曼的诠释却鲜明地彰显了她自身艺术的独特风格。她将更为大胆直率的美国性格融入到这部饱蘸着德奥隐晦含蓄传统的作品之中，因而使之更显明朗大气；但原作中所凝聚的挽歌式的悲剧感却并未因之而稍减。在演绎中诺曼显示出了其对艺术歌曲极好的音色控制力，声区统一，张弛有度;抑扬顿挫,收放自如,真正做到了对这部重量级作品的整体把握和完美诠释,因而它也当之无愧地与施瓦茨科普夫的 EMI 版并驾齐驱,成为众多演唱版本中仅有的两个"企鹅三星带花名版"。

诺曼的生活是极为丰富多彩的。除了专业的舞台演出外她还是一位非常活跃的社会活动家。她广泛地参与各类公益活动,积极投身社会慈善事业。1989 年 7 月 4 日适逢法国大革命 200 周年。诺曼应法国政府邀请在庆祝盛典上演唱《马赛曲》。是日,在巴黎的协和广场上她带领一支由 500 人组成的合唱团引吭高歌。尽管完全不使用麦克风,然而她那极富穿透力的歌声仍能凌驾于强大的乐队与合唱之上迎空回荡。其声势之壮阔,音调之铿锵令在场的所有人为之动容感佩。她还曾于 1985 年和 1997 年分别在两位美国前总统里根和克林顿的就职典礼上演唱。这里需要指出的是:里根是共和党总统,而诺曼却是一位坚定的民主党成员。一位共和党总统邀请一位民主党歌唱家作为祝贺嘉宾,这不仅彰显了诺曼个人在国际声乐界的巨擘地位,更由此弘扬了她所代表的广大非洲裔族群在美国的社会生活中所起的重要贡献。

诺曼至今未婚,因为结婚成家在她异常忙碌的生活节奏中根本排不上号。从 1990 年代开始她又积极探索现代歌剧的普及与推广。她是首位在大都会舞台上公演勋伯格的歌剧《期望》(Erwartung)和巴托克的歌剧《蓝胡子公爵的城堡》的女高音,并由此开启了大都会演出现代歌剧的风气之先。由她饰演的斯特拉文斯基的清唱剧《俄狄浦斯王》和雅纳切克的歌剧《马克罗普洛斯案件》也同样是同一作品录音中的佼佼者。此外,她还与著名的美国流行乐手"埃林顿公爵"(Duke Ellington,1899-1974)以及法国爵士乐大师米歇尔·勒格朗(Michel Legrand,1932-)分别合作了唱片专辑,展示了她突破古典艺术,融合其他音乐种类的"跨界之才"。正如《纽约时报》的评论家伯纳德·霍兰所指出的那样:"假若人们要以衡量一位杰出的女高音那样去统计一下杰西·诺曼在其职业演艺生涯之外的其他领域所作出的突出贡献,那么我敢担保,她在公众面前所作的社会活动一定超越任何一位当代的女高音歌唱家。诺曼小姐的演唱音调是高亢而绵长的;色彩是巧妙而丰富的;它们与她清晰阐述的歌词以及对作品精妙绝伦的诠释共同构成了她歌唱艺术令人心醉神迷而完美的一切!"

21. "新卡拉斯"

——卡蒂娅·里恰雷利

（Katia Ricciarelli）

在被誉为歌唱王国的意大利从来都不缺乏世界一流的歌唱家。在女高音领域,20 世纪头 20 年里有泰特拉齐尼、加利 - 库契；在 1930 年代至 1950 年代更是涌现出诸如阿尔巴内塞、苔巴尔蒂、斯科托和弗雷尼等歌坛巨星。那么进入 20 世纪下半叶,谁将继承歌唱王国的优良传统,捍卫歌剧之乡的牢固地位而成为驰誉国际的意大利头牌女伶呢? 使命就落到了战后出生的一代人身上；而她们之中的佼佼者无疑就是卡蒂娅·里恰雷利。

如同她的上一辈歌唱家斯科托、弗雷尼一样,卡蒂娅·里恰雷利也可谓起于"青萍之末",她的童年非常不幸。1946 年 1 月 16 日她出生于威尼托大区罗维戈省一个极其贫穷的家庭里。由于在她 3 岁时父亲因病去世,家中的顶梁柱倒了,本就已十分捉襟见肘的境况更为不堪了。后来她的四个姐姐又先后夭折,只留下母亲与弱小的卡蒂娅相依为命,她们过着极为拮据的生活。但即便如此,这对坚强的母女也没有自暴自弃。母亲外出打工,身兼数职,除养家糊口、维持生计外她还必须留一些积蓄以便为身边唯一的小女儿的梦想——学习音乐攒下一笔钱。而卡蒂娅心疼母亲的身体,为了分解母亲的负担,她小小年纪就坚持要靠自己的劳动所得去赚取学费。就这样,靠着母女俩的省吃俭用与辛勤劳作,最后好不容易终于凑够了学费让卡蒂娅进了大区首府威尼斯的马切罗音乐学院学习声乐。

正由于深知学习机会的来之不易,学生时代的里恰雷利在学习中就格外刻苦努力。在音乐学院她师从女教师伊莉斯·A. 科拉德蒂 (Iris Adami Corradetti,1904-1998)。这位伊莉斯可了不得,她本人曾是一位知名的抒情女高音,是二三十年代意大利美声唱法的代表人物；尤其是她演唱的真实主义歌剧被誉为"使心灵与心灵之间的交流得以平和均衡"（balanced heart and heart）。时至今日,仍有伊莉斯演唱的普契尼歌剧《蝴蝶夫人》里的"晴朗的一天"和马斯卡尼歌剧《罗多莱塔》（Lodoletta）里的咏叹调录音传世。在这位名师的传授下,里恰雷利的学习进步得非常快,又加之勤奋刻苦,更兼之其天生丽质,美貌出众,于是很快她便在芸芸众生中脱颖而出了。1968年22岁的里恰雷利从音乐学院毕业后先是在意大利广播公司举办的声乐比赛上获得了第一名,这使她直接获得了去曼图瓦演出歌剧的邀约。于是第二年,在曼图瓦里恰雷利以饰演《波西米亚人》里的咪咪实现了其专业演艺生涯的处女秀。在舞台上她那柔美圆润的音色、俊俏清新的扮相以及那种自然而又自信的艺术气质打动了在场的所有听众。这次首演一下子让人们记住了这位悄然崛起的歌坛新秀。然而,又有谁能探知她的咪咪演得如此真挚感人在很大程度上是缘于她本人对于贫穷困苦有着切身的真实感受呢!

首演成功后的里恰雷利第二年又在锡耶纳登场亮相。在这里她演唱了一部凯鲁比尼的歌剧《飞逝的爱情》（Anacreon）,饰演剧中的女主角——令年迈的古希腊诗人安纳克雷翁神魂颠倒的青年女歌手考琳妮。这部歌剧并非是歌剧演出的主流剧目,然而可不要忘了尽管凯鲁比尼后来贵为巴黎音乐学院院长,成为法国歌剧学派上的一位奠基者,然而他的祖籍却是意大利,并且还就是锡耶纳邻近的佛罗伦萨人,因而在这里他的歌剧还是有着相当大的影响力的。里恰雷利的这次演出无疑又在她的早年履历上增添了重要的一笔。然而,接下去的那场胜仗才是决定她日后命运的关键之役。1971年,意大利广播公司（RAI）举办了"威尔第国际声乐比赛",由于当年适逢威尔第逝世70周年,因而此次比赛的意义更显得非同一般。前来参赛的自然均非等闲之辈,他们各自怀揣梦想,身怀绝技,以求问鼎。里恰雷利当然也意识到这个奖项的含金量和重要性。为此她做了精心的准备,结果不负众望。她在群雄逐鹿的竞争中一鸣惊人,拔得头筹,由此而奠定了自己作为青年一代女高音中的领头羊地位。

1972年,挟威尔第国际声乐比赛歌后的余威,里恰雷利应邀赴美在芝加哥抒情剧院她饰演一部威尔第的冷门歌剧《福斯卡里父子》（I Due Foscari）里的女主角卢克莱契娅。对于美国人来说,这是一张舞台上的新面孔;对于听众而言,它是一部此前从未听过的"新歌剧"。然而,这两个新却成就了第三个"新",那就是里恰雷利在大西洋两岸的新声誉。

自从伟大的卡拉斯在1960年代中期退隐后,欧美的歌剧舞台上已很有些时日没有出现过像卡拉斯这么歌靓人美的一流女高音了。安娜·莫芙算一位,可是她一则在歌、影、视领域多栖发展,导致了她歌剧受众的分流;二来由于其演出日程过密,在1970年代早期她的演唱水平已呈衰退之势。于是,适时涌现的卡蒂娅·里恰雷利正好填补了大洋两岸歌剧迷们这种偶像崇拜心理上的真空。她被舆论媒体塑造成歌剧界的"新卡拉斯"也就名至实归了。由此,这个雅号不胫而走,成为她扩大事业影响力的助推剂。于是,她1973年在罗马歌剧院饰演威尔第《圣女贞德》(Giovanna di Arco)里的贞德;1974年在伦敦柯文特皇家歌剧院饰演咪咪;1975年在纽约大都会歌剧院的首秀仍是咪咪;1976年在米兰斯卡拉歌剧院的首秀则变成了普契尼《修女安吉丽卡》里的同名女主角。短短四年,里恰雷利有如神助,连克重镇,且均斩获良多,口碑鹊起,从而确立了20世纪七八十年代她在世界歌坛上"新生代巨星"的地位。一时间,就连比她资历更老的斯科托、弗雷尼和卡伐耶等大牌也不再能像之前那样专美于评论家与听众的心目中,因为里恰雷利与她们相比她更年轻、更漂亮,形象更可人,嗓音也更迷人。

不过,在里恰雷利的艺术道路上,有一点与她的前辈弗雷尼非常相似,就是在她的人生中有三位男性对她事业的走向起着关键性的作用。只是他们的这种作用对于里恰雷利而言恐怕并非只是单纯艺术上的引领,而是带着浓厚的私人情愫掺杂其中。所谓"天生丽质难自弃",做名女人难,做漂亮的名女人尤难!自打里恰雷利在歌坛上站稳脚跟,朝着事业发展的目标开始进发时,公众媒体的目光就一刻也不曾放松过对这位"歌坛美人"情感生活的打探与追逐。1975年,当里恰雷利在大都会首次亮相饰演《波西米亚人》里的咪咪时,比猎犬嗅觉更灵敏的记者们便捕捉到了令他们梦寐以求的"新闻"了。他们断定这位女高音陷入了恋爱之中,而她的爱侣并非他人,乃是剧中与她演对手戏的男主角——西班牙男高音何塞·卡雷拉斯。在舞台上两人的表演堪称是珠联璧合,催人泪下;而在台下,因为这次演出而在排练过程中的近距离接触,这对歌坛上的俊男靓女确已擦出了爱情的火花。卡雷拉斯尽管当时还不是能与帕瓦罗蒂、多明戈并驾齐驱的"三大男高音",但在美国却已因之前在大都会饰演了《托斯卡》里的卡伐拉多西而享有声誉。卡雷拉斯与里恰雷利同年(比后者小10个月),却已是有妇之夫。他与妻子梅赛德斯·佩雷兹有两个孩子。但这却并不能阻碍里恰雷利不顾一切地爱上他。虽然两人都为此背负了舆论与道德的巨大压力,然而他们还是爱得如火如荼,尤其是第一次品尝到爱情幸福的里恰雷利更是爱得无所畏惧。他们的这段恋情持续了整整十年!尽管它最终未能成就"神仙眷侣"的童话,但在爱情的驱动下他们在歌剧舞台上的彼此合作倒着实留下了堪称经典的精彩诠释:使他们获誉"最佳鲁道夫与咪咪"的《波西米亚人》(柯文特歌剧院版, Philips 416 492, 2CD)自不待言,还有《托斯卡》(德意志歌剧院版, DG 413 815, 2CD)、《游吟诗人》(柯文特歌剧院版，Philips 446 151，2CD）和《路易莎·米勒》（都灵歌剧院版，Opera D'oro 1205，2CD）等。而即便是与卡雷拉斯分手后，个性热情而直率的里恰雷利在面对记者时仍声称"我们的结合是天作之合，无可匹敌的（gorgerous and invincible）。与他在一起的日子里我经历了人生中最美好的岁月。这段恋情之所以终止是由于我们有如此强烈的默契和谐，以致于我害怕这最终将会消磨掉我在事业上的进取心。再说他一直不愿离婚。虽然我们分手了，但彼此之间仍保持着一种伟大的友谊"。

与拉雷拉斯长达 10 年的"苦恋"使得对爱情有着强烈憧憬的里恰雷利身心俱疲。1986 年在自己 40 岁生日的当天她嫁给了意大利电视节目主持人皮波·博多。博多尽管比里恰雷利年长 10 岁，却长得高大英俊，是无数电视女"粉丝"心目中的梦中情人。看起来这似乎又是一桩郎才女貌的理想婚姻，然而，他俩仍于 2004 年宣告离异。里恰雷利给出的理由是"在婚姻后期彼此几乎已无法产生共同的话题。在长达 18 年的婚姻之后，我们之间的联系就仅剩下那些共同的朋友了"。

2010 年 10 月，当 64 岁的里恰雷利接受一家歌剧杂志的采访时她语出惊人，公开宣称：她一生中其实最想嫁的人是卡拉扬，并斩钉截铁地说："如果他向我发出邀请，让我进入他的办公室（office），那么我的回答是：我愿意！"从艺术上来说，卡拉扬的确算得上是里恰雷利推崇备至的引路人。里恰雷利既然是"新卡拉斯"，她进入卡拉扬的"法眼"而得到眷顾和提携也就不足为怪了。而卡拉扬的另一大嗜好就是他总喜欢将原本轻型的女高音改造成重型的红女伶，对昔日的弗雷尼是如此，对里恰雷利更是如此。就其嗓音条件来说里恰雷利是一位典型的抒情女高音，然而自从卡拉扬开始成为她艺术上的"护佑神"之后便着力将她往抒情／戏剧女高音（spinto）方面转型，并且更偏重于戏剧性。1984 年她与卡拉扬合作完成了《阿依达》，这是她在卡拉扬鼓励下拓展戏路的最初尝试；继而卡拉扬又先后让她在自己指挥的歌剧中饰演了《唐·卡洛斯》里的伊丽莎白和《奥赛罗》里的苔丝德蒙娜，这是卡拉扬打造他手下"心爱女将"必经的三部曲。尽管当初上演的效果还算不错，并且在 1990 年一年里里恰雷利一口气将这三部歌剧全部付诸录音，以体现她转型的艺术成果；然而此举的后果还是在 1990 年代后期显现出来了。由于过分追求歌唱的音量，她原本柔美清亮的嗓音变得硬直黯涩，失去了昔日引以为傲的光彩和音质，歌唱的艺术感染力随之大为逊色。正如评论家们指出的那样："里恰雷利原本拥有一个金子般的嗓子，她的声音使人联想到卡伐耶。可是卡拉扬把她推上了演绎阿依达这样重型的歌剧角色的道路。在演唱轻快与温柔的唱段时她能表现得优雅自如，圆润流畅，甚至不失为一位优秀的阿依达；然而在要求她的声音超越管弦乐团的压力下她的声音即出现了问题，变得抖动摇晃，音准丧失了安全感，而在高潮处的演唱则成了'大本嗓'（open throat），使人听上去很不舒服。哪怕与她演对手戏饰演拉达梅斯的是她生活中的情侣卡雷拉斯，对她声音上的这种瑕疵也仍于事无补。"也许是意识到了自己嗓音出现的"危机"症候，后来里恰雷利将主要精力更多地投向了巴洛克歌剧的诠释领域，以期恢复她黄金岁月的圆润性与灵活性。

　　尽管与卡雷拉斯分手之后的里恰雷利在歌剧舞台上更多地选择与多明戈搭档，并主演了一系列优秀的歌剧经典，然而时至今日她留给世人最为难忘的却仍是她与卡雷拉斯用情、用心去诠释的《波西米亚人》《托斯卡》《蝴蝶夫人》《燕子》以及《拉美莫尔的露契娅》中的那些缠绵悱恻而又令人动容的爱情二重唱……

里恰雷利与卡雷拉斯在
《波西米亚人》里饰演的咪咪和鲁道夫

光彩照人的里恰雷利

22. 非凡的埃蒂塔
——埃蒂塔·格鲁贝洛娃
（Edita Gruberova）

20 世纪 80 年代，当时中国各项文化艺术事业还处于由万马齐喑到全面繁兴的复苏阶段，一部由当时的捷克斯洛伐克摄制的影片《非凡的艾玛》(The Divina Ema) 却几乎在第一时间就经由上海电影译制厂的配音艺术家们的二度创作呈现在国人眼前。这部记叙 19、20 世纪之交杰出的捷克女高音歌唱家艾玛·德斯汀 (Emmy Destinn，1878-1930) 精彩人生的人物传记片一下子就征服了无数喜爱音乐、却又由于"十年动乱"横遭禁锢而内心干涸殆尽的心灵。地处中欧波西米亚平原的捷克和斯洛伐克民族向来不缺乏优秀的歌唱人才，像民族乐派作曲家斯美塔那、德沃夏克的妻子就都是相当不错的歌唱家，更遑论享誉世界的除了艾玛·德斯汀外，还有艾玛的学生加米拉·诺沃特纳 (Jarmila Novotna，1907-1994) 以及本书中已有传记入列的卢契娅·波普等。而就在《非凡的艾玛》在中国迅速传播的年代，在她的故乡其实已有一位耀眼璀璨的新星在世界上灼灼发光，声震歌坛；而且，她还是中欧平原上近百年历史上难得一遇的花腔女高音，她的名字叫做埃蒂塔·格鲁贝洛娃。

❧ ❧

埃蒂塔·格鲁贝洛娃的涌现与崛起确乎可谓不鸣则已，一鸣惊人。她几乎是"无缝"填补了琼·萨瑟兰之后人们叹喟"杰出的花腔女高音自此后继无人"的"权力真空"，并将花腔女高音的辉煌"胜利地"延续到了 20 世纪的终结。然而，正像一切大器晚成的优秀艺术家一样，在一飞冲天之前，她经历了一个漫长的自我探索、厚积薄发的蜕变过程，这是世人在她耀眼的舞台形象前所很难体味到的。

格鲁贝洛娃 1946 年 12 月 23 日出生于现斯洛伐克共和国首都布拉迪斯拉发，实际上她并不是纯正的斯洛伐克人，父亲祖上有德裔血统，而母亲为匈牙利人。她家是一个标准的无产阶级家庭，父亲在厂里做工，母亲为他人洗衣。尽管家庭背景与音乐毫不沾边，但埃蒂塔却从小就喜爱唱歌，嘴里经常哼哼唧唧地模仿着从广播中听来的歌曲曲调,梦想着有朝一日能登上那金碧辉煌的歌剧大厅。父母觉察出女儿那与众不同的歌唱兴趣和表演欲望,于是在她高中毕业后凑足了辛辛苦苦积攒下的钱让她报考了布拉迪斯拉发音乐学院。在学校里她有幸师从王牌名教授玛丽娅·梅德维契卡(Maria Medvecka)。玛丽娅不只是名师,更是严师,以对学生严格得近乎苛责而素负盛名。当然,对于埃蒂塔这位以前从未经过任何正统训练的学生她也决不会"法外开恩"。但也许埃蒂塔生就了劳动家庭吃苦耐劳的品格意志,在学习上她总是一丝不苟,兢兢业业,能圆满地完成老师所布置的每一课作业;并且她也确有优异的歌唱潜质,不仅具备较为宽宏的音质,也有足够响亮的音量。这样勤勉向学又富有天赋的学生自然受到了玛丽娅的青睐与呵护。玛丽娅着力指导她对于歌唱气息的运用,让她充分锻炼呼吸和声腔共鸣的能力,这为日后埃蒂塔能轻而易举地飙出极具穿透力和持续力的高音奠定了扎实的基础。从音乐学院毕业后她又进入首都的表演艺术学院继续深造,在这里她主要学习的是歌剧中的舞台表演。与此同时,这时的她已在布拉迪斯拉发崭露头角,不仅是当地一个名叫"鲁契尼卡"的民族合奏团的歌唱家,还曾与乐团一起几度在斯洛伐克的国立剧场登台演唱。

1968 年,在恩师玛丽娅·梅德维契卡亲自出面引荐下,埃蒂塔·格鲁贝洛娃在布拉迪斯拉发歌剧院完成了自己的人生处女秀。她饰演的《塞维利亚的理发师》里的少女罗西娜以其清脆明亮的嗓音、逼真感人的演技博得了国人的好评,当即被剧院签为合约歌手。在这个舞台上她先后饰演了几部歌剧里的喜剧角色,逐渐在国内赢得了一些名声。不过,同年在国际政坛上爆发的那场著名的"布拉格之春"却使 22 岁的格鲁贝洛娃萌生了离开祖国去西方发展自己艺术事业的想法。又是恩师玛丽娅通过自己的关系,为格鲁贝洛娃秘密地安排了一场来自奥地利维也纳国家歌剧院的专家对她的演唱试听。试听那天,格鲁贝洛娃极其轻松而又流畅地演唱了莫扎特歌剧《魔笛》里夜女王那首令一般女高音心惊胆战的咏叹调"复仇的火焰在我心中燃烧"。主持试听的专家一听惊为天人,当即表示予以录用。眼见即将奔赴享有"世界四大歌剧院"之一的维也纳国家歌剧院,格鲁贝洛娃兴奋得心花怒放。她不顾身上尚有布拉迪斯拉发的合约绝尘而去,心里在对着自己默默期许:再见吧,我的祖国。总有一天你将会以我为荣!

然而,所谓不经风雨,难见彩虹。虽然顺利地拿到了维也纳歌剧院的合约,但初来乍到的格鲁贝洛娃对这里的一切却感到很生疏,剧院方面并没有立即将其打造成一位歌坛新秀的计划。在长达两年的时间里她只能在舞台上跑跑龙套,演些无足轻重的小角色，这种现状与她自砸"铁饭碗"义无返顾地来到这里的初衷有着极大的落差。当时心高气傲的格鲁贝洛娃不以为然，认为自己就是冲着当歌剧女主角而来的。整日价饰演那些俏灵丫鬟，懵懂少女，即便演遍了又如何呢？一气之下她找了一位歌剧男演员嫁了，总算是在异国他乡不再是一人独自垂泪，无人倾诉了。说来也巧，就在她结了婚并生了女儿之后，幸运却在不期然之间降临到她的头上。1970 年她终于一尝夙愿，登上了歌剧院的舞台，以《魔笛》里的夜女王征服了奥地利的听众。人们被她那金子般的嗓音以及毫无负担的花腔技巧迷得耳晕目眩，欣喜不已，甚至将之比喻为歌剧院历史上那位名闻遐迩的夜女王扮演者——原籍匈牙利的花腔女高音玛丽娅·伊沃根的传奇重生。

　　可是，命运似乎仍然在考验着这位自视甚高的 24 岁青年女高音。饰演夜女王的成功之后她马上又重新回到了之前那种不温不火、不红不紫的局面。无奈之下的格鲁贝洛娃只得依旧"躲进小楼成一统，管他春夏与秋冬"，她又生下了第二个女儿。由于心情郁闷，精神不爽，她与丈夫之间的矛盾和冲突也日见频繁。当夜深人静，辗转反侧无法入眠的格鲁贝洛娃对过去的几年进行了一番梳理和反思。的确，在维也纳这个大舞台上仅凭夜女王这个角色想要"一招鲜，吃遍天"的想法实在是太幼稚了，必须拓宽自己的剧目与戏路。于是，大彻大悟的她开始琢磨起理查·施特劳斯的歌剧《纳克索岛上的阿里阿德涅》来，欲以此作为突破自己演唱瓶颈的"胜负手"。尽管此前她从未涉足过这位作曲家的作品，但这不能难倒意志坚强、历经磨练的格鲁贝洛娃。她说："两年中我每天对着钢琴练习泽比内塔（歌剧中的花腔女高音角色）的唱段，唱得几乎昏天黑地，甚至在梦里也在唱。当我第一次拿到乐谱时完全惊呆了。天哪！真的无法想象唱腔里竟有那么多的超高音！我能征服它吗？"然而，这一切并没有使格鲁贝洛娃退缩，她足足花了两年的时间去攻克这个角色。然而，当她自告奋勇地向院方提出要上演这部歌剧时却遭到了剧院方面的冷遇，因为找不到合适的饰演人员，维也纳国家歌剧院已经 20 多年未曾上演过这部歌剧了；况且要求出演的还是一位初出茅庐的后来之辈，提此要求简直有些不知天高地厚。正值格鲁贝洛娃眼看又将命悬一线的当口，她人生中的贵人出现了，他就是德高望重的指挥大师卡尔·伯姆。伯姆在试听了她演唱的泽比内塔咏叹调后亲切地对她说："孩子，让我们一起来做成这件事。"果然，凭借伯姆所享有的权威和信誉，维也纳国家歌剧院如期上演了这部歌剧。首演当晚的成功是无与伦比的。自此格鲁贝洛娃有如凤凰涅槃，一飞冲天，掀开了她艺术生涯光辉的一页。对于当时已年届八旬的卡尔·伯姆，格鲁贝洛娃怀有深深的崇敬和感激，"他常对人说我是他的第三个孩子，对我视如己出"。当然，对埃蒂塔高看一眼的还有卡拉扬。1974 年卡拉扬邀请她参加萨尔茨堡艺术节，这是她在萨尔茨堡的首度亮相,角色仍是她最擅长的夜女王。而埃蒂塔那具有冲击力的高亢音量与金属般光泽透亮的音质正是卡拉扬所钟爱的。此外,1970年代她在英国格林德伯恩歌剧艺术节与美国大都会歌剧院上的首秀也无一例外是她招牌式的夜女王,端的是招招灵验,遭遭见效。格鲁贝洛娃饰演的《魔笛》录音可见于她与莱文合作的维也纳国家歌剧院版(Arthaus Musik 107199,DVD)、与萨瓦利许合作的巴伐利亚国家歌剧院版(DG 551 409,DVD)和与哈农库特合作的苏黎世歌剧院版(Warner 4691272,2CD)。

对于格鲁贝洛娃而言,她下一个攻克的堡垒就是歌剧中的王牌——意大利歌剧!

作为一位花腔女高音,格鲁贝洛娃深知在德奥歌剧中经典的花腔角色除了夜女王、康丝坦察、泽比内塔、阿拉贝拉等有限的几个外,大量的花腔女高音角色都"卧虎藏龙"在意大利歌剧中,有待于她去发掘和塑造。就在她为转型而潜心钻研意大利歌剧的那段日子里,她和已与自己无半点缘分的丈夫离了婚,独自带着两个女儿。她再一次承受了凄苦孤独,在艰难中摸索前行。1980年,她迎来了人生中的第一个意大利歌剧角色:在《拉美莫尔的露契娅》里饰演同名女主角。那次在柏林歌剧院的成功预示着艺术生涯中又一个高潮的到来,她将露契娅演得丝丝入扣,惟妙惟肖,尤其是歌剧高潮的发疯场景更是集中展现了她高超而精湛的花腔演唱技巧。第二年,她又受邀与帕瓦罗蒂联袂领衔主演了由法国著名歌剧导演让-皮埃尔·彭内尔指导的同名歌剧影片《弄臣》(DG 0734166,DVD),由此吹响了她刮起国际歌坛旋风的进军号。在整个1980年代她饰演了大量意大利美声歌剧,主要是罗西尼、贝利尼和唐尼采蒂歌剧中的角色;而这其中又尤以演绎唐尼采蒂的露契娅以及"都铎王后三部曲"——《安娜·波莱纳》、《玛丽娅·斯图尔特》以及《罗贝尔托·德沃罗》最具代表性。她饰演的露契娅的两个版本都是与安布罗西亚歌剧院合作的,分别是1983年的(EMI 64622,2CD)和1992年的(Teldec 72306,2CD)。1987年格鲁贝洛娃终于站上了米兰斯卡拉歌剧院的舞台。在这座象征着意大利歌剧神殿的舞台上她先后饰演了《唐璜》里的安娜和《军中女郎》里的玛丽,征服了歌剧之乡的听众。此时的格鲁贝洛娃已是继萨瑟兰之后当之无愧的世界首席花腔女高音歌唱家了!

的确,在当代国际歌坛,能具有像格鲁贝洛娃那样使人感到美轮美奂、淋漓尽致的花腔嗓音是绝无仅有的。她的演唱不仅音量宏大,音质剔透,而且还能得心应手地将其他女高音视为畏途的高音C甚至是高音E也如同天女散花般的大把大把地撒向喜爱她的听众;更兼之她的气息运用仿佛得了独门秘笈似的,任凭音有多高,乐句有多长,她都能从容自若地流淌而出,且颗粒饱满,晶莹透彻。有人认为她的演唱音色偏硬、偏冷,不如萨瑟兰的那么柔和温暖,这或许与她早年长期在德奥演出和生活,从而受到德国布莱希特戏剧理论强调表演时的"间离效果"的影响不无关系。尽管对于她的演唱艺术见仁见智,可是她的每一次出场却总能保证剧院百分之百的上座率,这就是格鲁贝洛娃的魅力。她录有大量的唱片和影像,每一款都受到世人的追捧。在1990年代后她几乎成了瑞士的德资唱片品牌Nightingale(夜莺)的单一专属艺人,意大利美声歌剧的唱片经由该公司有计划、有步骤地一部部通过格鲁贝洛娃的精彩诠释呈现在世人面前,至今已发行了15部贝利尼、唐尼采蒂的歌剧。

尽管格鲁贝洛娃很少演唱威尔第歌剧,甚至也根本没有录制过普契尼的歌剧,但这却丝毫不妨碍她成为薇奥列塔的最佳诠释者之一。薇奥列塔这个角色对于一名花腔女高音来说其要求是全面的,无论是第一幕中的花腔,还是第二幕中的戏剧与第三幕中的抒情,堪称是衡量一位全能花腔女高音的试金石。所幸她在1975年首演《茶花女》时与她合作的是当代天才级指挥大师卡洛斯·克莱伯,因而这样的"强强组合"其结果必然是水到渠成。而在14年后的1989年,两位世界级的艺术大师再度携手,在美国的大都会上演《茶花女》,引发了又一波巨大的轰动。然而,令人不解的是这两次演出竟至今未有任何的唱片音像面世,不能不说是一大遗憾。而见诸于世的版本有她1971年的维也纳国家歌剧院版(Orfeo 816112, 2CD)和1992年的威尼斯凤凰歌剧院版(Kultur Video 2809, DVD)。直到2010年,年已64岁的格鲁贝洛娃仍出人意料地又以薇奥列塔的形象出现在舞台上,她先后在汉堡、慕尼黑以及维也纳的金色大厅演唱了《茶花女》。人们欣喜地发现,随着岁月的流逝体态已明显发胖的她的音色一如全盛时期那样清晰明澈,花腔也一如既往地令人心旷神怡、美不胜收。除此之外,人们还注意到了这样一个细节,即在《茶花女》里与她演对手戏的男高音是斯洛伐克男高音帕沃尔·布雷斯利克(Pavol Breslik)。这位年龄只有格鲁贝洛娃一半(32岁)、被《歌剧世界》评为"年度最有前途歌唱家"的"阿尔弗雷多"已成为她现实生活中的伴侣。有意思的是:格鲁贝洛娃第一段婚姻里的丈夫也正是她22岁时所饰演的《茶花女》里的同一个歌剧角色!

格鲁贝洛娃的团队已言之凿凿称薇奥列塔将会是这位花腔女高音一生所饰演的最后一个舞台角色,然而谁也无法担保她随时又"出山"的可能性。非凡的埃蒂塔,她注定是为歌剧舞台而生的!

23. 歌坛上的"圣斗士"

——凯瑟琳·芭托
(Kathleen Battle)

1991 年,位于美国纽约市第七大道上的卡内基音乐厅迎来了它建成 100 周年的庆典之年,卡内基音乐厅的主人当然为它组织了一系列精彩纷呈的祝贺演出,受邀前来献演的国际顶级艺术家和表演团体可谓是群贤毕至。然而,当时恐怕谁也没有想到这场百年盛典会以一位 43 岁的黑人歌唱家的独唱音乐会作为整个系列纪念活动的首场演出。43 岁,在歌唱领域绝对算不上是德高望重的大师级年龄;况且在这个为期 11 天的系列演出中不乏比她更大牌的歌坛大腕:如多明戈、玛丽琳·霍恩;即便是黑人歌唱家,也还有更享有声誉的莱昂婷·普莱斯和杰西·诺曼呢。即便如此,主办者还是毫不犹豫地选择了 43 岁的她,因为只有她,才堪称是 20 世纪 90 年代如日中天的古典歌坛明星。她,就是凯瑟琳·芭托。

凯瑟琳·芭托 1948 年 8 月 13 日出生于中西部俄亥俄州的朴茨茅斯,她是家中七个子女中最小的一个,其父是钢厂工人,母亲则是业余的黑人民歌演唱家。由于他们一家都是美国圣公会的虔诚教徒,因而到教堂做礼拜唱圣诗就成了凯瑟琳最早的音乐启蒙。尽管喜爱音乐,并在高中时就跟随学校里的音乐教师查尔斯·瓦尼学习声乐,可那时的她并没打算真正把音乐作为自己今后人生的目标。由于她中学时代的数学成绩相当优异,还曾一度考虑进入大学数学系继续攻读。不过,她的音乐教师瓦尼还是力主凯瑟琳应进入音乐学院学习声乐,他说:"我告诉她上帝将会保佑她,她必须一直唱下去"。于是,接受了老师的建议芭托进入辛辛纳提大学音乐学院,师从弗兰克林·本斯(Franklin Bens)。不过,芭托在音乐学院学的专业是音乐教育课程而非声乐系课程,由此可见那时的她对于自己今后的人生走向还不十分清晰,对自己是否有能力成为一位专业的歌唱家也缺乏自信。在校期间她广泛地学习钢琴、舞蹈、美术和外语,同时也没有放弃感兴趣的数学。她的学习目标很单纯,将来就当一名称职的音乐教师。

尽管芭托最初的人生目标定位不高，但在学业上她还是兢兢业业，刻苦努力，并且在读完本科后又考上了研究生，于 1970 年以音乐硕士的学历毕业，因而她也是女高音歌唱家中学历最高的佼佼者。毕业后的芭托在辛辛纳提找了一份工作，在当地贫民区的一所公立学校任教，同时带五、六两个年级的学生。不过，即便如此她仍没有放弃对声乐的学习，还曾专程到纽约拜茱莉亚音乐学院的著名男中低音歌唱家兼教育家达尼埃尔·费罗（Daniel Ferro, 1921-）为师私人随他深造。芭托在中学里认认真真地工作，并且据她自己说，那时的她认定自己今后的歌唱舞台就是坐满着孩子的教室。

这样安之如素的日子过了两年，直到有一天一位在教会里担任合唱的朋友打来电话，告诉她一个从天而降的好消息，才使她那颗几近平寂的心又即刻骚动起来，那就是时任辛辛纳提交响乐团首席指挥的托马斯·希珀斯（Thomas Schippers, 1930-1977）将来这里选拔青年歌唱人才。于是，怀揣着一颗激动而又惴惴不安之心的芭托参加了这次试唱选拔。当希珀斯在数以千计的"海选"中听了芭托的演唱后毫不犹豫地选中了她，并且将她定为来年乐团在意大利斯波莱托艺术节上演出的勃拉姆斯《德意志安魂曲》第五乐章中的女高音独唱者。就这样，在 1972 年 7 月 9 日，年仅 24 岁、且此前从未有在公众场合歌唱记录的芭托与由希珀斯指挥的辛辛纳提交响乐团在歌唱之乡意大利完成了自己的处女秀。这次音乐会的成功标志着她的人生从此发生了根本的改变，她的专业演唱生涯从此开始了。

在接下去的几年里，芭托在希珀斯的举荐与提携下相继在美国的纽约、洛杉矶和克利夫兰等地的音乐会上登台亮相，初显她的艺术才华。她的崭露头角吸引了舆论媒体关注的目光，《时代周刊》的音乐评论家迈克尔·沃尔什为"从这个瘦弱的少女身躯里竟能吟唱出如此优美动人的歌声"而惊叹不已。

托马斯·希珀斯是凯瑟琳·芭托人生中慧眼识才的伯乐，正是他将芭托引上了一条成功的艺术坦途。然而，希珀斯也是指挥家中的英年早逝者，只活了短短的 47 年。或许是预感到自己来日无多，希珀斯为了使芭托有一个更好的发展平台，一方面他利用自己的影响为芭托争取到了由洛克菲勒基金会专门为优秀的青年艺术家颁发的补助金，使她能免除自己的后顾之忧，专心致志地投身于歌唱事业；另一方面他又将芭托推荐给自己的年轻同行、时任美国大都会歌剧院首席指挥兼拉维尼亚艺术节音乐总监的詹姆斯·莱文，由此开启这两位艺术家长达 20 多年长期友谊与紧密合作的肇始。在 1975 年芭托迎来了她人生中两次重要的演出：一次是在纽约的尤里斯剧院她饰演了黑人爵士音乐家斯科特·乔普林（Scott Joplin，1868-1917）的歌剧《特丽莫妮莎》（Treemonisha）里的同名女主角；同年又在密西根歌剧院在莱文的指挥下头一次出演罗西尼的《塞维利亚的理发师》里的少女罗西娜。此后，莱文"保驾"着她在歌剧和音乐会两个领域全方位出击，既带她到自己担任音乐总监的拉维尼亚艺术节以及萨尔茨堡艺术节、卡内基音乐厅演唱（在芭托的独唱音乐会上，莱文还自任钢琴伴奏），还挑选她作为多部歌剧里的女主角。于是在 1970 年代后期，人们看到了她在纽约市立歌剧院饰演的苏珊娜，在旧金山歌剧院饰演的奥斯卡（威尔第《假面舞会》）以及在大都会歌剧院饰演的牧羊女（瓦格纳《汤豪瑟》）。1979 年芭托首次亮相于英国格林德伯恩歌剧艺术节，她饰演的是海顿歌剧《善有善报》（La Fedelta Premiata）里的奈丽娜。

有了这样丰富的历练，从 20 世纪 80 年代起芭托迎来了自己在国际乐坛的春天，她在全世界的舞台上尽情地向世人展示其出色的艺术才华。这里又不得不提及指挥皇帝卡拉扬对她的栽培与提携了。卡拉扬在其一生中曾先后提携过美国著名的黑人女高音歌唱家莱昂婷·普莱斯和杰西·诺曼，如今又轮到凯瑟琳·芭托了。他是在萨尔茨堡艺术节上首次见识到这位年轻的黑人女高音的风采的，对她的音色非常着迷。于是他在 1985 年挑选芭托作为在梵蒂冈圣彼得大教堂演出的莫扎特《加冕弥撒》里的女高音独唱。后来他又邀请芭托在萨尔茨堡艺术节上饰演《唐璜》里的采琳娜。然而，令芭托全面进入世界亿万人们视线的还是在 1987 年。是年，卡拉扬第一次，也是平生唯一一次受邀出任每年一度在维也纳金色大厅举行的新年音乐会的指挥。在音乐会的后半场，芭托款款上场，演唱了约翰·施特劳斯著名的《春之声圆舞曲》。在新年音乐会上出现一位歌唱家的演唱，并且还是黑人歌唱家的演唱在新年音乐会的百年历史上这可还真是破天荒的头一遭呢。或许它是卡拉扬人生中的唯一一次，因而他更想为这场音乐会留下些足以代表自己鲜明个性的印迹。正由于有了这样一个先例，也成就了芭托在世界乐迷心目中的地位与影响。

凯瑟琳·芭托是一位抒情花腔女高音，尽管她的音量不大，但嗓音优美，音质纯净，音色明亮透彻又柔韧润泽。更为难能可贵的是她在舞台上的姿态表情非常自然，甜美的嗓音结合着发自内心纯真的情感，使得她的举手投足、一颦一笑也都增添了音乐的美感，因而具有极强的亲和力和感召力，这样的表演风格为她积聚了极高的人气。随着她艺术领域的不断拓展，人们发现自己已越来越喜爱这位新一代的"黑人天后"了。在整个 1980 年代她成了大都会歌剧院的台柱子，在那个舞台上她总共在不同的 13 部歌剧中演唱了 150 场以上，其中就包括由她首次搬上大都会舞台的亨德尔的《裘里斯·凯撒》。1985 年，芭托因在理查·施特劳斯的《纳克索岛上的阿里阿德涅》里精彩地诠释了泽比内塔这个角色而荣获了劳伦斯·奥利佛奖；而 1987 年她又因与杰西·诺曼联袂与由莱文指挥的大都会歌剧院合作主演了同一角色而获得了格莱美奖(DG 073028, DVD),而这只是她先后五获格莱美中的一次。早在1985年《时代周刊》的迈克尔·沃尔什就声称:"凯瑟琳·芭托是当今这个世界上最优秀的抒情花腔女高音!"

芭托是一位非常明智的艺术家,这或许与她早年学习过音乐教育不无关系。她很懂得在艺术道路上要扬己之长,避己之短。她在一次采访中谈到:"由于我的音量较轻,所以在我的演唱事业中音乐会演唱的比重要超过歌剧演出;而我的歌剧角色又被很好地限制在莫扎特、唐尼采蒂、罗西尼和理查·施特劳斯等的作品中那些适合于轻量级女高音演唱的角色。"

然而,毋庸讳言,芭托演唱的最好录音都在于她的音乐会作品之中,如她演唱的勃拉姆斯《德意志安魂曲》、海顿的《创世记》、马勒的《第二》、《第四》交响曲都可跻身名版之列。1990年代,芭托将自己的演唱领域又延伸至自己民族的黑人灵歌和巴洛克歌剧。在这方面以1990年分别发行的与杰西·诺曼合作的《音乐会上的灵歌》(Spirituals in Concert, DG 429 790)和《亨德尔歌剧、清唱剧咏叹调》专辑(EMI 49179)最具代表性。而她广泛涉猎不同的演唱领域又催生出了她与其他表演艺术家一系列的精彩合作,如与小提琴家帕尔曼合作的《巴赫咏叹调》专辑;与小号演奏家温顿·马萨利斯合作的《巴洛克二重唱》专辑;与长笛大师让-皮埃尔·朗帕尔合作的《在音乐会上》专辑;与吉他天王克里斯托弗·帕克宁合作的《天使的荣耀》专辑以及与爵士之王"埃林顿公爵"、电子音乐大师凡格利斯的合作等等。这些"跨界合作"不仅形式新颖别致,且成效卓著,芭托与她的合作者们在彼此的合作中相得益彰,进一步提升了自己的魅力与才华。

还是让我们把镜头拉回到那场庆贺卡内基音乐厅百年纪念的独唱音乐会上,这是芭托艺术生涯中最辉煌的一幕。在这场全面展示其艺术造诣的演唱会上,芭托一袭鲜红的礼服,脸上洋溢着幸福的微笑走上舞台。在莱文指挥的大都会管弦乐团的伴奏下她按着时代发展的脉络先后演唱了亨德尔、莫扎特、李斯特、理查·施特劳斯和拉赫玛尼诺夫等的作品,还有黑人灵歌与当代艺术歌曲,尤其是她演绎的格什温歌剧《波吉与贝丝》里的那首"夏日到"更是显示了她极高超的气息控制技巧,又将作品中那种特有的灵歌式的假声与即兴感觉诠释得淋漓尽致,脍炙人口,这充分彰显了这位黑人女高音对自己民族、身份与肤色的极大认同与自豪。值得一提的是:在音乐会现场还坐着一位特殊的听众,她就是美国历史上第一位为黑人歌唱家赢得国际声誉的伟大的玛丽安·安德森。当时的安德森尽管已94岁高龄,但她仍怀着激动而欣喜的心情聆听着台上那位"孙女辈"的艺术传承者引吭高歌。而芭托也将她演唱的拉赫玛尼诺夫的"在寂静的神秘之夜"奉献给了在座的安德森。于此,这两位年龄相差半个世纪的黑人顶尖歌唱家完成了她们在精神上、艺术上的薪火相传。这场举世瞩目的音乐会被制成唱片(DG 435 440)后为芭托赢得了她个人的第四次格莱美奖。

芭托的姓氏(Battle)在英语中的意思是"战斗"。的确,芭托在其演艺生涯中也正是依靠着这种"斗争精神"去克服了一个个障碍,征服了一座座"城堡"。然而,有时她的这种"斗争精神"却又难免用过了头。1990年代以后随着她的名气越来越大,她的脾气也日趋见长。1992年10月波士顿交响乐团演出季的开幕音乐会前夕,却传出了芭托由于不满与她合作的乐队而在排练现场上将负责排练的助理指挥和几名演奏家当场驱赶出去,以及她几次随意更换居住酒店的新闻,最后她干脆称病罢演了事。1994年2月她又因在排练《军中女郎》时向剧院方提出了"近乎妄想狂式的要求"遭到拒绝而又一次取消了演出。这一次,连与她长期保持友好合作关系的大都会歌剧院都看不下去了,大都会总经理约瑟夫·沃尔佩指责她"耍大牌",是"违反职业道德的行为"。此后她便再也没有在大都会的舞台上露过面,连她与指挥家詹姆斯·莱文的20多年友情也蒙受了不小的伤害。乐坛上甚至送给她一个"神经质头牌女伶"(the temperamental Diva)的诨名!

芭托一直未婚。她把自己的家安在纽约长岛上人口仅为一千人的小镇阔格。进入新世纪后,芭托日益淡出公众演唱的视线,但她仍与凡格利斯、爵士歌手鲍勃·麦克菲林、盲人摇滚歌手斯蒂维·旺德等时常举办"跨界演唱"。2007年7月在阿斯本音乐艺术节上她还举办了一场格什温作品独唱音乐会。在回忆自己一生的演艺事业时她说:"从某种程度而言,我的成功要比我曾经设想的来得更快些,这是我的幸运。我的音乐会和歌剧演出的日程总是排得满满的,我想任何一位歌唱家都期待着这一切的发生;然而它又确实不可能发生在每一个人身上。对于我来说,只要站在舞台上,那么任何事都是非常使我兴奋而又富于挑战的。"不错,芭托喜欢挑战,因为她的姓氏就是"战斗"!

24. 早期音乐歌后，
古乐运动先锋
——艾玛·柯克比（Emma Kirkby）

在音乐演绎的历史上，20世纪五六十年代一方面是当代的演唱演奏艺术空前发展；另一方面，一股缅怀早期音乐（The Early Music，特指西方音乐中古典主义时期以前的作品）、崇尚古乐的演唱演奏风潮也开始复苏，从而形成了国际乐坛上蔚为壮观的"古乐复兴运动"。它倡导在20世纪的现代重新认识五个世纪之前的中世纪、文艺复兴时期的音乐，用当时的表现手法去演释它们，以唤回世人对它们的认知与欣赏，凸显出其宁静安谧、简洁质朴的时代美感。在声乐领域，早期音乐的杰出代表、英国女高音歌唱家艾玛·柯克比在古乐迷们心目中的地位可绝不比人们熟知的"十大女高音"低，她堪称是当代的早期音乐歌后。

艾玛·柯克比1949年2月26日出生于英国东南部风光秀丽的萨里郡，她的父亲是一名皇家海军军官。父亲由于工作的关系时常带着她去国内外出差旅行，让她从小就见识了不同国家的风土人情，也了解了那里丰富多彩的语言知识。少女时代的柯克比按部就班地先后上了诺福德初中和谢尔伯恩女子高中。最初的她可一点儿也没有想过有朝一日要成为一名专业的歌唱家。她说："作为一个孩子我并没有听过太多的歌手演唱，大约小时候只听过剑桥的'金氏合唱团'和女高音琼·萨瑟兰的演唱。及至念书期间，我才开始接触了更多的歌唱家。"由此可见，那时的柯克比所接受的音乐启蒙并不比她的同龄人多多少。相反，她倒是对语言和文学充满着极大的热忱，这直接导致了她高中毕业后进入著名的牛津大学，专心致力于对古希腊与罗马时期语言与文学的学习上。尽管痴迷于古典文学，但柯克比活泼的个性仍使她成了学校里文艺活动的积极分子。她经常参加校园里的歌唱活动，还曾拜牛津大学著名的声乐教授杰西卡·卡什（Jessica Cash）为师学习声乐演唱，后来甚至还成了牛津大学最著名的室内合唱团"牛津学者歌咏团"里的一员。不过，由于她的嗓音并不特别宽亮，因而并没有被当做一名具有潜质的独唱者而加以造就。

使柯克比逐渐对声乐艺术感兴趣的是在她大学毕业后。她回到了家乡萨里,当了一名中学的语文教师。由于萨里毗邻剑桥,不久她又成了剑桥大学里最著名的早期音乐合唱团"塔文纳合唱团"(Taverner Choir)的一员。该团是由英国古乐运动的著名指挥家安德鲁·帕洛特(Andrew Parrott,1947-)创建的。而在 1971 年,22 岁的柯克比与这位指挥家结为夫妻,因而这一时期的她可谓是"夫唱妇随"。塔文纳合唱团里专业的和业余的演唱家兼而有之,在这里柯克比初步确立起了能发挥自己艺术天性的演唱风格。然而,直到那时她却还没有打定主意,今后的人生是否要与音乐厮守终生。

命运的转折来自 1973 年的那一刻:她遇见了安东尼·鲁利(Anthony Rooley,1944-),一位杰出的早期音乐活动家,指挥家兼琉特琴演奏家。当时,鲁利正为他于 1969 年创建的一个名称有些古怪的室内合唱团"音乐伙伴"(Consort of Musicke)寻找一位独唱歌手:她必须是女高音,但在演唱时又不能使用通常女高音所采用的颤音(vibrato),因为鲁利认为使用颤音效果将会破坏他的合唱团所要求的古乐表现的宗旨。当他听了柯克比和其他两位女高音演唱的一段 15 世纪的声乐作品录音后立刻打电话给柯克比,告诉她"我已经找到了我需要的女高音,非常棒!"柯克比问道:"好啊!那是谁呢?"电话那头只听得鲁利斩钉截铁地回答:"就是你!"当时的柯克比还认为这位指挥家一定是疯了。然而,她终究架不住鲁利不依不饶的坚持,于是应诺及加入了"音乐伙伴",成为这支拥有七名成员的室内合唱团的独唱兼首席。从那时起,柯克比的人生发生了巨变:她辞去了中学教师的职业,成为一名专事早期音乐演唱的歌唱家。在"音乐伙伴"合唱团,她在鲁利的指导下参加了大量的中世纪、文艺复兴时期声乐作品的演唱,她的名声逐渐响了起来。于是,开始有唱片公司来找她录音了。除了参与合唱团的演出,柯克比与鲁利还经常在一起举行独唱音乐会,由她演唱,鲁利用琉特琴伴奏。这样的表演形式俨然是一幅文艺复兴时期音乐演出的画面,深受古乐迷们的喜爱与拥戴。由于长期的亲密合作在柯克比与鲁利之间渐渐培养起情感的积淀,心灵的共鸣。于是在 1983 年,柯克比和帕洛特离了婚,与鲁利组成了一对。这时的夫妻组合已不是当年的"夫唱妇随",而是实实在在的"妇唱夫随"了。两人后来还生了一个儿子。由此,艾玛·柯克比从事早期音乐事业的决心就更是矢志不移了。

作为一位女高音,柯克比有着一位优秀的女高音所具备的艺术特质。她的音色纯正,甘甜,清晰,流畅。尽管音域不很宽广,但高音区却有着通透亮泽的质地。作为一位早期音乐女高音,她的嗓音又有着不同于一般女高音的特点,那就是秉承"本真演绎"的要求完全按照自己的嗓音演唱,不使用矫饰花哨的颤音,不对乐句作过分的润色,而最主要的就是使用"半声"唱法(half voice)。所谓"半声"唱法,是在深呼吸的前提下通过保持哼唱的状态,增强声带的张力,加强对气息的支持,以进一步使喉咙打开,用一定力度的控制能力去歌唱的演唱方式。简而言之,"半声"唱法即是通过特定的训练方法,能以不费劲的力度去达到与平时一样的音量。从技术角度而言,这样的演唱既可增强声带发声机能的耐力,又可避免因使用胸腔和真声强行将高音喊上去而造成的声带损伤和刺耳音色。从美学角度而言,这种追求自然质朴、浑然天成的纯正发声唱法得到的正是早期音乐作品所需要的松弛舒展、明亮柔和的音乐风格和时代气息。需要指出的是:早期音乐因其直接由宗教圣咏、朗诵叙咏发展而来,因而演唱它的作品就对歌唱的吐字发音提出了更高的标准,要求无比地清晰精准。而这恰恰又正是早年致力于探究语言学的柯克比的强项。招牌式的柯克比之声即是歌词与曲调的合二为一:气息韵律的柔和流畅;歌唱质地的纯洁典雅以及情感色彩的丰富细腻。有些评论家则干脆直接将这种招牌式的柯克比之声称为"那种音色"(that voice)。她曾对《留声机》说:"我在歌唱时所想的就是吐字发音以及如何将它融入到音调旋律中去。歌唱需要有充足的空气和空间,依靠呼吸你就能使两者有机地结合在一起,使你的演唱异常清晰、纯净……"

自1971年与安德鲁·帕洛特结婚并加入"塔文纳合唱团"起,柯克比先后与"塔文纳合唱团"、"音乐伙伴"合唱团以及由古乐运动的领军人物、有"早期音乐中的卡拉扬"之称的著名指挥家克里斯托弗·霍格伍德(Christopher Hogwood,1941-)领导的"古乐音乐协会"(Academy of Ancient Music)等著名的古乐团体进行了长达十年的合作。在此期间她作为一名早期音乐歌唱家的杰出代表已确立起了自己在方兴未艾的古乐运动中的牢固地位。只是作为一位独唱女高音她还始终没有发行过自己的独唱专辑。十年后的1981年,由英国唱片公司Hyperion推出的柯克比首张个人专辑终于发行面世了。她一出手便不同凡响,这张标题为《献给戴安娜的牧歌和婚礼歌曲》(Madrigal and Wedding Songs for Diana,Hyperion 66019)正是为1981年7月29日举世瞩目的查尔斯王储与戴安娜王妃的那场"世纪婚礼"而准备的。在这张专辑里,柯克比演唱了16、17世纪的20首宗教牧歌与婚典歌曲。这张专辑也得到了王妃与英国王室的认可和喜爱,在当日于圣保罗大教堂举行的婚礼仪式上,就响起了柯克比那虔诚而又喜悦、悠扬而又空灵的赞美之声。于是,凭借着这场婚典在全世界范围内的转播,柯克比更是名声大噪,就此奠定了她作为早期音乐首席女高音的尊贵地位。

　　人们常说意大利作曲家蒙特威尔第在文艺复兴音乐史上的地位可与文学中的莎士比亚相媲美。而如若身处16、17世纪之交的蒙特威尔第对于今天的当代人已感非常陌生与疏远的话，那么在柯克比的演唱曲目中还有比蒙特威尔第更为遥远的法国作曲家马肖（Guillaume de Machaut，约1300-1377）和历史上第一位女作曲家、生活在公元12世纪的宾根的希尔德加德（Hildegard of Bingen，约1098-1179）的作品。宾根的希尔德加德又被称为圣希尔德加德或莱茵的女预言家，是德国宾根地区的本笃会修道院院长兼诗人、作曲家、哲学家和神学家。在2012年她被当今教皇赐封为"教堂的博士"（Doctor of The Church）的荣誉称号。她的名字和作品为人所知还是最近一二十年的事情，作品一经披露她被音乐学家们认为是那个时代最具有创造力的音乐家。柯克比作为一位早期音乐歌唱家，而且还是一位女艺术家自然不会无视这位"音乐女娲"的存在。1984年，她为Hyperion录制了这位女作曲家的专辑《依靠上帝呼吸的一叶轻羽》（A Feather on The Breath of God，Hyperion 66039），由作曲家的《天国启示之交响和谐》中八首作品组成，其中既有器乐曲也有声乐曲。柯克比担任了其中的两首歌曲"鸽子凝视着（教堂）窗户的格子"和"哦！耶路撒冷"的演唱。她以其诠释准确地把握了作品的时代气息与艺术特征，从而获得了世人的赞誉。唱片自问世后不仅夺得了《留声机》杂志的唱片大奖，更成为早期音乐领域的一朵奇葩，成了Hyperion产品中"王冠上的一颗明珠"，被卖出了13万张。在Hyperion为柯克比录制的十数款唱片中，人们既可体会到蒙特威尔第歌曲里典型的意大利"激情风格"的抑扬顿挫，又可感受到马肖无伴奏圣咏中那摆脱了抽象、呆板旋律进行的法国"新艺术"更富于变化的丰富韵律；既回味起英国都铎王朝时期作曲家约翰·道兰在琉特琴伴奏下所吟唱出的田园牧歌式的宁静安谧，也可激发出在德国的巴赫、亨德尔的康塔塔和清唱剧中那洋溢着巴洛克音乐特征的恢弘壮丽。

　　自2000年以后，柯克比又先后为瑞典的Bis以及DECCA各录制了20多款唱片，更将其演唱的领域延伸至巴洛克之后的19世纪前期，把海顿、莫扎特等作曲家的作品也纳入了自己演绎的范畴。在这些唱片中，最具代表性的当数她2001年为Bis录制的亨德尔的《荣耀经：天主如是说》（Gloria · Dixit Dominus，Bis 1235）和2005年为DECCA录制的《艾玛·柯克比的纯净之声》（Pure Voice of Emma Kirkby，DECCA 460 583）。在《艾玛·柯克比的纯净之声》专辑里，她以其独树一帜的纯正嗓音演唱了从维瓦尔第、佩戈莱西、道兰、普塞尔到海顿、莫扎特的17首咏叹调。引人瞩目的是，这张专辑里有着维瓦尔第的《哈利路亚》、普塞尔的《黄昏赞歌》和莫扎特那首脍炙人口的《喜悦,欢腾》K·165 三首含有赞美哈利路亚的咏叹调。柯克比那发音如水晶般清晰亮泽、诵唱如天籁般圣洁透彻的艺术特征得到了无以复加的完美体现,成为见证专辑标题的最好阐释。它理所当然地受到了乐迷们的追捧,长期占据着英国古典唱片畅销排行榜的榜首。

然而,纵然柯克比已录制了超过百张的早期音乐唱片,但她的最爱却仍是现场演出。她说:"当人们踊跃地求购我的唱片时,说实话我感到了些许失落,因为一次现场演出是一个如此不可复制的时刻。你肯定无法在唱片里捕捉到演出中的所有细节,它只属于现场的那时那刻。此外还有听众的情绪与喜怒哀乐也与你的演唱形成互动交流,而这在录制唱片时是无法感受到的。"

除了繁忙的演唱与录音,柯克比还在达廷顿国际夏季学校里执教了多年的早期音乐课程。2010 年她更成为一支拥有 180 人的达廷顿共同体合唱团的主席。如今,声誉卓著的艾玛·柯克比可谓荣誉等身:1999 年她被英国的古典 FM 广播频率听众评选为"年度艺术家";2000 年她被英国王室册封为帝国女爵;而 2007 年 4 月在由《BBC 音乐杂志》出版的一本由多位知名音乐评论家共同执笔的综述 20 世纪伟大女高音的书里,在众多的伟大名字中柯克比的名字竟名列第十位!

可以想见,在如今倡导回归返朴归真、宁静淡泊的"慢生活"理念的推动下,艾玛·柯克比的歌声将会赢得越来越多当代人的心。诚如柯克比所断言的那样:早期音乐距离成为"博物馆里的艺术"的日子还远着呢!

25. 美国的优美之声
——芮妮·弗莱明（Renee Fleming）

人们常会形容某人是一个邻家女孩。什么是邻家女孩？其实邻家女孩（girl-next-door）是一个舶来词语。美国著名小说家马克·吐温在他1876年创作的《汤姆·索亚历险记》里就首次把那个与汤姆一起经历奇遇探险的小女孩贝琪称为"邻家女孩"。此后，这个名词就成为那种出自平民家庭、衣着朴实自然、心灵纯净善良而又对一切新鲜事物充满着好奇的妙龄少女们的代名词。在美国古典歌坛上也有一位世人公认的邻家女孩，她没有美不可方物的惊艳容貌，却以甜美、温馨的个性特征深受乐迷们的宠爱追捧。她，就是芮妮·弗莱明。

芮妮·弗莱明1959年2月14日出生于美国的印第安纳，但却是在纽约的罗彻斯特长大起来的。她具有音乐背景，父母都是学校里的音乐教师，因而在谈及自己的音乐启蒙时她说："我的父母几乎每天晚上都会在晚饭的餐桌上讨论歌唱的问题，所以说还有比这更好的音乐启蒙吗？"当然，如果追根朔源的话，那么她的血液里还有着更为久远的音乐基因，因为她的祖上是欧洲的捷克人，从她祖父一辈才由布拉格移民到美国。指出这一点绝非是可有可无的闲笔，因为这对她日后塑造德沃夏克等捷克民族歌剧里的人物有着极大的因缘联系。

受父母影响熏陶，芮妮从小就喜欢唱歌，中学时就读于纽约州立大学的克莱恩音乐学校，师从女教师帕特丽希娅·米斯林。与此同时，性格活泼开朗的她还在一个叫做"阿尔杰"的酒吧驻唱三人组里担任爵士歌手。高中毕业后她进入罗彻斯特的伊斯曼音乐学院。在大学里她的主课老师是以演唱德奥歌剧著称的男高音约翰·梅洛伊（John Maloy），成为后者门下的头号大弟子。

芮妮·弗莱明的学习成绩相当骄人，在校期间她漂亮的成绩单以及出众的演唱实践为她赢得了富尔布莱特奖学金，得以赴欧洲负笈留学。在欧洲她先后师从阿尔琳·奥格尔（Arleen Auger）以及大名鼎鼎的施瓦茨科普夫。在此期间她参加了几个欧洲的歌唱比赛,均取得了不错的名次。及至游学归来,踌躇满志的弗莱明进了茱莉亚音乐学院的歌剧中心。这个歌剧中心既是学院的一个教学部门,同时又是为在校学生提供演出历练的实验性演出机构。在歌剧中心弗莱明饰演了普契尼《波西米亚人》里的缪塞塔和梅诺蒂歌剧《塔姆,塔姆》(Tamu, Tamu,又名《宾客》)里的妻子一角。尽管如此,在歌剧中心她的身份毕竟还只是进修的学生,因而在此期间她仍需要通过在校外接爵士演出的活儿以支付茱莉亚昂贵的学费。1984 年,弗莱明在由美国当代舞编导埃利奥特·菲尔德编创的芭蕾舞剧《告别》(Adieu)里演唱了作为舞剧配乐的奥地利作曲家沃尔夫的 9 首艺术歌曲,这位施瓦茨科普夫的弟子才算有了一展自己专长的用武之地。两年后她终于等来了自己艺术人生中的第一个主要歌剧角色:在莫扎特的《后宫诱逃》里饰演康丝坦察,地点是在奥地利萨尔茨堡的兰德斯剧院。在奥地利人面前演唱莫扎特,不要说是一位初出茅庐的 25 岁青涩歌手,即便是有些阅历的歌唱家恐怕也得掂量掂量;况且这还是一部德语歌剧!然而,弗莱明的处女秀却完成得非常完美,不仅体现出她嗓音甜美流畅的特质,并且从那个舞台形象身上已经显现出她日后被人们称为"邻家女孩"的独特气质,那就是可爱活泼又亲切自然。这次的成功给了弗莱明足够的自信,原来自己并不止适合演那些歌剧里的喜剧性配角,她已具备了向更高水平发起冲击的实力。

✦ ✦

三十而立。1988 年对于弗莱明而言是一个具有重要意义的年份。那年她得到了去美国大都会歌剧院试唱的机会。作为一位美国歌唱家还有比登上大都会金碧辉煌的舞台更大的奢望吗?结果弗莱明以其深厚的实力和出彩的发挥被大都会录取了!尽管进入了"豪门",为了使她进一步得到必要的历练,被大都会录用的当年弗莱明就被"外租"到其他的歌剧院。她在休斯顿歌剧院饰演了《费加罗的婚礼》里的伯爵夫人,日后这个抒情女高音角色成为她标志性角色之一。1989 年她又在纽约市立歌剧院出演《波西米亚人》,不过这一次她饰演的是剧中的女主角咪咪而不再是喜剧性的配角缪塞塔了。在英国的柯文特皇家歌剧院,弗莱明的首秀则是凯鲁比尼的歌剧《美狄亚》里的德尔茜,这是一部冷门歌剧里的冷门角色,自然没能给英国的听众留下太多的深刻印象。然而,弗莱明就是这样一位低调而谦逊的歌唱家,她从不在角色选择上挑三拣四,轻言放弃。她珍惜每一个上台演唱的机会,不管是演主角还是配角,她都一视同仁地演得兢兢业业,认认真真。

正是由于她的这份对事业的认真与敬业,弗莱明获得了理查德·塔克和乔治·伦敦两个演唱奖。1990 年,三十出头的弗莱明在西雅图歌剧院头一次饰演了德沃夏克歌剧《水仙女》里的同名女主角。对于祖裔捷克的弗莱明来说,这不啻也是她自己的"民族歌剧"啊！于是水仙女很自然地成为了她又一个标志性的歌剧角色。弗莱明本质上属于抒情女高音类型,但也兼有抒情 / 戏剧女高音(spinto)的特质,能在戏剧的高潮处演唱出激昂有力的效果。比如在《水仙女》那首著名的咏叹调"月亮颂"里就充分展示了她的这个特点。她的嗓音既优美又丰沛,既深情款款为歌声蒙上神秘的梦幻色彩,又能在旋律级进的发展中将人物的情感抒发推向极致,尤其是高潮处的那个高音降 B 唱得极为丰满通透,撼人心扉。她为世人留下了两个版本的《水仙女》,分别是 1998 年的捷克爱乐版(DECCA 460 568,3CD)和 2002 年的巴黎国家歌剧院版(Arthaus Musik 107031,2DVD)。这在美国籍的歌唱家中堪称是绝无仅有的,而 1998 年版更为她带来了两项格莱美唱片大奖(年度唱片奖和最佳歌剧奖)以及由荷兰颁发的爱迪生奖和比利时颁发的塞西利亚奖等诸多荣誉。

凭借着弗莱明在《水仙女》中极其出色的发挥,大都会歌剧院意识到该是将这位 32 岁的优秀女高音"赎回"以担负起大都会台柱子重任的时候了。1991 年,"租借在外"三年的弗莱明终于头一次登上了她梦寐已久的大都会舞台,以《费加罗的婚礼》作为她在这个舞台上初展峥嵘的首秀。无论是演唱者还是充满期盼的欣赏者都对这次"迟到的首秀"报以极大的热情;而弗莱明饰演的伯爵夫人更是迷倒了在场的所有听众。《纽约时报》在它的乐评中写道:"销魂的音乐,销魂的演唱。弗莱明小姐通过自己的艺术证明了这一点:即那种认为过去辉煌盛极的歌唱黄金岁月已经一去不复返的论点是多么地脆弱而靠不住啊!"更有评论家将她誉为"最近 50 年来美国歌坛上所出现的最优美的声音"。因之,"美国的优美之声"(America's Beautiful Voice)的雅号由此而声誉鹊起。

当然,对一位歌剧演员的评论最有发言权的除了她的"上帝"——广大的乐迷听众与评论家们而外,还有就是与她合作的指挥家了。在这方面指挥大师索尔蒂对弗莱明的评价是举足轻重的。索尔蒂一直非常喜爱这位与自己年龄相差近半个世纪的女歌唱家。他曾为杰出的年轻歌唱家设立了一个以自己名字命名的奖金,而弗莱明正是这项奖金的第一个获奖者。索尔蒂一生阅人无数,半个世纪以来经他之手呈示给世人的名演与名版又何止千百。他身前曾言:"在我长期的艺术生涯中我也许遇到的仅有的两位有着同样优美音色的女高音歌唱家,一位是苔巴尔蒂,而另一位就是弗莱明。"这无疑是对弗莱明演唱艺术极大的褒奖与赞誉,由此也奠定了 20 世纪最后 20 年她在国际声乐界的地位。

在美国攒足了人气的弗莱明重又回到了欧洲,此番亮相更是令人眼前一亮。1992 年她在日内瓦的大歌剧院饰演了莫扎特的《人皆如此》,饰演剧中的花腔女高音角色菲奥迪丽姬。此举的成功又促使她乘胜向意大利美声歌剧领域进军。她先后在欧洲的舞台上塑造了贝利尼《陌生人》里的神秘女子阿拉伊德和罗西尼《阿尔米达》里的同名女主角；与此同时却又相继在大都会饰演了莫扎特《魔笛》里的帕米娜以及贝尔格的两部歌剧《沃采克》和《璐璐》里的女主角。弗莱明的演释范围之宽泛早已超越了人们当初对她的预设与界定，令世人既惊诧又欣喜。而当巴黎国家歌剧院重新开张时，她又在索尔蒂的指挥下奉献了剧院的开幕大戏：在莫扎特的《唐璜》里饰演了安娜。

❧

在 20 世纪 90 年代，弗莱明不仅在歌剧种类的选择范围上大大开拓，而且她饰演的歌剧角色也逐步向着更高、更难的纵深发展。1994 年她首次饰演了威尔第《奥赛罗》里的苔丝德蒙娜以及马斯涅的《埃罗迪亚德》（Herodiade）里的莎乐美，这两个人物角色的难度大大超越了之前她所参演过的歌剧，然而却照样佳评如潮。她还怀着极大的勇气去叩开了瓦格纳歌剧"城堡"的大门。在 1996 年的拜罗伊特艺术节上她饰演了《纽伦堡的名歌手》里的埃娃一角，当然这是她一生中唯一的一次瓦格纳歌剧经历。不过，在诠释与瓦格纳歌剧齐名的另一位德国歌剧大家理查·施特劳斯的歌剧时，弗莱明再次令人信服地证明了她是当今歌坛上施特劳斯作品权威的实力，从《玫瑰骑士》到《阿拉贝拉》，从《随想曲》到《四首最后的歌》可谓是部部精彩，曲曲动人。这些大作的精华汇聚于 1999 年推出的那张《理查·施特劳斯歌剧里的女主角》专辑中（DECCA 466 314）。

在德语歌剧全线告捷之后，弗莱明又把她的艺术"触角"延伸到了法国歌剧。而在法国作曲家中她又尤其钟情以纤柔细腻、优美伤感为特征的马斯涅的歌剧。除了前述的《埃罗迪亚德》（Sony 66847, 2CD）外，《曼侬》与《泰伊丝》里的同名女主角也堪称是弗莱明歌剧艺术中的代表性角色。1997 年当她在巴黎的巴士底歌剧院头一次饰演《曼侬》时，人们的惊讶与疑惑是可以想见的。正如《泰晤士报》的评论所写的那样："没有比（弗莱明）饰演曼侬更大的挑战了，并且还是由一个美国人在巴黎来演唱曼侬！然而弗莱明却勇于冒这个险……结果是这场演出成了她个人的一次凯旋！"（Arthaus Musik 107003, 2DVD，巴黎歌剧院版）。而对于她所饰演的泰伊丝，媒体更是作如下置评："作为一位个性轻佻、却有着致命诱惑力的高等妓女，泰伊丝的美貌甚至令教会的修士也难以自持。弗莱明的诠释完全令人信服地展现了她的这种魅力。她看上去仿佛就是在享受着所饰演的角色；而全剧最后泰伊丝那华丽而又凄美的咏叹调'天国之门敞开了'理所当然地赢得了听众的心。"（DECCA 1388409, DVD，大都会歌剧院版）。

身为一位美国歌唱家，弗莱明对于自己祖国的歌剧作品也是钟爱有加，在她 1998

年录制的《我要神奇》（I Want Magic）专辑（DECCA 460 567）里荟萃了她演唱的包括格什温、巴伯、伯恩斯坦、卡里塞·弗洛伊德以及普列文歌剧里的著名咏叹调。当然，弗莱明的才艺还体现在她表演领域的多元化上。由于她早年曾是出色的爵士歌手，即便后来成了世界一流的古典女高音，但仍然保持着内心那份对爵士的挚爱。作为爵士歌手她曾与摇滚歌星埃尔顿·约翰和迈克尔·波顿分别举行过"跨界演出"。作为美国民主党员，弗莱明曾在白宫为前总统克林顿举行的圣诞节晚宴献声；而"911 事件"后她又是在惨案所在地世贸中心为那些无辜亡灵献上祈祷之声的著名艺术家之一。

作为世人眼中众口一词的邻家女孩，弗莱明的私人生活同样低调内敛。1989 年，时年 30 岁的她嫁给了喜剧演员里克·罗斯。他们有两个女儿。但在 2000 年两人宣告离异，两个女儿都归弗莱明抚养。11 年后的 2011 年她又再披嫁衣，丈夫蒂姆·杰塞尔是在她的好友、美国女作家安·帕切特举行的一次招待酒会上结识的。帕切特也是以弗莱明为原型创作长篇小说《美声》（Bel Canto）的作者。而弗莱明则在 2005 年 9 月推出了自己的自传《内心之声：一位歌唱家的成长》（The Inner Voice：The Making of A Singer）。正如评论家们指出的那样："弗莱明既具有邻家女孩式的亲切自然感，又呈献给人们一种歌剧首席女伶的大家风范。她很好地平衡了事业与家庭两者的关系。尽管贵为当今国际一线明星，然而她位于康涅狄克州家里的两个女儿才是她眼中真正的明星。"

芮妮·弗莱明曾在 2007 年和 2013 年两度造访上海，在上海大剧院的音乐会和上海音乐学院的大师教学班上让申城乐迷们亲身感受到了她那沁人肺腑的优美歌声。无论是亲身感受过她的现场演唱还是经由音像制品体味到她的艺术风采，我们都不得不叹服于已故指挥大师索尔蒂的评点，那就是芮妮·弗莱明"除了拥有纯粹抒情的甜美嗓音外，她与生俱来的音乐感使得她的每一次演唱都成为（给予听众）巨大的艺术享受！"

26. 法国的歌唱之莺
——娜塔丽·德塞（Natalie Dessay）

在音乐史上，尽管法国的歌剧学派在歌剧发展史上曾贵享"三分天下有其一"的显赫地位，然而当人们想要掰起手指来数数20世纪一流的法国歌唱家时，却会发现他们近乎"谦逊得"集体失语，在国际顶尖的艺术家行列里难觅其踪。相反，世人倒是对卡拉斯演绎的卡门、卡纳瓦饰演的玛格丽特以及阿梅林演唱的法语艺术歌曲如数家珍，津津乐道。

不过如今，一向以民族自尊形象示人的法国人终于可以不必为此而纠结汗颜了，因为他们已拥有了一位自己民族声乐艺术的标志性代表，她足以使传统经典的法国歌剧以最纯正、最原创的面貌还原于舞台，奉献给大众。她，就是被誉为"天生就是扮演主角"的法国当代首席歌剧女伶娜塔丽·德塞。

❧ ❧ ❧

娜塔丽·德塞1965年4月19日出生于法国的东南名城里昂，她的家庭可没有什么音乐背景，父亲是一位民用工程师。在她很小时由于父亲的工作关系就举家迁到了红酒之乡波尔多。"那时家里就那么几张有限的唱片，它们就是我家全部的音乐积累了"，德塞后来说。不过，她最初喜欢的也不是音乐，而是法国的国粹——戏剧与芭蕾。为此在她十几岁时曾专门花了两年时间去一所戏剧学校学习，梦想着有朝一日能够成为一名演员，无论是戏剧演员还是芭蕾演员都行。一个偶然的机会，使这个"文艺女青年"和音乐扯上了联系。一次她在排练莫里哀的戏剧时被告知：她所饰演的这个人物角色应该在剧里唱些什么，可那时的她还完全没有任何歌唱基础。于是她就去找声乐老师上课。德塞学唱的经历颇富戏剧性。她懵懵懂懂地找了波尔多歌剧院里的一位老师向她求教，岂料这位满口应承要培养她的老师其实只是歌剧院临时聘用的合唱队钢琴伴奏，不仅此前从未带教过一个声乐学生，并且她的本职工作竟还是当地肉铺的"操刀手"。尽管如此，德塞毕竟还是跟着这位"南郭先生"上了几次课，"纵然听起来这完全是一个笑话，可我还是从她那儿学到了两点：第一，不要惧怕高音；第二，不要轻言放弃，直到获得自己满意的声音为止，"德塞回忆道。

这次误打误撞的"学习"经历倒由此开启了德塞的音乐之路,她发现自己彻底迷上了音乐,甚至不惜放弃已小有心得的戏剧与芭蕾。她高中毕业后进了波尔多音乐学院,这才算走上了学习的正规。这一年她18岁,早已过了开始接受音乐教育的正常年龄。德塞懂得"笨鸟先飞"的道理,先天的不足反而更加激发起学习的紧迫感和热情。结果她仅用了一年多时间就令人不可思议地完成了通常需要五年才能学完的全部课程,在20岁那年以学习成绩一等奖毕业于该校。毕业后的她先到图卢兹首府歌剧院当了一年的合唱队员,积累了必要的舞台实践体验。这时,适逢"法国电信"主办的"新颖之声"歌唱选拔赛开始了,德塞报名参加了比赛,不意竟一举夺魁。这大大增强了她对自己艺术潜质的信心:原来毫无功底的"灰姑娘"也能修炼成引人注目的"白天鹅"啊!歌唱比赛的获奖使她得到了去首都巴黎抒情歌剧院进修深造一年的机会。在那里,她得到了该院声乐指导让-皮埃尔·布列维(Jean-Pierre Blivet)的悉心指点。在这一年的学习中她在声乐艺术上的进步是明显的,甚至可以用神速来形容。也同样在巴黎抒情歌剧院,德塞登上了歌剧院的舞台,在比才的喜歌剧《唐·普洛考皮欧》(Don Procopio)里饰演一个配角。其后,她又在那里饰演了莫扎特同样不甚出名的歌剧《牧人王》里的埃丽莎。正是这些为人知之甚少的歌剧角色却为这位青年歌唱家日后的厚积薄发提供了充分热身的机会。有了科学的训练体系和丰富的舞台历练,对于德塞而言,她还缺少一个使她展露头角的机遇!

"法国轻歌剧之父"奥芬巴赫生前的最后一部剧作《霍夫曼的故事》是一部真正能在歌剧史上占有一席之地的不朽力作。由于该剧剧本是根据德国作家霍夫曼三篇不同的小说改撰而成的,因而歌剧也就有了一般歌剧所少有的四个女主角(即三个故事里的女主人公再加序幕中那个霍夫曼的恋人斯泰拉)角色。在通常情形下这四个女主角可以由四位女高音来饰演;然而对于一位优秀而全面的女高音而言她应有能包揽这些角色的胆识与才艺,因而对其提出了极高的要求。1992年4月,27岁的德塞亮相于巴黎的巴士底歌剧院,这是她真正的歌剧处女秀,在《霍夫曼的故事》里饰演机械美女奥琳匹娅。舆论界对她的演出评价甚高,认为她演唱俱佳,是一个大有前途的可塑之才。

成功首秀的第二年(1993年)德塞参加了由维也纳国家歌剧院主办的莫扎特国际声乐比赛,结果再度问鼎桂冠。作为比赛的金奖得主,她受到主办方邀请前往奥地利演出。谙熟德语的德塞在维也纳国家歌剧院的舞台上将莫扎特《后宫诱逃》里那个机敏可爱的女仆布隆岑的形象奉献给了奥地利听众,令他们大呼过瘾。同年12月,幸运又一次降临到这位大器晚成的歌唱家身上。还是在维也纳,她被邀请替代临时得病的美国女高音谢丽尔·斯图德尔(Cheryl Studer, 1955-)再次饰演奥琳匹娅。这一次,她不仅征服了维也纳,更得到了与其演对手戏、在剧中饰演霍夫曼的伟大男高音多明戈的高度赞誉。而当 2000 年她又一次出演《霍夫曼的故事》时,德塞已有足够的实力与阅历将剧中的所有女主角:机械冰冷的奥琳匹娅、风骚难敌的朱丽叶塔、多愁善感的安东尼娅以及娇嗔虚荣的斯泰拉都集于一身了。她的诠释使之各呈其态,毕现其美,令人叫绝。至今她已先后在十几家不同的歌剧院舞台上成功地演出了这部歌剧,其中包括 2002 年在其家乡与里昂歌剧院合作的版本(Erato 14330 3CD)。

作为一名法国女高音,德塞的民族使命感很强,她认为通过自己的努力在舞台上使法国歌剧发扬光大是义不容辞的职责,"毕竟法语是我的母语"。为此,在此后的岁月里她为听众奉献了一系列法国歌剧中的经典形象,如德利勃《拉克美》里的拉克美、奥芬巴赫《地狱里的奥菲欧》里的优丽狄茜、古诺《罗密欧与朱丽叶》里的朱丽叶、托玛《哈姆雷特》里的奥菲莉娅以及马斯涅《曼侬》里的同名女主角等。不仅如此,她还以这批浪漫派经典名作为中轴线,朝前追溯到 18 世纪拉莫的歌剧,往后延伸至当代作曲家亨利·索盖(Henri Sauguet, 1901-1989)的《反复无常的玛丽安娜》(Les Caprice de Marianne)等各个时期不同风格的法国歌剧。更有甚者,在 2001 年,36 岁的德塞冒着向当年举世无双的卡拉斯挑战的巨大风险,头一次尝试出演唐尼采蒂《拉美莫尔的露契娅》的法语版,这着实令喜爱她的听众与行家们替她捏了一把汗。然而,正所谓风险与收获永远成正比,这次演出的成功标志着德塞的演唱艺术迈向了一个新的高度:不仅使她就此打开了美声歌剧的"潘多拉魔盒",开启了她对于意大利歌剧的探索与追求;而且这也使她由抒情的花腔女高音转型为戏剧花腔女高音,为自己的声乐艺术进一步拓宽了表现的戏路。此后,她又相继在芝加哥和巴黎多次成功地饰演了这一角色,更于 2007-2008 演出季在美国的大都会歌剧院通过全国广播公司(NBC)现场转播了这部法语版的"露契娅"(Virgin 45528, 2CD);而该剧的意大利版则见于她与俄国马林斯基歌剧院合作的 2010 年版(Mariinsky 512, 2CD)。德塞对前去采访的记者说:"我不怕挑战,我就是要掀起一场歌剧领域的革命! 尽管歌剧世界并没有要求我这么做,但我不会因之而改变初衷!"

德塞之所以能在当今群星闪耀的国际歌坛牢牢占据一席之地,她手中的另一张制胜王牌就是她在德奥歌剧演唱中所取得的骄人成就。她少女时代学习戏剧时就开始学习德语,并且在成长过程中坚持不辍,这为她演唱莫扎特、理查·施特劳斯的歌剧奠定了极为扎实的语言功底。令她颇为自豪的是自己在舞台上以德奥歌剧征服听众的正是花腔女高音角色中最令人赏心悦耳却又望而生畏的"夜女王"。1994 年, 29

岁的德塞第一次在日内瓦歌剧院演出歌剧《魔笛》。一开始，人们怎么也不相信这个身材娇小纤弱、容貌可爱漂亮甚至很有些像法国电影中的"淘气小猫"气质的玲珑女子一旦站到了舞台上，竟能在演唱时爆发出如此丰沛的音量力度和高亢的音区音色。那首脍炙人口的夜女王咏叹调"复仇的火焰在我心中燃烧"音调铿锵果敢，音色润泽通透，几乎达到了"音透纸背"的完美境界，因而一曲甫毕，剧场里立即爆发出雷鸣般的掌声与欢呼。评论家们打趣地感叹道："这哪像是令人生怜的淘气小猫啊，分明就是一头令人生畏的威武母狮。"此后她又先后在伦敦的柯文特皇家歌剧院和巴塞罗那的利切乌歌剧院成功地饰演了这一角色。

德奥歌剧的经典剧目林林总总，但德塞只专注于莫扎特和理查·施特劳斯，因为她认为这两位作曲家的歌剧里有着最能展示其花腔女高音才华的戏剧角色。理查·施特劳斯歌剧中的索菲、阿明塔（《沉默的女人》）和泽比内塔也是非常适合从小练就表演童子功的德塞有充分施展空间的人物角色，其中尤其是对最后这个角色她保持了长期的热衷和喜爱，也因此被公认是当今饰演泽比内塔最传神、最出色以及演出次数也最多的一位花腔女高音。在2003年的格林德伯恩歌剧艺术节上德塞甚至还演出了该剧的1912年原始版，它比后来通行的决定版在演唱部分的难度要高得多。难怪鲁帕特·克里斯蒂安森这样写道："自埃蒂塔·格鲁贝洛娃在20世纪70年代骤然崛起以来，至今没有一位花腔女高音像德塞那样将自己的名字与灵活自如的演唱技巧紧密地联系在一起。她的高音能很舒服地到达高音F。凭借着这样的天赋魅力与艺术才华，她所饰演的角色即便是无足轻重的小人物也足以使之具有一种甘之如饴的表现力和感染力。"在她标题为《爱情》（Amor）的专辑里收录了她演唱的理查·施特劳斯的11首歌剧咏叹调与艺术歌曲（Virgin 45705）。

正如曾与德塞有过良好合作的著名钢琴伴奏大师杰拉尔德·莫尔所说的那样："德塞是一位善于迎接挑战的自我否定者，可她不是一位孤独的长跑者。"的确，在成功的德塞背后，站着两位能随时给予她信心与勇气的男性，巧的是这两个人的名字都叫劳伦，他们就是德塞的丈夫劳伦·纳欧里（Laurent Naouri,1964-）和她的长期合作者、戏剧导演劳伦·佩莱（Laurent Pelly,1962-）。

纳欧里比德塞大一岁，是法国男中低音歌唱家；而佩莱则几乎称得上是德塞艺术上不可或缺的黄金搭档。正是在佩莱的鼓励下德塞在维也纳第一次饰演了德彪西歌剧里的梅丽桑德；2007年又是他与德塞合作，成功地将唐尼采蒂的《军中女郎》搬上了柯文特皇家歌剧院的舞台。而在这个舞台上，前一次上演该剧还要追溯到40年前初露头角的萨瑟兰带领着还相当生涩的帕瓦罗蒂的成功亮相,由此奠定了他们日后的辉煌。而德塞版的《军中女郎》首演之后,被舆论界誉为是"40年前辉煌一幕的精彩重现,甚至更激动人心"。后来,德塞又在佩莱的协助下尝试饰演了巴洛克时期亨德尔的歌剧《裘里斯·凯撒》里的克莱奥佩特拉和威尔第歌剧《茶花女》里的薇奥列塔。德塞向来甚少涉足威尔第和普契尼的歌剧,但她在2001年的一次采访中透露:"我还有一个梦想,那就是在退休之前演一把薇奥列塔。不为别的,只为满足自己的一份心愿。"2009年7月,她终于夙愿以偿,在美国新墨西哥州的圣达菲歌剧院首次出演了《茶花女》,从而成为20世纪饰演薇奥列塔这位集抒情、戏剧、花腔于一身的全能女高音角色的法国女高音第一人;而她的丈夫纳欧里也在剧中饰演了阿尔弗雷多的父亲阿芒一角。德塞那令人美不胜收的花腔技巧在专辑《练声曲》(Vocalises,EMI 56565)所收录的阿利亚比耶夫的《夜莺》、圣-桑的《夜莺与玫瑰》、德里勃的《卡迪斯姑娘》、阿克夸的《燕子》以及格利埃尔的《花腔女高音协奏曲》等声乐炫技作品中展现得淋漓尽致,令人爱不释手。

尽管娜塔丽·德塞的艺术生涯辉煌而骄人,然而在现实生活中她却非常低调。她为人谦逊和蔼,从艺近30年从未听闻她与同行的倾轧不睦、与异性的绯闻轶事流传于报端坊间。

2010年秋季,这位法国的歌唱之莺又一次饰演了夜女王;不过,这可不是那位曾令她红透世界歌坛的《魔笛》里的夜女王,而是法裔奥地利当代作曲家托玛·贝尔纳(Thomas Bernard,1931-1989)歌剧中的角色。这个夜女王几乎整夜整夜徘徊在维也纳的夜空里歌唱,直唱到所有的人心烦意乱,闻而生厌。当然,人们对于德塞的歌声是不会厌倦的。这位有着一对美丽动人大眼睛的女高音的计划是唱到2015年她50岁时。她不想过分预计自己的未来,因为她始终坚信:"我就是适合站在舞台上歌唱的那个人!"

27. 风华绝代　妙声天籁

——安琪拉·乔治乌

（Angela Gheorghiu）

　　提起安琪拉·乔治乌,不知怎的脑海中却浮起另两位举世瞩目的名女人:戴安娜·斯潘塞和辛迪·克劳馥。她们一位是万人拥戴、差一步就贵为国母的英伦王妃,另一位是艳冠T台、屡屡掀起霓裳风云的名模娇娃,她们与安琪拉这位古典乐坛的歌剧头牌名伶似乎风马牛不相及;然而她们却有着同样迷倒众生的美貌,同样傲人颀长的身材和同样雍容优雅的风度。三人的身高也几乎完全相同,亭亭玉立,仪态万方。更重要的是,她们还有一个令无数人垂涎的相同点,那就是她们都是"丑小鸭变天鹅"的成功演绎者。如今,王妃已香消玉殒,辛迪也为迅速崛起的一茬茬后起之秀所取代;唯有那位新世纪的歌坛天使(Angela 的含义即是天使)却依然活跃于国际舞台,继续向世界播撒着她那美轮美奂的天籁之声,演绎着常演常新的现代版"灰姑娘"童话。

　　是童话,总有一个引人入胜的开始。

　　安琪拉1965年9月7日出生于罗马尼亚摩尔多瓦地区一个名叫阿雅德的小城镇,她的家庭也很普通,父亲是火车司机,母亲是一个缝纫工。她上面还有一个姐姐埃列娜,就是这个姐姐将小小的安琪拉引上了一条通往艺术之巅的康庄大道。由于父母是双职工,小安琪拉是由姐姐一手带大的。埃列娜有点音乐天赋,喜欢唱歌,也能弹琴。受姐姐的耳濡目染,小安琪拉打小就意识到自己长大后也将和姐姐一样成为一名歌唱家。她跟着姐姐学唱歌,弹钢琴,6岁时就在同龄人里脱颖而出了。幼儿园的老师们总是说:"来吧,吉娜(安琪拉的昵称),让我们听到你的歌声。"每每这时,她就与姐姐表演二重唱,演唱勃拉姆斯的《摇篮曲》或是当地的民谣。幼儿园成了她最早显露天才的地方。

　　转眼到了上中学的年龄。14岁的安琪拉被送到首都布加勒斯特的埃涅斯库音乐学校学习。这是一所寄宿制学校。在那里她学习歌唱、表演、芭蕾舞和钢琴。在埃涅斯库音乐学校她仍是学生中的佼佼者,17 岁已经到电台录过音,还在电视里亮过相。第二年,安琪拉进入布加勒斯特国立音乐学院,师从著名的声乐女教师米雅·巴尔布(Mia Barbu)长达 6 年之久。米雅既是安琪拉第一位真正意义上的专业声乐教授,也是她人生中唯一的一位授业恩师。在她的精心提点和教诲下安琪拉那与生俱来的艺术潜质被充分发掘出来了,她的学习有了质的飞跃。此时的安琪拉不仅出落成婀娜端庄的妙龄少女,而且已成为羽翼渐丰的歌坛新星了。在她完成学业的 1990 年,在国内的文化名城克鲁日歌剧院,安琪拉平生第一次站在歌剧舞台上,举行了她的艺术处女秀演出。她在《波西米亚人》中饰演女主角咪咪。她声情并茂的演唱博得了听众的热烈掌声和欢呼喝彩。首演的成功就此奠定了安琪拉与歌剧事业的一生情缘。同年她还获得了贝尔维德莱国际声乐比赛的桂冠。

1990 年,罗马尼亚经历了前所未有的政治变革。这时,刚刚在艺术上崭露头角的安琪拉敏锐地意识到这是前往西方,进一步向世人施展自己才华的好时机。她决定要在那个更大的艺术舞台上去迎接人生的挑战。尽管此时的她已经与她的初恋情人——罗马尼亚工程师安德烈·乔治乌结了婚,自己的名字也由安琪拉·巴尔拉库变成了今天的安琪拉·乔治乌。两年后她终于收到了来自英国的邀约,请她到著名的柯文特皇家歌剧院去试唱。

是童话,就会有一个令人艳羡的惊喜。

身上穿着母亲亲手缝制,显得略微有些土气的新衣,在国内已小有名气而在异乡却举目无亲的安琪拉来到伦敦,她站在外表古朴而庄重,内部辉煌而气派的柯文特皇家歌剧院大厅里,心中多少有几分忐忑不安,犹如刘姥姥初进大观园。"那里的每一样东西都使人迷恋,但同时对于我又是那么陌生好奇"。在顺利通过试唱筛选后剧院的艺术总监卡托纳当即拍板,表示愿意为她提供她所擅长的咪咪的角色。

然而,也许是为了减轻自己的压力,安琪拉主动要求出演莫扎特歌剧《唐璜》里采琳娜的角色。结果她以动人的歌喉和传神的表演演活了那个天真无邪、还带有几分稚嫩轻浮的农家女形象。在柯文特歌剧院的初战告捷,迈出了她征服西方歌坛的第一步。1994 年,安琪拉在柯文特版的《波西米亚人》里首次出演咪咪一角,然而细心的听众发现她却并未能将这个其信手拈来的拿手角色的个性淋漓尽致地诠释出来,她在演唱时显得有些心有旁骛,未能倾尽全力。后来,人们才得知问题的症结在于那个歌剧中的鲁道夫身上。饰演鲁道夫的是比她年长两岁的男高音罗贝托·阿兰尼亚

（Roberto Alagna，1963- ）——一位具有意大利血统的法国美男子。在一同排练的过程中安琪拉情不自禁地爱上了他；而阿兰尼亚当时刚刚失去了罹患癌症的妻子，也迫切需要情感的慰藉。于是乎，舞台上的一幕在生活里再现了，两人都感到彼此已无法离开对方了。

爱情的力量催生了艺术的升华。在同一年里，属于安琪拉的时代来到了！说起那激动人心的一幕，至今仍为人津津乐道。那是1994年的12月，柯文特歌剧院邀请到了世界上最顶尖的指挥大师之一的索尔蒂，决定推出新制作的歌剧《茶花女》。这次演出在开演前就令人充满期待，DECCA唱片公司也决定在演出现场完成原定于录音室里的录音，因为所有人都敏锐地预感到这将会是一场不同凡响的演出。

人们的预料果然应验了。索尔蒂的指挥和戏剧导演理查德·艾尔的导演十分给力，而安琪拉的诠释更是让全场的听众眼前一亮，欣喜若狂。以往，在歌剧院的舞台上人们见多了那些盛名在外、唱功尚可，但外形欠奉、腹宽体胖的薇奥列塔，无论如何不能把她们和小仲马笔下那个纤丽柔弱的主人公形象"对上号"。而今，嗓音清澈晶莹、身材修长苗条的安琪拉出现在他们面前，她的唱、演、形三者俱佳，评论家形容她的演唱"具有宽广的音域和变化丰富的色彩，音质丰饶而流畅，犹如融化了的巧克力那般平滑柔软，令人心醉神迷"。至于在剧中与由她恋人阿兰尼亚饰演的阿尔弗雷多的爱情二重唱，则更是成了两人情真意挚的宣泄。当晚的演出赢得了全场长时间的掌声和欢呼，甚至连在舞台上阅人无数的指挥索尔蒂也为安琪拉的精彩诠释深受感动。当大幕徐徐落下许久之后，这位年逾八旬的大师竟老泪纵横，情不能已（DECCA 448 119，2CD）。由此，安琪拉·乔治乌终于完成了"丑小鸭变天鹅"的传奇，一跃而成为当今最为耀眼绚丽的一颗歌坛红星。

然而，安琪拉的传奇还未结束。1996年4月26日，已与前夫离婚两年的安琪拉和阿兰尼亚当天在美国纽约大都会歌剧院刚演完日场的《波西米亚人》，傍晚5点半时，这对恋人便携手走进剧院总经理约瑟夫·沃尔佩的办公室，在热爱歌剧的纽约市市长朱利亚尼的主持下举行了一个令所有人始料不及的"闪电式婚礼"。一时间，歌坛的这对"金童玉女"的神仙眷侣成了许多报刊杂志上的封面人物。

是童话，没有戏剧性的情节便不会精彩。

自柯文特皇家歌剧院演出《茶花女》一唱成名，红遍歌坛后，舆论界开始有人把安琪拉与已故的"歌剧女神"玛丽娅·卡拉斯相提并论了，她被评论家封为当今的"歌剧头牌名伶"（Prima Donna），而这个令人垂涎的头衔在很长一段时间里属于那位"不朽的卡拉斯"。安琪拉有着如同卡拉斯一样的惊人美貌,明眸皓齿,鼻梁高挺,性感热烈的嘴唇常挂着甜美迷人的微笑。她在舞台上可以饰演的人物角色范围之广也丝毫不比卡拉斯逊色。对于那些性格、身份大相径庭的角色形象她都能驾驭自如,得心应手,既能演情感大起大落的薇奥列塔,也能演柔弱温存的咪咪;既能演活泼单纯的玛格丽特,又能演风骚放荡的奈达。她是一位兼具戏剧性的抒情女高音(Spinto),但华丽的花腔也能唱得扣人心扉,因而像卡拉斯一样她也是一位全能女高音。此外,她的舞台造型和演技也堪与卡拉斯相媲美。EMI 唱片公司将婚后的安琪拉从 DECCA 挖到了其丈夫所隶属的自己旗下之举更堪称是一次重大的成功运作:一则可以藉此推出这对"金童玉女"的歌剧版本;更重要的在于 EMI 从这时已启动了将安琪拉作为新一代卡拉斯的造星步骤,因为自卡拉斯、洛斯·安赫莱斯等歌坛天后之后他们的女高音资源已屈指可数,而安琪拉正是 21 世纪他们手中握有的一张新王牌。于是乎,签约 EMI 后安琪拉与阿兰尼亚陆续推出了由他们夫妻档主演的《卡门》《维特》《罗密欧与朱丽叶》《游吟诗人》《托斯卡》和《燕子》等新版本,而他俩的二重唱专辑(EMI 56117)更以其唱片封套上情意绵绵的生活照为号召力而大为畅销。与此同时,安琪拉的《向玛丽娅·卡拉斯致敬》专辑(Homage to Maria Callas, EMI 84377)则通过由她演唱当年卡拉斯演绎的那些歌剧经典咏叹调进一步强化了她作为卡拉斯接班人不二人选的艺术形象。

　　安琪拉与卡拉斯之间还有一个最本质的相同之处,那就是她们都具有极其鲜明的艺术个性。安琪拉视艺术为生命,为了自己的主张和见解她甚至可以得罪任何权势名人。1996 年她在大都会歌剧院出演《卡门》中的米卡埃拉,当时的导演泽菲雷利的名头可谓如雷贯耳,然而安琪拉却照样不买账。泽菲雷利要求安琪拉饰演的米卡埃拉戴一个亚麻色的假发套(因为安琪拉本人是黑发)。可就是为了角色头发颜色这个细节她和导演掐上了,她拒绝戴上发套。此事闹到了剧院总经理沃尔佩那里,沃尔佩扔下了日后在歌剧界一句非常著名的话:"头套就是那么一个,随你戴,还是不戴!"安琪拉却毫不示弱,固持己见。后来还是采取了一个折衷的办法,将一袭斗篷尽可能地遮住那个假发套才使这场纷争平息下去。安琪拉说:"在艺术上我总是相信自己的直觉,我只凭借自己的情感去做。环境使我变得坚强。也许许多艺术家担心如果他们表达出自己真实意愿的话就有可能得不到重返舞台的邀请,可是我有勇气这么做。对我而言,不畏权势坚持己见这也是一种革命!"

　　不过,尽管安琪拉如此特立独行,她却仍是世界各大歌剧院竞相追逐的宠儿。当然,成为一位名人就意味着要承受更多的毁誉荣辱。比如她与阿兰尼亚在柯文特歌剧院演出的《托斯卡》曾被著名的乐评人乔纳森·米勒讥讽为他们"把咪咪和鲁道夫演绎得如同美国电影《邦妮与克莱德》里的雌雄大盗"。对这样的恶评安琪拉不屑一顾。事实是更多的人对她饰演的托斯卡大为激赏。美国的《歌剧新闻》这样写道："她是人们可以想象的最具感官美的托斯卡。安琪拉的热情和美貌几乎正是为了再现托斯卡而塑造出来的。在她身上兼具了卡拉斯和苔巴尔蒂最优秀的气质。"近年来,有关她和阿兰尼亚的婚姻危机又引发了舆论界的新一轮风波,事情缘起于2009年8月安琪拉突然宣布取消原定于2010年在大都会上演的新版《卡门》,理由是"基于个人的原因";而2个月后阿兰尼亚在接受法国《费加罗报》时又宣称他们夫妇俩已经分居。随后在安琪拉的个人官网上她坦承两人分开已两年的事实,但同时拒绝承认他们已经离婚,因为她还在为挽回这段10年的婚姻而努力。没有外遇和绯闻,有的只是对艺术和生活的态度和取舍。于是,在后来的歌剧演出时人们看到这对歌剧伉俪再也不如他们新婚后的几年里那么形影不离,妇唱夫随了。尽管在2008年大都会歌剧院版的《波西米亚人》里安琪拉的搭档是墨西哥男高音拉蒙·巴尔加斯(Ramon Vargas,1960-);而在2011年柯文特歌剧院版的《托斯卡》里的卡伐拉多西也变成了德国男高音约纳斯·考夫曼(Jonas Kaufmann,1969-);不过,人们更喜欢的似乎还是此前她与阿兰尼亚合作的斯卡拉歌剧院版《波西米亚人》(DECCA 466 070,2CD)与柯文特版的《托斯卡》(EMI 57173,2CD)。

是啊,在名人光鲜亮丽的舞台形象背后,常常伴随着常人难以体味的艰辛和坎坷。安琪拉称自己"好像是和世界各地都签订了演出合同"因而不得不在日程表的驱使下做着"空中飞人","我想拥有一份与在舞台上同样的感情,然而这通常很难如愿,毕竟真实的生活与艺术的歌剧相比要可怜的多。正由于艺术家演得太多,情感付出得太多,在她内心就会愈益感到空寂和失落。为了我们理想的生活,我们需要努力呼唤人间真情的回归;尽管这很难,但演出必须继续下去。"说这话时,这位歌剧女神的眼中仍然充满着希望的光亮,一如她礼帽上的珠宝那样熠熠生辉。

28. 歌坛上的奥黛丽·赫本
——安娜·奈瑞贝科（Anna Netrebko）

2013 年 5 月 2 日，位于俄罗斯圣彼得堡市中心的马林斯基剧院第二演出中心（Mariinsky II）在万众瞩目下隆重开幕了。这座由加拿大著名建筑师杰克·戴蒙德设计的宏伟建筑被创作者自称为是其艺术事业"皇冠上的珍珠"。在为期三天的开幕盛典期间，主办方邀约了当今世界一流的表演艺术大师们前来献演助兴，甚至不乏像已年届 72 岁高龄、但雄风依旧的男高音歌王普拉西多·多明戈这样的歌坛名宿。

当然，对于踊跃前来躬逢其盛的俄罗斯人来说，他们在这个隆重的音乐盛典上最希望见到的仍是他们最为爱戴的两位俄罗斯艺术家：一位就是有"乐坛新沙皇"之称的指挥大师，也是剧院的音乐总监兼首席指挥的瓦莱里·捷杰耶夫（Valery Gergiev, 1953-）；而另一位就是俄罗斯当代第一女高音安娜·奈瑞贝科。尽管这位有着"歌坛上的奥黛丽·赫本"称号的歌唱家在当今歌坛上可谓如日中天，炙手可热；然而，无论她演出日程多么忙碌，在她的心中马林斯基剧院却永远占据着一份特殊的地位，因为她视剧院为"艺术的母亲"，而俄罗斯乐迷更视她为他们心中引以自豪的"光荣的女儿"。

安娜·尤里耶夫娜·奈瑞贝科 1971 年 9 月 18 日出生于俄罗斯北高加索位于库班河流域和顿河草原的城市克拉斯诺达尔，其祖上是著名的顿河哥萨克。虽然出生于偏远的边疆地区，但安娜的家境并不拮据困顿，他的父亲是当地知名的地理学家，属于受人尊敬的高级知识分子家庭。由于她从小就喜爱唱歌，于是在她 16 岁高中毕业后父母就将她送入俄罗斯最著名的音乐学府——圣彼得堡音乐学院求学。

然而，对于在音乐学院的这段经历，在安娜成名后的多次采访中却从未谈及过，可见它在这位女高音的成长过程中并不见得有多大的裨益与帮助。或许正是为了弥补教学手段上这种不足，还在求学期间安娜就去学院隔壁她心中向往的音乐殿堂——具有百年以上悠久历史的马林斯基剧院（当时称为基洛夫剧院）去兼职当差，当上了剧院负责清扫工作的勤杂人员。她去那里当然不是为了赚取学费补贴家用，而是为了能够亲身体验一番在课堂上学不到的艺术历练。所以说她到马林斯基的"潜伏"不是我国西汉时匡衡的"凿壁借光",倒实实在在是进入正宗的演出院团"偷师学艺"。在当差期间她一面默默地认真干好自己的"本位工作",将每一个房间、每一阶楼梯擦拭得干干净净;同时,她也时刻睁大眼睛,竖起耳朵仔细观察、倾听能够听到的每一位歌唱家的演唱,哪怕是他们在排练厅里的试唱走台或化妆间里的轻声哼唱都不放过。

就这样,在耐心"潜伏"了几年之后,1993年剧院张贴出了通告:为制作莫扎特歌剧《费加罗的婚礼》需要招收演员。近水楼台的安娜在第一时间便去报名参加了选拔演员的试唱。主持试听的正是剧院的艺术总监捷杰耶夫。乍一相见,捷杰耶夫觉得这位学员的样貌好生面熟。经询问,方知原来这位美丽动人的姑娘正是日日在剧院里清扫的"扫帚妹"啊!令大指挥家诧异的还不止于此。当听了由安娜为他试唱的苏珊娜咏叹调后,捷杰耶夫更是为这位22岁音乐学院学生那优异的天赋和潜质所打动了。于是,安娜顺理成章地得到了饰演歌剧中苏珊娜这个角色的机会。在捷杰耶夫的指挥下安娜在马林斯基的舞台上完成了自己的艺术处女秀,她那优美的嗓音和靓丽的扮相引来了听众的阵阵喝彩声。首演成功了!而捷杰耶夫这位发现了安娜·奈瑞贝科的伯乐,自然也成了她一生艺术生涯中唯一的一位声乐指导和艺术引路人(vocal mentor)。

在指挥大师捷杰耶夫的呵护提携下,之后的几年里安娜与马林斯基剧院合作相继饰演了贝利尼《梦游女》里的阿米娜、莫扎特《魔笛》里的帕米娜、罗西尼《塞维利亚的理发师》里的罗西娜以及唐尼采蒂《拉美莫尔的露契娅》里的同名女主角等角色。由此可见,安娜的艺术起点非常高,要知道有多少年轻的歌唱演员在剧院苦捱了若干年却还只能在歌剧演出中跑龙套啊。与此同时,1993年安娜还获得了在莫斯科举行的格林卡歌唱比赛的头奖。一时间,在俄罗斯歌坛迅速崛起的安娜·奈瑞贝科成了人们街谈巷议的明星。

安娜天生是一个美人坯子,虽然她不是金发女郎,然而,所谓"天生丽质难自弃",那一双深邃而会说话的大眼睛,那一副五官比例胜似天造的姣好容颜以及凹凸有致、苗条而又丰满的魔鬼身材不愧为一代好莱坞影后、曾被评选为"全球最美丽女人"榜首的奥黛丽·赫本在乐坛上的化身。正如看过她演出的人评论的那样:"在演出过程中要想把目光从安娜的身上挪开那几乎是不可能的事。"当然,安娜令人怦然心动的决不止于她惊人的美貌,她那动人的歌声同样让人们如痴如醉。她的音色清澈晶莹,柔和秀丽,行腔优雅,流畅自如,情感细腻而富于变化。或许与意大利、法国等西欧的女高音相比她的音质略嫌暗淡，甚至有些偏冷；然而，其实她对演唱造诣却有着很高的艺术追求。为了更好地演绎意大利歌剧中的角色，她曾求教于著名的意大利女高音蕾娜塔·斯科托（Renata Scotto, 1934-），从而对享誉世界的意大利美声艺术有了切身的感受。她非常崇拜歌剧女神卡拉斯，在她看来，像卡拉斯那样唱演俱佳的女高音是可望而不可及的："我也喜欢听斯科托、弗雷尼的演唱，她们都是我的女神，她们知道如何以正确的方式去演唱美声。"

　　作为一位俄罗斯女高音歌唱家，安娜理所当然地将弘扬俄罗斯民族歌剧为己任。她所录制的前三部歌剧录音无一例外全部是俄罗斯作曲家的作品。1995 年，24 岁的安娜在美国首度惊艳亮相，在旧金山歌剧院她饰演了格林卡《鲁斯兰与柳德米拉》里的同名女主角。而这次成功的首演也成就了她的第一部歌剧录音（Philips 456 248, 3CD）。其后的两部歌剧录音分别是普罗科菲耶夫的《三个桔子的爱情》和《寺院里的未婚妻》（The Betrothal in a Monastery）。此后，她又先后在普氏的《战争与和平》、里姆斯基 - 柯萨科夫的《沙皇的新娘》里塑造了娜塔莎和玛尔法这两位可爱的少女形象，在一向甚少上演俄国歌剧的西方歌剧舞台上展示了本国歌剧艺术的动人之处，深受西方听众的欢迎。而这一切都是在与捷杰耶夫领导的马林斯基歌剧院的合作下完成的。而作为斯科托的私淑弟子，她也在西方舞台上饰演了威尔第《弄臣》里的吉尔达、普契尼《波西米亚人》里的咪咪、贝利尼《凯普莱特与蒙太久》里的朱丽叶以及《清教徒》里的埃尔维拉等抒情或抒情花腔女高音的角色。

　　2002 年是真正标志着安娜·奈瑞贝科站上世界一流歌唱家殿堂的重要一年。是年，她先是在美国的大都会歌剧院首次亮相，饰演《战争与和平》里的娜塔莎；同年 7 月，她第一次出现在萨尔茨堡艺术节，在莫扎特的故乡饰演了《唐璜》里对她而言难度更高、属于典型的抒情 / 戏剧女高音（spinto）角色的埃尔维拉，极其传神地诠释了这个性格乖张、充满复仇欲望的贵族女性那矛盾复杂的情感冲突，被舆论认为是她艺术生涯中的一次"征服与凯旋"。她也被西方的乐迷们亲切地称为 La Bellissima（意大利美人）。而前一位拥有这个称号的女高音歌唱家恰巧是另一个安娜——著名的美女歌唱家安娜·莫芙。正是由于安娜·奈瑞贝科的色艺双绝，所以自出道以来她的录音与录像制品总是形影相随。迄今计有唱片 20 种，录像 18 种，而这种情形足以使在她之前的任何一位伟大的女高音叹为观止。

　　进入 21 世纪，安娜·奈瑞贝科凭借其年龄与容貌上的绝对优势，在国际声乐界的地位更是一马当先，独领风骚。她带给世人最大惊喜的角色就是《茶花女》里的薇奥列塔。薇奥列塔这个歌剧角色向来是衡量一位歌唱家是否是全能女高音的试金石。就本质而言,安娜并不是一位典型意义上的全能女高音,她更擅长诠释抒情或抒情/戏剧女高音的角色。然而,21世纪是一个全新的开放性时代,身处这个时代的艺术家们本身也有着更全方位地展现自己的奋斗目标。因此,安娜饰演的薇奥列塔不能不说是这种时代要求的结果。

　　2003年,32岁的安娜就在德国慕尼黑巴伐利亚国家歌剧院版的《茶花女》里首次饰演了薇奥列塔,从此她便爱上了这个艺术形象。2004年,她以《茶花女》中最脍炙人口的薇奥列塔咏叹调"我愿像空气一样自由翱翔"(Sempre libera)作为标题的专辑(DG 474 800)问世。由于有指挥大师阿巴多率领其亲军——马勒室内乐团为其保驾助阵,一时间这张唱片简直卖疯了;与此同时它也透露出了安娜已完全做好了演绎薇奥列塔这个角色准备的强烈信息。终于,在2005年,由她与当代歌坛走红小生、墨西哥男高音歌唱家罗兰多·比利亚松(Rolando Villazon,1972-)领衔的维也纳国家歌剧院版《茶花女》登上了萨尔茨堡艺术节的舞台。结果,不仅这两位同为三十出头的歌唱家成为了艺术节上最璀璨耀眼的明星,并且DG唱片公司还几乎是史无前例地为这场演出制作出三个不同的现场版本,即歌剧全剧录音(DG 477 593,2CD)、歌剧全剧录像(DG 073 4189,DVD)以及歌剧精选附加排演花絮场面的专辑(DG 477 595,CD+DVD)。于是乎,通过这样的"三箭齐发"安娜与比利亚松这对新的歌坛"金童玉女"组合横扫了整个国际乐坛,一时间打遍天下无敌手。随后,DG、Virgin、Axion Films等相继跟进,乘热打铁又陆续推出了由他俩主演的唐尼采蒂的《爱之甘醇》《唐·帕斯夸勒》、马斯涅的《曼侬》与普契尼的《波西米亚人》等的录音录像,遂使得乐坛上的"安娜旋风"愈刮愈炽。对此如潮汹涌而来的欢呼与赞美,安娜却显得格外地镇定自信,好似这一切早已在自己的预料之中。她曾如是说:"我就是要人们都记住我。我要他们都爱我!"

　　与通常年轻的女高音总需要资深而素负盛誉的男搭档提携不同,与安娜·奈瑞贝科演对手戏的男主演恰恰都是些与她同龄,甚至比其更年轻的男高音,其中就包括有"当代男高音三杰"之称的比利亚松、马切罗·阿尔瓦雷斯(Marcelo Alvarez,1962-)和何塞·库拉(Jose Cura,1962-),还有俄罗斯男中音德米特里·霍沃洛斯托夫斯基(Dimitri Hvorostovsky,1962-)以及德国男高音约纳斯·考夫曼(Jonas Kaufmann,1969-)等。2007年5月30日,她与德米特里作为俄罗斯当今的两大歌王歌后在卡内基音乐厅首次亮相,赢得喝彩一片。同年9月8日,她又在著名的伦敦逍遥音乐节的"最后一夜"音乐会上演唱了《梦游女》里的咏叹调,并在美国小提琴家约舒亚·贝尔的助奏下演唱了理查·施特劳斯的艺术歌曲《早晨》(Morgen)。

2006 年,为了更方便地往来于东西方旅行演出,安娜申请加入了奥地利国籍。目前,她和她至今还未举行过婚礼的丈夫、乌拉圭男中音歌唱家埃尔文·施罗特（Erwin Schrott, 1972- ）以及他们的儿子蒂亚戈居住在维也纳。然而,她却仍没有放弃自己的俄罗斯国籍。2009 年,已多年未曾回国演出的安娜在当年 1 月 14 日马林斯基剧院演出季的开幕大戏上饰演了露契娅一角,受到祖国人民的热烈欢迎。2005 年她从俄罗斯总统普京手中接过了由后者授予她的国家文学与艺术勋章,这是祖国对她所献身的艺术事业的最高褒奖。

还是让我们将记录的镜头重新拉回到 2013 年马林斯基剧院第二演出中心开幕大典的演出现场吧。在 5 月 2 日群星云集的音乐会上,安娜·奈瑞贝科先后两次出场。她先是演唱了威尔第歌剧《麦克白》里麦克白夫人出场时的那首咏叹调,由此吹响了这位女高音向着戏剧女高音类型进军的号角。而当音乐会临近结束时,她又再度亮相于金碧辉煌的舞台,深情款款地演唱起了柴科夫斯基歌剧《约兰塔》终场约兰塔公主终于重见光明那个动人的场面。而这一次,她那清晰、优雅、柔美而又机敏灵巧的音色又全然不同于之前那个冷酷、凶残却又因阴谋得逞窃窃自喜的麦克白夫人。伴随着作曲家那令人兴奋的旋律律动,又有其他的歌唱家不断地加入到她的演唱之中,共同将音乐会的气氛推向高潮的极致。而在次日的演出中她又领衔主演了《约兰塔》全剧,因为至今她仍是马林斯基剧院最引以自豪的独唱演员。

美国的《时代周刊》在 2007 年将安娜·奈瑞贝科列为全球最具影响力的古典音乐家的第一名。正如它给出的评语所指出的那样:"简而言之,她拥有一切:使人震惊的清纯而精准的嗓音;宽广而自由的声区;丰富的想象力、洞察力和判断力,再加之令人眼花缭乱的超凡魅力。她真是歌坛上的奥黛丽·赫本（Audrey Hepburn with a voice）啊!"

29. 全天候之声
——珍妮特·贝克 (Janet Baker)

在声乐演释发展史上，优秀的女中音歌唱家较之女高音不是很少，而是太少了。这固然是由于女中音的音域和普通人的语言声区比较接近，因而演唱起来更难以发挥出如女高音般壮丽辉煌和激动人心的戏剧效果；另一方面，这也得怨那些伟大的作曲家们。纵观古今中外歌剧里的女主角，十有八九都是为女高音而准备的；而女中音们即使唱得再好，充其量也最多博得个"最佳女配角"的名号。就像弦乐中的中提琴往往被视为小提琴的"附庸"那样，长期以来女中音总是难以与那些动辄就飙高音或花腔的女高音歌唱家们相媲美。然而，诚所谓"行行出状元"，在世界级的女中音歌唱家里仍不乏令乐迷们衷心爱戴推崇的艺术家。在这方面，历来在国际声乐界显得"低调而腼腆"的英国却为 20 世纪贡献了一位伟大的女中音，她就是珍妮特·贝克。

❧❧❧ ❧❧❧

珍妮特·贝克 1933 年 8 月 21 日出生于英格兰东北部古城约克郡治下的一个叫哈特菲尔德的小城镇。她的父亲是一位工程师，在当地可算是有头有脸的人物。在业余时间父亲经常去一个男声合唱团演唱；而作为一位虔诚的基督教徒，教堂的唱诗班合唱是另一个施展其爱好的地方。珍妮特从小就和比自己大 4 岁的哥哥彼得随父亲一起到教堂，正是教堂唱诗班的音乐氛围使他们受到了最初的启蒙。说来也许令人难以相信，贝克的家族成员中还有不少人在唐卡斯特自治区内的矿区工作。可就是在这样的地区却有着不一般的音乐环境。珍妮特说："在我的少女时代那里到处都有音乐俱乐部，你能在那些俱乐部里演唱标准的清唱剧呢。"或许正是这种少女时代的音乐熏陶为她日后的人生抉择埋下了因缘与契机。

作为一个英国中产阶级的孩子，珍妮特中学上的是约克女子学校，毕业后进入温特林汉姆女子文理学院继续求学。这种学习轨迹似乎与日后的音乐人生毫无交集。然而，在她 10 岁那年哥哥彼得的骤然去世使她的身心遭受了严重的创伤，这也在一定程度上改变了她的人生轨迹。彼得与珍妮特兄妹自小情深意笃，他颇具音乐天分，有一副令人羡慕的好嗓子，是这个家庭的骄傲。然而他过早地离世使正处于少女发育阶段的珍妮特清楚地意识到自己将要成为这个家庭未来生活的重心,她有责任使这个本来和谐美满的家庭更坚强地维系下去。

从女子文理学院毕业以后,珍妮特·贝克进了一家银行工作。或许她的潜意识里有着承袭哥哥爱好的想法,于是在业余时间加入了约克郡利兹市的爱乐合唱团从事演唱。她在青少年时代并没有听过多少经典的音乐,可是从十五六岁起她开始有意识地收集一些歌唱家的唱片,其中对她影响最大的无疑是被誉为"20世纪最完美的女低音"的凯瑟琳·费里尔(Kathleen Ferrier,1912-1953)。"费里尔和诺玛·普罗克特(Norma Procter,1928-)是清唱剧演出领域最后的伟大女低音。从她们的演唱中可以清晰地告诉你演唱清唱剧和演唱歌剧的界线有多么地分明。她们从不会用唱清唱剧的方式去演绎歌剧",贝克说道。受到费里尔歌声的感召,贝克决心听从内心的意愿,不再与枯燥的数字报表终日为伍,于是在1953年,20岁的她来到了首都伦敦开始投师学艺。她的第一位老师是奥地利籍犹太人海伦·伊瑟普(Helene Isepp,1899-1968)。伊瑟普不仅教给贝克歌唱的技巧,还把贝克推荐给了BBC的音乐制作人列奥·布莱克。在布莱克的部署下贝克学习了此前她从未接触过的大量曲目,其中包括舒伯特、舒曼、理查·施特劳斯和沃尔夫的艺术歌曲,让她在练熟后上广播节目的音乐会演唱。因而,贝克的"乳莺初啼"并非是在音乐会的舞台上,倒是在收音机的广播里。后来,她又拜了另一位歌唱家为师,她就是梅丽尔·圣·克莱尔(Meriel St·Clair)。克莱尔的强项是英国和法国的艺术歌曲。就这样,边唱边学的珍妮特·贝克以这种独特的学习方式逐渐成长起来了。

转眼到了1956年。这一年对于23岁的贝克而言可谓是经历了"冰火两重天"的悲喜人生。她首先参加了在伦敦的温格莫尔音乐厅举办的纪念凯瑟琳·费里尔的歌唱比赛。初登舞台一展歌喉的贝克获得了第二名的好成绩,使人眼前一亮,引起了公众的关注。同年,她在牛津演出了自己的歌剧处女作——在斯美塔纳的歌剧《秘密》(The Secret)里饰演罗查小姐一角。她是歌剧中的一个配角,唱段不多可表演不少。对于戏剧表演,贝克说:"我没有直接学过表演,在舞台上的举手投足很大程度上源于我的基本天性。一旦你在演出中感受到了某种足够强烈的情绪,那么你的身体便会自然而然地伴随着你的演唱做出适当的动作了。"一切看起来似乎都相当顺遂,奖也得了,剧也演了,对于贝克这样一位非科班出身的歌唱家来说事业的发展开了一个好头。然而,所谓"祸兮福所伏"。就在同一年,一次她在街上发生了意外,被一辆疾驶而来的公交车撞倒了,不仅腿摔伤了,还得了脑震荡。巨大的伤痛与内心的苦闷一下子将这位23岁的青年歌唱家击倒了。凭借着坚忍的毅力和坚定的信念,贝克与病痛作了顽强的抗争。经过半年多时间的治疗与恢复,她重又站立起来,回到了艺术的舞台上,因为这时已没有什么能阻碍她与歌唱事业的相依相随了。

受伤后的第二年(1957年),贝克为了进一步深造自己的声乐造诣,参加了由曾任美国大都会歌剧院首席女高音的德奥声乐学派的优秀代表洛特·莱曼在温格莫尔举办的大师班,对歌剧演唱有了更深的理解。1958年,25岁的贝克在格林德伯恩歌剧院正式亮相,以格鲁克的《奥菲欧与优丽狄茜》里的同名女主角宣告了她歌唱之路的起步。

贝克一直被称为世界上最伟大的音乐会歌唱家。其实,在其艺术生涯的前期她倒更多地是以演出歌剧而闻名于乐坛的。就在成功首演《奥菲欧与优丽狄茜》后的第二年,她又初尝了普塞尔歌剧《狄多与埃涅亚斯》的滋味。此后,这两部歌剧成为她艺术生涯中不可或缺的代表之作。普塞尔笔下的狄多是一个悲剧人物,贝克对这个角色的诠释非常具有说服力。她的天性中就具有理智内敛的气质,而在演唱中又善于依靠其自然端秀的明丽音色和细致入微的表情变化去很好地演释这位腓尼基女王复杂矛盾的心路历程。尤其是歌剧最后狄多在殉情时唱的那首咏叹调"当我倒在大地上"更是极有分寸地运用了颤音和拖音技巧将主人公叹息式的音调、悲恸欲绝的情绪演绎得丝丝入扣,撩人心魄。可以说自贝克之后,再没有一位歌唱家能像她那样把狄多痛苦时的强烈感情如此栩栩如生地表现出来,因而她于1978年所录制的该剧录音(DECCA 425 720)理所当然地成为了"企鹅三星带花"的名版。有意思的是:与贝克的名字联系在一起的还有另一个狄多,那就是法国作曲家柏辽兹那史诗般的宏大歌剧《特洛伊人》第二部里的女主角。柏辽兹的歌剧和普塞尔一样,其脚本皆取自古罗马诗人维吉尔的史诗,关于狄多与埃涅亚斯的故事情节也大同小异,唯200年后的柏辽兹的歌剧因其具有法国大歌剧的样式风格赋予歌剧里的狄多以更强烈的戏剧性和更华丽的唱腔。但贝克将这一位狄多演绎得同样有声有色,将她性格中的悲剧色彩刻画得淋漓尽致。因而,普塞尔与柏辽兹歌剧中的这两位狄多都堪称是贝克声乐艺术具有标志性的戏剧角色。

贝克饰演《狄多与埃涅亚斯》的巨大成功也由此引导她结识了一位对她艺术事业产生重大影响的音乐巨匠——英国当代最伟大的作曲家布里顿。两人的交往始于1962年的爱丁堡艺术节。在那届艺术节上贝克随英国歌剧公司不仅演出了《狄多与埃涅亚斯》,还演唱了英国历史上第一部民间歌唱剧《乞丐歌剧》(The Beggar's Opera)。这部歌剧由普塞尔的同时代人、祖籍德国的作曲家佩普什根据当时在市井流行的民歌曲调以及专业音乐家的作品编配而成,自1728年首演以来的230年里,人们不断地把反映社会现实的内容添加进去,使之成为一部用旧曲填新词、赋新意的长盛不衰的作品。而贝克饰演的这个版本正是经由布里顿亲炙的改编版本。此后,贝克又饰演了布里顿另一部歌剧《卢克莱齐娅受辱记》里的同名女主角,深受作曲家的首肯,从此两人成为忘年之交。在以后的日子里,贝克塑造了布里顿歌剧《欧文·温格雷夫》(Owen Wingrave)里凯特这个经典的角色;而布里顿则放下他大作曲家的身价,在音乐会上甘愿为贝克的独唱担任钢琴伴奏。1976 年,布里顿为贝克还度身定制了独唱康塔塔《费德拉》(Phaedra),由贝克于 1976 年 6 月在爱丁堡艺术节上予以世界首演。这部作品也是布里顿生命中的绝笔之作,因为当年的 12 月 4 日他就与世长辞了。

尽管贝克在歌剧领域风生水起,口碑上佳,然而纵观她整个艺术人生毕竟仍以她在音乐会演唱领域的建树更胜一筹。著名钢琴家杰拉尔德·莫尔(Gerald Moore, 1899-1987)曾经为包括施瓦茨科普夫、卡拉斯和安赫莱斯在内的众多 20 世纪歌唱女伶担任过固定的钢琴伴奏,可谓"阅人无数",他曾在一次采访中说:"今天,贝克和(男中音歌唱家)菲舍尔 - 迪斯考乃是全世界两位最伟大的音乐会歌唱家。"这个评价是令人信服而毫无争议的。

贝克演唱音乐会艺术歌曲的经历要晚于其歌剧演出。1963 年,贝克在英国指挥家诺曼·德尔·马尔的指挥下演唱了勋伯格的《古列之歌》,在演唱其中的"木鸽之歌"时她平生第一次在公众面前唱到了高音降 B,这使她惊喜不已:"对于我而言这好比是开启了另一道见到曙光的大门。我第一次有了自己真的可以唱好音乐会作品的感觉。"自此之后,贝克就逐渐把自己的艺术重心由歌剧转移到音乐会演唱上来了。

贝克的音域相当宽泛,她兼具女高音明亮的音色和女低音饱满的声腔,音质清澈亮丽,嗓音纯正典雅,在作品的表达上诠释准确而有深度,具有很强的艺术表现力。她演唱的音乐会大型声乐作品除传统的巴赫《b 小调弥撒》、亨德尔的《弥赛亚》、贝多芬的《庄严弥撒》等之外最富盛名的还有马勒的《大地之歌》《亡儿悼歌》、埃尔加的《杰隆修斯之梦》《海的音画》、勃拉姆斯的《女低音狂想曲》、瓦格纳的《威森东克歌曲》和福列的《安魂曲》、柏辽兹的《夏夜》以及拉威尔的《舍赫拉查德》等。其中《大地之歌》她录有四个不同的版本,仅与 BBC 交响乐团合作的就有两个!她诠释的《亡儿悼歌》被《留声机》的评论家大卫·古特曼称作是"直抵人心、几乎是一种自我的内心独白"(self-communing)。而她与著名指挥家巴比罗利合作在自由贸易大厦和谢菲尔德两场音乐会上演唱的《海的音画》更是重现了当年伟大的费里尔与巴比罗利携手时的辉煌,据说她的演唱甚至使听众产生了"宛如费里尔的灵魂再现"的幻觉。这个经典版本（EMI 47329）也理所当然地成为了乐迷们踊跃收藏的"企鹅三星带花"名版。

除了大型声乐套曲作品外，贝克演唱的舒伯特、舒曼、理查·施特劳斯、李斯特、蒙特威尔第、斯卡拉蒂、佩戈莱西以及本国的普塞尔、道兰等作曲家的艺术歌曲也尽显贝克声乐艺术的精华所在。然而，她却几乎不唱西班牙的艺术歌曲，因为她"在西班牙歌曲中找不到感觉。演唱西班牙歌曲需要像安赫莱斯那样充满明媚阳光的音色。而英国人的民族个性中天生具有一种灰色隐晦的成分，反映到音乐艺术上也是如此"。不过，尽管这样她却坦言不介意去大胆挑战、尝试一切歌唱的可能性。

1982年，已年届五十的贝克决定告别舞台。7月17日在格林德伯恩歌剧院她以24年前在这里初登舞台的成名作《奥菲欧与优丽狄茜》作为自己告别音乐会的剧目，只是与当初饰演的角色不同，这一次她饰演的是剧中的男主角奥菲欧！同年，她的回忆录《深思熟虑》（Full Circle）出版问世。退休后的贝克在作为她艺术经纪人的丈夫肯思·谢利的陪同下喜欢到世界各地旅行；而平时他们就在家平平安安地居家过日子，照顾孩子。这位昔日在舞台上大红大紫的歌唱家一旦回归家庭却变得非常乐于从事家务劳作，整天围绕着锅碗瓢盆做饭煮菜或熨衣除草，乐此不疲。当然，作为一位伟大的歌唱家她也从未远离音乐生活，她会出现在一些小型的场合演唱或担任几个朗诵者的角色。1976年她被英国王室授予帝国女爵的封号。她也是皇家爱乐协会的荣誉会员及金质奖章获得者。从1991年起贝克还应邀出任约克大学的名誉校长。2012年她又光荣地入选由《留声机》杂志评选的"名人堂"。2008年和2013年，为庆贺她75岁和80岁生日英国的EMI唱片公司分别发行了两个重量级的纪念专辑，标题分别是《受人热爱的女中音》（The Beloved Mezzo，EMI 08087，5CD）和《珍妮特·贝克：伟大的EMI录音》（EMI 37712，20CD）。这两套弥足珍贵而又分量厚重的专辑几乎囊括了她除歌剧以外的音乐会演唱录音，一曲曲、一张张地凝神倾听，每个人都可从中切身地体味到她被称为"全天候之声"（a voice for all seasons）的真正涵义了。

30. 把歌剧的黄金时代重新带回美国
——玛丽琳·霍恩（Marilyn Horne）

阿尔班·贝尔格是 20 世纪新维也纳乐派的重要成员，与他的老师勋伯格一样他也运用十二音技法进行创作。贝尔格一生总共创作过两部歌剧：《沃采克》和《璐璐》。

在世界歌剧舞台上，像《沃采克》这样语言晦涩、旋律拗口的歌剧显然难成演出市场的主流；而即便是在小众的经典录音中也是德奥歌唱家们诠释的版本"唱主角"，很少有非德奥裔歌唱家能以演唱《沃采克》而一举成名的。然而，偏生在英语世界就有这样一位歌唱家，1964 年 10 月当她在著名的伦敦柯文特皇家歌剧院首次亮相时，演出的剧目就是《沃采克》。著名的乐评家阿尔弗雷德·弗兰肯斯坦在观看了她的演出后当即宣称："作为一位女演员，她优美的歌喉、善于表情的容貌以及惊人的天赋将使她在未来的美国歌剧舞台上占有一个突出的地位！"而当时，这位歌唱家尽管已年近三十，却仍属于名不见经传的青涩之辈。她，就是后来成为世界最伟大女中音的玛丽琳·霍恩。

玛丽琳·霍恩 1934 年 1 月 16 日出生于宾夕法尼亚州的布拉德福德。11 岁以后她随全家迁居到加利福尼亚的长滩。玛丽琳从小就喜爱唱歌，这显然是受了父亲热爱音乐的影响。她 4 岁开始在父亲指导下学习声乐，虽然谈不上什么系统的进程与方法，但却由此激发起了她对音乐的热情。在高中阶段，玛丽琳原先就读于长滩的工艺高级中学，学的是工艺美术，然而由于嗜爱唱歌，于是她加入了长滩地区的圣·卢克合唱团，在合唱团指挥威廉·里普利·多尔的指导下练习演唱。圣·卢克合唱团在国内颇有声誉，更兼身处洛杉矶影城，因而经常能得到与为好莱坞电影录音和录制唱片的"首都唱片公司"合作的机会。此外，玛丽琳还与比自己小 4 岁的妹妹格罗莉娅以及另两名男生以"圣·卢克四重唱"的名义举行演出。

高中毕业后，已经认准走职业声乐之路的玛丽琳·霍恩进入南加州大学音乐系，师从系主任威廉·维纳德教授。由于她悟性极高,又肯花苦功勤奋钻研,因而不仅得到了学校颁发的奖学金,并且还被推荐选入 20 世纪著名德国女高音歌唱家洛特·莱曼在南加州大学主持的声乐大师班深造。在这位德奥学派前辈的悉心教诲与提携下,霍恩的艺术造诣更是有了长足的进步,无论是在学习曲目的数量上还是在演唱方法的处理上更是成为同学中的佼佼者。

或许是身处洛杉矶的缘故吧,与其他的歌唱家的成才起步不同,霍恩的人生第一次专业演唱并非是在歌剧舞台上,而是在好莱坞的录音棚里。1954 年,年仅 20 岁的霍恩得到了一个机会,让她为好莱坞影片《卡门·琼斯》里饰演女主角的多萝西·丹德里奇的演唱配音。这部由大导演奥托·普雷明格执导的影片是歌剧《卡门》的现代版,它的音乐全部来自歌剧,却将故事移植到了二战期间北卡罗来纳一个生产军用降落伞的工厂里。卡门·琼斯是厂里惹是生非的尤物,当她遇见了年轻英俊的军士乔时,两人更展开了那段交织着痴迷与妒忌的孽缘。影片全由黑人演员出演,饰演卡门·琼斯的"黑珍珠"丹德里奇更凭借此片而成为好莱坞历史上的第一位黑人女主角。不过,尽管她美貌惊艳,天赋出众,但却是一位无法开口真唱的卡门;因而这位获第 25 届奥斯卡最佳女主角提名的影星在影片里的唱段需由霍恩来为她"捉刀代笔"。20 世纪福克斯影片公司之所以看中霍恩也绝非偶然,因为此前这位南加州大学的高材生就已在多部电视系列幽默剧里为其中的角色配过演唱了,甚至在 1950 年代前期她的形象还出现在流行歌曲唱片的封套上。由于霍恩在电影《卡门·琼斯》里出色地演唱了卡门的所有唱段,因而这位年轻的幕后英雄也没有受到人们的冷落。霍恩上了由名主持约翰尼·卡森主持的全国广播公司(NBC)的名牌脱口秀节目《今晚》(Tonight Show)成为访谈嘉宾。同年,她的第一次舞台处女秀也如期而至:在洛杉矶,她在洛杉矶歌剧院制作的斯美塔纳歌剧《被出卖的新嫁娘》里饰演了地主米哈的妻子哈塔一角。

纵然实现了自己的舞台梦,然而,在职业生涯初期,霍恩却似乎仍没有遇上太多的演出机遇。

玛丽琳·霍恩的出头之日到来了!她因在一台由音乐大师斯特拉文斯基指挥的音乐会上的演唱而受到大师的赏识。于是,在 1956 年斯特拉文斯基邀她与自己一道参加在意大利举行的威尼斯艺术节,由此开启了霍恩长达八年的欧洲"旅行年代"。在威尼斯艺术节上,霍恩的演唱大受欢迎,其浓眉大眼的容貌,宽厚甜美的嗓音都使她成为听众的宠儿。在此后的三个演出季里她都是与德国北威州的盖尔申基兴歌剧院一起度过的。在此期间，她不仅获得了与著名作曲家欣德米特合作参加维也纳音乐节的机会，还于 1957 年首次亮相萨尔茨堡艺术节，在理查·施特劳斯的歌剧《埃莱克特拉》里饰演女主角的侍女。然而，要说到霍恩事业成功的起点，那还数 1960 年的 5 月 22 日。这一天正是盖尔申基兴刚刚竣工的新剧院落成揭幕的日子。在新剧院的开幕大戏上，霍恩饰演了阿尔班·贝尔格的歌剧《沃采克》里那个不贞的女主角玛丽。事实上，对于此前从未担纲过主角的霍恩而言，要唱好玛丽这个角色，不仅在技术层面上挑战多多，光心理上承受的压力就不言而喻；更何况玛丽这个角色其实是女高音，她的音域对霍恩来说也有些偏高。但亏得霍恩有德奥歌唱前辈大师洛特·莱曼的秘笈真传在身，再加之经过在德奥舞台上的几年历练，她已不惧怕这部歌剧对自己咄咄逼人的挑战了。霍恩的首演十分成功，她的演唱赢得了长时间的欢呼与喝彩。而当同年她回到美国在旧金山歌剧院再次出演《沃采克》时依然好评如潮。由此，玛丽成了她艺术生涯中第一个具有代表性的歌剧形象。

如果说一系列《沃采克》的成功上演为霍恩的欧洲"旅行年代"划上了一个圆满句号的话，那么 1964 年她在纽约的卡内基音乐厅演唱的罗西尼歌剧《塞米拉米德》则堪称是她在美国歌坛上迎来自己全盛时代一个成功的起点。在《塞米拉米德》里，霍恩饰演的青年将领阿尔萨切是一个男性角色，作曲家为其设定的声部是女低音。不过，霍恩天生就是有这种本领，尽管她的"主业"是女中音，却不仅是一个能兼容抒情、戏剧、花腔的全能女中音，更是一个能从女高音到女中音再到女低音通吃各个音域声部的全能女性歌唱家！在音乐会上，她几乎没费什么力就将这个角色顺利"拿下"，并将其发挥到淋漓尽致的境地。在这次卡内基音乐会之后，霍恩作为一位具有世界一流水准的女中音歌唱家的前景已曙光初照，呼之欲出了。此后，她又相继饰演了一系列罗西尼的歌剧作品，如《塞维利亚的理发师》、《在阿尔及尔的意大利女郎》、《泰克雷蒂》和《柯林特之围》等，她也以擅长罗西尼的歌剧而闻名于世，并留下了不少经典的罗西尼歌剧唱片录音。其中，仅《塞米拉米德》就有她分别与澳大利亚女高音萨瑟兰、西班牙女高音卡伐耶以及美国女高音琼·安德森（June Anderson, 1952-）合作的三个不同版本，且录制年代跨度从 1965 年直到 1990 年，雄辩地证明了她饰演阿尔萨切这个歌剧人物的无可替代性。

尽管霍恩以诠释罗西尼歌剧而名重一时，然而罗西尼的祖国意大利却还一直按兵不动，似乎没有邀请她去访问演出的意思。直到 1969 年，米兰的斯卡拉歌剧院才向这位 35 岁的女中音发来了邀请。同年 3 月霍恩首登斯卡拉舞台，她在 3 月 14 日晚上的演出彻底点燃了这个南欧民族内心的激情之火。当晚上演的是罗西尼的《柯林特之围》，整个晚上，霍恩似乎是体内装上了永动机似的，她卯足了劲在低音区完成了大段的华丽花腔唱段。据现场目击的《纽约时报》记者评述:"听众们的掌声真正打断正常的演出是从第三幕开始的。霍恩的音量宏大,在那些永无休止的独唱场面上她演唱的花腔就如同是在演唱'do-re-mi'那般轻松。整个晚上霍恩的艺术令人销魂。"是夜,仅仅在一个幕间休息她就接受了长达 7 分钟的欢呼,这在斯卡拉这个堪称著名歌唱家麇集之地的舞台上也是不多见的;而对于一位来自英语国度的女性歌唱家而言则更属罕见。自此,霍恩彻底征服了这座"高贵"的著名歌剧院。正如 1973 年霍恩在旧金山歌剧院成功地演绎了唐尼采蒂的歌剧《宠姬》后舆论界的通栏标题所示的那样:她把歌剧的黄金时代重新带回了美国!

然而,有些令人不可思议的是,作为一位美国歌唱家,玛丽琳·霍恩纵然已征服了包括米兰斯卡拉、伦敦柯文特这样顶级的歌剧殿堂,可在 1970 年以前她却还未站上过纽约大都会歌剧院的舞台。大都会向霍恩屈服的机会终于到来了! 1970 年,大都会计划制作新版的《诺尔玛》,并遍邀包括萨瑟兰、贝尔冈齐和塞萨尔·西埃皮(Casare Siepi,1923-,意大利男低音)等大腕加盟,霍恩也在邀请之列,饰演美丽的修女阿达尔姬莎,与饰演诺尔玛的萨瑟兰有多场精彩的对手戏。在歌剧里两人是情敌,然而在私下里霍恩堪称是萨瑟兰在歌坛最好的朋友,她俩曾在萨瑟兰丈夫波宁吉的指挥下上演过一系列意大利美声歌剧。在新版《诺尔玛》里她俩又再次通力合作,为那个晚上奉献了被认为是大都会歌剧院演出史上最令人难忘事件之一的精彩演出。正如她当初承诺的那样,当晚的演出成了名符其实的"霍恩之夜"。当全剧结束后,全场的听众都完全被她的嗓音迷醉了,他们一次次地鼓掌欢呼,欲罢不能。于是,霍恩再度出场,将歌剧第三幕终场前阿达尔姬莎的咏叹调又完整地演唱了一遍,并再次赢得长达 10 分钟经久不息的掌声。这场演出也成为日后霍恩与大都会多达 250 场以上长期合作的首演秀。后来,她与萨瑟兰、波宁吉又合作录制了《诺尔玛》全剧,它也被公认为是《诺尔玛》的权威版本(DECCA 470 413,3CD)。

1972 年 9 月 19 日,作为大都会新演出季的开幕大戏,霍恩与美国著名男高音詹姆斯·麦克拉肯(James McCracken,1926-)联袂上演了比才的歌剧《卡门》。自打她早年为电影《卡门·琼斯》配唱以来,这还是第一次由她真正在歌剧的舞台上塑造这个性格刚烈、热情泼辣的女主角。结果,卡门成了她又一个具有标志性的歌剧形象。霍恩塑造的卡门被誉为是"最漂亮的卡门",而这个由伯恩斯坦指挥的大都会歌剧院版也以清一色的"美国组合"而享有盛誉(DG 427 440,3CD)。

霍恩的丈夫是 20 世纪美国乐坛上杰出的黑人指挥家亨利·刘易斯(Henry Lewis,

1932-1996)，两人的结缘也颇富戏剧性。20 世纪 50 年代两人相识于一个排演《被出卖的新嫁娘》的现场，其时刘易斯是请来的指挥，在排练过程中他发现在合唱团里不时会涌现出一个与众不同的、优美而富于穿透力的嗓音，于是他惊问他的朋友："那个男高音是谁？"朋友忍俊不禁，从人群中推出时任合唱团团员的霍恩，两人就此而结缘。1960 年，26 岁的霍恩与比自己大 2 岁的刘易斯喜结连理，他们在洛杉矶安了家，还生下了一个女儿安吉拉。然而，正如对这段不同肤色情侣的婚姻当初就不看好的霍恩母亲预见的那样，两人于 1979 年正式宣告离异。离婚后安吉拉跟随父亲生活。但奇怪的是，离婚后的霍恩和刘易斯的关系较他们婚姻存续期间反而倒变得更好了，两人照样在舞台上你唱我随，配合默契。1996 年刘易斯因心脏病去世，享年 64 岁。

离婚后的霍恩依然光彩照人地活跃于艺术舞台。没有了家庭的羁绊反使得她更天马行空，从心所欲。有意思的是，在 1994 年她一连推出两张专辑，一张为纪念她从艺 60 周年而发行的《玛丽琳·霍恩：歌声中的歌剧女伶》；另一张的标题为《玛丽琳·霍恩：我生命中的男人》（Marilyn Horne：The Men In My Life, RCA 62647）。不过，"生命中的男人"可不是她的恋人，而是她所钟爱的美国音乐史上的那几位作曲名家——格什温、欧文·伯林、科尔·波特、理查德·罗杰斯以及伯恩斯坦等。霍恩藉此畅畅快快地过了一把早年演唱百老汇音乐剧和好莱坞电影歌曲的瘾。霍恩的经典唱片还有 1981 年她与女高音萨瑟兰、男高音帕瓦罗蒂"三巨头"在林肯艺术中心那场轰动世界的现场音乐会实况（DECCA 417 587）以及那套题为《一个黄金时代的回忆》（Souvenir of Golden Era, DECCA 968 252, 2CD）的专辑。这套发行于 2008 年的专辑精选了她一生中最脍炙人口的 12 首大型歌剧咏叹调，全方位地展示了霍恩作为当今世界第一歌剧女中音的精湛造诣和艺术才华，事实上它成了浓缩玛丽琳·霍恩 60 年艺术生涯的一部盖棺定论之作。

1999 年，65 岁的霍恩宣告正式从舞台上退休。然而，正如《纽约时报》记者扎卡里·伍尔夫指出的那样：霍恩从 20 世纪 70 年代开始统治了美国的歌剧界，她已然成为代表美国歌剧界的一个公众形象（the public face of opera）。而她所撰写的两部自传《我的生活》（My Life, 1983 年）和《歌声依然》（The Song Continues, 2004 年）则坦率真诚地向世人敞开心扉，娓娓道出她精彩一生的点点滴滴。

31. 一位划时代的女中音歌唱家

——特蕾莎·贝尔冈扎
（Teresa Berganza）

比才的歌剧《卡门》于 1875 年 3 月 3 日在巴黎喜歌剧院首演以惨遭失败告终。《卡门》的首演失败在今天的人们看来似乎有些令人不可思议；然而，在当时的法国乐坛，让一个"一半是吉卜赛人、一半是安达卢西亚人，虚假无耻且耽于肉欲的女人"作为歌剧的女主角加以讴歌在那些保守派的音乐卫道士们看来简直是"伤风败俗"，并且还让她被嫉妒暴怒的恋人当场扎死在舞台上，这样的结局也让"喜歌剧院"的观众们受不了，这一点甚至连当初准备首演卡门的歌唱家们在情感上也有所忌惮。然而，这部世界上最受人欢迎的歌剧在以后 130 多年演绎的过程中却涌现出了许多优秀的卡门诠释者，她们之中既有女高音，也有女中音。然而总体而言，由卡拉斯、安赫勒斯、普莱斯以及诺曼为代表的女高音版《卡门》在演绎的完美性与信服度上要逊色于由霍恩、贝尔冈扎、奥勃拉兹佐娃、芭尔萨以及特罗扬诺斯领衔的女中音版《卡门》；而在她们之中，西班牙女中音特蕾莎·贝尔冈扎更以其对卡门形象精湛而富独创性的塑造而成为 20 世纪不朽的经典。

❧〜〜〜✦〜〜〜❧

特蕾莎·贝尔冈扎 1935 年 3 月 16 日出生于首都马德里一个中产阶级的家庭。她的父亲喜欢音乐，但在家里却非常专制。贝尔冈扎 6 岁起就在父亲的安排下开始学弹钢琴。好在她的天资悟性还不错，一旦爱上了音乐之后成绩便直线上升。15 岁那年她考上了马德里音乐学院，由于当时还未打定主意日后依靠何技傍身，所以她主课是声乐、钢琴兼修；副科还学习管风琴演奏。由于在进音乐学院之前未曾受过系统严格的声乐训练，因而刚刚入校的贝尔冈扎的声乐条件很差，她的气息不足，声区也不连贯，最主要是她压根儿没看过什么歌剧演出。所幸贝尔冈扎遇上了一位好老师萝拉·阿拉贡（Lola R. Aragon, 1910-1984），这使她的学习事半功倍，获益良多。萝拉在执教贝尔冈扎的第一堂课时就发现了这个学生有成为一位优秀女中音的潜质,所以给她演唱的第一首歌就是《费加罗的婚礼》里的凯鲁比诺咏叹调。就这样,在老师的精心栽培下,贝尔冈扎由一个懵懵懂懂的青涩少女逐渐成长为兼具演唱方法和学识修养的优等生了。

1954 年,19 岁的贝尔冈扎在学院举行的声乐比赛中拔得头筹,这才最终坚定了她将声乐作为唯一学习目标的信心。阿拉贡不仅指导她解决演唱中随时出现的技术问题,更引导她涉猎了声乐艺术宝库中的"奇珍异宝",大大打开了她的艺术视野。1956年,贝尔冈扎在马德里图书馆的音乐厅首次亮相,她完整地演唱了舒曼的声乐套曲《妇女的爱情与生活》。凭借其厚实的艺术功底与过人的优美音色,第二年她又在国内举行的伊萨贝拉·卡斯泰罗国际声乐比赛上摘得桂冠。正是在这次国际性的声乐大赛上的优异表现,贝尔冈扎被法国艾克斯 - 普罗旺斯艺术节音乐总监一眼相中。后者邀请她前去参加艺术节的演出,在莫扎特歌剧《人皆如此》里饰演女二号多拉贝拉。其实,多拉贝拉这个角色是个女高音;然而,贝尔冈扎却以其抒情而又甜美的演唱完成了对这个角色的演绎,并藉此完成了自己的舞台处女秀。

贝尔冈扎有着一双黝黑明亮的大眼睛和"回眸一笑百媚生"般的出众容貌,她的肌肤白皙而又丰润,是个典型的南欧美人。美貌如花的贝尔冈扎在 22 岁嫁给了作曲家兼钢琴家的菲利克斯·拉维利亚(Felix Lavilla,1928-2013)。婚后,夫妇俩情投意合,妇唱夫随,拉维利亚成了贝尔冈扎独唱音乐会上的钢琴伴奏,他们一起合作还录制过不少唱片,其中最有代表性的就是那张西班牙作曲家德·法雅的作品专辑(RCA 35636),其中的《七首西班牙通俗歌曲》就是由贝尔冈扎演唱、拉维利亚担任钢琴伴奏的版本。

继 1957 年在艾克斯 - 普罗旺斯艺术节的首秀之后,同年贝尔冈扎又顺利地登上了著名的米兰斯卡拉歌剧院的舞台。逾年她又在英国的格林德伯恩艺术节上一展歌喉。这次贝尔冈扎饰演的是《费加罗的婚礼》里那个可爱淘气的小书童凯鲁比诺,她令人心醉的演唱与生动俏皮的表演简直将这个角色演活了。她的演绎博得了听众们的一致好评。由于莫扎特的《费加罗的婚礼》和罗西尼的《塞维利亚的理发师》同为法国剧作家博马舍关于费加罗故事的三部曲,本来,在征服了前一部歌剧后将目标锁定在后一部上是再自然不过的事。不过,对于 1959 年首次登上伦敦柯文特皇家歌剧院并头一遭饰演罗西娜的贝尔冈扎而言,却是一个不小的挑战。贝尔冈扎属于纯正的女中音,尽管她的音域相当宽广,但中声区的音质却最为醇厚饱满。况且罗西娜这个女中音角色还与凯鲁比诺不同,唱腔中带有大量华丽的花腔唱段。纵然女中音花腔自有其女高音难以比拟的难度,可是贝尔冈扎在塑造这位聪明机灵还爱搞恶作剧的贵族少女时却赋予角色一份清纯与柔媚,使得这个形象更为睿智可爱。而在演唱高难度的花腔时又凸显出了她用声灵活、气息流畅的艺术特长,这使得罗西娜成为她日后歌剧生涯中一个具有标志意义的角色。1972年由她与德国男中音赫尔曼·普莱(Hermann Prey,1929-1998)两大男、女中音领衔的斯卡拉歌剧院版《塞维利亚的理发师》以CD、DVD双光盘的方式予以发行,一举成为该剧的一个权威名版(DG 415 695,2CD)。

西班牙著名音乐评论家阿方索·桑兹在其撰写的《特蕾莎·贝尔冈扎:歌唱作为表达的一种方式》一文中指出:"特蕾莎的个性是内敛的。她对于乐感的准确敏捷,对于表演的恰如其分以及对塑造艺术形象的丰富想象使她的歌唱充满着一种诗意,这就是贝尔冈扎的艺术风格。这种风格早在艾克斯-普罗旺斯艺术节上歌喉初啼之时就已展露端倪了。为此法国的评论家惊呼:'一位划时代的女中音歌唱家(an epoch-making mezzo-soprano)已然诞生了!'"

在20世纪下半叶的国际歌坛上,贝尔冈扎的好人缘是有口皆碑的,无论是与其演对手戏的男高音大牌们,还是在演出中惯于颐指气使的指挥名家都乐于与她合作演出。在这方面一个最鲜明的例子就是她与卡拉斯的合作。1958年11月,贝尔冈扎来到美国西部城市达拉斯演出歌剧《美狄亚》。《美狄亚》是法国歌剧奠基人之一的凯鲁比尼的代表作,然而一个半世纪以来它却一直游离于歌剧大门之外,直到伟大的卡拉斯演唱了它之后才使它拨云见日,重现舞台。有人甚至说是卡拉斯"激活了沉睡的《美狄亚》"。当时贝尔冈扎饰演的是美狄亚身边的女奴奈瑞丝。美狄亚当然是非卡拉斯莫属。众所周知,卡拉斯是歌坛出了名的"坏脾气",可是,偏生贝尔冈扎却能与这位"难伺候的主"合得来。当时贝尔冈扎年仅23岁,是标准的歌坛"菜鸟";而比自己大12岁的卡拉斯早已是如雷贯耳的歌剧女神了。卡拉斯在剧组里待贝尔冈扎就像"一个年轻的妹妹那样",不仅嘘寒问暖,指点迷津,甚至以自己的权威身份要求制作方将剧中奈瑞丝的年龄改成一个与美狄亚相仿的少妇。而在原剧里这个角色应是一个上了年纪的贴身女奴。这个演出版本被记录了下来,成为贝尔冈扎与卡拉斯这段合作友谊的见证(Myto Records 164)。

在20世纪60年代的国际歌坛,贝尔冈扎成了罗西尼歌剧的宠儿,除了《塞维利亚的理发师》外,她饰演的罗西尼歌剧还有《灰姑娘》《在阿尔及尔的意大利女郎》《奥里伯爵》等,都深受好评。其中《灰姑娘》里的女主角安吉丽娜的唱段既优美又华丽,带有很强的花腔色彩,因而她演起来很过瘾。贝尔冈扎将女中音比拟为乐队中的大提琴,说:"大提琴是最性感最优美的乐器;而理想的人声就应像大提琴一样,演奏起来由高到低贯通于各个音区声部,而不可有任何缝隙瑕疵。"1977 年,全面检验这位已跻身世界一流女中音歌唱家行列超强实力的时机到来了:贝尔冈扎将在爱丁堡艺术节上首度饰演歌剧《卡门》!

岂料对于贝尔冈扎的这个决定,首先跳出来加以反对的竟是与她结发二十载的丈夫拉维利亚。作为妻子的演出经纪人,拉维利亚强烈反对妻子去主演歌剧演出史上这个出了名的淫妇加悍妇的角色。然而,长期以来一直对丈夫忍让成习的贝尔冈扎这次却表现得异常坚定。为了艺术她宁愿"王佐断臂",与已日渐貌合神离的丈夫离了婚,并独自承担起了照顾三个孩子的家庭重任。为了塑造好卡门这个艺术形象,她的研究可谓达到了"走火入魔"的痴迷境地。为了体验吉卜赛人的生活习性和歌舞特色,她专程到故事的发生地塞维利亚古城,与生活在那里的吉卜赛人实行"三同";她还认真研读梅里美的小说原著和比才的歌剧总谱,从而形成自己对卡门这个人物的最直感印象。当然,她自己婚姻的解体又恰好使她将对男人的理解都糅入到所要塑造角色的性格和行为中去,因而当歌剧 8 月在爱丁堡首演时,人们果然在舞台上看到了一个与众不同、令人耳目一新的卡门。贝尔冈扎诠释的卡门个性与音乐性同样炽热强烈,在这个人物的身上人们感受到有一种被完全释放了的自信和自傲感。这次演出的阵容十分强大,除贝尔冈扎外,由多明戈饰演唐·何塞,弗雷尼饰演米凯埃拉,阿巴多担任指挥。由于演出获得了"爆棚式的成功",于是仅仅一个月后,DG 唱片公司就将它录制成唱片,阵容一如首演,只是由来自东欧的女高音伊莲娜·科特鲁巴斯(Ileana Cotrubas,1939-)取代了弗雷尼饰演米凯埃拉。这个版本一经问世理所当然成了女中音版《卡门》中的不二之选(DG 419 636,3CD)。

诚然,作为一位歌剧女中音,贝尔冈扎的戏路不算特别宽,她的名字几十年来总是与她所诠释的莫扎特、罗西尼和比才的歌剧角色紧密地联系在一起。事实上,她却有着超乎常人想象的宽广音域,并能在不同声区之间进行极为自然出色的穿越和控制。在 1960 年她甚至在米兰的斯卡拉歌剧院成功地饰演过通常需要一位全能女高音方能胜任的威尔第歌剧《茶花女》的女主角薇奥列塔!其音域幅度之宽由此可见一斑。

贝尔冈扎艺术生涯的另一领域是音乐会演唱。自 1964 年在纽约的卡内基音乐厅首次开唱以来,她的音乐会演唱一直与歌剧演出并行不悖地齐头并进。她的音乐会曲目侧重于祖国西班牙的声乐作品,从源于家乡马德里的民族歌剧萨苏埃拉

(Zarzuela)到格拉纳多斯、德·法雅等创作的艺术歌曲都演绎得纯正浓郁,神形兼备。这集中体现在 DG 于 2005 年为纪念她七十诞辰而发行《为贝尔冈扎喝彩!》(Brava Berganza! DG 426 602,4CD)和瑞士 Claves 于 2002 年发行的《向特蕾莎·贝尔冈扎致敬》(Hommage A Teresa Berganza, Claves 2000/3 3CD)这两套专辑之中。在贝尔冈扎漫长的艺术生涯中,她歌唱中的西班牙民族性征始终清晰可鉴。其实,不难看出她演绎得最拿手的那些歌剧的故事发生地几乎都离不开西班牙!

　　1980 年代以后,由于长期演出生涯的忙碌以及离婚后承担单身母亲的重负使贝尔冈扎的身心都感到极大的疲惫,再加之更年期提前,因荷尔蒙分泌失调而导致她的嗓音失声,高音唱不上,音色也变了形,继而甚至引发了心理疾患,差点精神崩溃。所幸在 1986 年她重组家庭,再又获得亲情抚慰,终使她重新走上舞台再现心声。2013 年,已年满 80 岁高龄的贝尔冈扎仍登上了为她祝寿的马德里皇家歌剧院的舞台,高歌一曲,风韵依然。就像学者们指出的那样:在 20 世纪六七十年代,西班牙所涌现出的世界级歌唱家已超越了意大利,形成在国际乐坛一个超豪华的声乐大师集群。在他们之中有男歌唱家多明戈、卡雷拉斯、阿尔弗雷多·克劳斯、贾科莫·阿拉加尔、皮拉尔·洛伦迦、胡安·彭斯;女歌唱家卡伐耶、贝尔冈扎以及蒙塞拉特·马尔蒂和塞西莉娅·拉维利亚·贝尔冈扎(Cecilia Lavilla Berganza)——伟大的西班牙当代女高音卡伐耶和女中音贝尔冈扎各自的女儿:两位新一代的西班牙女高音歌唱家。

贝尔冈扎饰演《塞维利亚的理发师》里的罗西娜

贝尔冈扎饰演《卡门》里的同名女主角

32. 歌唱家中的"贵族"
——安妮·索菲·冯·奥特
(Anne Sofie Von Otter)

　　贵族阶层是封建社会的产物。尽管在欧洲的大部分国家里贵族阶层的特权早从二百多年前的法国大革命开始已被逐渐剥夺,他们的子孙后代的穿着打扮在当代现实生活中已与平民百姓一般无二;但直到今天,具有贵族称号的人或他们的家族至少在欧洲人的眼中还是颇能赢得人们的尊重,甚或还有几分令人艳羡的成分。

　　在 20 世纪国际乐坛上,大名鼎鼎的指挥皇帝赫伯特·冯·卡拉扬和 2002 年从美国克利夫兰管弦乐团音乐总监位子退下来的著名指挥家克里斯托弗·冯·多纳伊名字中的 von 都显示着他们先祖曾是名门贵族的印迹。在声乐领域,除了大英帝国册封的萨瑟兰、贝克等外,真正具有这种贵族性征的歌唱家可谓凤毛麟角;而瑞典女中音歌唱家安妮·索菲·冯·奥特就是这寥若晨星中的一员。

⁓⁓⁓

　　安妮·索菲·冯·奥特 1955 年 5 月 9 日出生于瑞典首都斯德哥尔摩。正如前面提及的那样她是一个显贵家族的后裔。她的祖父弗雷德里克·冯·奥特在 20 世纪初曾担任过这个国家的首相(1900-1902 年在位);而她的父亲戈兰·冯·奥特(Goran Von Otter,1907-1988)则继承了家族从政的衣钵,成为了一位职业的外交家。正由于生长在这样一个家庭,就决定了冯·奥特从小就有一个见多识广、经历颇丰的童年。她是在德国的波恩、奥地利的维也纳、瑞典的斯德哥尔摩和英国的伦敦等不同城市里成长起来的。奥特受到家庭熏陶,从小就喜欢唱歌。在维也纳期间她曾在维也纳音乐学院教授埃里克·维尔巴(Erik Werba,1918-1992)的指导下学习艺术歌曲和清唱剧的演唱。维尔巴在奥地利音乐界颇具声望,经他调教出来的男高音尼可莱·盖达、彼得·施莱尔、女高音伊姆加德·西弗里德(Imgard Seefried,1910-1988)和女中音克里斯塔·路德薇等后来都成为歌坛重量级的人物。

高中毕业后,当时正随父母在英国的冯·奥特考入伦敦市政厅音乐与戏剧学院,正式从事声乐学习。在这里,她遇见了人生中最重要的一位恩师,她就是维拉·罗查(Vera Rozsa,1917-2010)。在 20 世纪六七十年代,罗查的声乐教学可谓是名重一时,桃李满门,像后来享誉世界的女高音基里·狄·卡纳瓦、伊莲娜·科特鲁巴斯、女中音克里斯塔·路德薇以及男高音安东尼·拉尔夫·约翰森(Anthony Rolfe Johnson,1940-2010)等都是她的得意弟子。据说卡拉斯在其倒嗓之后还曾一度想去找维拉,让后者帮助自己恢复往日声音的光泽,只是由于卡拉斯的突然离世而未能如愿。在维拉这样一位名师门下学艺是冯·奥特一生的幸运。由于维拉本人就是出色的女中音,又曾教出像路德薇那样成功的女中音学生,因而她在对冯·奥特施教时更显得经验老道,游刃有余。她根据冯·奥特的嗓音特点为她制定了严格而又系统的学习计划,并以科学的方式对其进行细致的训练调教。冯·奥特此前尽管未曾受过科班的学习,但音乐天赋颇高,声音条件也相当不凡;再加之维拉的因材施教,于是很快她便在同学之中脱颖而出了。

1982 年,毕业后的冯·奥特以优异的成绩被瑞士巴塞尔歌剧院录用。在那个舞台上她完成了自己的歌剧处女秀,饰演海顿的歌剧《奥兰多·帕拉迪诺》(Orlando Paladino)里的阿尔辛娜。首秀的效果相当令人满意。在此后的几年里,她凭借莫扎特歌剧《费加罗的婚礼》里的凯鲁比诺、《人皆如此》里的多拉贝拉和《蒂托的仁慈》里的古罗马贵族塞斯托等角色也都获得了首肯与好评。1984 年,她应邀参加了在法国举行的埃克斯 - 普罗旺斯艺术节,又饰演了莫扎特《假园丁》里的拉米洛。同年她又与指挥家西诺波利指挥的罗马圣塞契莉娅音乐学院合作上演了理查·施特劳斯的歌剧《纳克索岛上的阿里阿德涅》,在剧中饰演作曲家。这也是她头一次饰演理查·施特劳斯的歌剧。16 年后冯·奥特与西诺波利再续前缘,将这部歌剧录成了唱片(DG 471 323,2CD)。

❧

然而,所有这一切,都不及随后而来的 1985 年对冯·奥特艺术人生的重要性来得更大。是年,正好年满三十的她以《费加罗的婚礼》里的凯鲁比诺完成了自己在伦敦的柯文特皇家歌剧院的首秀。这次的成功也意味着这位多少有些大器晚成的女中音歌唱家正式步入了国际乐坛的聚焦视线。凯鲁比诺曾经是她的恩师维拉·罗查最拿手的角色,而冯·奥特对这个小书童的诠释也不愧得自乃师真传。《古典 CD 评论》杂志这样写道:"冯·奥特轻柔的歌声是奇迹般的。无论是抒情的唱段还是装饰性的部分她都处理得轻松自如;她对戏剧的进程以及某些尚未为人注意的细节把握具有令人难以抗拒的魅力。她歌声中摄人魂魄的效果在很大程度上得自于她在展示技巧和赋予作品形而上的深层含义之间所取得的绝佳平衡。"

冯·奥特的体形在当代歌唱家中是一个异类,她具有典型的北欧人种的特征,金发碧眼,皮肤白皙,而棱角分明的脸型又凸显出高寒地带民族内敛、冷峻的性格。由于她属于抒情女中音,且在莫扎特、格鲁克的歌剧里已成功地塑造了一系列女扮男装的歌剧角色,因而她还获得了一个雅号,被人称为"裤装角色专业户"或"裤装皇后"。所谓"裤装角色"(trouser role)是指歌剧中女扮男装的角色通常是穿着裤装登场的。身高达1.82米、走起路来显得挺拔轩昂的冯·奥特俨然是舞台上不可多得的英俊小生! 就凭着出众的嗓音条件和外形资本,在20世纪80年代,冯·奥特征服了包括斯卡拉歌剧院、大都会歌剧院在内的世界一流歌剧殿堂,并于1985年与德国的DG唱片公司及其所属的Archiv品牌签订了长期合作的合约。

1987年,年已32岁的"大龄女"冯·奥特邂逅了一位令她怦然心动的小伙子本尼·弗雷德里克森,就此打开了自己的情感世界。说起来,这是一段"穷秀才与富家小姐情定终身"的才子佳人的老戏码。本尼比冯·奥特小4岁,他来自一个与冯·奥特全然不同的社会阶层,父亲是出租车司机,母亲则是看门人,是个十足的寒门子弟。然而,正是这位出身贫寒的年轻人却凭借着自己的刻苦和勤奋,成了国家大剧院的一名戏剧演员,后来更成为斯德哥尔摩城市剧院的导演兼主演。冯·奥特与本尼的这段"姐弟恋"虽是一见钟情,却情深意笃。婚后他们共育有两个儿子:雅尔马和法比安。

收获了爱情甜美与家庭幸福的冯·奥特变得更为成熟和沉稳了。于是,她将更多的精力投诸自己的艺术事业中去。她又对巴洛克时期的歌剧产生了浓厚的兴趣。在1990年代前后,她先后出演了蒙特威尔第的歌剧《奥菲欧》和《波佩阿的加冕》、普塞尔的歌剧《狄多与埃涅亚斯》,而后又对亨德尔的歌剧入了迷。她认为亨德尔歌剧中的音乐及音域范围都是为当时的阉人歌手而度身定作的,而那些角色非常适合自己这个擅演女唱男声的"裤装歌者"。于是,亨德尔笔下那一个个有血有肉、有情有感的艺术形象都经由冯·奥特还原于舞台之上,使听众们得到了极大的满足和享受。当然,若论她饰演的"裤装角色"的巅峰之作,当数理查·施特劳斯歌剧《玫瑰骑士》里的奥克塔维安。奥克塔维安是这样一个角色:他是风度翩翩的青年贵族,却甘于充当半老徐娘的元帅夫人玛莎琳的情夫。为了掩人耳目,他还把自己打扮成玛莎琳身边的俏丽侍女,招惹得年老贪色的奥克斯男爵垂涎欲滴。就是这样一个男扮女装的角色在演出时却是要由一位女中音来饰演的。以冯·奥特的嗓音条件和外貌形象自是演绎这个角色的最佳人选。因而,向来挑选剧目极为严苛的名指挥卡洛斯·克莱伯在率领维也纳国家歌剧院1984年10月赴日本公演《玫瑰骑士》时毫不犹豫地选择了她作为剧中的奥克塔维安饰演者,让她与剧中的另两位女主演——女高音芭芭拉·邦尼(Barbara Bonney,1956-)和菲丽西蒂·洛特(Felicity Lott,1947-)同台竞技,它成就了日后那个享誉世界的权威名版(Memories 1066/1068,3CD;DG 073 0089,2DVD)。

当然,作为歌剧演唱家的冯·奥特也不可能是全能的,比如她饰演的卡门就颇受争议。的确,要让一位来自北欧人高马大、气质含蓄的歌唱家去诠释那个野性十足、热情如火的吉卜赛女子也着实难为了冯·奥特。尽管如此,一旦排演起来她却仍是入戏很深。她说:"当真的开始演出时,我感觉如此良好,以致于干脆甩掉了鞋子,光着脚站在那里演唱;甚至还将事先决定不把手叉在腰际的显示卡门泼辣彪悍的标准姿态也情不自禁地用上了!"

尽管冯·奥特演起"裤装角色"来得心应手,然而,毕竟作为一名女中音,能适应她的歌剧角色还是太少,而且有些歌剧也不得不因为她的高挑个头而被迫将她割舍放弃,因为在剧中她甚至比演男一号的男性都更高!因之,音乐会演唱就成了她艺术事业上的另一个重要的领域。事实上,她在演唱上所获得的诸多荣誉和奖项恰恰都是在对艺术歌曲和大型声乐套曲的建树上。作为一名北欧歌唱家,她对格里格和西贝柳斯等民族乐派作曲家的作品充满着特殊的情愫。为纪念格里格诞辰150周年,1993年DG特意邀请她录制了《格里格艺术歌曲集》(DG 437 521-2)。在演绎这些由挪威语和丹麦语演唱的歌曲时,冯·奥特注重内心的情绪表达,在咬字吐音、声音控制和音乐表现等方面都处理得极为细腻考究;在保持其特有的厚实音质的同时又不失对于音色丰富变化的灵活运用。这组歌曲被她诠释得格调高雅,意趣盎然,它成为了《企鹅唱片评鉴》三星带花名版。1994-1995年间冯·奥特又为芬兰的Bis唱片公司录制了非常罕见的西贝柳斯艺术歌曲集三张中的两张(Bis 457,Bis 757),它们也都收获了《企鹅》三星的高评价。而她和与她长期合作的瑞典钢琴家本格·弗斯贝里(Bengt Forsberg,1952-)合作的两张瑞典现代作曲家的歌曲专辑《夜之翼》(Wings in the Night)和《水中色彩》(Watercolours)更堪称是她的戛戛独造,领略世人打开了一个歌曲聆听的新天地。

1999年,冯·奥特与著名的当代侏儒歌唱家、德国低男中音托马斯·夸斯托夫(Thomas Quasthoff,1959-)在阿巴多指挥下录制了马勒的声乐套曲《少年的神奇号角》(DG459 646-2),又获得了该年度的格莱美最佳古典声乐演绎奖。如若说冯·奥特演唱的巴赫的《马太受难曲》《b小调弥撒》、莫扎特的《c小调大弥撒》和《安魂曲》以及舒伯特、舒曼、勃拉姆斯和沃尔夫的艺术歌曲的成功还部分源于她血液里与德奥民族的渊源联系的话,那么她演唱的法国、意大利作曲家的作品则足见其所具有的特殊的语言天赋和功力。她对柏辽兹声乐套曲《夏夜》和拉威尔声乐套曲《舍赫拉查德》的精彩诠释甚至博得了法国评论界的高度褒奖,称她的歌声"融抒情与戏剧因素于一体,既带有浓郁的感情色彩又毫无自我炫耀之嫌"。需要特别指出的是:在冯·奥特的众多唱片中,有不少经典她都不止录了一个版本,其中像巴赫的《马太受难曲》、亨德尔的《弥赛亚》、贝多芬的《第九交响曲》和拉威尔的《夏夜》等作品的各自两个版本都是以现代乐器版和本真乐器版的形式对应出现的,这在相当程度上表明了她对于"本真运动"的拥戴和热情。而自从她 2010 年改签法国的唱片品牌 Naive 之后,年已55 岁的冯·奥特更是"衰年变法",走起了"跨界"的歌唱路线。

冯·奥特早已功成名就,之所以在迟暮之年还勇于挑战新的领域不仅是由于其早年丰富的经历所给予她的开阔的视野和包容的心态,还基于其恩师维拉对她的告诫:"现在,每两天就会出现一位伟大的歌唱家,然后第三天就销声匿迹了。"她总是以这句话来勉励自己,鞭策自己。在 20 世纪的瑞典乐坛上,曾涌现过如比尔吉特·尼尔森、阿斯特里德·瓦尔奈和伊丽莎白·索德斯特罗姆这样优秀的女高音歌唱家;而今这个国度又为向世界奉献了冯·奥特这位当代最杰出的女中音而引以自豪,她也被祖国人民亲切地称为"蓝盾王冠下的百舌鸟"!

注:蓝盾王冠是瑞典的国徽,而百舌鸟(Turdus Merula)则是瑞典的国鸟。

奥特的恩师维拉·罗查

奥特饰演《玫瑰骑士》里的
奥科塔维安

33. 二百年前的传奇美声再世

——切契莉娅·巴托利

（Cecilia Bartoli）

2008 年 5 月 28 日，在瑞士苏黎世歌剧院的一场歌剧演出吸引了全世界音乐圈的目光，因为在这里将要上演一部已失传整整 180 年的歌剧《克拉丽》（Clari）。之所以能激起乐坛如此强烈的反响不仅在于被湮没已久的歌剧得以重见天日，更在于这一年正是纪念意大利 19 世纪美声歌剧时期红极一时的全能女声歌唱家玛丽娅·马里布兰（Maria Malibran，1808-1836）诞辰 200 周年的日子。这位当年备受罗西尼赏识、并几乎与贝利尼同时英年早逝的歌唱天才正是《克拉丽》的首演者。故此，这部歌剧的重新上演便被赋予了双重的纪念意义。

《克拉丽》的曲作者是 19 世纪曾创作了《犹太女》等 30 余部歌剧、后来又成为作曲家比才老丈人的法国犹太裔作曲家雅克·阿列维（Jarques Halevy，1790-1862）。歌剧于 1828 年 12 月 19 日首演，尽管马里布兰的表现极其出色和动人，但演出却未能获得预期的成功，之后由于乏人问津而被从此打入了冷宫。那么在 180 年后的今天谁能重现当年马里布兰在舞台上璀璨的艺术风采？谁又堪担此重振昔日美声歌剧演绎风范的重任？当苏黎世歌剧院的大幕开启，克拉丽在第一幕唱起那首著名的咏叹调"温柔地爱我"（Come dolce）时，答案已然揭晓，悬在人们心中的那些疑虑担忧顿时烟消云散。而当演出结束后，人们都一致认定舞台上的那位克拉丽饰演者不愧为马里布兰在 200 年后的转世重生。她，就是当代最卓越的女中音歌唱家切契莉娅·巴托利。

❦❦❦

切契莉娅·巴托利 1966 年 6 月 4 日出生于意大利首都罗马的一个音乐之家，她的父亲彼得罗·安杰洛·巴托利和母亲西尔瓦娜·巴佐尼都是罗马歌剧院的专业歌唱家，父亲是戏剧男高音，母亲则是抒情女高音。自然，生长在这样的家庭里这个新生的婴儿就没有其他的抉择可选了。小巴托利自幼受到家庭耳濡目染的熏陶，并由母亲亲自教授歌唱。母亲对她的教学甚为严格，几乎从歌唱的音质、音色、气息的支持和声区的贯通等方面一一对其进行系统的训练；而巴托利的悟性也很高，再加之遗传基因的强烈作用，因而小小年龄的她就如同一株茁壮的树苗破土而出了。

9岁那年，童年巴托利就有了第一次公开演出的经历，她在罗马歌剧院上演的普契尼歌剧《托斯卡》里被安排担任第三幕里的牧童独唱；而其时其母亲也在歌剧里担任合唱。不过，有了令人艳羡的"小童星"称号的巴托利却生性活泼开朗，兴趣多多，后来她竟渐渐地迷上了热情奔放的吉卜赛弗拉门戈舞蹈，一度乐此不疲甚至将声乐学习也置之脑后。在父母的反复劝导下，高中毕业的巴托利考入了罗马著名的圣切契莉娅音乐学院开始接受正规的音乐教育。在圣切契莉娅的出生地一位名叫切契莉娅的女孩进入圣切契莉娅音乐学院学习，一切仿佛冥冥之中早已注定！怎奈此时的她仍是尚未定性，她心猿意马，上的是音乐课，脑子里惦记着的仍是她的弗拉门戈舞。更有甚者，令其父母大跌眼镜的是在音乐学院她选择的专业竟然是长号演奏！或许这时的她认为以自己结实的身板、充沛的肺活量驾驭那种将拉管伸进伸出的好玩乐器绰绰有余。只是后来一次偶然的机遇才改变了这一切。19岁那年，还在上大学三年级的巴托利参加了由罗马电视台组织的一档"天才艺术家"的节目。在荧屏上她与意大利著名女高音里恰雷利一起演唱了奥芬巴赫歌剧《霍夫曼的故事》里那首脍炙人口的女声二重唱"船歌"，还独唱了罗西尼《塞维利亚的理发师》里那首著名的罗西娜咏叹调"我心中响起了一个声音"，其姣好的容貌和惊人的厚实音色顿时引起了世人的高度关注。一时间，舆论媒体的赞誉之词不绝于耳。直到这时巴托利才仿佛顿悟到原来自己的天赋并不在长号而仍在本想尽力挣脱、却仍无法改变宿命的声乐歌唱上。于是，她更弦易辙调整了专业方向，这才使得这个世界上就此少了一位技艺平庸的长号手而多了一位给世人带来惊喜连连的优秀歌唱家。

1987年，在古城维罗纳著名的圆形剧场，巴托利完成了自己的歌剧处女秀。1989年，还是在她童年登台的罗马歌剧院，以成人姿态亮相的巴托利饰演了《塞维利亚的理发师》里的罗西娜，博得了国人的一片喝彩。人们惊呼"昔日美声时代的罗西娜重又回来了"。其实，早在求学期间巴托利就对罗西尼的歌剧情有独钟。依据她自己的理解，罗西尼时代的不少歌剧的女主角就应该是像玛丽娅·马里布兰、伊莎贝拉·科尔布兰(Isabella Colbran, 1785-1845, 罗西尼的第一任妻子)这样的女中音，而非是长久以来占垄断地位的女高音。而她自己所具有的宽泛自如的音域声区正适合去演释那些罗西尼歌剧里的女主角！巴托利天生是一个标准的花腔女中音，她能娴熟自若地演唱通常被女中音视为畏途的花腔，因而当她唱着"我心中响起了一个声音"时没有人会在意她是一位女中音还是女高音，所感受到的只是她的演唱是如此地扣人心弦，再现了美声时代的歌唱神韵。由于这次首演的成功，她接下去又先后与指挥家巴伦波伊姆和哈农库特合作，连续饰演了罗西娜这个角色并录制了相应的唱片。孰料演出和录音的结果都反响平平，并未达到预期中的成功。当然，这不是巴托利的过错，舞台上的罗西娜仍是那么灿烂耀眼，光芒四射，问题可能出自她与指挥以及整个演出团队的契合方面。

事实上，在巴托利的成长道路上她不是没有遇上过"贵人"，这个"贵人"就是卡拉扬！1986年她在法国巴黎举行的纪念卡拉斯音乐会上演唱的罗西尼歌剧《灰姑娘》的咏叹调就引发了大师对她的极大兴趣。卡拉扬邀请她担纲1990年在萨尔茨堡复活节音乐会上将要上演的巴赫《b小调弥撒》里的独唱。为使不谙德语的巴托利能够迅速投入到排练中去，卡拉扬甚至为专程到萨尔茨堡的巴托利斟字酌句地教她演唱，并为她补习了大量德奥音乐文化方面的知识修养。可惜的是，大师于1989年的离世使这一切化作了镜花水月，这成了巴托利终身的遗憾。

在遭受到挫折之后，巴托利又将目光盯上了莫扎特歌剧中的人物角色。她先后成功地饰演了《唐璜》里的采琳娜、《人皆如此》里的多拉贝拉、《费加罗的婚礼》里的凯鲁比诺以及《伊多梅纽》里的克里特王子伊达曼特。在此基础上她的艺术生涯也在朝着日益国际化的方向迅猛发展。应该说，作为一位享誉世界的女中音，巴托利迄今为止留下的歌剧全本录音少得有些不成比例。然而，在这为数有限的唱片里，却有着两个版本的《费加罗的婚礼》和《人皆如此》，还有《唐璜》、《伊多梅纽》、《蒂托的仁慈》、《卢西奥·希拉》和《庞托之王米特拉达蒂》的全本录音，足见其对于莫扎特歌剧的喜爱。一直到1991年，她首次在米兰的斯卡拉歌剧院登台亮相，这次她饰演了罗西尼歌剧《奥里伯爵》里伯爵身边的侍从伊索列这个男性角色。这次成功的斯卡拉首秀不仅一举挽回了她作为罗西尼歌剧女中音一流歌唱家的声誉与地位，并且直接将她送入了国际乐坛一线歌唱家的行列。

正如巴托利能绘声绘色、形神兼备地演绎歌剧中的伊达曼特和伊索列这样的年轻男性那样，她在塑造歌剧角色方面的挑选余地之大有赖于她宽厚的嗓音、宽阔的音域，并显得游刃有余，驾驭自如。1996年，巴托利在美国的大都会歌剧院首度亮相，一唱惊艳。原来在这个《人皆如此》版本里她饰演的并非是此前驾轻就熟的贵族小姐多拉贝拉（女中音），而是那位古灵精怪又爱唠叨聒噪的俏丫鬟苔丝皮娜（女高音），演出照样大获成功。两年后她在《费加罗的婚礼》里也不再是青涩腼腆的凯鲁比诺而变成了机敏睿智的苏珊娜——一个标准的抒情女高音角色！而使其歌剧生涯达到声誉巅峰的则是2000年。在柏林的德意志歌剧院，她在《唐璜》里竟舍早年得心应手的采琳娜于不顾,干起了抒情 / 戏剧女高音(spinto)的行当,饰演了令唐璜时刻胆战心惊的复仇使者埃尔维拉!纵然有评论家极而言之,称卡门乃一切女中音的最后归宿,但巴托利却从未饰演过这个角色;同时,身为意大利歌唱家的她竟也未曾留下过威尔第、普契尼这两位歌剧圣人的哪怕一部全本歌剧录音,这足以彰显她遵从内心的明智意愿,不为商业利益所左右的坚定信念。

无可否认,作为一位世界级的女中音歌唱家,巴托利在歌剧的演出和录音领域所取得的成就在与她同一辈的声乐艺术家中并不显得特别突出、瞩目,然而,她在音乐会演唱和录音方面的业绩却令她的同时代人望尘莫及。其实,巴托利的音乐会演唱生涯开始得相当早,1990 年 7 月,在纪念莫扎特逝世 200 周年前夕,时年 34 岁的巴托利应邀参加了在美国纽约举行的莫扎特音乐节演出。她在音乐会上演唱了莫扎特和罗西尼的歌剧及音乐会咏叹调,引起世人的激赏,被一致认为将成为世纪之交最为耀眼的女中音。而 DECCA 唱片公司的音乐总监兼资深制作人克里斯托弗·雷本更是眼明手快,在一年前就已把刚刚小有名气的巴托利签入公司麾下,并且力排众议为其制作了首张独唱专辑《罗西尼歌剧咏叹调集》(DECCA 425 430)。事实证明了雷本的老辣眼光和敏锐嗅觉,唱片甫一问世就获得了 20 万张的销量,且登上了"公告牌"的古典排行榜,成为当年古典音乐唱片发行的一个奇迹。之后,DECCA 又相继为她策划录制了《莫扎特咏叹调集》《罗西尼歌剧里的女主角》《莫扎特的歌剧人物肖像》《格鲁克歌剧咏叹调集》以及维瓦尔第专辑和萨里埃里专辑,可谓是张张精彩,曲曲感人。

1996 年推出的《爱之歌》(Chant D'Amour, DECCA 452 667)在上述这一系列歌曲集中显得独树一帜,因为这张由韩裔指挥家郑明勋担任钢琴伴奏的专辑是巴托利演唱的法国声乐作品。由第一首比才的《西班牙小夜曲》领衔,继之以柏辽兹、德里勃、拉威尔和维亚尔多(Pauline Viardot,1821-1910)等人的艺术歌曲。在这里,巴托利第一次用法语录下了这些经典,她以活泼生动而又不失高贵典雅的风格准确地传递出法国作曲家对旋律和诗韵独特的敏感与细腻,尤其是其中德里勃和维亚尔多的两首同名的《卡迪斯女郎》,一首洋溢着西班牙波莱罗舞曲的炽热奔放,另一首则显示出圆舞曲节奏的优雅盎然,放在一起作为对比鉴赏,别有一番情趣。进入 21 世纪,正处于歌唱黄金年龄的巴托利更是全面展示出其作为"音乐会女王"的艺术风采。

巴托利对 20 世纪以后的现当代作品不感兴趣。随着她与由哈农库特领导的苏黎世歌剧院以及由匈牙利指挥家亚当·菲舍尔(Adam Fischer,1949-)领导的瑞士火花古乐团(Orchestra La Scintilla)的长期合作,她的演唱曲目愈益趋向巴洛克时代的声乐艺术。她不仅严格地要求自己以忠于原作的方式去演释这些作品,甚至还在2009年发行的专辑《献身》(Sacrificium,DECCA 4781522)里勇敢地挑战了17、18世纪作曲家为欧洲歌坛上那些阉人歌手们所创作的高难度咏叹调,让当年那些红极一时、如今却已世间罕闻的"音乐殉道士"们的演唱复活! 2011年,她因这张《献身》第五次荣获格莱美的最佳古典声乐演绎奖。2012年她入选《留声机》杂志名人堂。同年她又成为卡拉扬音乐大奖的获奖者。

　　巴托利的丈夫是比她年长一岁的瑞士男中音歌唱家奥利弗·维德梅尔(Oliver Widmer,1965-),他俩在同居了12年之后终于在2011年正式宣布结婚。如今,他们主要生活在瑞士苏黎世黄金海岸线的一幢别墅里,而巴托利则有部分时间会回家乡罗马生活。已近"知天命之年"的她的事业似乎丝毫没有停下来的迹象:2013年伊始她在柏林爱乐乐团的新年音乐会上完美亮相;接着与韩国花腔女高音崔秀美联袂领衔录制了最新版本的《诺尔玛》全剧;在同年10月份她还登上了上海国际艺术节上的舞台……她曾说:有朝一日离开舞台她可能会去开餐厅或做生意,但绝不会放弃歌唱,"上帝赐予我这个歌喉,我所要做的就是给世人带去一段幸福的时光,一个崭新的世界!"

在音乐会上的巴托利　　　　巴托利饰演《塞维利亚的理发师》里的罗西娜

34. 捷克声乐艺术
经典的布道者
——玛格达莱娜·科泽纳
（Magdalena Kozena）

由于世界首屈一指的柏林爱乐乐团诞生于 1882 年的 5 月 1 日，因而每年的五一国际劳动节这一天，全世界的劳动者都可获得休假一日的享受，唯独柏林爱乐的演奏家们却要在这一天放弃休息继续作着奉献。原来自意大利指挥家阿巴多出任乐团首席指挥开始，乐团每年在 5 月 1 日都会举行一场特殊的音乐会以庆贺乐团的诞生纪念。通常这场音乐会每年会轮流在一座不同的欧洲名城举办，这就是现已驰名中外的"柏林爱乐乐团欧洲音乐会"。它的第一届就是 1991 年由阿巴多执棒在捷克首都布拉格的斯美塔那音乐厅举行的。

转眼 22 年过去了。2013 年欧洲音乐会的举办地又一次回到了捷克首都布拉格，只不过如今乐团的掌门已经换成了自 2002 年走马上任的英国人西蒙·拉特尔。在 2013 年 5 月 1 日的音乐会上，为了更好地契合举办地的文化特色，这位昔日的"挥坛少壮派代言人"倒也来了一次"内举不避亲"，请来了自己的老婆大人担任音乐会上半场德沃夏克《圣经歌曲》（Biblical Songs）的独唱嘉宾。她，就是当今乐坛第一流的捷克女中音歌唱家玛格达莱娜·科泽纳。无论从文化背景还是艺术造诣而言，由她来演唱这组含蓄质朴而又深情挚美的艺术歌曲，实在是没有谁比她更合适的了。

玛格达莱娜·科泽纳出生于前捷克斯洛伐克的第二大城市布尔诺。科泽纳的父母都是高级知识分子，父亲是数学家，而母亲是生物学家。1973 年 5 月 26 日，他们的女儿降生了。然而，这对高知夫妇却并不希望自己的女儿去继承他们的衣钵，而是想把她培养成一位音乐家。这是因为这个家族曾经涌现过一位音乐天才，他就是科泽纳曾祖父的双胞胎弟弟——一位曾非常具有天赋的大提琴家。可惜，他却因遭受了不白之冤在 25 岁时含屈自杀了。小科泽纳从小就被赋予家族音乐复兴的希望，因而在她 8 岁那年,父母宁愿卖掉家里唯一的汽车也要为心爱的女儿换回一台她心仪已久的钢琴。童年时代她的人生目标就是当一名钢琴家,为此她练琴自觉而勤奋。然而,在她 12 岁那年命运却与她开了一个玩笑,在一次意外中她的手摔成了骨折。眼看以 12 岁的年龄要去重砌炉灶再学习一件乐器为时已晚,于是她决定就利用自身天然的乐器——歌喉去学习声乐。

科泽纳先加入了布尔诺爱乐乐团的童声合唱团,及长又成为青年合唱团的成员。14 岁那年她以优异的成绩被布尔诺音乐学院声乐系录取了。在谈及她割舍练了多年的钢琴时她反而表现出一丝庆幸:"在舞台上弹钢琴我总是无法看到听众,这对我而言真是一种限制;而演唱则不同了,因为你是与听众在直接交流,这有助于我的临场发挥。"

在音乐学院她师从声乐女教授埃娃·布拉霍娃(Eva Blahova)。1991 年从音乐学院毕业的科泽纳听从了布拉霍娃的建议,进入设在布拉迪斯拉发的表演艺术学院继续深造歌剧表演课程。就读期间她总是学校里的明星学生,屡次获奖。1995 年,刚刚踏上社会的科泽纳迎来了在萨尔茨堡举行第六届国际莫扎特音乐比赛的消息。踌躇满志的她凭借着一股初生牛犊不怕虎的勇气参与了这次大赛的角逐,结果她以坚实的演唱技艺和过人的艺术功力竟一举拔得头筹,折桂凯旋。她的获奖顿时在乐坛上掀起轰动,成为赢家的科泽纳刚刚手捧鲜花回到国内,一纸合约几乎同时抵达——她被聘为奥地利维也纳民族歌剧院的歌剧演员。那一年她 22 岁。

科泽纳的成名不仅凭借她在莫扎特大赛上的夺冠,也仰仗她的唱片录音。早在国内时期她就曾录制过一张巴赫的康塔塔咏叹调集,这源于她 16 岁那年遇到的一位古弦琴演奏家,就此喜爱上了巴洛克音乐。即便在音乐学院学习期间,老师要求她唱的是舒伯特、舒曼的艺术歌曲和莫扎特、罗西尼的歌剧,然而她还是私下里自己悄悄地练习巴洛克风格的作品。她曾说巴洛克音乐平易近人,轻松活泼,对于自己有着一种自然的亲切感。这张与捷克巴洛克合唱团合作的巴赫专辑就是在这种背景下问世的。不料,唱片界的巨头 DG 唱片公司驻汉堡的音乐主管在听到了唱片的录音后即刻将她推荐给了公司总部,随即科泽纳便与 DG 以及其所属的唱片品牌 Archiv 签订了长期的录音合约,成为它的专属艺术家。

1998 年,25 岁的科泽纳的首张个人专辑经由 DG 发行面世。DG 的策划创意果然不同凡响,它没有让科泽纳去演绎人们预期之中的巴洛克作品,而是根据她的民族特性和文化背景为她度身定制了这张标题为《爱之歌》的专辑(Love Songs, DG 463

472)。在这张唱片里，她与钢琴家格拉汉姆·约翰森（Graham Johnson，1950-）合作演唱了本民族作曲家德沃夏克、雅纳切克与马蒂努的艺术歌曲。在演唱诸如德沃夏克的《情歌八首》等作品时，科泽纳以其甜美清新的嗓音唱出了每首歌曲的内在意蕴，音色的运用朴实可爱，音乐的处理细致入微，带有浓郁的波西米亚乡土气息和民族情愫。由此为肇始，在其后的艺术生涯中科泽纳总共录制了五张关于捷克民族艺术歌曲的唱片，但又各有不同侧重，如她2007年录制的《母亲教我的歌》（The Songs My Mother Taught Me，DG 477 6665）就几乎是她家乡摩拉维亚地区的民间歌曲专辑，其中不仅有包括标题歌曲在内的德沃夏克的《吉普赛旋律》《摩拉维亚二重唱》，还有雅纳切克的《摩拉维亚民间诗歌歌曲集》。对此她说："这些唱片就如同是捷克艺术歌曲一部小小的发展史。我热爱它们，感到自己有义务使它们发扬光大，因为蕴含在这些歌曲里的斯拉夫式的忧郁特质赋予作品一种独特的旋律，它是非常迷人的，能够叩响人们的心弦；而这种旋律又与俄罗斯式的忧郁截然不同。"科泽纳的《爱之歌》专辑在2001年获得了《留声机》杂志的年度最佳声乐独唱演绎奖。由此，整个国际声乐界牢牢地记住了在唱片封套上这位长着一对湛蓝动人的大眼睛，娇媚可爱、笑容可掬的金发美人以及她的芳名。

成名之后的科泽纳除定期在本国的"布拉格之春"以及"摩拉维亚音乐艺术节"上亮相外，她的身影更多地出现在西方的音乐舞台上。她演唱的角色既有格鲁克和莫扎特笔下的奥菲欧、凯鲁比诺、苏珊娜、采琳娜，又有亨德尔歌剧《裘里斯·凯撒》里风情万种的埃及艳后克莱奥帕特拉和德彪西歌剧《佩利亚斯与梅丽桑德》里痴情不悔的梅丽桑德。总之，无论是角色的男女老少，还是身份的尊贵贫贱，性格的个性各异，科泽纳演来似乎都能得心应手，栩栩如生。这当然与她曾专门去学习了歌剧表演课程有着莫大的关系。她虽是一位典型的抒情女中音，但其音域却极为宽阔，早年她刚进音乐学院时因嗓音深沉厚实甚至还被老师误认为是女低音呢。但与此同时她却又能很好地胜任歌剧中女高音的角色，如克莱奥帕特拉是女高音角色；梅丽桑德是次女高音；而奥菲欧则甚至可以女低音去演唱。这足以证明科泽纳声区的适应度和对角色选择的余地有多么地宽泛了。正如与她合作了多部歌剧的法国指挥家马克·明科夫斯基（Marc Minkowski，1962-）在她成功地诠释了克莱奥帕特拉之后所说的那样："当我宣布由科泽纳出任这个角色时，许多人都对她能否胜任抱怀疑态度。但在观看了演出之后所有的人都深深地爱上了她。她那独特的令人心醉的歌喉是科泽纳真正的魅力所在。"（Archiv 474 2102，3CD）

2004年,科泽纳在她的音乐生涯中取得了又一个重大的成就——她被《留声机》杂志授予了"年度艺术家"的荣誉称号。

然而,人生中并不会总是顺境伴身,好运常在。正当科泽纳经过近十年的勤奋打拼,几乎已奠定了自身在国际乐坛的声誉和地位之际,一场令她始料未及的汹汹怒潮险些将她顷刻吞没。原来正是在那一年她的情感生活发生了变故,遂使她陷入到一场道德舆论的声讨之中。科泽纳当时的丈夫是法国男中音歌唱家樊尚·勒·特克西埃(Vincent Le Texier)。是年,她首次应格林德伯恩歌剧艺术节之邀,前往英国出演由著名戏剧导演彼得·塞拉斯执导的莫扎特歌剧《伊多梅纽》,担任乐队指挥的是乐坛的"当红炸子鸡"——西蒙·拉特尔。科泽纳饰演的是剧中女扮男装的伊多曼特,可她本来希望饰演的却是另一角色伊丽娅,因为对于伊多曼特她并没有思想准备和十足把握。于是作为指挥的拉特尔就从各个方面对她的演唱进行分析和指导。孰料在这种特殊的近距离接触的氛围中,两人的关系产生了微妙的变化,彼此暗生情愫;及至演出成功,更使两人的感情急速升温。然而,此时却是妾有夫,郎有妇。拉特尔的第一任妻子艾丽丝·罗斯是一位美国女高音,他们有两个孩子。在结婚十五年后两人于1995年宣告离异。1996年他又娶美国好莱坞编剧坎达斯·艾伦为妻。然而,自拉特尔迷上了科泽纳之后,这对夫妇的婚姻也变得岌岌可危了。

不消说,拉特尔和科泽纳都是乐坛上的当红名流,因而他们的这段婚外恋情自然引发了对此极为敏感的舆论的激烈反响。科泽纳说:"我原本以为这种手法是用在像麦当娜和大卫·贝克汉姆这样的娱乐明星身上的,绝不会想到我也会像他们一样成为媒体的靶子,这简直搞得我心烦意乱。"尽管如此,两人还是遵从内心的意愿分别与各自的配偶离了婚,最终走到了一起。或许是作为对他们这段婚姻质疑所作出的回应,在婚后的2005年就由Archiv推出了科泽纳与由拉特尔指挥启蒙时代管弦乐团合作的夫妻档专辑《莫扎特咏叹调集》(Archiv, 477 627)。在这张专辑里科泽纳演唱了莫扎特的多首歌剧和音乐会咏叹调。由于曲目都来自他们已经合作过的一系列音乐会,因而整个录制过程进行得异常顺利,在伦敦著名的阿贝路录音棚里仅花了四天工夫就将它完成了。科泽纳既唱了《费加罗的婚礼》里的凯鲁比诺和苏珊娜,也唱了《伊多梅纽》里的伊丽娅和《人皆如此》里的菲奥迪丽姬。科泽纳并不认为莫扎特的作品中有真正属于女中音演唱的咏叹调,她觉得演唱什么主要取决于自己的个性以及声音的色彩:"我不喜欢将咏叹调按声部予以分类。在很多情形下一位女中音必须具备女高音的音域。有时一首咏叹调当你老是听女高音声部去演唱很容易会感到枯燥厌倦；因而这次我就是想让它们多样化些，为此我尽量选择了一些情绪与特点差异化比较大的曲目。"

在早些时候，科泽纳还与由明科夫斯基指挥的马勒室内乐团录制了一张非常出色的《法国咏叹调》专辑（French Arias, DG 474 214）。在这张从布阿德约、奥柏、柏辽兹到比才、托玛、奥芬巴赫和马斯涅等创作的歌剧咏叹调里，科泽纳令人信服地向世人证明了她驾驭法语和完美诠释法语歌曲的精湛造诣。她说："我非常喜欢用法语演唱。一开始你会觉得它非常难学，甚至达到了憎恨的程度。然而，经过了多年的学习揣摩，我现在感到用法语说话和演唱非常舒服。法国音乐如同绘画，它赋予语言的丰富想象力很适合我的嗓音。"而在录音彩排过程中，科泽纳清晰悦耳、委婉动人的歌声甚至"催眠"得指挥家明科夫斯基完全沉醉其中，以致他差一点从指挥台上跌落下来。凭借这张唱片的完美演绎，科泽纳在 2003 年获得了由法国政府授予的法兰西艺术与文学骑士勋章的殊荣。

自从与拉特尔结合以后，科泽纳对艺术的理解与追求又有了更高的感悟和目标。她说："当你是一个学生时你总是想方设法使自己的音色优美起来，因为在学校里几乎所有的老师都是这么要求自己的学生的。而西蒙则是第一个向我解释音色好绝不是衡量歌唱的唯一标准的人。自然，从追求音色到追求艺术需要花费时间去重树自信，还要了解你的演唱与理想的境界还有多少差距。固然，这对于像我这样已经成名的歌唱家来说有些冒险；然而，它却能使你得到更敏锐更可靠的演唱体验。因为这不光关乎你的演唱，也关乎经由你的歌声所传递的故事与情感。"

如今，科泽纳与拉特尔已有了两个儿子：约纳斯和米罗什，都是十足的捷克名字。事实上，将家安在德国柏林的科泽纳除了在家与儿子们对话外已很少有机会使用自己的母语。然而，作为一位眷恋祖国的艺术家，她却在世界乐坛上运用自己的影响力去努力弘扬民族的音乐文化。她已在美国大都会歌剧院的舞台上饰演了自己同胞兼同乡的著名作曲家雅纳切克的歌剧《卡佳·卡巴诺娃》，接下来她还将把他的《耶奴发》和《狡猾的小雌狐》等代表作搬上舞台；而在 2012 年她的最新专辑《爱恋与渴望》(Love and Longing, DG 479 0065) 中她又演唱了德沃夏克的全套《圣经歌曲》。她的保留曲目中还有世人较为罕闻的莫扎特的同时代人兼朋友约瑟夫·米斯利维切克(Josef Myslivecek, 1737-1781) 和二战中死于纳粹集中营的捷克犹太裔作曲家埃尔温·舒尔霍夫 (Erwin Schulhoff, 1894-1942) 的作品……

她无愧为捷克声乐艺术经典的一名布道者。

35. 为黑人争取歌唱权利鼓与呼

——玛丽安·安德森
（Marian Anderson）

只要你到过美国首都华盛顿，那么你不可能不去参观一下与美国国会山遥遥相望的林肯纪念堂。这座由洁白的花岗岩和大理石构筑的古希腊巴特农神庙式的庄严建筑是为纪念美国第十六任总统亚伯拉罕·林肯而建造的。林肯纪念堂的建造历时十年，于1922 年 5 月 30 日竣工完成。然而谁又能料想在 20 世纪，在这座令人景仰的国家标志性建筑的前面，还曾经发生过两次与争取黑人民主权利生死攸关的重大事件：其中广为人知的是就在当年林肯发表著名的《葛底斯堡演说》100 年后的 1963 年，著名的黑人民权运动领袖马丁·路德·金在这里向世人宣讲了题为《我有一个梦》的著名演说，它直接推动了 20 世纪 60 年代风起云涌的美国黑人争取民主权利的运动。而在此之前的 1939 年，另一幕发生在林肯纪念堂前的可歌可泣的动人场面或许就不那么为人家喻户晓了；然而，它的意义与作用同样伟大而不朽。它同样是一场声势浩大的群众性集会，只不过不是政治性的示威，而是艺术上的宣示。它标志着黑人艺术家从此挣脱了种族歧视的枷锁，站上了尽情展示自己的舞台，成为独唱音乐会的中心和主角。事件的主角就是被奉为"百年一遇的最美妙歌喉"的黑人女低音歌唱家玛丽安·安德森。

玛丽安·安德森 1897 年 2 月 27 日出生于费城。她的父亲约翰是个在费城的大学区讨生活的小贩，在那些大学生宿舍附近他夏天卖冰块冷饮，冬天则卖煤球炭火。多年以后他好不容易才将积攒下来的钱开了一家小酒馆，勉强成了一个小业主。不过，他的妻子安妮却曾在年轻时上过弗吉尼亚州的女子中学和大专学校，只因为是黑人，无法获得到普通学校执教的资格，因而她只能在当地的黑人学校教那里的孩子们识文断字，平时则以为别人洗衣熨烫为生。玛丽安是这对夫妇的第一个孩子，她还有两个妹妹。

　　由于父母都是虔诚的教徒，所以每逢周末和节假日，全家人都会去当地的浸礼教堂做祷告。她的姑妈玛丽是教堂里活跃的合唱队员，正是她第一个发现了侄女的歌唱天赋。6 岁那年，玛丽安加入了教堂的少年童声合唱团，因其嗓子出众还常被作为领唱和二重唱的歌手；而她的二重唱搭档就是自己的姑妈玛丽。于是她成了当地的一位小童星，不仅在教堂的仪式上演唱，也经常被安排到一些公众场合歌唱，每唱一场能拿到 25-50 美分不等的报酬。进入少女时代，她的报酬已可拿到四五美元了。可是，就在她 12 岁那年，父亲却在一次意外中去世，年仅 34 岁。母亲不得已带着三个女儿迁往祖父母家，和他们一起生活。玛丽安去上了一个语法学校。当她 15 岁毕业时家庭却无力支持她继续上高中，更别提为她出资去上音乐课了。

　　尽管在那个种族歧视盛行的年代几乎没有人愿意教一个黑人女孩，然而生性喜爱歌唱的玛丽安还是尽一切可能去学习和演唱。她积极投身于教会的音乐活动中，最终她的歌唱才华得到了浸礼教会青年联盟歌唱团的指挥、同时又是教堂牧师的温斯利·帕克斯的赏识。为了帮助她解决求学无门的困境，帕克斯利用自己的人脉和影响动员其他的黑人社团共同出资为玛丽安筹措学费，使她能有机会拜师学艺。众人拾材火焰高，这才凑够了学费使玛丽安进入南费城高中继续其学业，而声乐女教师玛丽·S. 帕特森更是表示愿意免费教她学唱。

　　四年后，19 岁的玛丽安高中毕业。她渴望能进入全日制的费城音乐学院学习，然而她不能够。被拒绝的理由很简单：因为她是一个黑人！当她试图提出申请时，得到的回答竟是"我们这里不招收有色人种！"最后，还是在当地黑人社团的通力协助下，她得以跟随意裔美国男高音朱塞佩·博盖蒂（Giuseppe Boghetti, 1896-1941））私人学习声乐。据说当帕克斯领着玛丽安找到博盖蒂时，这位知名的声乐教授原本根本没有兴致接纳这位黑人少女。可是当玛丽安为他唱起黑人民歌《深深的河》时博盖蒂却只感到心头一震，顷刻间泪沾衣衫。他当即收下了玛丽安，并倾心尽力地传授她声乐演唱技巧。

　　玛丽安的学艺之路走得艰辛坎坷。转眼已到了 1923 年，这时的玛丽安已 26 岁了。时年，在费城举行了一次由爱乐协会主办的歌唱比赛。初出茅庐的玛丽安竟一举摘取了冠军头衔，这顿时成为当地的一大新闻。两年后，在纽约举办了一次规模更大、规格更高的全国性的声乐比赛，于是她鼓起勇气决心前去迎接挑战。当玛丽安上场后，评审们见是一位像乡巴佬式的黑人女选手，他们的脸上都不禁流露出了不屑甚至是蔑视的神情。然而当他们听到玛丽安开口唱起唐尼采蒂歌剧《宠姬》里莱昂诺拉著名的咏叹调"啊！我的费尔南多"（O, mio Fernando）时，那些轻视她的评审们震惊了。要知道歌剧里的莱昂诺拉可是一位女高音啊！如今她的咏叹调却从一位女低音的歌喉中被咏唱出来,怎不令人惊诧震撼。于是,评审们变得前倨后恭起来,最后他们甚至置比赛制定的规则于不顾,竟当场热烈地鼓起掌来。比赛的悬念也就随之消失了,来自费城的玛丽安在300名参赛者中脱颖而出,一举拔得头筹。由于这次比赛是纽约爱乐乐团资助的,因而作为比赛的首奖获得者玛丽安得到了与该团一起合作的机会,时间是1925年的8月26日。演出的成功使原本买了双程车票的玛丽安做出了决定,她留在了纽约,她想从这个美国的文化艺术中心起步,开始自己的职业演唱之路。

在纽约,安德森除了拜弗兰克·福尔契(Frank Forge,1879-1953)进一步深造外,还在全国举行了多场音乐会。尽管在1928年她成功地登上了卡内基音乐厅的舞台,成为在这座音乐殿堂举行首唱的第一位黑人歌唱家,然而,鉴于国内的种族势力仍很猖獗,她决定到声乐艺术的发源地欧洲去开展其事业。

说来有些令人难以置信,与在美国演唱处处受到掣肘形成鲜明反差的是,安德森在欧洲竟受到了意想不到的欢迎。她到欧洲的第一站是英国。1930年,安德森以在伦敦温格莫尔音乐厅的独唱音乐会拉开了她欧洲之行的序幕,她的演唱受到了英国人的热烈喝彩和高度评价。随后,她的行程直指北欧,在那里她收获了更多的褒奖。她原先只打算在挪威举办六场,结果却一发而不可收连续演唱了七十多场才罢休。而在芬兰首都赫尔辛基举行音乐会时,连芬兰最伟大的作曲家西贝柳斯也亲莅剧场聆赏。西贝柳斯深为她的演唱所打动,演出结束后他当即邀请这位黑人歌唱家去自己府上作客,并在家中让自己的妻子为安德森斟上美味的香槟以示敬意。西贝柳斯认为安德森在诠释自己以及北欧作曲家的作品时虽以一位美国黑人歌唱家的体验却能直接触摸到北欧人民的心灵深处,这充分反映出她歌唱艺术的精湛与深刻。他除了将自己的一首旧作改编后题赠给安德森外,还对她高亢雄浑的嗓音叹为观止,在告别的时候他甚至幽默地说道:"相比于你响彻楼宇的高音,我的屋子实在是显得太低了。"在Preiser发行的《真实的历史:玛丽安·安德森的演唱第一辑》(Preiser 89604)里,就收录了包括《死神,快走开》等六首西贝柳斯艺术歌曲的珍贵录音。而在法国,巴黎歌剧院自1875年创建以来,据说在其半个多世纪的历史上只有两位伟大的器乐艺术大师——小提琴泰斗克莱斯勒和钢琴大家拉赫玛尼诺夫的音乐会才卖过满座;而今,玛丽安·安德森就是步他们之后尘的第三人。这也是一位音乐家所能得到的最高荣誉了。以头脑精明和嗅觉敏锐著称的著名犹太裔演出商索尔·尤洛克也自告奋勇,充当起了她的演出经纪人,更使安德森在欧洲的演出如虎添翼。在他的穿针引线下安德森又到了更多的国家,并在斯堪的纳维亚做了第二次巡演。她的这次历时五年的欧洲之旅以 1935 年在萨尔茨堡艺术节举行独唱音乐会、并由当代最伟大的指挥家托斯卡尼尼的一句"你的嗓音是百年一遇的最美妙歌喉"的盛誉而画上了一个辉煌、圆满的句号。

纵然玛丽安·安德森在欧洲已是声誉鹊起，然而她的心中仍时刻惦念着自己的祖国，她想为家乡的人民、尤其为她的黑人同胞们歌唱。1930 年代中期她回到了美国，却发现弥漫在这里的种族歧视阴影依然如故，她想在国内主流的演出场所开演唱会困难重重。有几次，是伟大的科学家兼人道主义者、诺贝尔奖获得者阿尔伯特·爱因斯坦挺身而出，为她的音乐会担任主持人。这种事态的发展愈演愈烈，到了 1939 年终于达到了顶点，这就是本文开头时提及的那场震撼乐坛的林肯纪念堂演唱事件。

1939 年初，在经纪人索尔·尤洛克的安排下，安德森原准备在首都华盛顿的宪法大厅举办一场盛大的独唱音乐会。这时，一个被称为"美国革命女儿会"的女性种族主义组织冒了出来，她们不允许安德森在这个大厅演唱，理由还是因为她是一个黑人！尤洛克又试图租用当地一所白人学校的音乐厅，又被闻讯赶来的该组织阻挠。此事激起了公众的愤怒。正当"美国革命女儿会"自以为得计之时，却不料身为美国第一夫人的罗斯福总统的夫人埃莉诺向安德森表示了她的声援。埃莉诺·罗斯福给"美国革命女儿会"的会长写信，宣告自己退出该组织以示抗议它的种族歧视立场。有了第一夫人的有力支持，大批黑人以及白人有识之士声援安德森的游行示威更是有增无减。迫于压力，华盛顿当局不得不同意在 4 月 9 日的复活节星期六允许安德森在林肯纪念堂举行的露天音乐会上演唱。是日，在内政部长伊克斯·哈罗德的开场白之后，身着一袭丝绒长裙和水貂大衣的玛丽安·安德森缓缓走上林肯纪念堂的台阶。面对着无数双充满期待的眼睛，她演唱的第一首歌曲就是根据英国国歌《神佑吾王》填词、曾经作为独立后的美国国歌的爱国歌曲《我的祖国》（My Country, Tis Of Thee）。她以其具有女高音高亢嘹亮的歌喉唱出了蕴含在歌词"祖国我要为你，亲爱的自由之邦歌唱。先人终老之地，移民夸耀之乡，自由的歌声传遍每个山岗"中的自由平等精神。之后她又相继演唱了歌剧选曲和民谣，最后则是一组黑人灵歌，而它们是安德森本人坚持要出现在这场音乐会上的曲目。尽管这场足以影响整个 20 世纪音乐发展进程的现场音乐会实况至今仍未被制作成 CD 或 DVD 加以流传，然而它却已作为"具有文化的、历史的和审美的重要意义的珍贵资料"被美国国会图书馆的国家电影档案部予以珍藏。就在这场有 75,000 人参与的音乐会之后，安德森的歌声成为了民主、自由、平等的象征，迅即传遍了整个美国；自然，也包括了那个当初阻挠她进入的顽固堡堂——华盛顿宪法大厅！

安德森对灌制录音不大感兴趣，她认为现场的声音更能鼓舞人，感染人。因而，她留下来的录音大多散见于各唱片公司发行的专辑之中，且重复收入之作不少。由 RCA 发行的她演唱巴赫、勃拉姆斯和舒伯特的作品集（RCA 87911）收录了她于 1924 年至 1957 年间演唱的 16 首代表作，其时间跨度之大似可精要地一窥其黄金时代的声乐造诣。除了艺术歌曲和黑人灵歌外，安德森也是演绎音乐会作品的大家，如她演唱的巴赫《马太受难曲》、亨德尔的《弥赛亚》、勃拉姆斯的《女低音狂想曲》和马勒的《亡儿悼歌》等大型声乐套曲都堪称经典，其中她尤对《女低音狂想曲》情有独钟，曾录有四个录音版本传世。

安德森登上歌剧舞台的年代很晚，美国的各大歌剧院决策者始终不敢冒启用一名黑人歌唱家登台的风险。直到 1955 年 1 月 7 日，历来饱受诟病的纽约大都会歌剧院在其新掌门人鲁道夫·宾的力挺下，58 岁的安德森终于得以站上这座歌剧殿堂的舞台，成为有史以来在大都会登场亮相的第一位非洲裔美国人。她饰演的角色是威尔第歌剧《假面舞会》里的黑人占卜师乌尔莉卡；与她同台竞技的是饰演女主角阿梅丽娅的赫尔瓦·内利（Herva Nelli, 1909-1994）和饰演女仆奥斯卡的津卡·米拉诺夫这两位著名女高音。这既是她的第一次歌剧演出，也是她一生中唯一的歌剧演出（Sony 791002, 2CD）。而在 VAI 发行的《玛丽安·安德森：广播时代的奇珍集》（VAI 1200）里还收录了她演唱的亨德尔、贝利尼和威尔第歌剧中咏叹调的精彩演绎。

安德森的婚姻也来得非常晚。1943 年 46 岁的她成为从十几岁时就结识的黑人建筑师 H·菲舍尔的第二任妻子，从此成为康涅狄克州丹布里被她自己命名为"玛丽安娜庄园"的女主人。1957 年以后，安德森的演唱会有所减少，她将自己的主要精力都投诸于社会活动上，在 20 世纪 60 年代风起云涌的争取黑人民权的运动中她是一位具有影响力的积极参与者和杰出斗士。1957 年她作为美国文化大使在亚洲的巡演更使她名扬四海，成了美国树立国际形象的象征。她先后在两任美国总统艾森豪威尔和肯尼迪的就职典礼上担任演唱嘉宾，并且出任联合国人权委员会的委员，在更大的国际范围内为维护黑人的民主权利大声疾呼。

晚年的安德森更是荣誉等身：她于 1963 年获得总统自由勋章；1977 年 80 岁高龄的她荣获联合国和平奖。1986 年，89 岁的安德森又获国家艺术金质勋章；而 1991 年，94 岁的她成为格莱美有史以来最年长的终身成就奖获得者，这也为她的精彩一生画上了一个圆满的句号。同时，她还是哈佛大学、坦普大学和史密斯学院三所大学的名誉博士。

自 1965 年退休以后，安德森有时仍会出现在公众的视野之中。1976 在庆祝美国独立 200 周年之际,她与费城管弦乐团一起合作,在科普兰的《林肯素描》中担任朗诵者,而指挥这场演出的正是作曲家本人。可以这样说,玛丽安·安德森的一生都与林肯这位伟人的名字紧密相连,她以自己的歌声与事业激励着一代又一代的黑人艺术家们冲破种族歧视的藩篱,展示出属于他们的精彩与辉煌!

安德森 1939 年 4 月 9 日在林肯纪念堂的历史性演唱

安德森饰演《假面舞会》里的乌尔莉卡

36. "她的歌声如另一星球投射来的光辉，照亮了我们的地球"

——凯瑟琳·费里尔
（Kathleen Ferrier）

在声乐艺术的声部分类中，女低音应该是最为稀少也最为珍贵的一个声部了。20 世纪真正伟大的、堪载入史册的女低音歌唱家只有两位，那就是美国的玛丽安·安德森和英国的凯瑟琳·费里尔。1950 年，这是一个对于声乐艺术史而言颇有些特殊纪念意义的年份。其时费里尔正在美国西部的旧金山歌剧院上演格鲁克的歌剧《奥菲欧与优丽狄茜》。就在排练期间，安德森与费里尔这对世纪最佳女低音有机会见了面，53 岁的安德森与比自己小 15 岁的费里尔紧紧地拥抱在一起。据媒体报道，事后安德森是这样评价她对这位同行的第一印象的："噢，我的上帝！她具有多么优美的歌喉和多么漂亮的容貌啊！"费里尔的伟大颇有些像音乐史上那些才华横溢却天不假年的天才，她真正的舞台生涯只持续了短短的十年光景，但却值得世人用足足一个世纪的时间去品位、欣赏她的歌声。

❧❧❧❧

　　凯瑟琳·费里尔 1912 年 4 月 22 日出生于英国工业革命的发源地兰开夏郡的上沃尔顿。她的先祖来自威尔士，父亲威廉·费里尔是当地乡村学校的校长，同时也爱好音乐，是当地歌剧协会以及好几个合唱团的热心成员。他的妻子埃丽丝则是一位演唱水平不逊色于专业艺人的歌手，她以拥有一个强大低音的歌喉而称誉于那些业余的合唱团体。很显然，凯瑟琳·费里尔日后的嗓音在很大程度上得自其母的优秀遗传。她是 3 个孩子中最小的一个。在她 2 岁时全家迁到了布莱克本，那是由于她的父亲被任命为该市圣保罗学校的校长。受家庭的环境熏陶，小凯瑟琳自幼就显示出了不一般的音乐天赋，只不过她最先展示出的是弹奏钢琴的天分。那时她家的经济状况还不错,能够为她延聘教授钢琴的老师。凯瑟琳的琴艺进步很快,十二三岁时曾先后在两项钢琴比赛上获得过一个第四名和一个第二名。

眼看着即将在钢琴演奏之路上进入发展坦途,不料这时随着父亲的告老还乡,家中的境遇一下子变得拮据起来,凯瑟琳原本满怀希望进入音乐学院深造的梦想破灭了。无奈之下,1926 年年仅 14 岁的她便辍学进入布莱克本一家电信公司当起了电话接线的实习生。然而,热爱音乐的她却并未因之而放弃钢琴学习,反而在两年后的一次全国性青年钢琴比赛的选拔中还成了分区赛的冠军。纵然最后未能进入在伦敦举行的总决赛,但作为分区冠军她还是得到了一架克拉默直式钢琴的奖品。从此她学习钢琴的劲头更足了。

凯瑟琳·费里尔因承袭了母亲那得天独厚的宽厚歌喉,因而在钢琴上屡有斩获的同时在歌唱领域也不遑多让,她曾在门德尔松的清唱剧《伊利亚》里担任过一个女中音的角色。不过,当时她的主要精力还是放在钢琴上面。人生命运的转折发生在1937 年举行的卡莱尔艺术节上。自她在 23 岁那年在一个舞会上结识了年轻英俊的银行职员阿尔伯特·威尔森并与之结婚后,她就来到了威尔森生活的城市卡莱尔。原本,她或许会像其他成了家的女子一样,成为一位相夫教子的贤内助。然而,费里尔却不甘成为受制于家庭的"金丝雀"。于是,她毅然报名参加了在卡莱尔举行的艺术节。使人吃惊的是她一下子报了两个名,同时角逐在艺术节期间举办的钢琴比赛和声乐比赛。而更令人吃惊的是,这位当地人还不太熟识的外来媳妇最终竟成为这两个比赛的双料冠军。为此,费里尔收获了艺术节为她颁发的一个盛满玫瑰花的奖盘。

其实,在卡莱尔艺术节上的获奖也使费里尔平生第一次"发现"了自己的歌唱天赋。于是,原本被她视作玩票的声乐转而成为自己的主业。1938 年,26 岁的她以一曲英国民谣《卷毛头宝贝》亮相于沃辛顿艺术节时,她的歌声引起了 BBC 北方电台的女制作人塞西尔·麦克吉文的关注。次年 2 月她将这个录音在纽卡斯尔电台的节目中进行了播放,孰知竟一石激起千层浪,其他的电台纷纷效尤,竞相邀请这位"业余的"歌手前去录音或现场演出。这不免让费里尔有些始料未及,受宠若惊。只是到了这时她才意识到必须要走由业余到专业的"转正之路"。于是她拜当地一名资深的声乐教师哈钦森为师,这才算正式走上了她声乐学习的进程。

❧⚜❧

在哈钦森的指导下,费里尔循序渐进地学习了不少作品曲目,其中既有巴赫、亨德尔的清唱剧和清唱剧,也有普塞尔和埃尔加等本国作曲家的作品。1940 年底,颇有些大器晚成的费里尔在哈钦森的指挥下完成了专业生涯的处女秀,演唱了亨德尔的

《弥赛亚》。之后,她听从了著名指挥家萨金特的建议来到了首都伦敦,图谋更大的发展。果然,到伦敦后她获得了战时的"音乐与艺术促进委员会"的赏识,与她签订了演出合约,于是她获得了大量的演唱机会。在二战期间费里尔深入到战地、军营、工厂以及其他工作场所去演唱,用歌声去鼓舞、激励身处困境中的祖国人民。这样,在自己获得了宝贵的演唱实践的同时也积攒起了超高的人气。后来萨金特又将她介绍给伦敦最具影响力的演出经纪公司 Ibbs and Tilett,成为其旗下的签约艺员。从此,费里尔便以伦敦为中心全方位地开始展示其艺术才华。当然,聪明的费里尔也深知自己毕竟不是科班出身。为了夯实因先天不足而有所欠缺的基础,她在积极拓展事业的同时也不忘继续"充电"提高。这一时期,英国第一流的男中音歌唱家罗伊·亨德森(Roy Henderson,1899-2000)成为她的指导教师。亨德森认为费里尔的音色有着既温暖柔和又宽阔浑厚的特质,这来源于她拥有一个常人难及的巨大的胸腔。亨德森总结了她日后取得成功的三个关键要素,那就是艺术性、真挚性以及鲜明的艺术个性(artistry, sincerity, personality)。

厚积必然薄发。1943 年,31 岁的费里尔终于等来了她艺术生涯的爆发时刻。这一年的 5 月 17 日,在西敏寺大教堂她领衔演唱了《弥赛亚》,激起巨大的反响,连在座的作曲家布里顿都为之击节叫好。第二年 5 月,她在钢琴家杰拉尔德·莫尔的伴奏下,在 EMI 唱片公司录下了她的首张专辑,演唱了格鲁克、勃拉姆斯和埃尔加的艺术歌曲。不过,由于她与 EMI 掌门人瓦尔特·莱格关系不睦,于是跳槽改签另一唱片界豪门 DECCA。在整个二战期间,她仍不断地在国内四处奔波,以满足人民对她歌声的需要。

俗话说一个好汉三个帮。费里尔在其辉煌的艺术生涯中同样也离不开艺坛上前辈、高人的提携相助。出现在她生命中的贵人正好也是三位。第一位是与萨金特齐名的大指挥家巴比罗利。他俩的合作始于 1944 年底演绎的埃尔加的声乐套曲《海之音画》,从此这位大指挥家就成为费里尔最亲密的朋友和最坚定的支持者。费里尔的第二位贵人就是作曲家布里顿。在听了费里尔在西敏寺大教堂演唱的《弥赛亚》之后,布里顿找到了这位比自己大一岁的歌唱家,极力说服她在自己新创作的歌剧《卢克莱齐娅受辱记》(Rape Of Lucretia)中饰演女主角卢克莱齐娅。尽管费里尔此前从未出演过歌剧,对这位同时代作曲家的作品也不甚了解,然而她还是被布里顿诚挚的恳求所感动,愉快地接受了这个邀请。1946 年 7 月 16 日,在战后重新开张的格林德伯恩歌剧艺术节的开幕式上就上演了由费里尔领衔的这部布里顿新作,结果首演大获成功。布里顿自然也为费里尔的出色诠释赞不绝口。三年后,他又将自己为这位"英国歌唱女神"度身定制的声乐交响曲《春天交响曲》题献给了费里尔,由她作了世界首演（DECCA 440 063）。

就在格林德伯恩取得成功的第二年，费里尔又故地重游，这一次她带来的是格鲁克的《奥菲欧与优丽狄茜》，她在剧里饰演男主角奥菲欧。从此，这部歌剧以及其中最脍炙人口的咏叹调"世上没有优丽狄茜我怎能活"就成为她一生中最经常演唱的歌剧和选曲（DECCA 433 468，1947 年格林德伯恩艺术节现场版）。事实上，费里尔对需要唱、演俱佳的歌剧演出并不感冒，她甚至连在舞台上演唱音乐会版的歌剧《卡门》都不感兴趣。她将主要的精力都放在了音乐会与艺术歌曲演唱领域。卢克莱齐娅和奥菲欧是她一生中仅有的两个歌剧角色，但就是这两个艺术形象却都为后人树立起了一个堪称楷模的艺术高度。

如果说巴比罗利和布里顿的提携奖掖使得费里尔的艺术事业得以顺利扬帆起航的话，那么使她迈向艺术之巅的则是她生命中的第三位贵人，他就是大名鼎鼎的指挥大师布鲁诺·瓦尔特。众所周知，瓦尔特身为作曲家马勒生前的学生和忠实追随者，其演绎的马勒作品素来以最忠实地传递出原作的精神而被奉为无可撼动的权威。而费里尔也正是由于与瓦尔特合作的马勒作品而成就其一生的不朽的。

正是在格林德伯恩两次出彩的演绎，费里尔结识了瓦尔特。瓦尔特感到她浓郁醇厚的音色非常适合演唱马勒的声乐作品，于是他邀请后者在 1947 年的爱丁堡艺术节上与自己一起合作，担任《大地之歌》中的女低音独唱。通常，作为一位德国指挥家，瓦尔特在启用一名新人时总是显得小心翼翼，十分谨慎。然而，凯瑟琳·费里尔是他一生中唯一的例外。当他听了费里尔的试唱之后更坚定了使用她的决心。他说："我意识到她身上所具有的潜质足以使她成为我们这个时代最伟大的歌唱家之一。"其实，选用一位此前从未演唱过德语歌曲的新人还只是瓦尔特所要承受的风险之一，更大的风险还在于上个世纪四五十年代马勒的作品在英国还鲜有知晓度。然而，正是有赖于这两位伟大艺术家的通力合作，将这部曾被英国人普遍认为"毫无吸引力"的《大地之歌》演绎得光泽灼灼，熠熠生辉，并留下了这部作品的最经典版本（DECCA 414 194）。著名乐评人、《留声机》杂志的主笔阿兰·布利斯在分析比较了《大地之歌》的诸多经典版本后对它作出了如下评价："女低音费里尔的声音华美而热情，特别是最后一个乐章（离别）对情绪的把握十分成功。除了以后出现的贝克、法斯宾德和菲舍尔－迪斯考，再没有人能在表现作品的精神实质和不朽思想方面能完全与费里尔的演绎相提并论。在这部作品的表达上，她完全抓住了人性的本质。"在使《大地之歌》从此为世人所接受和喜爱的同时，瓦尔特与费里尔也结下了终生的友谊。他们还为后人留下了马勒的《亡儿悼歌》（EMI 61003）、《五首吕克特歌曲》的经典录音。此外，瓦尔特还指挥交响乐团或亲自担任钢琴伴奏，为费里尔的音乐会演唱甘当绿叶。须知这时的指挥大师已是 76 岁的老翁了。意大利 Urania 发行的费里尔专辑（Urania 380）收录了由瓦尔特指挥维也纳爱乐乐团为费里尔伴奏的马勒的《亡儿悼歌》、舒曼的《妇女的爱情与生活》以及舒伯特和勃拉姆斯的艺术歌曲，见证了这对忘年之交珠联璧合的精湛艺术。直到费里尔病重弥留之际，瓦尔特仍然认为她无论是在音乐、音色，还是气质上都是自己一位罕见的绝配搭档。当然，将费里尔推崇到无以复加地位的则是大指挥家在自己自传中的这一番话："在我的人生中，在音乐方面最重大的事莫过于有幸结识了凯瑟琳·费里尔和古斯塔夫·马勒！"后来，当费里尔去美国演出时，仍由瓦尔特指挥纽约爱乐乐团与之合作《大地之歌》。马勒的遗孀阿尔玛出席了在纽约的第一场演出，她也对此作出了极高的评价。费里尔的歌声更经由广播传遍了全世界。也许，从这个意义而言，正是经由瓦尔特与费里尔的共同努力，才促成了自 1960 年代之后世界范围内兴起的"马勒热"。

当然，费里尔在 1948-1952 年间巅峰时期留下的经典录音还有巴赫的《b 小调弥撒》《马太受难曲》、贝多芬的《第九交响曲》、勃拉姆斯的《女低音狂想曲》以及众多的英、德艺术歌曲和民歌民谣。2012 年为纪念费里尔即将到来的百年冥诞，DECCA 特意发行了一套百年纪念特辑。在这套由 14 张 CD 组成的煌煌巨制中涵盖了歌唱家在 DECCA 的全部录音。专辑里还有一张 2003 年由 BBC 制作的反映其一生艺术成就的 DVD（DECCA 4783589）。当然，由于费里尔的人生过于短暂，因而她生前具有代表性的一些杰作，如亨德尔的《弥赛亚》、门德尔松的《伊利亚》、埃尔加的《格隆修斯之梦》以及布里顿的《卢克莱齐娅受辱记》都没能给后人留下完整的录音。

费里尔天生丽质，她的歌声质朴而又高贵，诚挚而又自然，尤其对胸声的运用更为独到。然而她的演唱最大的艺术魅力还在于用情深切，能将自身嗓音的质朴特质与音乐表现中的崇高意境有机地结合在一起，从而产生出深挚感人、催人泪下的艺术效果。费里尔的性格非常坚强，她总是将个人的痛苦深深地埋藏于内心。她的婚姻并不幸福，她与威尔森于 1947 年离异，也没有留下一男半女。1951 年当她在意大利罗马巡演时得到了父亲因病去世的消息。她强抑内心的悲痛决定继续履约演出而不回家奔丧。但针对她的打击接踵而至。就在同一年她被诊断为乳腺癌，并施行了乳房切除术。尽管如此她也没有中断合约上的演出计划，仍一如既往地频繁奔波于世界各地，以优雅的笑容、动人的歌声去感染一批又一批热爱她的听众。就连 1952 年诞生的那个《大地之歌》的绝世名版也是她抱病前往维也纳录制的。

费里尔生前的最后一场演出是 1953 年 2 月在皇家柯文特歌剧院演出的英语版《奥

菲欧与优丽狄茜》。在演第一场时人们仍丝毫看不出舞台上神采奕奕的费里尔有任何的病态；然而在第二场时她却由于接受放疗身体极度虚弱而倒下了。直到这时广大听众才得知她的真实病情。1953 年 10 月 8 日费里尔病逝，年仅 41 岁；而原本这一天她要在利兹艺术节上演唱德留斯的《生之弥撒》（A Mass Of Life）。

人们对费里尔的英年早逝极为惋惜。英国大英百科全书的编辑伊安·杰克认为"她或许是排在英国女王之后最受人爱戴的女性"。而克罗伊顿大主教则在追悼她的纪念仪式上读的颂词中作了这样形象的比喻："她的歌声如另一星球投射来的光辉，照亮了我们的地球！"

男高音皮尔斯、费里尔与布里顿（从左到右）

费里尔与指挥家布鲁诺·瓦尔特

37. 从琴弓到指挥棒的飞跃
——依奥娜·布朗(Iona Brown)

指挥,就像一部电影、一场戏剧的导演,虽不直接参与具体角色的创造,但却是作品得以完成的最后终结者。正因指挥的行当具有这种特殊性,因而往往要求想成为一名指挥者得先具备一两项专业演奏的技能作为基础。事实上,纵观20世纪的众多指挥大师,他们之中就有相当数量的人都由原先的专业演奏领域转型而来,如托斯卡尼尼、库塞维茨基、蒙托、奥曼迪、朱利尼等等;更有像卡尔·伯姆(法学博士)、安塞梅(数学教授)、卡洛斯·克莱伯(化学专业)和西诺波利(医学学士)这样"跨行"而来最终成为一代指挥大家的。在当代女性指挥家里,也有一位著名的音乐艺术家,她由造诣精湛的小提琴家转型成了众人称誉的指挥家。她,就是依奥娜·布朗。

✦ ✦ ✦

伊丽莎白·依奥娜·布朗的家乡是英国南部、以拥有史前时代的神奇遗迹——巨石阵闻名于世的索尔兹伯里。她1941年1月7日出生于一个音乐之家。父亲安东尼·布朗是一位钢琴教师,同时还是索尔兹伯里大教堂以演奏巴赫作品赢得市民尊敬的管风琴师;母亲菲奥娜则是邻近城市伯恩茅斯交响乐团的小提琴手。依奥娜是家中最小的孩子,她上面的三个哥哥姐姐也都学习音乐,她的大哥蒂莫西·布朗(Timothy Brown)日后成为BBC交响乐团的首席圆号;二哥伊安·布朗(Ian Brown)是纳什合奏团的钢琴家兼指挥;而她的姐姐萨丽·布朗(Sally Brown)则女承母业,进了伯恩茅斯交响乐团拉中提琴,因而她的家庭成员几乎完全可以组成一个像模像样的室内乐重奏组了。

受如此浓郁的家庭氛围熏陶与感染,童年时曾幻想长大后当一名护士的小依奥娜不走上音乐之路的概率几乎为零。她的音乐启蒙是由母亲开始的,从5岁起母亲就教她拉小提琴,当然哥哥姐姐也时不时地会来关照、指导他们的小妹妹。依奥娜天资聪颖,悟性很强,琴艺提高得也自然快。到她十几岁时已俨然是其就读的索尔兹伯里教会学校里的演奏小明星了。为了让她更好地接受提琴教育，父母将依奥娜送到首都伦敦，让她师从著名小提琴教师休·马奎尔（Hugh Maguire，1926-2013）私人学习小提琴。事实证明，日后依奥娜·布朗一生的成长经历都与这位恩师的提携栽培有着莫大的关系。

休·马奎尔是出生于爱尔兰的小提琴家，在20世纪中叶他是英国乐坛上一位颇具传奇性的人物，曾先后就任过英国交响乐团三强——伦敦爱乐乐团、伦敦交响乐团和BBC交响乐团的乐团首席；由于他年轻时曾在巴黎随伟大的作曲家、指挥家兼小提琴家乔治·埃涅斯库学习过，因而是法-比学派的弟子。依奥娜跟他学琴，自然也传承了法-比小提琴学派的路数，且进步明显。1955年，马奎尔把她推荐进入全国青年管弦乐团，让她在演出的实践中进一步巩固自己的琴技，增长舞台的历练。就这样，依奥娜在老师的悉心教诲和同伴们的交流切磋下迅速地成长起来，同时也使她较之同龄的学琴人更早就有了团队合奏训练的机会。

为了进一步深造自己的琴艺，后来她还走出国门，赴海外遍寻名师。她先来到小提琴的故乡意大利，拜意大利小提琴家雷米·普林契佩（Remy Principe，1889-1977）为师；后又到比利时，成为著名的法-比学派传承人卡洛·凡·内斯特（Carlo Van Neste，1914-1992）的门下弟子。此外她也专程去巴黎出席由当代提琴名家亨里克·谢林（Henryk Szeryng，1918-1988）主持的大师班。谢林出自门生辈出的卡尔·弗莱什体系，因而使得依奥娜的这次欧陆游学生涯收获甚丰，掌握了更多不同提琴学派的艺术风格与演绎精要。

尽管依奥娜·布朗不曾进过正规的音乐学院，然而凭借其在全国青年管弦乐团的扎实历练，她已具备了在专业演奏团体谋得一席之地的资历。1963年，芳龄二十有二的她终于进入战后由瓦尔特·莱格发起组建的爱乐管弦乐团，成为乐团的小提琴演奏员。原本，布朗应该踏踏实实地就此起步，逐渐成为爱乐管弦乐团中的骨干中坚。然而，第二年她的艺术轨迹却发生了一个至为关键的重要转折——同样位于首都伦敦的圣马丁室内乐团向她发出了召唤！

圣马丁室内乐团的创建者与杰出领导者是著名指挥家内维尔·马里纳（Neville Marriner，1924-），他曾是伦敦交响乐团的第二小提琴声部首席，由于感到在乐团工作未能充分施展自己的才干与抱负，于是经过长期的酝酿与筹措，在1959年成立了这支圣马丁室内乐团，并于当年的11月13日在圣马丁教堂内举行了它的首次公演。由于它自成立之初就坚持高、精、尖的演奏水准，因而在短短几年里就迅速闯出了名堂，树立起了良好的口碑,其建制也由最初的11名演奏家组成的弦乐队逐渐壮大,且还在不断地吸收演奏精英的新鲜血液。为依奥娜·布朗牵线搭桥的仍是她的老师马奎尔。原来,当年马奎尔在担任伦敦交响乐团首席小提琴时,第二小提琴的首席正是马里纳,他们不仅是友好的同事,更是亲密的朋友。当马里纳创立圣马丁室内乐团后就曾邀请他当年的这位"乐团老大"在音乐会上客串担任小提琴协奏曲的独奏家。而马奎尔自然也投桃报李,乐于把自己的得意门生推荐给这支新生、但却人气极旺的室内乐团。依奥娜·布朗正是这段"乐坛哥俩好"的受益者。

经由老师的大力举荐,布朗毅然告别了名气更响的爱乐管弦乐团,于1964年加入到年轻的圣马丁室内乐团的演奏行列。或许当初连她自己也未曾预料到她一生的事业将会与这支乐团产生如此紧密的联系,日后她成了这支闻名遐迩的乐团从成长到辉煌的亲历者与缔造者之一。入团之初,她从乐团的末排演奏员开始做起,由于技艺出众,训练勤奋,她在乐团内的位置由普通演奏员而至声部长,由声部长而至乐团女首席、独奏小提琴家,短短十年功夫她就坐上了乐团的头把交椅,令乐团音乐总监马里纳与同事们都不禁刮目相看。当然,布朗的艺术潜力还未尽于此。1974年,当马里纳接受了来自大洋彼岸的美国明尼苏达管弦乐团的邀请,行将出任该团音乐总监兼首席指挥之前,他并没有将挑选继任者的目光投向国内或域外,而是放心地将指挥棒交到了乐团首席布朗的手中。因为他凭借与自己合作十年的经历,认定这位女性堪以担此重任,她能继续确保乐团的高标准高水平,成为自己艺术主张的忠实执行者和坚定捍卫者。

事实证明马里纳的眼光相当精准,他的离开不仅促成了依奥娜·布朗的成功转型,使她完成了从琴弓到指挥棒(from bow to baton)的华丽转身,并且乐团也因此而拥有了一位新的旗手与领袖。布朗生得身材纤小,然而无论是作为乐团首席还是指挥,她却显得气场十足,颇有天生的领导威仪。在评论家与公众的眼里,舞台上的布朗是那种"冷美人",虽则气质典雅,举止自然,然而从她被锦缎的丝质夜礼服裹着的矮小身躯里透出的却是一种难以被掩藏的沉着与自信。评论家们这样写道:"她将自己追求的音乐标准定得出奇地高(exceptionally high);同样她希望她的演奏员们也以这样的高标准要求自己。"自她走马上任以后,她更加勤勉地投入到工作之中,倾尽全力地训练、打造这支自己熟悉得不能再熟悉的乐团。当然,对于这样一位女指挥,乐团所有的近五十名演奏家也都心悦诚服,这不仅基于过去的十年中由她精湛的小提琴技艺所积累起来的声望与威信,更基于她具备一位指挥家所应具有的条理清晰的音乐头脑以及能将自己的意图见解准确无误地传递给他们的艺术素质。

众所周知,圣马丁室内乐团在世界乐坛向来是以演绎自巴洛克时期至20世纪的中小型器乐作品而著称于世的,其中尤为人称道的是经他们诠释的巴赫、亨德尔、柯莱利、维瓦尔第的器乐协奏曲;海顿、莫扎特的早期交响曲以及浪漫派、民族乐派的器乐组曲等。这种器乐演奏水准早在马里纳时代就备受推崇;而在布朗时代乐团的这种独树一帜的艺术风格和演奏特色不仅没有消减,在某些方面甚至还较前有了提升。比如圣马丁室内乐团在马里纳和布朗的指挥下分别录制过亨德尔的《十二首大协奏曲》(作品 3),而布朗的 Philips 版得到了企鹅评鉴"三星带花"的推荐(Philips 410 048,3CD)。再比如乐团也分别在马里纳、布朗的指挥下录制了维瓦尔第的《十二首小提琴协奏曲》,马里纳版是总冠名为《异乎寻常》的作品 4;而布朗版则是总冠名为《里拉琴》的作品 9。这两个由 DECCA 发行的版本又各自摘取了"三星带花"的荣誉。值得一提的是,布朗版的《十二首小提琴协奏曲》都由她本人亲自担任小提琴独奏兼指挥(DECCA 433 734,2CD)。作为一位指挥兼小提琴独奏,布朗手执她那把 1716 年的斯特拉迪瓦里名琴"布斯"(Booth)优雅而从容地引领着乐团,显示出她华贵而又大气、自信而又自若的艺术风采。她还用这把名琴与圣马丁室内乐团录制了贝多芬的《D 大调小提琴协奏曲》、莫扎特的《小提琴协奏曲全集》、维瓦尔第的《四季》、巴托克的《第二小提琴协奏曲》以及英国当代作曲家大卫·布莱克(David Blake,1936-)为她度身定制并由其首演的《小提琴协奏曲》(NMC 129)。当然,她的独奏作品中最为人津津乐道的莫过于由她主奏的沃恩·威廉斯的小提琴与乐队浪漫曲《云雀高飞》(The Lark Ascending,收录于 DECCA 460 357,2CD)了。

随着圣马丁室内乐团缔造者马里纳的回归,依奥娜·布朗也顺利完成了她统帅、治理乐团的使命。只不过这一次要离开乐团的是她自己了。有了过去那段独当一面的历练与经验,作为一位有抱负的女性指挥家,布朗也渴望到更广阔的天地里进一步证明自己。她去了北欧的挪威,1981 年被任命为挪威室内乐团的艺术总监。挪威室内乐团成立于 1977 年,它的演奏员年纪轻,素质高,充满着对事业成功的渴求。凡此种种,一如当年布朗自己刚刚走入演奏职场的精神状态。在挪威室内乐团布朗以其在圣马丁十七年的经验与积累认真地训练乐团,使它的演奏水平得以迅速提高。她不仅很快适应了斯堪的纳维亚高寒的气候,也将自己融入到与乐团共同成长的进程之中。她率领乐团参加"奥斯陆冬季之夜"艺术节的演出,还为 Chandos 唱片公司录制了北欧民族乐派作曲家格里格、西贝柳斯、丹麦的加德父子以及卡尔·尼尔森的大量作品。她与挪威室内乐团的合作一直持续至 2001 年。为了表彰她的突出贡献,挪威王室授予她一级金质骑士勋章。而在 1985-1989 年间她还是伯明翰市立交响乐团的客座指挥。

此后她还先后担任过美国洛杉矶室内乐团、丹麦南加特兰交响乐团的首席指挥以及英国哈勒管弦乐团和旧金山交响乐团的客座指挥。尽管随着她艺术活动的半径逐渐增大,名气日趋国际化,然而她与圣马丁室内乐团之间的合作始终没有中断。因为在她的心目中圣马丁永远是她的"娘家"。

诚然,在迈入指挥行当之初,依奥娜·布朗就深知作为一位女性的指挥生涯不会一帆风顺,势必要承受比男性指挥家更大的心理压力。可是,在世俗的偏见和女性独特的性别差异面前她并未退缩,她说:"我曾亲眼目睹过不少女性指挥的经历非常艰辛,令人痛苦,可是我不认为对此恐惧是一个好的解决办法,能够克服女性特有的畏难恐惧心理的途径一定还有很多!"

在依奥娜·布朗的艺术生涯后期,她先是受到骨关节炎的侵扰,使她在1998年不得不放弃了心爱的小提琴演奏;而后又因为罹患癌症又被迫离开了她所热爱的指挥台。2004年6月5日,她在自己的家乡去世,终年65岁。

由于其个性的低调内敛,布朗的艺术形象向来较少为人所识,只是在个别的唱片封套上她才偶有机会一露峥嵘。她演奏小提琴的丰姿展现在由她指挥并独奏的特勒曼的《五首小提琴协奏曲》封套上(Philips 411 125);而她1994年为英国独立品牌Naim录制的那张唱片的封套着实令人为之一震:画面上但见在黑夜当空的背景中,布朗左手执棒,右手张开,昂首挺胸、英气勃发的侧身姿态俨然是人们熟悉的卡拉扬招牌式的女版再现。远处高耸入云的尖顶建筑正是她家乡的索尔兹伯里大教堂。她率领着挪威室内乐团在大教堂里录下了格里格的《挪威曲调》、蒂佩特的《柯莱利主题幻想协奏曲》和贝多芬的《C大调第一交响曲》(Naim Audio 9)。当她去世后,德国的Hassler发行了一套她演奏和指挥的精选集,十张唱片记录的是她一生与圣马丁室内乐团的传奇与精华(Hassler 98490,10CD)。

或许与她相识相知数十年的圣马丁室内乐团当家人马里纳的这段话可以为依奥娜·布朗的艺术人生盖棺定论:"她是圣马丁几代演奏家的楷模和象征。作为一名小提琴家,她以柔和与热情去拥抱浪漫主义,她所演奏的早期巴洛克、古典主义提琴文献呈现出一种精雕细琢的优雅精致;作为一位指挥家,她克服了讨厌坐飞机的心理,怀着令人起敬的内心坚强意志奔走在音乐的世界里;作为一位喜爱红酒的女士,她既保持着她的高贵体面,却又个性十足;作为一位长期与她合作的同事和朋友,我从未见过她对工作有丝毫的懈怠和疏慢。事实上,她就是一位明星!"

38. 撼动乐坛指挥界男性
垄断的斗士
——玛琳·艾尔索普（Marin Alsop）

2013 年 9 月 6 日，星期六晚上，伦敦的皇家阿尔伯特音乐厅。

只要将以上三个代表日期、时间和地点的词组合在一起，洞悉音乐的朋友不难猜到其具体指向的主题是什么。没错，它正是英国伦敦逍遥音乐节最负盛名的"最后一夜"（Last Night）音乐会举行的日子。"最后一夜"音乐会不仅预示着每年为期两个月的逍遥音乐节的终结，也标志着将整个音乐节的节庆气氛推向极致的高潮的到来。2013 年的"最后一夜"原本只是这项享誉于世的音乐节历史上普通的一届，它并不是逢五逢十那样的周年庆祝大年；然而，2013 年却注定要成为逍遥音乐节历史上被载入史册的一届，因为音乐会的舞台上将迎来自 1901 年创办"最后一夜"以来 112 年历史上的第一位女性指挥家。在报道这个具有历史性的事件时，英国《卫报》的评论家马丁·凯特尔用了"女性对逍遥音乐节'最后一夜'的历史性占领（historic occupancy）"这样醒目的词语，称"它将对于动摇乐坛指挥界的男性帝制时代统治的惯例增添音乐性与政治性的双重影响"。这位敢于在"最后一夜"音乐会上第一个吃螃蟹的女指挥家就是玛琳·艾尔索普。

❦❦❦

玛琳·艾尔索普 1956 年 10 月 16 日出生于纽约的一个音乐家庭，她的父母都是专业的音乐演奏家，是纽约芭蕾舞团管弦乐队的乐手。玛琳从 2 岁起开始学习钢琴，5 岁改习小提琴。到了 1963 年，7 岁的她顺利进入著名的茱莉亚音乐学院的学前预科班。尽管她的专业仍是小提琴，然而当她 9 岁那年在父母的陪同下观摩了伟大的美国指挥家伯恩斯坦指挥纽约爱乐乐团的音乐会后，在她的小脑袋瓜里更能激发她兴奋和联想的就不再是手中的小提琴了，而是伯恩斯坦手中的那根"魔棍"。当然，在那个年代以她那样的稚龄，长大后想当一名女指挥的念头基本上还是小女孩不切实际的幻想，连她的父母也责怪她有些异想天开。幻想归幻想，可在现实中她仍是一名学琴的学生。

艾尔索普从小就是个富于个性的孩子,她有着与其实际年龄不相称的主见与胆识。她高中毕业后起先就读于耶鲁大学音乐系,继续学习小提琴。孰料三年后未及毕业,她竟自己决定转学至茱莉亚音乐学院,并且将专业由古典小提琴演奏改为爵士小提琴演奏,这着实令包括她父母在内的亲朋好友们大跌眼镜。不过,艾尔索普却对自己更弦易辙的决定无怨无悔。在茱莉亚,她不仅完成了本科学业,还拿到了小提琴演奏的硕士学位。从学校毕业后,她干脆自己拉起一支队伍,组建了爵士合奏团开始其演奏生涯。她将这支乐队命名为"发烧的弦乐"(String Fever),其演奏模仿美国上个世纪三四十年代的摇摆爵士(swing)的音乐风格,在纽约的一些公共场合演奏爵士名家"埃林顿公爵"、科尔·波特、戴夫·布鲁贝克和本尼·古德曼等创作的爵士乐曲以及由他们自己创作或改编的作品。那一年,她25岁,正是人生叛逆期达到顶点的岁月。三年后的1984年她又组建了一支规模更大的乐队,号称"和谐的管弦乐团"(Concordia Orchestra),艾尔索普的乐队领导才干也在这样的环境中得到了初步的展露和磨炼。

从玛琳·艾尔索普日后的人生轨迹来看,她早年从事爵士乐演奏的这段经历与其说是年少轻狂时代荷尔蒙的释放与宣泄,不如说是为后来的"回归古典"打下了坚实的基础。其实,就在从事爵士乐演奏的同时,她也没有忘记童年时代的梦想,为有朝一日当上一名女性指挥家而积蓄能量和才干。为此,从1979年起她开始拜师学艺。她的第一位老师是奥地利裔的指挥家卡尔·班姆伯格(Carl Bamberger, 1902-1987)。班姆伯格是著名音乐理论家、以创立音乐作品分析体系而著称的海因里希·申克的学生。尽管作为一名指挥声名不彰,然而他在1965年出版的论著《指挥家的艺术》却成为被西方广泛使用的音乐学院标准教材。由于班姆伯格本人以诠释瓦格纳作品见长,因而艾尔索普从他身上学到了分析、指挥德奥作品的真知灼见。她的第二位老师则是美国指挥家哈罗德·法伯曼(Harold Farberman,1929-)。这位著名作曲家科普兰的学生又是美国音乐的推崇者,他曾经指挥乐团录制了鲜有人问津的艾夫斯的全部四首交响曲,并且也与伦敦交响乐团录制了马勒的交响曲全集。1976年,法伯曼创立了指挥家同业公会,并发起成立了非学历性的指挥家学院;而艾尔索普正是他在指挥家学院里的学生。不容忽视的是,通过这两位业师的耳提面命不仅使艾尔索普弥补了她所欠缺的科班专业技能,更为她日后指挥的主攻方向——以德奥为主的中晚期浪漫派作品的诠释与演绎提供了言传身教的鲜活范例。此时的艾尔索普已羽翼渐丰,她所欠缺的只是一位名人的提携和一个机遇的到来。

真正促使玛琳·艾尔索普由爵士乐到古典乐，从小提琴手到指挥家的音乐人生实现根本性蜕变的不是别人，就是她童年时代的音乐偶像——伯恩斯坦。事实上，伯恩斯坦是第一位发现艾尔索普身上所潜在的具备指挥气质的名人。当他得知艾尔索普有志于成为一名女指挥时便向她伸出了热情的援手。他为艾尔索普提供了以自己名字命名的奖学金，让她在 1988 年、1989 年两次参加了自己在坦格伍德音乐中心举办的指挥大师班，随他本人以及他的昔日弟子小泽征尔进一步深造指挥技艺。名师的点拨果然富有成效，就在 1988 年艾尔索普被任命为弗吉尼亚州里士满交响乐团的指挥助理，两年后更由于其在坦格伍德音乐节期间举办的库塞维茨基指挥比赛中力挫群雄、一举夺魁而获得了数额不菲的库塞维茨基奖。

总的说来，女性指挥在世界范围内仍属凤毛麟角，且在传统的社会观念里被视为异端另类。与音乐传统更为深厚、思维方式也更为守旧的欧洲相比，在美国这片土地上女性指挥家的生存状况还是显得要宽松不少。然而，即便如此，偌大的古典乐坛能给予女性指挥的生存空间仍极为有限，尤其是对像玛琳·艾尔索普这样刚刚踏上社会的初出茅庐者更是吝啬。艾尔索普深知此道，因而她采取的策略便是"在夹缝中求生存"。首先，就指挥的曲目而言，从挑选别人甚少涉足的现当代作品入手；其次，就指挥的乐团而言，则踏踏实实地先从三四线城市没有名气的乐团开始做起。

1991 年，35 岁的艾尔索普就任加州圣塔克鲁兹的卢布里罗艺术节音乐总监。这个艺术节是以演出现当代的严肃音乐作品而为其特征的。在执掌艺术节期间，艾尔索普充分展示出了她过人的组织才干和指挥才能，因而两年后她终于等来了一份"迟到的任命"，这是她作为乐团指挥的第一份固定的工作，担任科罗拉多交响乐团的首席指挥。科罗拉多位于美国中西部，是一个境内被落基山脉群山环绕的内陆州。由于交通闭塞，这里的文化与音乐的实力与沿海发达的各州不可相提并论。但艾尔索普在接到任命时却没有丝毫的犹豫和纠结，没有过多地考虑那里的环境条件和硬件设施，反而觉得越是艰苦的地方越能磨炼增长人的才干。于是她义无返顾地走马上任，并且在科罗拉多交响乐团一干就是 12 年。她感到自己的学识于此第一次有了真正的用武之地，于是倾尽全力地投入到训练、提高这支内地交响乐团水平的工作中去。直到今天，她还担任着该团桂冠指挥的职务，而人们也能从她与乐团于 2000 年录制的柴科夫斯基的《f 小调第四交响曲》和《罗密欧与朱丽叶》幻想序曲里真正掂量出这支乐团的演奏实力和艺术水准（Naxos 8.555714）。

除了一头扎进科罗拉多交响乐团的工作中外，这一时期艾尔索普还兼任了西太平洋俄勒冈州治下的尤金交响乐团的音乐总监。诚然,艾尔索普甘于在地处偏僻的交响乐团里埋头苦干,默默奉献;然而,这不意味着她就没有在主流大城市的听众面前展示风采的机缘。比如,1990 年她就分别与费城管弦乐团和洛杉矶爱乐乐团实现了首度合作。1999 年她更是走出国门,成为皇家苏格兰国立管弦乐团的首席客座指挥。也正是从这一年起,这位名气冉冉上升的女性专业指挥家被总部设于德国的 Naxos 唱片公司所看中,成为它旗下最重要的专属艺术家之一。而艾尔索普贡献给 Naxos 的第一个"拳头产品"就是与皇家苏格兰国立管弦乐团录制的美国作曲家巴伯的管弦乐作品全集(Naxos 8.506021,6CD),由此一举奠定了她作为美国交响音乐指挥权威的地位。2002 年起,艾尔索普又兼任英国伯恩茅斯交响乐团的首席指挥,同时她还是伦敦市立小交响乐团的客座指挥。正由于她在大洋两岸所作出的突出业绩,2003 年她荣膺权威的英国《留声机》杂志"年度艺术家"的殊荣。

玛琳·艾尔索普似乎已在古典乐坛上风生水起,声誉大噪,可是当 2007 年 9 月新的音乐演出季开始,她第一次以巴尔的摩交响乐团音乐总监的身份亮相于舞台之际,她还是承受了前所未有的心理压力,她感到面前还是有无数双抱以怀疑、惊诧甚至是敌意的目光向她射来。作为乐团历史上的第十二任音乐总监,艾尔索普很清楚她将迎来自己指挥生涯中最大的挑战。

位于美国东部马里兰州的巴尔的摩交响乐团尽管还无法跻身于像纽约爱乐、波士顿交响乐团和费城管弦乐团这样世界一流顶尖乐团的行列,但在美国国内有着 90 年历史的它好歹也属于准一流高水准的交响乐团之一。在关于对艾尔索普的挑选和任命上,乐团领导层的考量可谓明智。因为在艾尔索普之前的三任音乐总监塞尔久·科米森纳(Sergiu Comissiona,1928-2005)、大卫·津曼(David Zinman,1936-)和俄罗斯人尤里·特米尔卡诺夫(Yuri Temirkanov,1938-)都是由小提琴家转型而来的指挥家;而挑选艾尔索普正符合乐团这种已有传统的惯例。此外,任用一位成熟且具声誉的女性指挥家作为乐团的掌门人无疑会赢得更多人的关注,有利于提升乐团的影响力和知名度。然而,那些保守的"怀疑论者"可不这么看,质疑之声甚至来自乐团本身。然而,所有这一切都在演出季开幕的第一场演出之后偃旗息鼓,销声匿迹了,因为艾尔索普诠释出的音乐雄辩地征服了所有的听众,证明了她就是担任这个职位的最理想人选。

艾尔索普有着与德国现任女总理默克尔极为相似的容貌与外表。她身材不高,体格健硕,一头金发的她衣着打扮不事奢华,显得既端庄大气又低调质朴。艾尔索普也有着与默克尔极为相近的个性气质,那就是坚毅自信,忍辱负重,有一种不达目的誓不罢休的信念与执着。自到巴尔的摩交响乐团上任以来,她领导乐团不仅每年按质按量完成演出季的音乐会,并且还与乐团开发了不少富于建设性的亲民和普及活动,针对青少年学生则开出了"古典音乐无处不在"(Clueless About Classical)系列。此外,艾尔索普还代表乐团宣布实施一项旨在让巴尔的摩的孩子们能得到免费的音乐指导的"乐团的孩子们"(Orchkids)的教育计划。通过这种针对不同年龄层次的青少年群体的形式生动活泼、效果潜移默化的普及活动,艾尔索普已在巴尔的摩营造起了人人喜爱古典音乐的社会氛围,同时也为乐团树立起了一个前所未有的新鲜而又蓬勃的精神面貌。基于此,在她与乐团的两年合约到期之前,乐团就马上宣告已和她成功续约至2021年,由此不难看出巴尔的摩交响乐团对艾尔索普的工作是多么地推崇备至和难以割舍了。2008年她被选为美国艺术与科学学会的会员。

纵观玛琳·艾尔索普的指挥曲目,她受到两位老师的影响很深,主要侧重于中晚期浪漫派、民族乐派和美国交响音乐这两大板块上。2005年,她与伦敦交响乐团合作的勃拉姆斯交响曲全集得到了乐坛评论家们的普遍好评。历来勃氏交响曲全集的版本多如过江之鲫,但这套全集的唯一性就在于它是有史以来第一套由女性指挥家诠释的。她的处理稳健大气,对格局的构建与细节的雕琢相辅相成,恰到好处。在她的指挥下,旋律的进行起伏有致,乐思的阐释细致入微,而音乐的张力则扣人心弦。因而自问世以来它已被誉为堪与最佳版本比肩的全新超低价的版本首选(Naxos 8.557428、8.557429、8.557430和8.557433)。而继这项"重大工程"的完工,艾尔索普另一项雄心勃勃的计划也在如火如荼地进行之中。她与巴尔的摩交响乐团合作的德沃夏克交响曲全集从最后的《第九交响曲》开始,至今已完成了《第六》、《第七》、《第八》和《第九》四部。而在2008年她的"马勒工程"又上马了……

如果说玛琳·艾尔索普成为第一位重要的美国交响乐团掌门人是在书写历史的话,那么她在2013年伦敦逍遥音乐节"最后一夜"上的精彩亮相则是在创造历史。这真是一场最充分地激发出BBC交响乐团最佳演奏状态的音乐会,也是一个充满着欢呼与掌声的不眠之夜。玛琳·艾尔索普以自己的辉煌成就有力地推动了指挥界男女平等的早日实现。其实,或许她是天生带着这个使命来到人世间的,因为她的姓氏里除了那个读弱声的"p"外,"also"不就意味着一切平等吗?!

39. 史上第一位录制《尼伯龙根的指环》全剧的女指挥家

——西蒙妮·扬（Simone Young）

《尼伯龙根的指环》的首演是 1876 年 8 月 13 日在瓦格纳亲自主持建造的拜罗伊特节日剧院内完成的。这轮首演历时半个多月,担任举世公演的指挥家是汉斯·李希特。此后,这套需要整整四个晚上才能欣赏完毕的鸿篇巨制就从未离开过世界各著名歌剧院的舞台。而在录音方面,迄今为止陆续面世的《指环》全集已多达近三十套。不过,究竟哪一位指挥家堪称是首位《指环》全剧录音的指挥者倒有些令人莫衷一是。应该说从发行时间的早晚而论,福尔特文格勒 1950 年指挥意大利斯卡拉歌剧院的那套单声道现场版是二战以后最早面世的全集版本;然而,Naxos 在近年推出的那套"不朽的演绎"系列则表明它的录制时间更早,是二战期间的产物。只不过这是一套拼凑版的《指环》全集,因为它是由两位指挥家在不同时间先后完成的。不过,这种版本上的众说纷纭只限于以往的众多男性指挥家,对于女性指挥家中究竟是哪一位首创风气之先,完成了《指环》全集的录音则根本不成其为问题,因为答案是唯一的,她,就是西蒙妮·扬。2013 年 1 月 29 日由她指挥的《指环》全集在"瓦格纳之年"伊始的发行面世可谓是躬逢其盛而又石破天惊之举。

西蒙妮·扬是澳大利亚人,她 1961 年 3 月 2 日出生于悉尼。她父亲的祖籍来自爱尔兰,母亲则是克罗地亚民族的后裔。关于她的家庭背景以及早年成长经历资料付诸阙如,但据推断在她的成长过程里应该具有一个相当不错的音乐环境,要不然自打她从悉尼北部的圣安杰罗仁爱高中毕业后,也不会顺利进入悉尼音乐学院,并一口气选了作曲、钢琴和指挥三个专业作为学习的主攻方向。

1983 年,22 岁的西蒙妮以优异的成绩在悉尼音乐学院获得了硕士学位后,当即得到了一份在悉尼歌剧院担任助理指挥的工作。在这个职位上,她亲眼目睹并迎来送往地与不少前来主持演出的指挥家有过愉快的合作,他们之中就包括最具国际影响的两位澳大利亚指挥名家查尔斯·马克拉斯(Charles Mackerras,1925-2010)和理查德·波宁吉。恰好这两位大师各具所长:马克拉斯精于诠释19世纪浪漫派和民族乐派的作品;而波宁吉则由于其妻——澳大利亚杰出女高音萨瑟兰的缘故更擅长指挥歌剧作品。于是,作为一个刚刚步入艺坛的年轻人,西蒙妮虚心地向他们讨教学习,从与他们的合作中将自己学到的理论知识感性化,通过体味大师对作品的理解、把握和表达增长自己的学识才干,在舞台的实践中磨砺和锤炼自己。1985年,在波宁吉的鼓励和指导下她还真独立地完成了一部歌剧的指挥工作,也算是对这一时期的实习交出了一份满意的答卷。

为了进一步提高自己的技艺,西蒙妮专门去了德国深造。在科隆歌剧院,她为时任歌剧院音乐总监的美国指挥家詹姆斯·康伦(James Conlon,1950-)担任助手。在柏林国家歌剧院,她又跟随歌剧院掌门人巴伦波伊姆,并且还跟着他参加了在拜罗伊特举行的艺术节的排演工作。可以说,今日她之所以能挑起录制瓦格纳《指环》全集的大梁是与她这个时期较早地接触瓦格纳的歌剧以及亲身感受到作品所产生的巨大震撼力是有着很大关系的。

1993年,对于西蒙妮·扬而言是她人生中不平凡的一年。在这一年里她不仅迎来了自己指挥生涯中的处女秀,并且其首秀的地点还是有着"世界四大歌剧院"之称的维也纳国家歌剧院!尽管她的艺术起点是如此之高,然而,当她果真第一次独当一面、手执指挥棒站在乐团演奏员面前时,还是经历了每一位新手所必然要遭到的困顿与尴尬,更何况她还是维也纳国家歌剧院历史上的第一位女性指挥家。当晚演出的是普契尼的歌剧《波西米亚人》,而为歌剧伴奏的则是声名如雷贯耳的维也纳爱乐乐团。当时乐团的演奏员里没有一名女性。当他们头一次面对比自己都年轻得多的"小女子"时,那些演奏员内心潜意识里所流露出的质疑和轻视之情溢于言表。所幸,这种失控的场面没有降落到西蒙妮的头上。因为通过在排练时对她的考察,32岁的西蒙妮已经以自己出色的处理和令人信服的表达赢得了乐团的尊敬和肯定,从而她也为自己的指挥生涯迎来了开门红。

挟与维也纳爱乐乐团成功合作之余威,1998年西蒙妮·扬得到了她人生中第一份固定的乐团指挥合约。她负笈北上,来到伟大的挪威作曲家格里格的家乡,担任卑尔根爱乐乐团的首席指挥。卑尔根爱乐乐团在欧洲的名气不如本国的另一支交响乐团——奥斯陆爱乐乐团,然而由于格里格的关系,这支乐团在演绎北欧民族乐派作品领域还是非常富于特色的。从阳光明媚的澳大利亚到终年见雪的挪威,西蒙妮克服了气候反差所造成的生理和心理反应,以极大的热忱投入到工作之中。不过,正当她在北欧默默耕耘之际,孰料这边厢她的祖国又向她发来了热情的召唤。原来,悉尼歌剧院的原音乐总监波宁吉离任前向剧院举荐了他的这位昔日弟子作为自己的继任者人选。对于这项任命,西蒙妮欣然接受了,因为那里毕竟是她指挥生涯起步的地方。于是,从2001年起,这位刚过不惑之年的女指挥家就开始了在地球的两极之间的往来奔波。一边是交响乐,一边是歌剧,这样的好事可是多少年轻的指挥家们梦寐以求的啊!这样的工作状态尽管新鲜而富于挑战性,然而却难以持续,因为如此的长途奔袭对于一位女性而言尤其显得苛刻而残忍:要知道从悉尼到奥斯陆坐飞机就几乎要花费整整24个小时;更何况此时的西蒙妮已经结婚成家,还有两个年幼的女儿。她实在无力在这种"打飞的"的状态中继续自己的指挥事业。无奈之下,在反复权衡利害关系后她只有忍痛割爱,在2003年不得不舍弃悉尼歌剧院的工作,一心一意地扑在挪威指挥乐团的工作上。

在中国的俗语中有"福无双至"一说,可它似乎在西蒙妮·扬的身上却并不灵验。她已经放下了在悉尼歌剧院的工作,而就在行将履行完与卑尔根爱乐乐团的五年合约之际,2003年5月她又获得了一项双重任命,受聘担任德国汉堡国家歌剧院的音乐总监和汉堡爱乐乐团的首席指挥。确实,西蒙妮的艺术经历着实令人艳羡不已,当别人一个指挥席位尚且苦求不得的时候她却又一次得到了歌剧、交响乐"两手一起抓"的机遇和殊荣。汉堡既是门德尔松和勃拉姆斯的诞生地,又是19世纪两位指挥巨人马勒和汉斯·冯·彪罗工作过的地方,因而它的文化积淀和艺术氛围分外深厚。而最初作为歌剧院乐队而出现的汉堡爱乐乐团尽管比歌剧院稍晚,但也已有了175年的傲人历史。乐团的首任常任指挥便是与尼基什、魏恩加特纳齐名的卡尔·穆克。此后它又相继由名重一时的指挥大师约胡姆、凯尔伯特和萨瓦利什等担任掌门,也是素负名望的具有浓厚德国传统特色的交响乐团。因而当西蒙妮于2005年走马上任伊始,她头脑中的第一感受便是"对这两个艺术团体悠久历史传统那种本能的畏惧"。从某种意义上说,她感到自己是在步当年马勒之后尘,她将从这里起步迈入国际乐坛的中心,成为一位令世界都为之瞩目的当代挥坛高手。

站在马勒和彪罗当年站过的指挥台上,面对着汉堡爱乐的135名演奏员,这位来自澳大利亚的娇小女子体现出的既是对深厚的传统历史的尊重和敬畏,又是对自己追求的艺术事业的自信和胆识。她在接受澳大利亚广播公司(ABC)记者莫妮卡·艾塔德的采访时当被问及汉堡的昔日荣耀对她意味着什么时,她答道:"的确,这是一个无法回避的问题。汉堡国家歌剧院早已成为这座城市的文化象征。毕竟在过去的100年里在这个舞台上涌现过那么多伟大的指挥家;而这里的听众常年浸淫于歌剧文化之中,他们的见识非同一般。因而在这里我必须较之以前更加认真细致地工作,倾尽全力为他们奉献他们所喜爱的音乐作品。"

即便是对于经典之作,西蒙妮也丝毫不想跟随她那些名声显赫的前任的脚步亦步亦趋,因循守旧。她认为作为一名指挥,首要工作就是为她所诠释的任何一部作品注入戏剧性的情感色彩,因为她始终认为音乐是活生生的有机体(a living organism)。"对于我而言,一份面前的管弦乐总谱只是我工作的起始点,它就有点像画家手中的调色板,然后我就要试图在它里面将作曲家作品里的意图通过我的理解和处理加以再现。这个过程就是指挥深入到作曲家的头脑(心灵),再创造出有声世界的过程。"

在西蒙妮·扬的演奏曲目中,她最拿手的是晚期浪漫派勃拉姆斯、布鲁克纳和马勒的交响曲,其中尤以对布鲁克纳交响曲的精到阐释更为人称道。她肯定是世界上第一位录制布鲁克纳交响曲全集的女指挥,因为至今她已与汉堡爱乐乐团完成了作曲家十部交响曲中六部的录制,都由总部位于慕尼黑的唱片品牌 Oehms 予以发行。需要指出的是,她的这套全集并不采用通行的哈斯修订版或诺瓦克修订版,而是全部按照作曲家的原始版本予以录制。对于这套"全真版"的全集,评论界给予了高度评价。《汉堡晚报》的汉斯·芬克对《第零号交响曲》的评价是"指挥家将音乐的元素都阐释得清晰无比。汉堡爱乐以其最高的水准演奏了这部作品。简直是完美地吟咏:巨大的铜管乐音群在对极细微的变化作出响应时仍保持着如水晶般的清晰晶莹音色;而弦乐的音色则变化多端,从布鲁克纳式的至福狂喜到谐谑曲乐章的那种意气风发式的自得无不展现得淋漓尽致……"不仅如此,汉堡爱乐乐团在西蒙妮的率领下还在2012年10月受奥地利布鲁克纳艺术节之邀,在作曲家的家乡林茨演奏了他的《第四交响曲》,受到布鲁克纳同胞的欢迎和赞赏,这无疑进一步确立了她作为布鲁克纳作品新晋权威者的声誉与地位。

而在歌剧录音方面,西蒙妮·扬最高光的时刻就是她与汉堡国家歌剧院合作的《尼伯龙根的指环》了(Oehms 929,14CD)。这使她当之无愧地成为瓦格纳《指环》无论是单部还是全集的女性指挥家第一人,真可谓"当惊世界殊"。这套全集的录制始于2008年3月,历时五年,在纪念这位歌剧巨匠诞辰200周年的重大时刻终告杀青。它的问世更是引起了国际乐坛的激赏,被誉为是"具有国际演出水准的诠释,给人以一种令人赞叹的惊奇之感";"指挥家西蒙妮·扬使这部伟大的作品体现出更丰富的情绪变化。伴随着每一个温柔的爱情场面的进入——有时只需主导动机本身的出现就足以使听众领略到愉快的感受";"指挥家、歌唱家与乐团(汉堡爱乐)的表现都非常出色,尽管乐团的演奏略有瑕疵,全剧演出的戏剧性强度也稍嫌偏弱,然而它的总体演艺水平业已达到甚至超过任何瓦格纳此作的同类版本,达到了你所要获得的精湛水准。"等等。世人对这套全集的欢迎和首肯甚至超出了西蒙妮自己的预期。诚如她所说的那样:"歌剧在这个国家永远有着更新体验感受的特权。可以毫不夸张地说,在德国,歌剧就是一门产业!"

不仅如此,2013年为配合纪念瓦格纳诞辰200周年,西蒙妮还领导歌剧院举行了一次歌剧院历史上史无前例的"瓦格纳艺术之旅",从5月12日到6月2日的三个星期里在歌剧院的舞台上演了十部瓦格纳剧作。此外,她也是第一位指挥过法国巴士底歌剧院、维也纳民族歌剧院以及伦敦柯文特皇家歌剧院的女性。除了瓦格纳的歌剧,她指挥过的歌剧还包括威尔第的大部分代表作,莫扎特的《唐璜》、普契尼的《波西米亚人》、理查·施特劳斯的《玫瑰骑士》、沙利文的《日本天皇》、贝尔格的《璐璐》以及雅纳切克的《卡蒂娅·卡巴诺娃》等。

2006年,西蒙妮·扬成为汉堡音乐与戏剧大学的音乐教授;同年她又当选为德国《歌剧世界》的"年度指挥家",因为她是该年度在古典乐坛上最活跃也最富于成就的女性指挥家。尽管她曾声称自己的根在澳大利亚,她的最终梦想是有朝一日能回到家乡报效祖国;然而,对于这位已成为城市文化标志性人物的女性,汉堡可不想轻易地放走她。2011年底,汉堡国家歌剧院与汉堡爱乐乐团双双宣告与她续约成功,新的任期将从2014-2015演出季开始。看来,西蒙妮还将在这片土地上不断地创造令世人惊叹的记录。

40. 巴洛克美人
——艾曼纽埃尔·艾姆
（Emmanuelle Haim）

　　进入 21 世纪以来,西方古典乐坛有如哥伦布发现新大陆一般,猛然感受到一股强烈的巴洛克音乐复古之风又一次向他们袭来。与 20 年前那场来势凶猛、蔚为壮观的"本真运动"稍有区别的是,引领这股巴洛克音乐复古之风的竟是一位身材娇小、容貌秀美的法国女子。艾曼纽埃尔·艾姆与她的星光古乐团（Le Concert d'Astree）在世人显然还缺乏心理准备之时就赫然出现在他们面前,他们以其精湛的演技、良好的素养,无比和谐的团队精神以及世所罕见的演奏曲目使人们几乎还来不及做更深的了解、探究就已然心悦诚服地接受了他们。因而,艾姆被乐坛以"巴洛克音乐领域精力充沛的法国小姐"（The Ms Dynamite of French Baroque）而冠之。

❦

　　艾姆（Haim）这个姓氏肯定不是一个纯正的高卢民族的姓。的确,她的父亲是犹太人,而母亲则出自布列塔尼地区一个制造管风琴的家族。据艾姆自述,她就出生在巴黎圣母院前面的街区。她从未对外宣称过自己的实际年龄,只知道她是 1967 年生人。尽管她的父母都只是普通的音乐爱好者,但他们的钢琴都弹得不差,夫妇俩也早早就为自己的小女儿安排了学习音乐的计划。"还在我很小的时候,父亲在一连串怪念头驱使下从乐器店里搬回一架大钢琴。为此我母亲急得直哭,因为他们当时都没有工作。在我的亲戚里只有一位姨妈算是专业人士,她是女钢琴家伊冯娜·勒菲布尔（Yvonne Lefebure,1898-1986）的助教。于是我一开始先跟姨妈学琴,后来她把我带到勒菲布尔那儿,我又成了后者的学生,她是一位既风趣又极具才华的老妇人。总之,就是因为家中的那架钢琴使我早早就踏上了音乐学习之路,"艾姆在日后的文章中这样写道。

　　艾姆在勒菲布尔那里打下了扎实的基本功,这对于她日后从事键盘乐器演奏乃至从事指挥都获益匪浅。更有甚者,当艾姆的父母离婚后,她的匈牙利裔继父又为她带来了新的良师益友。原来,继父与有匈牙利"当代三杰"之称的著名钢琴家德绍·栾基（Dezso Ranki,1951-）、佐尔坦·科奇什（Zoltan Kocsis,1952-）和安德拉斯·希夫

(Andras Schiff,1953-)都是好朋友。每当闲暇假日,继父总要呼朋唤友请他们来家中一起切磋交流,当然他也绝不会忘记请大师们对自己学钢琴的继女悉心指导一番。受此氛围影响,艾姆与她的兄弟姐妹在家也经常演奏室内乐自娱自乐。

或许是她血液里祖先与管风琴的那层渊源的基因驱使,在十几岁时艾姆又跟随法国当代杰出的管风琴家安德列·伊索瓦(Andre Isoir,1935-)学习管风琴演奏,这为她后来立志扎根于巴洛克音乐的演绎确立了感性的理解认识和情感上的亲近感。在先后涉足了钢琴和管风琴之后,艾姆又将渴求的目光转到了大键琴身上。她在巴黎音乐学院原先的专业是钢琴,然而在她25岁时却毅然放弃了钢琴而改习大键琴。说起这个转变还起源于她早年母亲为她买的一张唱片:"那是一首由大键琴演奏的曲子。我刚听到它弹奏的第一个乐句就立刻为那迷人的音色所陶醉了,它显得那么纤细文弱,优雅细腻,与钢琴的音色全然不同。要知道当时我的钢琴已经弹得相当棒了。然而,当我将钢琴上的音高概念和转调规则运用于大键琴时却发现全都不对劲,简直被它搞得晕头转向,不知所措。但这样反而更激发了我要掌握它的决心。"于是,她拜加拿大大键琴家肯尼思·吉尔伯特(Kenneth Gilbert,1931-)为师,专攻大键琴演奏。与此同时她还参加学院里另两位大键琴大师威廉·克里斯蒂(William Christie,1944-)和克里斯托弗·鲁塞(Christophe Rousset,1966-)的大师班,其中尤其是前者更是在艾姆艺术成长道路上起到了无可替代的提携和指导作用。

威廉·克里斯蒂可谓是当代古典乐坛上的异数、古乐运动的翘楚;艾姆与克里斯蒂的相遇相知是决定性的。在音乐学院,艾姆是克里斯蒂指挥大师班教学弹奏大键琴的学生,她的大键琴演奏由克里斯蒂指点而变得愈益炉火纯青,并且他俩还因此结成了深厚的友谊。可以说没有克里斯蒂当年的慧眼识珠,也就没有今日乐坛上令人瞩目的巴洛克美人艾姆。她在巴黎音乐学院求学期间总共得过五个一等奖,足以显示这位女才子在各个领域的天资与才华。

毕业后艾姆又成了由克里斯蒂创建的"繁盛艺术"古乐团(Les Arts Florissants)里的大键琴家。"繁盛艺术"是克里斯蒂于1979年在巴黎组建的一支旨在弘扬"本真演奏"精神的古乐团,它的名称得自法国17世纪作曲家马克-安东尼·夏邦蒂埃的一部同名歌剧。乐团自建立伊始就矢志不移地介绍、推广法国巴洛克时期作曲家拉莫、库泊兰、夏邦蒂埃以及同一时期其他国家杰出代表如蒙特威尔第、普塞尔和亨德尔等人的作品,在欧洲乐坛上独领风骚。艾姆与乐团一起在各国的音乐舞台上接受听众的鲜花和掌声以及媒体和同行授予的褒奖和赞誉。在与乐团长达十年的合作中,她始终对克里斯蒂以师事之。

尽管彼此间的合作相濡以沫，但十年后艾姆还是离开了"繁盛艺术"古乐团，因为她想要一片能使自己才华尽情施展的天地，她想要拥有一支属于自己的乐团，她想要成为一名指挥！其实，早在"繁盛艺术"古乐团时她就曾担任过克里斯蒂的音乐助理。当得知她的意愿后，又是克里斯蒂将她推荐给时任伯明翰市立交响乐团首席指挥的西蒙·拉特尔，让她当拉特尔的学生和助手。拉特尔也积极鼓励她在实践中培养自己的指挥才干。也是机缘巧合，一次，她的一批朋友准备组织一场巴洛克音乐会，结果演唱、演奏的人倒是凑齐了，但他们缺少一位组织者和指挥家。于是，在"繁盛艺术"浸淫十年的艾姆便顺理成章地被推到了前台，而这场音乐会也构建起了日后艾姆的"星光"古乐团的基本班底。

2000 年，"星光"古乐团成立了，艾姆出任乐团的指挥兼大键琴家。她将乐团的大本营设在巴黎著名的香舍丽榭剧院。乐团的诞生不仅意味着这群志同道合的年轻人对他们所倾心的巴洛克音乐风格的认同与追求，同时也宣告了他们对"在演释中对情感的主观感受与自然流露"美学宗旨的热爱与臣服。随着乐团的成立，艾姆心中长久潜藏着的巨大能量被激发了出来，乐团团员们形容在排练场上的这位女指挥"就像是一个上足了发条的芭蕾舞女演员那般亢奋，激情洋溢"。在乐团成立一年后的 2001 年秋天，他们登上了英国伦敦的格林德伯恩歌剧院的舞台，向参加歌剧艺术节的人们献演了亨德尔的歌剧《罗德琳达》，一举获得了成功。

在艾姆才华横溢又锲而不舍的安排下，亨德尔早期那些在现代剧场近乎绝迹的歌剧得以重见天日，它们之中有《裘里斯·凯撒《（Virgin 70939，2DVD）、《阿格丽皮娜》、《印度的波罗》、《塔梅拉诺》和《塞墨勒》等。格林德伯恩艺术节上的成功给了艾姆更多的演出机会，那里无疑成了艾姆与她的"星光"古乐团的发祥福地。初战告捷后他们与地处法比边境的里尔歌剧院签了约，成为歌剧院的驻院乐团。在艾姆精湛的艺术指导和精明的治理下，"星光"按着她的设想稳步推进。在里尔歌剧院他们上演了亨德尔的《塔梅拉诺》和歌剧史上的开山之作——蒙特威尔第的《奥菲欧》（Virgin 45642，2CD）；而在音乐会舞台上，乐团演出了亨德尔的清唱剧《时间与真理的胜利》（Virgin 63428，2CD）、佩戈莱西的《圣母悼歌》和莫扎特的《c 小调弥撒》等经典。

在公众场合亮相的艾姆浑身散发着法国女性优雅妩媚的动人魅力，因而她被称作是当今乐坛上的"巴洛克美人"；然而，在日常生活中或在乐队排练厅里，你却可以

见到一位形象截然不同的女性：但见她素面朝天，不拘小节，时时露出"男版"巾帼的气质。请看记者们笔下描绘的艾姆吧：要在一群艺术家中认出艾姆并非难事，因为无论在什么场合她必定是人堆里毫无争议的中心。她长相出挑，留着一头红褐色的头发。她烟酒并举，且喜嗜浓咖啡，且喝起咖啡来从不细品慢呷，而是仰起脖子一饮而尽。她的烟瘾也绝不比男人们差。曾有记者问她一天究竟要抽多少支烟，她的回答是：我从来不数！与此同时她又信誓旦旦地表示总有一天会戒烟。也许是她经常处于一种超负荷的工作状态，在排练时殚精竭虑不惜伤声；又或许由于烟酒过度，使得她说起话来嗓音低沉而嘶哑，声音很像吉卜赛人那沙砾般的女低音，连她的笑声也是粗粝的，很有些像支气管炎患者所发出的声音。可是，做起事来艾姆绝对干练豪爽，风风火火；她对人热情坦诚，从不设防。大凡采访过她的记者们都带有一种强烈的印象，那就是这位女性为了她心中如同宗教般神圣的巴洛克音乐可以将生活中包括航海在内的所有爱好都隔绝在外。"我的生活全部都奉献给了音乐，"艾姆如此说道。

的确，一旦到了排练场上，这位千娇百媚的女性就变成了"一条嗅觉敏锐且又脾气暴烈的小猎犬"，因为她深知在指挥台上领袖意识远比性别意识更重要。要想得到人们的认同与首肯，女性必须和男性干得同样出色甚至更出色。她曾很自信地表示：在法国的音乐界自己是当之无愧的挥坛第一人。至于说到手下的这支青年"御林军"，她的自豪感和荣誉感不禁溢于言表。就如同她本人一样，"星光"古乐团的成员们都是独当一面的多面手，他们几乎都来自巴黎的高等艺术院校，接受了严格系统的专业训练，技艺高超。更主要的是他们都掌握了演奏现代乐器和"时代本真"乐器的两手技艺，即所谓"小提琴既可夹在颈间，也可夹在胸腔前"的演奏方式。艾姆说这两种方式的练习都很令她着迷，而她则对这两种不同的演奏方式抱着宽容和兼容的姿态。这些年轻人在演奏起巴洛克音乐来都绝不含糊，因为在对待巴洛克音乐的态度上这个团体的所有人都是目标一致，矢志不渝的。自2001年以来，艾姆与"星光"古乐团已为签约的EMI旗下的唱片品牌Virgin Classics录制了十几张唱片，反响俱佳。如2003年录制的普塞尔的《狄多与埃涅亚斯》（Virgin 45605）；2004年的蒙特威尔第的《波佩阿的加冕》（Erato 289919，2DVD）；2006年的蒙特威尔第的《泰克雷蒂与科洛琳达的争斗》和2007年的亨德尔的《时间与真理的胜利》等。在2012年，乐团还以《一场巴洛克盛宴》（Une Fete Baroque，Virgin 730 7992，2CD）为题发行了演唱专辑，里面涵盖了由德塞、安娜·索菲·冯·奥特、比利亚松、雅鲁斯基等歌唱家与乐团合作的吕利、拉莫、普塞尔和亨德尔等人的歌剧和清唱剧咏叹调。

2003年，乐团作为当年度最杰出的器乐合奏团而荣获法国古典音乐领域的最高奖"胜利奖"。尽管业绩斐然，然而对于艾姆而言，"星光"古乐团的工作竟还只占她全年计划的一半,因为她作为一名优秀的大键琴演奏家也颇受欢迎,大有盛邀她前去担任独奏或演奏室内乐献艺的地方。与此同时她还是英国著名的古乐演奏团体"启蒙时代"管弦乐团(Orchstra of the Age of Enlightenment)的特邀指挥。

她定期与拉特尔领导的伯明翰市立交响乐团、苏格兰室内乐团以及法兰克福广播交响乐团进行合作,担任他们的客席指挥。当然,在巴洛克音乐领域以外,艾姆的最高光时刻无疑是 2008 年 3 月与柏林爱乐乐团的首度携手,这是她艺术人生之中一个里程碑式的高潮!自然,前进的道路不可能一帆风顺,在 2010 年她就惨遭了"滑铁卢"。是年一月,当她应邀与巴黎歌剧院合作指挥莫扎特的歌剧《伊多梅纽》时,由于乐团对她的诠释提出了风格上和审美上的质疑,导致双方不欢而散,她被歌剧院炒了鱿鱼。然而,她并不因此而沮丧。后来她又带领着自己的乐团重又杀了回来,这一次她在巴黎歌剧院舞台上上演的是拉莫几近失传的歌剧《伊波利特与阿莉茜》(Hippolyte et Aricie)。

对于自己的未来,艾姆显得信心十足:"我是一个倔强难驯的人,我很清楚什么才是我所需要的。我决非是为了追求权力才去当指挥,因为人们通常对女性指挥家有这样的误解。的确,你必须要说服乐团按照你的方式去做,但绝不可能像老一辈那些优秀的指挥大师那样总是使用专制、高压手段。西蒙·拉特尔是我的偶像,在他身上既有强悍的意志,又有典雅的风度。我也喜欢阿巴多在一次排练时所穿的那件 T 恤上的口号:无需恐慌! (Don't panic)。"当她在接受法国广播电台名记者乔·卡索夫问及的"在今天你认为作为女性要想成为一名指挥是一个问题吗"时,艾姆的回答是:"不! 只要她不在舞台上穿超短裙或无肩带的服饰就行。"

41. 法国钢琴之母

——玛格丽特·朗

（Marguerite Long）

尼姆（Nimes）是法国南部加尔省的省会城市，它位于罗讷河以西，距首都巴黎 700 多公里。由于毗邻地中海，尼姆独得风光迤逦之先，这里终年和煦阳光，漫长的海滨沙滩使之成为一个理想的度假胜地。"尼姆"在法语里是泉水精灵的名字，因而它也是一座地地道道的喷泉之城，市内各种造型独特的喷泉随处可见，为城市增添了充满生机与诗意的艺术氛围。可别小看尼姆至今人口仅有 12 万，它却地灵人杰。19 世纪这里出了一位举世瞩目的名人——阿尔方斯·都德，他创作的长篇小说《小东西》和短篇名作《最后一课》和《柏林之围》等人们都不会陌生，在法国更是家喻户晓。20 世纪的尼姆又为世界贡献了一位名人，她不是文学家而是音乐家，她就是享有"法国钢琴之母"美誉的玛格丽特·朗。

玛格丽特·玛丽-夏洛特·朗于 1874 年 11 月 13 日出生在尼姆的一个普通家庭，她的父亲是铁路工人，母亲安娜则有一定的音乐基础，比她大 3 岁的姐姐克莱尔在母亲的指导下学习钢琴。在玛格丽特 3 岁那年，有一次姐姐在钢琴上弹奏了一曲韦伯的作品，她听后竟扑到母亲的怀里感动得流出了眼泪，因而她的音乐天赋很早就被父母看在眼里。在她的家里有一个很漂亮的花园，平日里小玛格丽特总是帮着母亲照料着它，为花浇水施肥，对它们悉心呵护。据说只要看到花园里的鲜花开放，就会激发起她对于美的想象力。傍晚时分她还爱在花园里散步，抬头数着天上的星星，默默地问自己：哪颗星星是属于自己的呢？

作为法国最著名的女钢琴家，玛格丽特是由她的姐姐克莱尔予以启蒙的。克莱尔后来受教于德国钢琴名家阿梅代·马格（Amedee Mager），他曾在巴黎音乐学院学习，与法国的钢琴大师安托万·马蒙泰尔（Antoine Marmontel，1816-1898）是同学。玛格丽特回忆道："我姐姐是我的第一位老师,也是我最尊重的师长之一。她的弹琴技术非常棒,在我学琴之初传授了我许多基础的知识。"玛格丽特少年早慧,对音乐的理解和技巧的掌握都大大超出了她的同龄人。8岁时她就进入当地的尼姆音乐学院;10岁因演奏莫扎特的《d小调第二十钢琴协奏曲》而获得学院的一等奖。她天赋异禀又勤奋向学,学习成绩总是名列前茅。当然,她也喜欢文学。为了躲避尘世的纷扰,她可以爬到树上一个人静静地读书几小时。她还喜欢骑马、跳舞。少女时代的生活过得无忧无虑、丰富多彩。

在尼姆小城,玛格丽特已是当地一位小有名气的名人了,这不能不引起来此做客的乐界名流的关注。作曲家泰奥多尔·杜布瓦(Theodore Dubois,1837-1924)在聆听了她的演奏之后就想把她带到首都,让她进巴黎音乐学院继续完善和深造。他对女孩的母亲如此说道:"女士,你没有权利让这个天才生活在这里,她将成长为一位伟大的音乐家。"于是,在玛格丽特13岁那年,由父亲陪伴她来到了巴黎。由于当年学院临时取消了招生计划,所以她是在1888年才跨入巴黎音乐学院大门的。为使女儿有一个更为安定的学习环境,后来她全家干脆都迁来了巴黎。

在巴黎音乐学院,玛格丽特一开始从昂利·费索教授(Henri Fissot)。尽管这位导师不太出名,可她还是在入学的两年后就荣获了学院颁发的最高荣誉奖。不过,当她从院长手里接过获奖证书时却眼含热泪:她不是因自己的成绩而激动,而是为母亲的去世而悲伤,因为从小对自己寄予厚望的母亲没能亲眼看到她获奖的那一幕。在费索去世后她决定转投名气更大的马蒙泰尔门下。如前所述,正由于玛格丽特的姐姐克莱尔的老师与马蒙泰尔是昔日同窗,因着这层特殊的关系,教授破例收下了玛格丽特这位女弟子,并倾其所长,传授给她技艺和学识。这使得本来就技高一筹的玛格丽特更是如虎添翼,音乐视野得到了极大的拓展,她的演奏技艺也越发地成熟完善了。

马蒙泰尔在演奏贝多芬、肖邦和19世纪后半叶的法国钢琴音乐上具有独到的造诣,而玛格丽特除在课堂上悉心领会老师的教学理念外也非常注重在舞台实践中不断地磨练、检验自己的所学所识。她经常参加巴黎的各种音乐沙龙,在音乐界同仁的聚会上演奏舒曼的《狂欢节》和李斯特的《匈牙利狂想曲》。尽管日后的她并不是一位以华丽演技著称的钢琴家,然而,她却认为应该去接受困难艰深作品的挑战,因为她坚信自己有责任去弹好在公开场合演奏的每一首作品。在学习音乐的同时,她也没有中断在艺术领域全面提升自己的机会,她认真研习这一时期的诗歌与绘画作品,既开阔了自己的眼界,又为日后全面介入和演释印象派钢琴作品做好了充足的知识和理论上的储备。

应该说玛格丽特·朗在 19、20 世纪之交的乐坛脱颖而出是躬逢其盛。这一时期，法国的音乐艺术正处于一个全盛时代。其时，它的民族音乐学派仍方兴未艾，而以德彪西、拉威尔为代表的印象派正迅速崛起。身处如此浓郁的艺术氛围之中，她不可能不亲身感染、沐浴到乐坛这股强劲的新风，由此不难看出朗对于 19 世纪下半叶法国钢琴音乐尤其是印象派音乐传播的贡献所在。朗曾不止一次在圣 - 桑的面前演奏过作曲家最著名的《g 小调第二钢琴协奏曲》，还在她毕业后的处女秀上演奏过弗朗克的《交响变奏曲》。她演奏这些民族乐派的钢琴作品在很大程度上是受了其业师的重大影响，因为马蒙泰尔本人就非常赏识这种体现着鲜明民族特性风格的作品，他认为这种风格是与法国钢琴学派的发展、演变紧密地维系在一起的。

如果说朗对于圣 - 桑、弗朗克和丹蒂的热爱是受到乃师影响的话，那么她对于福列作品的演释就全然出自其个人的偏好以及对法国钢琴音乐一种义不容辞的责任感了。钢琴是福列最重要的创作领域之一，他的作品有着与肖邦相近的特质，优美雅致，旋律感人。朗非常喜欢福列音乐注重旋律歌唱性与音乐逻辑发展的平衡性这种独树一帜的艺术风格，在她毕业前的演奏会上她已将福列的作品作为自己的演奏曲目。自步入职业演奏生涯后她更是通过自己频繁的音乐会，向听众们宣传、推介福列的音乐；特别是在 1905 年朗首次演奏了作曲家为钢琴与乐队而作的《叙事曲》，以自己辉煌的诠释论证了福列作品的新颖独到。福列也为朗的这些举动所感染，认为这位女钢琴家在介绍自己的作品方面功不可没，因而他还特地将作于 1905 年的《降 D 大调第四即兴曲》，(作品 91) 题献给了朗以表谢忱。后来朗还应福列之邀去由他出任院长的巴黎音乐学院执教，并于 1920 年接替路易·杰梅 (Louis Diemer, 1843-1919) 担任学院的钢琴系首席教授。朗也一如既往地在音乐会上演奏福列的作品，即便当后来年轻一代作曲家的名声已超过了这位年迈的大师时仍是如此。她对于福列作品的热爱贯穿了她漫长的一生。

与对福列音乐发自内心的喜爱的态度不同，玛格丽特·朗对德彪西的作品则经历了一个从不接受到主动演绎的转变过程。她最早在 1902 年的一场音乐会上听到了这位印象派作曲家的钢琴曲，当即表示这种音乐是不可思议的，它实在是太难弹了。当作曲家颇有些气恼地问她"您显然是不喜欢我写的东西？"时朗答道："您是作曲家，只顾埋头创作而并不理会这些作品的演奏，因而您是不会知道它们实际上有多么难弹。它里面有一些东西我抓不住，就像是面前矗立着一堵墙。"结果，反而是德彪西不断地主动登门拜访游说，最后甚至提出他可以与朗一起建立一个工作室进行切磋交流。但朗对此建议还是非常谨慎。

直接促成朗态度产生 180 度转变的还是她的丈夫约瑟夫·德·马利亚夫 (Joseph de Marliave, 1873-1914)。马利亚夫是一位音乐学家，以研究贝多芬的弦乐四重奏享誉乐界，他也是福列和德彪西的密友。是他鼓励朗大胆地尝试演奏德彪西的音乐。第一次世界大战期间，马利亚夫以上尉军衔加入法国军队上了前线，不幸在 1914 年 8 月的一次战役中遇难，年仅 41 岁。噩耗传来，朗的精神世界顿时被摧毁了。在此后长达两年多时间里她一直处于人生的低谷，变得离群索居，沉默寡言，几乎放弃了自己的演奏。而在这段艰难的日子里，德彪西却一直在她身边鼓舞着她，希望她早日走出低谷重返舞台。1917 年，朗开始尝试去适应德彪西的作品风格，研究演奏印象派音乐的特殊技巧。随着时间的推移，她逐渐对它们有了更深入的理解，并以自己独特的演奏风格去诠释它们。1919 年 5 月，在法国民族音乐协会组织的一场德彪西专场音乐会上，朗的演奏博得了在场每一位听众的喝彩，由此确立了她作为德彪西钢琴作品演奏权威的地位。德彪西后来把朗热情地称为"在一大批法国钢琴家中那位令人嫉妒和有着进取精神的女性"（a jealous and pushy women）。

而对于印象派的另一大家拉威尔而言，朗之于他的关系则完全可以用"提携"来形容。朗比拉威尔年长一岁，拉威尔虽少年成才，却时运不济地在罗马大奖的评选中四度名落孙山。他的第一批钢琴作品大约在 1900 年前后才陆续问世。正是由于朗将他的《古风小步舞曲》、《哈巴涅拉》、《帕凡舞曲》和《水的嬉戏》等作品及时地在自己的独奏音乐会上介绍给听众，向世人大力推荐这位具有卓越才华的福列高足，才促成了拉威尔的成就。拉威尔对朗常怀敬重感激之情，当朗的丈夫马利亚夫不幸去世后拉威尔就将他当年创作的钢琴组曲《库泊兰之墓》的最后一个乐章《托卡塔》题献给亡者以寄托自己的哀思。这部组曲由朗于 1919 年大战结束后予以首演。

朗与拉威尔的友谊最集中地体现在后者的《G 大调钢琴协奏曲》上。这首协奏曲是作曲家第二次访美期间应邀为庆贺波士顿交响乐团成立 50 周年而作的。不过，1932 年在创作的过程中他遭遇了一场车祸，脑部受损，因而在实际创作时已无法百分百地施展出自己杰出的创作技巧，当然更没有可能在作品首演时亲自上阵去演奏钢琴了。于是，拉威尔把作品首演的重任交给了他所信赖的朗。1932 年 1 月 14 日，《G 大调钢琴协奏曲》由朗独奏，拉威尔亲自指挥拉慕勒管弦乐团首演于巴黎，大获成功，并在此后的三个多月里由他俩联袂在欧洲连演 20 多场，声誉鹊起。可以说拉威尔的这首协奏曲之所以能成为 20 世纪的经典，朗的出色诠释与发扬光大是首屈一指的。

从 1906 年朗到巴黎音乐学院执教直到 1940 年离开,她在那里的钢琴教学生涯长达 34 个年头,教书育人,硕果累累。与此同时,她还开设了自己的工作室,从事独立于音乐学院的私人教学。正像她的学生加布里埃尔·塔契诺论及自己老师的影响与地位时说的那样:"她的演释是对演奏法国作曲家作品最透彻的解析,你完全可以将之视为演奏此类作品最权威的方法。"朗根据自己的演奏与教学心得,分别撰写了有关福列、德彪西和拉威尔钢琴作品的论著各一部;她还著有《钢琴技巧练习》(Le Piano)一书,已被翻译成中文在 1982 年由上海文艺出版社出版,成为每一位钢琴学生的研习教科书。

在 20 世纪 40 年代,朗与同胞小提琴家雅克·蒂博(Jacques Thibaud,1880-1953)经常在一起举行钢琴小提琴二重奏,两人无论是在音乐还是在友情上都形成了高度的默契。1941 年,他俩在里昂连续开设了六期大师班,在此基础上形成了朗-蒂博音乐学院,专门招收那些具有才华的青年演奏人才。为了进一步发掘培养青年音乐俊彦,1943 年他们又以自己的名字创办了玛格丽特·朗—雅克·蒂博国际音乐比赛,并于当年的 11 月 15 日举办了该项赛事的第一届比赛。而第一届钢琴比赛的大奖获得者也正是朗的得意弟子、日后以演奏肖邦、德彪西和拉威尔作品而蜚声世界乐坛的桑松·弗朗索瓦(Samson Francois,1924-1970)。这个国际比赛如今已跻身成为与伊丽莎白王后、肖邦、柴科夫斯基等国际比赛齐名的世界一流赛事;我国的音乐家也因此赛事得益匪浅。在 1999 年和 2004 年,出生于上海的侯以嘉和来自上海的宋思衡先后成为这项大赛的金奖得主。

由于出生年代较早,朗并没有留下太多演奏录音。EMI 曾发行过一套她的专辑,收录了她演奏的莫扎特的《A 大调第 23 钢琴协奏曲》、贝多芬的《降 E 大调第五钢琴协奏曲》、拉威尔的《G 大调钢琴协奏曲》、米约的《第一钢琴协奏曲》以及福列的《叙事曲》等(EMI 72245,2CD)。而收录作品更丰、但也收藏难度更大的是法国小公司 Cascavelle 发行的《玛格丽特·朗的艺术》(Vel 3067,4CD),它收录了朗录制于 1929-1944 年全盛时期的众多作品,尤其是福列的钢琴独奏曲以及她与蒂博等合作的《g 小调第二钢琴四重奏》,还有 EMI 专辑里没有的肖邦、德彪西的钢琴曲、贝多芬的《c 小调第三钢琴协奏曲》以及丹蒂的《法国山歌交响曲》。

朗(Long)这个姓氏的法语释义和英语一样,都是长久、长寿的意思。朗也的确长寿,她于 1966 年 2 月 13 日在巴黎逝世,享年 92 岁。1993 年底,由美国钢琴家兼作家塞西莉娅·达诺耶尔撰写的朗的传记《玛格丽特·朗:在法国音乐中的一生》(Marguerite Long:A Life in French Music)面世出版,她详实而生动地记叙了这位女钢琴家长达近一个世纪的精彩人生。正如书名所示:她的一生是与法国的音乐紧密地维系在一起的。

42. 她的独奏生涯绽放于 65 岁之后

——罗西娜·列文涅
（Rosina Lhevinne）

20、21 世纪之交，由 Philips 牵头的国际唱片业五大巨头会同国际知名钢琴品牌斯坦威推出了令万众乐迷瞩目的《20 世纪伟大钢琴家》系列。它以 100 卷共计 200 张 CD 的庞大体量，收罗汇聚了 20 世纪总共 72 位钢琴大家的珍贵演绎录音，全景式地为我们展现了 20 世纪钢琴艺术各个门派的传承与流变，每位艺术家的个性特征与历史地位。纵观这 100 卷煌煌巨献，只有两卷是二人合集的，其中一卷的演奏者正是列文涅夫妇。人们对约瑟夫·列文涅和罗西娜·列文涅夫妇的入选交口称赞，公认他们跻身伟大钢琴家之列当之无愧。若不是因为他们留下的录音资料委实稀缺，以他们夫妇在钢琴演奏上所取得的成就以及在钢琴教学上所具有的影响力，他们是完全有资格每人各占一卷篇幅的。列文涅夫妇在 20 世纪钢琴领域的地位是举足轻重的，特别是罗西娜·列文涅，她在丈夫去世后长达 30 多年的音乐生涯里，以其过人的才艺和杰出的教学足足影响了战后的一代人。无论是她以 82 岁高龄在舞台上演奏肖邦的钢琴协奏曲，还是她的学生范·克莱本摘得首届柴科夫斯基国际钢琴比赛桂冠都不啻是创造了整个钢琴界的奇迹。

❧❧ ❧❧

罗西娜结婚前的名字是罗西娜·贝西。据说她的母亲玛丽娅当初没能与自己的心上人结合而嫁给了有"漂泊的荷兰人"之称的犹太裔荷兰珠宝商雅克·贝西。他们生下了两个女儿，罗西娜比姐姐苏菲小 7 岁，她 1880 年 3 月 29 日出生于沙皇俄国时代的基辅。尽管雅克经营的珠宝生意颇为兴隆，可是当时在基辅不时会发生排斥、歧视犹太人的动乱。为使家庭有个安稳的环境，在罗西娜出生不久他们就举家搬到了莫斯科。

罗西娜从 6 岁起就随家里聘请的私人教师学习钢琴。她有非常好的音乐感觉和手指条件，因而进步很快。三年后，9 岁的她考入了莫斯科音乐学院预科班。在那个年代，要想进入这所名校是非常困难的，倒不是由于报考的人数众多，竞争激烈，而是沙皇亚历山大三世对犹太裔学生的入学下达了明确的限制令，不断压缩给予犹太学生的配比名额。但即便如此，仍难以阻扰技高一招的罗西娜昂首进入这所音乐学府。刚入学时她师从雷梅科夫教授。但不久，老师病了，于是学校就让她暂时跟一位高年级的学生学习，这位高年级的校友就是她日后的真命天子——约瑟夫·列文涅（Joseph Lhevinne，1874-1944）。约瑟夫比她大6岁，当时已是学校里很有名气的尖子生了。当时恐怕他俩谁也没有料到两人的第一次接触竟是如此的机缘巧合。由于成绩优异，三年后，罗西娜进入了由瓦西里·萨弗诺夫（Vassily Safonov，1852-1918）主持的高级班，而这正是她多年来梦寐以求的夙愿。

在19世纪的钢琴教育上唯一能与钢琴之王李斯特相媲美的就是在俄国圣彼得堡音乐学院施教长达半个世纪的波兰人西奥多·莱谢蒂茨基（Theodor Leschtizky，1830-1915），他被认为是日后人才鼎盛的俄罗斯钢琴学派的开宗祖师。萨弗诺夫正是莱谢蒂茨基的高足。他从圣彼得堡音乐学院毕业后先后在母校和莫斯科音乐学院任教，后来还接替塔涅耶夫成为莫斯科音乐学院的院长。萨弗诺夫最引以为傲的教学成就就是在他的高级班上的三位同班同学日后都成了鼎鼎大名的音乐大师，他们是拉赫玛尼诺夫、斯克里亚宾和约瑟夫·列文涅。列文涅当年是以学院颁发的金质奖章获得者的荣誉毕业的。而罗西娜在萨弗诺夫的悉心调教下也不遑多让。1898年，18岁的她同样在毕业时也拿到了学院颁发的金质奖章，并且还是建校以来获得这份殊荣的最年轻的女性。约瑟夫与罗西娜这对在学生时代就相识相知的金童玉女在罗西娜毕业后两年幸福地结合了，他们成了一对令人艳羡的钢琴伉俪，当时罗西娜20岁，列文涅26岁。

婚后第一年，罗西娜便与丈夫一起在莫斯科举行了他俩的钢琴二重奏首秀，获得极大的成功。此后这对年轻的夫妇又相继举办过多场二重奏音乐会，皆佳评如潮，被誉为当时俄国乐坛上钢琴二重奏的第一人选。由于此时的约瑟夫早已成名，他作为一位音乐会钢琴家的演奏事业正如日中天，于是，天赋、才艺毫不逊色的罗西娜这时作了一个决定，她将放弃自己的钢琴独奏生涯，而只与约瑟夫一起演出二重奏；同时把自己的其余时间放在全力支持约瑟夫的演奏事业和钢琴教学领域。其实，罗西娜个人独奏的才艺是有目共睹的，早在15岁那年她就在莫斯科音乐学院的乐团协奏下完成了自己的独奏处女秀，演奏了肖邦的《e小调第一钢琴协奏曲》，而当时指挥乐团的正是她的恩师萨弗诺夫。而在一次由她和约瑟夫演奏的阿连斯基的《第二双钢琴组曲》

音乐会后,出席音乐会的作曲家本人对罗西娜出众的造诣也留下了深刻的印象。音乐会结束后,阿连斯基当面劝说罗西娜不要放弃作为一名独奏家的出色才华。然而,罗西娜还是婉拒了大师和人们的美意,因为在她看来,遵守当初作出的承诺是高于一切的,她不会为这个承诺而感到后悔。

在随约瑟夫在格鲁吉亚首府第比利斯生活了两年后,列文涅夫妇于 1902 年回到了莫斯科,这时约瑟夫被任命为莫斯科音乐学院的教授;而罗西娜也在此时正式成为丈夫的助手参与到钢琴教学中去。不过,夫妇俩还是经常结伴在欧美两地举行着频繁的旅行演出。他们到了纽约,花了一年多的时间在美国各地举行音乐会。有了孩子后列文涅夫妇把家安在了德国柏林郊外的万湖(Wannsee)。在没有演出的时候,约瑟夫在家里收徒授课;而当他独自出外巡演时罗西娜就承担起了他的课程,由她为丈夫的学生们上课。这种既充实又忙碌的音乐生活由于第一次世界大战的爆发戛然而止。由于列文涅夫妇是来自俄国的犹太人,作为战争中的敌对方,他们遭到了德国人的拘禁。这件事使列文涅夫妇清醒地意识到身为欧洲的犹太人无论在自己的祖国还是邻国都备受屈辱的现实,他们迅即作出了决定,一旦战争结束就移民到大洋彼岸的美国,因为在那里他们受到的只有欢迎,没有歧视。

苏联十月革命后,他们来到了美国。起先他们加入了美国音乐艺术协会的教师公会,得以在美国从事教学。从 1924 年起夫妇俩双双被重组的茱莉亚音乐学院聘请担任学校的钢琴教授。作为俄罗斯钢琴学派的嫡派传人,约瑟夫的技巧水准远在当时几乎所有美国当红钢琴家之上,连技巧巨匠霍洛维茨都为之叹服。但到了美国后列文涅夫妇的公开演奏大为减少,他俩将全部心力都投诸于教书育人上面。在音乐学院内,夫妇俩共享一间工作室,因而两人所教的几乎是共同的学生。尽管从一般人看来,在这种教学中罗西娜只是一种协助,然而事实上,在不少学生的心目中,他们私下里认为其实罗西娜是比约瑟夫更优秀的钢琴教授。

罗西娜在茱莉亚音乐学院一干就是 46 年,起先是作为约瑟夫的助手,而后当学生日益增多时她也开始独立执教。当约瑟夫于 1944 年去世后,尽管她对这种长年累月躲在象牙塔里的教书生涯已生倦意,但校方还是全体一致请求她取代丈夫的首席教授之职继续执教。事实上,她所教出的学生也远比约瑟夫的出名得多,在他们之中涌现出了一大批上个世纪中叶蜚声国际的青年英才,其中最闻名遐迩的当数范·克莱本了。这位在 1958 年第一届柴科夫斯基国际音乐比赛上勇夺桂冠、一夜之间成为震惊世界的"美国英雄"的钢琴家是 1951 年到她班上来的。一位来自西方的青年钢琴家能在决赛舞台上以一曲柴科夫斯基的《降 b 小调第一钢琴协奏曲》力挫群雄,在很大程度上要归功于其老师的指点和传授。范·克莱本为《20 世纪伟大钢琴家》列文涅夫妇卷所撰写的导言里留下了这样发自肺腑的文字："列文涅夫人之于我，远比她作为一位伟大的教师具有更多的含义。她代表着一种伟大的精神。"而罗西娜其他学生的知名度也毫不逊色，他们之中有现纽约大都会歌剧院的音乐总监詹姆斯·莱文，创作了《星球大战》、《侏罗纪公园》和《辛德勒的名单》等著名影片配乐的作曲家兼波士顿通俗管弦乐团的首席指挥约翰·威廉姆斯，著名钢琴家则由西方的约翰·布洛宁（John Browning, 1933-2003）、米沙·迪希特（Mischa Dichter, 1945-）、加里克·奥尔森（Garrick Ohlsson, 1948-）到东方的中村纮子（1944-）、韩东一（1941-）和白建宇（1946-）等，哪一位不是柴科夫斯基、肖邦、伊丽莎白王后、列文垂特和布索尼等著名国际钢琴大赛的金奖得主？"桃李不言，下自成蹊"，罗西娜堪称是名徒满门。

罗西娜当初对支持约瑟夫的承诺可谓是一诺千金，在其生前她再也没有在公众场合举行过个人的独奏音乐会。然而，在约瑟夫去世后她开始重新审视当初的这份承诺，认为是该到了"面壁十年，破壁而出"的时候了。而这时的她已近七十古稀了。1948 年，她同意参加哥伦比亚唱片公司为莫扎特的《F 大调第七钢琴协奏曲》录音，这是一首为三架钢琴而作的协奏曲，除罗西娜外其余的两位钢琴家是一对著名的俄国夫妇维蒂娅·沃隆斯基和维克托·拉宾。由此为契机，自此她的演奏一发而不可收。她与母校的茱莉亚弦乐四重奏合作了莫扎特、舒伯特和勃拉姆斯的钢琴五重奏。1956 年 8 月 25 日她又与阿斯本节日乐团合作，演奏了莫扎特的《C 大调第二十一钢琴协奏曲》。在接下去的一年里，这位 76 岁满头银发却仍气度雍容华贵的钢琴家与乐团在全国举行了一系列的巡演，所到之处无不令人肃然起敬而又推崇备至。人们仿佛在一夜之间"发现"了这位钢琴大师，而她却正是他们熟悉的那些钢琴名家的教母！评论家们则惊呼：她真正的独奏生涯直到 65 岁之后才蓦然绽放！ 4 年后，已整整八十高龄的罗西娜又为哥伦比亚唱片公司录制了莫扎特协奏曲的录音。乔纳森·萨默斯指出："这是一个最具代表性的录音，也是这首协奏曲演绎史上最优秀的诠释之一。罗西娜的演奏有着透彻敏锐的神奇音色而无那种学究气十足的干涩或呆板的演奏风格。她在充满想象的浪漫性与忠实原作的可信度之间取得了美妙的平衡。"

两年后的 1961 年 11 月，近 82 岁的罗西娜再一次震惊了国际乐坛，她在纽约亨特学院的录音室里与全国管弦乐协会的女子乐团合作录制了肖邦的《e 小调第一钢琴协奏曲》。同样，从任何一个角度衡量这都是一个杰出的诠释。她的演奏既浪漫又富于诗意；与此同时仍一如既往保持着对作品结构和风格的从容驾驭与完美阐释。而这首作品的演奏距离她 15 岁那年凭此曲初登舞台的处女秀已过去整整 66 个年头了！罗西娜的这两首钢琴协奏曲此前也有 CBS 和 Vanguard 的唱片，但这次都被收录于《20世纪伟大钢琴家》与其丈夫的合集卷里（Philips 456 889，2CD）。克莱本在他的导言里评价到：“它们都是无与伦比的。在录音里我们可以感受到她享受着演奏的乐趣。她甚至还曾对我说她想要演奏更多的协奏曲！作为一名钢琴家，她留给后人更重要的是她那琥珀般的音色和在琴键上那种绝妙的状态（that amber sound and her great case at the keyboard）。她的琴声是那么自然流畅，使人永远感到有一种优美精致和优雅魅力充盈其中，那是她同时代的钢琴大师们所很少拥有的！”她在耄耋之年的演奏技巧毫无任何衰退的痕迹，仍然无愧为是“品味与技巧的最高典范”。

罗西娜一生中的高光时刻恰是在她行将退出舞台生涯前夕。1963 年 1 月 20 日，就在老太太 83 周岁生日的前两个月，她与伯恩斯坦指挥的纽约爱乐乐团在艾弗瑞·菲舍尔大厅演奏了肖邦的《e 小调第一钢琴协奏曲》，这是她平生头一次与一支世界顶尖的交响乐团合作，也是她最后一次出现在公众的视线里。她与纽约爱乐一连演奏了四场，在听众一致叫好的同时他们眼中流露的是对她发自内心的钦佩与赞叹。这个演出实况被记录在了她的学生兼助教萨罗梅·拉姆拉斯·阿尔卡托夫于 2003 年执导的艺术纪录片《罗西娜·列文涅的遗产——一位传奇钢琴家的肖像》里（Kultur Video 4762，DVD），该片里还记录了非常珍贵的罗西娜教学与演奏成就的镜头以及大量她学生们的回忆和访谈。

从茱莉亚音乐学院退休后，晚年的罗西娜仍继续在南加州大学和家里教授学生并举行大师班。作为 19 世纪俄罗斯钢琴学派的最后传人之一，她的教学生涯一直持续到 1976 年 11 月 9 日去世之前。她以 96 岁的高龄逝世于加州洛杉矶的格伦代尔。

在罗西娜的葬礼上，茱莉亚音乐学院的校长彼得·门宁致词道：“她是本世纪最伟大的钢琴教授中非常纯真朴实的一位。伴随着她的离去，教学与演奏中的一整套观念也将随之消逝。”（With her passing, A whole concept of teaching and performing goes with her）

43. 炮火空袭无法摧毁
和中断的琴声
——梅拉·赫斯(Myra Hess)

2009 年 10 月 6 日的傍晚时分,在英国首都伦敦毗邻城市地标特拉法尔加广场的国立美术馆前面,身着正装的人们正有秩序地候在大门外,静静地依次鱼贯而入。这个时刻通常不是参观美术馆的时间。不错,今晚的人们不是来观赏馆内所收藏的那些令人叹为观止的美术杰作和古今瑰宝的。在美术馆的第 36 号大厅,这里将举行一场特殊的音乐会,以纪念一位曾在这里留下过感人足迹的女钢琴家——梅拉·赫斯。对于她本人和所有英国人而言,这都是具有历史意义的一刻:70 年前的 10 月 6 日,正是梅拉·赫斯在这里奏响了不列颠反抗纳粹法西斯、鼓舞士气振奋人心的第一声琴音。从此,这种被命名为"午餐时刻音乐会"(Lunchtime Concert)的战时演出在此后的六年半时间里几乎从未受战火的淫威和战局的影响而中断过,它被誉为是"二战期间饱受摧残的不列颠最有力心灵写照的象征"而载入 20 世纪的英国史册。为了永远纪念这位女钢琴家,英国政府将每年的 10 月 6 日定为"梅拉·赫斯日",在这一天举行纪念她的音乐会。

梅拉·赫斯 1890 年 2 月 25 日出生于伦敦一个信仰东正教的犹太家庭,她是家里四个孩子中最小的一个。她的父亲弗雷德里克·赫斯是从事纺织品贸易的商人,殷实的家境为梅拉学习音乐提供了充分的经济保障。梅拉从 5 岁开始同时学习钢琴和大提琴,但不久就弃大提琴而专攻钢琴。7 岁那年她进入有着悠久历史的圣三一音乐学校,梅拉则是该校历史上最年幼的学生。她天资聪颖,进步神速,一年后就获得了学校颁发的证书。后来,她又进入伦敦的市政厅音乐学校,师从朱利安·帕斯卡尔和奥兰多·摩根继续学习钢琴。就读期间,父亲鼓励她到社会上去见世面,增才干,举行一些公众演出。尽管她家里绝对"不差钱",然而谨遵犹太传统的父亲仍然坚持认为一个人的成长不能依靠家庭资本的庇荫,而要凭藉自己的真才实干。梅拉也真不含糊,她不仅在演出中增强了历练,还给自己挣得了人生的第一笔收入。与此同时,她在学业上仍然出挑过人,分别获得了由学校颁发的斯坦威金奖和安达·刘易斯奖学金。凭借着这份优异的成绩和奖学金,13岁的梅拉顺利地进入了更高一层的专业学习,成为皇家音乐学院的学生。

在皇家音乐学院,梅拉遇到了她一生的恩师托比亚斯·马泰(Tobias Matthay,1858-1945)。马泰通过自己的教学实践与理性分析写出了阐述自己训练钢琴技术体系的《触键动作要义》(The Act of Touch)一书。此书的出版令他名声大噪,被认为是影响了整个英语世界的钢琴教育。后来他干脆辞去了在音乐学院的教职,在伦敦市最繁华的牛津街开办了以自己名字命名的钢琴学校,一办就是30年。在他的学生中,除梅拉·赫斯外,还有20世纪英国乐坛的重量级大师克利福德·柯曾(Clifford Curzon,1907-1982)以及与梅拉在同一时期崛起的几位女性钢琴家,她们是艾瑞娜·沙雷(Irene Scharrer,1888-1971)、哈丽叶特·科恩(Harriet Cohen,1895-1967)和牟拉·林帕尼(Moura Lympany,1916-2005)等。

梅拉来到马泰班上时,尽管她少小成名,学琴之途一路走来也是顺风顺水,然而富有经验的马泰却发现这个学生有一个足以制约她进一步发展的先天短板,那就是她的手太小了,这当然是遗传自她的母亲。为了使梅拉的演奏不至于受手小的掣肘,马泰专门为她设计了一套训练方法,使她的手指指叉能尽可能地伸展张大,以保证演奏时能获得更灵活的运动机能以应付高难度的演奏曲目。在马泰的悉心呵护和严格训练下,梅拉的琴艺较之早年有了一个大的飞跃。梅拉对在自己一生演奏事业中起到关键作用的马泰怀有深深的感恩,她不仅毕业后成为马泰钢琴学校的第一位助教,并且在马泰去世后还常说当自己在演奏时永远会感到恩师就伴随在自己的身边。在皇家音乐学院,梅拉又获得了一枚麦克法伦金质奖章。

1907年,17岁的梅拉毕业了,她以一曲贝多芬的《G大调第四钢琴协奏曲》完成了自己的处女秀。这场演出是在女王大厅举行的,当时指挥乐团为她协奏的是大名鼎鼎的比彻姆爵士。次日,她又在比彻姆的指挥下演奏了圣-桑的《c小调第四钢琴协奏曲》。尽管这两场演出都获得了成功,然而却未能为她拿到进一步的演出合同。为了提升自己的知名度,次年1月她又在伦敦的埃奥利安大厅举办了两场独奏音乐会。此举果然有效。当年年底她接到了在伦敦著名的逍遥音乐节上演奏的邀请。这是她一生中无数次逍遥音乐节演出活动中的第一次。在音乐节创办人亨利·伍德的指挥下她演奏了李斯特的《降E大调第一钢琴协奏曲》,大受欢迎。以梅拉纤弱的体力、短小的手指而能从容驾驭钢琴之王李斯特的这部名作,足以见得马泰当年对她手指条件的改造是多么地卓有成效了。在之后的几年里她不断地受邀在音乐节上演出，经由这个英国人家喻户晓的平台不仅使她的知名度扶摇直上，并且还得到了与著名小提琴家克莱斯勒、西盖蒂，著名女高音歌唱家梅尔芭、洛特·莱曼同台合作的机会。与此同时，她还与她的校友艾瑞娜·沙雷组成女子钢琴二重奏在国内举行巡演，享誉英伦。

1922 年 1 月 24 日，当梅拉在纽约举行她的美国首秀时她已是当时英国最炙手可热的钢琴家了，无论是作为独奏家还是室内乐演奏家都是如此。此后她便定期地在美国和加拿大举行巡演。1924 年 1 月她返回英国，在温格莫尔音乐厅举行了一场独奏音乐会，曲目有英国作曲家巴克斯的《升 f 小调钢琴奏鸣曲》。这一时期无论在自己的祖国还是在大洋彼岸的美国，她的声誉已达到了一个前所未有的高度。

然而，使梅拉·赫斯一举成名天下闻的还当数她在第二次世界大战期间所创立的"午餐时刻音乐会"。1939 年，希特勒悍然发动侵袭，将整个欧洲都推入到战争的深渊。英国作为抗击纳粹法西斯的同盟国不断遭受到德国空军的轰炸。当时，为了避免成为空袭的目标，伦敦市在夜间都实行灯火管制。一到晚上，所有的电影院、剧场和音乐厅都漆黑一片，文化生活荡然无存，人们也时刻处于压抑和恐惧之中。就在这万物萧瑟、万马齐喑的艰难时世，梅拉·赫斯却以一介女子的身份挺身而出。她认为困境中的英国不能没有信念，没有勇气，而音乐就是为人民带来信念和勇气的最有力武器。在 1939 年 9 月底，她说服了国立美术馆馆长肯尼思·克拉克，让他同意自己借美术馆之地举办"午餐时刻音乐会"。克拉克不仅同意了她的建议，还出面为她争取到了英国政府的支持和财政拨款。于是，在当年的 10 月 6 日，第一场"午餐时刻音乐会"就如期举行了。这种音乐会形式以表演独奏独唱和室内乐为主，票价低廉，旨在最大限度地吸引各阶层的音乐听众，为他们提供音乐，藉以抚慰他们的心灵，重燃对抗法西斯和重建美好家园的信心。梅拉作为音乐会的首倡者身体力行，她主动放弃了去国外获得丰厚待遇的商业演出，全身心地投入到每一场"午餐时刻音乐会"的组织和演出中去。在六年半时间里，这种利用人们的午餐休息时间举行的演出形式从未中断过。有时在音乐会举行过程中恰逢敌机轰炸，演奏家们就与听众一起暂时转移到防空掩体内躲避，等轰炸结束后再继续演出。据统计，直到 1946 年 4 月 10 日它完美谢幕为止，"午餐时刻音乐会"总共举办了近 1700 场，平均每月要举办超过 20 场，时间是每周的周一至周五。而在这 1700 场演出中梅拉本人独奏和参与演奏的音乐会就达 150 场，将近占到其中的十分之一。它不仅给战争中的人们带去了难以估量的精神信念和心灵慰藉,还为音乐家慈善基金会募集了 1.6 万英镑的善款。在此期间出席过"午餐时刻音乐会"的总人数达 82 万之巨。残酷的战争夺走了 5 万多伦敦人的生命,市内包括圣保罗大教堂在内的大部分建筑都受到了严重的损坏;然而,位于国立美术馆的音乐会却顽强地坚持了下来,它成为英国乃至世界反法西斯侵略的一座丰碑。基于梅拉·赫斯对此所作出的突出贡献,英王乔治六世于 1941 年特授予她大英帝国女爵的荣誉称号。1942 年她还被皇家爱乐协会授予金质奖章。关于她在战时所举办的几场最著名的音乐会场景被真实地记录在由汉弗莱·詹宁斯和斯图亚特·麦克利斯特联合执导的纪录片《听吧,不列颠!》(Listen To Britain)里。

就像反法西斯的大英雄、指挥家托斯卡尼尼那样,战后的梅拉·赫斯也受到英国人民举国歌颂和欢呼。她又重登音乐舞台,再现其艺术风采。也许是英雄惺惺相惜的缘故吧,1946 年,托斯卡尼尼亲自从美国发来电报,邀请她前往纽约与由他指挥的NBC 交响乐团联袂演出贝多芬的《c 小调第三钢琴协奏曲》。1946 年 12 月 24 日,这场具有纪念意义的音乐会经电波响彻于世界各地的广播中,并保留在 Naxos 发行的唱片里(Naxos 8·110804)。

20 世纪 50 年代,梅拉重又开始活跃于国际乐坛。经过战火的洗礼,人们发现她的琴声更为热情洋溢,也更加自信感人了。早年的梅拉涉猎的曲目范围相当广泛,只要是自己拿得上手的作品她都会公开演奏;但后来她逐渐过滤了自己的演奏曲目,把它们相对集中在巴赫、贝多芬、舒伯特、舒曼和勃拉姆斯等德奥经典作曲家以及斯卡拉蒂和英国作曲家的作品上。她更擅长也最为人称道的是她演奏的德奥古典、浪漫派作品。她的演奏风格内敛大气而又不失灵性,对作品的结构处理清晰简洁,对作品展开运行的把握富有逻辑性。即便是对浪漫派作品,她也没有很多现代演奏家般的情感滥觞和夸张恣肆,而是用适度的、毫不张扬的艺术手法将音乐展现出来。

梅拉为人乐观豁达,语言富于幽默感,这使她总乐于通过音乐会现场与听众进行交流。她对唱片录音不感兴趣,甚至表现出某种反感。她曾公开声称:"当我听自己的录音时,会感到我在赴自己的葬礼。"缘于此,现在留存下来的录音基本上都取自音乐会现场。她的唱片除《20 世纪伟大钢琴家》梅拉·赫斯卷外主要留存在三个品牌的系列里。英国的 BBC 传奇系列发行了四张她的个人专辑(BBC Legends 4028,4111,4178,4201),都为她在逍遥音乐节和其他音乐会上的演奏;美国的 Music & Arts 的一套《梅拉·赫斯在音乐会上》则为 1949-1960 年期间她在美国的演出实况(Music & Arts 779, 4CD)。此外,英国的 APR 还发行了梅拉 1949 年在美国伊利诺伊大学教学与演出期间的一组现场录音,共三张(APR 5520,5539,5549)。通过这些源自不同时间、地点的演奏"拼图",庶几可以真实而完整地还原、勾勒出梅拉在20世纪中叶那美轮美奂的演奏艺术以及在音乐中所展现的鲜明的风格特征和个性化的艺术情趣。在这些录音里最重要的无疑是她演奏的钢琴协奏曲,计有贝多芬的第二、三、四、五协奏曲;莫扎特的第十二、十四、二十、二十一、二十三、二十四、二十七协奏曲;舒曼的a小调协奏曲和勃拉姆斯的第二协奏曲等,其中梅拉对舒曼的钢琴作品保持着非同一般的钟爱,仅舒曼的《a小调钢琴协奏曲》就分别有1937年、1952年以及1958年三个版本,而舒曼的《狂欢节》和《交响变奏曲》也各有两个不同的版本。这或许与舒曼音乐中总是具有那种瞬间爆发的激情能使她将作品中的浪漫感觉发挥到极致,并获得震撼人心效果的艺术天性不无关系。而在梅拉的演奏作品中,不可不提的一首是她自己根据巴赫的第147首康塔塔《心与口,行止与生命》中的合唱改编的钢琴独奏曲《耶稣,人们仰望喜悦》(Jesu, Joy of Man's Desiring),她将对宗教圣洁的虔诚和对信仰无比的赞美都融于这首由三连音曲调构成的旋律质朴平和却饱含深沉而真挚情感的作品之中。这首钢琴曲不仅经常作为她音乐会返场的压轴节目,而且由于其悦耳动人还被后人改编为其他器乐演奏的形式而广为流传,深受世人的喜爱。

1961年,时年71岁的梅拉遭受了一次中风,当时她正在美国的纽约进行每年一度的巡演。通过勇敢地与疾病抗争,同年10月31日她竟又神奇地出现在伦敦的皇家节日大厅,与由博尔特指挥的伦敦爱乐乐团演奏了莫扎特的《A大调第二十三钢琴协奏曲》。这是她生前的最后一场公开演出。离开舞台后她继续从事教学,但只教少量的学生。在她的学生里最出名的是斯蒂芬·科瓦塞维奇(Stephen Kovacevich, 1940-)。1965年11月25日,梅拉·赫斯在她伦敦的家里因心脏病发作去世,享年75岁。

梅拉终生未婚,她生前与音乐圈内的人士也走得并不近,平素只和与她长期从事二重奏的艾瑞娜·沙雷以及英国当代作曲家霍华德·弗格森(Howard Ferguson, 1908-1999)等少数知己保持着友谊。她是那种只为热爱而演奏的艺术家,因为她确信伟大的音乐可以为人类提供心灵的滋养。早在1929年,大卫·埃温就撰文称她是"用音乐歌唱的诗人"(a poet in tones);而在经历了二战那可歌可泣的岁月后,她在世人心目中已成了"浴火中的凤凰",不列颠的琴魂!

44. 完美的克拉拉

——克拉拉·哈斯基尔

（Clara Haskil）

克拉拉是西方女子中很常见的名字。在国际乐坛上有两位为人熟知的女钢琴大师的名字都叫克拉拉：一位就是德国浪漫派作曲家舒曼的妻子克拉拉·舒曼（Clara Schumann，1819-1896）；而另一位就是 20 世纪的"钢琴圣女"克拉拉·哈斯基尔。非常巧的是这两位克拉拉仿佛是受上天指派似的先后降临人世，在人间完成了她们使命的交接和生命的延续。在哈斯基尔出生的一年多后，克拉拉·舒曼在德国的法兰克福闭上了她的双眼。在拉丁语里，克拉拉的寓意是清澈、光辉和著名。这两位钢琴界的克拉拉也恰恰都以自己一生的业绩践行了她们的名字所赋予的使命和涵义，她们都无愧于这个可爱的名字。

克拉拉·哈斯基尔 1895 年 1 月 7 日出生于罗马尼亚首都布加勒斯特的一个犹太家庭，她的祖上是从俄罗斯帝国顿涅茨克和黑海一带迁至这里定居的。克拉拉是家中三姐妹的老二，她的其余两个姐妹也都是音乐家：姐姐莉莉是钢琴家，妹妹乔安妮是小提琴家。所以她们的父亲老艾萨克·哈斯基尔曾不无自豪地对人宣称："我家有三个音乐人才，而克拉拉则是其中的天才。"之所以给第二个女儿取名为克拉拉其实还寄寓着这个家族里的一个愿望。原来老艾萨克的妻子贝尔蒂有一个妹妹就叫克拉拉，她极富音乐天资，可惜天不假年，她 20 岁就去世了。于是贝尔蒂就将自己的第二个女儿取名为克拉拉，以纪念自己早逝的妹妹。殊不知，从此这个女儿的人生竟与那位她从未谋面的姨妈的遭际牵扯上了千丝万缕的命运之结。

犹太家庭的生活境况总是不错的；而在这个家庭里更洋溢着浓浓的欢乐气氛。由于三个女儿都学音乐，所以在哈斯基尔家里总是琴声伴随着欢笑，社区的邻居们投来羡慕赞叹的目光。可是，不幸的是当克拉拉 5 岁那年父亲因病去世了，母亲只得带着三个年幼的女儿相依为命。正由于克拉拉在三姐妹里才华更为出挑，于是她的舅舅便特意给她请了在布加勒斯特音乐学院任教的乔治·斯坦方内斯库教她弹琴；而此前她一直是由母亲教的。1901年,6岁的克拉拉获准进入音乐学院,在那里学了一年。翌年,身为化学家的舅舅得到了去奥地利首都维也纳从事研究的奖学金,便把她也带到了音乐氛围更为浓郁的维也纳。

在此之前,克拉拉·哈斯基尔从未接触过德语,但小姑娘以勤奋的劲头很快就掌握了这门外语,这使得她在此后的三年时间里跟随维也纳最著名的钢琴教授理查德·罗伯特(Richard Robert,1861-1924)的学习不再受到语言的羁绊。罗伯特是20世纪初德奥钢琴学派的名宿,他在钢琴教学上的建树和地位有人甚至认为是堪与西奥多·莱舍蒂茨基放在一起讨论的。罗伯特对眼前这位瘦小文弱的女孩子印象极为深刻,他一方面将纯正地道的德奥派钢琴技法倾心传授,同时又帮助她加深理解和把握德奥经典作品演奏的精髓要义,并大力启发她天性中极为可贵的独特感知。可以说罗伯特这三年的教学几乎奠定了哈斯基尔今后一生的人格建树和艺术风格。与此同时,哈斯基尔还得到过在柏林从事创作和演奏的匈牙利作曲家兼钢琴家布索尼的指点。

或许是考虑到哈斯基尔还缺乏必要的系统全面的学院教育,在罗伯特的建议下,哈斯基尔怀揣着乃师的推荐信来到了法国,找到时任巴黎音乐学院院长的大作曲家福列。福列一方面让她先随自己的弟子、巴黎音乐学院钢琴教授约瑟夫·莫尔佩恩(Joseph Morpain,1893-1961)学习,另一方面则安排她在首都举办了一场独奏音乐会,结果大获成功。于是哈斯基尔得以顺利进入巴黎音乐学院钢琴大师柯托的班上学习深造。不过,由于柯托经常要外出巡演,正常的授课得不到保证,所以哈斯基尔的专业学习主要受益于学院的另两位教授拉萨尔·莱维(Lasare Levy,1882-1964)和吉罗-勒塔瑟夫人(Mme Giruad-Letarse),那年她年仅11岁。四年后,当这个身材瘦弱的少女以学院颁发的两枚金质奖章毕业时,她赢得了包括福列、柯托在内的全校师生的尊敬和赞叹。在两枚金质奖章里一枚当然是钢琴专业的,至于另一枚的来历此处暂卖一个关子,容后文再表。

人们从克拉拉·哈斯基尔的唱片封套以及各种图片肖像中都不难得到这样一个印象:这是位面容慈祥而又目光深邃的女性,尤其是到了老年,就更是一位身躯佝偻、步履维艰的老太太的形象。的确,从严格的意义上说哈斯基尔几乎是一位身患残疾的钢琴家。她自幼就发育不良,体弱多病,在她的一生中各种疾患病痛就从没有离开过她,并还时常中断她的艺术生涯。1913年,18岁的她由于脊柱侧凸,为了矫正身姿不得不被迫退出了刚刚起步的巡演生涯。她在一家护理院里身上终日绑着厚厚的石膏绷带,一躺就是四年。为了照顾她的起居和康复,她的母亲和姐妹都来到法国协助照料。早年的哈斯基尔还患有严重的心理障碍,一上舞台就会紧张,这自然影响到她演奏水平的正常发挥,因此在 1920 年代她的演出难以博得评论家们的青睐,自然也就无法得到固定的演出合同。没有稳定的演出收入,再加之医疗康复的费用,青年时代的哈斯基尔在大多数时间内的生活都是与贫病交加这个词联系在一起的。而这又影响到她营养的摄入和健康的恢复,如此周而复始,形成恶性循环,这样恶劣的周遭境遇极大地摧残了她的身体和心理。

更不幸的打击又纷至沓来。1941 年,哈斯基尔的眼部长了一个赘疣,需要施行手术切除。然而,当时正值第二次世界大战,法国已经沦陷。为了躲避德国纳粹对犹太人的迫害,她们全家逃到了法国南部的马赛。在那里她遇到了一位来自巴黎的外科医生,这位医生在医疗设备极为简陋的条件下为她作了眼部赘疣的手术。这次草率的手术结果是赘疣去除了,但却不幸伤及了视觉神经,给哈斯基尔落下了日后时常会发作的剧烈头疼的后遗症。后来她又得了慢性骨髓炎,长年忍受着背部疼痛的折磨。

然而,诚所谓"天将降大任于斯人也,必先苦其心志,劳其筋骨",尽管病魔一次次地侵蚀着她的身体,但坎坷的命运不仅没有使这位外表弱小的钢琴家屈服沉沦,反而更激发出她用自己的琴声去讴歌生活的勇气和信心。难怪后来哈斯基尔终生都以莫扎特的音乐作为抚慰自己心灵的伴侣,因为只有她才能通过自己的切身体验感悟出莫扎特身处艰难困境时仍给世人送去阳光般温暖的动人旋律的音乐真谛。在 20 世纪二三十年代,她的舞台演出主要以室内乐为主。当时与她合作的都是显赫一时的乐坛巨擘,像她的同胞乔治·埃涅斯库、法比派小提琴大师伊萨伊、西班牙大提琴泰斗卡萨尔斯等。她经常与这几位乐坛大家结伴在欧洲和北美作旅行演出。直到二战结束后的 1949 年,当哈斯基尔在荷兰举行了一系列的音乐会后,整个国际乐坛才像一下子发现了"新大陆"似的,把这位长期被忽视埋没的女钢琴家推到了万众瞩目的前台。哈斯基尔由此终于迎来了她的辉煌岁月,那年她已 54 岁了。

正像她名字的释义,哈斯基尔的演奏首先是以其音质和乐句的纯净清澈作为突出的个性标志的。用音乐学家彼得·格拉登维茨的话来说,"她的演奏能将听众引领到一个纯粹的音乐的潜在世界中去"。她的演奏不仅纯净清澈,而且优雅精致,趣味高洁。在国际乐坛上,她那个更广为人知的称号"完美的克拉拉"(the perfect Clara)则出自她的同门师弟鲁道夫·塞尔金——另一位以触键清晰、音色纯正而著称的德奥派钢琴传人。

令人难以置信的是:外貌看似瘦小而弱不禁风的哈斯基尔却有着一双不同寻常

的大手。她弹起八度音程来毫不费力。1954 年,在萨尔茨堡艺术节上听过她演奏的汉斯·科勒这样写道:"我从没有见过别人有像她那么长的大拇指,因而她被同行们戏称为是'在西方乐坛上跑动得最快的大拇指'。她也能轻而易举地弹奏出一个十三度音程,或以第二指和第五指奏出一个十二度音程。"哈斯基尔的演奏不仅音色纯净清澈,珠圆玉润,而且舞台风范也极佳,显得优雅高贵,令人赏心悦目。请看,这是当时的评论家对她演奏时的具体描述:"她那双非常宽大的手掌像雪花膏似的凝脂玉洁。当她的手指在键盘上优雅地滑过时,就如同一块扁平的石片掠过水面所溅起的阵阵涟漪。这就是她演奏的招牌特征。从她的动作中你似乎永远看不出哪些意味着音乐的开始,哪些预示着音乐的结束。一切都是那么地轻松自然,风轻云淡,仿佛她可以保持着这样的姿态一直演奏下去而永无止尽。"

就如同莫扎特最杰出的作品都产生于他在维也纳的人生最后十年那样,哈斯基尔从 1949 年被人"重新发现"到她 1960 年去世也仅有十年多光景。然而,仅凭这十年多的艺术经历就足以确立起她在 20 世纪钢琴领域无可撼动的大家地位。尽管她的科班教育是在巴黎音乐学院完成并曾得到过像柯托、莱维这样的法国大师亲炙,然而她演奏的作品范围仍牢牢地锁定在德奥古典、浪漫派作品以及斯卡拉蒂的奏鸣曲上。她几乎从不涉足法国的钢琴作品,在她《20 世纪伟大钢琴家》的两卷个人专辑里也不见李斯特和肖邦的踪迹。只是在 Philips 发行的《克拉拉·哈斯基尔的遗产》套辑(共分为室内乐、协奏曲和独奏曲三辑, Philips 442 685, 12CD)里人们才知道她还曾留下过一个肖邦的《f 小调第二钢琴协奏曲》的录音。她的演奏曲目始终围绕着维也纳古典乐派以及舒伯特和舒曼而展开,而其中最为人津津乐道的则首推她演奏的莫扎特钢琴作品。她是 20 世纪中叶举世公认的莫扎特作品演绎权威。这自然与她早年受教于恩师理查德·罗伯特的深刻影响有关,也与她的个性风格和美学见解相连。她以其自身的经历遭际去体验、逼近莫扎特的音乐内核,从中得到的是别人难以企及的理解深度和演绎高度。不过,尽管她被誉为是"莫扎特之魂附体"的权威,但她也并未像不少现代演奏家那样弹奏整套的莫扎特作品,而是如同指挥界的"苛刻太岁"卡洛斯·克莱伯(Carlos Kleiber, 1930-2004)一样,只专注于对其中部分作品的研究与诠释,并且在反复演绎中使之每一次呈现都力臻完美,成为经典。《20 世纪伟大钢琴家》的哈斯基尔卷二是莫扎特钢琴协奏曲专辑(Philips 456 826, 2CD),收录了她演奏的第十三、二十、二十三、二十四和二十七共五首钢琴协奏曲。但其实,她演奏的莫扎特第九和第十九两首的重要性和艺术价值绝不比前面五首低,甚至在某种程度上还更高。

据统计,第十九协奏曲和第二十协奏曲是哈斯基尔一生中演奏次数最多,留下的录音也最多的两首。或许在所有的钢琴家里没有比哈斯基尔更钟情于《F 大调第十九钢琴协奏曲》的了,她曾留下了八个版本的录音,光与匈牙利指挥大师费伦茨·弗里乔伊(Ferenc Fricsay, 1914-1963)的合作就有三个。哈斯基尔在演绎此曲时充分展示出其音质清纯透彻,音色悦耳动人的特征。她的诠释完全摒弃了任何夸张矫饰的成分,自然而单纯的风格体现出的是使每个音符富有生机和活力的歌唱。在很大程度上哈斯基尔对莫扎特的完美诠释来自于她艺术家的敏感和本能。她曾这样形容自己的演奏风格:"我之所以这样演奏是因为我感觉音乐就是这么要求的,但我无法解释为什么感觉是这样的。"

无疑,哈斯基尔对《d 小调第二十钢琴协奏曲》的诠释也是堪称典范的,她为此曲留下了十个以上的版本。尽管由 DECCA 发行的《克拉拉·哈斯基尔选集》(DECCA 149 240,17CD)选入了其中的四个,但仍遗漏了哈斯基尔与由作曲家亨德米特指挥的法国国家管弦乐团 1957 年在瑞士蒙特勒艺术节上的珍贵现场版本(Music & Arts, 864)。

有一个非常有意思的现象值得注意,那就是作为一名德奥古典乐派的精神信徒,哈斯基尔在其艺术生涯中演奏的莫扎特、贝多芬钢琴奏鸣曲甚少(莫扎特只演奏过 K280, K330 两首;贝多芬只演奏过第十七、十八和三十二这三首奏鸣曲),但她与其黄金搭档、比利时小提琴家阿瑟·格吕米欧(Arthur Grumiaux,1921-1986)却录制了贝多芬的全套小提琴奏鸣曲(Philips 422 140,3CD)和莫扎特最重要的六首小提琴奏鸣曲。由此就不得不回到上文提及的她在巴黎音乐学院获得的另一枚金质奖章了。原来当年哈斯基尔刚到维也纳不久,她曾去听了一场小提琴大师约阿希姆的音乐会,她惊愕于大师对于勃拉姆斯小提琴协奏曲的精湛演绎,于是一度产生了改学小提琴的念头。她没日没夜地埋头苦练,后来当她在巴黎音乐学院学习时也没忘了同时研修小提琴技艺,所以毕业时她的小提琴演奏也拿了一枚金质大奖。正由于其本人对小提琴有颇深的造诣,因而她在与诸如伊萨伊、埃涅斯库、西盖蒂、谢林、斯特恩和格吕米欧这样的小提琴高手合作时才会显得那么心有灵犀,默契有致了。她甚至曾与瑞士小提琴家彼得·里巴尔(Peter Ryber,1913-2001)在音乐会上表演过"串行演奏"的好戏,由她演奏小提琴,里巴尔担任钢琴伴奏演奏了布索尼和莫扎特的小提琴奏鸣曲(Doran 400,2CD);而唱片封套上描绘的也正是哈斯基尔站在里巴尔身旁拉小提琴的身姿!

1960 年 11 月,哈斯基尔与由指挥家伊戈尔·马尔科维奇指挥的法国拉慕勒管弦乐团合作演奏了莫扎特的《d 小调第二十钢琴协奏曲》和《c 小调第二十四钢琴协奏曲》

两首作品。这是她最卓越的一次演奏,也是她生命中的莫扎特"绝唱"。在演绎时她的速度显得不同寻常地缓慢,仿佛是她向这个世界依依不舍的告别(Philips 464 718)。是啊,经历了长期病痛的折磨和高密频率的演出,这位女钢琴家已显得心力交瘁,身心俱疲。同年12月6日,就在她65周岁的前一个月,哈斯基尔抵达比利时的布鲁塞尔,准备着手与格吕米欧即将开始的音乐会巡演。在布鲁塞尔的地铁站她从自动扶梯上滑落下来,当即不省人事。在被送往医院的第二天终告不治,享年65岁。她被葬于巴黎的蒙帕纳斯公墓,与早已沉眠在那里的莫泊桑、波德莱尔等伟人为伴。哈斯基尔给我们这个世界留下了什么? 用指挥家弗里乔伊的话来说:"伴随着克拉拉·哈斯基尔的去世,我们已经变得更贫穷了;然而我们的存在却因她的(璀璨)人生而变得更富有! "(With the death of Clara Haskil we have become the poorer, but our existence has been enriched by her life)。

少女时代的哈斯基尔

哈斯基尔与小提琴家格吕米欧

45. 来自潘帕斯草原的女性帕德列夫斯基

——奎奥玛尔·诺瓦埃斯

（Guiomar Novaes）

就在克拉拉·哈斯基尔诞生的同一年里，地球南半球的巴西有一个女婴也呱呱坠地了。她的出生仅比哈斯基尔晚了一个半月，但日后这个孩子却也像在欧洲降生的哈斯基尔一样，成了 20 世纪国际乐坛上最伟大的女钢琴家之一。她，就是奎奥玛尔·诺瓦埃斯。

诺瓦埃斯 1895 年 2 月 28 日出生于巴西东南部圣保罗州的圣胡安·达·博阿维斯塔一个传统的大家庭里，她是这家 19 个孩子中的第 17 个，也是家中最年幼的女儿。从小这个小女儿就聪明伶俐，受到父母和哥哥姐姐们的万千宠爱，全家也对她期以厚望。她 4 岁开始学琴，家里为她延聘了圣保罗最有名的女钢琴家安东尼塔·鲁杰·米勒担任她的钢琴教师。虽说安东尼塔仅比诺瓦埃斯大 10 岁，但这位巴西本土的钢琴家却得到过波兰大钢琴家阿瑟·鲁宾斯坦的高度赏识。在为小诺瓦埃斯打下最初的基础之后，安东尼塔把诺瓦埃斯介绍给了自己的老师——具有意大利血统的路易吉·契阿法雷利（Luigi Chiafarelli, 1856-1923），让他对这颗幼苗继续施教。契阿法雷利是作曲家兼钢琴家布索尼的学生，不仅琴艺了得，而且教学也很有一套。那年诺瓦埃斯才刚到进小学的年龄——7 岁。

在跟随契阿法雷利学琴 4 年后，11 岁的诺瓦埃斯的琴技已是令人刮目相看了。那一年老师把她带到了里约热内卢。她在首都的音乐舞台上首次亮相，便一演惊艳。令人咋舌的是这个 11 岁的小姑娘在音乐会上演奏的竟然是美国作曲家高兹查克（Louis Gottschalk, 1829-1869）的那首具有李斯特式炫技风范的《大幻想曲》。一曲甫毕，全场顿时爆发出雷鸣般的欢呼和掌声。由此，巴西出了一位钢琴神童的消息不胫而走。此举自然也惊动了巴西政府。主管文化和音乐的部门出面对诺瓦埃斯的父亲作出许诺，表示愿意出资送他的天才女儿到欧洲进一步学习深造；而与此同时诺瓦埃斯的老师契阿法雷利也竭力劝说她的父亲同意让女儿去欧洲拓展艺术事业，因为毕竟那里有着比巴西更为广阔的发展平台。就这样，1909 年 14 岁的诺瓦埃斯来到了法国，她用自己那双在键盘上矫健如飞的手怯生生地叩响了巴黎音乐学院的大门。

20 世纪初的巴黎音乐学院还带有明显的"排外歧视"，它规定在每年招收的新生中为不是法国籍的外国学生留出的名额居然只有区区的两个！在诺瓦埃斯参加考试的 1909 年，就有 387 个外国考生要为这仅有的两个名额而争得头破血流，其竞争之凶险惨烈不言而喻。可是，诚所谓"艺高人胆大"，尽管在这 387 个竞争者中诺瓦埃斯还是其中极少数的女性，但她却并没有被这场中选率极低的竞争所吓退；相反，她对自己的才艺还抱着一种与其实际年龄极不相称的自信和沉着。

在入学考试的当天，评委席上端坐着大名鼎鼎的德彪西、福列 (时任巴黎音乐学院院长) 和莫什科夫斯基。但见诺瓦埃斯上得台来径自向钢琴走去，她神态自若，心无旁骛地演奏了自己准备好的曲目，它们是李斯特的《E 大调帕格尼尼练习曲》，肖邦的《降 A 大调叙事曲》和舒曼的《狂欢节》。这样的作品难度和对其令人满意的完成度使她毫无悬念地获得了入学考试成绩的第一名，得以如愿进入音乐学院。在场的德彪西在听了她的演奏之后竟难抑心中的激动之情，他提笔写道："这个来自巴西的年轻姑娘并不漂亮，然而她的眼睛里却全是音乐。她具有一位伟大钢琴家所应有的一切良好条件，在舞台上显得那般沉着自若，视在场的评委和听众如无物而尽情地施展着自己的才艺。她演奏时的神情是如此专注而有定力，这种个性特征即便是在成名的艺术家里也是相当罕见的啊！"

德彪西的评语可谓一语中的。诺瓦埃斯的确是个有主见、有思想的女孩子。进入巴黎音乐学院后她师从的是学院里最著名的钢琴教授依西多尔·菲利普 (Isidor Philipp, 1863-1958)。到了菲利普班上后，她为老师弹的第一首作品就是贝多芬的《降 E 大调第二十六钢琴奏鸣曲》(告别)。菲利普在听她演奏第二乐章时认为她的速度太快，于是一遍遍地告诫她要把速度慢下来。这个乐章奏完后诺瓦埃斯停了下来，只见她思索了片刻，然后以一种在细节处理上全然不同的手法把第二乐章又演奏了一遍，不过速度却仍然照旧。见老师仍然不置一词，于是她又以不同的处理方式如此反复数遍，可就是不放慢音乐的速度。在此情形下，向来一言九鼎的菲利普也不得不向这个有个性的小姑娘妥协了。他放弃了最初对她的要求，事后他对别人说："看来，即便她只有 15 岁，她的头脑里已经牢固地树立起自己的想法。"诺瓦埃斯的自信和执着由此可见一斑。不过，毕竟菲利普是法国钢琴大家，在跟随他学习的 4 年里诺瓦埃斯还是真切地学到了法国钢琴学派尤其是肖邦作品演绎的艺术真谛。

诺瓦埃斯很早就参与到了巴黎这个艺术之都的社会实践中去。1910 年底,还未满 16 岁的她已称得上是音乐生活中的一位行家里手了。她将自己正式的舞台处女秀定为毕业那年举行的那场音乐会。以巴黎音乐学院钢琴成绩第一名毕业的她与由作曲家皮尔纳指挥的城堡管弦乐团合作,以一场协奏曲音乐会宣告了自己的正式出山。她的演奏获得了巨大的成功,并以此为出发点随即开始了她的巡演生涯。她先后到了英国、意大利、瑞士和德国举行巡演,所到之处无不受到热烈的欢迎。

1914 年第一次世界大战的爆发中断了诺瓦埃斯的欧洲巡演。由于时局极不稳定,正常的演奏秩序已难以维持,在这种情况下诺瓦埃斯返回了巴西。不过,她可没有空闲着,在之后的几年里她完成了人生中的两件大事。第一件就是 1915 年她应邀访问美国,当年 11 月 11 日在纽约的埃奥利安大厅举行了她的美国首秀。她没有想到的是,美国的听众如同欧洲人一样喜爱她的演奏,甚至有过之而无不及。他们认为诺瓦埃斯的演奏风格尤其是她那表现出的宽广的力度和丰富的音色非常像过去时代的那些浪漫派钢琴大师。他们提到的两位是波兰的帕德列夫斯基和约瑟夫·霍夫曼。评论家理查德·奥尔德里奇在《纽约时报》上把她称为"受到上帝恩宠的音乐家";而皮茨·桑伯恩则在《波士顿环球报》上称她为"年轻的钢琴天才",文中还给她起了一个日后使之声名远扬的外号——"来自帕帕斯草原的女性帕德列夫斯基"(the Paderewska of the Pampas)。一战期间她在北美的乐坛上风生水起,而其中纽约更是她的发祥之地。在此后的 57 年舞台生涯中她从没忘记不时来这里举行独奏或协奏曲音乐会。

在此期间诺瓦埃斯完成的第二件人生大事就是她完了婚。在 20 世纪初期,女性钢琴家们为了追求其艺术事业以及其他各种因由终生未嫁的不在少数,如梅拉·赫斯、克拉拉·哈斯基尔等都是如此。而诺瓦埃斯不但成了家,并且夫婿还是她志同道合的意中人。她的丈夫奥克塔维奥·平托比她大 5 岁,他不仅是一位专业的市政建筑工程师,并且还是一位"段位"不低的音乐家,钢琴、作曲、指挥件件拿得上手。自1922 年与平托结婚后她生了两个孩子,一家人在圣保罗享受着天伦之乐,其乐融融。有一张著名的照片是这种家庭生活和谐快乐的写照。在照片上她 2 岁不到的女儿坐在钢琴的顶盖上,诺瓦埃斯面朝着她在怡然自得地弹着琴。他们一家与巴西伟大的作曲家维拉 - 罗伯斯关系非常好,作曲家曾专门为诺瓦埃斯的孩子创作了钢琴组曲《宝宝的家庭》(Prole do Bebe),诺瓦埃斯经常弹给孩子们听。而她那位业余作曲家的丈夫也为自己的孩子创作了模仿舒曼同名作品的《童年情景》,这首乐曲后来也成为诺瓦埃斯在其独奏音乐会上一首固定的加演曲目。当然,她的加演曲目中还有一首地位非常特殊的作品,那就是其恩师菲利普创作的《鬼火》(Feux follets),这是一首从曲名到内容都极尽模仿李斯特同名钢琴曲之能事的炫技曲。

諾瓦埃斯的录音事业开始得也很早。早在 1919-1923 年期间她就为美国的胜利唱片公司录制了一系列声学录音。尽管这些录音里大多是像安东·鲁宾斯坦的《夜曲》、帕德列夫斯基的《杂忆》(Miscellanea)、莫什科夫斯基的《游吟诗人》(La Jongleuse)以及麦克道威尔的《幻想练习曲》这样的音乐会"小甜点",但也记录下了她演奏的李斯特两首音乐会练习曲和高兹查克的《大幻想曲》这样具有高度技巧性的作品,展示出这位女钢琴家所具有的出众精湛的演技和驾驭高度炫技作品的能力。这些早年录制的 78 转唱片录音后来转成 CD 予以发行(Music & Arts 4702)。虽然是单声道录音,但效果却出奇地好。

諾瓦埃斯的演奏艺术以对音调和乐句的纤巧精妙、对旋律声线连绵不绝的歌唱性以及对细节处理细腻敏锐的纤毫毕现而著称于世。她秉承法国钢琴学派的传统,无论演奏什么作品都以一种洒脱从容的贵族式风范去逼近音乐,展示出其艺术美感,因为在她看来钢琴演奏是她情感诉求的载体,哪怕是演奏贝多芬,她在键盘上体现的也是那种不刻意强求的自然流露。一切都是显得那么从容自若,雍容典雅。音乐评论家大卫·杜巴尔在其所著《钢琴的艺术》(The Art of the Piano)一书中对她的评语是:"首先是个性化,永远是个性化(first and always personalized)!"他进一步指出:"她喜欢沉溺于对细节的探究,并对别的钢琴家为何对此毫不在意感到惊愕和难以理解。即便是在那些允许自由随意发挥的乐段里她也总是不惜赋予它们以不可思议又不可或缺的演奏个性——这种诠释显得那么令人信服,她的手指所到之处都给人留下了一种使人倍感亲切温馨的情愫,这在她演绎的肖邦作品中尤为彰显。"

的确,在其艺术炉火纯青的 1940 年代,諾瓦埃斯给人印象最深的当数她对肖邦作品的演释了。事实上,在今天她留下的录音中最有价值也最能代表其艺术成就的就是这部分作品。她传承了乃师菲利普得自马蒂亚斯的真传精要,因而在演奏肖邦时就比别人具备了更充足的底气和更具神韵的风采。在 1940 年代后期她为美国 VOX 唱片公司录制的 25 张 LP 如今大都已转制成 CD,其中就有她演奏肖邦的全套夜曲、两套练习曲(作品 10,作品 25)和《降 b 小调第二钢琴奏鸣曲》(VOX 3501,3CD);两首钢琴协奏曲(分别收录于 VOX 5513,2CD 和 VOX 5501,2CD)中。1949 年,諾瓦埃斯在纽约著名的市政大厅举行了一场著名的独奏音乐会,在连续两天的音乐会上她演奏的全部是肖邦作品,有第二、第三钢琴奏鸣曲、《升 f 小调即兴曲》、《f 小调幻想曲》;24 首前奏曲以及谐谑曲、夜曲和练习曲等(Music & Arts 1029,2CD)。著名的美国作曲家维吉尔·汤普森在聆听了她的演奏之后撰文写道："她给予听众的是最全神贯注也最令人信服的诠释。她对于肖邦第二奏鸣曲的演释我相信是大部分评论家们从未听到过的。"这场音乐会以及其后在美国皮博迪·梅森音乐会的系列演出标志着诺瓦埃斯演奏生涯中第二个艺术高潮的到来。而这一时期一直持续了20多年,直到1970年代才告终止。

除了肖邦外,诺瓦埃斯也演奏莫扎特和贝多芬;而她演奏的舒曼作品也可圈可点。她曾录有一套舒曼专辑,收录了作曲家的《狂欢节》《儿童情景》《蝴蝶》《交响练习曲》以及《a小调钢琴协奏曲》等重要大型套曲(Musical Concepts 127,2CD)。乐评大腕哈罗德·勋伯格在他的《伟大的钢琴家》(The Great Pianists)一书中描述她在克吕坦指挥下演奏的舒曼协奏曲"令人惊奇地联想到约瑟夫·霍夫曼当年的演绎,因为它们有着非常相似的轻快灵巧,音色丰富而又不背离原作的韵律"。正像勋伯格说的那样,人们之所以将她比喻为女性帕德列夫斯基或霍夫曼,是由于她像那些浪漫派钢琴大师那样在演绎同一首作品时决不会照本宣科地以相同的方式去处理,而是每演奏一遍都会赋予作品以新鲜而细腻的变化,而这种诠释又似乎与真实、自然与完美的终极目标更近了一步!

诺瓦埃斯的丈夫平托于1950年去世后,她以更大的热情投身到演奏事业中去。1972年她在纽约的亨特学院举行了她的谢幕演出。在音乐会上她再一次演奏了自己的成名曲——高兹查克的《大幻想曲》以纪念这位作曲家逝世100周年。舞台上的她已是77岁的老太太了,但仍是那么精神矍铄,手指灵敏。至此,诺瓦埃斯才告别了自己心爱的舞台。7年后她以84岁高龄在祖国巴西辞世。

46. 音乐的仆人 钢琴的巨人
——玛丽娅·尤金纳
（Maria Yudina）

1862年俄国钢琴家安东·鲁宾斯坦创建了俄国的第一所音乐学院——圣彼得堡音乐学院,他本人也被尊奉为俄罗斯音乐文化的奠基人之一。然而,作为一名钢琴教师,鲁宾斯坦对后人的影响更确切地说只停留在象征层面,他本人的钢琴教学既没有时间的保证,又缺少理论的依托;倒是曾经跟他上过几堂课的弟子们将他当初的宏伟构想变成了辉煌现实。在这些弟子里成就最大的是菲利克斯·布鲁门菲尔德（Felix Blumenfeld,1863-1931）,他不仅教出了在20世纪扬名立万的钢琴巨匠霍洛维茨和他的师兄西蒙·巴瑞尔（Simon Barere,1896-1951）,还一手培养出了两位同名的女弟子,即玛丽娅·尤金纳和玛丽娅·格林伯格（Maria Grinberg,1908-1978）。在这两朵姐妹花中尤以尤金纳的艺术和人生更具有令人一唱三叹的传奇色彩。

玛丽娅·维尼亚米诺芙娜·尤金纳1899年9月9日出生于今白俄罗斯共和国东北部维捷布斯克州的内维尔。早在帝俄时代这里是沙皇俄国集中圈居犹太人、限制他们活动的区域。作为犹太人后裔,尤金纳从小就受到家庭氛围的熏陶感染,爱上了音乐。她从7岁开始学习钢琴。一开始家里只是为她请了维捷布斯克当地的音乐老师教她弹琴,但没过多久,老师就发现学生的技艺已超过了自己,于是只得为她换一位老师,如是者数次。她的父母这时才意识到女儿的音乐天赋实在是大大超出他们原先的预计,于是他们下了血本,把她带到了首都,设法请到了在圣彼得堡音乐学院任教的著名女教授安娜·埃西波娃（Anna Esipova 或 Anna Yesipova,1851-1914）为13岁的尤金纳私人授课。说起这位埃西波娃可大有来头,她不仅是近代钢琴史上开宗立派的宗师莱舍蒂茨基的学生和助教,后来还成了他的妻子。婚后夫妇俩经常在音乐会上演出二重奏,风靡欧洲乐坛。自1892年与莱舍蒂茨基离婚后,埃西波娃重返俄国,在圣彼得堡音乐学院施教,她门下的一位著名弟子是普罗科菲耶夫。

埃西波娃去世后,1918 年 19 岁的尤金纳以令人信服的成绩考入了圣彼得堡音乐学院,师从另一名著名的俄罗斯钢琴学派传承人列昂尼德·尼古拉耶夫(Leonid Nikolayev,1878-1942)。在那一年,尤金纳有幸与日后的"苏联贝多芬"肖斯塔科维奇以及钢琴名家弗拉基米尔·索夫朗尼斯基(Vladimir Sofronitsky,1901-1961)成为同班同学,而在钢琴演奏上尤金纳与索夫朗尼斯基这对金童玉女更是学院的骄傲,他们的演奏技艺是全校最棒的。在四年的学习生涯里两人不仅是学业上的竞争对手,更是相得益彰的同窗好友。他俩的毕业音乐会也选择在同一天举行。令人惊奇的是他们的毕业作品竟也不约而同地选择了同一首高难度的作品——李斯特的《b 小调钢琴奏鸣曲》。他们那天的出色发挥令在场的全校师生大呼过瘾。此时以尤金纳的才艺学识已具备一位出色的音乐会演奏家的资格,然而,令当时所有人都始料未及的是她并没有像她的同窗兼对手索夫朗尼斯基那样走上乐坛,反而接受了学院的聘请,决定留在母校从事钢琴教学,孰料这却为她带来了日后的无妄之灾。

一切起因于尤金纳的个人信仰。众所周知,在苏联"十月革命"后执政党就取缔了人们传统的宗教信仰,因为它们是"一种精神上的劣质酒"和"麻醉人们的鸦片"。然而,事实上这种根深蒂固的宗教信仰却是很难被连根铲除的,尤其是在俄国历史发展中曾占据统治地位的东正教。尤金纳就是一个坚定的东正教信徒,哪怕是"十月革命"后经历暴风骤雨的群众运动和批判整肃之后她仍直言不讳地表明自己的信仰。她总是在教学的课堂上不自觉地流露出自己的宗教倾向,尤其是在为学生指导巴赫、莫扎特、李斯特以及俄罗斯民族乐派的作品时更是如此。她的这种做法当然为主管部门和执政当局所不容。于是,在 1930 年音乐学院宣布解除她的教授资格,不允许她"再在社会主义的课堂上大放厥词",她被赶出了学校。她失了业,再加上她在彼得堡(当时已改名为列宁格勒)又没有住所,因而她在一夜之间竟成了无家可归的流浪者。靠开音乐会挣钱也不可能! 因为她同样被禁止在公众场合演出的权利。作为一位艺术家,尤金纳除了弹琴和教琴外更别无所长,她该如何生存下去?

❧～❧

是的,要顽强地活下去! 当时尤金纳的生活完全可以用"缺衣少食"来形容。由于被开除出教师队伍,意味着她已丧失了知识分子的优待,她在 20 世纪 30 年代苏联经济状况本就艰难的岁月里就更显得艰辛窘拮。她常常无法填饱自己的肚子;身上的衣服通常要几年才更换一件。她甚至无法拥有自己的钢琴! 然而,这一切都不能更改她对信仰的坚守和对艺术的追求。在最困难的日子里,幸亏她身边的不少朋友向她伸出了援助之手,帮她渡过了人生的低谷。他们之中有日后获得 1958 年诺贝尔文学奖的作家鲍里斯·帕斯捷尔纳克、诗人尼古拉·扎波洛茨基,当然更有她的同道人、钢琴家海因里希·涅高兹(Heinrich Neuhaus,1888-1964)和肖斯塔科维奇。后来,尤金纳曾在一篇日记里这样写道:"友谊是什么? 它就是至死的可靠和忠诚; 是时刻准备着与你一起去分享心灵的礼物!"

1932 年,在首都莫斯科和列宁格勒等大城市毫无任何机会的尤金纳辗转来到了格鲁吉亚加盟共和国的首府第比利斯。第比利斯国立音乐学院邀请她担任该校钢琴系毕业班的专业教授。显然,这里远离政治中心的艺术氛围更适合她。于是,她在这个地处高加索山脉的城市一呆就是四年,总算是重拾旧业,重执教鞭。1936 年,又是她的好朋友涅高兹力排众议,为她多方奔走,尤金纳终于得以回到莫斯科,出任莫斯科音乐学院的教授。此时的她已 37 岁了,早过了风华正茂的青春岁月。作为一位优秀的钢琴教授,尤金纳在莫斯科音乐学院一直执教到 1951 年;与此同时她又应邀担任莫斯科另一所著名音乐院校——格涅辛音乐学院的室内乐和声乐课的艺术指导。然而,她在这两所音乐学院还是先后遭到了解聘和除名。这次的罪名除了她继续顽固地坚持宗教立场,对领导者发表直言不讳的批评言论外又加上了一条"狂热地推崇西方现代音乐"的"罪责"。她被指责在教学中为"腐朽的现代音乐评功摆好",比如她不光自己大弹斯特拉文斯基、巴托克、亨德米特和十二音体系作曲家的作品,还要求她的学生们学习这些作品,所以尤金纳公然在学校里传授现代作品在当局眼中更是无法容忍的。

从 1960 年起尤金纳再一次成为了"自由职业者"。不过,相比于三十年前的那一次"失业",这次总算没有剥夺她举行音乐会的权利。于是,她就依靠自己的演出收入维持着最基本的日常生活。在音乐会上她总是穿着一身黑色的长袍,足蹬运动鞋,神色冷峻,沉默寡言。她就像一位 20 世纪"多余的人",没有家庭,没有组织,也不敢有什么保持亲密联系的朋友,孤身只影,踽踽独行。尽管她能举行音乐会,却被告知不得接受国外的邀请去西方演出(在她的一生里仅有的出国经历是 1950 年曾在东德和 1954 年在波兰举办过音乐会);不仅如此,她的演奏会即便有音响制品竟也无法发行面世,当局给出的理由是"避免她负面影响的传播"。因而,在尤金纳生前,西方音乐界几乎对她一无所知,不仅没有听说过她的名字,更不可能听到她的演奏录音。而在国内,她的音乐会还时常面临着被取缔的危险。1961 年,在列宁格勒举行的一场独奏音乐会上她在加演曲目时即兴朗诵了她的好友、著名的"持不同政见者"帕斯捷尔纳克的一首诗,由此引发了一桩"政治事件"。于是在这场音乐会之后,苏联听众发现他们所喜爱的女钢琴家又平白无故地消失了,并且一消失就是五年,直到 1966 年赫鲁晓夫执政晚期对尤金纳演出的禁令才得以撤销。

尤金纳就如同是一朵带刺的玫瑰,尽管她总是直言不讳地批评当时的政治制度和宗教政策,,也经常遭到除名和封杀,但却没有一个人敢对她采取过火的措施,把她送进劳改营或是驱逐流放。原因无他,只因她偏偏是最高领袖斯大林最喜爱最欣赏的钢琴家。1948 年初的一天,斯大林在广播里听到了由她演奏的莫扎特《A 大调第二十三钢琴协奏曲》后当即打电话给广播电台,要求有一份她的这个录音,但由于这是一场现场音乐会,官方并未安排录音。按照惯例,也不可能给尤金纳的音乐会录音。当然,最高领袖的意旨是不可违背的。于是电台负责人慌得六神无主,便在半夜里打电话给尤金纳,把她从睡梦中叫醒,让她即刻赶到电台的录音室。当尤金纳匆匆赶到时早已有一支小型的乐团被迅速凑齐,在静地等着她的到来。于是,出现了这样一个奇观:在万籁俱寂的莫斯科的晚上,尤金纳与由著名指挥家亚历山大·高克指挥的乐团却在广播电台紧张地录制莫扎特的协奏曲。大伙一直干到次日拂晓,从录音母带上制作出来的唯一一个拷贝被紧急呈送给在别墅里翘首以待的斯大林,这也许是世界上唯一一个刻制数量仅有一份的录音! (所幸这个录音母带还被完好地保存了下来,如今已被制作成 CD 供世人欣赏。Vista Vera 87)。据说,斯大林在听了这独一无二的录音后竟感动得流下了热泪。更有甚者,当斯大林于 1953 年 3 月 5 日在他的寓所去世时,人们发现他唱机上放送的仍是尤金纳演奏的这首莫扎特协奏曲。它成了斯大林临终前所听到的最后的琴声! (在肖斯塔科维奇的回忆录《见证》中对此有详细的记叙。外文出版社,1981 年版)

再次解禁复出后,尤金纳随即在莫斯科音乐学院举行了一系列关于钢琴艺术演绎的讲座。在讲座上她且讲且弹,内容生动,声情并茂,受到人们极大的喜爱。这个系列的讲座自始自终都座无虚席,场场爆满。在听讲座的听众中不仅有普通的音乐爱好者和莘莘学子,更有那些素负盛名的演奏家和音乐学院的教授们,因为他们甚少能够听到这样一位令人肃然起敬的钢琴大家的演讲,实在是太难得,太珍贵了!

❧❧

俗话说:文如其人。乐,也如其人! 尤金纳的演奏艺术折射出她性格里那种不屈不挠的坚毅果敢和离经叛道的特立独行的个性特色。在诠释理念上她是一位坚定的现代主义者,个性主义者。尽管她师出名门,接受过最正规的俄罗斯钢琴学派的浸淫;然而她却敢于公开宣称对所谓的"历史传统"和演奏规范不感兴趣。她所有的演释几乎都是建立在颠覆传统的基础之上的。在她去世后,尤其是 20 世纪 90 年代苏联解体后,她的那些长期被封存秘而不宣的唱片录音开始被源源不断地发掘出来。BMG 从前苏联的 Melodiya 档案库整合转制的《俄国钢琴学派：伟大的钢琴家》（BMG 25172，11CD）和荷兰的 Brilliant 发行的《传奇的俄国钢琴家》（Brilliant 9014,25CD）的套装中，尤金纳都占据着牢固的一席之地。而俄罗斯唱片品牌 Vista Vera 从 2004 年陆续推出的《玛丽娅·尤金纳的遗产》（Legacy of Maria Yudina）更是以 16 张 CD 的篇幅头一次向世人全景式地展现了这位长期被刻意封存的钢琴女巨人的卓越才华和艺术风采。在她演奏的德奥古典作品中首屈一指的便是她对巴赫作品的诠释与造诣。有评论家这样认为：尤金纳演奏巴赫的方式预示着日后另一位特立独行的巴赫权威——加拿大钢琴家格伦·古尔德的演奏风格。尽管两人的生活和艺术从无交集，然而，他们对巴赫作品所作的最大胆创新的诠释足以使他们完成在精神上的交接与传承。

作为一位忠实的教徒，尤金纳首先是从精神和宗教层面去接近巴赫、体验巴赫的。为了演奏好巴赫的《十二平均律钢琴曲集》她在着手练习前先拜读了拥有神学、哲学、音乐与医学四个博士学位的德国思想家、人类学家阿尔伯特·史怀哲（Albert Schweitzer,1875-1965）所著的《巴赫：音乐诗人》一书。通过阅读，她从中找到了自己对巴赫创作平均律曲集的独特理解和演奏"秘钥"。她在演奏巴赫时并不仅仅把钢琴当作一种单纯的乐器去看待，而总是让哲学和音乐的情感在演奏中担当着主要的角色。尤金纳版的巴赫《十二平均律钢琴曲集》体现着理智与情感的平衡，甚至可以从音乐中觉察出她在筛选、过滤音乐里的情感时那种苦行僧式的克制与严格。据她同时代人的回忆："在演奏时她总是习惯地低沉着头，让自己沉浸于音乐之中，就仿佛此时此刻她是音乐一名忠实的仆人。令人吃惊的是这种演奏方式带给听众的却是她独有的富于神奇力量的诠释，使人只感到无可名状的纯净音色和清澈音流扑面而来，就如同它们本该应是如此似的。"尤金纳没有录全或者说至今尚没有全部找到她演奏的巴赫的两部平均律曲集录音，但在《遗产》的第十二卷和第三卷分别收录了平均律第一和第二集的部分前奏曲与赋格（Vista Vera 88,71）。而她所掌握的丰饶音色与丰富变化使她在演奏大型变奏曲体裁时也显得驾轻就熟，举重若轻。《20 世纪伟大钢琴家》尤金纳卷（Philips 456 994,2CD）就独独挑选了她演奏的三首最经典的变奏曲，即巴赫的《哥德堡变奏曲》、贝多芬的《英雄变奏曲》和《狄亚贝利变奏曲》作为代表她演奏艺术的"主菜"。

在《玛丽娅·尤金纳的遗产》里，德奥古典作曲家的作品占据着相当大的篇幅，除了那首令斯大林听后感到仙音袅袅的莫扎特《第二十三钢琴协奏曲》（与第二十合为一张）、贝多芬的第四和第五钢琴协奏曲（Vista Vera 95）外，还有大量海顿、莫扎特、贝多芬、舒伯特、舒曼和勃拉姆斯的钢琴独奏曲。在对这些经典作品作演释时她也鲜明地表达出其独树一帜的大胆炽热的作风和言人所不能言的风范。这种艺术表达常令那些没有心理准备的听众为之惊愕骇然。她的同胞、苏联杰出的钢琴艺术家李赫特就曾说:"她演奏的李斯特是罕见的;舒伯特的《降 B 大调奏鸣曲》也应引起世人足够的关注,因为它与作品原应呈现的形成了迥异的对立面。我还记得她演奏的肖邦第二首夜曲,她把它弹得那么富于英雄气概,刚毅果敢,一扫肖邦夜曲缠绵悱恻的通例。听着她的演奏我感到它不像是钢琴上发出的声响,而简直就是由一支小号吹出的号角之声。总而言之,她弹的舒伯特不是人们通常听到的舒伯特,肖邦也是如此,但这却是属于尤金纳的。"

尽管尤金纳没有多少机会去国外与西方同行们交流切磋,但她却一点儿也没有与20世纪的音乐发展轨迹脱节,她是 20 世纪上半叶演奏当代作品最多的苏联钢琴家。在《遗产》的第二、第十四和十五卷里收录了她演奏的肖斯塔科维奇、斯特拉文斯基、亨德米特、巴托克以及克热内克的作品。她也与法国的布列兹、德国的斯托克豪森等西方现代派大家保持着密切的联系和真挚的友谊。

1970 年 11 月 9 日,一生命运多舛、没有婚姻、没有家庭的尤金纳走完了她悲剧而又传奇的人生。她在莫斯科去世,享年 71 岁。她以其杰出的大师风范、叩击人们心灵的琴声以及独一无二的艺术个性成为 20 世纪钢琴文化上一道别样的风景。正如苏联音乐学家伊戈尔·贝尔扎所说的那样:"当她在弹琴时,用演绎(performance)这个词来描述它似乎并不恰当,它更确切地说应该是'一种神奇魔幻的动作'(a magic act)!"

47. 度尽劫难后的琴声和心声
——莉莉·克劳什 (Lili Kraus)

自从乐圣贝多芬发出了"扼住命运的咽喉"的呐喊之后,它便成为音乐艺术家们在面对逆境挫顿时所信奉、秉持的人生信念。在生死存亡的考验面前,最能体现一个人的气节操守。莎士比亚说过:"危难困境可以考验一个人的精神。安泰的境遇中任何平凡的人都能应付,风平浪静的海面所有船只都可并驱竞胜;而当命运的铁掌击中要害时,则唯有大智大勇的人方能处之泰然,妙而化之。"在20世纪的钢琴家中就有这么一位女性,她曾在日本法西斯的监狱里被关押了三年之久,历经磨难,甚至险遭性命之虞。然而,即便是在濒临绝望的逆境之中她仍没有放弃对生活的信念和对音乐的挚爱,最终谱写了一曲属于她自己的"命运之歌"。她,就是莉莉·克劳什。

莉莉·克劳什1905年4月3日出生于奥匈帝国治下的匈牙利首都布达佩斯。她那捷克裔的父亲是个事业上的失意者,不仅没能给这个家庭带来足够的财富,甚至连基本的温饱也难以维持。然而,穷困潦倒的家境却没有使这个家庭泯灭音乐的种子。莉莉的母亲来自一个匈牙利的犹太裔家庭,她从小受过良好的音乐教育,并有着一副动听的嗓音。正是在母亲的鼓励、诱导下,莉莉走上了音乐之路。

起先,克劳什只是跟随当地社区教堂里的风琴师学习钢琴,两年后由于具备良好的条件和潜质,她被破格准许进入布达佩斯音乐学院学习(当时入学的正常年龄是14岁)。在音乐学院她师从阿诺德·绍凯伊(Arnold Szekely);与此同时她还跟随大作曲家柯达伊学作曲,而她的室内乐老师则是另一位著名的匈牙利作曲家莱奥·韦纳(Leo Weiner,1885-1960)。切勿以为这个年仅十几岁的小丫头有些不知天高地厚,钢琴还未学稳当竟异想天开地又学作曲和重奏。事实上,她在学校里学到的这些知识在其日后的艺术生涯里都发挥了不可估量的重要作用。那时的布达佩斯音乐学院是何等群星荟萃,她的主课教授绍凯伊是作曲家兼钢琴家布索尼的学生,他的钢琴教学很有一套,尤其是他秉承乃师衣钵,在教学实践中摸索积累起了一套既源于德奥学派、又富有匈牙利民族特性风格的演奏方法与范式。绍凯伊运用这套教学体系既培养出了莉莉·克劳什，数年后在他门下又走出了另一位匈牙利女弟子——安妮·菲舍尔，更遑论在学院就读期间克劳什还曾得到过伟大的巴托克的亲自指导呢。

17 岁那年，克劳什从布达佩斯音乐学院毕业。尽管学业初成，但她却并未满足，而是凭借着在学校的优异成绩在维也纳音乐学院申请到了一份奖学金。于是，在 1922 年她来到了万众瞩目的音乐圣地，奥匈帝国的首都。在这里，她的第一位老师是波兰钢琴家塞维林·艾森伯格 (Severin Eisenberger, 1879-1945)——莱舍蒂茨基的学生；后又随爱德华·斯特厄曼 (Eduard Steuermann, 1892-1964) 深造。这一位的来头更大，乃是布索尼和勋伯格的双料弟子。克劳什在维也纳音乐学院就读期间就展示出其过人的演奏天赋。在荷兰首都她在大指挥家门格尔伯格领导的阿姆斯特丹皇家音乐厅管弦乐团的协奏下完成了自己的处女秀。第二年，自己还是学生的她竟被校方赋予重任，在音乐学院教起其他的学生来了。又逾一年，由于钢琴教学成绩斐然，她毕业后得到学院教授的一致认可留校成了全职的钢琴教授，那年她还不满 20 岁！

克劳什在维也纳音乐学院度过了六年教学生涯。本来，或许她会在这个职位上像她的老师们那样安之若素，教书育人一辈子；然而，大指挥家福尔特文格勒的一席话将她从这种安稳的状态中唤醒了。那是 1920 年代中期她与柏林爱乐乐团的一次合作。当时，她在柏林爱乐的协奏下演奏了莫扎特的钢琴协奏曲，担任指挥的福尔特文格勒对她的演技十分赏识。演出结束后他主动找到了克劳什，建议她如欲求得演绎德奥古典作品的真经，应该到柏林去向德奥学派的名宿阿图尔·施纳贝尔请教。他并表示自己愿意为克劳什与施纳贝尔作伐搭桥。就这样，在 1930 年代初已经成婚的克劳什和自己的丈夫——奥地利哲学家兼艺术赞助人奥托·曼德尔辞别维也纳，迁居德国柏林，她拜在施纳贝尔的门下参加他主持的钢琴大师班讲学，如是者四年。

从 8 岁进音乐学院学习，到 26 岁走出书斋踏上社会，莉莉·克劳什经历了从学生到教师，再从教师到演奏家的角色蜕变。这一时期她与同为犹太裔的小提琴家塞蒙·戈德伯格 (Szymon Goldberg, 1909-1993) 组成的二重奏名气更响，是当时欧洲乐坛上的黄金组合。在 1930 年代，克劳什和戈德伯格游走于英、法、德、奥、意等国，演奏了大量的德奥古典作品，他们在二战前录制的莫扎特小提琴奏鸣曲 (Dante 402、410、444-2CD) 和贝多芬小提琴奏鸣曲 (收录于戈德伯格的商业录音：Music & Arts 1225, 8CD 中) 深受识家的推崇。

克劳什的丈夫曼德尔也是犹太裔，但他们结婚后两人都皈依了罗马天主教，并生活在意大利。这种看起来艺术与生活似乎都非常顺遂的人生随着德、意法西斯势力的崛起而被打破了。1938年二战前夕,意大利要将他们驱除出去,而奥地利早已被德国吞并,他们无法回到曼德尔的祖国,于是全家决定到英国去。而后英国也被拖入了战事,1941年,他们在新西兰移民局长的建议下准备移居新西兰。不过,在此之前克劳什和戈德伯格决定要完成计划中在荷属东印度群岛的巡演。于是他们带着各自的家庭来到了印尼首都雅加达,准备从这儿启程。孰知厄运就此降临了。当时的印尼已被日军占领,从雅加达起飞已不可能。于是克劳什和戈德伯格两家人滞留在印尼南部的万隆,在那里他们为雅加达广播电台录音。克劳什还在山里租了一套房子,与荷兰总督的妻子——一位美国女子保持着深挚而温馨的友谊。殊不知,正是由于这位总督夫人的美国人身份给克劳什带来了灾难。她被人诬告试图和她的朋友密谋杀死监狱的看守劫狱,以解救被日军关押的英国和澳大利亚囚犯。于是,在1942年3月她遭到了逮捕,被投入爪哇岛上的日军监狱。

曼德尔得知妻子遭到无端拘禁后一次次地找到狱方,要求将克劳什释放,因为她不仅是一位艺术家,从不过问政治;她还是两个孩子的母亲。他甚至向狱方提出把自己关进去以换得妻子的人身自由。但凶暴成性的日本占领者可不理会这一套,后来他们干脆连曼德尔也一并抓了起来,将他们分别关在不同的囚室里。在狱中,这对夫妇简直如同在小说《红岩》里所描述的那样,克劳什通过不停地唱歌让自己的丈夫知道自己还活着,"在此期间我唱了上千首匈牙利歌曲,终于使他不再为我而担心牵挂"。

克劳什回忆道:"我根本无法忍受回荡在地下囚室里的那种惨叫和痛苦呻吟。我想象与这里的阴森恐怖相比,但丁笔下描绘的地狱不过是小巫见大巫……"然而,作为钢琴家她最担心的还是自己的那一双手,因为从监狱被转移到战俘集中营后她一直被强迫从事体力劳动,每天必须不停地一桶接着一桶把满桶的水从井下提上来。与担心手指同样令克劳什揪心的是她内心对音乐的渴望。她怕由于长时期脱离音乐与键盘会使自己丧失音乐记忆。于是,在狱中她自创了一种"音乐记忆法",用她自己的话来说就是"不断从内心深处,从意识的底层把固有的音乐'召唤'出来,使它们成为真实可感的东西。这种回忆当然是在无声中进行的,但我却勤奋地致力于此,以致于那些深藏在记忆深处的乐谱和技巧仿佛就实实在在地呈现在我的面前。它们是那么清晰,清晰得我确信一旦有机会重新坐回钢琴前我一定能准确地弹奏出童年后多年不曾再触碰的练习曲和乐曲,并且在这样做的同时竟还能发现许多新的、以前从未清楚意识到的令人惊异之处!"

后来,当她又被转移到另一处监狱时,情况稍有好转。那年圣诞节,日本兵叫人搬来一架钢琴,命令(而不是请求)克劳什弹奏给其他囚犯们听。这时的克劳什就仿佛久旱逢甘霖般地惊喜地扑到钢琴上。她根本不需要乐谱,在琴上不停地弹啊弹,她甚至记不清自己弹了多久,但有一点却确信无疑,那就是在弹奏中没有一首乐曲重复,而且似乎也没有弹错一个音符!她是用着自己的整个心灵、用这一期间所有积郁的痛苦和泪水在抒发,在宣泄!

克劳什在爪哇战俘集中营里这种非人的生活一直持续了三年之久,直到1945年10月她才被英军解救出来而重获自由,并与她的一家人重新团聚。出狱后他们全家去了澳大利亚。多年的牢狱生活使她变得瘦骨嶙峋,疾病缠身,营养严重不良。然而,苦难磨练了她坚强的意志。为了尽快复出她全力恢复自己的体重和健康;与此同时她开始练琴。1947年她终于重返舞台,在澳大利亚和新西兰开始了她人生中的第二次音乐之旅。在那次巡演中克劳什爆发出了极大的艺术热情和超能量的体能活力。在为期一年半的巡演中她竟开了120场音乐会,平均每周要演奏四五场。她要把被耽误的时间夺回来!

如果说二战前克劳什在乐坛上的艺术成就主要是以演奏的室内乐闻名的话,那么度尽劫难后自1950年代起,她在乐坛上集中展示的则是在独奏和协奏曲领域的艺术风采。克劳什演奏的曲目具有鲜明的选择性,她很少涉及包括肖邦在内的法国体系作品,从未染指俄罗斯作品,甚至也几乎不弹巴赫和斯卡拉蒂。她的演绎与录音范围只牢牢地锁定在维也纳古典、浪漫派以及匈牙利的李斯特、巴托克作品这两大块上,其中尤以她演奏的莫扎特最受人激赏。对于德奥经典曲目,她的恩师施纳贝尔曾公开放言:"只有莉莉·克劳什才是我真正的继承人。"克劳什演奏的莫扎特之所以出彩,不仅在于她具备深厚的德奥传统演奏底蕴,更在于她以自己的亲身经历找到了与这位伟大作曲家音乐精神中的共通之处。她曾说:"他是一位神圣的天才,能够以最精炼的语言去表达最深邃的思想……如果我敢于把自己的名字与莫扎特音乐联系在一起,那么我要说我感到自己与他有着'血缘上的相似',因为他像我一样,对身边所有的苦难有着一种几乎难以忍受的敏感。古谚有云:谷壑之深犹如高山之巅。只有体验过幸福和不幸这两个极端的人,才能理解、感受莫扎特的音乐何以会具有如此不可抗拒的可爱与完美。"

像二战后的大部分欧洲艺术家那样,克劳什也把到美国去开辟自己艺术事业作为重要的人生目标。1948年她在纽约市政大厅的音乐会掀开了她在美国演出的序幕。在那个舞台上她几乎是使出了在战争期间被压抑禁锢的全副心力为听众们演奏,音乐会获得了成功,邀约的合同纷至沓来。而这一时期克劳什的确也非常需要这些合同,她必须要以自己的演奏去维系整个家庭的生计;但与此同时她的丈夫曼德尔却因被长期关押身体恢复得很不理想,于1956年离开克劳什和两个孩子撒手西归了。

丈夫去世后,不屈不饶的克劳什把家搬到了伦敦,成为了英国公民。1960年代她更换了自己的演出经纪人,此后便开始着手人生中最宏大的演出计划。在1966-1967演出季她在纽约的系列音乐会上一个人演奏了莫扎特的全部27首钢琴协奏曲里的25首(除了用三架钢琴演奏的第七和两架钢琴演奏的第十),一举轰动了整个国际乐坛。而在接下去的一个演出季她又将莫扎特的全套钢琴奏鸣曲一举拿下。对于她演奏的莫扎特钢琴协奏曲和奏鸣曲,舆论界是这样评价的:"这位经常以深刻的趣味著称的思考型女钢琴家给人印象最鲜明的是独具审美感的慧眼、技艺和心灵。她的技巧无懈可击,流畅而又完美……她从未忽视莫扎特协奏曲的演奏传统,但又从这些作品中探求新的内涵与诉求。她的诠释充满着理性、权威与直觉。她的演奏正如同她的容貌一样:可爱、高贵和优雅。"

克劳什演奏的莫扎特钢琴协奏曲只留下了少数几首(第九、第十二、第十八、第十九、第二十、第二十六和第二十七首)的录音;但她录制的莫扎特钢琴奏鸣曲可就不同了,拥有两个全集版,其中1954年的单声道版是应奥地利海顿协会之邀而录制的(Music & Arts 1001,5CD);而在1967-1968年期间为美国哥伦比亚唱片公司录制的则是立体声版(SONY 97222,4CD),它的演奏与音效都更优于前者。克劳什对莫扎特音乐的贡献还不止协奏曲和奏鸣曲。在室内乐方面除前述她与戈德伯格的小提琴奏鸣曲录音外,在1954年她还与奥地利小提琴家维利·鲍斯科夫斯基(Willi Boskovsky,1909-1991)录制了莫扎特小提琴奏鸣曲全集(EMI 63873,6CD);在1957年与鲍斯科夫斯基、大提琴家尼科劳斯·胡伯纳(Nikolous Hubner)录制了莫扎特的钢琴三重奏全集(EMI 69796,2CD)。

克劳什演奏的海顿、贝多芬和舒伯特作品也不乏可圈可点之作,如她对贝多芬《英雄变奏曲》的演释就全然是一种极富个性的张扬气质,而这种气质在她诠释的巴托克作品中更得到了最淋漓尽致的发挥。以她那种洋溢着繁茂丰沛、活力贲张的风格去演绎巴托克真可谓是珠联璧合,浑然天成,更何况她还得过巴托克的真传。《20世纪伟大钢琴家》系列尽管没有莉莉·克劳什的身影,然而,由英国Guild发行的《伟大钢琴家》系列却把她与两位泰斗级的钢琴大师巴克豪斯和阿图尔·鲁宾斯坦列为第一卷的入选人物,选入了她演奏的韦伯的《f小调音乐会练习曲》(Guild 2349),唱片封套上则是这三位钢琴家并排的肖像照片,由此不难体现她在20世纪整个钢琴界的地位与声望。

1967年克劳什被位于美国德克萨斯州沃思堡的基督大学聘为驻校艺术家,在那里从事教学,并担任范·克莱本等知名钢琴国际大赛的评委。她被誉为是"比赛场上的教母",培养了众多优秀的钢琴英才。1978年澳大利亚政府授予她"科学与艺术"十字勋章。直到1983年,78岁的克劳什才从教学岗位上退下来。三年后的1986年11月6日她病逝于北卡罗来纳州的阿什维尔,终年81岁。

克劳什题图

少女时代的克劳什

48. 洋溢着阳刚气质的
女钢琴家

——吉娜·巴考尔

（Gina Bachauer）

古希腊是西方文明的源头。音乐一词（music）就源自希腊神话中专司科学、艺术女神的名字缪斯。而在希腊的历史发展进程中音乐也从未脱离过这个国家人民的生活。在20世纪的希腊音乐生活中就涌现出了两位杰出的女性艺术家：一位自然是有着"全能歌神"之称的女高音玛丽娅·卡拉斯；而另一位就是被誉为"真正非凡的钢琴家"的吉娜·巴考尔。她们都被自己的祖国视为女英雄，希腊政府也同样都为她们发行了作为国家名片的纪念邮票，以纪念这两位为这个欧洲小国带来世界声誉的伟大女性。有意思的是，巴考尔与卡拉斯的去世仅相差一年，而纪念邮票发行的时间也正好相隔一年（卡拉斯的邮票发行于1980年；而巴考尔的邮票发行于1981年）。

吉娜·巴考尔原名路易莎·多萝蒂娅·巴考尔，1913年5月21日生于希腊首都雅典（一说她是1910年生人）。其实，她倒不是纯正的希腊人，父亲是奥地利裔，母亲则是意大利裔。这个家族自19世纪70年代起就移民到希腊定居。奥地利是维也纳古典乐派的圣地，而意大利是歌剧的摇篮，巴考尔身上的音乐基因也许在她出生的那一刻就已被注定了。她从小就富有音乐天赋，唱歌、跳舞无所不爱。5岁那年她在家人带领下去听了一场李斯特弟子埃米尔·绍尔的独奏音乐会，当即被钢琴的音色所吸引。回到家后她就向父母提出自己要学钢琴。父母同意了女儿的请求，让她随当地的一位钢琴教师去学了几次。尽管在巴考尔8岁那年她就已在首都举行了她的首场音乐会，但当时的她还完全谈不上受过系统的练习，展示的只是小姑娘天性的自然流露和恣意释放。直到过了10岁，父亲才把她送入雅典音乐学院，让她师从沃尔德马尔·弗里曼（Woldemar Freeman，1903-1980）开始专业的训练。

在弗里曼德悉心教诲下，眼看巴考尔的琴技快速地进步、提高，可她的父亲这时却又改变了初衷不让她跟弗里曼继续学下去了。原来巴考尔的父亲还谨遵传统的老派思想，认为一个女孩子要想在音乐领域里脱颖而出取得成功实在是太困难了，他坚持要女儿学一门将来能安身立命的傍身之技。碍于父亲的执拗，不得已巴考尔同意了父亲的要求转到雅典大学去学习法律。不过，在学习法律的两年时间里她可并没有放弃自己热爱的钢琴，反倒是琴练得越发勤快刻苦了。对于女儿在钢琴上所取得的不断进步，父亲又一次陷入深深的纠结取舍之中。最后他终于作出了"终审裁决"，同意女儿转回来继续学习音乐。于是，巴考尔重又回到了弗里曼的班上，并在最短的时间里将自己的成绩名列前茅。1929 年，16 岁的她在学院举行的钢琴比赛上夺得了全校第一名。

当巴考尔以雅典音乐学院金奖的成绩毕业后，她的老师弗里曼鼓励自己的爱徒到法国去进一步深造。老师为她选定的人选就是柯托。而就在她只身前往法国留学前夕，巴考尔做出了一项重要的决定，她把这个决定告诉了父母：她要把自己的名字由原来的路易莎·多萝蒂娅改为更国际化的吉娜。自此以后，她就一直以吉娜·巴考尔作为自己演艺生涯的名字而为人知晓。

巴黎高等音乐师范学院是 1919 年由柯托与法国《音乐世界》杂志主编奥古斯特·芒热欧共同创办的。学校的师资力量雄厚，柯托除授课外还担任了校长之职。他每年都要亲自举办钢琴大师班讲座和示范演奏会，培养出了一大批钢琴演奏的人才俊彦。吉娜·巴考尔进入该校后即由柯托予以亲授。也许是她原本的基础扎实，"响鼓不用重锤"；又或许是大师的教学确有"点石成金"的神奇，总之在就读的第一年里巴考尔就在巴黎举行了她的独奏处女秀，奏响了她日后迈入演奏之路的先声。

在法国求学期间，巴考尔除得以师从法国钢琴学派的泰斗柯托外，她的另一最大收获就是结识了大名鼎鼎的拉赫玛尼诺夫。拉赫玛尼诺夫在苏联"十月革命"后离开了祖国定居于美国。由于他的大女儿伊莲娜嫁给了流亡在法国的俄国公爵沃尔康斯基王子，因而他也不时会到巴黎与女儿一家团聚。正是经由自己的老师弗里曼的引荐，巴考尔有幸在巴黎与这位音乐巨匠结识，并且成了他的私人学生。在谈到自己在法国的两位老师时巴考尔这样说："柯托熟知德彪西和拉威尔，我以为再没有比他更能向我传授道地的印象派作品的大师了，他教给我他们的音乐以及演奏中那些特殊的音色和音响；另一方面，拉赫玛尼诺夫则是一位令人惊异的钢琴家，他有着一双极度宽阔的大手和令人望而生畏的演奏技巧。从某种意义上说他不是我真正的老师，我跟他的学习是断断续续，不成系统的。我们上课的情形通常是这样，每当我遇到问题向他发问'请问您会如何去演奏这个段落'时,他的回应总是千篇一律的。他会在钢琴前坐下,示范给我听,嘴里说着'就像这样'。而每当他要求我练一首新的乐曲时,从来不会给我任何提示或解释,却总是不忘加上这么一句:'不要照我的演奏依样画葫芦。你必须自己一遍遍去琢磨体会,直到找到你自己处理它的方式为止。当你弹给我听时还要证明给我看这样的处理是否合理。'正是拉赫玛尼诺夫使我意识到了演奏相同的乐句可以有不同的处理方法,这无疑锻炼提高了年轻人的自我辨别能力。他是要求非常严格的老师,尤其是在旋律表达和节奏韵律的变化方面。总而言之,在音乐的方方面面他都使我的成长和提高获益良多,受益终生。"

三年后,巴考尔从巴黎高等师范学院毕业,旋即走上了职业演奏家的道路。1932年,她在英国伦敦的埃奥利安大厅举行了她演奏生涯的首场独奏音乐会,受到听众的热烈欢迎。英国听众对她的支持和喜爱使她决定留在伦敦发展自己的演奏事业。第二年,年仅20岁的巴考尔在奥地利维也纳举行的国际钢琴比赛上夺得桂冠。消息传来,她的祖国人民兴高采烈。于是,去国四年的她载誉而归,受到国人的夹道欢迎,希腊政府也给予她英雄般的接待礼遇。这时期的巴考尔在欧洲崭露头角,她不断地应邀举行各种音乐会,只是还未有机会与交响乐团合作。直到1935年她这个愿望也实现了。在这一年她在交响乐团的协奏下演奏了柴科夫斯基的《降b小调第一钢琴协奏曲》,从而开创了她钢琴演奏的新天地。担任这场音乐会指挥的正是她的同胞——希腊裔指挥家德米特里·米特罗波洛斯(Dimitri Mitropoulos,1896-1960)。

巴考尔的演奏舞台在不断地拓宽延伸,从欧洲到了北非。当她在埃及巡演时结识了一位在巴黎工作的希腊裔英国建筑师约翰·克里斯托多鲁,两人一见倾心建立起了感情。1936年他们喜结连理,并把家安在了埃及的历史名城亚历山大。婚后巴考尔马不停蹄地继续着自己的演奏,孰料随着二战前夕政治局势的恶化,从1937年起她便被羁留在埃及未能再踏上欧洲的巡演旅途。在此期间,身处埃及的巴考尔与她在伦敦的同行梅拉·赫斯一样为在北非作战的盟军将士们总共举办了600多场独奏音乐会,用她的琴声激励士兵们的士气,唤醒民众的良知。此举使她在整个二战期间名声大振。

战争结束了!世人翘首以盼的和平又重新降临。然而,巴考尔的丈夫却没能享受到战后美好的一切,因为他过早地病逝了,并且为了帮助希腊战后重建,夫妇俩把他们所有的积蓄都花在了购买政府公债上面,根本拿不出多少能用于生活的费用。不过,巴考尔还算幸运,当时正在筹拍由英国名作家萧伯纳编剧、大明星费雯丽主演的影片《凯撒与克莱奥佩特拉》的大导演加勃里埃尔·帕斯卡尔聘请巴考尔去他的影片公司当顾问,总算解决了巴考尔的生活之虞。正是在影片公司当顾问期间巴考尔认识了指挥家埃里克·谢尔曼（Alec Sherman），他正指挥自己组建的新伦敦管弦乐团为影片演奏配乐。谢尔曼在与巴考尔的交往过程中深为她的音乐才华所折服，于是邀请她与自己合作。1946 年在伦敦的皇家阿尔伯特音乐厅巴考尔举行了她战后的首场音乐会。在谢尔曼指挥的新伦敦管弦乐团协奏下她演奏了格里格的《a 小调钢琴协奏曲》，立刻震惊了整个西方乐坛，吉娜·巴考尔犹如一道闪电般地介入到战后的音乐生活中，在欧洲人视线里消失多年的她又回来了！

与同辈的其他女性钢琴家不同，巴考尔长得人高马大，身体健硕，而舞台上的她很少以飘然长发示人，总是喜欢将头发挽个发髻盘在脑后，看上去显得精神干练而又雍容典雅。她的艺术风格也有如其外形，和女性钢琴家们有着本质上的区别和差异。她的触键坚实有力，音质丰沛饱满。一则 1955 年刊登在报纸上的评论足以显示出她这种鲜明独特的个性特征：“她的技巧张扬着一种明确果敢的、洋溢着男性魅力的阳刚气质，这有别于其他那些著名的女性钢琴家。”音乐舞台上的巴考尔往往表现出一副威风凛凛、母仪天下的气度与风范，因而在音乐圈内她常被人私下里称作“女汉子”（the stronger）。很显然，巴考尔的这种风范一方面与她从小就独自在外求学养成的独立性格有关；另一方面，她的精神导师拉赫玛尼诺夫对她风格形成的影响也决不可低估。拉赫玛尼诺夫本人也身材高大，是俄罗斯音乐家“巨人俱乐部”中的一员。他的手指宽大无比，他的演奏就以万无一失的精准、清晰考究的音质以及充满男性阳刚魅力的触键技巧而著称于世。拉赫玛尼诺夫经常挂在嘴边的一句话“音乐是有声音和色彩的”成为巴考尔一生信奉的诠释理念。

1950 年，巴考尔第一次现身美国，她在纽约的市政大厅的独奏音乐会成为一场极其成功的美国首秀。这场轰动一时的音乐会也为她打开了美国演出市场的大门。它标志着巴考尔艺术人生里一个新阶段的开始。英国大指挥家巴比罗利曾经历了一个对巴考尔从质疑到信任的认识过程，他俩日后成了定期合作的搭档。他给予巴考尔“辉煌的吉娜”（Glorious Gina）的誉称，它言简意赅地揭示出巴考尔演奏艺术最富个性色彩的特质。与她的大气、阳刚的气质相匹配，吉娜·巴考尔留下的录音也以与交响乐团合作的协奏曲作品最为重要。

在 2013 年，早已被并入环球唱片公司的美国 Mercury 唱片公司又重新发行了它最享誉于世的“现场呈现”（Living Presence）系列 60 周年的珍藏版套装（50CD）。这套集顶级发烧天碟于一身的套装被收藏者惊喜地称为“划时代的天碟之皇”，让人们重聆了它荣耀等身的历史轨迹和昔日神奇。而在这套唱片里吉娜·巴考尔的演奏就占据了四席,分别是她与伦敦交响乐团合作的贝多芬第四、第五钢琴协奏曲(Mercury 432018)、肖邦的第一、第二钢琴协奏曲(Mercury 434374)、勃拉姆斯的第二钢琴协奏曲和《帕格尼尼主题狂想曲》(Mercury 434340)以及拉威尔的《夜之幽灵》、德彪西的前奏曲三首和斯特拉文斯基的《彼得鲁什卡》三乐章钢琴组曲(Mercury 434359)。

自1960年代起,巴考尔就把自己演艺生涯的大部分时间都放在了美国,她后期的大部分演奏录音也产生在那里,而这个变化在很大程度上得从与她在战后亲密合作的指挥家谢尔曼说起。自她在美国的首秀获得莫大成功后,巴考尔与由谢尔曼领导的新伦敦管弦乐团又数度赴美联袂献演。长期默契合作而产生的相识相知使两人的感情也日趋升温。1951年她与谢尔曼缔结连理,那年她38岁。婚后,为了全力支持妻子的演奏事业,谢尔曼竟不惜放弃了自己原本颇有发展前景的指挥之职,而专心成为了巴考尔的演出经纪人。在美国,谢尔曼找到了他的同行兼好友——美国犹他交响乐团的首席指挥莫里斯·阿勃拉瓦内尔(Maurice Abravanel,1903-1993),将巴考尔介绍给后者,由此巴考尔便经常出现在犹他交响乐团的音乐会上。巴考尔的事业与生活自此就与美国西部的这个内陆州紧密地联系在了一起。她被犹他大学授予名誉博士的荣誉称号。而当她于1976年8月22日去世后,在犹他州首府盐湖城一项以她名字命名的"吉娜·巴考尔国际钢琴比赛"宣告设立。这项每年一届的比赛吸引着来自世界各地的青年钢琴家,并迅速成为全美重要性与规模名列第二的重要钢琴赛事。

时至今日,吉娜·巴考尔仍有众多早期的录音还处于78转或LP的介质,未能与众多乐迷见面,这其中就有她最具代表性的莫扎特的钢琴协奏曲、柴科夫斯基的第一钢琴协奏曲、拉赫玛尼诺夫的第三钢琴协奏曲以及穆索尔斯基的《图画展览会》等。然而,即便就从她那些已为人所熟知的录音里还是不难体味出当年《纽约先驱论坛报》对她所作出的高度评价:"她是一位真正非凡的钢琴家,无论是在男性还是女性钢琴家里她都是极为罕见的"(a truly phenomenal pianist having few peers among pianists of either sex)。

49. 琴键上的福尔特文格勒
——安妮·菲舍尔（Annie Fischer）

由 Philips 唱片公司牵头、会同五大唱片巨头于 21 世纪前夕开始陆续推出的《20 世纪伟大钢琴家》系列以庞大的策划构思和 100 卷 200 张 CD 的硕大体量确实博得了评论界和乐迷们的刮目相看，也获得了相当程度的首肯。然而，诚所谓"众口难调"，全套出齐后整体上市之际却也招致了某些批评和不满。这种歧义最为明显的就体现在入选钢琴家的"男尊女卑"上，舆论的焦点似乎更集中在姓氏都为菲舍尔的两位男、女钢琴家身上。瑞士钢琴家埃德温·菲舍尔（Edwin Fischer, 1886-1960）有两卷录音入选；而与之形成鲜明对照的是，匈牙利女钢琴家安妮·菲舍尔同样以演绎德奥古典、浪漫作品而著称，并且其演奏生涯还要长于前者，却连一首作品都未能跻身这套《20 世纪伟大钢琴家》！用英国权威音乐杂志《留声机》作者布莱斯·莫里森的话来说："这种短视的偏见做法使其（指编选者）评选的公正性招致了怀疑，结果也令人失望。很难想象还有谁比安妮·菲舍尔在音乐方面更加诚实正直……我们不会忘记她出色演奏所留给我们的感人至深的印象。我们记住了她充沛的精力和超凡的艺术表现力。纵然她不在这套'最伟大的钢琴家'唱片之列，她也一定跻身于那些最能够始终如一的钢琴家之中。"

安妮·菲舍尔 1914 年 7 月 5 日出生于匈牙利首都布达佩斯，其家庭背景及早年事略不甚其详。不过，作为一位学习钢琴的女孩子，她的成名却很早。8 岁那年她就登上了首都的音乐舞台，成功地演奏了贝多芬的《C 大调第一钢琴协奏曲》，技惊全场。或许，从那一刻起，她就将自己的一生都与乐圣的音乐紧紧地联系在了一起。其时，安妮是布达佩斯音乐学院的学生，她的老师有两位，一位是阿诺德·绍凯伊，在教安妮之前他已培养出了著名的女弟子莉莉·克劳什；另一位老师是匈牙利民族乐派的"三巨头"之一埃尔诺·多纳伊（Erno Dohnanyi, 1877-1960，也称恩斯特·冯·多南伊）。多纳伊与巴托克是布达佩斯音乐学院的同班同学，他的钢琴老师分别是李斯特的两位学生伊斯特万·陶曼（Istvan Thoman, 1862-1940）和尤金·达尔贝特（Eugen d'Albert, 1864-1932），因而他的钢琴技艺十分了得。尽管多纳伊日后是以一位民族乐派作曲家而为人知晓的,然而在他生前却更多是以钢琴名家的身份活跃于欧洲各国的乐坛上。

毋庸讳言,在这样两位名师的悉心传授和调教下,安妮·菲舍尔的演奏技艺得以迅速提高成熟。在1928年,年仅14岁的她平生第一次走出国门到了瑞士,她在著名的苏黎世音乐厅管弦乐团的协奏下在音乐会上一口气演奏了莫扎特的《A大调第二十三钢琴协奏曲》和舒曼的《a小调钢琴协奏曲》,以其成熟的演技和惊人的表现力征服了听众,令人感受到这位来自匈牙利少女的艺术魅力。1933年,19岁的安妮从音乐学院以骄人的成绩毕业。走出校门的她旋即参加了当年举办的第一届李斯特国际钢琴比赛——这也是当今世界上以弗朗兹·李斯特名字命名的四项国际钢琴赛事中唯一一个在匈牙利本土举办、且历史最悠久的比赛。这项赛事正是在多纳伊与布达佩斯音乐学院的倡导下创办的。在比赛中,安妮面对着踌躇满志的各路好手沉着应战,一路过关斩将直至摘取最后的冠军。国际大赛的夺魁无疑为她日后的演奏生涯打下了一个坚实而深厚的基础。

安妮·菲舍尔在第一届李斯特国际钢琴比赛上独占鳌头时,尚是一位豆蔻年华的少女。然而,这时的她已向世人展示了她演奏艺术的突出特征,那就是她强而有力的触键和履艰险如平地般的高超技艺。在决赛那天,她登台演奏的是李斯特一生中唯一的钢琴奏鸣曲《b小调钢琴奏鸣曲》。这首最能反映李斯特内心矛盾冲突的作品可谓集艰深的表现技巧、丰富的音乐语汇、层次分明的逻辑展开和幅度广阔的情感抒发于一体,非有精良的演奏技艺和深刻的音乐功底绝难演好此曲。况且,当时的评委中还赫然端坐着李斯特晚年的亲授弟子埃米尔·冯·绍尔(Emil Von Sauer,1862-1942)。他也给安妮的演奏打了最高分,足见这位参赛的女选手对作品开掘的深度和表现的感染力达到了怎样一个与其实际年龄不相符合的惊人成熟境地。

正当安妮欲挟比赛桂冠之威开始其演奏事业时,国内的政治形势却发生了不详的转变。早在希特勒的德国纳粹上台之后,匈牙利领导人霍尔蒂海军上将就与其勾勾搭搭扯上了联系。随着1939年2月匈牙利加入《反共产国际协定》,霍尔蒂政府已将自己与德、意轴心国紧紧地捆绑在了一起。由于安妮是犹太裔,因而在30年代后期她实际上已经丧失了在国内公开演奏的权利。这时的她已成了家,她的丈夫阿拉达尔·托特(Aladar Toth,1898-1968)是一位著名的音乐学家兼评论家。鉴于国内政治和艺术环境的日益恶化,1940年他们夫妇被迫离开祖国前往北欧的瑞典。在瑞典他们同样无法从事演奏活动,但比在国内的气氛稍好,至少安妮能在这里教授钢琴。于是,安妮教钢琴,托特则教学生们理解和欣赏经典歌剧。当然,在此期间安妮从未间断自己的练琴,她学习掌握作品很快,据说学习李斯特的《降 E 大调第一钢琴协奏曲》她仅花了短短的三个星期时间,就已能把它练到能公开演奏的程度了。她坚信在不久的将来,自己终有一天会重新站上舞台,为她的听众们演奏她所挚爱的莫扎特、贝多芬、李斯特和巴托克的。

这样的时刻终于到来了! 随着纳粹法西斯的垮台和二战的结束,1946 年安妮与丈夫重又回到了祖国匈牙利。与她那些在二战前后离开祖国的同胞莉莉·克劳什、盖扎·安达(Geza Anda,1921-1976)、格奥尔格·齐弗拉(Gyorgy Cziffra,1921-1994)、路易斯·肯特纳(Louis Kentner,1905-1987)和安道尔·福尔德什(Andor Foldes,1913-1995)等不同,安妮没有加入他国国籍或是长久旅居西方,而是坚定地选择了返回自己的故乡布达佩斯,在这片土地上传扬自己的琴声。与此同时,她的丈夫托特则被任命为重获解放后的布达佩斯歌剧院的院长。当安妮重新登上祖国的音乐舞台时她已经32 岁了,这也正是一位艺术家在思想上、艺术上日臻完美化境并显示出独特过人的艺术个性的黄金岁月。

对于安妮·菲舍尔的演奏风格,评论界历来不吝赞誉之词。大卫·霍尔维茨认为她的演奏以"个性的强烈张扬和乐句表达的轻松自然而著称; 同样令人称道的还有她演奏的技巧力度与诠释的理解深度"。其实,早在她求学期间,她的老师多纳伊就对她在这方面的造诣影响颇多。她晚年曾将乃师对自己的影响归纳为对音乐兴趣的宽泛广博和对音响力度的控制平衡这两方面。在 20 世纪大家中她最为推崇的是法国学派的大师柯托,她认为柯托的演奏是那种能将音乐传导深入到听众心灵的演奏。尽管他有着法国学派中无人与之比肩的超一流技巧,但却从不以炫技和自我表现为目的。他的演奏是融理智、权威性、贵族气、阳刚之气与诗情画意于一炉的典范,而这种艺术风格正是安妮所追慕和向往。非常有意思的是,像她的偶像柯托一样,安妮在公开演奏时也时有错音出现,然而这无损于她演奏艺术的表达与个性,自然也不会影响到她的声誉与名望。录音室里的录音虽然能够保证演奏以完美无缺的面貌呈现在世人面前,但这绝不是安妮所青睐的演绎方式,因为她讨厌录音。在她看来,演奏艺术的再创造只要缺少听众的存在那一定是不自然和虚假的; 而录音室里由于没有听众的参与和交流会使她有一种丧失了现场的"幻想维度"(dimension of fantasy)的感觉。她总是为录音设备所带来的对大大小小失误的"放大效应"而耿耿于怀。任何完美的演奏——既尊重作品的原旨,又有充分施展想象的自由空间,这才是安妮追求的终极目标。

然而,在 20 世纪的女钢琴家中,第一位着手录制贝多芬钢琴奏鸣曲全集的女性却又正是安妮·菲舍尔。受老师绍凯伊和多纳伊的影响,她对德奥古典、浪漫派作品视若珍宝。她演奏的莫扎特、贝多芬、舒伯特、舒曼和勃拉姆斯令人称道,尤其是贝多芬的钢琴奏鸣曲,她更是几乎用自己的一生去诠释这部"新约圣经"。安妮对于贝多芬奏鸣曲的演绎是理性与人性的理想融合,是内容和形式的完美结合;同时又体现着一种精神与情感的自由表达。在音乐会上评论家们常为如此强健有力的琴声竟是从她那瘦弱而又优雅的身躯内迸发出来而感到惊奇、激奋不已。她的阐释音色变化幅度很大,条理清晰,充满激情。在他们看来她对贝多芬奏鸣曲思想内涵的开掘深度堪与 20 世纪上半叶最伟大的贝多芬权威施纳贝尔相媲美(世上第一套贝多芬奏鸣曲全集也正是由施纳贝尔完成的)。更有人将她誉为是"键盘上的福尔特文格勒",众所周知,在指挥领域,福尔特文格勒正是以其不拘于乐谱的提示而在现场指挥中孕育提炼出极富神韵的艺术效果而被誉为是 20 世纪的指挥之神的;由此可见评论界送给安妮·菲舍尔的这个雅号是对她的演奏艺术多大的褒奖和推崇了。

正因她演奏的贝多芬奏鸣曲享有如此巨大的声誉,所以唱片公司早就有意向将其全集录制成唱片。面对此动议,安妮却长期以来抱着不置可否、若即若离的态度,直到她1977 年,时年已 63 岁的她才同意由匈牙利的唱片品牌 Hungaroton 为她进行录制。她视这套贝多芬全集为自己的精神遗产,因而对其要求极为严格。本着精益求精的态度,从开始筹备到最后完成足足花费了二十年的时间。1992 年,全集终告杀青,但这位自律甚严的艺术家却又不肯同意这套唱片在她生前发行面世。唱片公司只得谨遵其嘱,在她去世后方始将其推向市场(Hungaroton 41003,9CD)。或许是出乎安妮本人的意料,唱片问世后得到了举世一致的好评,尽管与她全盛时期的现场演奏仍有一定的距离,但仍不失为是彰显她艺术个性和演奏魅力的最好典范。

也许正由于安妮·菲舍尔的生活阅历相对单纯,事业和生活上也没有大起大落的传奇经历;又长年居住在自己的祖国,与西方世界交流较少;又因为她一生讨厌录音,并且生性乖张不群,不受演出经纪人的青睐:以上三个原因导致了主流音乐界缺乏对她应有的重视,也造成了她在《20 世纪伟大钢琴家》系列中的"遗憾缺席"。其实,发行她唱片的倒都是著名的大品牌,如 EMI、BBC、Orfeo,意大利的 Urania,苏联的Melodiya,当然还有匈牙利的 Hungaroton。她的大量现场演奏在今天也经由这些唱片公司不断地被挖掘出来,呈现在世人面前,如在《传奇遗珍——安妮·菲舍尔第一卷》(Doremi 7933,CD+2DVD)里收录的贝多芬《c 小调第三钢琴协奏曲》是由著名的匈牙利指挥家安塔尔·多拉蒂指挥的。对于这个版本,理查德·奥斯本评论道:"说到演奏的戏剧性、力度感,富于想象力的契合度和令人惊异的感受,菲舍尔的演奏向我们呈现出了她富于即兴性与智慧的制胜绝招。在这首作品的录音历史记载上也许再没有其他的版本堪与之相媲美的了。"而她演奏舒曼的《狂欢节》、《克莱斯勒偶记》、《童年情景》和《C 大调幻想曲》等也被舆论惊呼为是"重新发现的'新大陆'"（EMI 68733，2CD），她将这些作品刻画得极富浪漫主义的戏剧性。此外，值得大力推荐的还有她出道时的成名作：李斯特的《b 小调钢琴奏鸣曲》和舒伯特的《降 B 大调钢琴奏鸣曲》（Hungaroton 31494）以及她留下的六七首莫扎特的钢琴协奏曲。

作为一位立足于本土的著名钢琴家，安妮·菲舍尔对于巴托克《第三钢琴协奏曲》的研究和演释是本世纪最伟大、最经典的诠释之一。她分别留有 1955 年、1960 年和 1964 年三个现场版本，其中尤以她与匈牙利裔指挥家弗里乔伊指挥的巴伐利亚广播交响乐团版更堪称巅峰之演（Orfeo 200891）。在这个版本里，钢琴家的发挥被誉为是"完美与热情的自然迸发"，力度美与音色美兼而有之，脍炙人口。

安妮直到 1961 年她 47 岁时才第一次出现在美国听众面前。在纽约的卡内基音乐厅她与匈牙利裔的大指挥家乔治·塞尔指挥的克利夫兰管弦乐团合作，演奏了莫扎特的钢琴协奏曲。倒是在英国她留下了更多的演奏足迹。英国的 BBC 传奇系列里有四张她在英国期间的音乐会现场录音（BBC Legends 4054、4166、4199、4141）。而在她的祖国，她更是有如天空中的苍穹、殿堂里的拱顶那样高不可及，受人敬仰。她曾三次荣获祖国授予的音乐最高奖——柯树特奖，是匈牙利国宝级的艺术大师。而当她去西方演出时，在她的听众中竟有比例不小的钢琴家们，他们都不愿放弃能亲眼目睹、亲耳聆听她演奏的机会。她的同行们也不吝为她送上溢美之辞。苏联钢琴大师李赫特说："安妮·菲舍尔是一位伟大的艺术家，她的演奏中浸淫着一种心灵的伟大和真正的深刻"；意大利钢琴家波利尼推崇她的演奏有着"童贞般的质朴、率真和奇妙"；而她的同胞后辈安德拉什·希夫（Andras Schiff, 1953-）则更把她誉为"自己音乐生活中的灯塔"！

1995 年 4 月 10 日，一代钢琴女杰安妮·菲舍尔在广播里播放的巴赫的《约翰受难曲》音乐伴随下逝世于布达佩斯家中，享年 81 岁。

50. 肖邦国际钢琴比赛历史上的第一位波兰女状元
——哈丽娜·车尔尼－斯苔方斯卡
（Halina Czerny-Stefanska）

在音乐爱好者甚至是专业的音乐人士心目中，哈丽娜·车尔尼 - 斯苔方斯卡都算不上是一位认知度高的钢琴家，也许绝大部分人对这个名字还相当陌生。然而，当我们把这位钢琴家放在 20 世纪下半叶音乐演奏史的进程中去考察、评价时，就可以发现她所应具有的地位是绝不能被低估或忽视的。

当人们谈起每五年一届的肖邦国际钢琴比赛，可谓是闻名遐迩，驰誉中外；哈丽娜·车尔尼 - 斯苔方斯卡对于肖邦大赛的意义在于：她不仅是这项在波兰举办的、以波兰伟大作曲家肖邦名字命名的国际钢琴比赛上的第一位来自本土的金奖得主，也是这项比赛荣登榜首的女花魁。她的获奖极大地激发出了波兰人民的民族自豪感，更对这项赛事日后的发展进程起到了关键性的转折作用。

众所周知，当谈到乐圣贝多芬的创作历程时往往少不了提及他的那位学生——卡尔·车尔尼（Carl Czerny, 1791-1857）。车尔尼从小聪颖好学，从 10 岁起就拜贝多芬为师并长年追随其左右。他不仅继承了贝多芬的演奏方法与风格，并且通过自己的弟子们将之发扬光大，像 19 世纪浪漫主义时期的钢琴巨匠李斯特、塔尔贝格等都出自他门下，从而成为浪漫主义钢琴演奏风格的承上启下者。而他所编写的作品编号为 599、848 和 299 等练习曲集逾一个半世纪岁月流逝而不衰，至今仍是每位学琴者必练的钢琴进阶教程。

却说车尔尼后裔中的一支日后在同处中欧平原的波兰扎下了根，在这里安家落户，繁衍生息。尽管他们入籍后有了一个波兰化的姓氏，但却仍舍不得丢弃自己名人老祖宗的姓氏，因而这个家族就有了一个双姓姓氏。哈丽娜父亲的全名就叫斯坦尼斯拉夫·兹瓦岑伯格 - 车尔尼。他继承了祖上的传世衣钵，是一位钢琴家，并且在家乡克拉科夫的音乐学校里担任钢琴教授。他的女儿哈丽娜于 1922 年 12 月的最后一天降生，日后他又责无旁贷地成了女儿的启蒙教师。

或许是家族基因使然，小哈丽娜自小就显示出良好的音乐素质和优越的演奏天赋。在她 10 岁那年她去首都华沙参加了一个全国性的青少年钢琴比赛，以高人一筹的演技获得了比赛的第一名。对于少不更事的她来说，比手捧比赛第一名证书更可喜的还在于她还收获了一个大大的"红包"——由比赛组委会颁发的一笔奖金。凭借这份数额不菲的奖金，哈丽娜得到了去法国学习两年的机会。于是，怀揣着家族的梦想和家乡人民的厚望，年仅 10 岁的哈丽娜也像 100 年前的伟大同胞肖邦那样离开祖国，前往巴黎。她进入了由法国钢琴大师柯托创办的巴黎高等音乐师范学院，师从柯托大师本人，为时半年。之后她又在法国的其他几所学校相继进修学习，并参与了社会上的演出实践。1934 年，在异国他乡度过两年后哈丽娜回到了祖国。她除了在家乡的圣乌尔苏拉高级中学完成常规的高中课程外，又常常去距克拉科夫 300 公里外的首都华沙跟随国内的钢琴家约瑟夫·图尔辛涅斯基 (Jozef Turczynski, 1884-1953) 继续学琴。图尔辛涅斯基是 20 世纪上半叶最出色的波兰钢琴家，也是一位杰出的钢琴教授，在他执教华沙国立音乐学院期间培养出了多名优秀的波兰青年钢琴家，声誉斐然，而哈丽娜正是其中之一。

而待到哈丽娜以优异的成绩考入华沙音乐学院，成为其正式的学生时，她有幸遇上了贵人——音乐学院最知名的钢琴教授兹比格尼耶夫·杰维耶茨基 (Zbigniew Drzewiecki, 1890-1971)。在 20 世纪乐坛上，提及这位杰维耶茨基，就仿佛是如同俄罗斯钢琴学派的名师涅高兹、戈登维泽的名字那般如雷贯耳，世人皆知。年青时他到维也纳师事莱舍蒂茨基，学成回国后即开始在欧洲各地举行巡演。从 1916 年起他就担任华沙音乐学院的教授。在一直到去世的 55 年时间里他都在为培育祖国、民族的钢琴人才辛勤耕耘，并因硕果累累而威名赫赫。他是举世公认的肖邦钢琴作品的演奏权威和教学名宿，一生里曾两度担任国际肖邦音乐协会的主席。他是肖邦国际钢琴比赛的倡办者之一，从第一届起就担任大赛的评委，并且还是终身评委。在历年的肖邦大赛获奖者里有相当一部分出自他的门下。他的学生中当然还包括来自中国的傅聪。不消说，哈丽娜在杰维耶茨基的悉心教诲和提点下无论是对演奏的技巧还是对作品的理解较前更是上了大大的台阶，产生了质的飞跃。求学期间她就定期出现在首都的音乐舞台上，以其靓丽的形象和出众的演技展现在国人面前。她也应邀到波兰广播电台去录音，她美妙的琴声通过电波传遍了祖国。

　　然而,哈丽娜进入华沙音乐学院未及一年,纳粹法西斯的魔爪就伸向了她的祖国,波兰首当其冲地成了希特勒展开突袭妄图称霸世界的目标。随着祖国的沦陷,她有如含苞欲放的花蕊被人粗暴地掐摘下来一般,学习生涯戛然而止。诚所谓"皮之不存,毛将焉附",在此期间她无法从事正常的学习和演出,只能把自己关在家里一个人埋头练习不辍,因为她坚信黑暗不会长久,自己的艺术有朝一日终有用武之地。不过,在1942年她倒也完成了自己人生中的一件大事,那就是与同为钢琴家的鲁德维克·斯苔方斯基结为连理。结婚后哈丽娜照例要该随夫姓,可是她仍舍不得祖宗留给她的那个耀祖光宗的姓氏,于是她的全名也就变成了哈丽娜·车尔尼-斯苔方斯卡。第二年,这对钢琴伉俪有了一个可爱的女儿。这个名叫埃尔兹比艾塔·斯苔方斯卡-鲁科维茨的女儿日后成了一名大键琴演奏家。

　　却说好不容易熬到了二战结束,祖国解放,已成家育女的哈丽娜忙不迭地抖擞精神重拾旧学。战争结束后的1945年,她的恩师杰维耶茨基在她的家乡克拉科夫创办了一所新的音乐学院——克拉科夫音乐学院。为了追随恩师,于是她转至由杰维耶茨基亲任院长的该校继续在恩师的亲自指点下修炼演奏艺术。她把自己的目标瞄准了在祖国举行的肖邦国际钢琴比赛。

　　肖邦国际钢琴比赛由波兰著名钢琴家兼指挥家杰西·祖拉夫列夫(Jerzy Zurawlew,1886-1980)倡导发起,创办于1927年。波兰政府对此进行了全力支持和投入,为每届比赛提供的补助金高达500万兹罗提(约合100万美元),其目的在于大力弘扬这位为祖国和民族赢得世界声誉的伟大作曲家的艺术成就,以彻底扭转自一战后肖邦的音乐被曲解为靡靡之音而遭到教学和演奏领域冷遇的不正常局面。它也是所有钢琴比赛中唯一只用单一作曲家(肖邦)作品作为比赛曲目的国际大赛。换而言之,演不好肖邦就不可能得奖,甚至无法参赛。然而,大赛的前三届(1927年、1932年和1937年)的桂冠竟无一例外地全被音乐教学实力更为雄厚的苏联选手所摘得。与之相比,波兰的参赛者总是稍逊一筹,三届连拿三个第三名,外加第一届的第二名。交出这样的答卷显然无法使波兰人民感到满意。正因如此,1949年当遭遇二战而停办12年之后睽违已久的第四届肖邦国际钢琴比赛如约而至时,波兰人更是希望在这届大赛上年轻的波兰学子们能给他们带来惊喜!

　　波兰音乐界不敢怠慢,为比赛做了充足的准备。经过反复地遴选筛汰,组成了实力强劲的参赛团队,而这支团队的领衔者就是已从克拉科夫音乐学院学成毕业的哈丽娜。这年她27岁,无论是其知识的储备积淀还是心智的成熟老道她都堪称是参赛者中的佼佼者。而厚积薄发的她也果然不负众望,不仅在前面的三轮独奏比赛中一路过关斩将,遥遥领先,更在决赛之夜上与由指挥家维托尔德·罗维茨基指挥的华沙爱乐交响乐团精妙合作,近乎完美地再现了肖邦的《e 小调第一钢琴协奏曲》。一曲甫毕,答案已然揭晓,哈丽娜毫无争议地与代表苏联参赛的犹太裔女选手贝拉·达维多维奇(Bella Davido-vich,1928-)并列成为大赛的新科状元。哈丽娜同时还获得了特别奖——波兰广播大奖,这是专门授予演奏玛祖卡最出色的选手的。

在肖邦国际钢琴比赛迄今为止的 80 多年历史上,哈丽娜的获奖意义十分重大,其昭示的影响至少体现在以下三个方面:其一,她是大赛上第一位获得金奖的本土选手,从而打破了长期以来苏联选手对金奖的“垄断”,由此向世界证明波兰的钢琴教学体系与成就也是名列前茅的;其二,作为大赛上第一位(并列)女性金奖得主,她的获胜也打破了男性在音乐比赛上总是胜人一筹的神话,为众多学琴的女性树立起了榜样与典范。值得一提的是:在本届大赛上获得银奖和铜奖的也都是波兰选手,而第二名芭芭拉·海塞 - 布科夫斯卡(Barbara Hesse-Bukowska,1930-)不仅是哈丽娜的同胞,还是她的校友;最后,哈丽娜的夺魁给日后肖邦比赛获奖者在性别、地域的多元化、多样性上提供了成功的借鉴。在以后的历届比赛上,获奖选手所代表的国家范围越来越广泛,它再也不由欧洲选手所专美,而出现了像中国的傅聪、李云迪、陈萨,越南的邓泰松,日本的中村纮子、内田光子,韩国的林东海为代表的亚洲选手和以阿根廷的阿格里希、英格丽德·弗利特(Ingrid Fliter,1973-)和巴西的阿瑟·莫雷拉·利马(Arthur Moreira Lima,1940-)为代表的拉美势力。而与之相辅相成的是:这项比赛在国际乐坛上的影响也越来越大,生命力也越来越强。它果如创办者当初的设想那样,现已成为世上最顶级的钢琴国际比赛之一。

哈丽娜在摘取肖邦大赛桂冠后,立即成了乐坛上的风云人物。在国内她被视为为国争光的女英雄;在国际上她频频受邀去欧洲各国巡演,其中包括去巴黎、维也纳、伦敦、布鲁塞尔、阿姆斯特丹演出;与她合作过的一流指挥家有英国的博尔特、原籍匈牙利的索尔蒂和安契尔以及印度的祖宾·梅塔等。在 20 世纪 60 年代她也曾到中国和日本举办过独奏音乐会。可以说在五六十年代哈丽娜称得上是一位乐坛红人,她金发碧眼,红唇皓齿,容貌俏丽,形象动人。尽管已为人母,然而少妇的风韵在舞台上随着她出色的演艺而散发出别样的成熟与魅力。

哈丽娜演奏的作品范围极为有限,主要就是围绕着她一生钟爱的肖邦而展开的。在对肖邦作品的诠释上最淋漓尽致地展现出她卓越的演奏艺术。就以她当年获奖的玛祖卡为例,她的演奏被《留声机》杂志形容为"是这些(带有民族色彩的)舞蹈的一种诗化的诠释⋯⋯这些特征构成了作品的非同凡响"。由于历史的原因,哈丽娜的演奏录音大都由波兰本国的唱片品牌 Muza 发行,制作效果粗糙,音响效果不佳;再加之她战后的大部分 78 转唱片随着 LP 的问世而被毁损,就算留下一部分录音却仍停留在 LP 的介质状态,一般人很难搜集到,像她演奏的玛祖卡全集、前奏曲全集和波罗奈兹全集等。惟其如此,在她去世后英国的 Pearl 发行的一张 CD 就彰显出它的珍贵价值了。在这张专辑里收录了她演奏的多首玛祖卡、波罗奈兹、圆舞曲、《幻想即兴曲》、《g 小调第一叙事曲》以及第一钢琴协奏曲的第二乐章:浪漫曲等(Pearl 209),从中可探其演奏艺术精彩之一斑。她的波罗奈兹浑厚华丽,高贵大气;而叙事曲则起伏跌宕,扣人心弦,给人留下无穷的回味与联想。说到哈丽娜的演奏录音,一个绕不过去的话题就是她演奏的肖邦第一钢琴协奏曲的录音了。作为她赖以成名的获奖作品,评论家认为她在对它的演绎里充分体现了她作为 20 世纪一位不可多得的钢琴家的真正价值。

其实,哈丽娜传世的肖邦第一钢琴协奏曲远不止一个版本:除了由捷克指挥家斯美塔契克指挥捷克爱乐乐团的 1955 年版(Supraphon CYA 10130, LP),它还有与波兰指挥家沃迪茨科、罗维茨基分别指挥华沙爱乐交响乐团的 1957 年版(Muza 1227)和 1965 年版(Muza 0060, LP)。除肖邦外,哈丽娜也留下了她演奏的莫扎特《第二十三钢琴协奏曲》(Supraphon 3698)、贝多芬的《第二协奏曲》和格里格的《a 小调钢琴协奏曲》(Muza 0107, LP)以及贝多芬的几首钢琴奏鸣曲的录音。除了演奏,哈丽娜还长期担任多个钢琴国际比赛的评委,其中有英国的利兹、苏联的柴科夫斯基和法国的玛格丽特·朗等。作为肖邦大赛的金奖得主她也是该项比赛当仁不让的评委,并且持续了许多年。

哈丽娜的家庭是一个十足的音乐之家,她与丈夫鲁德维克也经常举行钢琴二重奏音乐会,妇唱夫随;她也与自己的女儿举办钢琴、大键琴二重奏音乐会,同台唱和。自 1982 年丈夫去世后她就离开首都华沙,与担任克拉科夫音乐学院教授的女儿居住在一起。当时她已年满六十,从演奏舞台和教学岗位上都退了下来。2001 年 7 月 1 日,她病逝于故乡克拉科夫,享年 79 岁。

51. 女性中的霍洛维茨
——艾莉西娅·德·拉罗查
（Alicia de Larocha）

把艾莉西娅·德·拉罗查誉为"一位女性中的弗拉基米尔·霍洛维茨"（a female Vladimir Horowitz）见诸于这位著名女钢琴家2009年去世后英国的《电讯报》的评论之中。《电讯报》的文章里列出了他们之间的三个共同点：1）两人在气质上的优雅和演奏时的从容是高度一致的；2）他们都敢于对不合意的演出断然说"不"；3）他们都喜欢使用斯坦威牌钢琴演奏和录音。然而，还有更重要的一点，却由拉罗查本人一语道破了"天机"："我与霍洛维茨都遭遇过相同的困扰，那就是我们的一双手。我的手太小了，而他的手又太大了。这对于演奏来说会发生同样的问题，只是小有小的苦恼，大有大的麻烦而已。"然而，这却未能阻碍瓷娃娃式娇小柔弱的拉罗查和有着"琴坛雷神"之称的霍洛维茨同样成为20世纪琴坛上的一代伟人。

艾莉西娅·德·拉罗查1923年5月23日出生于西班牙人杰地灵的巴塞罗纳。像歌唱家卡雷拉斯、洛斯·安赫勒斯、卡伐耶，大提琴家卡萨尔斯、卡萨多等响当当的名字一样，她也是一位来自加泰罗尼亚的音乐家。拉罗查的双亲都是专业人士，尤其是母亲的家族简直是一个钢琴的"母系社会"，不光外婆是钢琴家，她母亲和一个姨妈还是19世纪西班牙民族音乐的代表人物格拉纳多斯的亲炙弟子。母亲成家后放弃了专业学习，可姨妈却以优异的成绩毕了业，成了一名专职的钢琴教师。出身在这样一个氛围浓郁的音乐家庭里，拉罗查从小就显得聪明不凡。在她2岁时，还处在牙牙学语阶段的她一次在家里听姨妈为学生上课，那个学生弹了格里格的《致春天》。不意一旁的小拉罗查竟从她的小嗓子里哼出了乐曲的音调。这次出彩的表现令全家人惊诧不已。不久，这个小家伙再显惊人之举。她想坐上琴凳像大人般地弹琴，可是人太小了，根本坐不上去。周围又没有别的人帮她。情急之下她竟想出了一个"狠招"，为使钢琴发出声响她用自己的头去碰击琴键，结果硬生生地把额头撞出了血来！眼见女儿学琴心切,甚至不惜采取"血谏"的方式,于是父母决定在她3岁时让姨妈对其发蒙,教她习琴。

一次,姨妈带着小拉罗查去自己任教的利切乌音乐学院参加学生们的汇报音乐会。在音乐会结束后姨妈领着她去见了学校的校长、著名钢琴教育家弗兰克·马绍尔(Frank Marshall, 1883-1959),就此奠定了拉罗查与这位恩师的一生情缘。马绍尔祖籍英国,是格拉纳多斯的学生,后来还担任过后者得力的助手。自格拉纳多斯在1916年不幸溺水身亡后他就接替了乃师在利切乌音乐学院的职位,成为这所巴塞罗纳唯一的音乐院校的校长。马绍尔当时见到了3岁的拉罗查,他饶有兴味地听了小女孩的弹奏。当他发现这个不起眼的小女孩凭借记忆竟能背奏出大段大段的乐曲,且在演奏时还带有自己的即兴发挥时简直是惊得合不拢嘴了。他当即表示自己愿意给这个小姑娘授课。于是乎,从这一刻开始对拉罗查的教学就由姨妈转到了马绍尔身上,马绍尔也就此成为拉罗查人生中唯一一位正式的老师。在马绍尔循循善诱和耐心细致的教诲下,拉罗查的琴技提高得飞快,5岁那年她就在家乡崭露头角了。在巴塞罗纳举办的国际出口商品交易会上她首次登台献艺,引起了家乡父老们的瞩目。第二年(1929年),适逢在塞维利亚举行世界博览会。在这样一个八方来客近悦远来的大型公众场合,拉罗查再次登台,出现在世界各国人们的面前。她的演奏令国内外游客都为之击节称善。不过,真正引发世人震惊的还是在1934年。那年,年仅11岁的拉罗查在西班牙指挥家恩里克·费尔南德斯·阿波斯指挥的马德里交响乐团协奏下演奏了莫扎特的《D大调第二十六钢琴协奏曲》(加冕)。这次演出获得了极大的成功,国内报刊都将之称为"一颗冉冉上升的琴坛新星"。尽管拉罗查少小成名,然而她的老师马绍尔却出面阻止了这种童星生涯的延续。他不允许拉罗查这么早就在公众场合抛头露面,认为她现阶段的主要任务是学习,学习,再学习。他告诫自己的学生:才华的过快燃烧只能使其昙花一现。

作为一位对教学极富经验并收获硕果的钢琴教师,马绍尔对拉罗查的基础打得非常扎实。拉罗查想过早涉足对西班牙作品的学习与演奏,马绍尔谆谆教导道:"假如你不能很好地弹好巴赫和莫扎特,那么你也无法演奏好西班牙音乐。因为西班牙音乐是非常、非常、非常难的。"老师一连用了三个"非常"以强调自己的语气。"这是由于西班牙音乐里往往蕴含着十分复杂、难于掌握的节奏韵律。而要准确地把握好这种节奏韵律,必须先从处理好巴赫、莫扎特音乐里的正确韵律做起!"就这样,拉罗查在老师的指导下潜心苦练,以期有朝一日能厚积薄发,一鸣惊人。

按理说，拉罗查出身音乐世家，悟性甚高，又习琴甚早，以她的天资禀赋和家传基因，应该更易于脱颖而出，崭露头角。可偏偏就是她，还须花费比常人更多的功夫去刻苦练琴，原因何在呢？原来，是拉罗查自身的先天生理条件阻碍着她艺术的顺利发展。在 20 世纪的琴坛上，拉罗查堪称是一个十足的"袖珍版精灵"。她身高仅 4 英尺 9 英寸（约 1.52 米），不仅身材矮小，她的手也比一个正常的钢琴家要小得多。把她的五根手指完全伸展开也仅能在键盘上刚刚达到一个十度音程。老实说，如果换到了今天像这样的手指条件不要说成为一位著名的钢琴家，甚至连迈入音乐学院的校门也难！一般认为，学琴者的手从大拇指尖到小指指尖的宽度应有 9 英寸，然而她没有。对此，成名后的拉罗查说："如果某些天生的条件素质有局限，你必须设法使之得以弥补。比如我的小手就很难做大幅度的伸展。"不过，所谓尺有所短，寸有所长，尽管先天条件相当地"糟心"，但她却有着一根"长长的小指"，而且"大拇指与食指之间的间距也比别人更宽"，这无疑是上天眷顾这位热爱音乐的演奏家的"礼物"。再加之乃师马绍尔有针对性地对她实施改善措施，伸展手指的长度，并采取正确合理的训练方法，这些都为拉罗查日后的演奏生涯提供了必要的技术支撑。当她成名后在音乐会上演奏诸如贝多芬的《皇帝》、勃拉姆斯的第二、柴科夫斯基的第一以及拉赫玛尼诺夫的第二、第三这些技巧艰深的钢琴协奏曲时，人们往往很难相信它竟出自这位长着圆墩墩身材、肉鼓鼓小手的"袖珍型"女钢琴家之手！

1940 年，17 岁的拉罗查正式步入演奏生涯，她在西班牙各地举行巡演。1943 年在荣获马绍尔演奏金奖后更是以独奏家的身份活跃于巴黎、伦敦等欧洲主要城市的舞台上，向听众们演绎她所喜爱的阿尔贝尼兹、格拉纳多斯和德·法雅的作品。不过，就像她那一辈的钢琴家们那样，正当她学有所成欲展翅高飞之际却遇上了战争的灾祸。始于 1936 年 7 月爆发的西班牙内战更早于第二次世界大战，拉罗查一家尽管仍然留在了巴塞罗纳，但他们也像大多数家庭一样缺衣少食。她父亲不得不放下高尚的音乐职业，委身去当了一名清道夫，以维持一家人的基本生计。在一个食不果腹的年代里谈音乐、论艺术都是奢侈和虚妄的。在此期间拉罗查不仅无法正常地练习和演出，她甚至还一度想到要去实现自己童年时代的另一个梦想——去当一名医生或者护士。

一直到二战结束后，属于拉罗查的时代才真正到来。1953 年，她在英国的首秀获得了成功。翌年，时任美国洛杉矶爱乐乐团客座指挥的指挥家阿尔弗雷德·沃伦斯坦向她发来了邀请，让她赴美国作旅行演出。这是拉罗查人生中一个至关重要，甚至可以说是决定命运的转折点。她如期赴美，先与洛杉矶爱乐联袂献演了钢琴协奏曲专场,嗣后又在纽约的市政大厅举行了独奏音乐会,演奏了她的同胞阿尔贝尼兹和格拉纳多斯的作品。当时的美国舆论是这样描述她的演奏之精彩的:"随着她那双神奇的小手在键盘上叩响,人们感觉她仿佛是一个人在自己的琴房里练琴那般无拘无束,挥洒自如。她的演奏没有丝毫游离于音乐之外的夸张动作。也许她想给予我们的只是她的热情,而非是特意炫耀的高超技巧。"事实证明,正是凭借着这次美国之行,拉罗查一举奠定了她在国际乐坛上的地位与成就,从此跻身于 20 世纪最杰出的钢琴家之列。

载誉归来的拉罗查在国内乐坛上也充分施展着自己的才干与才华。她应恩师邀请回到母校执教,并且在 1959 年马绍尔去世后还接替他成了被更名为弗兰克·马绍尔音乐学院的院长。成名之后是成家。在 1958 年她嫁给了同为钢琴家的胡安·图拉。结婚后,深爱着"自己小女人"的丈夫甚至甘愿放弃自己的事业转而成了越来越受欢迎的妻子的专职演出经纪人。他们后来生了一子一女。家庭生活的美满和谐更为拉罗查的演奏事业增添了新的艺术活力。1963 年,她再次赴美。较之 8 年前,此番的盛况更是空前。而她在英国受欢迎的情形也不相上下。她与指挥家海汀克在著名的逍遥音乐会上联袂登台,成了伦敦的票房宠儿。《泰晤士报》的评论赞誉她是"一位具有高度灵性与充满想象力的演奏家。她通过不容忽视的流畅性与精确性确立起了自己具有鲜明个性的演奏风格"。

作为 20 世纪伟大钢琴家"家族"的成员之一,拉罗查是以演绎西班牙作曲家作品而确立起独树一帜的牢固地位的。尽管她的手不大,但触键却柔中带刚,能弹奏出明快而有力的音调,表达出孕育在音乐里的独特的色彩明暗、节奏疾舒的丰富变化。她曾以形象的语言表述了她心中的西班牙音乐:"西班牙音乐的风格就像肖邦的玛祖卡——在旋律上是自由的;然而在根基上却是坚实的。"此外,她的演奏艺术还有一门"独门秘笈",那就是踏板技术的出色运用。在马绍尔的影响下拉罗查掌握了极为精到的踏板技术,而这种技术在诠释变化多端、情感细腻的西班牙钢琴作品时更使她如有神助,使琴音散发出一种舒畅、明朗与圆润的迷人韵味。它能使听众闻之心旌摇曳,如临其境,继而情难自已,如醉如痴。因而,在唱片收藏界流行着这样一句"行话":但凡是拉罗查演奏的西班牙作品,你只管闭上眼睛照单全收。诚如著名乐评家乔纳森·萨默斯所言:"在这些西班牙作品的演绎上她是没有任何可与之匹敌的挑战者的。她的演奏版本几乎总是唱片购买者的第一选择!"

在这些西班牙作品中,首屈一指的就属阿尔贝尼兹的钢琴组曲《伊比利亚》(DECCA 417 887,2CD)和格拉纳多斯的《戈雅之画》(DECCA 448 191, 2CD)了。

前者以白描的手法惟妙惟肖地描摹出这个伊比利亚半岛国家各地浓郁而生动的风土人情;而后者则以西班牙历史上最伟大的画家戈雅的绘画入手,用音乐诠释出画作里的生与死,情与爱。而在另一位作曲家德·法雅的钢琴与乐队曲《西班牙花园之夜》(DECCA 410 289)里,拉罗查又以精湛诗意的手法描绘出印象派笔下的西班牙情调。她演绎的这西班牙民族乐派三杰的版本无一例外地荣膺了《企鹅唱片指南》"三星带花"的最高等级。除了上述作曲家外,拉罗查演奏的西班牙当代作曲家的作品也同样出类拔萃,无人堪敌,因为其中有些作品本来就是作曲家专门题献给她的。

然而,假如以为拉罗查只以演奏西班牙钢琴作品取胜则未免太低估了这位钢琴大师了。如前所述,拉罗查有着深厚的德奥作品演奏功底,她的演奏曲目相当宽泛,尤其是她自1980年代后期由DECCA改签美国的RCA之后,其演奏与录音更呈现出风格多元、姿彩各异的丰富景象。她曾录制过莫扎特的奏鸣曲全集(RCA 55705,5CD)以及自第十九以后的钢琴协奏曲。她也与指挥家兼钢琴家普列文合作过莫扎特的双钢琴协奏曲和双钢琴奏鸣曲(RCA 68044)。她演奏的浪漫主义作品也有口皆碑。1980年她为DECCA录制的李斯特《b小调钢琴奏鸣曲》为她赢得了匈牙利政府颁发的李斯特奖;演奏的拉威尔两首协奏曲获得了格莱美奖;而其演奏的拉赫玛尼诺夫协奏曲无论在作品的气势上还是技巧的运用上都丝毫不输给那些手指条件异常优越的男性钢琴大师,被媒体称作是"令人透不过气来的精彩诠释"。只要她愿意,她可以演奏古往今来的任何钢琴作品。DECCA于2003年她八十寿诞发行了一套《艾莉西娅·德·拉罗查的艺术》的纪念专辑(DECCA 473 813,7CD),网罗了她演奏的不同时期不同风格作曲家的代表作,可谓撷其精华,熔于一炉。

拉罗查共获得过四次格莱美大奖;1994年她被授予西班牙阿斯图里亚斯艺术大奖;第二年又成为获得联合国教科文组织UNESCO大奖的第一位西班牙艺术家。2003年,年满八十的拉罗查终于从公众的演出舞台上退了下来。自她首次公开演出到那一刻,她在这个舞台上已度过了整整76年的艺术生涯,一生总共演出的各类音乐会达4000多场。2007年,一次意外的摔倒损伤了她的髋部,之后她的健康状况急剧下降。2009年9月25日她在巴塞罗纳的医院里去世,享年86岁。

拉罗查去世后,西班牙文化部长安赫勒斯·冈萨雷斯-辛德称她是"一位杰出的传播西班牙文化的大使";而英国的路透社则更为直截了当,把她誉为"历史上最伟大的西班牙钢琴家!"

52. 她倒在了一生倾情的
钢琴作品上

——塔吉亚娜·尼古拉耶娃
(Tatiana Nikolayeva)

在钢琴演奏领域,有这样一位女钢琴家,她的一生都与一部钢琴作品紧密地维系在一起。她的演奏事业因它而成名,知名,享尽荣耀,并且她的人生也在演奏它的那一刻戛然而止。事实上,她生前她演奏的这部作品的录音还是世界上独一无二的"孤本"。她无愧为是它的代言人,她与自己心爱的作品同体共生。这位女钢琴家就是塔吉亚娜·尼古拉耶娃。

塔吉亚娜·彼得罗芙娜·尼古拉耶娃1924年5月4日出生于苏联位于东欧平原中部的布良斯克州的贝治萨一个音乐之家,她的母亲是专业的钢琴家,是莫斯科音乐学院著名的钢琴教授亚历山大·戈登维泽(Alexander Goldenweizer,1875-1961)的学生;而她的父亲则是一位具有相当造诣的业余弦乐手,既能演奏小提琴,也能拉大提琴。尼古拉耶娃从3岁起就由母亲手把手地教着弹琴了。或许是家族遗传基因使然,又或许是与生俱来的天赋异禀,总之她在母亲这位启蒙老师的传授下进步飞快,上小学时已在芸芸习琴学子中脱颖而出,受到世人的瞩目。其实,更使当时大多数人意想不到的是,12岁时,她竟开始无师自通地尝试着作起曲来,她的这种优异出众的禀赋更使家人对她的成长充满了希望。

于是,尼古拉耶娃13岁被送到首都莫斯科,经过一轮又一轮严格的考试筛选,她如愿以偿地进入莫斯科中央音乐学校。这所学校是莫斯科音乐学院的附中,可以说进了该校就等于一只脚已然跨进了国内最顶尖的莫斯科音乐学院的大门了。学院的不少知名钢琴教授也在中央音乐学校兼课。尼古拉耶娃非常幸运,她所遇到的专业教师正是自己母亲当年的恩师——大名鼎鼎的戈登维泽。戈登维泽是俄罗斯钢琴学派的重要代表,他与海因里希·涅高兹和康斯坦丁·伊贡诺夫并称为20世纪上半叶莫斯科音乐学院的"钢琴三巨头",门下弟子众多,桃李成蹊。由于戈登维泽曾经教过尼古拉耶娃的母亲,因而她教起尼古拉耶娃来知根知底,老师与家长之间的沟通配合也可谓是心有灵犀。当然,更主要的是他手下的这名女学生的学习相当勤奋,扎实。响鼓无需重锤,在戈登维泽的悉心呵护与调教下,尼古拉耶娃从中学到大学一路上都由老师保驾护航,在学习期间她的知识结构建立得非常系统而全面。由于戈登维泽与其同时代的作曲家斯克里亚宾、拉赫玛尼诺夫和梅德纳等都是过从甚密的朋友,因而老师与这些伟大作曲家之间的交往也势必对尼古拉耶娃的成长产生不可低估的重大影响,尤其是老师忠实于原作、技术精准的演奏风格以及这些俄罗斯作曲家作品中高超娴熟的创作手法都深深吸引着这位钢琴少女。作为一名初备作曲知识的钢琴系学生,在读期间尼古拉耶娃就有意识地磨练、提高自己在演奏用对位技法写作的作品上的能力,巴赫更是她每日必练的功课。这对于尼古拉耶娃日后演奏好巴赫和肖斯塔科维奇的复调音乐作品裨益极大,因为这使她练就了同龄人所不具备的"对于复调写作相当罕见的一副发达的耳朵"(a rarely developed ear for polyphonic writing)。

1948 年,24 岁的尼古拉耶娃从莫斯科音乐学院毕业了。可令人没有想到的是:这位成绩优异、技艺出众的模范学生却并没有立刻步入艺坛,反而选择继续留在音乐学院里跟随著名的作曲系教授叶夫根尼·古柳贝夫(Evgeny Golubev, 1910-1988)学起了作曲。尼古拉耶娃在古柳贝夫门下两年寒窗苦读,果然硕果喜人。在此期间她完成了康塔塔《幸福之歌》和《B 大调第一钢琴协奏曲》两部大型作品。后来,这首《第一钢琴协奏曲》由她亲自担任独奏、著名指挥家基里尔·康德拉辛指挥全苏国家交响乐团协奏首演并灌制了唱片录音。

从 1950 年起,尼古拉耶娃才真正走上了职业演奏家的艺途。她的起步同样不同凡响。这一年,适逢伟大的巴赫逝世 250 周年。为纪念这位"音乐之父",巴赫生前长期工作和生活的德国城市莱比锡发起创办了四年一度的巴赫国际音乐比赛。就在当年举行的第一届大赛上,三位来自不同国度的青年钢琴家共同瓜分了钢琴比赛的首奖,他们是奥地利的荣格·德穆斯(Jorg Demus, 1928-)、波兰的沃德马尔·马西采夫斯基(Woldemar Maciszewski, 1927-1956)以及唯一的女性——来自苏联的女秀才尼古拉耶娃。而尼古拉耶娃除成为金奖的共同获奖者外还荣获了巴赫作品最佳演奏奖的殊荣。尼古拉耶娃在演奏巴赫作品时那种把握精确的质感以及对复调音乐清晰入里的阐释深深打动了评委席上的一个人。此人正是应邀担任比赛评委的大作曲家肖斯塔科维奇。在莱比锡,肖斯塔科维奇目睹了二百多年后的人们仍对巴赫音乐成就的推崇和景仰,使他生发出要模仿巴赫的《十二平均律钢琴曲集》创作一套"20 世纪的十二平均律"的构思。于是,他以极大的热情投入到创作之中,在短短的四个月里就完成了这部 20 世纪具有里程碑意义的钢琴巨作——《24 首前奏曲与赋格》,作品 87。

肖斯塔科维奇的《24 首前奏曲与赋格》被音乐史学家誉为是他个人"在人生的困难时期写下的一本发自内心的日记"。作品全部完成后,本身就是一位相当卓越钢琴家的肖氏本人曾于 1951 年 11 月在列宁格勒的格林卡大厅演奏过其中的部分曲目;然而,他却把作品整体亮相的殊荣交给了他所信任的尼古拉耶娃,由后者在 1952 年 12 月的 23 日和 28 日分两个晚上首演了全部的 24 首前奏曲与赋格。其实,早在作品的创作阶段肖氏就让尼古拉耶娃参与进来了,女钢琴家应邀去他的家里作客,两人就创作倾心交谈;当他需要对作品修改完善时就让尼古拉耶娃在钢琴上一遍遍地作着演练,示范出作品的音响以便让肖氏对自己作品的表达和效果作出最佳的判断。因而,从某种意义上说尼古拉耶娃就如同当年参与勃拉姆斯小提琴协奏曲创作的约阿希姆那样,她也是这部杰作的参与者之一,更何况她本人还就是一位作曲家呢!

就这样,肖斯塔科维奇的《24 首前奏曲与赋格》自此成为尼古拉耶娃一生演奏事业上最重要的保留曲目。她经常会在自己的独奏音乐会上整场只弹这部作品;而在 1975 年肖氏去世之前,在整个苏联乐坛硬是没有第二人敢于在公开的场合演奏这部作品,它简直成了尼古拉耶娃的专利!

尼古拉耶娃是苏联乐坛上最受政府当局推崇的著名女性钢琴家。与那些遭到有意贬低、打压的同行们如玛丽娅·尤金纳、玛丽娅·格林伯格等不同,她能经常去东欧的"社会主义阵营兄弟"国家举行音乐会,并于 1951 年荣获了国家文学艺术类的最高奖——斯大林奖。1959 年,已在国内乐坛家喻户晓的尼古拉耶娃又受邀担任母校的钢琴教师,并于五年后晋升为教授。由此,她开始了自己长达近 35 年的教学生涯。在 20 世纪下半叶的苏联乐坛,作为一位女性艺术家,尼古拉耶娃堪称是演教兼济,相得益彰。

如同在大部分唱片封套上为人所识的形象那样,现实生活中的尼古拉耶娃是一个身材健硕的典型的俄罗斯女性形象:她拥有一张圆圆的脸庞,总是呈现着和蔼而安详的神情。在舞台上她通常喜欢穿一袭颜色鲜亮得"有些可怕"的礼裙,与她的身材和作派形成鲜明的反差。她会以自己稳重沉着的步态走向舞台中央的钢琴,站定后给听众一个大大的、暖人的微笑,然后将宽大的身躯放到同样宽敞的琴凳上开始演奏。在演奏时人们甚至不用听她的琴声,仅从她举手投足的细微举止上就足以感受到她那颗谦恭而又慷慨的心灵;而这一切都源自她发自内心的那份愉悦和满足。

　　尼古拉耶娃受过俄罗斯钢琴学派最正宗的系统训练，她的技艺精湛，气质典雅。她的演奏常能使炽热的情感和清晰的乐思达到合理的平衡；她那惊人的记忆力使她不用视谱就可整套整套地演奏作曲家的经典作品。而她学习、创作作曲的经历以及对复调音乐特有的敏感和领悟才能使得她在演绎巴赫、肖斯塔科维奇作品时都显得游刃有余，胜人一筹。代表着她一生艺术成就的肖氏《24首前奏曲与赋格》她总共录制了三个版本，分别是1962年版（Melodiya 1000073/75, 3CD）；1987年版（Regis 3005, 3CD）和1990年版（Hyperion 66441/43, 3CD）。这三个录制于不同时期的版本前后跨度长达近30年，但在录音里却保持了其一贯的理解与表达；尽管在录音质量上有着较明显的优劣差异，然而在技巧与风格上却丝毫听不出有任何退化和迟暮之感，并且1990年的Hyperion版还荣获了著名的《留声机》唱片大奖。她演奏的巴赫也跻身高水准之列，她的《十二平均律钢琴曲集》展现了她一以贯之的朴实平易的演奏风格，初听似乎会感到缺少点灵动，但音乐之中却洋溢着一种至诚虔信的意蕴内涵和女性特有的细腻温馨。这种风格在她演奏的《哥德堡变奏曲》（Hyperion 66589）和《赋格的艺术》（Melodiya 1002006）里也得到了充分的传承和弘扬。

　　与一般女钢琴家迥然有异的是，尼古拉耶娃很少演奏莫扎特和肖邦。她唯一的莫扎特录音就是她在萨尔茨堡艺术节上演奏的《降E大调第二十二钢琴协奏曲》以及与她的得意学生尼古拉·鲁冈斯基（Nikolai Lugansky, 1972-）合作的《降E大调第十钢琴协奏曲》。但她对贝多芬作品的态度却与之形成了鲜明的反差。她不仅为苏联Olympia唱片公司录制了全套的贝多芬钢琴奏鸣曲，并且在她的音乐会上除整场演奏巴赫或肖斯塔科维奇外，其最常见的"标配"曲目就是由巴赫、贝多芬和肖斯塔科维奇三者的作品构成。如1987年在萨尔茨堡艺术节的专场上她就演奏了巴赫的《音乐的奉献》《法国组曲》、贝多芬的《e小调第三十二钢琴奏鸣曲》以及肖斯塔科维奇《前奏曲与赋格》中的四首（Orfeo 612031）。而她演奏的贝多芬《狄亚贝利变奏曲》（Melodiya 1000251）充分施展了其丰富多彩而又细致入微的音色变化和技巧手法。当然，作为一位苏联钢琴家，她的保留曲目里还有相当部分的篇幅是留给祖国的作曲家的，其中就有柴科夫斯基的第一、第二钢琴协奏曲；梅德纳的第一、第二钢琴协奏曲。尤其值得一提的是，她在莫斯科音乐学院的老师古柳贝夫总共创作过三首钢琴协奏曲，其中的第三首就是题献给自己的爱徒尼古拉耶娃的，并由后者对此作了首演和录音（Melodiya 1000925）。

　　尼古拉耶娃在其全盛时期其实并未有多少机会出现在西方的舞台上。直到1985年后随着重量级的钢琴大师吉列尔斯的去世和李赫特的现身愈益珍贵，这时西方人才"突然"发现了尼古拉耶娃的艺术价值。而随着1991年苏联的解体，她更是频繁地活跃于西方乐坛之上,焕发出了自己的艺术第二春。当她出现在伦敦的逍遥艺术节时,惊讶地发现自己的受欢迎程度一点也不亚于在自己的祖国,她成了继吉列尔斯、李赫特之后代表俄罗斯钢琴学派传人的"香饽饽"。她不仅录制了音乐会现场的演奏专辑(BBC 4228,4268),还与英国的唱片品牌 Hyperion 签了约,为它录制了不少唱片录音,如巴赫的《哥德堡变奏曲》和第三版的肖斯塔科维奇《24 首前奏曲与赋格》等,为她的晚年事业增添了一道新的亮色。她也曾在 1984 年和 1987 年连续两届出任英国利兹国际钢琴大赛的评委,备受西方乐坛尊重。

作为俄/苏钢琴家中唯一一位创作型钢琴家,尼古拉耶娃在演奏之余还致力于作曲,她作有一首交响曲、两首钢琴协奏曲、一首小提琴协奏曲;钢琴奏鸣曲、弦乐四重奏和钢琴五重奏各一首以及大量带有作品编号的钢琴前奏曲、练习曲等。然而,在她所有创作中最受人欢迎的却是 1964 年她根据普罗科菲耶夫交响童话《彼得与狼》改编的、由七段音乐构成的同名钢琴组曲。它与作曲家的《降 B 大调第八钢琴奏鸣曲》一同收录于 1996 年发行的《俄罗斯钢琴学派》第二辑的尼古拉耶娃卷(Melodiya 33230,10CD)。

1993 年 11 月 13 日,尼古拉耶娃现身美国的旧金山,她的音乐会仍以肖斯塔科维奇的《24 首前奏曲与赋格》作为整场曲目。然而,当她演奏到第十六曲降 b 小调的赋格时不幸突发脑溢血,当场昏厥在舞台上。她随即被送往医院,但 9 天后终因不治而在旧金山的医院里去世,终年 69 岁。她共有过两段婚姻,留下了一个儿子。

至此,一代钢琴女杰塔吉亚娜·尼古拉耶娃实现了自己的夙愿,她倒在了自己毕生最为倾情的伟大作品上,到另一个世界继续追随她的伟大导师。而更不可思议的是:肖斯塔科维奇的生命竟然也终止在 69 岁上!令人不由得感叹:一饮一啄,莫非前定耶?!

53. 不著一字　尽得风流

——英格丽德·海布勒
（Ingrid Haebler）

"不著一字,尽得风流"语出我国晚唐杰出的诗论家兼诗人司空图所作著名论著《诗品》(又名《二十四诗品》)中的第十一品:含蓄。其实无论是作诗也好,为人也好,含蓄都是一种受人称誉的美德。就以国际乐坛上的女性艺术家来说,奥地利女钢琴家英格丽德·海布勒就是这样一贯保持低调内敛,不事奢华炫耀、不喜抛头露面的一位。翻检她的人生履历,不过寥寥数语,就连在《20 世纪伟大钢琴家》系列里占有一席之地的她在其专辑唱片内页的介绍文字竟也只有 200 个左右的英语词组,可谓惜字如金,简略到家了。这与其他钢琴家洋洋洒洒,动辄数千字的介绍和评价实乃天壤之别。然而,低调不意味着没有格调,内敛也不等于没有内涵。恰恰相反,她在其所擅长的演奏领域堪称是一个后人难以逾越的经典。她能跻身 20 世纪伟大钢琴家之列是实至名归、当之无愧的。

英格丽德·海布勒 1929 年 6 月 20 日出生于奥地利首都维也纳。她不是一位纯粹的奥地利人,她的父母都是来自波兰的移民。母亲夏洛特是一位钢琴家,因而英格丽德从小就由母亲教习钢琴。在 1939 年二战爆发前夕,他们举家搬迁到萨尔茨堡。同年,刚满 10 岁的海布勒考入萨尔茨堡的莫扎特音乐学院,师从著名钢琴教育家斯坦尼兹·肖尔茨(Steniz Scholz)。肖尔茨显然对这个长着圆圆的小脸蛋并有着一双闪烁着灵气的大眼睛的女孩非常喜爱,当即将她罗致在自己门下悉心调教。海布勒的童子功早在家里已被母亲训练得足够牢靠扎实,再加之名师肖尔茨老道的正规系统的教诲,她的琴艺更是得到了长足的进步。未及一年,年仅 11 岁的海布勒就登上了萨尔茨堡的音乐舞台,在她的处女秀里演奏了莫扎特的《降 E 大调第九钢琴协奏曲》。演出获得了轰动的效果,少女海布勒之名也不胫而走,成为人们街谈巷议的话题。或许正是由于是在莫扎特的故乡开始自己的求学之路以及在自己的处女秀里成功地演奏了莫扎特的钢琴协奏曲,由此竟注定了海布勒与这位天才作曲家的一生情缘。

　　自1920年创办萨尔茨堡艺术节以来,每年的七八月份这里简直成了音乐的海洋,音乐会和歌剧舞蹈演出此伏彼起,不绝如缕。来自世界各地的重要艺术家们更是群贤毕至,近悦远来。每当此时,海布勒的父亲总要带着怯生生、羞答答的小女儿去参与音乐家们的聚会。在这种沿袭着18、19世纪贵族沙龙气息的聚会上,海布勒亲眼见识了如罗贝尔·卡萨德絮、克劳迪奥·阿劳这样名满乐坛的钢琴大家的艺术风采。有一次,她还应邀在卡萨德絮面前演奏了她当时正在练习的一首乐曲,得到了大师的鼓励和赞赏。卡萨德絮不仅是一位演奏大师,他的钢琴教学也是出类拔萃的,曾担任过法国枫丹白露的美国音乐学院的院长。卡萨德絮以其敏锐的艺术直觉审视着眼前的女琴童,认为以她灵性温婉而又细腻典雅的气质更适合演奏莫扎特、舒伯特等以旋律见长的德奥古典派作曲家的作品。因而,他建议海布勒不妨在莫扎特、舒伯特的作品上多下点功夫。这正好与海布勒的老师肖尔茨的教学重点不谋而合,也与海布勒自身的生理条件——手不够宽大,力量不够强悍的特点对应契合。从此,这位女钢琴家就果真毕生将莫扎特和舒伯特当成了自己终身习之的音乐伴侣。

　　1949年,年方二十的海布勒以全优的成绩毕业于莫扎特音乐学院。不过,这时的她却不忙于到舞台上去一显身手,而是来到了日内瓦音乐学院,拜在了著名钢琴家尼基塔·马加洛夫(Nikita Magaloff,1912-1992)门下继续深造。后来她又跑到巴黎,追随著名的法国钢琴女前辈玛格丽特·朗去研修。尽管后来的事实证明她在演奏法国作品方面的成就仍很有限,然而,广泛地涉猎与求知终使她获益匪浅。用她自己的话来说:"每一位老师都在艺术上给了我极深的印象和帮助。"

　　这三年近似封闭式的埋头修炼使海布勒有足够的时间去思考与锤炼自己的演奏技术,这种状态显然是这位内向含蓄却志存高远的少女最想要的;而她一生的艺术风格也几乎就在这一时期打造成熟。自然,她也决非是那种一味寒窗苦读脱离社会的"苦行僧",她仍需要有一个能够检验自己所学成果的契机,而二战以后竞相涌现的各类国际音乐比赛正给她提供了这样的一个平台。1952年,海布勒参加了在瑞士举行的日内瓦国际音乐比赛。创办于1939年的日内瓦国际音乐比赛堪称是现代音乐比赛之祖,23岁的她以其沉着稳健的琴风和细腻感人的音乐打动了在场的评委和听众。这一年的比赛未能评出金奖得主,而由海布勒与来自日本的女钢琴家田中希代子(1932-)共同瓜分了银奖。来自东西方的两位女性并列比赛的最高奖,一时被传为美谈。

　　第二年,海布勒又杀了回来,她再战赛场,可惜仍以微弱的差距屈居亚军。不过,在这一年里,日内瓦还有一项重要的比赛,那就是舒伯特国际音乐比赛。它的规模没有日内瓦比赛那么大,但规格却也很高。在舒伯特国际音乐比赛上,海布勒演奏的舒伯特技惊全场,毫无悬念地摘得了比赛的冠军。转眼到了 1954 年,海布勒的身影又出现在了德国慕尼黑国际音乐比赛的舞台上。慕尼黑国际音乐比赛与日内瓦国际音乐比赛一样,是一项综合性的音乐比赛,它创办于 1952 年。经过了前面几次的历练,海布勒对于比赛的气氛已掌握得足够熟悉,她的比赛状态也调试得恰到好处。这一年的比赛由于高手云集,强者如林,竞争格外激烈。但见海布勒处变不惊,她的演奏可谓是成竹在胸,得心应手。比赛的结果也不出预料,25 岁的海布勒荣膺钢琴比赛的状元,拿到了她人生中最有分量的一枚金牌!

自此,海布勒这位外表娟秀沉稳,个性坚毅含蓄的奥地利女钢琴家开始步入职业演奏的艺途。她以自己生活与学习的城市——音乐之都维也纳为中心,以与之相邻的国度为半径渐次展开了演奏活动;而她演奏的重心也主要以维也纳古典乐派作曲家的曲目为主。这是由于她有着自知之明。所谓"天地悠悠,总有属于自己的那一片",她从小沐浴在德奥音乐的环境氛围之中,所接受的教育也同样离不开古典传统,她深信自己的事业与听众仍根植于这一方乐土。事实也正是如此。从艺不过三年,她就因出色演奏德奥作品而荣获了以英国著名钢琴家、社会活动家哈丽叶特·科恩(Harriet Cohen,1895-1967)名字命名的国际音乐奖。这个奖项是用来奖掖那些具有巨大潜质和发展前途的青年音乐人才的。28 岁的海布勒有幸成为这个奖项的获得者,无疑预示着国际乐坛对她演奏艺术的认可与褒奖。

海布勒的演奏以音色温馨委婉、表达敏锐知性、诠释细致入微又变化丰富而成为其演奏艺术最突出的特征。她在最为擅长的莫扎特和舒伯特的钢琴作品中尤其充分地体现出她作为一位 20 世纪的维也纳艺术家追慕先贤、崇尚传统的情感趣味。在演奏中她那种对于优雅乐句的诗意抒发和经过乐段的灵动阐释既颗粒饱满,又错落有致,并使听众能从音乐中切身感受到其发自内心的真情与赞美。在她的指尖流淌而出的不只是清澈明晰的音色,更是源自乐曲自身的宛如歌唱的吟咏。因而,评论家们将之誉为"她那晶莹如珍珠般的清晰透彻的音色和具有古典声乐指导典范的感觉对于她所演奏的维也纳古典大师们的经典来说,是一位完全匹配的佳偶"(Her crystalline 'jeu perle' and fine feeling for classical voice-leading is a perfect match for the piano works of the Viennese masters)就完全不是着意渲染的过誉之词,而是恰如其分而又生动形象的刻画写照了。

无论是与同时代的钢琴同行还是与继她之后涌现出来的战后一代相比,不免让人感叹作为一位优秀的钢琴家,海布勒的演奏曲目范围委实过于狭窄了。她似乎只把诠释的目标锁定在维也纳古典乐派以及德奥前期浪漫派作曲家身上。在她留下的录音里只寻觅到区区几首肖邦的圆舞曲,可见她是绝不愿在她并非擅长或钟爱的作品上浪费功夫的。而对于她所热爱倾情的作品,海布勒则是精益求精,脍不厌细。就以她演奏的莫扎特为例,她追求的是一种柔和单纯、优美而又有韵味的艺术效果。她的演奏秉持德奥钢琴学派的传承,触键灵巧,层次丰富,在展现旋律优美流畅的同时又赋予其细腻多彩的变化。她的琴声虽算不上太洪亮,但以轻松怡人、充满童真的艺术情趣淋漓尽致地向世人展示出一位女性钢琴家的独特诠释视角。而在演绎莫扎特的钢琴协奏曲时,她与乐队之间心有灵犀的默契配合则使乐曲洋溢着一种莫扎特时代的古典风韵之美。在评论家的眼中,海布勒演奏的莫扎特不同于其他众多的版本一个最突出的特征便是:她的演奏里弥漫着一种亲切的私密性。这种私密性就仿佛是从她内心深处与听者展开的娓娓交谈与倾诉,极具亲和力与清纯感。它创造了一种带有她个性印记的独特效应,即在现代化音乐厅巨大的空间里营造出不那么捭阖纵横、过分自信甚或矫饰的谦和平易的音色,这无疑大大拉近了演奏者与作品以及听众三者之间的距离,使之浑然合一。海布勒录制过莫扎特的全套钢琴奏鸣曲和钢琴协奏曲,并在各种版本指南上还往往成为推荐者的首选。尽管在《20 世纪伟大钢琴家》的海布勒卷(Philips 456 823,2CD)里仅选入了她演奏的《降 B 大调第十八钢琴协奏曲》,然而,事实上迄今为止她录制过两个全集版本,即与英国指挥家柯林·戴维斯、波兰指挥家维托尔德·罗维茨基分别指挥的伦敦交响乐团版和与奥地利指挥家爱德华·梅尔库斯、卡尔·梅勒斯分别指挥的萨尔茨堡莫扎特音乐学院管弦乐团版。

然而,海布勒天生淡泊名利、与世无争的处世态度竟然因为她出色演绎莫扎特的钢琴作品遭受到了极不公正的待遇,致使她的声誉低于她实际取得的艺术成就。一个鲜明的例证就是 2006 年 Philips 为纪念莫扎特诞辰 250 周年推出的莫扎特大全套中的钢琴协奏曲卷(Philips 422 507,12CD)选用了同为奥地利钢琴大家的勃兰德尔的演奏版本。本来这也无可厚非,但问题是勃兰德尔并没有录制过莫扎特的早年四首协奏曲,于是编选者为了凑齐这套莫扎特钢琴协奏曲全集竟不惜将海布勒演奏的全集里的这四首移花接木地"嫁接"到勃兰德尔的头上,宁可做成这样一个不伦不类的"拼盘",也坚持冷落原汤原汁的海布勒全集。由此不难看出烙在编选者心目中那根深蒂固的"男尊女卑"的顽固潜意识。

更有甚者,海布勒演奏的莫扎特由于名气太大,还惨遭个别沽名钓誉者的肆意剽窃。这桩乐坛上的公案与一位名叫乔伊斯·哈托(Joyce Hatto,1928-2006)的英国女钢琴家有关。哈托原本也是颇有些造诣的钢琴家,她的丈夫是一个英国的唱片制作人。不过,此人品行不端,早在 1966 年就曾被爆出在工作中有欺诈行为。孰知他非但不知收敛,反而变本加厉地利用自己的职业便利干起了欺世盗名、瞒天过海的勾当。20 世纪 90 年代起哈托突然在乐坛上名噪一时,一时间忽然冒出了许多被冠之以她演奏的唱片录音(多达 100 多个),问世后竟然还博得了乐迷甚至是音乐评论家们的激赏。于是,早年阅历平平的乔伊斯·哈托被塑造成了一位"几乎没人聆听过她演奏的现世还活着的最伟大的钢琴家!"不过,与此同时,乐坛上对这位突然冒出的"钢琴红人"的质疑之声也从未间断过。这桩乐坛"奇案"直到 2006 年哈托死后不久才真相大白。原来这 100 多个录音的实际演奏者全部来自像阿什肯纳奇、约翰·奥康纳、约翰·布洛宁、德绍·栾基等当代一流的钢琴大师,无一出自哈托本人之手。而其中的莫扎特钢琴奏鸣曲经专业的比对鉴定后被证实正出自海布勒的录音!

面对以上的不公正甚至是令人难以容忍的盗版剽窃,海布勒自始至终抱着一种置身事外的超然态度而未置一词。也许对她而言,她一生所关心的唯有音乐而已,除此之外的纷争与烦扰她根本不值得为之揪心分神。这就是世人眼中的海布勒,她热爱艺术,淡泊名利;处变不惊,宽容大气。

2013 年,在这位钢琴女大师 87 岁之际,经过整合的环球唱片公司将 Philips 以前分别推出的海布勒演奏的莫扎特和舒伯特汇集成一个大全套,以韩国版予以发行(Universal DN 0021,34CD)。计有莫扎特的全部钢琴协奏曲,奏鸣曲;与德国钢琴家路德维希·霍夫曼(Ludwig Hoffmann,1925-1999)合作的钢琴二重奏和四手联弹;与和她同样有着波兰裔血统的小提琴家亨利克·谢林合作的小提琴奏鸣曲以及舒伯特的全部钢琴奏鸣曲,真可谓洋洋大观,曲曲珠玑。特别值得一提的是她演奏的莫扎特钢琴协奏曲的华彩乐段(除第二十首仍沿用贝多芬写的华彩而外)全部出自钢琴家本人的手笔,这也充分显示出这位才女深厚的艺术功底。当然,海布勒演奏的巴赫、海顿、贝多芬和舒曼的作品尽管数量上不及莫扎特和舒伯特,但也都可圈可点,具有鲜明的个性。

行文至此,不妨仍以司空图的《诗品:含蓄》作为对海布勒演奏艺术的总结:"悠悠空尘,忽忽海沤。浅深聚散,万取一收。"不亦宜乎?

54. 钢琴界的女大祭司
——玛尔塔·阿格里希
（Martha Argerich）

提起阿根廷女钢琴家玛尔塔·阿格里希，人们自然会联想起她头顶上那顶荣耀的"桂冠"——钢琴界的女大祭司。这是世人对这位琴艺超卓精湛、个性特立独行、形象别具一格和经历神秘传奇的当代琴坛女翘楚的最高褒奖。

在20世纪60年代，老一辈的女钢琴家如玛格丽特·朗、梅拉·赫斯、哈斯基尔等都已步入她们艺术生涯的晚期，陆续离开人们的视线；而1920年代出生的一代如安妮·菲舍尔、拉罗查和海布勒等如日中天，她们在经历了二战带来的事业中落后正全速向着职业生涯的巅峰攀登。当此之际，钢琴领域的小字辈——出生于1940年代的年轻人开始崭露头角，悄然崛起。她们正在暗中磨砺着自己，时刻准备着向前辈发出挑战，对这个世界奏响她们的心声。而这一代年轻群体的领军人物，毫无争议就是这位阿格里希。

玛尔塔·阿格里希1941年6月5日出生于阿根廷首都布宜诺斯艾利斯。她的祖上有着西班牙加泰罗尼亚民族的血统。她的父亲是一名外交官，母亲是钢琴教师。玛尔塔3岁起就由母亲发蒙学琴，5岁时则由来阿根廷开办音乐学校的意大利钢琴家文森佐·斯卡拉穆扎（Vincenzo Scaramuzza，1885-1968）正式课以系统的钢琴学业。在老师严格而悉心的传授下她的琴技取得了惊人的长进；再加之她过人的聪慧和悟性，于是很快便在琴童中脱颖而出了。她8岁就在首都的舞台上演了自己的处女秀，在乐队的协奏下演奏了莫扎特、贝多芬的钢琴协奏曲，引来赞誉声一片。

然而，这次短暂的成功并没有让这个小姑娘享受足够的快乐。她天生喜欢这种在大众面前演奏并接受掌声，可却必须重新回到教室里继续接受斯卡拉穆扎的训练。偏巧由于学生的进步大大超出教学的预期，这时的斯卡拉穆扎已着实没有什么新招儿可以传授给这位女弟子了，他只是要求玛尔塔一遍遍地反复练习那些她早已掌握的东西。玛尔塔天生就不是一个喜欢循规蹈矩的孩子,她天分高,主意大,脾气也不小。这种无休无止的枯燥学习早已使她心生厌烦。于是,她甚至想出一些办法让自己生病以逃避这种"刑罚"式的学习。由于听说女儿心中的偶像是奥地利钢琴家古尔达(Friedrich Gulda,1930-2000),"望女成凤"的父亲竟不惜去请求当时的阿根廷总统胡安・庇隆,让他外派自己去驻奥地利的大使馆任职,结果他如愿得到了这个任命。

就这样,1955 年 14 岁的玛尔塔如愿随全家迁居维也纳。在此后长达 9 年的欧洲求学阶段,她可谓是遍访名家,师出多门。除跟随古尔达学习外,她还去瑞士向罗马尼亚著名钢琴家利帕蒂的遗孀梅德莱娜・利帕蒂和俄裔瑞士钢琴家尼基塔・马加洛夫求教,还短期师从来欧洲访问演出的美国钢琴家阿贝・西蒙(Abbey Simon,1922-)、意大利女钢琴家玛丽娅・库尔契奥(Maria Curcio,1919-2009)以及那位常被人与肖邦钢琴大赛金奖得主混为一谈、实则为波兰裔的比利时演奏名家斯蒂芬・阿斯克纳斯(Stefan Askenase,1896-1985)。前前后后拜了这么多名师,且学派各异,风格纷呈,那么效果如何呢? 还是《20 世纪伟大钢琴家》阿格里希卷唱片内页里的文字说得好:"她真正是凭借着自己的天资在弹琴,而且很有可能从来没有受过任何系统的训练。"尽管如此,阿格里希仍把跟随古尔达学习称作是她人生中最有趣的一段经历。

转眼到了 1957 年,16 岁的阿格里希凭借着初生牛犊不怕虎的闯劲和过人的技艺在意大利波尔萨诺举行的布索尼国际钢琴比赛上一鸣惊人,轻松摘得了大赛的金奖。同年,在更为重要、影响力更大的瑞士日内瓦国际钢琴比赛上她再露峥嵘,仍以势不可挡的优势再次夺魁。而这两次国际比赛仅间隔三个星期,比赛要求的演奏曲目也迥然有异,由此可见这时的阿格里希掌握的曲目之宽泛以及她大赛临场的心理素质之过人了。一时间,她被视为乐坛的天之骄女,似乎辉煌的美好前景即将在她的眼前展现。然而,殊不知在浮华的荣誉背后,这位看上去风光无限的少女却早早遇上了像那些早熟的天才们同样的心理障碍,涉世未深的她在鲜花和掌声面前迷失了自我。正因为对过快到来的成名缺乏心理准备和承受能力,在获奖后她的演奏马上就陷入到一种习惯成自然的平庸之中。她开始对日复一日的练琴产生了厌倦; 加之她的父母还不时地督导她希望能在艺术上趁热打铁更进一步,还搬出终身未嫁的英国著名女钢琴家赫斯的事迹作为她效仿的楷模,更助长了天性敏感、富有主见且又正值叛逆期的阿格里希的反感。或许是她血液里加泰罗尼亚民族的基因使然,又或许是她老师古尔达桀骜不驯的作为潜移默化地感染了她,总之,这一时期的她就是要和她的双亲和师长们对着干! 不是不让谈恋爱吗? 偏要谈! 不仅要谈,还要尽早结婚成家,因为她从不认为自己的一生会像赫斯那样许配给钢琴！于是,她早早地就把自己嫁了,并且出乎所有人的意料嫁给了一个华裔的东方人,他就是从上海到欧洲求学发展的指挥家陈亮声(Robert Chen,1933-)。阿格里希不顾父母的强烈反对与陈结了婚,一年后生下了他们的女儿,当时的她还未满 20 岁。

但爱情终究代替不了艺术,潜藏在心底深处的厌琴心理并未因此而释然,就这样她荒废沉沦了好几年。待到她想到要重新振作恢复自己正常的音乐生涯时,却又鬼使神差地入错了门。她投到当年在布索尼钢琴比赛期间遇到的当代意大利钢琴大师米凯朗杰利开设的钢琴天才学校,拜他为师,希图得到这位以演奏音色丰富多变、唯美入心著称的名家的指导和提点。大师的琴音美则美矣,然他却是另一位享有"怪杰"称号的艺术家。在国际乐坛上米凯朗杰利动辄以各种理由临时取消既定的音乐会是家常便饭,司空见惯。这样一位怪杰偏生又让阿格里希碰上了！在以后的一年半时间里米凯朗杰利总共只给她上过四次课。不过,大师却到处宣传他为这位年轻人做了许多事。当采访他的记者提醒道:"大师,据我所知你只给她上过四次课啊。"对此米凯朗杰利的回答竟然是:"不错。可是我教给她的是无声的音乐啊！（I taught her the music of silence)"简直令人匪夷所思。在穆凯朗杰利那儿阿格里希学到的音乐不多,可大师的坏脾气怀习惯却学到不少,这在她日后的艺术生涯里都有所体现。

眼看一位富有天赋的青年英才即将遭遇早夭的命运,这时,还是阿格里希早年的老师阿斯克纳斯与他的妻子耐心地开导她,感化她,终使她打开了纠缠数年的心结,鼓起了重振艺术的决心。她终于在 1965 年举行的第七届肖邦国际钢琴比赛上完成了自己的"心灵救赎"。24 岁的阿格里希在芸芸众生中显得格外出挑,分外耀眼,但见她披着一头瀑布般浓密的长发,明眸皓齿,明艳动人。当然,她的琴艺也是出类拔萃,高人一筹的。在释放了心理负担之后她以最好的竞技状态投入到比赛中去,果然在比赛中一路领先,直至在最后的决赛之夜以一曲肖邦的《e 小调第一钢琴协奏曲》征服了在场的所有评委和听众,一举夺得肖邦大赛的金奖。她是继 1949 年第四届并列第一名的哈丽娜·车尔尼 - 斯苔方斯卡和贝拉·达维多维奇之后又一位肖邦大赛的女状元,同时也是来自南半球的第一位金奖得主。在颁奖现场,笑靥如花、人美乐美的阿格里希出尽了风头,抹杀了菲林无数。虽然这不是她头一次在国际乐坛上夺冠,但却是使她一举成名的开始。从此阿格里希真正成为了乐坛上一颗如日中天的巨星。她在决赛时与华沙爱乐交响乐团合作的肖邦《第一钢琴协奏曲》被制成唱片,立即风靡了整个世界。第二年她应邀赴美,在首都华盛顿参加了名为"伟大演奏家"的系列演出;1967 年,她与著名唱片品牌 DG 签了长期合同,DG 随即为她发行了第一张个人专辑(DG 447 430),曲目包括肖邦、勃拉姆斯、李斯特、拉威尔和普罗科菲耶夫的作品,问世后赢得叫好声一片。以此为肇始,阿格里希开始了其引人注目的职业演奏与录音生涯。

应当说,阿格里希之所以能成为世人眼中"钢琴界的大祭司"是与她超卓的演奏技艺和非凡的琴韵气质分不开的。她是位天才型钢琴家,虽说手并不大,也不喜欢把自己关在家里埋头练琴,可演奏对于她而言却是自然而然的事。无论是在演奏现场还是在唱片中她的诠释鲜有被舆论媒体抓住不放的瑕疵和败笔。她的演奏给人的直感:一曰快;二曰准。她曾自言:"假如我弹错一个音符的话我就会发疯。"所幸,她从未错过一个音符。而当细细品味她的琴音后,就可体味出她的音乐里洋溢着与众不同的鲜明个性与鲜活韵味。尽管她先后师承多门,但却从未成为他们的"俘虏",而是博采众长,熔于一炉。她的演奏时而铿锵有力,豁达豪放,具有男性的气质;时而又曼妙缠绵,温婉细腻,凸显她作为女性柔情似水的一面。这样高超精妙的演奏造诣为世人营造出了一个变化丰沛而又令人遐想的音乐世界。

阿历克斯·罗斯 2001 年 11 月在《纽约客》杂志上以《谜一样的夫人》(Madame X) 为题撰文介绍阿格里希。在文章里他这样描述自己笔下的主人公:"在过去的 20 年里,对于这位超越钢琴界男性至上统治地位的至尊者来说她的挑战者变得越来越少;而聚集在她周围的崇拜者和发烧友却越来越多。她的美貌驻足在她那对大眼睛里,时而显得伤感惆怅,时而又顽皮淘气。在她的微笑里有着比蒙娜丽莎更多的神秘色彩。在这个世界里,有多少钢琴家每天苦心孤诣地狂练高难度的双八度音;又有多少钢琴家竞相乐于在媒体的闪光灯前炫耀自己。然而他们却很少有人能像她演奏出如此精确而又完全自然的乐音,比她诠释出更为形象生动的旋律来。"

阿格里希在 DG 的第一张协奏曲唱片是录制于 1971 年的柴科夫斯基《第一钢琴协奏曲》和普罗科菲耶夫《第三钢琴协奏曲》(DG 415 062),这张唱片很快就被《企鹅唱片指南》冠以"三星带花"的最高评级。为何她演奏的俄罗斯作品能得到如此高的褒奖? 除前述她的鲜明个性外,或许也与她的外祖父母是来自俄国的犹太人不无关系。迄今为止她至少录有四个版本的柴一,三个版本的普三,皆可圈可点。而她演奏的另一首俄罗斯乐派的重量级曲目——拉赫玛尼诺夫的《第三钢琴协奏曲》(Philips 446 673) 甚至得到了该曲公认的首席权威霍洛维茨的首肯,她演奏的速度竟比后者还要更快! 霍老在听了她的演奏之后赞不绝口,他特意写信给这位年纪可当他孙女的女钢琴家,鼓励她"保持住你琴音中的那份辉煌与光彩"。阿格里希演奏的肖邦协奏曲自不待言;而对于李斯特《第一钢琴协奏曲》和拉威尔《G 大调钢琴协奏曲》(EMI 786543) 的演绎也备受推崇。不过,比较令人意外的倒是,作为一位女性钢琴家,阿格里希对女性"享有天然发言权"的莫扎特钢琴协奏曲却弹得出奇地少。她在一次访谈中这样说:"其实在我年青时弹了大量的莫扎特;而现在要弹它却似乎有些胆怯了,我自己也不知道这是为什么?毕竟要弹好莫扎特的音乐不是一件轻而易举的事。"

在室内乐方面,近 20 年来她的演出大致形成了这样两个系列:即以"阿格里希与她的朋友们"为标题的音乐会和每年在瑞士举行的卢加诺艺术节上的现场演出,并以此分别发行了系列唱片。阿格里希本人从未录制过贝多芬的钢琴奏鸣曲,但却分别与小提琴家克莱默和大提琴家梅斯基为 DG 录制了贝多芬的小提琴奏鸣曲全集和大提琴奏鸣曲全集。她和与她并称为"南美双杰"的巴西钢琴家尼尔森·弗雷尔(Nelson Freier,1944-)合作的拉威尔《大圆舞曲》以及拉赫玛尼诺夫的《交响舞曲》双钢琴版(DG 136 360)、与俄裔钢琴家亚历山大·拉宾诺维奇(Alexander Rabinovitch,1945-)合作的梅西安《阿门显圣》(Visions de I'Amen,EMI 54050)都为同一曲目中的戛戛独造之版。

阿格里希的个人情感生活几乎与她的演奏事业同样精彩。她当年与陈亮声这段有着叛逆成分的草率婚姻毕竟因东、西方人的观念和习性差距太大,于 1964 年宣告破裂,他们的女儿丽达·陈(Lyda Chen)是一位中提琴家。1969 年,情感丰富而又美丽动人的阿格里希又陷入与其合作的瑞士指挥家夏尔·迪图瓦的情网。两人结婚后又生了一个女儿安妮·迪图瓦。然而,这对音乐伉俪的姻缘也未能长久,他们于四年后的 1973 年分手。但分手后他们却仍是长期合作的知音与拍档,尤其是在阿格里希于 20 世纪末改签 EMI 后两人更是掀起了一个合作的高潮,他们差不多将当年阿格里希那些脍炙人口的钢琴协奏曲在新东家这儿又重新录了个遍。此后阿格里希又与美国钢琴家斯蒂芬·科瓦塞维奇(Stephen Kovacevich,1940-)扯上了关系,成了事业上的合作伙伴和生活中的亲密伴侣。他们的女儿斯蒂芬妮·阿格里希是一名电视台的摄影记者。2013 年,由她执导的其母艺术传记片《血性女子》(Bloody Daughter)亮相于阿格里希自己的艺术节上。

1999 年,阿格里希被诊断出患了恶性黑色素瘤,五年后复发并有肺部和淋巴系统的转移,先后进行了几次手术治疗。但如今她却仍神采奕奕地出现在新世纪的舞台上。纵然韶华老去,美艳不再,然她的艺术魅力仍使 21 世纪的乐坛熠熠生辉,光芒万丈!

55. 喜欢变化，
富于东方哲思的钢琴家
——玛丽娅·若奥·皮雷斯
（Maria Joao Pires）

当代乐坛上，与阿格里希年龄最接近的"高段位"女钢琴家莫过于葡萄牙人玛丽娅·若奥·皮雷斯了。正由于两者年纪相若，性别相同，又同时活跃于 20 世纪 70 年代后的国际音乐界，因此想不让世人把她们作一番比较，也难！

仅从外表看，两人的差别就一目了然：阿格里希总是披着她标志性的蓬松如马鬃般的黑色长发，说话声调粗粝沙哑，年轻时还烟酒无度，举手投足间无不透露出舍我其谁的粗犷豪爽习性；而皮雷斯则以一头修剪得很齐整舒心的贴耳短发示人，她金发碧眼，身材瘦削，不喜欢穿裙装。中性的发式，再加上剪裁得体、紧身束腰的服饰，给人以一种充满睿智、明快干练的印象。

两人在演奏曲目上的反差也是鲜明的：阿格里希偏爱大型作品，因为只有在那些高难度高强度的演绎中方能尽显其"沧海本色"；她喜欢的是浪漫派、俄罗斯以及现当代作品；而皮雷斯则与一般的女性钢琴家的格局并无二致，她的"领地"是德奥经典，再加上唯美的肖邦。这些曲目构成了她从艺近半个世纪以来职业生涯的全部。至于她俩在现场演奏时的风格和作品演绎的对比，那就更可以写上成千上万字的分析文章了。

❦❧

玛丽娅·若奥·皮雷斯 1944 年 7 月 23 日出生于葡萄牙首都里斯本。她的童年颇为不幸。父亲在她出生前两个星期就离世了，因而她是个遗腹子。父亲去世后由于家中没了顶梁柱，于是母亲带着刚刚呱呱坠地的玛丽娅以及她的一个哥哥和几个姐姐不得不去投靠她的祖父。祖父是位佛教徒，在那个时代一个西方人信仰东方的宗教的确是不同寻常的。事实上，玛丽娅的父亲受其影响在 30 岁之前一直都生活在中国和日本，潜心钻研东方的哲学和佛学。因而自玛丽娅年幼时起，佛教的一套礼仪和思想就潜移默化地在她的脑海里扎下了根。

玛丽娅的母亲粗通音乐。在母亲的影响下她3岁习琴,很早就表现出音乐方面的天赋。4岁时她已能在家乡父老面前展示自己的演奏技艺了,当时的她可是连字还认不得多少的孩童。到了7岁,玛丽娅在一次首都的演出中神态自若地演奏了一首莫扎特的钢琴协奏曲。凡此种种都不免让人把这个小姑娘与"神童"的称号联系在一起。又过了两年,9岁的玛丽娅在里斯本举行的钢琴比赛上拔得头筹,更是给这个音乐人才不那么丰沛的国度增添了巨大的惊喜。于是,她被里斯本音乐学院破格录取,政府着意栽培这株破土而出的艺术幼苗。在音乐学院,她师从本国的钢琴教授坎波斯·科埃略(Campos Coelho),接受了正规系统的音乐教育。

1960年,这位长着一对炯炯有神大眼睛的花季少女完成了在里斯本音乐学院的学业,开始出现在国内各种音乐会的舞台上。同年,她肩负着葡萄牙政府的期望与重托,代表祖国参加了在德国柏林举行的国际青年钢琴家比赛。尽管只收获了一枚银牌,但其表现出的对音乐理解和诠释的高度悟性还是引起了国际乐坛的高度关注,这其中就包括这次比赛的评委之一、德国著名钢琴家罗丝尔·施密特女士(Rosl Schmidt,1911-1978)。施密特主动邀请葡萄牙少女去自己执教的慕尼黑音乐学院深造,并愿意接受她为弟子。这自然使比赛有些失意的玛丽娅大喜过望,因为这个机遇的价值可大大超过那枚银牌的含金量啊!

施密特非常喜爱这位悟性颇高又谦虚好学的女学生。后来她又将其介绍给她在汉诺威音乐学院执教的同事卡尔·恩格尔(Karl Engel,1923-2006)教授,让他继续对这块"璞玉"进行进一步的精雕细琢。恩格尔活跃于1950年代的欧洲乐坛,以在音乐会上演奏成套的莫扎特和贝多芬钢琴奏鸣曲而名噪一时。在以后的30年里他一直是汉诺威音乐学院的资深教授。皮雷斯是这样描绘自己这位老师的:"我从他那儿学到了太多的东西,不光是音乐,还有人生。学习音乐就如同学习生活,假如你不能通过自己的方式去学会如何找到音乐的内涵,那么你也不能真正去掌握一种乐器。强调与外部世界的联系对我音乐的成长与提高是非常重要的,这就是我从恩格尔那里获益最深的一点。"与此同时,恩格尔还根据皮雷斯手型偏小的特点,认为她并不适宜去驾驭那些炫技性的高难度作品,而着力启发、传授给她演释莫扎特、贝多芬、舒伯特和舒曼等德奥经典的"心水"。就这样,在他的悉心传授和教诲下,皮雷斯的演奏在技巧和艺术两方面都产生了一个质的飞跃。

1970年正值贝多芬诞生200周年纪念,为此在比利时首都布鲁塞尔举办了一次非常设的国际钢琴比赛。已饱读诗书踌躇满志的皮雷斯参与了这次的角逐。26 岁的她在比赛中一路过关夺隘，力挫群雄，荣登冠军宝座，由此声名鹊起。尤其是当评委们亲眼目睹了这位外表纤柔文弱、手指条件不甚理想的女性竟能在演绎贝多芬作品时不以力度、气势取胜，却能在音乐中通过乐句的起伏对比、音色的典雅明澈、节奏的敏捷多变捕捉到一般选手常常忽视的内涵亮点，赋予作品以耳目一新的新意时，更是对她投之以赞赏和期许的目光和掌声。而皮雷斯也挟比赛金奖得主之荣耀，就此掀开了她职业演奏生涯的序幕。

在 20 世纪七八十年代，皮雷斯以独奏家的身份活跃于欧美乐坛。与此同时她签约于华纳旗下的 Erato 唱片公司，成为其"当家花旦"，录制了大量的独奏专辑。而她作为协奏曲演奏家也颇惹人艳羡。说来也巧，与她第一次合作的加拿大蒙特利尔交响乐团的指挥正是阿格里希的前任丈夫夏尔·迪图瓦。嗣后，她又应邀赴美，与纽约爱乐乐团在美举行巡演，大受好评。

也许是受老师施密特、恩格尔的影响，抑或是自己的本能感觉喜好，成名之后的皮雷斯虽然一时间在国际乐坛风生水起，邀约不断，然而纵观她的演绎范围其实并不宽泛，不要说与琴坛"大姐大"阿格里希有着天壤之别，即便是与其他的女性演奏家相较也未免相形见绌。她是俄罗斯以及其他民族乐派作曲家钢琴作品的"绝缘体"，也是 20 世纪现当代作品的"避雷针"；即便是对与葡萄牙同为伊比利亚半岛的邻居西班牙作曲家的作品她也是碰也不碰。她只将自己的目光牢牢地锁定在那些传统的钢琴经典，其中尤以莫扎特、舒伯特、舒曼和肖邦堪称是她演绎曲目的"四大支柱"。

早在皮雷斯崭露头角的 1970 年代，她就为日本的 Denon 唱片公司录制了莫扎特的钢琴奏鸣曲全集。在 Erato 时期她也与葡萄牙的古本江室内乐团合作录制过不少莫扎特的钢琴协奏曲。1989 年，离开 Erato 改签名气更响的 DG 后，在这个更具国际影响力的唱片老大的运筹策划下，皮雷斯几乎又将她前 20 年在 Erato 录过的众多作品重新录了一遍，其中就包括她新一版的《莫扎特钢琴奏鸣曲全集》（DG 431 760，6CD）。对于她演奏的莫扎特，《企鹅唱片指南》的推荐里指出："皮雷斯是一位风度优雅而又细致入微的莫扎特专家。在她的艺术个性里有一种不可或缺、生机勃勃的想象力。她并不试图人为地在古典的乐思中再去提炼什么高雅，而是在表现理性与情感两者之中找到了一种理想的平衡，因而她演奏的莫扎特能够向听者传递出一种发自内心的、油然而生的意念感受。"而其他评论家的评判也与之如出一辙，他们指出："她的诠释没有女性的神经质和卖弄的矫饰，它仿佛是由天使奏出的天籁之声，完全超越了世俗的藩篱，描绘出一种纯粹的美。"在 DG，她与指挥大师阿巴多指挥的维也纳爱乐乐团、欧洲室内乐团合作了三张莫扎特钢琴协奏曲唱片。较之在 Erato 时期的录音，DG 时期的诠释无疑更具知性和感人的艺术魅力。她的这些唱片被誉为"同类曲目中最优秀的诠释之一"；"自克拉拉·哈斯基尔以后再也不曾听到过像皮雷斯这样感人肺腑的演奏艺术"。

皮雷斯演奏的"两舒"——舒伯特和舒曼也是极为出色的。她对于舒伯特有着一种特殊的钟爱。尽管她并未录过全套舒伯特的奏鸣曲，但对于其中最有代表性的几首的演绎却浸透了她对于这位早夭天才的精深钻研和深挚情感。1998 年她推出了纪念舒伯特逝世 170 周年的专辑《崇高的旅行》（Le Voyage Magnifique，DG 457 550，2CD），这张被《BBC 音乐杂志》评为"评论家之选"的专辑收录了她演奏的舒伯特两套钢琴即兴曲、《c 小调小快板》以及编号为 D946 的三首钢琴小品。在这张纪念特辑里不仅缀饰以色调阴郁伤感的图片，并且还配有经皮雷斯本人精心遴选的舒伯特同时代浪漫主义诗人、作家的优美文字。这些富于诗意的文字没有只言片语涉及这组作品本身，但在听者赏乐的同时却为他们提供了更深入地走进这位"乐坛流浪者"内心、领受和感悟作曲家音乐与人生的一个独特视角。当然，受乃师"舒曼专家"恩格尔的亲授，皮雷斯演奏的舒曼作品也是可圈可点的。

皮雷斯唯一情有独钟的非德奥系作曲家是肖邦。她在 Erato 时期最有代表性的肖邦作品是她与蒙特卡洛国家歌剧院乐团合作的两首钢琴协奏曲以及圆舞曲全集；而在 DG 她录制的《24 首前奏曲》被誉为是最具她艺术个性的一组作品，里面每一首短小精悍的乐曲都各呈其姿，在演绎时她为它们营造出了一种亲切私密而又富于个性化的音响世界。这组作品与被《留声机》评为"很少能听到的、更具大师风范和艺术等级的精彩演释"的、由普列文指挥皇家爱乐乐团协奏的《f 小调第二钢琴协奏曲》合在一张唱片里（DG 437 817），成为收藏者的至爱。

进入中年以后，皮雷斯的性格也发生了显著的变化，她变得更为含蓄内敛，不再像年青时代那样喜欢满世界到处巡演。在演奏的类型上她也更偏爱更具私密性、沙龙性的室内乐。她曾经对采访她的戴维·斯蒂恩斯说："肖邦是音乐中最深奥的诗人，可他也发明了被称为'钢琴独奏会'的可怕事物，它使我所有的人生'深受其害'"（He also invented this terrible thing called piano recitals. That made me suffer all my life）。她进一步描述道："这就如同一个人想要做世界上所有的事。对于我而言，不能与别人共享一个舞台是非常困难的事。一个人包打天下非我所愿，它会脱离朋友，脱离社会，远离一切离群索居。要成为一个与众不同的人，它必须付出的代价就是忍受孤独。"

然而，皮雷斯可没空"享受"这份孤独，因为她忙得很，根本没有时间闲下来孤芳自赏。事实上,她声称自己从来都不听自己录制的唱片,无论是过去的还是新录的一概不听。她总是忙那些与音乐无关的事。她结婚很早,但离婚也很早。在20世纪70年代中期她就曾中断蒸蒸日上的演出事业达四年之久,把家搬到一个偏僻的农场里。她在那儿自己种庄稼,烤面包,抚养由自己监护的四个女儿。后来她还领养了两个男孩。之后虽然她又重出江湖,但她的人生观已然发生了根本的改变。如今的她更愿意设法把自己变为"一个业余爱好者的状态"。对于自己的专业事业,她再也不设最终目标,"因为它不是非常自然的东西"。进入不惑之年的皮雷斯逐渐淡泊名利,顺其自然。

从1999年起,皮雷斯在首都里斯本以北250公里的贝尔盖伊斯(Belgais)筹建了一个音乐文化中心,这也是她居住和践行自己艺术理想的地方。对于皮雷斯来说,艺术并不仅仅是在舞台上享受喝彩和荣耀,艺术应是音乐事业之外日常生活的有机组成部分。这里位于紧邻西班牙边境的闭塞乡村,全然是一派原生态的世外桃源:芦苇丛生,白鹭低旋,橄榄树成林,牛羊群遍野。由一幢古罗马乡村别墅改建的主体建筑里设有录音室和演奏厅,还有一座钢琴音乐图书馆。值得一提的是,迄今为止皮雷斯演奏的唯一一张贝多芬钢琴奏鸣曲专辑(DG 453 457)就是在这里录制完成的。

从1990年代起皮雷斯常与自己志同道合的朋友和搭档一起开展室内乐演出,这其中就包括她与法国小提琴家奥古斯汀·杜梅(Augustin Dumay 1949-)的合作以及他俩和华裔大提琴家王健组成的钢琴三重奏。皮雷斯与杜梅合作录制了多张唱片,包括贝多芬的小提琴奏鸣曲全集,德彪西、拉威尔、弗朗克和格里格的小提琴奏鸣曲。对于外界盛传的她与杜梅之间的特殊关系,皮雷斯坦然承认:"我和杜梅的确有过一段时间的同居生活,不过现在已经分开了。但我们仍是好朋友,还经常在一起进行合作。"

然而,在2006年,令所有人都始料不及的是皮雷斯又决定放弃她苦心经营多年的"理想乌托邦"贝尔盖伊斯以及在葡萄牙的一切,移居靠近巴西的第三大城市萨尔瓦多的一个小城镇,在那里继续她的艺术理想。显然,她在祖国的建设项目未能得到政府的全力支持,致使她背负了不少舆论的压力。当被问及在过去10年里她的生活是否艰难时,她如此答道:"生活中有容易的事吗?我不相信!我所经历的困难和艰辛教会我必须要不断地学习,而且非常紧迫……就像在我的演奏中我总在不断地变化那样,我喜欢变化。我在变化中探求音乐的真谛,寻觅关于它的一切……"

2014年适逢皮雷斯七十大寿,Erato和DG分别隆重地推出了她的纪念特辑(17CD和20CD)以资庆贺。这位当代琴坛女杰尽管低调淡然,却仍有如许优美的音乐使人聆之怦然心动,流连忘返。

56.《20 世纪伟大钢琴家》
百卷中唯一的东方面孔
——内田光子（Mitsuko Uchida）

第二次世界大战后的日本百业凋敝，凄风惨雨，人民生活极为艰辛。然而，在美国的"马歇尔计划"的扶植下它的经济很快就有了起色，而标志着日本在音乐上的重新崛起莫过于位于东京的桐朋学园的出现了。1948 年设立的桐朋学园 60 多年来，举凡战后出生的日本拔尖音乐人才大都出自这所日本第一、世界领先的音乐学府。值得注意的是，从这里走出的优秀女性钢琴家不在少数。这是由于桐朋在开办两年后即增设了女子部，专门为十几岁的女孩子提供优质的音乐教育。这种打破东方传统的男尊女卑习俗、致力于让女性脱颖而出的革新创举使 20 世纪六七十年代女钢琴家的涌现几乎达到了"井喷"。她们之中不乏在各大国际钢琴比赛上摘金夺银的好手，她们在国际乐坛上组成了一道蔚为壮观的"东方风景线"。而在这个族群里最具影响力的领军人物当数现年 68 岁的内田光子了。她也是 1999 年 Philips 唱片公司推出的 100 卷《20 世纪伟大钢琴家》里唯一入选的来自东方的钢琴艺术家。

❦

内田光子 1948 年 12 月 20 日出生于日本静冈县内以温泉闻名的热海市。她是家里三姐妹中最小的一个。她的父亲是一位外交官，同时也是音乐爱好者。据光子回忆，她父亲热爱音乐的程度近似疯狂。早在 1930 年代他出使德国柏林期间就曾购买了柏林爱乐乐团一个演出季的套票，整晚整晚地泡在音乐厅里。不过，他父亲最痴迷的还是声乐。光子小时候有一次一个意大利歌剧团来日本演出威尔第的歌剧《阿依达》，父亲带着全家人盛装出席观摩。他甚至还想方设法让这个歌剧团留下来多演几场，因为他实在无法忍受这么好的演出来日本仅演一场！当歌剧演到第二幕里辉煌的"凯旋进行曲"时，威武雄壮的音乐彻底感染了年幼的光子，她在这一刻感受到了有生以来所经历的最美妙的音乐。

光子自幼就对音乐表现出特殊的天赋和爱好，尤其对姐姐们学习的钢琴产生了浓厚的兴趣。于是,家人把她送入享有"日本的茱莉亚音乐学院"美誉的桐朋学园,她的老师是以专门培养幼儿音乐教育著称的名师——松冈贞子。光子长得瘦小羸弱,身子十分单薄。说来也怪,一旦坐上了特地为她垫高的琴凳,她那双小手就与黑白琴键之间有了一种天然的互动需求,弹起琴来有模有样,腔调十足。她的悟性也高,又加之良师松冈贞子的调教有方,她的演奏水平提高得很快。

就这样,一晃不觉光子已长到了 12 岁,"小荷才露尖尖角"的她已能在公众面前十分娴熟地演奏那些名作经典了。就在这一年,她的父亲被外务省外派出任日本驻奥地利特命全权大使。于是,光子随全家迁居音乐之都维也纳,这对于自幼习琴的她来说不啻为获取"真经"的天赐良机。她顺理成章地进入维也纳音乐学院,师从著名钢琴教授理查德·豪瑟(Richard Hauser)。而热爱音乐的父亲似乎又重拾年轻时的那份兴奋,抵达维也纳仅五天,全家人就又齐齐地坐在了维也纳国家歌剧院的剧场里,观赏由年轻的卡拉扬指挥的歌剧《波西米亚人》。事实上,尽管习琴甚早,也小有名气,但少女时代的光子对自己的才能并不自信,她坦承自己不是一位音乐天才,并且也没打算成年后一定要当一名钢琴家。她随豪瑟学了两年之后,14 岁那年在举办人生中的第一场独奏音乐会前,她的老师豪瑟问她:"现在你准备好要当一名钢琴家了吗?"时她的回答仍是"不!"这个回答把对她充满期望的豪瑟气得脸色铁青,半晌说不出一句话来。事后她说这是由于当时尚处于懵懂状态的自己还不真正明白成为一名钢琴家究竟意味着什么。其时的她只是喜爱演奏,把它当作个人的爱好而已。

虽则如此,毕竟多年的系统学习练就的功底放在那里。在此期间光子参加了在德国慕尼黑举行的国际钢琴比赛,初战告捷,取得了第三名的好成绩。可是这时父亲又被改派担任驻德国科隆总领事,光子只陪同全家在德国待了四天,马上又只身返回维也纳,那里有她割舍不下的学业。她随豪瑟教授一学就是八年,直到 20 岁才以优异的成绩毕业。在老师那儿她不仅学到了纯正的德奥经典的演奏精髓,并且还从乃师那儿培养起了对 20 世纪"新维也纳乐派"——十二音体系音乐的强烈兴趣,因为豪瑟也是演绎和传授这些作品的重量级人物。

❧ ❧

离开维也纳音乐学院的内田光子踌躇满志,她不免有些跃跃欲试,想去国际钢琴大赛的舞台上去证明一下自己的学识。于是她将目光瞄准了在比利时布鲁塞尔举办的伊丽莎白王后国际钢琴比赛,因为在这项赛事的历史上她的桐朋师姐们——田中希代子、大野亮子和宫泽明子分别于 1952 年、1961 年和 1963 年夺得过三枚银牌,显然,这里是日本女性钢琴家的福地。然而,事与愿违,她在演奏中发挥欠佳,仅得到了第十名的尴尬成绩。

此次失利使光子对自身有了一个更为清晰的判断,她认为自己还远未到可以"独步闯荡天下"的地步,必须沉下心来继续潜心深造。正在此时她在维也纳偶然听了一场由钢琴大师肯普夫演奏的舒伯特作品专场。原先她只知道这位大师是20世纪公认的贝多芬权威,却未曾料到他演奏的舒伯特也是那么令她有"被惊雷电到一般的感觉","这真是个具有启示性的时刻。他演奏的《G大调奏鸣曲》从第一个音到结束的最后一个音都是那么妙不可言。我想,如果钢琴音乐能像这样美入骨髓,那么我值得成为一位终身的职业演奏家。"于是,肯普夫成了这一时期光子心中的偶像。后来她想方设法成了大师的私淑弟子,从他那儿取到了演绎德奥经典的秘笈真经。说来也许令人诧异,光子实在是太喜爱维也纳的音乐氛围了,在毕业后她又在这里足足待了六年。在此期间她又先后跟随过著名钢琴家斯蒂芬·阿斯克纳斯和意大利女钢琴家玛丽娅·库尔契奥深造;而从这两方面的师承而言光子都是琴坛"大姐大"阿格里希的同门师妹。

在维也纳这座没有围墙的"音乐学院"学习期间,光子在遍访名师的同时仍在试图找到一条走出昔日比赛铩羽阴影、再度崛起的自我救赎之路。所幸她多年苦心孤诣的练习和钻研没有白费,相反还得到了丰硕的回报。1969年,维也纳为迎接贝多芬诞辰200周年举行了国际钢琴比赛,在这个音乐之都浸淫近十年的光子凭借其"半个主场之利"以及她那纯正知性的出色发挥摘取了比赛的桂冠。这次的成功使她有勇气去冲击来年举行的知名度更大、影响力更深的肖邦国际比赛。

对于内田光子而言,要挑战肖邦国际钢琴比赛有着不小的风险。首先,从它的历史上看,前五届的历任奖项得主大都为前苏联和东欧选手所包办,他们在这项在波兰举办的知名赛事上有着天然的优势;其次,在光子的学琴经历上她也向来以演释德奥作品为长项,对于肖邦作品还亏了师从原籍波兰的阿斯克纳斯才学了一些,但与其他有志于此的诸路好手相比没有任何优势可言。但是,光子却从五年前举办的第七届肖邦大赛上看到了希望,因为在那届比赛中不仅阿格里希历史性地赢得了冠军,并且她的同胞中村纮子也第一次把日本选手的名字带入了最后的决赛圈,获得了第四名的好成绩。有这样两位师姐的成功先例,她决心在大赛上奋力一搏。结果,这届大赛又爆出了两个令世人震惊的"冷门":一是与光子同龄的加里克·奥尔森(Garrick Ohlsson,1948-)成了第一位问鼎肖邦大赛桂冠的美国人;再就是以微弱劣势屈居亚军的光子成为该项赛事上排名最高的东方钢琴艺术家。她以自己精湛的演奏技艺和高品位的音乐内涵征服了欧洲的评委和评论界,使世人对亚洲钢琴的崛起刮目相看。

1976年,光子正式步入自己的职业生涯,那年她已28岁了。尽管"大器晚成",却比那些出道伊始的钢琴家多了几分底气和深厚意蕴。在之后的几年里,光子频频受邀,活跃在欧洲和自己祖国的音乐舞台上。然而很快,这种备受喝彩和鲜花的演出就变得越来越难以招架。她陷入了职业演奏家马不停蹄的"空中飞人"状态,演出渐渐地丧失了它给自己带来的乐趣。直到定居英国伦敦,光子才把这种浮躁的生活状态调整过来,从而真正进入自己理想的艺术氛围。1982 年,她在温格摩尔音乐厅举办的莫扎特钢琴奏鸣曲系列演奏会是一个重要的转折。听众们完全被她演绎的莫扎特所震撼了,他们没有想到这位黑头发单眼皮的日本女性竟能将莫扎特的音乐理解得如此深刻,诠释得这样传神,如同自己已与 200 年前的音乐内涵融为一体。Philips 公司迅即与之签约,从此她成为 Philips 旗下的得力女将。这次签约的第一个成果就是她的莫扎特钢琴奏鸣曲全集(Philips 422 517,5CD)的问世。这套全集不仅荣获《企鹅唱片指南》"三星带花"的最佳推荐,并且在莫扎特逝世 200 周年、由 Philips 隆重推出的莫扎特大全套中作为钢琴奏鸣曲版本而编入大全套的第十七卷。

　　内田光子长着一副十足东方人的脸,披着一头颇有些像阿格里希式的松散长发。她在公众面前待人接物时颇具一派艺术家的风范气质;然而,一到舞台上,呈现给世人的就全然是另一副形象:但见她面部表情丰富而怪诞,基本的常态是双目微合,身形略微摇摆,似完全沉浸于音乐之中。但每当出现情绪跌宕起伏的乐段时她就会显现时而如受到惊吓般的缩腮咧嘴,时而又如蒙受不测般的痛不欲生的奇怪表情。总之,光看她的演出神情,完全可把她视为一位"演技丰富"的哑剧大师。不过,一旦适应了她这种别具一格的怪异之后,体味到的却是她那非同一般的演奏艺术。她手下的莫扎特是一种极为细腻的情绪表达,经由其灵敏的触键,对细节的雕琢和乐句的镂刻使音乐被构造得玲珑剔透,展现出如童贞般的纯洁光芒。

　　继她的莫扎特奏鸣曲全集问世并受到高度褒奖后,1994 年她又与英国指挥家杰弗里·塔特(Jeffrey Tate,1943-)指挥的英国室内乐团合作录制了莫扎特钢琴协奏曲的"准全集"(Philips 438 207,9CD)。说"准全集"是因为这套录音里舍弃了早期的四首以及第七(三架钢琴)和第十(双钢琴)这六首。这套唱片面世后也佳评如潮,尤其是人们注意到要完全与光子那种天马行空的表述方式达成水乳交融的和谐默契,独奏家与指挥家之间一定有着高度的形神合一。于是,就有传言称光子在与塔特合作期间彼此惺惺相惜,成为一对恋人。其实,光子的同居情侣的确是英国人,但不是音乐家而是一名职业外交官,他比光子大 1 岁,叫罗伯特·库泊。库泊毕业于牛津大学,1970 年即进入英国外交部,他曾被派往东京工作数年。或许就是在此期间他了解了日本的文化,因而对日本的女性产生了特殊的好感。光子与库泊成为伴侣后加入了英国国籍。至于塔特,这位身患残疾的指挥家其实是一名著名的同性恋者,他的同性伙伴是德国的地貌学家克劳斯·库勒曼,他是塔特 1977 年在德国科隆担任指挥期间结识的。

20 世纪 90 年代,继光子的莫扎特项目之后她的又一个惊人之举是决定为 Philips 录制舒伯特的钢琴奏鸣曲集。这对于她而言是比演绎莫扎特更大的挑战:"尽管我知道此前勃兰德尔和拉杜·鲁普已在伦敦上演过精彩的舒伯特奏鸣曲,但我仍然准备好去演奏它。因为舒伯特是所有伟大作曲家里我感到最亲近我的一位,甚至可以说他的音乐就像我的一个孩子(光子本人没有孩子)。对于他我简直有与他在血缘上心灵相通之感(Schubert I felt was a kindred soul of mine)。"果然,光子诠释的舒伯特奏鸣曲集(Philips 410 402,8CD)也被爱好者们哄抢收藏。即便拿她的版本与乃师肯普夫以及德奥前辈大家勃兰德尔相比也丝毫不落下风,且更具女性独特的知性敏感魅力。

作为肖邦钢琴大赛的昔日榜眼,光子对肖邦的作品倒涉足不多,仅仅录制过他的第二、第三钢琴奏鸣曲,且毁誉参半。他对同为德奥经典的勃拉姆斯作品也不感冒。然而,她的德彪西《十二首钢琴练习曲》(Philips 464 698)却称得上是其演奏艺术中的一件精品。印象主义音乐那流光溢彩的音画形象和扑朔迷离的和声语言经由她的演释被描摹得惟妙惟肖,绘声绘色。技巧之晶莹灵动,音色之丰满润泽使之成为她的又一张"三星带花"名版。而作为豪瑟的嫡传弟子,光子演奏的"十二音体系"的现代作品也堪称女性一绝。2000 年,她与指挥家布列兹合作的勋伯格《钢琴协奏曲》(Philips 468 033)为她赢得了《留声机》唱片大奖;而在世纪之交的 1998 年,她与德国指挥家库尔特·桑德林(Kurt Sanderling,1912-2011)合作的贝多芬钢琴协奏曲全集则为五十而知天命的光子画上了一个圆满的艺术前半生的句号!

作为一个东方人,内田光子骨子里始终保持着日本民族刻苦勤奋的特质,对她提出最严厉批评的永远是她自己。她的演奏以完全谨遵作品原意为宗旨,赢得了音乐界众口一词的赞誉。进入新世纪以来,她将自己的独奏音乐会控制在每年 50 场左右,以便有时间去发展自己的其他潜能。2002 年起她成为著名的美国五大乐团之一的克利夫兰管弦乐团的驻团艺术家。2009 年,世人惊喜地发现她改签 DECCA 后推出的与克利夫兰管弦乐团合作的莫扎特第二十三、二十四钢琴协奏曲的唱片(DECCA 478 1524)摘得了格莱美的"最佳器乐独奏(与乐队)奖",并且在这张唱片里她的身份不止是独奏家,还是指挥家!从那时起,光子以每年一张的进度先后录制了四张唱片。看来,光子的第二套莫扎特钢琴协奏曲全集或许将会成为她告别艺术生涯的最后献礼。

对于过往的成就和如许的荣誉,光子视之坦然:"我不是一位完美主义者。我自知只有在公众面前演奏能使我的神经更为坚强。我演奏完全不是为了博得喝彩和鲜花,我只想与听众分享音乐的美好。这是全然不同的两回事。我能看到更多,我也想做得更多 (I can see more, and I want to do more)。"

内田光子

少女时代的光子

自指自弹的光子

57. 来自加拿大的巴赫女王

——安吉拉·休伊特

（Angela Hewitt）

1958年夏，在经历了一年前作为北美第一位到社会主义苏联进行访问演出并获得了里程碑式的凯旋之后，钢琴家格伦·古尔德又马不停蹄地在欧洲举行了大规模的巡回演出，但终被过于频密的演出档期所击倒，他不仅发了高烧，得了支气管炎，还由此产生了想彻底摆脱"演出恐惧"离开舞台的想法。在此期间，在他的祖国，一个名叫安吉拉·休伊特的女婴呱呱坠地，降临人间。

1985年5月，休伊特在多伦多举办的巴赫国际钢琴比赛上一举夺魁，荣膺冠军。她以其对巴赫作品极其完美出色的诠释而被媒体誉为"格伦·古尔德第二"；而此时，那位被公认为"20世纪离巴赫最近的钢琴家"的古尔德，却在他的知天命之年溘然去世已近三年了！

之所以要列出格伦·古尔德与安吉拉·休伊特的人生参照，是由于这两位钢琴家都以用现代钢琴演绎巴洛克时期的巴赫作品著称于世。他们的岁数相差了一代人，却各自成为自己那个时代的巴赫权威。并且他们又正好还是同胞——都来自枫叶之国加拿大。

❧❧❧❧❧

安吉拉·休伊特1958年7月26日出生于加拿大首都渥太华，这里距离格伦·古尔德的家乡多伦多只有四个半小时的车程。安吉拉的祖上是英国移民，她的父母都是从事社会活动的音乐工作者。父亲戈德弗瑞·休伊特是渥太华基督教堂里的管风琴师兼唱诗班领班，因而可以说安吉拉自小就跟随父亲受到了宗教音乐耳濡目染的熏陶。"他在那里工作了近半个世纪，每个星期天他都会把我带到教堂，听他演奏那些美妙而神圣的管风琴作品。我的父母是我学习音乐的启蒙老师，而我的开蒙读本就是巴赫的音乐！"幼年时的安吉拉对一切与音乐有关的东西都充满着浓厚的兴趣：她的钢琴是跟作为钢琴教师的母亲学的；与此同时她还随渥太华大学的教授沃尔特·普里斯塔夫斯基学习小提琴;跟沃尔夫冈·格隆斯基学习竖笛演奏。不仅如此,她还拜芭蕾舞女演员内斯塔·托米纳为师学习古典芭蕾。

尽管对艺术的追求多管齐下,但安吉拉·休伊特学习的主业仍是钢琴,因为在这方面最能展现出她的优势。她 4 岁时就已能在公众面前公开演奏了,年仅 6 岁便凭借其神童般的天赋与潜质获得了一份奖学金,在其后的九年一贯制学习中她先后师从埃尔勒·莫斯(Earle Moss)和米尔特尔·格雷罗(Myrtle Guerrero)两位教授。他们严格而系统的教学为休伊特日后的发展打下了坚实的基础。正是在该校学习期间,她完成了自己艺术人生中的演出处女秀。

1973 年,正值豆蔻年华的休伊特进入渥太华大学进行本科阶段的学业。在这里她的老师是法国钢琴名家让-保罗·塞维拉教授(Jean-Paul Sevilla,1934-)。塞维拉是巴黎音乐学院柯托的学生,他 25 岁成为日内瓦国际钢琴比赛的金奖得主,此后他便在欧洲、非洲、亚洲和北美洲进行广泛的巡演。后来塞维拉加入了加拿大籍,在之后的20 年里他一直作为渥太华大学的教授教书育人,同时仍继续在世界各地演奏。塞维拉执教数十年里最成功的弟子之一就是安吉拉·休伊特。在塞维拉的指导下休伊特开始学习巴赫的《哥德堡变奏曲》。而说起《哥德堡变奏曲》就必须提及她的那位大名鼎鼎的前辈格伦·古尔德了。因为在整个 20 世纪他是继伟大的波兰大键琴演奏家万达·兰多芙斯卡之后第二位录制之巴赫这首鸿篇巨制的音乐家,也是用现代钢琴演绎这首杰作的第一人! 正是从 24 岁为哥伦比亚唱片公司录制了《哥德堡变奏曲》起,巴赫与古尔德就此成为听众心目中一对无法分割的名字。作为一位加拿大钢琴家,休伊特自然就更难逃避古尔德对她的巨大影响。事实上她早就对这位如日中天的"钢琴怪杰"予以特别的关注了;但即便是自己心目中推崇备至的偶像,休伊特也从未放弃过自己对艺术的见识和理解。在很年轻的时候她就表示 , 尽管自己也像别人一样崇拜古尔德,但却决不会一味模仿他的演奏亦步亦趋。在老师的悉心指导下她如饥似渴地吸吮着,思考着。五年后的 1978 年,当 20 岁的休伊特从渥太华大学毕业时,她已为自己的人生设计好了一条将毕生为之奋斗的艺术之路。

毕业后的休伊特也像那个时代的年青钢琴家一样,首先想到的是去国际性的钢琴大赛上去证明自己。她先参加了在美国首都华盛顿举行的一个钢琴比赛,其后就是在德国莱比锡举行的巴赫国际音乐比赛,在舒曼家乡维茨考举办的舒曼钢琴比赛以及在克利夫兰举行的以法国钢琴家罗贝尔·卡萨德絮名字命名的钢琴比赛,皆成绩不俗。然而,她最辉煌的胜利则来自 1985 年 5 月在加拿大多伦多举行的巴赫国际钢琴比赛。在这次比赛上她以本土选手的身份一举夺得大赛桂冠,为祖国人民赢得了荣誉与自豪。对于她在比赛中所表现出的惊人气质和过人才艺,英国《留声机》杂志的评论这样写道:"假如所有钢琴家演奏的巴赫作品都像安吉拉·休伊特这样有灵气,有敏锐、纯粹的音乐性,那么人们是无法从中找到任何挑剔的借口的!"赢得比赛金奖的休伊特迅即博得了各大唱片公司星探们的高度关注。业界老大 DG 立即出手,与她签了一张唱片的录音合同,这便是那张巴赫作品专辑(DG 419 218)。它收录了巴赫的《意大利协奏曲》《第六首英国组曲》《c 小调托卡塔》以及作品编号为 802 至 805 的四首为管风琴所作的二重奏。但 DG 与休伊特的合作也仅止于这张唱片,因为后来她改签了新崛起的英国 Hyperion 公司。休伊特就此成为它旗下的"当家花旦",两者合作推出了众多脍炙人口的录音佳作,也由此确立起了她作为乐界新一代巴赫作品演绎权威的牢固地位。

与此同时,休伊特作为一位新生代的巴赫专家,她也开始在世界范围内掀起了一股世人暌违已久的"巴赫旋风"。在 20 世纪的键盘演奏史上,以演绎巴赫作品著称的除格伦·古尔德外还有两位杰出的女性,那就是波兰的万达·兰多芙斯卡和美国的罗莎琳·图雷克(Rosalyn Tureck, 1914-2003)。前者早在 1959 年就已离世,休伊特无缘得识,但对图雷克她是不陌生的,"正是图雷克和古尔德使我意识到了巴赫的音乐在钢琴上体现得是如此完美。"图雷克在年轻时代也曾极力追随兰多芙斯卡用大键琴演奏巴赫。其实,休伊特对大键琴也绝不生疏:"从小我父母就告诉我,巴赫的作品都是为他那个时代的大键琴所作的。那时我家里还真有一架小型的大键琴,它是我父亲在家里练习用的。所以对于大键琴的演奏我非常熟悉。但使我至今无法理解的是,在其他乐器上你都可以听到弱音或更加柔和的音乐表达,但在大键琴上要做到这一点却很难。对我而言这无疑是限制了音乐的表达。"

俗话说技多不压身。艺术领域各门类所具有的通感更有利于艺术家触类旁通,相互借鉴。这在休伊特身上得到了鲜明的印证。看她的现场演出,会感觉到她的手指异常灵动轻盈,就如同在键盘上翩然起舞的蝴蝶一般上下翻飞。这得益于她早年学习芭蕾的缘故。有人戏称她演奏的巴赫给人以一种"在跳芭蕾的感觉",对此她说:"的确,我在演奏时总会不由自主地将音乐与舞蹈联系起来,尤其是巴洛克时代的音乐。因为巴赫的不少组曲就完全是建立在舞蹈节奏基础之上的,这也是我非常喜欢巴洛克音乐的根源。"

正由于巴洛克时期的乐谱非常简洁,往往只标出音符和节奏记号,速度、力度变化和表情记号都很少,这也对后世的演奏者的演奏技艺提出了更高的要求,而对以"巴赫专家"闻名的休伊特来说更是如此。对此她说:"你必须要考虑音色和触键的无限可能性。一位真正的巴赫演奏者必须有能力通过不同的音色去展示其作品中的不同声部,还必须要像学者了解当时的演奏习惯。"为了演奏好巴赫,休伊特几乎全身心地投入到距今 300 年前的巴洛克语境中去,她从巴赫作品的发音、分句、指法、速度、调性、弹性的节奏、踏板和装饰音的运用直到各种乐谱版本的比较选择多方面入手去建构一个具有自己独特艺术风格的巴赫,并以此让当代人去全方位地感受欣赏这些作品的妙趣与伟大。因而,她演释的巴赫不仅充满艺术性,也具备学术性,这使得她的巴赫到达了一个很高的演奏艺境。

凭借着这种鲜明而独特的艺术个性,休伊特从 1994 年开始为 Hyperion 录制巴赫的键盘作品。这项工程耗时巨大,一直到十年后的 2005 年方告竣工。这套煌煌专辑(Hyperion 44421,16CD)几乎涵盖了巴赫所有最具代表性的作品。当然,其中最突出的就属二卷《平均律钢琴曲集》和《哥德堡变奏曲》了。紧接着,在 2006 年她又马不停蹄地与澳大利亚室内乐团合作了巴赫的键盘协奏曲全集(Hyperion 67607/08,2CD)。在演绎这些作品时休伊特始终秉持的一个宗旨就是要还原巴洛克时期的时代氛围。"巴赫的音乐里充满着神奇的舞蹈节奏……甚至在他的《b 小调弥撒》里都经常运用舞曲的特色。这并不奇怪,因为当他诞生时法国的宫廷舞蹈就曾在德国风靡一时;而要加入上流社会的圈子就必得要修习这门艺术。我猜他年轻时也一定学过跳舞。毫无疑问,巴赫正是从那些美妙的舞蹈节奏中获取灵感并将之转化为自己独特的音乐语汇的……即便是像《平均律钢琴曲集》这样的作品也含有大量的舞曲元素。若不了解前奏曲与赋格里所具备的这一特性,就很可能会把它们弹得了无生气。"真是一语道破天机,原来这才是她诠释巴赫音乐如此传神迷人而又卓尔不凡的"独门秘笈"啊!

当然,休伊特的演奏曲目范围绝不局限于巴赫。事实上她也是当代演绎与巴赫同时代的拉莫、库泊兰和亨德尔键盘作品的重量级人物。用现代钢琴来演奏法国洛可可时期作曲家库泊兰的作品对钢琴家的技巧要求更高,因为作品里的繁复装饰音非常浓重。演奏者必须要深入地予以研究,把握好这些装饰音的表现风格,才能契合作品的艺术风格和作曲家的创作特征。休伊特在 2003 年至 2005 年三年里连续推出了库泊兰的三张作品集,反响大好。殊不知这是她在仔细研读了作曲家全部 234 首作品后反复遴选出的精品。

除了巴洛克时期的作品,休伊特保留曲目的另一大重镇是对法国钢琴作品的演释。从 1978 年起她用了七年时间旅居法国,这使她进一步近距离地感受了法国文化的人文气息,探求到法国音乐的滋生土壤。当然,作为她的主要导师,塞维拉也传授给她演绎法国钢琴音乐的"独到心得",这使得这位英语背景的钢琴女性在演奏法国作品时也能得其精髓,显其神韵。从 2002 年起休伊特分别推出了福列、德彪西和拉威尔的钢琴作品选集,其中以囊括了《库泊兰之墓》《水之嬉戏》《镜子》《加斯帕之夜》以及《小奏鸣曲》等在内的拉威尔专辑(Hyperion 67341/42,2CD)受到的评价最高。当然,休伊特也演奏经典大众的作品,包括海顿、莫扎特、贝多芬,还有舒曼和肖邦。她录制了三张莫扎特的钢琴协奏曲唱片。值得注意的是,自 2006 年始她开始有条不紊地录制贝多芬的钢琴奏鸣曲,至今已完成了 32 首奏鸣曲的过半数。看来这位"巴赫女王"大有向"贝多芬女王"进军的趋势。

自踏入演艺事业以来,休伊特的足迹已遍及世界各地,她的风姿频频出现在各大都市的演出舞台上。在 2007-2008 演出季她又在世界范围内完成了演绎史上的一项创举,就是在音乐会上演奏全本的《平均律钢琴曲集》。2008 年 10 月 28 日她在上海东方艺术中心就完成了在中国的首演。尽管全场《平均律》不免单调孤寂,但人们还是通过她那架随身携带的"御用"意大利法契奥利 F308 钢琴欣赏到了她那精湛的演绎才艺和超凡的意志力。

自 1985 年离开法国后,休伊特一直居住在英国伦敦。另外她在加拿大和意大利的翁姆里亚也各有一处住所,因为她是翁姆里亚音乐节的艺术总监。从艺多年她曾荣获过多项荣誉:2006 年她被授予英王室册封的女爵称号;同年又当选为《留声机》杂志的年度艺术家。她也是加拿大皇家协会的会员,是包括渥太华大学在内的五所大学的名誉博士。1997 年休伊特被渥太华市市长授予该市的钥匙,以表彰这位为家乡作出卓越贡献的"渥太华之女"。著名乐评人伯纳德·霍兰在《纽约时报》上写道:"安吉拉·休伊特究竟用什么吸引了如此多的乐迷?是她与乐迷间的呼应。大多数的钢琴演奏只是停留在对乐谱的解析,而真正富有内涵的演奏家则将头脑里和心灵深处产生的情感通过她的双手去即时反馈给听众。这样的钢琴家会赋予音乐的每个瞬间以戏剧般的画面,只消短短十分钟就足以使在场的每个人心悦诚服!"

58. "与狼共舞"的当代钢琴女

——埃莱娜·格里莫

(Helene Grimaud)

如果说 1990 年出品的美国影片《与狼共舞》（Dances With Wolves）将一个世纪前的历史场景以史诗性、艺术性的画面叙述感染震撼了现代观众的话，那么在 21 世纪的当代现实生活中也有人正在上演着现实版的"与狼共舞"，只不过不像影片里那位只身在苍茫原野上与野狼相依为命的邓巴中尉，是个西部英雄；她是位女性，而且还是一位著名的钢琴艺术家。相信一般人绝难会将舞台上优雅妩媚、风姿绰约的钢琴家与以保护野生动物为己任、整天和野性未泯的狼群生活在一起的动物生态学家这两者的形象聚焦在同一个人的身上。然而，这绝不是天方夜谭，而是真实的存在。她，就是当今国际上最炙手可热的美女钢琴家埃莱娜·格里莫。

埃莱娜·格里莫 1969 年 11 月 7 日出生于法国南部普罗旺斯的艾克斯，然而她却不是一个血统纯正的法兰西人。她的祖上具有多种异乡血缘，是犹太后裔。也有人指出，就在她出世前，她家的姓还是非常具有意大利化的格里马尔迪（Grimaldi）。或许正是由于这种多元而混杂的血统渊源造就了她日后多变而不安分的性格。

由于不是纯正的法国人，格里莫自称从懂事的童年起她就一直处于一种缺乏安全感的环境之中，无论是在幼儿园还是在小学里她都感受到周遭向她投来的异样的眼光，这使得她感觉很不自在。好在她从音乐里找到了信心和乐趣。她 7 岁起开始接触钢琴，当时她学琴的初衷非常单纯和天真，就是想为自己积郁的苦闷找到一个情感宣泄的渠道。她拜艾克斯音乐学院的女教师雅克琳·库尔坦（Jacqueline Courtin）为师。孰料三年后这个颇具天赋的小姑娘竟然已能完整地弹奏舒曼的《蝴蝶》、贝多芬的《黎明奏鸣曲》第一乐章以及福列的《第五首船歌》这样的作品了，且奏得有声有色，像模像样。这无疑极大地增强了格里莫的自尊心和荣誉感。于是，她来到了马赛，拜在马赛音乐学院著名钢琴家皮埃尔·巴尔比泽（Pierre Barbizet）门下跟他上了几次课。跟巴尔比泽学习的效果很快就体现出来了。13岁那年,格里莫顺利地考入了法国音乐的最高学府巴黎音乐学院,成为该院当时最年幼的学生。

在巴黎音乐学院,格里莫遇上了她人生中的贵人,他就是著名的钢琴家兼教育家雅克·鲁维埃(Jacques Rouvier,1947-)。鲁维埃是柯托的再传弟子,曾在学习期间得过巴黎音乐学院钢琴独奏和室内乐重奏两个金奖。他从1970年代开始其演奏生涯,28岁又成为母校的钢琴教授。在他的言传身教下格里莫的琴艺提高得飞快。这个身材瘦削、下巴尖尖的小姑娘天分高,悟性也高,只需稍加点拨,她就能欣然领悟,并达到老师的要求。然而与此同时她也着实是个个性十足的"野丫头",她对于自己的演奏有独特的见解,并常因此与鲁维埃产生分歧甚至抗争。况且女孩子十四五岁正值叛逆期,体现在个性倔强的格里莫身上就显得更突出了。有好几次她甚至不告而别,径自去学院其他的教授班上学习,因为她嫌鲁维埃的教学太按部就班,无法实现她要去涉猎更多演奏曲目的目标。她还自说自话组织学院的学生乐团为她演奏的肖邦钢琴协奏曲担任协奏;而她的演奏也可谓大胆出格,在不少地方竟擅自改动作品的原谱。尽管格里莫的行径如此"大逆不道",但这个女学生不羁传统、不畏权威的鲜明个性还是让鲁维埃对她怜爱不已。于是,爱才心切的鲁维埃悄悄将这盘肖邦协奏曲的录音磁带交给了日本Denon唱片公司的一位制作人。他是鲁维埃的朋友,他把这盘"毛坯"录音拿回了公司,提交给决策者和同事们一起审听。当了解到它的演奏者只是一个年仅14岁的在读学生时他们都为这个小姑娘所表现出的才华所吸引了。Denon当即邀约格里莫为公司录音。格里莫平生第一张唱片就此诞生,她演奏的是拉赫玛尼诺夫的《降b小调第二钢琴奏鸣曲》以及《音画练习曲》(作品33)。令格里莫和唱片公司都始料未及的是一年后这张唱片竟为她带来了法国唱片大奖。在这次成功后,格里莫又迅即将自己的艺术触角延伸到了法国的广播公司,为电台演奏录音。1985年,16岁的她也像老师鲁维埃一样赢得了学院的钢琴比赛金奖。然而,正当人们一致看好这位女学生的光明前景时她却出人意外地选择了中途辍学。她告别了学习生涯,因为火热的社会音乐舞台正在向她招手!

1987年是格里莫事业和人生的一个转折点。在这一年里,年方十八的她不仅参加了戛纳国际音像博览会和洛克·安黛龙国际钢琴艺术节上的演出,并且在Denon的安排下在日本东京完成了她的首场独奏处女秀。更为重要的是,这一年她在首都巴黎与由指挥家巴伦波伊姆指挥的巴黎管弦乐团合作演奏了拉赫玛尼诺夫的《c小调第二钢琴协奏曲》,获得了巨大的成功。以此为肇始,格里莫在世人注目下昂然在国际乐坛的舞台上登堂入室了。

出现在公众视野中的格里莫身材显得纤柔弱小，体格单薄；然而，只要她一坐到钢琴前她的手臂就如同通了电似的变得强劲有力起来。人们形容当她在键盘前俯下身子的那一刻就仿佛一位凝神屏息地听着发令枪响、准备随时跃入水中的游泳高手，一旦音乐响起，她的神态就与之前判若两人，全身心地投诸对音乐的表达中去。格里莫指尖下流淌而出的乐音散发着甘美馥郁的芳香气息和清新舒朗的美妙音色；而她那亲切直白、干脆利落的诠释风格则不禁让人把她与风格豪放炽热的琴坛"大姐大"阿格里希以及有"20世纪李斯特传人"美誉的美籍古巴裔演奏大师豪尔赫·博莱特（Jorge Bolet, 1914-1990）那样的前辈联系起来。的确，在格里莫的演绎里确有个性张扬和立意鲜明的特征。她曾说："同样是弹错一个音，充满锐气和自信地弹与怯生生、缩手缩脚地弹给人的感觉是全然不同的。"从某种意义上说，或许格里莫是阿格里希艺术风格最直接的接班人。这对年龄相差28岁的琴坛巾帼构成了当代最为人赏心悦目的一道艺坛风景。

像早年的阿格里希一样，格里莫也是天生丽质的美女钢琴家，她具有一对清澈深邃的灰蓝色大眼睛，五官清秀，玉面朱唇。她的眼睛里和嘴角边总流露出天真纯洁、好奇而又热情的笑靥。然而，生活中的她却似乎总在刻意掩饰自己的美貌。她喜欢把自己打扮得随性率真，头发毛毛糙糙的，刘海也无暇吹干理齐，一副素面朝天的样子。然而，生活中的不讲究可不意味着艺术上的率性而为；相反，即便是对她所极力推崇的泰斗级人物如霍洛维茨和格伦·古尔德的演绎风格她也不人云亦云、亦步亦趋地去盲目崇拜。比如，她对阿格里希与克雷默合作时的演奏风格持有自己独立的见解；她也不像格伦·古尔德在演绎巴赫时对清晰的对位有着过分狂热的痴迷。"我的演奏肯定不会适合所有人的口味！"但她却以其鲜明的两种个性——独立判断和勇往无前的精神（independence and drive）去指导自己的为人处世和演奏风格。

正当她在钢琴界风生水起之际，在1991年，21岁的格里莫却又一次使关注着她的人们大跌眼镜了。她主动放弃了如火如荼的欧洲演出市场，迁居到大洋彼岸美国南方佛罗里达州的首府塔拉哈西这个人口仅有15万的城市。格里莫乔迁的原因无他，只是为了爱情！因为这样可以离她的男友更近些。她的男友杰克·基塞克尔是佛罗里达州立大学的大管教授，也是塔拉哈西交响乐团的大管首席。当然，偏安一隅决不意味着这位琴坛丽人就此退隐江湖去过远离尘嚣的"世外桃源"生活。炙手可热的她仍往来于大西洋两岸，频频地出现在气氛热烈的重要演出舞台上。她与华纳旗下的Erato签了约，成为公司旗下当之无愧的"头牌花旦"。

从 15 岁录制第一张唱片开始,在过去的 30 年里埃莱娜·格里莫已经录制了近三十张专辑,称得上是一位高产的录音艺术家。她的唱片具有极高的辨识度,个性特征异常鲜明。这就使她的唱片如同她的演奏那样始终对于听众具有极强的吸引力。评论家们将她这种张扬着个性化语汇的演奏称为对作品的"再诠释"(reinterpret),并将这种勇气与当年格伦·古尔德特立独行地阐释巴赫的《平均律钢琴曲集》的惊世之举相媲美。

格里莫能够演奏的曲目范围广泛,然而如若说到她喜爱和擅长的曲目恐怕就要在前面的基数上大打折扣了,因为她对于通常女性演奏家格外青睐的莫扎特和肖邦的作品并不那么感冒,原因是她嫌这两位人所共爱的作曲家的作品"失之于纤细柔弱",不符合她的艺术个性。格里莫一直到 21 岁才开始弹莫扎特,至今为止仅录制了一张莫扎特的唱片专辑,是他的第十九和二十三钢琴协奏曲。至于肖邦,除了作曲家作品中最具英雄性史诗性的《g 小调第一叙事曲》和《降 b 小调第二钢琴奏鸣曲》第二乐章外似乎在正式发行的唱片里再也难觅"钢琴诗人"的踪影。随着阅历的积累,她对早年曾乐此不疲的李斯特作品也产生了厌倦,认为那些具有电光火石般效果的炫技作品大多注重外在,华而不实。然而,对于她所喜爱和钟情的作品她却在其长期的演奏生涯中始终倾注了极大的热忱和用心。首先要提及的就是她对拉赫玛尼诺夫的热爱。她把拉氏作品推崇为"心灵的高贵之声"(nobility of heart),认为这种高贵的气质以及他作品独特的抒情性要比作曲家为人津津乐道的大师手笔的技巧性更引人入胜。拉氏的《c 小调第二钢琴协奏曲》原本就是她的成名之作,继她为 Denon 录制了那版录音之后,她又分别与不同的指挥家和乐团录制了四个不同的版本,其中 2001 年版是与阿什肯纳奇指挥的英国爱乐管弦乐团合作的 (Teldec 84376)。众所周知,阿什肯纳奇本人就是拉氏协奏曲的权威,此番作为指挥家与格里莫合作,使她感到高兴:"我喜欢和由钢琴家转行的指挥家合作,因为他们往往能给予独奏者更多自由的空间。当我们演奏到困难的片段时,这样的指挥家总更能了解钢琴独奏部分的走向。"而 2008 年她与由阿巴多指挥的卢塞恩节日乐团合作的卢塞恩艺术节现场版(EuroArts 1346909, DVD)竟成了她与这位已故当代指挥大师合作的绝唱。

在德奥经典作品范畴,格里莫唯独对勃拉姆斯的作品爱不释手,勃拉姆斯几乎一直伴随着她的成长足迹。她曾在其自传《野性的变奏》(Variations Sauvages)里写道:"我喜欢勃拉姆斯那种冲动而有些鲁莽的个性。他的苦难、愤怒、忧伤以及与整个世界的关系都通过他的音乐一一对应地呈现出来。"勃拉姆斯的《d 小调第一钢琴协奏曲》

无论其史诗般的体量还是原本作为交响曲去构思的意境对于钢琴家而言都是一部令人生畏的作品,但它却偏偏是格里莫的最爱! 她演奏的勃拉姆斯避免采用有些演奏家使用的极端的节奏,取而代之的是被她称作一种"非常接近于理想的心跳脉动的韵律"。这种处理使得作品的织体和结构显得异常清晰。1997 年,她与老一辈的德国指挥家库尔特·桑德林合作录制的这部作品(Erato 21633)荣获了"戛纳古典唱片奖"。而自她 2002 年转投 DG 后,在 2013 年她又推出了新录制的勃拉姆斯两首钢琴协奏曲的唱片(DG 1904602, 2CD)。在不少场合她通常会在一场音乐会上将这两首篇幅硕长的协奏曲一气呵成地弹下来。她也录制了勃拉姆斯的几乎所有钢琴独奏作品。更有意思的是,她还有意识地把勃拉姆斯与舒曼夫妇的渊源交往与情感纠葛放在一起予以参照与诠释。在 2006 年标题为《倒影》(Reflection, DG 0690402)的专辑里她以自己精妙独特的构思,将舒曼的钢琴协奏曲、克拉拉·舒曼的三首艺术歌曲(由女中音安妮·索菲·冯·奥特演唱)以及勃拉姆斯的《e 小调第一大提琴奏鸣曲》和两首狂想曲作品 79 并置在一起,由此展现出围绕在这三位音乐家之间的情感牵扯。除此而外,格里莫对拉威尔、格什温钢琴协奏曲以及 20 世纪作曲家贝尔格、约翰·科里利亚诺和阿沃·帕特(Arvo Part, 1935-)作品的诠释也可圈可点。

1997 年,格里莫从美国南部的佛罗里达又搬到了东部纽约以北的威斯切斯特,这一次的乔迁不是为了人,而是为了动物——她心爱的狼! 人们也许不会想到格里莫童年时除了钢琴她的另一个爱好就是动物,在钢琴最终成为她生命中最重要部分之前,她的理想曾是当一名兽医,后来又想当生物学家。如今,她的美梦果已成真,不仅成了当代乐坛上最引人瞩目的钢琴天后,并通过函授教育拿到了一个大学的动物行为学的学位,成为一位真正的专业人士。1999 年,她与志同道合的摄影师朋友亨利·菲尔一起创立了在威斯彻斯特的野狼保护中心的基地,在这片 29 英亩的地方豢养了十七头野狼,和它们长期呆在一起,并以饲养它们为乐。也正是从这时起,格里莫成了当代闻名遐迩的"狼女钢琴家"。她的自传《野性的变奏》的封面照片竟然就是令普通人不寒而栗的三头白狼分别从三个不同的方向在亲吻格里莫的脸颊,而我们的主人公仿佛沉醉其间,笑容可掬。诚所谓: 音乐,我所欲也; 动物,亦我所欲也。二者兼而得之,乃吾之人生也!

59. 当代大键琴演奏女先驱
——万达·兰多芙斯卡
（Wanda Landowska）

19、20世纪之交的乐坛,主宰音乐潮流长达一个世纪之久的浪漫主义已经在马勒、理查·施特劳斯的手里走向了它的尾声。不过,令人始料未及的,在随后到来的20世纪与诸如表现主义、原始主义和新古典主义等现代派音乐思潮和流派同时兴起的竟然是旨在恢复、振兴17、18世纪巴洛克时期音乐的古乐复兴运动(Early Music Revival Movement)。这场古乐复兴运动发轫于20世纪初叶,而至二战后的五六十年代已呈方兴未艾、蔚然成风的兴旺之势。它要求以本真的方式(即使用当时的演奏乐器和演奏手法)去还原巴洛克时代作品的原貌。基于这样的认识理念,那些退出公共演奏舞台长达150多年的巴洛克时代的乐器又重新出现在音乐会的舞台上;而在这些乐器的"复活"中首当其冲的就数后来被现代钢琴取而代之的大键琴(Harpsichord)了。当今天的人们津津乐道于遍及欧美各国的众多古乐演奏团和古乐指挥家、演奏家时,谁又曾想到在20世纪以大键琴独奏家的身份引领着这场古乐复兴运动的竟然是一位女性呢!这位被公认为是当代古乐复兴运动先驱和宗师(an ancestor)级的女演奏大师就是万达·兰多芙斯卡。

万达·亚历山德拉·兰多芙斯卡1879年7月5日出生于波兰首都华沙一个犹太裔的知识分子家庭。她的父亲是一名律师,母亲则是语言学家,她精通六国语言,曾把美国作家马克·吐温的小说翻译成波兰文介绍给祖国的读者。这样的家庭背景显然为万达提供了非常优渥的学习环境。她4岁开始学习钢琴,师从波兰著名钢琴家扬·克莱辛涅斯基(Jan Kleczynski,1837-1895)。长大后的兰多芙斯卡进入华沙音乐学院资深教授亚历山大·米恰洛夫斯基(Aleksander Michalowski,1851-1938)的班上学习。这位米恰洛夫斯基甚是了得,他是波兰大作曲家兼钢琴家伊格纳兹·莫舍莱斯和李斯特门徒陶西格的双重弟子,他也曾给李斯特当面演奏过,他演奏的肖邦第二钢琴协奏曲第二乐章被李斯特称许为"只有完人才能像他那样把肖邦演奏得如此之好"。米恰洛夫斯基后来长期任教于华沙音乐学院。在他的班上除了兰多芙斯卡外,日后还走出了俄罗斯钢琴名家弗拉基米尔·索夫朗尼斯基（Vladimir Sofronitsky，1901-1961）以及苏联钢琴学派的"教父"海因里希·涅高兹。

不消说，兰多芙斯卡先后在克莱辛涅斯基和米恰洛夫斯基这两位波兰名家的栽培和传授下接受了最严格而正规的钢琴训练，她演奏的肖邦作品也一定是最正宗最规范的。不过，当时她的师长和同学们所不知道的是，兰多芙斯卡自很小时就对巴洛克音乐表现出浓厚的兴趣。一次，她听到有人在演奏法国作曲家拉莫的作品，一下子就被这完全不同的音乐风格吸引住了。从此，在她的脑海里刻下了巴洛克音乐的深深烙印。她的钢琴成绩非常出众，尽管少女时代的她也难免会像那个生理阶段的任何一个年轻人一样表现出叛逆的一面，但她却仍在学院举行的钢琴独奏和为声乐伴奏的比赛中获得了两个大奖，这足以表明她的学业优异和技艺超群。

16 岁那年，兰多芙斯卡的左手突然得了骨质增生，这使她的演奏之途蒙上了一层阴影。该怎么办？她还具有一副好嗓子，在学校里也与声乐系的同学们经常合作，于是她一度想改行去当歌唱家。所幸她的这个初衷未能变成现实。她还曾到德国的柏林，拜海因里希·乌尔班（Heinrich Urban，1837-1901）为师尝试学习作曲。她的老乡、波兰著名的钢琴家兼政治活动家帕德列夫斯基就曾在 1883 年的柏林师事过这位乌尔班。兰多芙斯卡虽然后来没有成为作曲家，但通过乌尔班对德奥作曲家，尤其是巴赫作品的讲解和分析，她对巴赫的音乐以及历史上的巴洛克时代有了更为清晰全面的认识。于是，她心目中想要演绎巴赫作品的意愿变得愈来愈强烈了。而让她最终确立这一信念的另一关键因素是这一时期她与波兰的民俗音乐学者亨利·勒夫（Henry Lew）的相识。勒夫作为音乐学家显然对于巴洛克音乐有着一般人所不具备的深刻理解，他在得知兰多芙斯卡内心的想法后积极地鼓励她去探索和实践对早期音乐作品的演奏；并从掌握作品的时代特征和艺术风格方面给予指导。共同的追求、情感的提升促成了这对身处异国的波兰音乐家的最终结合。1900 年，婚后的兰多芙斯卡随丈夫移居法国巴黎，继续对巴洛克音乐的研究与诠释。

在巴黎，兰多芙斯卡在图书馆里涉猎了大量有关巴洛克音乐的文献著述，她常常流连于欧洲各大博物馆，比较、考察历史上大键琴的发展沿革以及它的构造和发音原理，沉湎于对巴洛克时代键盘乐器的孜孜探求之中。

尽管兰多芙斯卡对大键琴和巴洛克音乐一往情深，然而，在 20 世纪初的欧洲，早已习惯了现代钢琴的听众甚至连大键琴是怎么回事都不甚了解，更别谈让他们坐下来静静地欣赏一场大键琴音乐会了。在这种情势下，兰多芙斯卡暂时仍只能以演奏钢琴维持生计。应该说,她在华沙音乐学院学到的技艺的确了得。作为钢琴家她开始在乐坛举行巡演,声誉颇佳。1909 年,她在俄罗斯巡演时居然被推荐当面为俄国大文豪列夫·托尔斯泰演奏。当时的托翁已 81 岁了,但仍怀着极为浓厚的兴趣听着这位来自肖邦故乡、比自己小整整 50 岁的姑娘的演奏,并大为赞赏。在开展巡演的同时,兰多芙斯卡也在巴黎教授钢琴。

在繁忙的演奏与教学之余,兰多芙斯卡仍没有放弃对巴洛克音乐的探索和研究。她在丈夫勒夫的帮助下完成了 20 世纪第一部由一位演奏家撰写的关于早期音乐的理论著述:《古代音乐》(Musique Ancienne)。该书 1909 年以法文发表问世。这本书尽管在当时由于人们的认识所限并未能引起多大的反响和震动,可它却成为兰多芙斯卡日后大键琴演奏人生的理论依据和精神支柱。通过研究,她更坚定地确信大键琴在 20 世纪完全可以作为在音乐会上现场演奏的鲜活而感人的独奏乐器而被世人所接纳。然而,"工欲善其事,必先利其器",对于她而言,当务之急就是拥有一架适合自己演奏的大键琴。因为通过游历、考察欧洲各国音乐博物馆的馆藏,兰多芙斯卡发现几乎找不到两架构造完全相同的大键琴,它们的制造不同于批量生产的钢琴,几乎都是"私人定制"的。1912 年,兰多芙斯卡通过多方寻觅,花重金把一台法国著名的普莱耶尔牌大键琴"请"回了家。这架普莱耶尔牌大键琴的确是同类乐器中的"庞然大物":一般普通的大键琴只有两排琴键,它有三排;而且还有十六个脚键,属当时存世的大键琴之最!把它买回家后,根据她提出的具体方案和要求,普莱耶尔乐器公司专门上门为她进行调试和修复,有些部件甚至进行了改装。因为兰多芙斯卡根据其演奏钢琴的经历真切地感到巴洛克时代的大键琴由于其发音相对纤柔干涩,会影响到现代人对它音色的认同,因而她需要通过必要的改装获得演奏时更多的音色变化和力度变化。要特别指出的是,这架大键琴只是日后兰多芙斯卡购置收藏数架大键琴中的第一架!

1913 年兰多芙斯卡受到柏林音乐学院的邀请回到柏林,她在这里创办并主持了一个大键琴演奏的教学研究班。在此期间她仍痴迷于对音乐学的研究,尤其是对巴赫的键盘作品作了深入而详尽的分析比较。有资料表明,兰多芙斯卡的大键琴处女秀 1903 年上演于巴黎,只不过当时这种声音微弱纤柔、节奏音色变化都远较钢琴逊色的乐器被世人普遍认为是过时、落伍的,因而音乐会的效果平平。可当她携带着那架经过修复和改良的普莱耶尔大键琴重上舞台时,演奏效果可就大大地改观了。她通过自己精彩的演绎向世人雄辩地证明了这种巴洛克时代的乐器在当代仍具有无可替代的美学价值和艺术魅力。1920 年她回到法国后,以巴黎为中心开始全方位地展开她作为大键琴演奏家的演艺和教学生涯。在 20 世纪二三十年代的巴黎,兰多芙斯卡简直成了上流社会一位引人注目的名媛。她不仅广泛地在世界各地举办音乐会，录制唱片，还在巴黎近郊的圣留拉福莱创建了一所早期音乐学校，专门传授大键琴的演奏。从世界各地慕名而来的学员们都把这幢三层楼的小别墅誉为"音乐的圣殿"。1923年，她第一次到美国巡演，竟随身携带了四架普莱耶尔牌大键琴同行，堪称声势浩大，具王者风范。而在社交圈内，她也成为由美国女作家、诗人娜塔莉·克利福德·巴尼在巴黎左岸雅各布街20号主持的著名文艺沙龙的座上客，在沙龙上为各类艺术活动提供音乐演奏。

　　总而言之，在两次世界大战爆发之间的十几年里，兰多芙斯卡已被公认为是那个时代最伟大的演奏家之一，而在大键琴领域她更是绝无仅有的第一人！正由于她在巴黎是如此如日中天，以致当时的巴黎音乐界一度流传着有"法国音乐教母"之称的著名作曲家纳迪娅·布朗热（Nadia Boulanger, 1887-1979）竟产生了想与兰多芙斯卡展开一场"音乐决斗"的流言。

❦   ❦

　　"兰多芙斯卡的独奏中究竟是什么令我们心醉神迷呢？"与她同时代的美国著名音乐学者索尔·巴比兹写道："她令人感动的诗意性的感悟与洞察力使她的演奏能够直抵音乐的核心。她不只是'再现'了作曲家与乐器之间那种固有的联系，而且还强烈地确信并传达出这种纽带的艺术价值。她对于演奏的态度就如同她的写作那样，这种演奏方式导致的结果就是，她奏出的一连串快速音符的音响效果决不会像1700年代北方音乐家惯常发出的是'音符的捆扎堆砌'，而是如同一台精巧的缝纫机所发出的清晰而又富于节奏韵律的悦耳音响。我要感激她，正是由于她所具有的广泛影响，才使大键琴这种日趋枯萎衰落的乐器通过她和她的弟子们在今天还得以被聆听和欣赏。"

　　1933年，兰多芙斯卡在巴黎录制了巴赫的《哥德堡变奏曲》，这不仅是这首伟大的作品问世近200年来首次被记录在传播介质上，也使她成了演奏这首作品的20世纪第一人！1938年，EMI发行了这张具有划时代意义的唱片录音（EMI 67200）；这张历史录音上还有1935-1936年间她在圣留拉福莱早期音乐学校的音乐厅里演奏的巴赫的《意大利协奏曲》和《d小调半音阶幻想曲与赋格》。而Testament出品的一款名为《波兰的舞蹈》（Dances of Poland, Testament 1380）的唱片里则汇聚了兰多芙斯卡演奏的巴赫、亨德尔、普塞尔、拉莫、库泊兰和斯卡拉蒂的大键琴作品经典，可谓是她演绎巴洛克时期德、英、法、意代表作曲家作品的集大成者。值得注意的是，在这张唱片里她还用大键琴演奏了肖邦的《C大调玛祖卡》、波兰作曲家奥津斯基（Michal K.

Oginski，1765-1883）的两首波罗奈兹以及由她本人创作的《奥弗涅山区的布列舞曲》（Bouree d'Auvergne）。

　　兰多芙斯卡不仅在艺术上造诣精湛卓绝，她的个人生活也堪称丰富多彩。与勒夫婚后不久她就似乎专注于艺术研究而厌倦了正常的家庭两性生活，为此她还曾雇佣一名未婚少女去替代她履行当勒夫太太的职责。据说这种奇葩的三角关系却使卷入此事的三个当事人都感到各得其所，相安无事。一战结束后，勒夫死于柏林的一场车祸。自此以后兰多芙斯卡更彻底成了一位同性恋者，她频繁出入的巴尼沙龙实质上就是当时最负盛名的同性恋聚会场所。兰多芙斯卡加入了法国国籍。1940年，法国在二战中沦陷。具有犹太血统的兰多芙斯卡扔下了她在巴黎苦心经营的一切逃到法国南部，与比她小36岁的同性伴侣德尼斯·里斯托经由葡萄牙的里斯本登船前往美国。她们于1941年12月7日抵达纽约，而这一天正是日本人发动太平洋战争偷袭珍珠港的日子！就像美国的太平洋舰队在偷袭中被轰炸得几乎全军覆灭那样，在这次逃难中兰多芙斯卡也丧失了她的一切：数架价值连城的大键琴、丰富的图书收藏（有一万册之多！）以及大量手抄的乐谱和文字书稿，因而当她抵达美国时简直就是一个难民，两手空空，身无旁物。

　　然而，兰多芙斯卡给美国带来的却是她的天赋！她几乎是白手起家，在大洋彼岸又重新树立起作为一位伟大演奏家和教育家在当代乐坛上的地位和声誉。从1940年代起兰多芙斯卡继续展开她的巡演，而在美国时期标志着她最高艺术成就的就是她在1945年录制的那版《哥德堡变奏曲》（RCA 60919，2CD）。那一年她已66岁了，但在键盘上她的动作仍是那么娴熟灵活，音色依然丰富细腻，亲切感人。1945年！指出这个年份是至关重要的，因为这版《哥德堡变奏曲》的诞生直接催生出了十年后（1955年）加拿大钢琴家格伦·古尔德那个惊世骇俗的钢琴版的轰然出世。直到她70岁那年她还为RCA录制了巴赫的《十二平均律曲集》（第一卷：RCA 6217，2CD；第二卷：RCA 7825，3CD）。唱片问世后照样获得了乐界的一致好评，被奉作经典楷模。

　　兰多芙斯卡生前曾赢得她的祖国波兰和她的归化国法国两国政府的高度褒奖，她也以其德高望重的艺术成就深受音乐同行们的尊敬爱戴。她一生都在孜孜不倦地为振兴巴洛克音乐演奏着，奔走着，直到1959年8月16日去世为止，享年80岁。在她去世后，她的艺术遗产监管者兼生前生活伴侣里斯托编订、整理、翻译了她的音乐文献，辑成《万达·兰多芙斯卡论音乐》（Wanda Landowska On Music）一书于1964年在纽约出版问世，作为在兰多芙斯卡逝世5周年之际对这位20世纪古乐复兴运动的先驱和影响最为深远的伟大艺术家最好的纪念。

60. 乐器之王的首席女祭司
——玛丽-克莱尔·阿兰
（Marie-Claire Alain）

在众多的西洋乐器里谁为乐器之王？相信绝大多数人都会脱口而出：钢琴！然而，当把钢琴与管风琴作一番比较时，就显得"小巫见大巫"了。管风琴2200多年的悠久历史就足以把钢琴抛得远远的。仅从外观而论，体积庞硕、构造繁复、造价惊人的管风琴就更堪称是乐器之王！并且，由于管风琴的体形硕大，它往往被固定在音乐厅、歌剧院或教堂等建筑结构上，成为整体建筑的一个有机组成部分。或许正是这个缘故，德国哲学家黑格尔才在歌德说的"建筑是凝固的音乐"之后又添上了一句"音乐是流动的建筑"的名言吧。管风琴的繁盛时期是在欧洲漫长的中世纪，而它的演奏者往往被男性所垄断。在20世纪乐坛上，唯一能与这些男性大家们分庭抗礼的女性就是2013年以87岁高龄去世的法国管风琴演奏家玛丽-克莱尔·阿兰了。她是管风琴这种乐器之王在20世纪当之无愧的首席女祭司。

❧

玛丽-克莱尔·阿兰1926年8月10日出生于巴黎西郊圣日耳曼地区的莱昂。阿兰成名后是以演奏巴赫的管风琴作品而在乐坛独树一帜的，其实，她的家庭几乎可以说就是当年巴赫家族在20世纪的一个翻版，因为她的家庭里全部都是音乐家。父亲阿尔贝·阿兰（Albert Alain，1880-1971）是当地莱昂大教堂的首席管风琴师兼作曲家，同时还是一位业余的管风琴制造者，他是福列的学生。阿兰的两个哥哥也都子承父业成为管风琴家，其中她的大哥伊安（Jehan Alain，1911-1940）更是管风琴领域少见的天才，在20世纪上半叶与普朗克、梅西安齐名。她还有一个早逝的姐姐是女高音歌唱家、钢琴家。因而，说阿兰是伴随着家庭里的管风琴乐声来到这个世界的一点儿都不夸张。事实也的确如此。阿兰从小就受到家庭浓郁的音乐氛围熏陶，耳濡目染，潜移默化。在她早年的成长中长兄伊安起到了比父亲更重要的作用。"我家里就有一架管风琴。伊安比我大 15 岁，对我而言他就是一位非常好的兄长和良师，也可以这么说，从他那儿我懂得了什么是音乐。他让我用自己的耳朵去辨识他在管风琴上弹奏的那些经典曲目。他总是整首整首地演奏巴赫和其他巴洛克时期作曲家的作品，还有弗朗克、维埃纳（Louis Vierne，1870-1937）的……当然还有他自己创作的乐曲。他是我的启蒙之师，"阿兰说。

11 岁那年，阿兰就到父亲任职的大教堂去帮忙了，她担任父亲的助手，这时的她早已跟着父兄学了几年管风琴了，并且当年还在莱昂教堂演出了自己的管风琴首秀。在法国，要成为一名合格的管风琴师，进入巴黎音乐学院绝对是抵达这个目标的不二法门，因为巴黎有着世界上最强大的管风琴教学师资和传承渊源。阿兰深知这一点，她在法国于 1944 年 8 月重获解放的同时进入巴黎音乐学院，有幸师从最著名的管风琴大师马塞尔·迪普雷（Marcel Dupre，1886-1971）学习。迪普雷在巴黎音乐学院延续着由普朗克、维多尔和维埃纳一脉相传的管风琴教学，从而成为法国管风琴艺术的传承人。他曾在学院内用十场音乐会演奏了巴赫的所有管风琴作品，是一位名副其实的名家兼名师。在他门下，阿兰的演奏技艺有了明显的提升。在读期间，除管风琴外她还师从著名作曲家迪吕弗莱（Maurice Durufle，1902-1986）学习和声；跟女教授西蒙娜·普莱-考萨德学习对位和赋格。她每年的学习成绩都名列前茅，作为学生她分别在管风琴演奏、和声、对位与美学理论课程上获得四项大奖，成为巴黎音乐学院的骄傲。

1950 年，24 岁妙龄的阿兰参加了在国际上最负盛名的日内瓦国际音乐比赛，在管风琴演奏的角逐中摘得银奖。比赛归来后她完成了自己公开演出的处女秀，还来不及品味获得荣誉的喜悦立刻又拜在两位法国管风琴名家的门下继续修炼深造。这两位名家就是被誉为"20 世纪法国管风琴复兴的杰出开创者"的安德列·马夏尔（Andre Marchal，1894-1980）和同样享有盛誉的加斯东·利塔伊泽（Gaston Litaize，1909-1991）。一番饱读诗书，潜心苦练之后的她，已为即将走上音乐会管风琴家的人生之路作好了充分的准备。

离别书斋的阿兰自此开始了她在欧洲各地的频繁巡演。1951 年，她得了一个由法国管风琴学会颁发的巴赫奖，这为她辉煌时代的到来奠定了坚实的基础。

1958 年，Erato 唱片公司与国际海顿协会酝酿录制发行一张未曾出版过的巴赫管风琴作品的唱片。早在学生时代就已名声在外的阿兰自然成为了这张唱片演奏者的首选。他们为阿兰选取的作品是巴赫于 1727 年间为管风琴所作的六首三重奏鸣曲

(Trio Sonata) 中的三首,再补白几首托卡塔与赋格。大大出乎制作者意外的是,这位在录音界初出茅庐的新手在录制时竟毫无生涩怯场之感,整个录制过程非常顺畅愉快,几乎是一气呵成。初战告捷的成果给了他们莫大的信心,于是,之后他们就按着巴赫管风琴曲创作的年代一首一首地往下录,历时十载终于在 1968 年完成了巴赫所有管风琴作品全集的录制工作。由阿兰独奏的这套全集是 Erato 成立以来策划制作的第一个大型录制计划,全集共有 17 张唱片组成,采用独立包装、分期面世的方式予以发行。它的问世赢得了国际音乐界的一片击节叫好。

令人不可思议的是,作为成立于 1952 年的一家资历不深、底蕴不厚的唱片公司,Erato 在日后的近 30 年里竟然又会同阿兰连续推出了另两套巴赫的管风琴作品全集!这就不能不令乐界大呼不可思议了。因为即便如录音界里的传奇、指挥皇帝卡拉扬,毕其一生在最大牌的 DG 唱片公司也只录制过三次贝多芬的交响曲全集;而这已是一位艺术家在一家唱片公司就同一个(套)作品录制演绎的最高纪录了。可偏偏在 Erato 阿兰这位女演奏家却能骄傲地与昂然不可一世的卡拉扬共同分享这一荣誉!

当阿兰在接受英国的《管风琴》杂志采访被问及她为何一而再、再而三地钟情于录制巴赫的管风琴全集时,她的回答是坚定而明确的:"这全然是由于管风琴这种乐器给了我无穷的动力与热情。管风琴是乐器之王,它凌驾于一切乐器之上。管风琴的复兴是这项事业最好的时代背景。如今,管风琴音乐已变得非常易于被人理解和接受了。我录制巴赫作品使用的都是他那个时代的乐器。我们知道,作为一位伟大的管风琴演奏家,巴赫一生曾演奏过多架管风琴——当我在巴赫当年弹奏过的管风琴上演奏时,这真是一种奇妙无比甚至非凡的感觉。试想,把你的手放在它的键盘上,你顿时就会想象到 250 年前巴赫的手也同样在这些琴键上起落挥洒时的情景啊!"

其实,早在录制第一套全集的过程中,阿兰已经从中学到并深化了自己在课堂上学到的知识和技艺,由此积累了非常有用的实践经验,这为她的第二次录制奠定了非常扎实的基础。她的第二次录制更加顺利,这一次她使用了与巴赫同时代的戈特弗里德·席贝尔曼制作的管风琴作为演奏乐器,只用了三年时间(1975-1978 年)就毕其功于一役。这次 Erato 发行的是更有气派的 15CD 套装。

原本阿兰并没有第三次录制巴赫管风琴全集的计划。但计划赶不上变化,新发现的管风琴又给她带来了莫大的喜悦和冲动。1985 年,阿兰在荷兰的格罗宁根又发现了巴洛克时期的施尼格尔管风琴,它是由巴赫同时代的德国另一制琴名匠阿尔普·施尼格尔制造的。比起席贝尔曼管风琴,施尼格尔管风琴的音色更为浑厚深沉,气质更为庄重肃穆,而音色却又丰硕肥腴,非常富于人情味和人性化,更适合演奏巴赫晚年时期的作品。于是,这就有了阿兰穿越音乐时空的第三次巴赫之旅。

阿兰对于巴赫管风琴全集的第三次录制是具有音乐学意义上的诠释。"因为如今我们已获得了更多关于巴赫那个时代乐器演奏实际情况的知识,比如手在键盘上的位置、不同的指法、不同的重音等等。这一次的诠释是一种对此进行再思考再认识的全方位逼近(entire approach)。在录制前我与致力于古乐复兴运动的同行们展开探讨,听取他们的见解和建议。现在我们清楚了,在本世纪初,人们演奏巴洛克音乐的方式还是依据浪漫主义时期所公认的那些准则去进行的。时至今日我们当然不能再沿袭下去。我们必须要去重新发现(rediscover)巴赫时代的艺术标准。好,现在我已找到了!"

这一次的录制意味着阿兰不但在演奏理念上,而且在演奏过程中将迎接更大的挑战,因为刚刚到手时这架管风琴的状况简直是惨不忍睹,"它的键盘高低不平,风的压力也强弱不均,而且调音极为困难,简直无法用它来演奏任何作品。"不过,在经过了精心的修复和调整后,这件历经沧桑的乐器终于重又焕发出了昔日风采和壮丽音色,因为它完全是按照阿兰的意愿和要求被修复的。阿兰的第三套巴赫管风琴全集于1994 年发行面世(Erato 96358,14CD)。由于它立足于最新的音乐学研究成果,且对作品梳理得炉火纯青,被公认为更接近巴赫时代的演奏原貌,它的问世不啻于给国际乐坛带来了对巴赫作品理解和诠释的全新认识。

在总结一生所录制的三套巴赫管风琴全集时,阿兰自己是这样认为的:第一套更直感本能;第二套更深思熟虑;第三套则让她享受到了长年孜孜不倦的演奏和探索成果的乐趣。评论家们指出:就总体而言,第三套全集使用的那架管风琴"以其如火焰般的辉煌和清澈的音色与阿兰在演绎时所展示出的精湛传神的手法形成了极富艺术效果的完美结合,更彰显出作品的鲜明个性和艺术风格"。英国《卫报》的评论家巴里·米林顿写道:"她对这些作品的诠释是权威性的,它更少借助于演奏者主观上的韵律自由度,而这本是博取艺术效果的有效手段,但却独独缺少那个时代所特有的一种深沉的情感表述,也容易丧失无可辩驳的学术性。"

玛丽-克莱尔·阿兰是 20 世纪录制管风琴作品最多的当代演奏家,在她的目录上总计有 160 张唱片。除了前无古人的三套巴赫管风琴作品全集外,她也录制了其他作曲家的管风琴名作。作为一名法国人,她对法国的巴洛克作品情有独钟。在题为《太阳王的宫廷——法国巴洛克的荣耀》(Court of The Sun King——The Glory of The French Baroque, Erato 675239,10CD)的专辑里她演奏了自 14 世纪以来马肖、夏邦蒂埃、拉莫、库泊兰等作曲家的大量管风琴作品。她录制的李斯特管风琴作品集(Apex 665859)还为她赢得了丹麦的"索宁唱片大奖"。她也录制过莫扎特的教堂管风琴奏鸣曲、门德尔松的管风琴作品和弗朗克的管风琴音乐全集；在柏辽兹的《感恩颂》、福列的《安魂曲》以及乃师迪吕弗莱的《安魂曲》等大型宗教题材作品中担任管风琴演奏。自然，普朗克的那首《管风琴协奏曲》则更是阿兰的保留曲目（Apex 4619122）。

说到当代的管风琴创作大家，有两个名字不得不提：一位是法国杰出的管风琴作曲家维多尔，他在 20 世纪以创作了十首管风琴交响曲而独步乐坛；阿兰对于这位作曲家一直怀着敬慕之心，她录制了维多尔全部十首管风琴交响曲，被圈内推为权威版本。另一位就是阿兰的大哥伊安·阿兰。这位因二战（一说因车祸）于 1940 年早夭的天才在他短短的 29 年人生里留下了 140 多个编号的作品（其中大部分为管风琴作品）。他对于阿兰一生成长的影响是难以估量的，"他对音乐有着极其敏锐迅捷的感受与热情。直到今天，他那鲜明的艺术个性和音乐创作仍留存在我的脑海里挥之不去"。阿兰于 1995 年和 2001 年分别录制了她父亲、大哥的管风琴作品集（Gallo 683）以及伊安·阿兰的两张作品集，以寄托对自己这个管风琴家族亲人的缅怀和纪念。

阿兰也是一名优秀的管风琴教师，她所教的学生名册可以列举出长长的一大串，其中不少人已卓然成家，独当一面。尽管如此，他们仍会被媒体习惯地描写为"他（她）是玛丽－克莱尔·阿兰的谁谁谁"，由此可见阿兰的声誉之著和影响之深。她生前曾获得法国政府授予的法国荣誉骑士勋章。

2013 年 2 月 26 日，阿兰以 87 岁高龄病逝于她位于巴黎近郊的家中。她的丈夫雅克·戈米埃和儿子已先于她辞世。她被誉为是"20 世纪管风琴领域一位具有先驱意义的天使"（a pioneering spirit）。

61. "美丽如画中人"的
提琴奇女子

——杰莉·达兰伊

(Jelly d'Aranyi)

美国小提琴家兼史论作者亨利·罗思所著《小提琴八大名家的演奏——从伊萨依到梅纽因》(该书中文版译名,原书名为 Master Violinists In Performance)在对 20 世纪的小提琴八大名家作了翔实生动而又令人信服的介绍之后,又专门另撰一篇"女子与小提琴"附于书后。作者指出,封建时代的贵族和上升的资产阶级历来把钢琴列为闺门淑女的必要修养;小提琴则不然,相反还对女子拉琴持有成见,如认为女子不具备拉琴所必需的生理条件、持琴的姿势不雅观等等。由此可见,女性若想在弦乐演奏领域获得成功不仅要克服手小力薄(相对于男性而言)的天然劣势,还须承受着社会道德舆论的无形压力,因而比钢琴演奏成才更为不易。但自 19 世纪始,仍陆续涌现出了一批优秀的女小提琴家;而到了 20 世纪,女性小提琴家们更是已然成了国际乐坛上一道不可或缺的瑰丽风景。在世纪之交,最具影响力的女小提琴家无疑是杰莉·达兰伊了。

杰莉·达兰伊 1893 年 5 月 30 日出生于匈牙利首都布达佩斯。她之所以成为那个时代一枝独秀的女小提琴家不是偶然的,因为在世纪之交的匈牙利,弦乐俊彦堪比日后的苏联和犹太小提琴群体,可谓人才辈出,群星汇聚。他们的领袖就是被誉为"为 20 世纪绚丽多彩的小提琴艺术开辟了一个崭新时代"的约瑟夫·约阿希姆(Joseph Joachim,1831-1907)。而杰莉是约阿希姆的侄孙女,也就是说她是约阿希姆亲姐妹的第三代,属于"根正苗红"的嫡派传人。

杰莉是达兰伊三姐妹里最年幼的一个。由于她是犹太裔匈牙利人,优渥的家庭背景使得她在很早就获得了学习音乐的条件和优势。她的大姐阿迪拉学习小提琴,二姐霍尔坦丝学习钢琴。原本杰莉的父母让她学的也是钢琴。她资质聪慧,天分十足,6

岁已能在公众面前举行独奏了。不过,在她 8 岁的生日宴会上,姐姐阿迪拉在布达佩斯皇家音乐学院的教师阿尔弗雷德·格吕恩菲尔德发现杰莉的手型特别适宜拉小提琴。他把这个发现告诉了在场的每一个人,并且宣称杰莉的发展前途在小提琴领域。杰莉也果真照着格吕恩菲尔德的建议去做了,她花了六个星期跟姐姐阿迪拉学了一些演奏小提琴的基本功后就去报考皇家音乐学院。果如格吕恩菲尔德所预言的那样,她的身上真的具有叔祖约阿希姆的家族基因,她被音乐学院录取了。在音乐学院她与姐姐阿迪拉一样先后师从格吕恩菲尔德和约阿希姆四大弟子之一的耶诺·胡拜伊(Jeno Hubay,1858-1937),演奏技艺更是突飞猛进。10 岁那年,杰莉在叔祖约阿希姆面前拉了一曲斯波尔的小提琴协奏曲,惹得老人家兴奋不已,对自己本家的这位晚辈倍加赞赏,他当场表示要亲自教授这位侄孙女。然而,当杰莉毕业离开音乐学院想去追随他时,约阿希姆却已染恙在床,一病不起了。于是,14 岁的杰莉此后便没有再跟任何人学过琴。评论家们指出,过早地中断深入学习是妨碍她日后挖掘天才潜能、取得更辉煌业绩的主要因素。

　　尽管如此,这时的杰莉凭借着自身所学,已能在国内的音乐舞台上立足并占据一席之地了。杰莉踏上演奏之途最初是以室内乐演奏者的身份出现的。1908 年,15 岁的她与两个姐姐一道以三姐妹组合的形式齐齐亮相于奥匈帝国统治下的首都维也纳。她们的演奏受到热烈欢迎。嗣后,她们又相继出现在意大利的的里雅斯特和英国的伦敦。在伦敦,她们遇上了大提琴名宿卡萨尔斯和英国指挥家唐纳德·托维(Donald F. Tovey,1875-1940),这两位前辈对来自匈牙利的三姐妹赞赏有加,奖掖颇多,尤其是托维,与三人的关系更深一层。原来他不仅是勃拉姆斯和约阿希姆的知音,并且作为钢琴家还与著名的约阿希姆弦乐四重奏组共同演奏过勃拉姆斯的《f 小调钢琴五重奏》。不过,相较于他的演奏事业,作为音乐学家的托维还是以那部影响深远的《交响音乐分析》(Essays In Musical Analysis)更为人所知。由于他是英国音乐界的头面人物,人脉丰沛,故此在他的帮助和提携下,三姐妹在英国的发展尤为顺利。在他的指挥下,杰莉与阿迪拉在伦敦上演了斯波尔的双小提琴协奏曲。一时间,这对小提琴姐妹花在英国的名声大噪,简直使她们成了家喻户晓的音乐明星。尽管她们也常去意大利和法国举行巡演,但她们还是决定在更有利于事业发展的伦敦定居下来。

✦ ∽∼∾∿ ∽∼∾∿ ✦

　　杰莉·达兰伊的小提琴独奏事业也起步于英国。1914 年,她的首场个人独奏音乐会在伦敦举行。在此期间,她与爱尔兰女钢琴家埃瑟尔·霍代(Ethel Hobday,1872-1947)在爱丁堡以室内乐的形式平生里头一次演奏了贝多芬的《D 大调小提琴协奏曲》。

作为匈牙利小提琴家，杰莉的演奏明显地带有以约阿希姆为代表的德国小提琴学派的特点和气质。约阿希姆认为，手中的小提琴要忠实地挖掘和表现作品内在的思想情感而不应一味地去追求那些华而不实的演奏技巧去哗众取宠；周密而完美地把每个音符和细节都交代得清清楚楚方为小提琴演奏的最高境界。无论是作为匈牙利音乐学院的毕业生，还是约阿希姆的侄孙女，杰莉的演奏都谨遵这种美学原则，清晰地展示出了她的演奏风格和价值取向。囿于时代所限，没有赶上电声录音时代的杰莉只留下了五十四张粗纹黑胶唱片（据亨利·罗斯书中所述，且大多为篇幅短小、程度中级的小品），而被转制成CD介质的更少之又少。但即便如此，人们仍能从这些近似"只言片语"的录音里感受到她鲜明独特的艺术气质。

诚如杰出的小提琴艺术家兼教育家卡尔·弗莱什指出的那样：德国小提琴学派在拉琴时主张上臂低垂，这种被戏称为"胳肢窝夹着一本书"式的持弓方式由于无法使演奏者的上臂运动完全伸展解放出来，因而他们拉出的音量都不够宏大响亮，音色也偏冷。杰莉的演奏也具有这种倾向；而她的揉指也得自学派真传，颤动缓慢而幅度较大。据说晚年的约阿希姆尽管已病重卧床，在他仍在病榻上告诫杰莉要注意避免使用当时已颇为流行的华丽揉指。对此杰莉也谨遵不辍。在《被记录的小提琴琴声——唱片上的小提琴历史》（The Recorded Violin—The History Of The Violin On Record）第二卷（Pearl 9439-9441, 3CD）里收录了杰莉于1928年录制的经约阿希姆改编的勃拉姆斯《A大调第八匈牙利舞曲》，它以透彻犀利的音调和生机勃勃的活力集中体现了因亲情而与德国传统学派形成的不解之缘。全曲的技巧由双弦演奏的抒情主题和短小快速的跳弓对比构成，杰莉奏来颇有气韵声势，意趣盎然。同时收录的还有她与姐姐阿迪拉合作的斯波尔的《小提琴二重奏》作品67之二中的小慢板乐章，录制于1924年。这是一个被视作经典的片段，两姐妹的演奏协调合一，浑然天成。一把琴演奏柔美抒情而又感伤惆怅的主题，另一把则围绕主旋律作着色彩丰富的装饰变化，尽显女子演奏温婉细腻的风范。它与尚未被转制成CD的巴赫《d小调双小提琴协奏曲》足以彰显这对琴坛姐妹花旁人难以企及的和谐默契的重奏效果。杰莉留下的极少录音里应该还包括她演奏的莫扎特《G大调第三小提琴协奏曲》、约阿希姆的《第三小提琴协奏曲》（匈牙利）等。总体来说，杰莉的这些录音充分体现出其乐句表达的精致优雅、情感掌控的得体协调，不愧为约阿希姆信奉的艺术主张在新时代的具体化、形象化延续。这种老派的演奏风格尽管与我们早已疏远，但却是那个时代的风格印记。

故此，杰莉的演奏不仅深受她听众们的喜爱和欢迎，同时也博得了20世纪上半叶最重要作曲家们的青睐和赏识。在伦敦的一次聚会上她结识了英国最重要的作曲家埃尔加，后者欣然将自己在1918年新创作的小提琴奏鸣曲相赠，并由杰莉在伦敦予以首演。此例一开，其余英国的一流作曲家纷纷效尤：沃汉·威廉斯为她创作了那首《学院协奏曲》（Concerto Accademico）；以创作《行星组曲》而闻名的霍斯特则在 1930 年特意创作了一首双小提琴协奏曲专门呈献给杰莉和她的姐姐阿迪拉，并由姐妹俩予以首演成功。

然而，这些英国作曲家为她度身定制的小提琴作品其重要性远非她的同胞——20 世纪伟大作曲家巴托克的两首小提琴奏鸣曲所能比拟。其实，巴托克于 1921-1923 年间完成的这两首小提琴奏鸣曲当初是题献给阿迪拉的，因为巴托克当时对阿迪拉很是迷恋，因而将他的作品献给佳人。然而，落花有意，流水无情，于是这两首小提琴奏鸣曲都由阿迪拉的妹妹杰莉搬上了首演的舞台；而在首演时为杰莉担任钢琴伴奏的正是巴托克本尊！时间分别是 1922 年 3 月和 1923 年 5 月。

不过，这位琴坛奇女子的精彩还没有完！就在杰莉和巴托克 1922 年在伦敦首演后者的《第一小提琴奏鸣曲》之际，听众席里还坐着一位特殊的听众。他，就是拉威尔。拉威尔对杰莉的演奏印象极为深刻，那一晚他被杰莉的琴声深深地打动了。回到下榻处他激动得难以自抑，夜不能寐，思如泉涌，欣然命笔，于是乎一曲杰作随之诞生，它就是脍炙人口的《茨冈》！拉威尔的《茨冈》以极其丰富的艺术表现手法绘声绘色地剖析了吉卜赛人的内心世界，是一副浓墨重彩的流浪者音画。作品给人突出的印象就是具有强烈的即兴色彩和浓郁的吉卜赛民族特征，这或许就是由于作曲家在杰莉身上看到了她所具有的敏锐迅捷的即兴演奏能力以及她作为匈牙利人对于吉卜赛音乐的熟稔和了解。自杰莉于 1924 年 4 月 26 日在伦敦首演《茨冈》后，它就成了每一位优秀的小提琴演奏家在音乐会上常演不衰的经典曲目。

然而，在二次世界大战期间，杰莉却因一首作品的首演而陷入到一场与同行的纷争之中，那就是 20 世纪音乐史上颇为出名的"舒曼小提琴协奏曲首演之争"。舒曼的这首《d 小调小提琴协奏曲》是作曲家 1853 年在杜塞尔多夫听了约阿希姆演奏的贝多芬小提琴协奏曲之后深受感动而起意创作的。他在晚年病魔缠身的情况下用了不到半个月的时间完成了创作，打算仍请约阿希姆担任它的首演。然而，约阿希姆在收到舒曼送来的乐谱后却对它并不热心，未能付诸首演。此后乐谱遂不知去向，直到 1937 年才被发现藏在柏林的国家图书馆里。

当乐谱公诸于世后立即引起了音乐学者和小提琴家们的一致关注。杰莉第一时间站出来声称：既然舒曼的这首协奏曲当初是题献给约阿希姆的，那么作为他的后人自己理应享有首演优先权。除杰莉外在当时还有不下四五位同行也表达了他们想首演此作的愿望,其中就包括年仅 21 岁的梅纽因。然而,1937 年的德国是纳粹当道,身为犹太人的杰莉和梅纽因当然不会被纳粹当局赋予这份荣誉。最后舒曼的小提琴协奏曲首演权被交到了德国小提琴家格奥尔格·库伦坎普夫(Georg Kulenkampff,1898-1948)之手,由他于 1937 年 11 月 26 日与柏林爱乐乐团首演于柏林。此后,梅纽因和杰莉在美国的纽约和英国的伦敦也相继宣告了"它的诞生"。

这场"首演之争"使杰莉的身心遭受了很大的挫伤和打击,所以此后一段时间由于身体原因她一度停止了公开演出,直到 1938 年才又重新复出。后来她还仿效约阿希姆在伦敦组建了以自己名字命名的弦乐四重奏组活跃于国际乐坛。在整个二战期间她为盟军举行了多场募捐义演以支持反法西斯的斗争。她的演奏生涯自 1945 年二战结束后便画上了一个句号。

说起杰莉的情感生活,她也堪称是一位奇葩。被同胞、杰出的匈牙利小提琴家西盖蒂誉为"魅力如画中人"的她竟然是一位同性恋者! 从 27 岁起杰莉就成为比自己大一岁的英国女子乔琪·海德 - 里斯的同性伴侣。乔琪是双性恋者,她的丈夫乃是大名鼎鼎的爱尔兰桂冠诗人、诺贝尔文学奖得主叶芝。当叶芝 1939 年去世后杰莉就与乔琪公开生活在一起。这样的同性婚姻维持了将近 20 年。她晚年与其姐阿迪拉一起生活在意大利的佛罗伦萨,直到 1966 年 3 月 30 日去世,享年 73 岁。

最后,再花些笔墨介绍一下杰莉的姐姐阿迪拉,她因嫁丈夫法契里而被人称为阿迪拉·法契里(Adila Fachiri,1886-1962)。她是家中三姐妹的老大,也是最早学习音乐的一位。她早年曾从叔祖约阿希姆处获赠了一把 1715 年的斯特拉迪瓦里名琴,可见约阿希姆对其希冀之深。她毕业于布达佩斯皇家音乐学院后继续跟随约阿希姆私人深造。1906 年,阿迪拉在维也纳以贝多芬小提琴协奏曲完成了自己的处女秀。阿迪拉的演奏除前述提及的与杰莉的二重奏外,所留下的最有意义的录音就是 1927 年与唐纳德·托维合作的贝多芬《G 大调第十小提琴奏鸣曲》(Symposium 1312)。在这个录音里,她的演奏给人总的感觉是表达传神,诠释到位;细腻有余而张力不足,是一个十足的女性贝十版本。

1962 年 12 月 15 日,阿迪拉病逝于佛罗伦萨她妹妹杰莉的怀里,终年 76 岁。阿迪拉与杰莉两姐妹在上个世纪初的琴坛上可谓书写了一段精彩的巾帼传奇,她俩的传奇一生被详尽而生动地记录在英国作家、艺术史学家约瑟夫·麦克劳德于 1969 年出版的《达兰伊姐妹》(The Sisters d'Aranyi)书里,供后人欣赏追忆。

62. 令海菲兹甘愿屈尊
讨教的女小提琴家
——埃里卡·莫里尼
（Erica Morini）

20 世纪小提琴巨擘亚沙·海菲兹演奏的柴科夫斯基小提琴协奏曲获誉无数，被奉为同曲演奏版本中的圭臬典范。然而，若论能与他叫板竞美的除了前苏联的"大卫王"——大卫·奥伊斯特拉赫外，还有一位女性小提琴家演奏的版本也堪称出类拔萃，不输分毫，那就是埃里卡·莫里尼于 1956 年录制的版本。甚至有评论称海菲兹的版本在莫里尼面前只怕也得"俯首称臣"呢！事实也是如此，比莫里尼年长 3 岁的海菲兹还当真曾向莫里尼虚心求教过。那么，这位令向来自视甚高的海菲兹也甘愿低下高傲头颅的莫里尼究竟是何方神圣呢？

在音乐发展底蕴深厚的欧洲，家庭中的音乐群体现象是一个司空见惯的日常生态。就如同达兰伊三姐妹那样，埃里克·莫里尼也诞生在一个音乐世家里。她 1904 年 1 月 5 日出生在奥匈帝国治下的首都维也纳。莫里尼的姓氏令人想当然地以为她具有意大利的血统，其实这个姓氏与这个犹太裔家庭没有丝毫关系。这个家族原来的姓氏是犹太特征十足的莫根斯坦（Morgenstern）。小埃里卡的父亲奥斯卡·莫里尼是维也纳一所音乐学校的所有人兼校长，这位约阿希姆的学生又是一位出色的小提琴家。她的母亲玛尔卡与丈夫一样最早也由西班牙的加利西亚迁来奥地利定居，她是一位钢琴家兼钢琴教师。因此，在这个庞大的犹太家庭里日后竟培养出了六位与艺术相关的子女。埃里卡最早是学舞蹈的，她 4 岁时就被送到维也纳的儿童舞蹈学校里练习舞蹈了。她的老师和同学注意到这个小女孩有着一副非常敏锐的耳朵和高出旁人的韵律感，因而她的动作和姿势总是最协调出挑的。

与此同时，埃里卡的父母又唤醒了女儿身上潜藏的音乐天分。于是，她又开始随父亲学习小提琴。她在音乐方面的天赋同样惊人，学琴的进度飞快。5 岁那年，小埃里卡就在一个为奥地利皇帝弗朗兹·约瑟夫举办的盛大舞会上演奏。看着这个年幼的小女孩自信而又天真的神态，皇帝简直以为 150 年前的莫扎特重又出现在维也纳的宫廷里。龙颜大悦的皇帝向小姑娘提出愿意满足她提出的一切愿望。小埃里卡落落大方地提出想要一个眼睛会一开一合的洋娃娃。当然，她的这个要求得到了满足。此事不胫而走，莫里尼的"神童"美誉也由此而名声大噪。8 岁那年她通过考试进入维也纳音乐学院，成为杰出的小提琴教育家舍夫契克班上的第一名女弟子。

在舍夫契克的门下，莫里尼练就了足够牢固扎实的技艺功底。其后，她又转到学校另一位名师——出生于乌克兰基辅的女教师罗莎·霍赫曼 - 罗森菲尔德（Rosa Hochmann-Rosenfeld, 1875-1944）那里继续学习关于作品演绎处理方面的训练，并且还私下里追随德奥名家阿道夫·布什（Adolf Busch, 1891-1952）深造。应当说，莫里尼在学习阶段接受的是系统而又全面的提琴教育，这为她日后能够演绎多种风格、各个流派的作品奠定了坚实的基础，提供了宽广的可能性。她自己就说过："我的左手是舍夫契克的；右手则是约阿希姆的。"

诚所谓能博采众长者，必将臻美哉！早在音乐学院求学期间莫里尼就参加了几次音乐比赛，都获了奖。1916 年，刚满 12 岁的她在维也纳完成了自己的处女秀。那天，与她合作的是具有 135 年悠久历史的德国格万德豪斯管弦乐团，而指挥乐团的更是当时号称"欧洲第一指挥家"的尼基什。在乐团的协奏下她成功地演奏了莫扎特的《A大调第五小提琴协奏曲》。一曲甫毕，掌声雷动。事前，还曾有报刊舆论对这场演出持反对意见，理由是这个 12 岁的小姑娘实在是太稚嫩了，担心从未见过大场面的她也许会被眼前的庞大乐团和声名赫赫的大指挥吓懵了。然而，事实却完全不是这么一回事，有约瑟夫·克里普斯（Josef Krips, 1902-1974）在当时演奏现场的目击为证。

克里普斯是奥地利著名指挥家，他比莫里尼年长 2 岁，是她在维也纳音乐学院的学长。作为一位刚踏上社会的年轻人，他以指挥家的专业眼光评点了莫里尼的这场音乐会："她诠释的莫扎特协奏曲非常精彩……我记得当拉到第二乐章时她突然成了一个十足的独奏者，这是因为乐团集体走神——掉链子了！这个年少体弱的小姑娘此刻却不想使自己慢下来去迁就乐团，她还是按照自己原来的速度拉着琴。直到大约十几秒钟后乐团才仿佛缓过神来，跟上了她的节奏……"这场演出雄辩地证明了当初反对乐团与她合作的人都错了，因为莫里尼出色的表现证明了她的水准足以与年轻一代那些最优秀的小提琴家们相媲美。通过这次合作，尼基什也对 12 岁的莫里尼刮目相看，于是开始带着她不断地在德国和奥地利的许多城市举行巡演。1917 年，莫里尼在莱比锡举行的贝多芬音乐节上照样由尼基什指挥的格万德豪斯管弦乐团协奏，以极其惊人而完美的技艺演奏了乐圣的《D 大调小提琴协奏曲》，盛况空前。莫里尼自己将这场音乐会视为"我最重要的人生经历"。音乐会之后，指挥大师也不吝溢美之辞，对莫里尼作出了高度评价："这不是一位神童，而是一个奇迹！"（This is not a wunderkind, it is a wonder）。这个著名的评语日后几乎成了莫里尼的个人标志，一再被媒体引用在对她音乐会的评论里。从此，她在欧洲真正站稳了脚跟，其娇小可爱的身影活跃于各个重要的音乐舞台上。

1921 年 1 月 5 日，刚满 16 岁的如花少女莫里尼又在父亲和身为钢琴家的姐姐艾莉丝的陪同下第一次走出欧洲，去大洋彼岸的美洲开拓发展。她在美国的首演是同年的 1 月 26 日。在纽约著名的卡内基音乐厅，她在奥地利指挥家阿图尔·波坦斯基指挥的纽约爱乐乐团协奏下又一次演奏了贝多芬的协奏曲，同样是掌声满堂，喝彩一片。据当时的《新维也纳日报》报道："莫里尼收获的是前所未有的票房收入。在一张这一时期的照片上可以看到这位有着一头深褐色头发，长着大大的、炯炯有神大眼睛的妙龄少女把琴弓高高举过她的额头，只有她那绣着花边的衣领才显示出这位演奏家其实只是一个孩子！"

同年 3 月，莫里尼得到了她人生中的第一份唱片合同，为胜利唱片公司录制了她的第一张唱片。当时为她钢琴伴奏的正是她的姐姐艾莉丝。姐妹俩合作录制了萨拉萨蒂《安达卢西亚浪漫曲》等几首脍炙人口的作品。作为经维也纳音乐学院培养起来的小提琴家，莫里尼在演绎萨拉萨蒂作品时竟也展示出了她极其不凡的特色，这或许得益于她父母家族里的加利西亚背景。但可以肯定的一点是，莫里尼在展现舞蹈韵律十足、民族情调浓郁的西班牙舞曲时受益于她自小就受到的舞蹈训练，她一生都保持了对于舞蹈的挚爱。正因如此，1937 年西班牙的马德里音乐协会决定将萨拉萨蒂的生前遗物——一方亚麻的绣花手帕赠与她，以表彰她在演绎萨拉萨蒂作品中的精彩传神表现。这方手帕是萨拉萨蒂在音乐会上每每放置在礼服左上方口袋里的心爱之物。大师逝世前留下遗嘱，希望将它授予"我的西班牙舞曲最优秀的演奏者"；而在他逝世近 30 年后，这块具有特殊象征意义的手帕终于找到了它最为理想的归宿。当然，莫里尼也极为珍视她所获得的这一特殊礼物，她将手帕镶嵌在一个极为精致的镜框里，把它挂在自己琴房的墙壁上。这既是一份荣誉，也是一种激励，激励着她向着更高的艺术目标奋力攀登。

在二战之前，莫里尼是西方乐坛上最活跃的小提琴女性之一，她涉猎的演奏曲目范围广泛,风格多样,正如亨利·罗思所言:"莫里尼是第一位灌录了数量可观的大型协奏曲唱片的女子。"然而,作为"美国 RCA 声学录音时代的最后一位提琴艺术家",她在 20 世纪二三十年代录下的都是些短小精悍的小品,如萨拉萨蒂的西班牙舞曲和克莱斯勒的标题小品等。这些作品都收录于《莫里尼的传奇遗珍》第一卷(Doremi 7762)里,其中就有她与姐姐艾莉丝搭档的录音。

1932 年,莫里尼与意大利籍演出经纪人菲利切·西拉库萨诺结婚。从此,丈夫成为她的职业代理人,为她打理有关演出和录音的一应事项。这对夫妇没有孩子,因为莫里尼秉持这样一个观点:一位艺术家的生活与有养育羁绊拖累的家庭是难以共存的!莫里尼尽管没有孩子,但其实她的"孩子"却不止一个,那就是她心爱的琴。除了那把由美国女小提琴家莫德·鲍威尔(Maud Powell,1868-1920)生前使用过的瓜达尼尼外,她还有一把 1727 年制的斯特拉迪瓦里名琴"达维多夫"。

1937 年 9 月,随着欧洲局势的恶化,莫里尼夫妇离开了维也纳,他们于战火即将爆发的 1938 年抵达美国,并定居于纽约。在那里,她凭借早已建立起的声誉在异国他乡继续自己的演奏生涯。直到 12 年后的 1949 年莫里尼才又回到了维也纳,她为能重新漫步徜徉在故乡的街道而激动得留下了热泪。同年 10 月 3 日和 8 日,她在维也纳金色大厅举办了两场音乐会宣告她的回归。当地的报纸都为重现她那丝质般柔软光泽的音色和活力四射的气质而欢呼雀跃。自此,莫里尼开启了她人生中的第二个黄金时代。

莫里尼虽然身材弱小,长相甜美,然而,一旦站上演出舞台,却全然不见女性的娇柔羞怯之色。她是一位善于把控大作品、营造大格局的小提琴家。如前所述,她的左、右手技巧均衡而全面,具有丰富多彩的表现能力。而她洗练典雅、沉着匀净的音色和深刻真挚、含蓄内敛的风格在她演奏的大型协奏曲中更是体现得淋漓尽致。她演奏了从巴赫到 20 世纪的大量小提琴协奏曲。她经常演奏的德奥经典除贝多芬的协奏曲外,还有她赖以成名的莫扎特《A 大调第五小提琴协奏曲》和勃拉姆斯的《D 大调小提琴协奏曲》。奥地利的 Orfeo 唱片公司曾发行过一款很有意思的唱片(Orfeo 713062,2CD),它将莫里尼与其他三位男性提琴大师米尔斯坦、施耐德汉和格吕米欧各自演奏的莫扎特第五协奏曲汇于一炉。这四个录音都现场录制于萨尔茨堡艺术节。从这四个版本的赏析和比较来看,莫里尼的诠释丝毫不落下风,从中根本辨别不出男女性别在演绎中的差异所在。当然,在协奏曲领域,莫里尼在她那一辈的女性演奏家里更独树一帜的优势在于她对东欧小提琴作品的诠释,她是那个年龄段里唯一留下了维尼亚夫斯基、德沃夏克和格拉祖诺夫小提琴协奏曲录音的女性(DG 463 651)。她也为柴科夫斯基的《D 大调小提琴协奏曲》留下了至少四个不同版本的优秀录音,其中就包括在斯特拉文斯基指挥下与纽约爱乐乐团合作的 1940 年版（Doremi 7772）和被后人誉为堪与海菲兹版相媲美的、于英国威斯敏斯特议会大厅录制的 1956 年版（DG 471 200）。在这首协奏曲的演奏中，莫里尼全面展现了她对于乐曲结构的把握布局，对艰深繁复演奏技巧的自如运用，使乐曲呈现出一派热烈豪放而又甜美细腻的风韵气质。她掌握小提琴技巧的全面程度甚至连海菲兹也向她虚心求教关于顿弓（staccato）方面的问题。这里有一个前提，不可忘记正是海菲兹本人亲手改编了罗马尼亚作曲家迪尼库那首脍炙人口的《顿音霍拉舞曲》啊！由此可见莫里尼的提琴造诣之深是何等令人叹为观止。

1968 年，莫里尼应邀访问了以色列，这对她而言无疑是一次寻根之旅。她在那里举办了 12 场音乐会，仍欲罢不能，不得不再加两场。直到 1976 年，年届 72 岁的她才宣布退出舞台，此后便未再在任何公开场合拉过琴。她一生享有诸多荣誉，是美国新英格兰音乐学院和史密斯学院的荣誉博士。1976 年，纽约市政府授予她终身成就奖金质奖章。莫里尼晚年寓居于纽约第五大道的公寓里。不过，就在她因心脏病住进医院后，她一生所精心收藏的达维多夫名琴，诸多她标注指法、弓法的乐谱以及绘画和书信等具有文献价值的物品被洗劫一空，至今仍尚未被追回。1995 年 10 月 31 日，莫里尼去世，享年 91 岁。

最后，让我们以亨利·罗思在《女子与小提琴》一文中的话语来为莫里尼盖棺定论："她的小提琴个性独具一格，丝毫不受第一流男性同行们的影响。她掌握的古典与浪漫杰作奏来可谓炉火纯青。（与她同时代的）有些女小提琴家可能比她音色浓艳，想象华丽，但她们都是蹿得快落得也快。莫里尼能在别人招致失败的地方准确地摆正位置，因而她在我们这个世界留给女小提琴家的小小神龛中独占女王的宝座！"

63. 才艺双绝的琴坛女伶

——吉内特·内弗

（Ginette Neveu）

又一位才情横溢的绝代佳人；又一位令人痛惜的早殇天才！

她是20世纪一颗曾光芒四射又倏忽而逝的明星——小提琴女杰吉内特·内弗。她的一生像音乐史上那些令人扼腕叹息的伟人一样的短暂，使人深感天道不公。内弗之死似乎是"红颜胜人多薄命"人生悲剧的又一次重演，它昭示着女性的成才之艰，成名之累。然而，诚如英国哲人傅勒所言："死亡实乃最伟大的平等。"内弗的存在虽然短暂，然她对于后世的影响之大、感召之深却足以令她芳名留史，受人缅怀。这是那些岁寿虽长但业绩庸碌之辈所万难望其项背的。

内弗1919年8月11日出生于法国首都巴黎的一个音乐之家。法国当代著名作曲家兼管风琴家、曾创作了十首管风琴交响曲的维多尔是她的叔祖。她的母亲是小提琴教师；她还有一个弟弟让-保罗·内弗后来成了优秀的钢琴家。内弗从小就随母亲学习小提琴，她的音乐才能十分早熟，对小提琴更是如着魔般地痴迷。虽然在她幼年时就有不少关于她在公众面前演奏的神童经历，但一般认为她正式的处女秀是在1926年。其时，7岁多的内弗在巴黎的加沃音乐厅演奏了布鲁赫的《g小调第一小提琴协奏曲》，与她合作的是曾使诸多小提琴名家一鸣惊人的科隆纳管弦乐团。这次演出展示了少年内弗那令人信服的天才技艺，听众和舆论界无不为法国乐坛冉冉升起的这颗新星而欢欣鼓舞，对法比小提琴学派即将结出的这颗硕果给予了极大的期盼。

受首演成功的激励，天性好胜的内弗练琴更加刻苦勤奋，她几乎牺牲了同龄人所享受的一切生活乐趣，整天把自己关在家里练琴。在其后的日子里，她又先后赢得了埃科尔音乐比赛和巴黎市音乐比赛的两个第一名，并凭借获得的奖学金于1930年11月考入巴黎音乐学院。这一时期，她先后师从莱恩·塔吕埃尔（Line Talluel）和朱尔·布歇里（Jules Boucherit, 1877-1962）学习。然而，在内弗学琴生涯里对她起更大影响的却是另三位音乐家，他们是乔治·埃涅斯库、纳迪娅·布朗热和卡尔·弗莱什。在埃涅斯库的指导下,她仅花了 8 个月时间就完成了所有的课程,并且在毕业的专业比赛上夺得大奖。人们依稀记得,上一次以 11 岁的年龄荣获学院的这种荣誉发生在 19 世纪。85 年前,波兰的天才少年维尼亚夫斯基同样获得过小提琴毕业的金质奖章,不过当时维尼亚夫斯基取得这样的成绩却花了足足三年时间!

走出音乐学院的内弗即以少年小提琴家的身份活跃于乐坛。心比天高的她也从不放弃任何一次参与比赛角逐的机会。1931 年,12 岁的姑娘在参加维也纳国际音乐比赛时以出色的表现引起了大赛评委、著名的小提琴教育家弗莱什的关注。阅人无数的弗莱什简直被这位少女身上所焕发出的独特灵气惊呆了。他爱才心切,主动找到内弗要求承担对她实施进一步深造的职责。这或许是这位小提琴名师目睹了琴坛上有太多异禀过人的琴童"小时了了,大未必佳"的先例,感到实在有责任去培养、呵护这位资质过人的天才型少女。他曾对内弗这样说:"你从上天得来的才赋我是不会去碰它的,我能为你做的就是纯粹技术方面的帮助和指导。"内弗欣然接收了弗莱什的建议,进入柏林音乐学院弗莱什的大师班随这位名扬全欧的大师学琴四年。在弗莱什的精心点拨调教下内弗的演奏功力又有了质的飞跃。她不仅掌握了娴熟的演奏技巧和准确乐感,更掌握了对于作品诠释的深入分析和理性梳理,她的演奏日渐成熟和老道。与此同时,已出落成婀娜多姿、亭亭玉立标准法国美女的内弗在诸多年轻的男性小提琴家眼中就仿佛是一支含苞欲放的带刺玫瑰,既娇艳动人,又对他们构成了极强的竞争性。不出他们所料,内弗的威力终于在 1935 年举行的第一届维尼亚夫斯基国际小提琴比赛上大放异彩。

1935 年正值维尼亚夫斯基诞生 100 周年,为此波兰政府创办了这项以他名字命名的国际小提琴赛事。它也是历史上第一个专为小提琴而设立的国际比赛。在 180 名竞争者中,16 岁的内弗只花了 6 个星期的时间就准备了一整套的参赛曲目,其中有巴赫的无伴奏奏鸣曲与帕蒂塔、维尼亚夫斯基的《d 小调第二小提琴协奏曲》(指定曲目)以及她自己非常喜爱的拉威尔的《茨冈》等。在参赛选手里内弗最大的劲敌就是来自前苏联的大卫·奥伊斯特拉赫,后者当时已是一位出场次数很多的职业演奏家了,且年龄也比内弗大 11 岁,因而在赛前他的夺冠呼声就很高。然而,最终的结果却是巾帼不让须眉。娇小玲珑的内弗在决赛中发挥得极其出色,以无可挑剔的演奏征服了在场的所有评委脱颖而出,金榜题名;奥伊斯特拉赫则屈居第二。比赛结果一揭晓,内弗的芳名大噪,瞬间成为整个欧洲乐坛街谈巷议的明星。就连奥伊斯特拉赫本人也对这位竞争对手给出了高度的评价,他在给自己妻子的信里写道:"必须承认内弗作为一位卓越的小提琴家是异常有才能的,当她那天以令人难以置信的力量和强度演奏时我已对此深信不疑了。"

内弗挟比赛折桂之余威开始了她的乐坛远征。在其后的两年时间里她在演出经纪人的安排下广泛地举行巡演。她首先来到德国的汉堡，在大指挥家约胡姆的指挥下演奏了勃拉姆斯的《D 大调小提琴协奏曲》，继而又到北美和前苏联访问演出。一时间，乐坛上掀起了一股人们争相一睹这位琴坛丽人风采的"内弗旋风"。

然而，第二次世界大战的爆发对于内弗的演奏事业是一个极大的打击，在她本已非常有限的人生岁月里又无情地剥夺了几年最可珍贵的时光。她的演奏生涯中止了！由于不愿为入侵的法西斯占领者和充当纳粹傀儡的维希政府涂脂抹粉，她选择了隐居家中，潜心钻研、探求小提琴艺术的真谛。一俟二战硝烟散去，她就以一种时不我待的紧迫感投入到频繁的演出中去。1945 年，她偕弟弟让完成了战后复出在英国伦敦的首演。次年，她又花了大半年时间在英国旅行演出。作为一位法国演奏家，内弗却将英国作为了她主要的演出大本营，这是由于当她在伦敦演出时引起了当时方崭露头角的年轻有为的指挥家卡拉扬的注意。卡拉扬将其推荐给 HMV 唱片公司（EMI 的前身）。签约后的内弗对自己显得更自信，她曾写下过这样一句意味深长的话语："我意识到一种新的进展在我身上发生，这很有可能会使我的艺术更上一层楼。对我而言这个新的阶段确确实实地开始了。"

天才的过人之处就在于对自己的未来有着常人难以企及的先见之明和准确预判，内弗同样如此。这位绝顶聪颖而睿智过人的琴坛丽人或许是预感到自己的来日无多，便以更大的热情和更出色的才华投入到她所热爱的演奏事业中去。她出现在"布拉格之春"国际音乐节上，又远赴南美和澳大利亚，将自己的足迹延伸到地球的南半球；而后又重返欧洲，继续向世界奉献着最后的光芒。1949 年内弗与英国名指挥巴比罗利领导的哈勒管弦乐团合作，横穿英国大陆举行了 5 场令人难忘的音乐会，在音乐会上她演奏的贝多芬小提琴协奏曲成为标志她艺术充分成熟和完善的高峰。可惜这次精彩的演奏却未能给后人留下录音。现存留世的贝多芬小提琴协奏曲版本是她 1949 年在德国与由指挥家汉斯·罗斯鲍德领导的西南德广播交响乐团录制的（Hanssler 10622）。同年 10 月 20 日，她又在巴黎举行了一场独奏音乐会，演奏了巴赫的《恰空》和拉威尔的《茨冈》等乐曲。然而，在欣喜若狂的听众中或许没有任何人会想到这竟是内弗的诀别之演，是她献给祖国人民的天鹅绝唱。10 月 28 日，内弗和为她担任钢琴伴奏的弟弟让一起登上了去美国演出的飞机。飞机在亚速尔群岛附近发生故障，在两次试图着陆失败后飞机撞向了一座山，一代佳人香消玉殒，魂归天国。据现场目击者称，内弗的遗体被发现时她仍将她的斯特拉迪瓦里琴紧紧地抱在怀里！

她的弟弟与同机的 40 多名乘客也同时遇难。内弗罹难之后,她的骨灰被运回法国,人们将她安葬在巴黎的拉雪兹神父公墓,让她与音乐史上另两位才高八斗的早逝天才——贝利尼和肖邦为伴,以表达对她过早离世的深切哀痛。

30 年的匆匆人生使内弗没有留下太多的唱片记录。正因如此,她那几张仅存的唱片才殊为珍贵,它们为后世记录了内弗当年的绰约风姿和隽永琴声。亨利·罗思认为内弗是一位卓越的"色彩艺术家","屹立于那些音色虽美、发音和揉指缺乏变化的'杰出小提琴'之上……她的色彩层次之细腻、力度之多变,使她的演释栩栩如生"。从演奏风格来看,她无疑是法比学派的杰出代表,气质典雅高贵,意趣细致柔美,从音乐中既可强烈地感受到她非凡而难以遏止的灵气悟性,又可清晰地梳理出她对于乐思逻辑和整体结构准确把握的大家气派。从她早年留下的诸如格鲁克的《旋律》、塔蒂尼的《柯莱利主题变奏曲》、根据肖邦钢琴曲改编的《升 c 小调夜曲》以及苏克的《四首小品》等作品 (Testament 1010) 里已经使人感受到其丰富多变的音色层次和奕奕神采。

内弗演奏的技艺艰深的大型协奏曲则更可显示出其一代女杰的过人天赋和超群才华。西贝柳斯《d 小调小提琴协奏曲》是内弗签约 HMV 之后录制的第一首协奏曲作品。按照常规,录制工作本应根据乐曲的乐章划分为三个时间段。然而,过于繁忙的演出使得内弗只能抽出仅有的一天空余时间去完成这次录音。1945 年 7 月 21 日,内弗来到 HMV 位于伦敦艾比路的录音室,她破天荒地决定将这首乐曲分成两个部分在一天之内录制完成。她以过人的胆识和绝对的自信将自己立即调整到最佳的状态,开始第一乐章的录制。从小提琴奏出的头一个乐句伊始就显示出这将是一个被划入不朽之列的经典版本。她的演绎抒情与豪气并存,细腻与粗犷相济,令人简直难以置信一位南国的弱小女子竟能将这首十足男性化的作品演奏得如此传神达意,入木三分。在乐章不时出现的独奏即兴乐句和华彩段里,内弗的发挥可谓大开大合,掷地有声,其风骨之刚劲、音色之雄遒不让男子。头一回与她合作的指挥家瓦尔特·苏斯金德 (Walter Susskind, 1913-1980) 和他领导的英国爱乐管弦乐团也仿佛受到了她的感染,有如神助,居然与内弗一拍即合,相得益彰,将这首写尽北国风光壮美与肃杀之情的协奏曲烘托得淋漓尽致。第一乐章结尾处的那段极快板更显豪情万丈,独奏小提琴的音流如同开春融化的积雪一泻千里,汹涌澎湃。

录完第一乐章之后,利用仅有的一个半小时午休,内弗又在自己的房间里埋头苦练,并以超出其体力极限的坚强意志投入到后两个乐章的录制中去。整个过程一气呵成,既顺利又完美。待到全曲录完,内弗的脖子和下颚因长时间的夹琴甚至磨出了血,而她自己却由于过分专注于演奏而浑然不觉。此情此景令在场的每一位演奏员为之动容。她的这首协奏曲也因此而成为公认的名演奏版本（EMI 61011）.

与西贝柳斯协奏曲同一时期录制的是勃拉姆斯《D 大调小提琴协奏曲》，这个录音被收录于西贝柳斯协奏曲同一张唱片上。它是内弗演奏艺术的另一个代表作，尽管显露出浓浓的法国式印记，却演奏得气势恢宏，情感浓郁，突显出她卓越的胆识和锐气。在把握这首"四大小提琴协奏曲"之一的名作时她在音色上的控制更趋均衡、饱满，可以说这个闪耀着激情和灵气的演奏至今仍是衡量日后的小提琴家们艺术水准的一把标尺，他们的演奏从此有了新的评判标准和现实依据。内弗为勃拉姆斯和西贝柳斯的小提琴协奏曲留下了另两个版本的录音，它们分别是与两位名气更大的指挥家多拉蒂和巴比罗利合作的，皆可圈可点，堪称典范（Music & Arts4837, 2CD 和 Dutton 9733）。

作为法国小提琴家，她对祖国的音乐作品也充满着热爱与景仰，她尤其对拉威尔的《茨冈》和肖松的《音诗》这两首作品情有独钟，曾在不同的场合演奏它们。她演奏的《茨冈》虽激情洋溢，音色浓郁，却是典雅的法国风范；而她演奏的《音诗》则散发出引人入胜的诗意和缠绵悱恻的伤感之情，将作品诠释得极富灵气和氤氲之美。她演奏的《音诗》共有三个版本，既有与法国指挥大师夏尔·明希合作的管弦乐版，又有与弟弟让合作的小提琴钢琴版，都值得收藏。值得一提的是，著名的法国"六人团"作曲家普朗克也对内弗的人品和艺术钦佩之至，他于 1943 年完成了他唯一的一首小提琴奏鸣曲，将此曲题献给内弗。当内弗不幸罹难的消息传来，普朗克痛定思痛，决定将奏鸣曲的末乐章予以重写。他以悲痛的急板来象征内弗转瞬即逝的悲情人生，以此来寄托自己对这位才艺双绝的女小提琴家的不尽哀思。

内弗和她的弟弟一同蒙难，作为他们母亲的内弗夫人自是悲从中来，痛不欲生。她撰写的《一位伟大艺术家的闪光生涯》（La Fulgurante Carriere d'une Grande Artiste）于 1952 年出版，它使人们可以从家庭角度去考察内弗的成长经历和心路历程。文字的笔调情真意挚，令人感佩。

20 世纪法国著名的香颂歌手埃迪特·皮亚夫（Edith Piaf, 1915-1963）曾在她创作的著名歌曲《命运之轮》里这样唱到："我愿走遍千山万水，只为了一聆伟大的吉内特·内弗的琴声……"

64. 被迷雾笼罩的神奇女性

——乔安娜·马尔奇

(Johanna Martzy)

在马丁·路德宗教改革一百年后的 1620 年,德国作曲家许兹以《圣经》中的福音书为题材创作出了四部受难曲,他完成了由单音音乐向复调音乐过渡的重要转折。但许兹的功绩很快便被人遗忘,直到比他晚 100 年出生的一位来自莱比锡的合唱指导在认真研究了许兹作品的手抄本之后,继承并发展了他的事业,在 1729 年又创作出了惊世骇俗的《马太受难曲》,他就是伟大的巴赫!可是,巴赫的《马太受难曲》同样是在其首演的 100 年后,才由年青的门德尔松在莱比锡重新将它搬上了舞台,由此奠定了巴赫作为"音乐之父"的不朽地位。

这就是历史!它仿佛是一个天真烂漫的天使,总是喜欢与人类开着此衰彼兴的玩笑。然而,真正的伟人和杰作是经得起时间和实践考验的。尽管有些人暂时远离了人们的视线,远离了这个喧嚣的尘世,可是,当他们和他们的作品被拂去岁月的尘埃后仍能显示出其艺术的灼灼光华。在 20 世纪乐坛上,女小提琴家乔安娜·马尔奇便是一个杰出的范例。

乔安娜·马尔奇 1924 年 10 月 26 日出生于奥匈帝国治下的特兰西瓦尼亚地区的特梅什瓦尔(现罗马尼亚蒂米什瓦拉市),其家庭背景不详。她是家中 5 个孩子中最年幼的一个,6 岁就开始学习音乐,师从卡尔·弗莱什的弟子约瑟夫·勃兰德伊兹(Josef Brandeisz)练小提琴。一年后,老师把她推荐给著名的匈牙利小提琴家兼教育家胡拜伊。胡拜伊长期担任布达佩斯音乐学院的教授,后来还曾出任过该院院长。他门生遍地,阅人无数。当他与马尔奇第一次见面并听了她演奏后便明确地告诉她:你将来能成为小提琴最顶尖的高手里的一位!受乃师如此高看和嘉许的马尔奇自是自信满满,学习的劲头更足了。她学得非常勤奋,加之老师施教的方法又对症下药,于是,这个清秀文弱而又内敛寡言的女孩子很快便在众多学子中脱颖而出,13 岁即在首都完成了自己的处女秀，并举行了第一次巡演。在学校里，马尔奇始终是整个音乐学院的骄傲，16岁获赠以19世纪匈牙利小提琴家雷曼伊名字命名的演奏奖；翌年又成为胡拜伊奖的获奖者。1942年，她以优异的成绩毕业，年仅18岁。

踏出学校大门的一年后，马尔奇就与布达佩斯爱乐乐团合作，在首都的舞台上亮相演奏了高难度的柴科夫斯基《D大调小提琴协奏曲》，当时担任指挥的是荷兰裔大指挥家门格尔伯格。演出大获成功，人们都为祖国冉冉升起的这颗璀璨新星而兴奋不已。马尔奇也就此开始了自己的演奏生涯。然而，好景不长，1944年3月，匈牙利的实权人物霍尔蒂海军上将投靠了希特勒，成了法西斯轴心国的傀儡。这时的马尔奇已与年轻的指挥家贝拉·西勒里结婚。于是夫妇俩决定离开动荡不安的祖国。可是当他们在试图越过匈奥边境时被已占领奥地利的德军拘捕。他们被关押在边境的拘留所里，两年后才由戴高乐领导的自由法国军队解救释放。二战结束后。夫妇俩决定在中立国瑞士定居下来。1947年，在中断了多年的职业演奏之后，马尔奇恢复了自己的演出，她再一次以柴科夫斯基的小提琴协奏曲宣告了在异国他乡的复出。这一次与她合作的是著名的瑞士指挥家安塞梅。

同年8月，每年一度的日内瓦国际音乐比赛开始了。这是这项最负盛誉的国际音乐比赛在战后恢复举行的第二届。马尔奇充分信赖自己的实力，报名参加了激烈的角逐。结果也正如她预料的那样，尽管比赛场上好手云集，然而在与他们的竞争比拼中战而胜之的仍是一介女流的她，马尔奇当之无愧地摘得了小提琴比赛的桂冠。她也是继内弗在1935年摘得第一届维尼亚夫斯基国际小提琴比赛桂冠后的又一位小提琴女性金奖得主，因而声名大噪，声誉鹊起。挟比赛冠军之余威，马尔奇随即展开了一系列广泛的巡演。这时，大名鼎鼎的EMI唱片公司也闻风而动，主动找上门来跟她签了唱片录制合同。马尔奇一时间风光无限，演奏事业的前景一片光明。

乔安娜·马尔奇不仅琴拉得好，人也长得美。她娇颜俏丽，身姿绰约，无论台上还是台下总爱将自己的那头长发挽成法式小圆面包似的发髻，显得清纯干练，英气逼人。本来，以她25岁的青春年华和超卓技艺在欧洲首屈一指的EMI完全是可以有一番大作为的。然而，偏生她在那里遇上了一个她最不愿意遇到的人，这个人就是EMI的首席制作人瓦尔特·莱格。

1947年时的莱格在EMI已是权势熏天、说一不二的主宰者了，签约公司的艺人启用谁打压谁全由他说了算。然而，就是这样一个王牌制作人其人品却劣迹斑斑。很不幸，兼具才华与美貌的马尔奇刚来公司不久就被他牢牢盯上了。与身为格林德伯恩歌剧院女中音的妻子离婚后，莱格显得更肆无忌惮，他垂涎于马尔奇的美貌，对她起了窥香窃玉之心，经常借工作之便对其进行纠缠骚扰，甚至还无耻地当面向她提出性要求。莱格的所作所为令正直的马尔奇极为反感。她断然拒绝了莱格的无理企图，几次三番终于惹恼了这个掌握着生杀予夺大权的王牌制作人。于是，莱格决定对不愿就范的马尔奇采取全面封杀的"制裁"，不再给她新的录音合约。就这样，在为 EMI 录制了八张 LP 唱片之后她被迫离开了唱片公司。马尔奇成了 20 世纪 50 年代职场"潜规则"的牺牲品；而这八张唱片也就是她生前仅有的通过唱片公司正式发行的商业录音！

然而，就是这区区八张唱片却已全面彰显了马尔奇风华绝代、独具个性的演奏魅力。她演奏的巴赫的六首无伴奏小提琴奏鸣曲和帕蒂塔（Testament 1467，2CD）无疑是标志着她演奏艺术的集大成者。她的演奏没有当代小提琴家极为普遍的甜美肥腻音色，却有着金属般的晶莹光泽。她以一种坚定刚毅的韵律和鲜明强烈的乐音去展现巴赫作品里那纷繁多彩、变幻无穷的乐思，赋予乐曲以均衡的、不徐不疾而又汪洋恣肆的诠释。她的这套录音在艺术上是令人满足的，在技巧上也是无懈可击的；在不少乐章里可以清晰地感受到其灵感的火花在与弓弦的碰撞下所闪耀出的咄咄逼人的才气。美国的《纽约先驱论坛报》把这套全集评选为 1956 年度的"年度最佳唱片"；而英国《曼彻斯特卫报》的评论家爱德华·格林菲尔德则在他的乐评中指出："马尔奇具有甘美优柔的揉指技巧，但它却并未干扰到她对巴赫作品的准确诠释"。他甚至在文章里宣称自己宁愿选择马尔奇的这个版本也不选择名气更大的海菲兹版本。

在与交响乐团合作的协奏曲方面马尔奇也表现得不遑多让。那张最有名的唱片（Testament 1037）收录了她演奏的勃拉姆斯和门德尔松的两首小提琴协奏曲就分别录制于 EMI 时期的 1954 年和 1957 年，与她合作的是波兰出生的瑞士指挥家保罗·克莱茨基（Paul Kletzki，1900-1973）指挥的爱乐管弦乐团。在对这两首浪漫派著名协奏曲的演绎中，马尔奇展示了她承袭以约阿希姆、胡拜伊为代表的提琴学派艺术传统，完全遵循、忠实于原作的精神。她深谙控制到极致即为发挥到极致的艺术哲理和美学原则，在演奏中保持了足够的理性与弹性。在门德尔松《e 小调小提琴协奏曲》的第二乐章，即便旋律甜美如歌，她也没有容许让过多过滥的揉指去给音乐贴上肆意煽情的标签，而是将音乐的韵律处理得如自己的呼吸一样自然；对旋律线条的梳理精美娴雅，显得既恬淡高洁又纯美甘冽。在对勃拉姆斯《D 大调小提琴协奏曲》的阐释中，又凸显出她技艺毫无香闺脂粉之气的风范，她的处理具有男性特有的大局观气质，速度上的灵敏迅捷、气势上的一往无前和毫无拖沓之感使得这个版本达到了一个非常完美的境地。

同一时期录制的舒伯特小提琴作品则堪称是填补这个领域空缺的一朵奇葩。马尔奇与她的长期搭档、荷兰钢琴家让·安东内蒂(Jean Antonietti,1915-1994)合作,将舒伯特创作的四首小提琴奏鸣曲展现得各尽其姿,脍炙人口。后来 Testament 将之汇于一炉,制成一张独立的专辑(Testament 1468),问世后立即成为乐迷们争相购置的心爱之物。

离开 EMI 后的马尔奇到了美国。这次美国之行又成为她演艺事业一个新的高潮。1957 年 11 月,她在指挥家安德列·克吕坦指挥的纽约爱乐乐团合作下演奏了巴赫的《E 大调小提琴协奏曲》和巴托克的《第一狂想曲》(Doremi 8034/35,2CD),演出获得空前的成功,它体现在两位勋伯格对这场演出的反映上。作曲家阿诺德·勋伯格在听了她的演奏后写道:"在她演奏的巴赫里除了'至纯'(purist)和'经典'(classic)外我找不出任何形容她演绎的字眼。"而同样在乐评界一言九鼎的评论家哈罗德·勋伯格则在他《纽约时报》的专栏里以特有的寥寥数语点出了马尔奇的艺术对人们的吸引力:"她也许更乐于留给人的印象是:她比一位大师更像一位音乐家!"(Willingness to make an impression as a musician rather than as a virtuoso)。

不过,令人不解的是,这段辉煌的岁月之后,马尔奇很快就被人们遗忘了,此后便很少再能听到关于她演出的消息和评论了。这或许与马尔奇自从和 EMI 解约后一直没能有一位称职的经纪人有着很大的关系。在此期间她与丈夫的关系已走到尽头,两人于 1959 年宣告分手。而她对于演奏地点的挑剔也成了制约她进一步在国际上取得更大声誉的因素之一。她性格内敛,不愿过多地曝光在公众面前,在采访时拒绝回答任何音乐以外的话题,并且也极力回避去东欧社会主义国家演出,即便自己的母亲仍居住在布达佩斯也是如此。凡此种种,在演出市场已经日益系统化、规范化和完备化的 20 世纪五六十年代,马尔奇无异成了一个"单干"的流浪艺术家,她没有专业团队的打理,缺乏演出市场的宣传和唱片公司的包装,日渐淡出公众的视线被边缘化了。然而,生性孤傲、个性倔强的她依然我行我素,独来独往,游离于国际大舞台的聚光灯而不愿趋时苟且。

其实,马尔奇得到的也并不全是坏消息,这期间最令她感到兴奋欣慰的莫过于她得到了一把名琴。原来,马尔奇自出道后使用的一直是制琴大师托诺尼制作的一把意大利琴,它是马尔奇 15 岁时由她母亲在布达佩斯为她购置的。尽管它出身不凡(据说曾由雷曼伊使用过),但此琴的性格却有些"喜怒无常",难以驾驭。所以她一直想拥有一把十分适合自己使用的名琴。后来,她打听到瑞士富庶的出版商同时也是业余小提琴家的丹尼尔·楚迪拥有两把名贵的小提琴,其中一把 1733 年的名琴与 20 世纪意大利著名男高音歌唱家的名字完全一样,叫卡洛·贝尔冈奇。马尔奇经由一位熟识的制琴师介绍造访了楚迪的家。楚迪对马尔奇早有耳闻,对她的演奏艺术也非常钦佩,欣然同意出借自己的贝尔冈奇。从此这把名琴就成了马尔奇最钟爱的演奏用琴,她在 1950-1959 年全盛时期的录音以及现场音乐会上用的都是这把琴。后来,楚迪更购进了一把斯特拉迪瓦里名琴也一并交由马尔奇使用。就在这番由琴而产生的交流中马尔奇与楚迪两人因琴得识,又因琴结缘,1960 年这对知音在相识相知的十年后结为眷属。婚后他们有了一个女儿,孩子出生后马尔奇公开演出的数量就变得更少了,她把一部分精力花在瑞士的家中担当起了贤妻良母的角色。在之后的 20 年里,她很少再在公众场合抛头露面,仅零星地受邀举办独奏音乐会,这其中就包括 1960 年在加拿大蒙特利尔的音乐会 (Doremi 7753) 以及 1969 年重回故土匈牙利在首都布达佩斯那次英雄凯旋般的演出。

马尔奇的演奏生涯一直持续到 1976 年。1978 年她的丈夫楚迪去世,而 14 个月后的 1979 年 8 月 13 日她也走完了自己扑朔迷离而又云波诡谲的不寻常人生,因癌症病逝于苏黎世的医院里,终年 54 岁。她的去世在国际乐坛上竟没有掀起任何涟漪,就仿佛是悄无声息地消失在这个地球上,连大小报章的讣告都未见刊发!然而,在沉寂了十年后,人们像发现了新大陆似的重又燃起了对她艺术的兴趣。从 1988 年起,由 EMI 日本东芝公司打头,各唱片公司开始竞相发掘、发行、重刻马尔奇的演奏录音;这个由唱片公司推动起来的"马尔奇复兴热"至 2013 年以 DG 推出马尔奇在 EMI 和 DG 的录音全集(DG 81400,13CD)而达到高潮,它为马尔奇生前颇为可怜的唱片录音极大地补遗填缺,更有力地佐证了这位提琴女杰才艺的卓绝和全面。

乔安娜·马尔奇生前遭人冷落,死后却荣耀复兴的现象说明了什么?也许,评论家大卫·帕特里克·斯蒂恩斯的一席话颇给人以启迪:"假如海菲兹的演奏录音比今天存世的还多,那么谈论(与他同一时代的)米沙·埃尔曼的人就会更少。因为艺术之巅的空间就这么大,在人们的认知范畴内容纳不下太多的东西。当然,艺术家的是否走红不光要看录音唱片的多寡,还要看他签约唱片公司名头的大小。可问题是:究竟还有多少海菲兹的唱片在被技术性修复后你还愿意永无止境地去接受呢?!"

65. 女子当自强

——卡米拉·维克斯
（Camilla Wicks）

美国小提琴家兼史论作者亨利·罗思在他的《小提琴八大名家的演奏——从伊萨耶到梅纽因》一书的《女子与小提琴》一节里论述为何女性在事业上成就普遍不如男性的原因时写道："有才气的女子(往往)在结婚后艺术生涯便告中断。从前人们希望妻子把丈夫、家庭置于一切之上(现在仍然如此)，多少天才女子还没来得及放出全部光芒便黯然消失了……都是由于家庭与事业的矛盾逼使她们相对地或完全地销声匿迹了。"

不能不赞叹这位名家敏锐的观察目光和精到的归纳总结，寥寥数语道尽了女子的成才之难和成名之辛，其中最后一句里"相对地或完全地"这两个形容词用得尤为精妙。应该承认，女性小提琴家中确有相当一部分为了事业舍弃了自己的爱情和家庭；而那些成了家的小提琴家中又有相当一部分婚后成了相夫教子的传统女性。然而，她们之中的极少数人尽管饱受家庭拖累，却仍不放弃自己的事业追求而能在艺术上作出不斐成就，如果要在这寥若晨星的女性群体里找出一位杰出代表，则非美国小提琴家卡米拉·维克斯莫属！

卡米拉·维克斯1928年8月9日出生于加州四季阳光明媚的长滩的一个音乐家庭里。她的父亲英格瓦尔德·维克斯是一位挪威小提琴家。据说他幼时就受到19世纪杰出的挪威小提琴家奥勒·布尔(Ole Bull，1810-1880)精湛演奏的激励，于是用木头自制了一把小提琴发誓要成为小提琴家。数年后他终于成了一名优秀的小提琴家兼教师。卡米拉的母亲则是德国钢琴家哈维·沙文卡的学生，一位钢琴家。这个家庭的两个孩子都以早慧而著称。大女儿弗吉尼娅先学钢琴，后习作曲，活跃于流行音乐领域；而小女儿卡米拉更是从小就以神童闻名乡里。3岁那年小卡米拉就对父亲的小提琴产生了强烈的兴趣，经常趁父亲不备去拨弄他的小提琴。父亲发现了她的爱好，于是为她买来了一把儿童小提琴。本以为小孩子学琴或许也就是三分钟热度,好玩而已,不料卡米拉一琴在手便再也无法使她放开。她在父亲的指导下每天坚持练琴,为此甚至连同龄人喜欢的玩耍嬉戏和娇嗔撒娇都置之脑后。在卡米拉 4 岁的生日宴上她演奏了多首乐曲,还由她拉第一小提琴,与担任第二小提琴的父亲、弹奏钢琴的母亲表演了一首钢琴三重奏。她与其年龄极不相称的出众才华令前来出席的客人们啧啧称奇。自此,长滩的"提琴小神童"的美名不胫而走,各种请她演出的邀约纷至沓来。小小年纪的她这时已开始定期地到当地的音乐场合和商业俱乐部去展示其演技了,这自然引起了加州舆论界和出版界的莫大兴趣,人们纷纷预言卡米拉将成为继当年从这里起步进而走上琴坛之巅的小提琴大师梅纽因和里奇之后又一位令加州人引以自傲的小提琴新星。

很显然,卡米拉没有让家乡人民的希望落空,她像一枚火箭似的飞快地提升着自己的演技,6 岁便已能在音乐会上演奏门德尔松的小提琴协奏曲;7 岁在长滩的市政大厅迎来了自己人生的处女秀,在旧金山交响乐团的协奏下演奏了莫扎特的《D 大调第四小提琴协奏曲》,博得满堂喝彩。非常巧合的是,当年梅纽因职业生涯首秀的年龄也刚好是 7 岁,与他合作的也是旧金山交响乐团,只不过两者时隔了十二个年头。首演成功的第二年,卡米拉又上演了布鲁赫的《g 小调第一小提琴协奏曲》,逾年更是将令人生畏的帕格尼尼《D 大调第一小提琴协奏曲》搬上了舞台。1937 年《好莱坞市民新闻》的评论里这样写道:"(她的演奏)极具相当深刻的内涵和具有感染力的音质,显而易见的理解力,张弛有度的平衡感以及拉琴的品味……凡此种种,这个小女孩看上去已经像是一位作好准备的优秀艺术家了,她未来的可能性将是无可限量的!"然而,人们其实不知道的是,直至这时卡米拉还未正式拜过师,接受过正规的学校教育呢!她的老师一直还都是自己的父亲。

事实证明,身为加州人的卡米拉·维克斯确乎如人们预期的那样沿着她的兄长辈大哥梅纽因、里奇前进的步伐在艺术的道路上不断地前行,连她的受业老师也与他们如出一辙,是美国最著名的小提琴家路易斯·帕辛格(Louis Persinger,1887-1966)。卡米拉 10 岁进入茱莉亚音乐学院师从帕辛格进一步深造自己的琴艺。在谈到自己人生中唯一的恩师时卡米拉认为帕辛格在自己的音乐成长中占据着最重要的影响。在帕辛格和卡米拉身上,"名师出高徒"的规律再一次得到了验证。1942 年,卡米拉在恩师的陪伴下站上了世界著名的纽约卡内基大厅的舞台,与她合作的是大名鼎鼎的纽约爱乐乐团!

职业首秀成功之后,卡米拉旋即在国内举行了广泛的演出,她定期地与诸如布鲁诺·瓦尔特、莱纳、斯托科夫斯基、罗津斯基等名指挥领导的一流交响乐团合作。其后她又到欧洲举行巡演去进一步展示自己的才艺。在20世纪四五十年代她总共进行了六次欧洲巡演,到她二十四五岁时卡米拉在大西洋两岸已是风靡一时的小提琴名家了,所到之处无不受到人们热烈的欢迎。正值豆蔻年华的卡米拉是一位典型的金发女郎,长相甜美,一双大而富灵气的眼睛深邃而动人,使她看上去就如同那些好莱坞明星一样光彩照人,因而有琴坛上的"美国甜心"的美誉。她具有美国人特有的热情奔放的气质,对新鲜的事物总是充满着强烈的渴望。她的琴艺更容易征服听众,清新脱俗,磅礴大气。她的演奏以音色清晰洪亮、技巧恢宏全面而著称,颇富男子气概。这使她在演奏那些大型协奏曲时更具有得天独厚的优势,它突出地展现在她诠释的西贝柳斯《d小调小提琴协奏曲》上。1946年,经法国小提琴大师弗兰切斯卡蒂的热情推荐,卡米拉与纽约爱乐乐团合作在卡内基举行的音乐会上近乎完美地演绎了西贝柳斯的协奏曲,演出获得了空前的成功,自此缔结了她与这首作品的不朽情缘。由于在英年早逝的内弗之后,国际琴坛上还未曾有过一位女性小提琴家能如此出色地演绎西贝柳斯的这首协奏曲。于是在1952年2月,美国的Capitol唱片公司在瑞典首都斯德哥尔摩为她录制了这首作品的唱片,与她合作的是由瑞典指挥家希克斯滕·厄尔林(Sixten Ehrling,1918-2005)指挥的瑞典广播交响乐团(Biddulph 80218)。

在谈及这张唱片的问世时,卡米拉回忆道:"我在卡内基的那场首演之后在作曲家的家乡芬兰和北欧多地都多次演奏过这首协奏曲。西贝柳斯从一次广播里听到了我的演奏,于是邀请我去他的别墅与他见面。见面时我向这位德高望重的作曲大师征询对我演奏的评价,他说道:'就用这样的方式去演奏'(just play it the same way)。虽然由于语言的限制我们的交流无法进一步深入,但这仍是我人生中一段鼓舞人心的经历!"就在录制唱片的前夕,卡米拉仍在欧洲紧张地举行着巡演,她几乎每天都在旅途中,每晚都有演出,时间安排得非常紧凑。事实上,就在录制的前一天晚上她还在瑞典的哥德堡出席音乐会后的招待晚宴。接到录音通知后她甚至来不及更换行装,穿着演出时的晚礼裙就上了赶往斯德哥尔摩的午夜火车。第二天在皇家音乐学院的录音现场也根本没有时间留给她作任何的准备和练习,几乎是直接进入录音室进行录制。"我记得在录制的过程中不曾有过任何的中断和剪辑;而在气势高昂的第三乐章里我与乐团更是群情激昂,开足马力,一气呵成地完成了录音。我们同心协力,不能出错,因为你根本不可能有多余的时间。那些日子真的是分秒必争啊!"

然而,就是这样一个几乎可称得上是"急就章"的录音,却成就了演绎史上一个无与伦比的经典版本。对于她的诠释,我国著名的小提琴教育家郑延益给予了最高的评价。在他所著乐评集《春风风人》(世界图书出版社 2000 年一版) 的文章里,郑先生甚至将她的版本与琴坛巨擘海菲兹和大卫·奥伊斯特拉赫相提并论:"海菲兹手中的西贝柳斯像一座冰雪覆盖的火山;奥伊斯特拉赫的演奏浑厚巍峨得像一座教堂;但维克斯似乎把海菲兹的炽热与奥伊斯特拉赫的雄浑融合在了一起……"亨利·罗思也赞誉卡米拉的西贝柳斯"洋溢着一股非凡的锐气,音色浓郁,线条清晰,技巧辉煌"。西贝柳斯小提琴协奏曲唱片的问世使卡米拉的声誉一时达到了事业的一个高峰,她频繁地巡演,她动人的形象在 1950 年代的国际乐坛上掀起了自内弗之后的又一股"小提琴女性旋风"。

❧ ❧

　　1953 年卡米拉与由布鲁诺·瓦尔特指挥英国爱乐管弦乐团在卡内基音乐厅现场演奏的贝多芬小提琴协奏曲 (Music & Arts,1160) 为我们保留了卡米拉最值得珍爱的音乐记忆。不过,这时的人们再看到站在舞台上的卡米拉时,昔日的"美国甜心"已为人妇,且还怀着七个月的身孕! 她由指挥家搀扶着步入舞台中央,但奉献给听众的却仍是那锐不可当的炽热情感和精湛技艺。只是人们不会想到,这竟是他们喜爱的卡米拉在卡内基音乐厅的最后一次亮相!

　　原来在 1951 年,23 岁的卡米拉结了婚,并在很短的时间里接连生下了五个孩子,成了一个彻头彻尾的贤妻良母。为了家庭和孩子她毅然决绝地告别了那个集万千宠爱于一身的艺术舞台,安之若素地在德克萨斯州的家里整天围着厨房和孩子转。音乐评论家们每每说起卡米拉在其巅峰之际遽然隐退的例子时无不扼腕叹息,唏嘘不已。然而,凡事皆有正反两面,正如著名弦乐杂志《斯特拉德》上纳撒尼尔·瓦洛伊斯的文章中指出的那样:"在她的同辈人中,维克斯比任何其他伟大的女小提琴家都更生活得像个女人。她结婚,生养小孩,甘当家庭主妇,从中体味到生活的乐趣和情感的牵扯。"的确,当卡米拉在事业和家庭两者"二选一"的关口她选择了后者,在丈夫的要求下在还不到 30 岁的年龄就早早退出如日中天的演出舞台。当时的她真是"情比金坚",认定从此不再会有机会重登舞台,为此她甚至忍痛变卖了那把心爱的 1725 年制的斯特拉迪瓦里名琴"剑桥公爵"(Duke of Cambridge)。她说:"我已经享受过了那种备受聚焦、万众瞩目的契约岁月 (this fulfilling period),现在该是把自己归还给家庭的时刻了。"

　　可惜事与愿违。卡米拉·维克斯为家庭做出了如此重大的牺牲却并没有换来应有的回报。在婚后的第十四个年头,1965 年她与丈夫的婚姻以不愉快的结局收场。卡米拉带着五个孩子离开了丈夫,成了一位单亲母亲。这位坚强的女性面对家庭剧变并没有自怨自艾、悔不当初；也没有痛不欲生、万念俱灰。离异后的卡米拉在接下去的日子里又书写出了在逆境中崛起的励志篇章。

卡米拉与五个尚未成年的孩子把家安顿在华盛顿州北部的切兰湖附近，她决定要重新在专业上站起来。她选择了小提琴教学，这样更便于有时间照顾自己的孩子们。自己珍贵的琴被卖了怎么办？她的同行兼老友里奇帮她解决了这个难题，他赠送给卡米拉一把由澳大利亚当代制琴名家阿瑟·史密斯制作的优质小提琴，使卡米拉在教学之余还能参与当地一支业余乐团的演出。卡米拉一方面以这种方式尽快使自己恢复昔日的演奏状态，一方面也在等待时机重返舞台。终于，数年之后当她的孩子们已陆续长大，她又重新复出了。在 1960 年代，她录制了一张令人难忘的唱片，那是由挪威作曲家克劳斯·埃格（Klaus Egge，1906-1979）创作的一首技巧高度艰深的小提琴协奏曲（Philips 900 210，LP），从而一举恢复了其国际声誉。不过，一位拖家带口的中年女性与一位心无旁骛的青春少女毕竟不可同日而语，卡米拉复出后的演奏生涯仍不免时断时续，无法保障。就在演出和家庭两难困境无法摆脱、在美国各地漂泊求生终告无解后，她决定远赴她父亲的老家——遥远的挪威去开始她的新生活。

出生成长于阳光明媚的美国加州的卡米拉来到了高寒的北欧，从 1974 年起她担任挪威奥斯陆皇家音乐学院的小提琴教授，不仅在祖先的土地上开科授徒，并且广泛地参与斯堪的纳维亚国家的音乐生活，演奏并录制了大量鲜为人知但极有艺术价值的音乐作品。而北欧的不少当代作曲家也乐意为这位美国女小提琴家创作题献作品供她演奏，她成了当代北欧音乐的积极倡导者。基于她为挪威音乐生活发展所作出的突出贡献，1999 年她被挪威国王哈拉尔五世授予挪威皇家骑士金质勋章。

1980 年代后，作为美国密歇根大学、路易斯安那州立大学和莱斯大学的小提琴教授，卡米拉又重现美国乐坛，她以 50 多岁的年龄在舞台上东山再起，演奏了勃拉姆斯的小提琴协奏曲，其锐气和才艺不减当年。但更多场合她乐意投身室内乐重奏中，与大学里的同事们首演了德彪西青年时代创作的一首钢琴三重奏，颇受好评。她也是旧金山独奏家室内乐团的首席小提琴；在 1999 年她还接替著名小提琴家斯特恩出任美国旧金山音乐学院的董事会主席。无论作为一位杰出的小提琴家，还是作为一位令人引以为傲的加州人，她接受这份荣誉都是当之无愧的。她后期的唱片都由挪威的 Simax 予以发行。2008 年，Simax 发行了一张卡米拉在过去 40 年里不同时期的广播录音专辑（Simax 1832）以庆贺她的八十大寿。从这些不同时期的录音里，人们可以伴随着美妙的琴声回顾卡米拉·维克斯所走过的不寻常人生，重新找回这位坚强而富有魅力的小提琴家在璀璨的琴坛星空中所应有的位置。

66. 她被西贝柳斯赞誉为
自己协奏曲最佳的诠释者
——艾达·亨德尔 (Ida Haendel)

艾达·亨德尔,在 20 世纪的小提琴界并不是最响亮名字中的一个,在小提琴女性中也不是最杰出的一位。然而,中国的乐迷们应该牢牢地记住这个名字,因为她是 20 世纪第一位来到中国进行访问演出的大师级的女小提琴家。1973 年 3 月,她随由指挥大师阿巴多率领的伦敦爱乐乐团来到北京,在民族文化宫举行了在"文革"期间罕见的一场古典音乐会。当时,已有七年未曾有机会聆听古典音乐的人们如饥似渴地欣赏着由这位身材娇小玲珑、着一袭黑色礼裙的小提琴家演奏的勃拉姆斯《D 大调小提琴协奏曲》。人们如沐沁人肺腑的春风,驱散了久压在他们心头的文化专制阴霾,仿佛重又看到了拨云见日、乾坤清朗的希望。听众们对她的演奏报以热烈的掌声。亨德尔就是在这样一个特殊的年代和环境里担当了一名重新打开中西方文化艺术交流的音乐使者,从这个角度而言这场音乐会的重要性丝毫也不逊色于 1971 年美国乒乓球队访华而随之产生的深远影响。

艾达·亨德尔 1928 年 12 月 15 日出生于波兰东部海尔姆一个传统的犹太裔家庭。她很小就显露出与众不同的音乐天分。3 岁半时她居然拿着姐姐艾莉丝的小提琴奏出了母亲常为她们吟唱的歌曲旋律,这使身为肖像画家的父亲大感意外,他立即意识到自己的小女儿具有学习音乐的独特天赋与潜质;而她的姐姐艾莉丝也认为妹妹是拉小提琴的料,于是把她的小提琴交给妹妹而自己去转学了钢琴。

亨德尔的早年生涯即便是在神童颇多的乐坛也甚为少见。在父母为她进行了音乐基础教育后,她 5 岁就进入华沙音乐学院,师从米恰洛维奇教授。入校后不久她就因出色地演奏了贝多芬的小提琴协奏曲而获得了学校的金质奖章,那时她还不满 6 岁!后来她又在华沙举办的胡贝尔曼小提琴比赛中脱颖而出,拿到了比赛的第一名,她的得奖曲目仍是贝多芬的协奏曲。1935 年,再接再厉的亨德尔又参与了在自己祖国举行的第一届维尼亚夫斯基国际小提琴比赛,尽管在比赛中未能进入前三名,但年少成名的这些经历已足以令世人刮目相看,同时也吸引了欧洲一流提琴大师呵护惜才的希翼目光。于是,从音乐学院毕业后她接到了卡尔·弗莱什的邀请,到柏林音乐学院师从这位著名的提琴教育家深造。

由于亨德尔的左手具有一种"天生"的技巧,于是弗莱什就致力于改进她的运弓技能,使之与她那神奇的左手技巧珠联璧合地结合起来,从而使亨德尔的演奏技艺就此产生了一个质的飞跃。1936 年 12 月,亨德尔抵达伦敦,在皇后大厅实现了她的英国首演。翌年 1 月,在 67 岁的英国著名指挥家亨利·伍德指挥下,年龄几乎相差了一个甲子的这对老少联袂献演了贝多芬和勃拉姆斯的小提琴协奏曲。音乐厅的气氛之热烈甚至令见多识广的老指挥家也为之感动,他称赞亨德尔的演奏令他依稀感到当年的一代巨擘伊萨依重又站在了自己身旁;而听众和舆论也同样深信这位波兰姑娘能在未来的岁月里创造出使他们更为吃惊的奇迹来。

第二次世界大战的爆发使亨德尔的祖国波兰首当其冲地遭受了纳粹法西斯的蹂躏,亨德尔随全家被迫迁居英国,这里有喜爱她的听众,更有像慈父般关怀着她成长的大指挥家伍德。由于伍德是伦敦著名的"逍遥音乐节"的创始人,他把亨德尔带到了音乐节上亮相,让更多的英国听众认识这位波兰少女的艺术才华。就此亨德尔的一生都与"逍遥音乐节"结下了不解之缘,迄今为止她已在这个举世闻名的音乐节上演奏了 68 次! 除了伍德,亨德尔也与当时英国最有名的几位有着爵士头衔的指挥家展开了广泛的合作,他们是托马斯·比彻姆、阿德里安·博尔特、马尔科姆·萨金特和尤金·古森斯等。1939 年 8 月,在父亲的积极联系下,DECCA 唱片公司正式推出了她的首张唱片。不久,她又随老师弗莱什前往法国。在巴黎,弗莱什将她推荐给另一位提琴大师——正在巴黎音乐学院任教的埃涅斯库。亨德尔在埃涅斯库面前演奏了由他本人创作的《a 小调第三小提琴奏鸣曲》。客居他乡的埃涅斯库听完她的演奏显得很激动,他告诉面前这位美丽的波兰少女,她的演奏触及了这首具有鲜明民族特征作品的灵魂。于是,他毫不犹豫地答应担任亨德尔的导师,辅佐她在演奏艺术的道路上走得更远。于是继弗莱什之后,亨德尔又得到了一位素负盛誉的提琴良师的教诲和栽培。

整个二战期间,亨德尔没有忘记一位艺术家的正义感和神圣职责。她在英国深入到前线阵地和后方工厂为盟军将士和工人们演出,激发他们的抗敌斗志。战争结束后,亨德尔很快便恢复了她的正式演出活动,起先在欧洲,随后又将艺术触角延伸至美洲。1946-1947 年间她在美国举行了大量音乐会,从而确立起她在世界上一流小提琴家的地位,尤其是当她的同门师姐内弗于 1949 年不幸罹难后,人们更是将对琴坛巾帼的期待目光转移到与内弗同样技艺不凡的亨德尔身上。

在演奏风格上,由于亨德尔先后师承弗莱什和埃涅斯库两位名师,因而在她的演奏中必然糅合着他们所各自代表的提琴学派的特征。就先天条件而言,亨德尔不能算非常优越,她的手比较短小,可就是这双小手却能精准无误地演奏任何高难度的提琴作品。她的运弓颇富男性气概,幅度大,力量均匀,变化丰富。她的左手技巧异常出色,运指灵活敏捷,音准精确,质地清纯。不过,她却不愿在那些枯燥乏味的练习曲上浪费宝贵的时间。据说在 1970 年代有一次海菲兹邀请她去参加一个由他召集的学术交流会。众所周知,这位"现代小提琴之王"对音阶训练是极为重视的,他甚至以此作为取舍学生的标准。当亨德尔在会上对向她发问的学生们回答"我从不练习音阶"时不仅全场在座的人闻之骇然,就连海菲兹也对"从不练习音阶"却有着非凡左手技巧的亨德尔表示了他的惊异和钦佩之情。

亨德尔身为女性,她的演奏风格却并非一味地细腻缠绵,反而时有男性的豪气和魄力洋溢在她的琴声之中。这突出地体现在她对西贝柳斯小提琴协奏曲的演绎上。西贝柳斯的《d 小调小提琴协奏曲》全曲气势雄奇,技巧艰深,历来是像海菲兹那样的高手们表现的领地。但亨德尔的演奏却丝毫不落下风,大气和精准、阳刚和柔情兼而有之。西贝柳斯在听了她的演奏后难掩激动之情,特意修书一封。他在信中写道:"请接收我最热诚的谢意。我要向你成功的演绎祝贺!不过,我最应该为自己祝贺,因为我的协奏曲已经找到了一位罕见的高水平的诠释者!"需要指出的是,海菲兹在 1935年就录制了西贝柳斯的协奏曲,作曲家应该听到过他的演奏;而亨德尔的演奏是在 20多年后,西贝柳斯能在自己生命行将终结的前夕(西贝柳斯逝于 1957 年 9 月)对亨德尔作出如此高的评价也足见她的演绎紧扣作品的精髓和真谛。

的确,在 20 世纪的乐坛上,亨德尔是以演奏大型的协奏曲而闻名于世的。早在1945 年她就录制了柴科夫斯基和门德尔松的小提琴协奏曲;1947 年又录制了德沃夏克的协奏曲。1949 年在著名指挥家库贝利克指挥的爱乐管弦乐团协奏下,亨德尔为EMI 录制了她赖以成名的贝多芬《D 大调小提琴协奏曲》以及布鲁赫的《g 小调第一小提琴协奏曲》(Testament 1083);这一时期的录音还有她的勃拉姆斯和柴科夫斯基协奏曲(Testament 1038)、门德尔松协奏曲(Dutton 9772)。她对于乐曲的处理合情合理,典雅洗练,富于逻辑。亨利·罗思说她"即使在比较忘情奔放的时刻始终不失风范"。当然,作为一位"不愧为有着出众曲目的出众小提琴家",她演奏的大量音乐会曲和小品也是脍炙人口、可圈可点的。

作为一位出生于波兰的小提琴家,亨德尔对于祖国以及东欧作曲家的作品自然怀有比他人更深的情愫。在波兰作曲家中,维尼亚夫斯基和席曼诺夫斯基是她的最爱。她演奏的维尼亚夫斯基《d 小调第二小提琴协奏曲》和那首备受推崇的西贝柳斯《d 小调小提琴协奏曲》都被收录在她的 1957-1965 年在布拉格的录音集里(Supraphon 4162,5CD)。尽管席曼诺夫斯基不像维尼亚夫斯基那样是一位提琴圣手,他创作的小提琴作品演奏难度之高绝不逊色于后者,且音乐更具文学意味。亨德尔在演释时除准确地表达音乐之外又恰如其分地体现出蕴含在作品里生动可鉴的文学元素。《神话》(Myths)是作曲家在意大利西西里岛旅行时依据希腊神话题材写就的一部组曲。亨德尔通过丰富多变的运弓手法和着弦区域揭示出它那富于印象主义特征的异国情调和神秘色彩。巴托克也是亨德尔非常喜爱的作曲家,她曾多次录制过他的《罗马尼亚民间舞曲》。她的演奏色彩浓郁,情感真挚,表现出强烈的民族风格。

当然,若说到她对东欧作品的演绎,其下力最深,用情最挚的要数对埃涅斯库《a 小调第三小提琴奏鸣曲》的诠释了。亨德尔不仅当年曾在乃师面前当面演奏过这首作品,并且埃涅斯库在她的一生中都具有不可磨灭的重要影响。她 74 岁回忆起当年埃涅斯库对她的教诲时心中仍充满崇敬景仰之情:"他是一位伟大的天才,在他的音乐里你能发现一种超越世俗的因素。"1996 年,就在伦敦演出其处女秀的 60 年之后,亨德尔与钢琴大师阿什肯纳奇再一次合作录制了埃涅斯库的这首奏鸣曲。由于得到作曲家本人的口传心授,她的演绎无疑也是这首作品他人难以企及的经典名版。所有这些东欧作品都被收录于 DECCA 发行的一个演奏生涯 60 周年纪念版里(DECCA 455 488,2CD)。有意思的是,在这个纪念版里,分别收录了亨德尔在 1946 年录制的席曼诺夫斯基的《夜曲与塔兰泰拉舞曲》和 1996 年的《神话》以及录制于 1947 年和 1996 年的两版《罗马尼亚民间舞曲》,由此清晰地勾勒出这位小提琴家跨越时空岁月的艺术历程。这张专辑里还有一个不易为人们注意的录音,它是由亨德尔与姐姐艾莉丝合作的当代犹太作曲家阿赫隆的《希伯来旋律》。

亨德尔自称对德奥经典有着永远的热情;而她对于当代作品也非常乐意去展示它们。1977 年她为 EMI 录制了英国作曲家布里顿和沃尔顿的小提琴协奏曲;而出生于瑞典的当代作曲家阿兰·彼得森(Allan Pettersson,1911-1980)更是将自己的《第二小提琴协奏曲》题献给她并由她予以世界首演。对于巴洛克时代的作品,亨德尔的演奏也颇见功力,她的巴洛克曲集(Testament 1258)就收录了柯莱利的《弗里亚变奏曲》、塔蒂尼的《魔鬼的颤音》和维塔里的《恰空》等高难度的意大利作品;而在 1996

年她年逾七十之际还精神抖擞地推出了巴赫的《无伴奏小提琴奏鸣曲和帕蒂塔》全集（Testament 2090，2CD），毫无懈怠衰退、力不从心之感。

　　尽管从 1970 年代以后亨德尔已逐渐淡出了演奏舞台，但她从未因年龄的增长而考虑放下手中的小提琴。2006 年 5 月，这位 78 岁的老太太重返她的故乡海尔姆，在这场被称为"历史性的回归"的音乐会上一口气演奏了巴赫的《恰空》、塔蒂尼的《魔鬼的颤音》、布鲁赫的《科尔·尼德莱》、萨拉萨蒂的《流浪者之歌》与维尼亚夫斯基的《传奇》和《D 大调波罗奈兹》（Vai 1264）。这真是一套令当代最走红的年轻提琴家都为之咋舌的曲目！如果对这份节目单已经感到不可思议的话，这里还有一张她于 2000 年 7 月 23 日在美国罗德岛新港艺术节上一场独奏音乐会的现场录音（Vai 1219）：莫扎特的《降 B 大调小提琴奏鸣曲》、贝多芬的《c 小调第七小提琴奏鸣曲》、巴赫的《恰空》、德沃夏克的浪漫小品以及维尼亚夫斯基的《D 大调波罗奈兹》，无论是作品的曲目之厚重还是演技之艰深都足以令这位时年 72 岁的女演奏家傲视世界琴坛。除了演奏而外，亨德尔还致力于提琴教学，当代小提琴家中像穆特、马克西姆·文格洛夫（Maxim Vengerov，1974-）和大卫·加雷特（David Garrett，1980-）等都曾受教于她。她开办的大师班里也是人才辈出。2012 年 8 月在英国剑桥举行的国际弦乐艺术节上她被授予"荣誉艺术家"称号。她也是诸多小提琴国际比赛的评委，当然，其中最重要的一项就是当年令她脱颖而出的维尼亚夫斯基国际小提琴比赛了，她曾无数次担任它的评委，并于 2011 年担任荣誉女主席。在 1991 年，已成为英国公民的亨德尔受册封成为大英帝国女爵。

　　亨德尔传奇的一生曾被几次搬上荧屏。她一生未婚。在繁忙的演出和教学之余她也总要挤出时间来从事她喜爱的绘画，丰富自己的业余生活。文采斐然的她在 1970 年还出版了自传《与小提琴形影不离的女性》（Woman with Violin），书里以生动真实的笔触记叙了她自己的艺术人生，表明了她作为一位女性面对艺术、面对人生的积极姿态。正如同她在书的结尾所写的那样："我们永远都有一个明天！"她确信这一点！

67. 威震琴坛的东洋第一花
——郑京和（Kyung-Wha Chung）

20世纪以来，在小提琴家的行列中出现女性小提琴家甚至是著名演奏家的身影早已不再被视为异端殊俗，她们的出现着实动摇了几百年来男性所把持与垄断的这一领地的根基。尽管巾帼红颜各显风姿，但其人才涌现和发展的地区也不平衡。自1920年代出生的那一拨英雌如内弗、马尔奇、亨德尔、维克斯以及波兰的万达·维尔科米尔斯卡（Wanda Wilkomirska, 1929- ）等人之后，女性小提琴家似乎出现了一个明显的断层。直至二战结束后的1960年代，才有了新一代女性小提琴家的崛起。若论最早获得国际乐坛公认的亚洲演奏家，则非郑京和莫属。正是她用自己在弓弦上几乎无所不能的精湛表现向世界证明了东方的黄种人也照样能够驾驭西方的古典艺术传统，将之发扬光大。她的成功为之后的整整一代亚洲提琴演奏家们打开了到国际音乐舞台上去展示才华的大门，为他们树立起了楷模。正是从这个意义上说，"威震琴坛的东洋第一花"的雅号对于郑京和是恰如其分、当之无愧的。

郑京和1948年3月26日出生于汉城（今首尔）一个律师的家庭，共有兄弟姐妹七人。在家庭观念重于个体发展的亚洲，家庭的亲和力往往来自家庭成员对某一事物的共同爱好。由于父亲是古典音乐爱好者，母亲也粗通钢琴和吉他，因而受到他们的影响，这个家庭里日后竟有六个孩子成了职业的音乐家，其中最出名的除了郑京和外还有她的姐姐郑明和（大提琴家）和弟弟郑明勋（指挥家兼钢琴家）。郑京和从小就具有鲜明的音乐天赋，2岁时才刚刚牙牙学语的她就喜欢哼哼着唱歌。在母亲的指点下她成了一名小歌星，赢得过国内几次小型的歌唱比赛的优胜，为家庭挣足了面子。后来母亲又教她钢琴，无奈4岁的她偏偏对这个"庞然大物"提不起兴趣，往往练着练着就会不由自主地打瞌睡。然而，在她6岁那年当她第一次听到了小提琴那悦耳的琴声时却仿佛全身被电流击中了一般，顿时被它的音色所感化了。于是，在汉城交响乐团担任指挥的表哥送给小京和一把儿童小提琴作为她的生日礼物，小京和如获至宝立刻拿过来咿呀咿呀地拉了起来。"我一听到小提琴的声音就本能地觉得这才是我应该学习的乐器,它将成为我的生命。"

母亲为女儿延聘了国内最优秀的小提琴教师崔贤胜来教她习琴,这使学琴若渴的郑京和如鱼得水。她以令人吃惊的刻苦劲头不停地练习,又以令人吃惊的速度飞快地提高着自己的技艺。9岁那年,还是在那位表哥指挥的汉城交响乐团的合作下,郑京和平生第一次登台演奏了门德尔松的《e小调小提琴协奏曲》,立刻轰动了高丽乐坛。在以后的日子里,整个家庭为她的学琴简直殚精竭虑,三年里竟为她换了六位老师。而与此同时,郑京和又陆续将在韩国举行的几乎所有小提琴比赛的奖项收入囊中,并与姐姐郑明和、弟弟郑明勋组成少年三重奏在国内进行巡演。为了让子女们有一个更大的发展平台,1961年,在郑京和13岁时他们全家决定迁居美国。然而,到了美国后才发现在那里生活并不像他们当初想象的那么容易。由于交不起高昂的学费,郑京和起先只能在一所职业少年学校里习琴,后来经她另一位在茱莉亚音乐学院学习长笛的姐姐郑明索的介绍,茱莉亚音乐学院对她进行了一次演奏的考察。考察的结果十分理想,她因而获得了一份学院的全额奖学金得以进入学校预科,师从著名的小提琴教授伊凡·加拉米安,成为加拉米安门下唯有的女弟子。

孰料进了著名的茱莉亚对于郑京和而言仍是困难重重,首先要面对的是语言关,亚裔学生在当时的茱莉亚凤毛麟角,屈指可数。他们往往由于语言和个性的原因无法迅速融入到学习氛围中去。郑京和就感觉自己是学生群体的局外人,在韩国她是一位人见人爱的艺术新星,但在这里却汇聚着全世界最拔尖的青年俊彦,比她技巧好的学生多得是。这令她产生了失落感。然而,面对困境,从小就个性坚忍的她选择了迎难而上。人们说加拉米安的小提琴班是"一座魔宫",少年学子们进去时还是默默无闻的丑小鸭,一番修炼后出来已成光彩照人的金凤凰。其实,这是只知其一不知其二,殊不知有多少学生因为受不了加拉米安严苛的训练方法而不得不自动退学。然而,郑京和显然不在此列。她虽说是一位女生,但练起琴来却令男生也为之咋舌。而加拉米安也同样喜欢上了这个东方少女。他恩威并施,严格地要求郑京和,千方百计使她的音色达到他所期待的那样,"当你一旦获得了这种声音,你就会知道那才是最适合你的声音,"郑京和说。为了达到老师的要求,她以东方人特有的坚毅不拔的意志埋头苦练,每天达八九个小时,甚至连她的家人都担心她的身体是否吃得消。就在这种施与受的过程中她的演技日渐成熟。寒窗六年的郑京和的演奏水平较之在国内时有了一个质的飞跃。她渴望着能有一个充分证实自己实力的机会。

1967 年在美国举行的列文垂特国际音乐比赛给郑京和创造了这样一个脱颖而出的天赐良机。这个仅设钢琴和小提琴两个奖项的比赛是美国音乐界最受关注的比赛，三年前正是郑京和的同门师兄帕尔曼在小提琴比赛上力拔头筹，从而成为小提琴界的新宠。同样，时年 19 岁的郑京和也想延续他的奇迹，为女性艺术家争得荣誉。为备战比赛她更加刻苦地练琴，而郑的母亲甚至把在韩国的家产全部变卖后特意为她买了一把供比赛使用的斯特拉迪瓦里名琴。她在比赛期间一路过关斩将，以出色的琴技征服了评委。最后的结果是郑京和与小她 4 个月的师弟祖克曼难分伯仲。于是，在这项因宁缺毋滥的高标准而经常出现大奖空缺的比赛上破天荒地出现了由两位小提琴家并列荣获比赛桂冠的胜景，令国际乐坛为之震惊。一时间，"加拉米安三大弟子"的美誉不胫而走，而郑京和的夺冠更使不少事先瞧不起东方人的评论家大跌眼镜。不过，更令人意外的是，这位新科状元却并不急于就此出山，相反她又回到恩师身边继续深造；与此同时她又赴瑞士向老一辈的琴坛名宿西盖蒂求教。西盖蒂的演奏艺术不以技巧取胜，却有着深厚的音乐修养，在业界以其独树一帜的音乐演释以及琴声中所透出的隽永况味而备受推崇。郑京和在他的建议下经常去看画展，以此使自己在演奏时能感知视觉中的色彩效果，从而再用音乐的语言将它们表现出来。

郑京和的职业首演几乎可以用"意外"来形容！ 1970 年 5 月，小提琴家帕尔曼原本在英国伦敦的阿尔伯特大厅要与伦敦交响乐团合作演奏柴科夫斯基的小提琴协奏曲，但演出前夕帕尔曼却因妻子临产而无法履约。音乐会主办方于是紧急启动备案，让当时尚无正式演出经验的郑京和充当"救火队员"。机会总是留给做好准备的人的。郑京和二话不说，临危受命。在排演过程中她还遭受了乐团的不信任和轻慢，但这位韩国姑娘对此不卑不亢，首先以自己的实力征服了乐团，进而又在音乐会现场征服了听众，成功地"拿下了"老柴的这首协奏曲。第二天，赞誉溢美的评论占据了各大报刊的主要版面，其中《经济时报》的评论模仿当年克莱斯勒夸赞海菲兹的口吻调侃道："我从来没有听过还有谁把这首协奏曲演奏得比这位 22 岁的姑娘更好……我甚至怀疑海菲兹是否比她拉得更为精确……"作为郑京和处女秀的合作者，身为伦敦交响乐团首席指挥的普列文更是捷足先登，不仅力邀她参加乐团赴远东的巡回演出，更在当年就与她将这首柴科夫斯基的小提琴协奏曲录制成唱片（DECCA 837 402），为这位崛起的新秀带来了更大的国际声誉。

1967 年的获奖和 1970 年的首演就这样奠定了郑京和艺术人生的走向，这种看似偶然的机遇中却蕴藏着成功的必然。作为加拉米安的女弟子，她在技艺上自然是娴熟精湛的,左右手的基本功底都极好;相对而言她右手的弓法更具神韵,尤其是她的短弓技巧在演奏那些高难度段落和快速迅疾的乐句时,或如疾风暴雨般的干净利落,或似蜻蜓点水般的轻盈透彻,让人体味到一种快感与美感兼而有之的意蕴。她的音色饱满而富于激情,质如纯银,甚至有评论家声称这种音色只有在她的前辈米尔斯坦、苏克和格吕米欧三人的演奏中才能听到。

作为一位女性演奏家,郑京和的演奏曲目也足够宽泛,她既能把那些通常女性演奏家擅长的作品处理得细腻感人,丝丝入扣;又敢于大胆突破所谓"女性的禁区",掌握那些技巧艰深、结构复杂的乐曲,这突出地表现在她诠释的巴托克两首小提琴协奏曲里(DECCA 425 015)。前一首她以女性特有的婉转妩媚、细腻传神手法再现了作曲家笔下当年那位令自己钟情的、美丽而又有几分伤感幽怨的少女形象;而后一首则彰显出作品中粗犷豪放、饱满浓郁的民族色彩。在这首作品里本身不会演奏小提琴的巴托克却用上了小提琴演奏技巧的十八般武艺,而郑京和照样从容应对,驾驭自如,她的演奏可谓是夺魄惊魂,光芒四射。《第二小提琴协奏曲》在 DECCA 和 EMI 各录了一版(时间间隔近 20 年),它们分别被授予美国史蒂文森唱片奖和英国《留声机》唱片大奖。

即便是面对那些已存在多个标志性诠释版本的经典之作,郑京和也依然不畏挑战,并且还在演奏中凸显出自己的个人气质与鲜明个性,这在她演奏的门德尔松、圣 - 桑、拉罗、西贝柳斯等著名的小提琴协奏曲里都得到了充分的展示。布鲁赫的《苏格兰幻想曲》在不少演奏家的眼中似乎是海菲兹的"私有品",人们轻易不敢动它,就连郑京和的恩师加拉米安也曾劝她别碰,不曾想这位外貌温顺沉静的姑娘却偏偏不信"这个邪",她偷偷地发愤自学,终于水到渠成,成为该曲不多的几个令人赏心悦耳的版本之一(DECCA 460 976)。

见过郑京和演奏的人一定会被她在舞台上所表现出的良好的精神状态所感染和折服。她非常善于调动自己的情绪。每每当一个作品的前奏响起,持琴待命的她就会立刻兴奋起来,她的头和身姿会伴随着音乐的律动而轻轻摇曳。她是属于那种热情洋溢类型的演奏家,甚至连亨利·罗思都对她"拉琴有股子凶狠的气质"而印象深刻。其实,身为东方人的郑京和的天性是非常内敛含蓄的,"童年时代的我非常害羞;可当我演出的时候又会极度地兴奋。是小提琴让我毫无障碍地表达自我,这也就是我为什么终身选择小提琴的原因。"

在自 1970 年代开始的全盛时期,郑京和频繁地在世界各地的舞台上亮相献艺,她与包括柏林爱乐乐团、维也纳爱乐乐团和伦敦交响乐团等一流顶尖交响乐团以及指挥名宿索尔蒂、阿巴多、普列文、迪图瓦和穆蒂等都进行过合作和录音。她签约的DECCA唱片公司从此也具有了与拥有EMI的帕尔曼、拥有祖克曼的RCA分庭抗礼的资本,她成了DECCA的"当红一姐",一时风光无限。

然而,褪去舞台斑斓光彩的郑京和在日常生活中其实是一位很随和恬淡的女性。她从不摆大明星的架式,待人真诚和蔼。在她身上体现着东方女性谦恭善良的美德。加拉米安曾劝郑京和最好不要结婚,因为他亲眼目睹有不少富有天资的女性最后都因结婚成家而放弃了自己的演奏事业。所以郑京和直到36岁时才嫁给英国商人雷格特并定居于英伦。他们共育有两个孩子。在生孩子期间尽管不能上舞台,但她仍每天练琴不辍。不幸的是他们的婚姻也没有白头偕老,结果还是不出加拉米安预料的那样离婚了。

离婚后的郑京和又重出江湖。但作为两个孩子的母亲,她把自己原本每年120场左右的音乐会减少了一半,以便能有时间留给家庭。人们不难发现,历经婚姻和变故后的她不但技巧更为完善,且在原来热情洋溢的风格基础上更生发出一份温婉和沉稳之感。

1997年,在英国的巴比肯艺术中心和自己的家乡首尔,她分别举行了两场音乐会以纪念从艺30周年。在她的心目中自己的成功永远是与家庭的支持密不可分的。她经常与她的姐姐和弟弟组成乐坛上甚为知名的"郑氏三重奏",而她的母亲则充当了这姐弟仨的经纪人。2005年,郑京和因手指受伤以及丧母之痛进行了长达五年之久的康复休整,她渐渐淡出公众的视线。2007年她被母校茱莉亚音乐学院任命为小提琴教授。然而,出人意料的是2010年她又再次回到了舞台上,并且甫一复出就用在现场演奏巴赫的六首无伴奏小提琴奏鸣曲与组曲震惊了乐坛。在2014年中国国际艺术节期间,年已66岁的郑京和再次在上海的舞台上奏响了巴赫的《恰空》以及在她心目中享有特殊地位的弗朗克小提琴奏鸣曲。正如她所说的那样:"作为演奏家是没有退休的。"经历沧桑、洗尽铅华的郑京和如今的琴声愈益返璞归真,炉火纯青。在最近一次接受采访时这位东方女杰说到:"直到今天,小提琴发出的高音依然使我全身如同通电那样,让我精神焕发。我演奏时会全然忘记自己的年龄……在古典音乐领域你必须要有思考的深度,需要不断地探寻作品里的内涵真谛,用它来与自己的灵魂进行对话。"

68. 来自俄罗斯的冷艳丽人
——维克多莉娅·穆洛娃
（Victoria Mullova）

假如要钻牛角尖的话，那么就会发现小提琴艺术与"四"这个数字有着某种不解之缘。譬如，小提琴的琴弦是四根，它的演奏音域可达四个八度；在演奏体系上有德国、法 - 比、俄罗斯 - 苏联以及犹太 - 美国四大学派；而在经典曲目中则有贝多芬、门德尔松、勃拉姆斯和柴科夫斯基四大小提琴协奏曲之说等等。不过，至少还应再加入这么一例：那就是当今的小提琴琴坛上活跃着四位姓氏中以字母 M 打头的女杰，从年龄上排列她们依次为莫尔德科维奇（Lydia Mordkovitch，1950-）、穆洛娃、穆特和米多莉。她们之中的前两位都来自苏联，也许更耐人寻味的是她们各自的老师分别是堪称苏联小提琴翘楚的大卫·奥伊斯特拉赫和列昂尼德·柯冈。

❧ ❧

维克多莉娅·穆洛娃 1959 年 11 月 27 日出生于首都莫斯科远郊的一座小城朱可夫斯基。穆洛娃的父母尽管都是普通劳动者，然而他们也像那个时代的普通人一样宁可自己节衣缩食也要挤出钱来为女儿买一件乐器学习音乐。然而钢琴太贵，他们买不起，小提琴则相对便宜得多了。在女儿尚处牙牙学语之时父母便为她买回了一把最小的儿童提琴。穆洛娃对这件乐器极为喜欢，爱不释手。父亲请了当地的一位教师教她学琴，而为了使女儿练好琴，父亲还亲自当起了她的陪练。

随着年龄的不断增长，穆洛娃逐渐理解了父母的这一片苦心，她暗暗下定决心一定要拉出点名堂来，不辜负父母对自己的期望。9 岁那年，在老师的建议下穆洛娃报考了莫斯科中央音乐学校，师从著名的提琴教师布洛宁。刚进学校时她的起步不算很高，然而她抱定信念，一定要为自己和家长争口气。穆洛娃的苦练在学校里是出了名的，她每天练琴四五个小时。与此同时她还需花费同样多的时间在往返于学校和家庭的火车上。凭着这份毅力和"狠劲"，穆洛娃很快便在莘莘学子中脱颖而出了。12

岁时她以一曲维俄当的《a 小调第五小提琴协奏曲》首次在公众场合亮相,其出众的才华顿时受到世人的关注。

穆洛娃随布洛宁教授学习了 9 年,1978 年她以优异的成绩毕业后旋即考入著名的莫斯科音乐学院,得以师从小提琴大师柯冈。柯冈生性严谨内敛,不苟言笑,因而很难说师徒间的关系是那种"和颜悦色、和谐融洽"的。然而,柯冈本身精湛通彻的示范和系统严格的训练无疑使穆洛娃获益匪浅。穆洛娃从柯冈身上第一次切身地感受到一位伟大的小提琴艺术家所应具有的气质和风采。据她当年的同学们回忆,在老师面前略显拘谨的穆洛娃一旦离开了老师的视线反而能发挥得更为神采飞扬,恣肆风生。1980 年 11 月,穆洛娃作为学校里的佼佼者被选拔参加在芬兰首都赫尔辛基举行的第四届西贝柳斯国际小提琴比赛。这位 21 岁的俄罗斯美少女在强手如林的激烈竞争面前毫无惧色,沉着自信,最后因在决赛中极其出色地演奏了西贝柳斯的《d 小调小提琴协奏曲》而力压群雄,一举夺魁。而同样来自苏联的谢尔盖·斯塔德勒(Sergei Stadler, 1962-)获得亚军。

赫尔辛基之行使穆洛娃这位往日整天埋头苦练的俄罗斯姑娘头一次呼吸到了异样的清新空气,也使得她的艺术视野为之豁然开朗。转眼到了 1982 年,第七届柴科夫斯基国际音乐比赛又在向她招手。穆洛娃在这项本土举办的、影响更大的比赛上又奋力出击,力战群英,再度登上了比赛最高的领奖台。众所周知,柴科夫斯基比赛是比较习惯产生"双黄蛋"的,就在这届比赛上,斯塔德勒与穆洛娃并列摘取了比赛的金奖! 在柴科夫斯基小提琴比赛的历史上,穆洛娃是第一位荣获金奖的小提琴女性,这为她日后的艺术生涯奠定了极为重要的坚实基础。

穆洛娃在两年间接连夺得两项国际大赛的小提琴金牌,令嗅觉灵敏的西方演出经纪公司意识到了她在国际乐坛上的巨大市场号召潜力,于是他们竞相向她发出到西方演出的邀请。然而,处于冷战时期的苏联政府文化主管机构是不会允许这种商业性的私人邀请的,他们将这一切都拒之门外,不仅如此他们还要求穆洛娃频繁地下基层,甚至到边远的偏僻地区去演出,以此来"报答"祖国和人民对她的培养。穆洛娃对这种现象感到困惑不解。联想到这一年来无论在国内还是国际的大舞台上都很少有机会登台献艺的现实,穆洛娃更感到吉凶未卜,前途茫茫。这时的她已与其长期合作的钢琴家约达尼亚成了恋人。约达尼亚比她年长 17 岁,因而也成了穆洛娃艺术和人生中的导师。1983 年 7 月,他俩趁到芬兰举行音乐会之际决定实施其脱队出走的计划。为此他们还玩了一个小计谋,约达尼亚向随队监视他们的克格勃官员报告说穆洛娃由于在音乐会后举行的招待晚宴上喝醉了酒,回到房间后就呕吐不止。这使克格勃放松了警惕。于是,他俩在一位芬兰广播公司的记者朋友的帮助下连夜驱车进入瑞典边境,到达斯德哥尔摩。瑞典政府给予他们政治避难。此事一出立即在国际上引发了一场轩然大波,穆洛娃和约达尼亚的照片被刊登在报纸的醒目位置上。苏联政府照例向西方提出了严正抗议;而美国大使馆在两天之后给他们颁发了签证,他们最后来到了美国首都华盛顿。对于这次"叛逃"穆洛娃说:"我出走西方是为了艺术上的发展,在那儿可以有更多的演出机会,特别是与那些乐坛高手们合作的机会,这对我的将来是有利的。"

在西方乐坛,一位来自苏联的青年艺术家要想在激烈甚至是残酷的竞争中崭露头角需要付出双倍的努力。穆洛娃坦然面对西方同行的挑战,因为她坚信自己的实力。多年苏联提琴学派坚实的功底,再加上持之以恒长年不辍的发奋苦练,更主要的是具有一般女子所罕见的超强意志和顽强自信,穆洛娃的崛起是早晚的事。果然,1984年著名指挥家小泽征尔邀请她与自己领导的波士顿交响乐团赴东京出演柴科夫斯基的小提琴协奏曲,穆洛娃不辱使命,以对作品的深刻理解和准确诠释征服了日本听众。小泽对此次合作极为满意,遂邀她与之合作西贝柳斯的小提琴协奏曲,这是穆洛娃的另一部成名作。穆洛娃的这两次录音也成就了她本人的首张唱片处女作(Philips 416 821),它充分展现了穆洛娃演奏热情奔放、气势如虹的艺术特征。唱片一经推出立即受到乐评界的激赏,它荣获了1985年的法国唱片大奖,穆洛娃也由此成为Philips唱片公司旗下的当家花旦而扬名于西方乐坛。

穆洛娃是一位标准的俄罗斯美女,她身材颀长苗条,一双大眼睛深邃而姣美。秀发及肩,鼻梁挺拔,脸部轮廓线条清晰,凝神顾盼之间具有一种古典的雕塑美,因而她的唱片几乎无一例外地会以她本人的各种特写作为封套。然而,从中人们却难得一见这位靓丽女郎的舒心一笑;相反,照片上的她或低头沉吟冥思,或神情冷峻庄重,表达出内心对这种"封面女郎"招揽术的蔑视和反感。她尽管天生丽质却几乎从不化妆,哪怕是在演出场合也不施粉黛,不苟言笑,因而她在琴坛上以"冷艳美人"著称于世。她的演奏风格与之如出一辙,她的演奏具有男性般的豁达,音乐学家般的严谨以及贵族般的气质。她的技艺功底深厚,琴艺超卓,尤其是右手的运弓发音洪亮,音量控制极好;各种弓法皆运用自如,得心应手。她的换弓技巧也掌握得相当出色,几乎令人觉察不出换弓的些微痕迹。她的左手技巧尽管不如右手那么有口皆碑,然而应付一切艰深之作已是绰绰有余了。虽则如此,她却从不为追求戏剧效果而刻意地哗众取宠,标新立异,而只是以自己独特的理解用最平实质朴的表现方式去展示每一部作品的内涵。

　　知子莫若父，知徒莫若师。穆洛娃的老师柯冈这样评价自己的学生："她具有一个小提琴演奏大师的几乎所有天赋。"1987年，28岁的穆洛娃录制的又一张新唱片问世了，这是一张令乐迷们倍感兴奋又神经紧张的唱片，因为它收录了小提琴演奏艺术史上三首代表性的无伴奏作品：巴赫的《第一帕蒂塔》、帕格尼尼的《帕西埃洛主题变奏曲》和巴托克的《独奏奏鸣曲》（Philips 420 948）。它向世人昭示了这位琴坛女杰既当演技派又当炫技派的"野心"，而这恰恰是郑京和、穆特们都不同时具备且不敢去轻易尝试的。巴赫的严谨精深、帕格尼尼的捭阖纵横乃至巴托克的狂放不羁全方位地勾勒出穆洛娃惊人的胆识和功力。无伴奏小提琴作品哪怕是出现一个极小的闪失都如同高倍显微镜下的小污点会被放大到惨不忍睹的地步，在凝神屏息的听众面前足以毁损全曲的风貌。穆洛娃却勇于"置之死地而后生"，其胆识和技艺的超迈绝伦着实令不少须眉都为之汗颜。次年，她又推出了帕格尼尼的《D大调第一小提琴协奏曲》（Philips 422 332）。而于同年录制的肖斯塔科维奇的《a小调第一小提琴协奏曲》和普罗科菲耶夫的《g小调第二小提琴协奏曲》（Philips 422 364）则完全展现了穆洛娃对本民族音乐作品的独特演释优势。在演奏中她始终占据着主导地位，即便与之合作的是由普列文指挥的英国皇家爱乐乐团的名指挥名乐团配置。她的存在感是强烈可触的，决不会被乐队牵着鼻子走。在这一点上她很像自己的老师柯冈，但更像她心目中崇拜的偶像海菲兹。

　　如果把穆洛娃自出道到1989年作为她艺术生涯的第一个阶段的话，那么从1990-2000年的十年可视作她的第二个阶段。这一时期她相继录制了"四大协奏曲"里的门德尔松和勃拉姆斯的小提琴协奏曲；并且还录制了勃拉姆斯的小提琴奏鸣曲、钢琴三重奏以及德彪西、普罗科菲耶夫和雅纳切克的小提琴奏鸣曲，表现了她的演奏重心向更深刻更内省作品倾斜的趋势。这一时期的演奏在艺术上更为纯熟凝练，表达上也更为深刻自觉。

　　进入新世纪后，穆洛娃的艺术风格经历了又一次脱胎换骨的蜕变。她在这个新阶段里似乎是"洗尽铅华呈素姿"，更迷恋于返璞归真的巴洛克时代的本真演奏。2001年，她与著名的古乐团"启蒙时代管弦乐团"合作了莫扎特的小提琴协奏曲；2002年又与本真运动的旗手埃利奥特·加德纳领导的"革命与浪漫管弦乐团"合作，完成了她"四大协奏曲"中的最后一部——多芬的《D大调小提琴协奏曲》（Philips 473 872）。为了完成与加德纳的这次合作，穆洛娃在演奏中做出了两项重要的举措：其一，她在自己的斯特拉迪瓦里名琴上安上了更符合本真演奏要求的羊肠琴弦；其二，在协奏曲的第一和第三乐章采用意大利当代作曲家兼大键琴演奏家奥塔维奥·丹托纳（Ottavio Dantone，1965-）专门谱写的华彩乐段。她的诠释琴声素而隽永，瘦而沁心；音乐表达秉承平铺直叙、直抒胸臆的诠释理念，摒弃一切外在的"浪漫"夸张手法，传递出最本质而崇高的古典精神。她的演奏忠实地遵循乐谱，使得每个乐句都显得从容不迫而又脉络清晰，凸显出作品既雍容端庄又朴实无华的应有气质。她那把瓜达尼尼名琴具有磁石和羊皮纸般的质感音色直抵人心。乐坛评论界对穆洛娃的这种风格蜕变给予了高度的赞誉。一位评论家写道："在过去的几年里我们已经有了太多的贝多芬协奏曲的优秀版本，难道还果真需要拥有穆洛娃的这一个吗？我对此的回答是：绝对有必要！因为她呈现给我们的是一个充满着生机而又令人耳目一新的演释。穆洛娃的演奏既具完美的技巧，又具高贵的情感；她与加德纳的乐团所使用的'时代乐器'共同将这部作品原汤原汁地展现在听众面前，令人过耳难忘。"

穆洛娃的这个录音也是她在签约 Philips 二十年后的诀别之作。之后，她转投以制作发行巴洛克音乐而在唱片界异军突起的 Onyx 唱片公司。在 Onyx 穆洛娃的本真风格体现得更为纯粹，更加彻底。她与意大利古乐团"和谐花园"（Il Giardino Armonico）合作了维瓦尔第的小提琴协奏曲（Onyx 4001）；更相继推出了巴赫的六首无伴奏帕蒂塔与奏鸣曲（Onyx 4040，2CD）、六首有伴奏奏鸣曲（与丹托纳合作）以及小提琴协奏曲集。她还组建了以自己名字命名的室内乐团。她的维瓦尔第协奏曲和巴赫无伴奏分别于 2005 年、2007 年两度荣获在唱片界令人艳羡的法国金音叉大奖。

《芝加哥论坛报》的评论这样写道："穆洛娃大概是这个星球上最优雅、最具品位也最能打动人心的小提琴家了。"而古典音乐网的约翰·西德维克更称她"作为第一流的当代演奏大家几乎称得上是一位'完人'"。如今的她带着三个孩子居住在英国伦敦。这三个孩子分别来自她的三段恋情：儿子米沙是她与指挥大师阿巴多的爱情结晶；女儿卡蒂娅的父亲是她曾经的学生——英国小提琴家阿兰·布林德；而小女儿纳迪娅则是她与现在的丈夫、英国大提琴家马修·巴利（Matthew Barley，1965-）所生。巴利是一位兼跨古典和爵士的演奏家，他对爵士乐的喜爱也感染了穆洛娃。在她的跨界专辑《镜中世界》（Through The Looking Glass，Philips 464 184）里就有他们夫妇与爵士乐手们合作的爵士乐经典作品。

的确，如今的穆洛娃虽已年过五十，然而她的琴艺、她的风采仍不愧为是"音乐地平线上的一道绚丽彩虹"！

69. 提琴巾帼中的"女武神"

——安妮－索菲·穆特
（Anne-Sophie Mutter）

她，活力焕发、高大健硕的身姿使人很容易把她与瓦格纳《尼伯龙根的指环》里英武健美的女武神形象联系在一起。这是一位金发美人，卷曲有致的披肩长发似透迤细浪，一双明眸大眼如汩汩清泉；端正挺拔的鼻子显现的是日耳曼种族坚毅无畏的气质，而棱角分明的嘴唇又分明向世人明示了她热情而不轻浮的性格。在舞台上她经常身着一袭袒胸露肩的曳地长裙，显出细若凝脂的双肩和白玉无瑕的脖子，不啻为一位仪态万方、令人艳羡的时装名模。然而，只要她手中那把 1703 年制的斯特拉迪瓦里名琴响起，她又仿佛成为缪斯女神的化身，带给人们的是那令人陶醉的美妙乐声和心旷神怡的艺术享受。她，就是当今国际琴坛上大名鼎鼎的安妮 - 索菲·穆特。

自德国小提琴学派日渐凋敝后，似乎德国小提琴家们也都远离了世界琴坛的中心。世人关注的目光早已被更风起云涌的美国 - 犹太体系以及来自东方国度的年轻一代撩拨得眼花缭乱，再也无暇去留意老牌音乐帝国的乐坛上是否还能绽放出新蕾。说实话，如果穆特没有在 13 岁那年遇见指挥大师卡拉扬，她或许果真会像成千上万个与她同龄的习琴者一样默默无闻呢。然而，正像伟大的爱因斯坦所说的那样："世界上没有侥幸这回事，即便是最偶然的意外也都是事有必至的。"

安妮 - 索菲·穆特 1963 年 6 月 29 日出生于德国西南巴登地区的莱因菲敦，她家是当地的名门望族，据说已有 600 多年的历史。可在这个家族的世代繁衍承续中却从未出过一位音乐家，她的父亲卡尔·穆特是当地一家报社的记者。可自从女儿诞生之日起这个家族似乎就注定要增添一个职业上的新行当了。穆特自小就显示出了不凡的音乐天分。受两个哥哥的影响，她在 5 岁那年主动提出要学习音乐，这使毫无思想准备的父母大吃一惊。她先学钢琴，大约半年后在她生日那天她在家里举行的生日派对上听到了来宾演奏的莫扎特小提琴奏鸣曲，遂立刻宣布自己要改拉小提琴。

虽然在父母看来这只不过是小女儿一时的心血来潮，但他们还是遵从了女儿的意愿。这是穆特人生中的第一次自我选择，这次选择使她成为了一名小提琴琴童。

穆特的第一位老师是德国女教师埃尔娜·霍尼希伯格（Erna Honigberger，1894-1974），她是卡尔·弗莱什的弟子。这位老师对聪颖好学的穆特十分怜爱，她的教育方式也十分独特，几乎从不向学生施加压力，相反却尽情鼓励学生的个性发挥。穆特练琴既刻苦又自觉，在她身上秉承了德意志民族吃苦耐劳的坚韧毅力和顽强性格。为了达到老师的要求，她会自觉自愿地把一个单调的经过句反复练上几十遍，直到自己满意为止。因而她的技艺水平逐日提高。1970年，年仅7岁的她就轻松赢得了全德青少年小提琴比赛的桂冠，在场的所有评委和听众都为她的出众才华而感到惊讶和欣喜。

1974年她的启蒙老师霍尼希伯格去世了，11岁的穆特又面临她人生中的第二次自我选择：恩师去世后她的音乐之路该怎么走，是继续前行还是更弦易辙。她决定前往瑞士求学，拜温特图尔音乐学院的著名女教师艾达·斯图基（Aida Stucki，1921-2011）为师继续深造。这次选择使她最终成了一位琴坛女神。斯图基也是弗莱什的学生，她本人则是一位优秀的演奏家，曾经录制过不少唱片。穆特有这样的名师指点自是如鱼得水，水平提高得愈益迅速。在此期间她还曾拜访著名的小提琴大师谢林，以求得到这位法-比派名家的当面赐教。谢林起先对这个名不见经传的小姑娘毫不在意，据说当穆特来到他面前时，穿着睡衣的大师翘着二郎腿，一边修指甲一边听她演奏。孰料一曲巴赫奏毕，谢林的脸色顿时改容。他起身致歉，诚恳地对穆特说："亲爱的小姑娘，请允许我进里屋把服装穿戴整齐后我们再来讨论你的演奏问题。"

为穆特的天生资质吃惊的不只是小提琴大师谢林，还有当代乐坛的头号巨人卡拉扬。1976年，13岁的穆特与她弹钢琴的哥哥克利斯多夫一起在瑞士的卢塞恩艺术节上演奏了莫扎特的小提琴奏鸣曲，而艺术节的音乐总监正是卡拉扬。这位乐坛"雄狮"颇为欣赏穆特的演奏，当即就对她发出邀请，让她去柏林当着柏林爱乐乐团全体成员的面进行试奏，他要对这位长着圆圆脸蛋、带着甜甜微笑的小姑娘予以重点培养。于是，穆特在父亲和老师斯图基的陪伴下到了柏林，她准备的曲目是巴赫的《恰空》——小提琴演奏中最为艰深的作品！卡拉扬与他的乐团成员们完全被穆特的精湛琴艺和艺术气质所折服了，他们在接下去的一场音乐会上就由穆特担任独奏演出了莫扎特的《D大调第四小提琴协奏曲》，这也是穆特的舞台处女秀。至此，乐团早先对穆特演奏能力的疑虑完全释怀了。卡拉扬当下邀请穆特参加乐团第二年在奥地利萨尔茨堡艺术节上的音乐会，他也是这个艺术节的音乐总监。穆特没有辜负卡拉扬的一片苦心。在萨尔茨堡艺术节上她与柏林爱乐乐团合作演奏了莫扎特的《G大调第三小提琴协奏曲》，结果大获成功。于是，卡拉扬与穆特又相约来年在柏林再度携手。

以卡拉扬的名气和地位，能够入他"法眼"的演奏家本来就不多，而能够一再受其眷顾与之保持长久合作关系的更属凤毛麟角。然而，穆特是个鲜见的例外。她与卡拉扬的合作长达13个年头直至这位乐坛巨人驾鹤西去为止。卡拉扬与穆特不是师生又胜似师生，在穆特眼中他就是自己艺术生涯中的"精神教父"。她曾满怀敬意地说："与大师在一起演奏时的那种声音是在其他地方找不到的。正是他教会了我在演奏中如何掌握和运用音乐的呼吸。"卡拉扬每年都会邀请穆特与柏林爱乐乐团合作五次，演奏曲目也由他本人亲自酌定。他将穆特誉为"自梅纽因以来最杰出的小提琴天才"并非夸大其辞，因为穆特在当年梅纽因的这个年纪也已经像后者一样出色地演绎了包括"小提琴四大协奏曲"在内的几部经典之作了。卡拉扬还把穆特引荐给与乐团长期签约的 DG 唱片公司。1978 年 DG 发行了穆特的首张唱片：莫扎特的第三和第五小提琴协奏曲（DC 457 746）。唱片一经面世就博得了乐迷们的青睐和舆论的好评。

不知不觉间，豆蔻年华的花季少女已出落成一位风姿绰约、楚楚动人的美女了，而她那丰腴骄人的身姿更符合西方人心目中的审美标准，因而穆特成为 20 世纪琴坛上继内弗之后又一位色艺双绝的"名门闺秀"。到了 1980 年代，卡拉扬意识到在自己羽翼庇护下的这只小鸟该是展翅高飞的时候了，他减少了与穆特的合作而让她有更多的机会到世界各地的舞台上去经风雨见世面。穆特通过与诸多不同风格的指挥家和交响乐团的合作，从中悟得了许多艺术上的真知灼见，大大拓宽了她的艺术视野，使她在音乐学识和演奏造诣上又有了更为全面的提升。

穆特的艺术里程大致可分三个阶段：如果把她与卡拉扬的 13 年合作视为其艺术上的成长期的话，那么自 1989 年卡拉扬辞世起至 1995 年应该是她艺术上的成熟期。通过与阿巴多、普列文、小泽征尔和莱文等著名指挥家的合作，穆特的演奏曲目也由前期偏重德奥古典作品而朝着全方位的方向延伸。在此期间她演奏了巴托克、贝尔格的协奏曲和福列、德彪西的奏鸣曲等不同时期多种风格的经典。于 1993 年发行的《卡门幻想曲》专辑（DG 437 544）更堪称是这一时期的代表作。这张专辑里不乏令人耳熟心跳的炫技名曲，然而穆特的演释却仍使人感到热烈而不哗众，奔放而不狂野。清晰有力的顿弓，轻盈明快的跳弓，玲珑剔透的拨弦以及浓淡相宜的揉指各显其姿：马斯涅《沉思》的恬静真挚和维尼亚夫斯基《传奇》的浪漫如诗在萨拉萨蒂的《卡门幻想曲》、塔蒂尼的《魔鬼的颤音》的映衬下尤为丝丝入扣，声声沁心。它被唱片界遴选为测试小提琴音色音质的发烧碟。

1995 年以后的穆特进入了全盛期,这一阶段她的演奏艺术已臻炉火纯青之境,在舞台上显得更雍容华贵,沉稳大气了。当她 1997 年决定再次录制勃拉姆斯的《D 大调小提琴协奏曲》时无疑意味着某种程度上对自己昔日卡拉扬时代的扬弃。穆特此次选择了与著名的德国指挥家库特·马祖尔合作。她对马祖尔评价甚高,认为他是除卡拉扬外"对自己具有重大影响的一位指挥家"。与 16 年前的录音相比,这张唱片(DG 457 075)采自音乐会现场,演奏未加任何修剪,具有更高的保真度。经过多年的舞台历练,这位琴坛丽人将所积累修炼的学识修养和艺术造诣于此皆付诸淋漓尽致的展现,演奏更趋内敛深沉,情感亦愈显温馨浪漫。这种演奏气质正是她在全盛期的集中体现。

穆特少小成才,在她的成长之路上多的是前辈大师的奖掖提携,因而她对那些年高德劭的长者常怀敬重之心,连她选择人生伴侣也是如此。1989 年 26 岁的穆特出人意料地与 53 岁的德国律师温德里希结为眷属。温德里希原是 DG 唱片公司的法律顾问,与卡拉扬关系甚笃,与穆特的父亲也熟识。穆特就是由于他们的关系结识了这位比自己年长一倍的男子。他们的初识一点儿也不浪漫,然而就是这两颗似乎没有交集点的心却碰撞出了爱情的火花。此举令穆特的父母大为恼火,父女之情几近破裂。然而,穆特却坚持自己的初衷不改,这是她人生中的第三次自我选择。这次选择使她成了一个真正的女人,后来还成了两个孩子的妈妈。婚后,他们从德国搬到了毗临地中海的美丽城市蒙特卡罗。在之后的几年时间里,穆特一面继续扮演着舞台上的提琴女神,一面又充当相夫教子的贤妻良母。然而,正当穆特沉浸在这种为人妇、为人母的天伦之乐之际,一场厄运不期而至。1995 年 8 月,她的丈夫温德里希因癌症遽然离世,将穆特推入情感重创的深渊。然而,丧夫后的穆特表现出了一位日耳曼女性的坚忍毅力和非凡意志,她没有过多地陷入悲悲戚戚之中,而是在一个月之内又重新站到了音乐舞台上。1995 年 9 月在柏林爱乐大厅举行的独奏音乐会是穆特为悼念亡夫而举行的,其情之深,意之切,令闻者无不为之动容(DG 445 826)。

即便遭遇家庭变故,穆特还是一如既往地正视生活的挑战。面对舆论的挑衅,她向来不在意别人的评判,只认准自己的目标执著地追求着。生活中的她依然衣着光鲜,光彩照人。在演奏之余她喜欢驾驶着心爱的保时捷在高速公路上疾驰飞奔,从中体味速度与力量的魅力。她也喜欢烹饪,常为美味的意大利食物爱不释口;而大快朵颐之余她又通过游泳和练习瑜伽以使自己保持娇媚动人的体型。舞台上的她依然生机勃勃,散发着女性魅力;而在生活中她也在多年的寻觅后又找到了新的知音。2002

年,确乎有些"恋父情结"的穆特在行将迈入四十之际与指挥大师普列文结为连理。普列文不仅比穆特大 33 岁,并且有过三次婚姻。穆特的第二次婚姻可谓是音乐知音,婚后他俩更是妇唱夫随,俨然成了国际乐坛上的一对最佳伴侣。普列文还是一位多才多艺的作曲家,婚后他重燃创作激情,先后为穆特写下了《探戈的歌与舞》和一首小提琴协奏曲。他不仅亲自担任小提琴协奏曲的首演指挥(DG 0131302),还担任穆特独奏以及室内乐三重奏的钢琴演奏。然而,这段婚姻却还是在四年后由穆特在其官网上宣告与普列文分手而告终。不过,即使在分手后他俩还是圈中的好友,经常在一起举行合作。

穆特作为一位当代的女小提琴家,她对演奏艺术的追求是无止尽的,她曾自嘲是"一条永不知足的贪吃的小毛虫",时刻充满着对未曾涉猎的作品的渴望。进入新世纪,她在积累了足够的古典浪漫派曲目后又开始朝巴洛克和现代作品两个方向去进一步扩大自己的演奏领域,其中尤以对当代作曲家的小提琴作品演绎而著称于世。她认为当代作品为她打开了一扇决定性的大门,那就是在这些作品中发现了之前接触过的曲目里都觉得无关紧要的色彩。她首演了波兰作曲家潘德列茨基的《第二小提琴协奏曲》(变形,Metamorphosen)、卢托斯拉夫斯基的小提琴与乐队曲《链·2》(Chain 2)和《帕蒂塔》;德国作曲家里姆的《时间圣歌》(Gesungene Zeit)、《光的嬉戏》(Lichtes Spiel)和《达埃德》(Dyade1)以及俄罗斯女作曲家古拜杜丽娜的小提琴协奏曲等,这些作品无一不是作曲家题献给她并由她予以首演并录音的。因着这些作品的首演,也给穆特带来了诸多音乐上的荣誉。她曾四次获得格莱美奖,还因在国际乐坛上所作出的杰出贡献而荣获诸如德国一等大十字金质奖章、奥地利大十字荣誉勋章、慕尼黑市文化荣誉勋章等殊荣。在她的家乡还有一条路被命名为安妮 - 索菲·穆特街(Anne-Sophie Mutter Weg)。

2000 年 5 月,穆特以一场在斯图加特的贝多芬音乐大厅举行的独奏音乐会迎接了新世纪的到来(DG 469 503)。近年来,穆特已先后将勃拉姆斯、贝多芬和莫扎特的小提琴奏鸣曲全集录制成唱片,与此同时她仍以健硕靓丽的身姿和精力充沛的活力使自己的演奏处于旺盛的黄金时代。自 1997 年以来她多次访问中国,为中国的听众带来了天籁之音。正如她所说的:"在一个人的演奏事业中,勇气最重要,对音乐的爱最重要。因为音乐是最高形式的爱,是最完美的激情抒发……"

70. 为巴洛克音乐 注入新的生命
——瑞切尔·波吉（Rachel Podger）

发轫于 20 世纪五六十年代，勃兴于七八十年代西方乐坛上旨在恢复和振兴本真演奏的古乐复兴运动在那些政治体制相对保守、音乐建树相对贫瘠的国度里往往发展得格外繁荣和迅猛。古乐运动的中心主要有两个：一个是以历史上的佛兰德斯地区（今荷兰、比利时以及法国的一部分）为中心；而另一个则是与欧陆一海之隔的英伦三岛。在这场来势颇猛的运动中自然也涌现出了不少以演奏巴洛克时期的"时代乐器"（period instrument）为己任的著名演奏家与演奏团体。就女性而言，如果前一个中心以荷兰的竖笛演奏家米凯拉·佩特瑞为代表的话，那么后一个中心的佼佼者当之无愧地属于瑞切尔·波吉。她俩被誉为是这场古乐复兴运动中的绝代双骄。

瑞切尔·波吉 1968 年出生于英国伦敦一个爱好音乐的家庭。她的父亲是英国人，母亲则是德国人。在她 3 岁那年父母离异，于是瑞切尔与自己的哥哥朱利安就被迫天各一方：父亲带着哥哥留在英国，而母亲则领着她回到了德国的娘家。由于瑞切尔从小就显露出喜爱音乐的兴趣，母亲把她送到卡塞尔一所叫做鲁道夫·斯腾纳的少年儿童音乐学校接受音乐教育。尽管那时的瑞切尔还没有决定自己长大后究竟学习哪种乐器，但在这所学校里她可是钢琴、小提琴和歌唱课程都学了一个遍。每逢周末，母亲带着小瑞切尔去教堂做礼拜，在那儿她又是教堂合唱团的成员。也可以说教堂合唱团的生涯为她日后的"巴洛克情结"开启了最初的启蒙之源；巴赫康塔塔的庄严雄浑使得孩提时期的瑞切尔第一次感受到了德国音乐文化的博大精深。在她 10 岁那年，有一次母亲带回来一张由英国古乐指挥家埃利奥特·加德纳指挥的巴赫康塔塔唱片。听到这张唱片瑞切尔的内心不由得产生了异样的激动和震撼：为什么他们的演唱和演奏与自己平日里听到的是如此不同，那么质朴纯洁，那么清新感人？母亲告诉她，加德纳与由他领导的乐团是以模仿巴洛克时期的演唱演奏方式去表现巴赫的作品的。当时瑞切尔便开始对这种与众不同的演绎方式产生了浓厚的兴趣。她在心底里牢牢记住了那种深挚而纯真的音色,被它所深深吸引。

从鲁道夫·斯腾纳学校毕业后瑞切尔回到了英国。作为一位英、德混血的后裔,她想换一个不同的语言和文化背景继续自己的学业。那时的她已学了一个阶段的小提琴,为了能考入自己理想中的伦敦著名院校——市政大厅音乐学院,她先随一名叫佩里·哈特的小提琴教师补习了一段时间,得以顺利进入该校。之所以在伦敦的高校里没有选择更著名的皇家音乐学院就因为在那所世界名校里并不开设学习巴洛克小提琴的课程;而在这里却有着以巴洛克小提琴施教而闻名的教师团队。然而,直到进入学校她才发现自己的愿望未免太理想化了。她被告知在整个弦乐系里仅有一把巴洛克小提琴,并且这把琴已被比她先入校的同学拿去使用了。"在第一年里我真的是一事无成,因为没有一把合适的巴洛克琴我真的耽搁了太多的宝贵学习时间。事实上在这一年里无论是我的专业老师竹内大卫(David Takeno)还是鲍琳娜·斯科特(Pauline Scott)对我能否学好巴洛克小提琴都并不很有信心,"瑞切尔说。

可是这并没有难倒这位 19 岁的妙龄少女。她想方设法果真得到了一把由英国制琴家罗兰德·罗斯在 1988 年刚刚制作完成的斯特拉迪瓦里仿古琴,这才开始其真正的学习生涯。不过,当她第一次用这把琴练习时还是令她吃了一惊:"我发现当我的手一按到这把琴上手指变得不听使唤了。这把琴比现代小提琴更轻,且弓杆呈弯曲状。它需要把弓稍稍提起才能咬住琴弦,这与我以前使用的现代小提琴真是太不同了。对我来说,巴洛克小提琴简直是我学习的第二种乐器!"

俗话说开弓没有回头箭,既然下决心学习巴洛克小提琴,就没有理由不把它学好。更何况,自打瑞切尔学琴的第一天起她在心里就有了一个足够成熟而大胆的目标:她不想成为一位坐在乐队里的演奏员,尤其是坐在乐团后排的位置。她要成为一名独奏家,这就意味着她必须付出比常人更多的努力和经受更大的考验。

为了更快更好地掌握巴洛克小提琴的演奏秘笈,瑞切尔除跟随两位主课老师外,她那急切求知的目光又盯上了学校里另一位著名教师米卡埃拉·康姆贝蒂(Micaela Comberti,1952-2003)。米卡埃拉一直活跃于英伦古乐复兴的最前线。她出生于伦敦,毕业于维也纳音乐学院,在师从爱德华·梅尔库斯(Eduard Melcus,1928-)教授期间在乃师的建议下刻苦攻习巴洛克小提琴演奏,终于成就了自己的事业。瑞切尔起先只能偷偷地跟米卡学琴,过了一年这种偷师学艺才被校方认可,因而学琴变得"合法化"了。在米卡的倾心指导下,从前拉惯了现代小提琴的瑞切尔最终克服了学习巴洛克小提琴上的诸多困难,她逐渐适应了不用揉指颤音、右手持弓不尽灵活自如和易于疲劳的特点,对于其敏锐相对纤弱的表现力也找到了足够的应对方法。她在一步步朝着一位专业的巴洛克小提琴演奏家的目标迈进。

说起当年学习巴洛克小提琴的艰辛,瑞切尔不胜感慨:"在当时学巴洛克小提琴是颇遭人白眼的。人们通常会认为你是拉现代小提琴出不了师才去改拉巴洛克小提琴这颗'陈谷子'的。为了掩饰这种困窘,我在去学校时只能带上两把小提琴:把现代小提琴提在手上,而把巴洛克小提琴背在肩上,因而同学们都认为我只是兼学巴洛克小提琴而已。可在内心我很清楚地认准了将来我就是一位巴洛克小提琴家!"

更让瑞切尔感到难堪的一幕出现在学校举行的一次小提琴比赛上。在巴洛克小提琴演奏类别的比赛中她竟然是参与角逐演奏巴赫作品的唯一一名选手,她当然成了这个奖项的第一名,但却多少有几分'胜之不武'的遗憾与无奈。所幸的是由她领衔组成的校内古乐团——帕拉迪安合奏团(Palladian Ensemble)居然拉出了名堂,他们赢得了一项国际赛事的奖项因而声誉渐起,由此还与位于苏格兰的独立唱片品牌Linn签了录音合约。公司为这四位巴洛克小提琴、竖笛、六弦低音古提琴以及拱形琉特琴的演奏者录制了巴赫的三重奏奏鸣曲唱片(Linn 36)。"大约在1992年左右我已在古乐演奏中越陷越深了,就连勉强装装门面的现代小提琴演奏也终因分身乏术再也无法持续了,以致到了我毕业的时候我身边已完全没有一把现代小提琴了!"

在谈及巴洛克小提琴与现代小提琴演奏方式的异同时,瑞切尔这位早年曾习现代小提琴数年的女性有着切身的感受:"两者是非常不同的:不仅指法、弓法不同,甚至连肌肉的记忆(muscle memory)也是如此不同。你必须在拉琴时使用不同的肌肉群。现在如果要我再用现代小提琴去演奏的话我会感到非常疲劳;而用巴洛克小提琴演奏反而得心应手,游刃有余,这与我当时刚学它时的情况正相反。"

相对于那些年纪轻轻就推出专辑的同行,瑞切尔在唱片录音上可谓是大器晚成,1999年年届而立的她才方始推出了签约荷兰Channel公司的首张唱片。不过,不鸣则已,一鸣惊人,她的唱片处女作竟然是巴赫的无伴奏小提琴奏鸣曲与帕蒂塔全集(Channel 2498,2CD)!这对于一位年轻的演奏家而言不啻是相当大胆的举措;而对于一位用巴洛克小提琴演奏的女性演奏家而言更堪称是震惊乐坛的惊人之举。其实,当时唱片制作人泰德·迪尔将录制计划向她和盘托出时连瑞切尔自己也毫无准备,甚至还以为是泰德在和她开玩笑呢。尽管早年她没有更多的途径去练习巴赫的这套作品,然而巴赫的音乐对于她的重要性是不言而喻的:"清晨聆听巴赫是我每天起来要做的第一件事。我很高兴能在这样的好心情里开始新的一天。巴赫音乐的清澈感人在使人提神怡心和警醒自省两方面对我都是极有裨益的。"

在录制的过程中，瑞切尔对于巴赫的这套作品有了更深刻的认识："这里的每一个音符、每一种情绪的表达都有其合理、恰当的位置，你几乎找不到里面有任何过分可有可无或矫饰造作的成分。它以从容自信、磅礴大气的特质使得我们对于理智、情感和心灵的需求都得到了平衡与满足。"这个版本最终诠释的完成度、满意度都令人惊诧，舆论界也不吝溢美赞誉之词。《BBC 音乐杂志》将她的小提琴艺术归纳为"深思熟虑的演绎，技巧高超的展现和丰沛深刻的洞察力"；而美国国家公共电台（NPR）则认为："瑞切尔·波吉的这套唱片让人领略了怎样的乐音才是巴赫所要真切表达的东西……这些演绎将在今后一段相当长时间内被人反复聆听！"

自走上职业演奏之路后，瑞切尔先是加盟了伦敦的一支古乐团，1997 年又加盟了著名的古乐团"英国音乐会"（The English Concert），成为乐团的首席。值得一提的是，她的老师米卡埃拉也曾是该乐团的首席，一直在乐团里演奏到 1990 年。该团的创始人兼指挥家特雷沃·平诺克（Trevor Pinnock，1946-）是英伦古乐领域的旗手之一，他同时也是极有造诣的大键琴演奏家。他是这样评价瑞切尔的："她是一位极好的音乐搭档，既具强烈的意愿，又非常善解人意。她总是小心细致地准备好一切；然而这并不意味她就只会照着乐谱照本宣科，她总会对我的意图作出积极的响应。这样她的演奏就成为一种人与音乐、人与人之间呼应唱和的对话。"平诺克也是瑞切尔在室内乐演奏领域的良师益友，他俩合作录制了巴赫的六首带有大键琴伴奏的小提琴奏鸣曲；还与六弦低音古提琴家乔纳森·曼森（Jonathan Manson）合作录制了拉莫的五首大键琴合奏曲（Channel 19002）。

瑞切尔不仅演奏巴赫，也演奏巴洛克时期其他代表性作曲家的作品，如拉莫、普塞尔、泰勒曼、柯莱利和塔蒂尼等，这其中尤以她录制的泰勒曼《十二首无伴奏小提琴幻想曲》（Channel 18298）最有代表性。泰勒曼是与巴赫同时代的德国作曲家，在世时他的声誉要超过巴赫；然而他的这套幻想曲集的艺术价值长期以来却被严重低估，为人忽视。瑞切尔以自己的演释再现了其在小提琴艺术史上的应有地位。在平诺克看来，她的演奏是"以一位现代人的观念、正确的思辨力去诠释巴洛克时代的音乐，通过她自己的理解消化、演奏展现，使得三四百年前的作品变得富于如此强大的活力和感召力"。

瑞切尔演奏的作品以海顿、莫扎特为上限。她与著名的古乐团"启蒙时代管弦乐团"合作过海顿、莫扎特的小提琴协奏曲；与英国女中提琴家简·罗杰斯（Jane Rogers）录制了海顿、莫扎特的小提琴、中提琴二重奏曲以及与大键琴演奏家加里·库泊（Gary Cooper）录制了莫扎特的小提琴奏鸣曲全集（Channel 6414，8CD）。对于演绎莫扎特，瑞切尔说："莫扎特的风格完全不同于巴赫，它的乐谱在旋律装饰和表情表达方面的提示是非常清晰和一目了然的；然而，演奏它却需要一种全然不同的思考方式。巴赫作品的线条需要被非常完整地整合到其和声变化中去；而莫扎特的音乐更强调线条的流畅性，它需要更个性化地予以展现。"

2002 年离开"英国音乐会"古乐团后，瑞切尔·波吉一方面作为一位顶尖的巴洛克小提琴家频繁地活跃于世界各地举行独奏音乐会，与此同时她也与其他的知名古乐团合作，担任独奏和客席指挥。她是用她的小提琴去指挥乐团的，如与"新伦敦合奏团"（New London Consort）演奏录制了巴赫的《勃兰登堡协奏曲》全集；与波兰的"声音艺术合奏团"（Arte dei Suonatori）录制了维瓦尔第的小提琴协奏曲集《异乎寻常》（La Stravaganza，Channel 19598，2CD）。这套唱片为她赢得了《留声机》杂志 2007 年度的最佳巴洛克音乐奖。瑞切尔使用的是一把意大利制琴家佩拉里尼 1739 年制作的古琴。佩拉里尼是安东尼奥·斯特拉迪瓦里的学生，"它的声音可一点儿也不比瓜内利或斯特拉迪瓦里差，它的音色非常润泽和丰饶，且古韵十足。我首先用它录了巴赫，后来录海顿和莫扎特也是用这把琴。"

如今，瑞切尔是其母校和威尔士皇家音乐学院两所学校的巴洛克小提琴教授，她也定期会去德国的不莱梅音乐学院任教，此外她还是丹麦皇家音乐学院的外籍教授。2008 年，40 岁的她被英国皇家音乐学院任命为以她恩师米卡埃拉·康姆贝蒂名字命名的巴洛克小提琴工作室主任（米卡生前也曾在该校执教）。而在没有演出和录音的日子里，她与其教授巴洛克音乐理论的丈夫一起生活在威尔士中南部一个仅有八千居民的市集小镇布雷康，夫妇俩于 2006 年在这里设立了一个基金会，用以指导和训练有志于古乐演奏的青年学生。同年创建的布雷康巴洛克艺术节由瑞切尔亲任艺术总监，2010 年她与布雷康巴洛克合奏团录制了巴赫的小提琴协奏曲集。

瑞切尔·波吉深感自己是赶上了一个巴洛克音乐全面复兴的好时代，她倍加珍惜这个来之不易的好时机。她把自己 2013 年新出的专辑取名为《守卫天使》（Guardian Angel，Channel 35513），其实这正是她自己的写照。至于她在巴洛克音乐复兴运动中的地位与影响，她的长期合作者兼良师益友平诺克一言以蔽之：她为（巴洛克）音乐注入了新的生命（She breathes the music）！

71. 她曾使大指挥家伯恩斯坦为她的演奏屈膝下跪
—— 米多莉（Midori Goto）

在 20 世纪有两次石破天惊的惊世一跪。

1970 年 12 月 7 日，时任西德总理的勃兰特在华沙的波兰犹太人纪念碑前于众目睽睽之下扑通一声跪倒在地，为二战中遭受德国法西斯残害的四百万犹太人的亡灵祈祷忏悔，被誉为"欧洲约一千年来最强烈的谢罪"。西德总理的这一举动为德国带去了全球的尊重，也震撼了全世界人们的心灵。而在音乐界，也有着震惊乐坛的著名一跪：20 世纪最伟大的指挥家之一的伯恩斯坦曾当众跪拜在一位年方 14 岁的小女孩面前。这位令德高望重的大指挥家居尊下跪的小女孩就是日本小提琴家米多莉。

话说在 1986 年的美国坦格伍德音乐节上，当时还在茱莉亚音乐学院求学的米多莉受邀和波士顿交响乐团合作，演奏伯恩斯坦为小提琴独奏与乐队而写的《小夜曲》，而担任这场音乐会指挥的正是作曲家本人。伯恩斯坦的《小夜曲》是作曲家读了古希腊哲学家柏拉图的《对话集》里的《会饮篇》（Symposium）有感而发写就的，其中小提琴独奏的部分技巧相当繁复，在 1954 年首演时担任独奏的是琴坛大师斯特恩。然而，小小年纪的米多莉演奏起它来却毫无任何技巧负担，她的诠释也相当令人满意。可是，当她演奏到全曲篇幅最长、技巧也最艰深的第五乐章终曲时，意想不到的事情发生了：在一系列快速运弓的吉格舞曲段，米多莉琴上的 E 弦拉断了！而音乐不能停止。只见小姑娘马上转向乐队的首席马尔科姆·洛维，迅速接过后者递过来的斯特拉迪瓦里琴随即又加入到行进的音流之中。孰料若干小节后，但听得"嘣"的一声，这把琴的 E 弦又应声而断。这一次，米多莉还是没有任何慌张失措，她不由分说又夺过了乐队副首席马克斯·霍巴特的瓜内利琴，并用它完成了全曲的演奏。

在演出的意外中，听众们只注意到在第一次断弦时乐队暂时停顿了那么几秒钟，而第二次则几乎感觉不到有任何的暂停和磕绊，音乐连绵不绝地流淌直至完篇，几乎是一气呵成。难怪站在米多莉面前指挥乐团的大师本人也无法抑制自己的激动之情,在全场雷鸣般的掌声和欢呼烘托下向这位来自东方的少女琴童当众下跪,以表达他的感激与钦佩。第二天,这个特大新闻就由《纽约时报》以头版予以报道。在报纸醒目的通栏标题上赫然写着:14 岁的女孩用三把小提琴征服了坦格伍德(Girl,14,Conquers Tanglewood With 3 Violins)。著名评论家约翰·罗克威尔在他的专栏里这样写道:"对于一位非凡的天才小提琴家而言,其身上有三个因素是必须具备的,那就是技巧的精湛、艺术的成熟,还有在突如其来的紧急关头所表现出的胆识再加上一点点幸运。米多莉,一个小个子的 14 岁日本小提琴家在星期六的音乐会上就向我们展示了这三重因素的成功。她在演奏断弦和换琴时的应急处置震惊了在场的所有听众以及为她伴奏的波士顿交响乐团的演奏家。她以一种超乎自己年龄的冷静和自信征服了现场每一个人,包括大名鼎鼎的伯恩斯坦! 而这种意外原本会使那些见惯了大场面的演奏家们也要惊出一身冷汗的啊!"由此,米多莉这个名字便与这场坦格伍德的传奇音乐会紧紧地联系在了一起,从而扬名乐坛。

米多莉的全名是五嶋米多莉,但人们一般更习惯于省去其姓而直呼她可爱的名字。她 1971 年 10 月 25 日出生于日本大阪,她的母亲就是大阪交响乐团的小提琴手。在她 2 岁时母亲就发现了女儿的过人禀赋,因为女儿正在嘴里哼唱着自己几天前刚刚练习过的一首巴赫作品的主题! 不久,母亲又有了新的发现:在家里只要自己一离开屋子,小女儿就尝试着去抓她的小提琴。因为这个孩子的心灵深处已经认定这种乐器发出的声音实在是太迷人、太可爱了。

难道女儿也像自己一样注定要吃音乐这碗饭? 于是,在米多莉 3 岁生日那天她外婆为她买来了一把 1/16 的童琴,由母亲来承担女儿的启蒙教育。从令人不堪入耳的咿呀咿呀声到能在琴上奏出完整悦耳的旋律,米多莉没花多少时间,因为她的进步太神速了。6 岁时她就在大阪举行了公开演出,演奏的曲目竟是帕格尼尼的小提琴随想曲! 这次在大阪音乐节上的亮相让人们一下子就记住了这位个子小小、笑容甜甜的小姑娘,她那毫不畏缩、充满童真且扎实自信的演奏把全场听众都给镇住了。她立刻成了当地人见人爱的小童星。母亲看在眼里,喜在心头。为了让她接受更全面的提琴教育,母亲决定带着女儿移居美国。于是在 1982 年,米多莉随母亲来到了著名的茱莉亚音乐学院,拜享有"现代小提琴教母"美誉的女教授多萝西·迪蕾(Dorothy DeLay,1917-2002)为师。

11 岁的米多莉来到了这位威名赫赫的"教母"面前,只见她毫无羞怯之色,而是沉着镇定、落落大方地拉了起来。迪蕾这一听可暗自心惊,原来眼前这个小不点一上来拉的竟是长达 13 分钟的"巨制"——巴赫的《恰空》! 虽然演奏得不尽完美,但却绝对流利顺畅。迪蕾爱才心切,当即收下了她。成为迪蕾弟子不久,米多莉就参加了阿斯本音乐节。音乐节的音乐总监、著名小提琴家祖克曼听了她演奏的巴托克《第二小提琴协奏曲》后也情难自抑了,他说:"这个刚过 10 岁的小不点我坐着都要比她站着还高,但听完她的演奏我感动的眼泪却在眼眶里直打转,实在是太感人了。"说起来,祖克曼当年也是加拉米安和迪蕾共同培养起来的"茱莉亚骄子",米多莉因此也与这位比自己年长 23 岁的当红师兄结下了深厚的友谊。

除在音乐学院接受迪蕾的严格训练外,米多莉也较早就融入到了艺术实践的大舞台上。还是在 1982 年,印度裔指挥家祖宾·梅塔闻听米多莉的名声,决定亲自来考察一番这位传说中的日本小神童。一曲甫毕,梅塔便被米多莉所表现出的良好的音乐感觉和娴熟的演奏技艺所折服了。身为纽约爱乐乐团首席指挥的梅塔当下邀请她与纽约爱乐乐团合作,甚至不惜临时调换曲目也要把米多莉作为乐团新年音乐会上的独奏嘉宾。梅塔的这一招果然奏效,纽约的听众第一次亲眼目睹了米多莉的神奇演奏,他们给予这位日本女琴童以热烈的掌声。这场舞台处女秀的成功也由此开启了米多莉艺术生涯的先声。而她应邀到白宫为时任美国总统的里根夫妇演奏帕格尼尼的随想曲更使她的名字从美国的民间走入了上层社会,她成了美国家喻户晓的"东洋小魔女"。

说米多莉"袖珍"一点儿也不为过,她身高仅 1.5 米,生得娇小玲珑; 然而,她在舞台上的"出手"却经常大得令人惊叹。1987 年她出道伊始录制的第一张唱片就是帕格尼尼的《D 大调第一小提琴协奏曲》。众所周知,帕格尼尼的作品向来以炫技耀艺取胜,男性在它面前尚要费番思量,女性敢于染指的就为数更少了。然而,米多莉偏喜欢挑战这个禁区。她与美国指挥家伦纳德·斯拉特金领导的伦敦交响乐团合作,成功地再现了这首名作的风采和神韵(Philips 420 943)。两年后,她演奏的帕格尼尼《二十四首随想曲》(Sony 92764)又在世人惊异而赞叹的目光中闪亮登场了。唱片一经推出立刻撼动了乐坛,舆论声叫好一片。这张唱片还获得了 1990 年度格莱美奖的提名。也许有人心生疑窦: 米多莉长得人小手小,她又是如何能将技巧要求超难的帕格尼尼演奏得如此得心应手、轻松自如的呢? 原来,米多莉的手虽小但她的手指却相当长,指肉不厚却颇有力度,经过迪蕾的科学训练后,她手指的伸展性也获得了更大的发挥余地。更为难能可贵的是,在演奏时米多莉拥有超人的自信。她的表现欲极强,站在舞台上丝毫不会感受到众目睽睽注视下的压力,反而是场面越大越能表现出良好的状态。她天生就是一位舞台艺术家,从不知紧张为何物,私下里她甚至还这样说:"我好像觉得练琴就仿佛做游戏,一旦你熟悉了它的规则,你就从中得到了自由。对我而言,练琴和演奏真是既快乐又奇妙的一件事。"这就难怪她站在迪蕾、梅塔甚至是里根总统面前仍能旁若无人、镇定自若,并在演奏现场常会有出人意表的超水平发挥了。在她纤小的身躯里却装着一颗如同美国NBA篮球明星们在关键时刻一招制胜、绝杀对手的"大心脏"!

如果说她演奏的帕格尼尼代表的是天才超卓演技的话,那么自她签约Sony后推出的一系列唱片则展示了她全面的艺术才华和宽泛的演奏曲目,其中有与阿巴多指挥的柏林爱乐乐团合作的柴科夫斯基、肖斯塔科维奇的小提琴协奏曲(Sony 93088),与她的伯乐梅塔合作的巴托克两首小提琴协奏曲(Sony 93095)和西贝柳斯的协奏曲、布鲁赫的《苏格兰幻想曲》(Sony 58967)等。1999年她在卡内基音乐厅的那场独奏音乐会使人们有了一个全面评价其艺术才华的良机。这场音乐会是卡内基音乐厅100周年庆典的组成部分,能够受邀成为独奏嘉宾本身就足以显示米多莉在当代琴坛上的地位和声誉。在这场音乐会上她演奏的贝多芬《G大调第八奏鸣曲》充满激情和锐气,令人耳目一新。而她诠释的理查·施特劳斯的小提琴奏鸣曲极富想象力,或雄迈轩昂,或缠绵悱恻,情态各异,鲜活有神。恩斯特的《夏日最后一枝玫瑰》变奏曲历来被公认为是一首"无法演奏"的高难度之作,连小提琴泰斗奥尔在其所著《小提琴作品的经典演奏解释》里也称它"只有手大和指长的学生才敢于去尝试"。但偏偏个矮手小的米多莉却将其演绎得风生水起,游刃有余。她的出色诠释令人不得不叹服这位"袖珍型"的小提琴家所具有的精湛演技和过人胆识。在这场音乐会上她还将拉威尔的《茨冈》展现得声情并茂,满堂生辉(Sony 46742)。

这样一场涵盖了各个时期各种风格小提琴创作精粹的音乐会的成功自然引起了乐坛的高度评价,甚至有评论家认为米多莉的表现堪比伟大的海菲兹。事实上,米多莉的偶像就是海菲兹!她认为海菲兹的伟大不仅在于他超人的技巧,更在于他那无与伦比的音乐表现和高深的艺术涵养。与海菲兹一样,米多莉不仅善于驾驭大型的协奏曲,她演绎的提琴小品也生动悦耳,脍炙人口。在她的《返场小品集》(Sony 52568)专辑里就收录了她演奏的萨拉萨蒂的《哈巴涅拉》、埃尔加的《爱的致意》、巴托克的《罗马尼亚民间舞曲六首》、斯克里亚宾的《三度练习曲》等二十首风格各异、色彩纷呈的作品,它为人们呈现了米多莉提琴艺术风采的另一个侧面。

但就是这样一位有着极其辉煌前程的小提琴新星,米多莉在茱莉亚学习了四年后却决定不等毕业就离开了学校。在之后的几年里她一方面继续接受邀约举行独奏音乐会,另一方面却已开始投身到小提琴的教育领域中去。1992 年,她在纽约组建了一个名为"米多莉与朋友们"(Midori and Friends)的公益音乐组织,由她亲自到纽约市郊的学校里去挑选具有艺术天分的孩子,把他们编成程度不同的等级班进行为期 26 周的学习,旨在发掘和培养音乐演奏领域的人才苗子。10 年后她在日本东京又成立了相同的音乐教育机构。

为了更好地实施教学,米多莉甚至在 1995 年去纽约大学加勒廷学院学习心理学,她于 2000 年获得本科学位,几年后又获得了硕士学位。当被问及为何在事业最辉煌之际毅然停止音乐学习却去转修心理学时,米多莉答道:"我一直希望去探索一些音乐以外的学科。我喜欢研究人们的心理,因为探索人类心理的复杂性、多样性同样是很美妙的事情。这与音乐并不矛盾。"的确,米多莉不仅是一位小提琴艺术家,还是一位非常活跃的音乐活动家。2001 年,她因其在美国音乐生活中所作出的突出贡献而荣获了每年一度的艾弗瑞·菲舍尔奖。获奖后她当即拿出了五万美元奖金又组建了"演奏伙伴"(Partners in Performance),旨在促进室内乐演奏的推广和普及,并通过其成员的演奏寻求听众对室内乐的关注和支持。至今为止,她的"米多莉与朋友们"的项目已坚持了 19 个年头,使超过十八万的青少年从中受益。尽管米多莉其生也晚,她到美国后没能与其音乐偶像海菲兹有一面之交,然而仿佛是天赐神定,如今的她却被任命为当年因海菲兹任教而蜚声国际的美国南加州大学瑟顿音乐学院的弦乐系主任,同时兼任亚沙·海菲兹基金会的主席。作为一名音乐教育者和教学管理者当然会花去米多莉本就非常繁忙紧凑的时间,但她却乐此不疲。她每年仍保持着超过 100 场的音乐会演奏,可谓是演奏和教学双管齐下,相得益彰。

1996 年和 2011 年她两次来华访问,为中国的听众带来了两部小提琴经典文献中的 D 大调——贝多芬和勃拉姆斯的小提琴协奏曲。她使用的是一把 1734 年制的瓜内利名琴,而它先前的主人曾是杰出的波兰小提琴大师胡贝尔曼,因而斯特恩称这把琴里"一定有一颗心在内相随"。它是由日本文化基金会出资收藏并提供给米多莉永久使用的。

当人们谈起她的传奇经历时,脸上总洋溢着真挚可爱微笑的米多莉说:"所谓的传奇只是媒体的渲染,对音乐来说需要的是纯粹而不是传奇。作为一名演奏家,重要的是感受音乐并对它作出回应。我希望一位提琴家永远要记住音乐所带给人类的那种最纯粹的欢乐!"

72. 琴坛上的可爱芭比
——希拉里·哈恩（Hilary Hahn）

在西方社会里，希拉里这个名字似乎有些特殊和与众不同，因为无论男性还是女性都可用作自己的身份标志。然而，当今世界两位最有名的希拉里都是女性——希拉里·克林顿和希拉里·哈恩。她们一个在政坛，一个在乐坛，都在书写着令男性为之钦佩的骄人业绩。希拉里·克林顿作为政坛上的女强人，在其事业上几经浮沉，却依然在国际事物中扮演着举足轻重的角色；而比她小 32 岁的希拉里·哈恩则似乎顺风顺水地在艺术道路上高歌前行。她在 30 岁以前就已获得了两次格莱美奖桂冠，并且将唱片界的几乎所有奖项拿了一个遍，被誉为是"世界上所有顶级音乐奖项的大满贯选手"。那么，她是如何从一块天真未凿的浑金璞玉被雕琢成如今巧夺天工的瑾瑜美玉的呢？

希拉里·哈恩 1979 年 11 月 27 日出生于美国弗吉尼亚州的列克星敦。当然，这个列克星敦远非那个由华盛顿领导的独立战争打响第一枪的马萨诸塞州的同名小镇那么闻名遐迩，这只是美国东南部一个普通的小镇；而她的父母也只是普通的中产阶级，没有任何音乐世家的背景。哈恩是 20 世纪驰誉世界的日本铃木音乐教学体系的受益者。小哈恩在她 4 岁生日的前一个月得到了一个礼物——一把儿童小提琴，就此开始了她与小提琴之间的不解之缘。但在弗吉尼亚偏偏没有合适的普及小提琴教学点和音乐教师，于是为了女儿学琴她父母不惜举家迁往邻近的马里兰州，因为在马里兰州最大的城市巴尔的摩就有铃木教学法的试验点。小哈恩在试验点认真地学了一年，其间甚至还得到过铃木大师的亲炙。5 岁那年她开始师从在巴尔的摩皮博迪音乐学院执教的女教师克拉拉·贝尔科维奇（Klara Berkovich，1928-）。克拉拉出自俄罗斯享有盛誉的敖德萨提琴体系，是伟大的小提琴家米尔斯坦、大卫·奥伊斯特拉赫的同门师妹。在这位功底扎实、教学有方的女教师那里，哈恩受到了极好的音乐启蒙，从而为日后的成长和提高打下了坚实的技艺基础。

1990 年，刚满 10 岁的哈恩经过严格的考试，以优异的成绩被设在费城的名校——

柯蒂斯音乐学院破格录取。在此后的 7 年学习生涯里,她师从著名的小提琴家兼提琴教师亚沙·布罗德茨基(Jascha Brodsky,1907-1997)。这位与亚沙·海菲兹同名的小提琴家尽管声誉和后者不可同日而语,但也是少年成名,他于 1930 年来到美国进入柯蒂斯音乐学院跟随在此任教的小提琴大师津巴利斯特深造。在校期间他领衔的学生四重奏组以"柯蒂斯四重奏"的名义蜚声乐坛。1932 年他更接替乃师津巴利斯特执掌柯蒂斯的弦乐系主任直至去世。非常幸运的是,布罗德茨基生命的最后 7 年正是哈恩在他门下技艺精进的 7 年。布氏不仅具有俄罗斯学派的深厚传统,后来他还曾师从法 - 比学派巨匠伊萨伊,因而对小提琴各学派的传统和特点都了如指掌;而他本人的演奏技艺也令哈恩钦佩不已。经过布罗德茨基的敲打锤炼,精雕细琢,哈恩完成了从一个学生到一位未来演奏家的蜕变。七年间光协奏曲她就学了有二十八首之多,此外还有数量可观的独奏和室内乐作品。

而在她潜心苦练的同时,哈恩也早早开始了她的舞台生涯。1991 年,年仅 11 岁的她就与巴尔的摩交响乐团完成了自己的处女秀。这时的她已经使用成人小提琴演奏了。这位黑头发大眼睛、长着可爱俏皮的鼻子、双眼炯炯有神的小姑娘拉起琴来虎虎生风,她的首演受到了听众们的热烈欢迎。首演次日她就接受了巴尔的摩电视台的采访,她以其甜美可爱的形象被人们誉为"琴坛上的芭比娃娃"。

哈恩凭借首演一炮而红。不久她又相继与名气更大的费城管弦乐团、克利夫兰管弦乐团、匹茨堡交响乐团以及纽约爱乐乐团进行了成功的合作。1995 年,哈恩第一次与一支国外的交响乐团合作,它就是由指挥大师洛林·马泽尔领导的德国巴伐利亚广播交响乐团。在慕尼黑,她在乐团的协奏下演奏了贝多芬的《D 大调小提琴协奏曲》。这场演出经由广播、电视的实况转播立即传遍了整个欧洲,它向世界宣告了在国际乐坛又一位来自美国的小提琴新星的冉冉升起。一年之后,哈恩又与费城管弦乐团登上了纽约卡内基音乐厅的舞台,而这时她的正式身份仍是音乐学院的一名学生!

尽管在 16 岁时哈恩已经完成了在柯蒂斯的学业,然而她没有忙于匆匆走上社会,相反却选择了继续留在学校里深造。她积极选修音乐以外的语言和文学课程,这些都是她的兴趣所在。在她的后本科时期,她的小提琴导师变成了吉米·拉雷多(Jaime Laredo,1941-),一位加拉米安早期的学生,当今乐坛的演奏名家。此外她还拜奥地利出生的犹太小提琴家菲利克斯·加利米尔(Felix Galimir,1910-1999)为师进一步学习室内乐演奏;而加利米尔又是卡尔·弗莱什的弟子。就这样,哈恩在她的整个学习阶段先后师从多位名师,广泛地汲取了各小提琴学派的艺术之长,并经过自己的探索和琢磨将之熔于一炉。她就像一个从小吃百家饭长大的孩子，通过兼收并蓄、广采博纳造就了她日后演奏艺术的鲜明特征和精湛造诣。直到 19 岁那年她才恋恋不舍地离开柯蒂斯，成了一位职业演奏家。

1993 年，昔日的阿肯色州州长夫人、46 岁的希拉里·克林顿正式随丈夫比尔·克林顿入主白宫，成为新的总统夫人。

1994 年，昔日的柯蒂斯高材生、14 岁的希拉里·哈恩签约 Sony 唱片公司，成为其旗下的专属艺员。她在 Sony 的首张专辑于 1997 年问世，曲目竟是一人唱独角戏的巴赫无伴奏！说到这个选择，当初连哈恩的老师拉雷多也非常吃惊，他认为这并不是首张处女作的最好选择。然而，尚未成年的哈恩却坚持自己的决定，因为她热爱巴赫！她说："巴赫的音乐适合所有的场合，所有的语境，它是无所不包的存在。我每天都要演奏巴赫的作品。经年累月的练习和演奏既改变了我对它的认识，也在不断改变着我的人生；它就如同是永无止尽的旅程促使我永远去追寻探索。"哈恩并没有录全全部六首，只选择了其中的三首，她对《d 小调第二帕蒂塔》尤为钟爱，因为它里面有那首著名的《恰空》。她的琴声浑厚华滋，富有张力；运弓均衡扎实，气息饱满。在演奏快速乐章时清新灵动，意趣盎然；在演奏《恰空》时又磅礴大气，豪放奇崛，散发出高古朴厚、庄严壮阔的巴洛克时代遗韵。哈恩右手的从容不迫、左手的丰富变化都使她将这首作品演绎得疏密有致，张弛有度，不同凡响。她的这张巴赫唱片后来被列入"伟大名演奏"系列予以再版（Sony 92749）；而哈恩也在她 2005 年 5 月的首次中国之行音乐会上因演奏了此曲而技惊四座！

哈恩的第二张专辑是"双 B 组合"——贝多芬的小提琴协奏曲和伯恩斯坦的《小夜曲》，它由美国指挥家大卫·津曼指挥巴尔的摩交响乐团协奏（Sony 60584）。这张唱片问世后同样获得了舆论界的高度评价，它也成为哈恩首张获得格莱美奖提名的专辑。

自 20 世纪下半叶始，随着各类国际音乐比赛的应运而生，在国际大赛上摘金夺银，争雄竞胜成为青年一辈演奏家走向世界并扬名立万的不二法门。然而，哈恩却是一位与音乐比赛"绝缘"的艺术家，她从未参加过任何音乐比赛，当然更谈不上拥有冠军之类的耀人头衔了。她自称是"一个对比赛敬而远之的人。比赛尽管有很多好处，能够积累曲目，也能听到别人的演奏，从中学到不少东西；然而我以为这种竞争性、功利性的比赛并不健康。每个人都有自己的演奏特长与风格，通过对同一首作品的演绎去判定一个人演奏的高低优劣是违背音乐艺术的本意的。我不喜欢比赛现场的那种氛围，更何况对我而言，比赛的优胜对于立业来说帮助并不大。"在谈及她的演奏何以动人时，哈恩坦然答道："人们总说我是天才、神童，其实我本人并不这么看。与其他人一样，我在学习过程中也会遇到技术上的困扰。对于演奏家而言技术上能做到精准无误远非他们的目标,因为它排除了蕴含在作品里的思想和情感。我总是先练好作品里那些具有高难度技巧的乐段,这样当你在演出时,听众便不会再把这些难点段落作为衡量你水平的重点,而把他们的注意力都集中到对音乐的理解和感受上了。"

在接下去的日子里,哈恩几乎以每年一张的频率延续着贝多芬与伯恩斯坦的组合思路,将不同时代、不同风格作曲家的作品一组一组地予以录制推出,如勃拉姆斯与斯特拉文斯基、门德尔松与肖斯塔科维奇等。2001 年发行的勃拉姆斯与斯特拉文斯基小提琴协奏曲使哈恩第一次摘得了格莱美最佳器乐独奏奖的桂冠。

2001 年,已卸任第一夫人的希拉里·克林顿在饱受因"莱温斯基丑闻"所带来的情感困扰后,收拾好自己的心情,在政坛上东山再起。这位昔日的女强人通过自身的努力当选为纽约州民主党参议员,从而成为在美国历史上第一位获得公职的前总统夫人和纽约州历史上的第一位女参议员。

这边厢,另一位希拉里也有了新的举措。2002 年,哈恩离开了 Sony 改签在唱片世界里影响更大的 DG 唱片公司。DG 为她发行的第一张专辑就是巴赫的小提琴协奏曲集。因而,在哈恩看来,改换门庭只是意味着艺术生涯的继续而绝非是艺术风格的变换。同一年她还与维也纳爱乐乐团在卡内基音乐厅举行了合作,成功地征服了卡内基的听众。在 DG,哈恩荣获了自己人生中的第二座格莱美奖杯,这就是她于 2008 年问世的"双 S 组合"曲目:西贝柳斯和勋伯格的小提琴协奏曲(DG 1085802)。西贝柳斯与勋伯格这两位姓氏以 S 打头的作曲家尽管都生活在同一时代,然而他俩的创作生涯与艺术风格其实并无多少相似之处,甚至可以说毫无交集。西贝柳斯的协奏曲是音乐会上的常客,盛演不衰;而勋伯格的那一首却是小提琴协奏曲里的偏门冷门,除了作品在 1936 年首演时的独奏者、美国小提琴家路易斯·克莱斯纳在 1954 年留下过录音外,在其后长达半个世纪的时间里它都很少能入一流小提琴大师们的法眼。然而,刚过而立之年的哈恩却偏生要挑战这个"极限":"我真的很想要演奏、录制这首协奏曲。我喜欢去展示不同寻常的作品,它们通常是人们不常听到的,经由我的演奏人们可以对它更为熟悉。我此前录制的唱片还没有哪张比这张更具这种意义了。"更难能可贵的是哈恩居然从这两首风马牛不相及的作品中找到了它们的共通之处:"那就是它们所固有的抒情元素,这种抒情表现在作品上就是轮廓的清晰和线条的流畅。它不仅体现在我对它们的感受和演奏方面,也体现在作品本身的肌理层次方面。西贝柳斯的清澈缘于他生活国度的严寒、北欧音乐的传统以及作品的幽暗底色;而勋伯格的清澈则源自他作为十二音体系理论宗师理性冷峻的思想观念。因而我就试图在自己的演奏中将这两首协奏曲的抒情元素尽可能地挖掘出来,并将这种谱写在乐谱上的情感展现给听众……"

在多年的演奏与录音经历中,哈恩不仅演绎那些传统经典的小提琴名作,也致力于普及那些显得生涩怪诞的现当代作品,且在不同的作品里展示其形象各异的艺术风格。她与柯蒂斯音乐学院的同学、中国姑娘朱叶(Natalie Zhu)合作的莫扎特小提琴奏鸣曲清新俊逸,显示出古典时期的典雅洒脱;她演奏的帕格尼尼小提琴协奏曲又雄奇大气,彰显出这位炫技之王的超迈卓绝。在现当代作品方面,1999 年她与圣保罗室内乐团首演并录制了埃德加·梅耶(Edgar Meyer,1960-)创作的小提琴协奏曲;10 年后她又首演了美国女作曲家詹妮弗·希顿(Jennifer Higdon,1962-)为她度身定制的小提琴协奏曲(DG 1469802)。正是这部作品把这位女作曲家送上了普利策音乐奖的领奖台。此外,哈恩还与不同类型的音乐家展开合作,如与德国女高音克里斯蒂娜·沙弗尔和德国男中音马蒂亚斯·卡尔默一起录制了巴赫的声乐与小提琴专辑(Bach:Violin & Voice,DG 1393202);与流行歌手兼词曲作者约什·里特尔举行了二人组巡演;与德国爵士钢琴家沃尔克·贝特尔曼合作录制了跨界专辑《希尔弗拉》(Silfra)。她说:"这些音乐对于我而言不是跨界,我只是进入了他们的世界。你可以从中学到不同的音乐类型,领悟不同的演奏方式,从而去放飞思绪,去尽情地自由思考。"

生活在 21 世纪的哈恩与她的所有前辈都不同,她爱好多元,不拒绝时尚。身材娇小却形象靓丽的她对芭蕾、体操、骑车、游泳无所不好。她能流利地说五国语言。她也喜欢上网,通过自己的博客与喜爱她的乐迷们交流心得,互诉心扉。她还发起了一项计划:让 27 位当代作曲家每人她创作一首短小的音乐会返场曲。2013 年,这张标题为《二十七首小品》(In 27 Pieces,DG 1910302)的独特专辑问世,它跃上了《公告牌》古典音乐排行榜的榜首!

希拉里·哈恩,有人称她为琴坛上的芭比娃娃,有人称她为古典音乐界的娜塔莉·波特曼(当代著名美国女影星);自签约 DG 后人们又把她比作安妮-索菲·穆特的接班人,称她为新一代的小提琴女神。但她说:"我只是走着自己的成长道路,寻找属于自己的发展方式。"她的前途无可限量,她正在迎来属于她的时代!

73. 冰与火
——张莎拉（Sarah Chang）

近年来,基于在各项国际音乐比赛上来自韩国的选手不断地摘金夺银,因而在中国的音乐界甚至发出了韩国的音乐教育要比中国先进10年以上的论调。应该承认,韩国的音乐教育发展的确走在了我们的前面,并且在世界上也处于领先地位。大约在20世纪70年代韩国的音乐教育就通过"请进来、走出去"的发展方针逐步建立起了一整套与西方先进国家靠拢的教育体制,一批著名的音乐院校相继培养出了闻名世界的音乐家:声乐如洪慧英、曹秀美,钢琴如白建宇、郑明勋,小提琴则有郑京和、姜东锡等,他们无不在国际乐坛扬名立威。而在当代,继郑京和之后在乐坛新崛起的一颗小提琴新星莫过于如今正炙手可热的张莎拉了。她与郑京和一样也是从著名的茱莉亚音乐学院走出来的琴坛骄女,也是"小提琴教母"多萝西·迪蕾的门下弟子。但与郑京和不同的是,她是一位出生于美国的韩裔女小提琴家。

❧ ❧ ❧

张莎拉1980年12月10日出生于美国第四大城市费城的一个音乐家庭,父亲张民苏(Min-Soo Chang,音译)是小提琴家兼音乐教师,母亲则从事作曲。当莎拉还在母亲肚子里的时候她父母已从韩国到美国来定居了,因为张民苏得到了素有"费城三大名校"之称的坦普尔大学攻读音乐博士的录取通知书。她的母亲随即也在宾夕法尼亚大学谋得了一份教授作曲课程的职业。小莎拉自出生后就沐浴在家庭浓郁的音乐氛围之中,她从小就耳濡目染父亲拉小提琴母亲弹钢琴的场景,并早早显示出了其过人的音乐禀赋。在她3岁时母亲就训练她在钢琴上用一个手指试着弹奏出她所听到的旋律。不过,当她4岁生日那天得到了一把1/16小提琴后她就再也不愿去碰钢琴了,因为在钢琴上一坐几小时的学习方式可不符合莎拉的个性。她从4岁开始学拉儿童小提琴,在父亲的传授下她进步飞快。父母也是望女成凤,当她5岁时就把她领到茱莉亚音乐学院让她参加预科班的入学考试。在考场上小小年纪的莎拉面对着一排正襟危坐的评委一点儿也不胆怯,她参加试奏的曲目并非是那些练习曲或克莱斯勒的标题小品,竟然是布鲁赫《g小调第一小提琴协奏曲》的第一乐章!莎拉的演奏惊得在座的评委们直瞪眼,感叹这位学龄前小朋友的演奏太迷人了。不过,毕竟由于她年龄实在太小,还达不到进入预科班的年限,于是莎拉只能一边开始着手学习通识教育,一边在周末由父母带着她去旁听茱莉亚的课程。小莎拉眼见茱莉亚的那些孩子们在老师的指点下有板有眼地拉着琴,心里那个急啊,真恨不得自己能像雨后春笋那样在一天之内长大成人。

不过,进入茱莉亚音乐学院的大门并没有让莎拉等太久。到了 8 岁她终于获准可以进茱莉亚了。她到茱莉亚就是奔着迪蕾的名声去的。迪蕾在茱莉亚培养出了众多的小提琴英才,其中还有不少亚裔的小提琴家,他们之中就有她父母时常给她念叨的郑京和,还有来自中国台湾的林昭亮等。然而,迪蕾教授主要教的是本科学生,间或也会来预科班上课以便及早发现一些提琴的好苗子。当年在考场上,迪蕾就把那个剪着童花头的小姑娘的名字牢牢地印在了脑海里。如今见她果真来了,迪蕾便让自己的得意弟子之一、正好也是来自韩国的康浩(Hyo Kang)负责具体指导莎拉的学习。康浩本人是一位优秀的小提琴家,自 1978 年起他就一直担任迪蕾教授的助教,深得迪蕾的器重和赏识。康浩为张莎拉的训练和提高提供了卓有成效的帮助,直到三年以后莎拉才得以正式师从迪蕾教授。

即便是在迪蕾的班上,仍有不少学生是由她的助教团队负责指导的,但莎拉不在此例,她的教育由迪蕾大师予以亲自指点调教。迪蕾不仅对莎拉言传身教,授之以闻名天下的提琴秘笈,并且还尽可能地为这位早慧的爱徒寻找实践演出的机会。其实,莎拉早在未满 10 岁时就已见识过大场面了。8 岁那年她先后接收了指挥大师梅塔和穆蒂对她演奏的试听,这两位分别执掌纽约爱乐乐团和费城管弦乐团的大指挥不约而同地对她的演奏给予了高度评价,并应允为她提供宝贵的首秀机会。果不其然,1991 年,刚过 10 岁的莎拉就由 EMI 唱片公司为她制作了她的首张专辑,专辑的标题就叫做《首演》(Debut, EMI 54352),因而与其他小提琴家们不同,莎拉的处女秀不是在舞台上,而是在唱片里。

《首演》专辑共收录了十四首脍炙人口的小提琴作品。就其艺术风格而论,既有帕格尼尼的随想曲、萨拉萨蒂的《卡门幻想曲》和哈恰图良的《马刀舞》这样属于展现小提琴演奏技巧的名技派曲目;又有肖邦的《升 c 小调夜曲》、柴科夫斯基的《旋律》和埃尔加的《爱的致意》这样抒情优美的浪漫派代表作,可以看出制作公司在莎拉的第一张唱片处女作的策划上还是颇费了一番心思的。这张唱片的一个与众不同之处在于:里面的所有作品都是由一把 1/4 的小提琴演奏的,因为 10 岁的莎拉当时还不足以驾驭一把标准的小提琴。然而,就她对作品理解、把握的分寸感以及在演奏中所显现的才华灵气却已远非一位同龄人所能及。在抒情类作品的演绎中,她将其良好的乐感、童真的纯情赋予作品,使琴声的流淌透出深挚动人的艺术魅力;而在炫技类作品里她又用毋庸置疑的熟练技巧表达出对作品驾驭的得心应手和从容不迫。她对音乐的刻画和演绎的出挑令人想起了提琴大师梅纽因的神童时代。果然,唱片一经问世便迅速登上了美国《公告牌》的古典音乐排行榜,并成为年度最畅销的唱片专辑。由此,名不见经传的莎拉一夜之间成了1990年代国际乐坛上一颗冉冉升腾的新星,更成为美国人家喻户晓的"神奇少女"。

有了成功的唱片处女作后,莎拉旋即受到了众多演出经纪人的青睐,她开始在美国各大音乐舞台上频频亮相,广受听众们的掌声与喝彩。说起来,这位在舞台上的"小不点"还真有些小个头、大心脏的天然气质。与独奏和室内乐等演奏形式相比,莎拉更偏爱与交响乐团合作的协奏曲,也就是所谓"大部头作品"。就在1992年,她的第二张唱片又与公众见面了,这次是她与柯林·戴维斯指挥的伦敦交响乐团合作的柴科夫斯基《D大调小提琴协奏曲》(EMI 54753)。她的这个版本不以浓重厚实的民族风格取胜,却突出了柴科夫斯基作为"俄罗斯民族音乐中的西洋派"骨子里所具有的优雅伤感的独特气质。她的音色纯净而甜美,尤其是当她演奏抒情性的乐章与段落时更显其细腻动人的特色。有了这张成功的协奏曲唱片作样板,EMI在之后的几年里又为她有计划地陆续推出了帕格尼尼、门德尔松、德沃夏克和西贝柳斯等一系列经典的小提琴协奏曲;而与之合作的都是戴维斯、萨瓦利许和扬松斯等指挥名家领导的世界一流交响乐团。莎拉说:"我演奏得最多的就是协奏曲,因为我最爱协奏曲,我非常喜欢与交响乐团一起工作的氛围。与他们合作我没有任何问题,哪怕是在一个糟糕的日子,与我合作的交响乐团也决不会受任何因素的干扰。他们永远都会发出优美而具有个性的好音色来。"

成名后的莎拉变得越来越忙,她每年举行的各类演出多达150场左右,几乎平均每两天半就有一场。这样繁密的演出日程使她渐渐也难以招架。17岁那年她甚至向经纪人提出希望得到为期三个月的休整,然而经纪人却抱歉地表示爱莫能助,因为她的邀约实在是太多了!德国指挥大师萨瓦利许不仅指挥费城管弦乐团与她录制了帕格尼尼的《D大调第一小提琴协奏曲》、圣-桑的《引子与回旋随想曲》和《哈瓦涅斯》,还指挥巴伐利亚广播交响乐团与她录制了理查·施特劳斯的《d小调小提琴协奏曲》并在同一作曲家的《降E大调小提琴奏鸣曲》里亲自担任她的钢琴伴奏(EMI 56870)。

2007年莎拉在自己的艺术生涯里迎来了几场重要的音乐会。4月,她在英国钢琴家艾许利·沃斯(Ashley Wass)的伴随下第一次登上了纽约卡内基音乐厅,它标志着莎拉的事业业已迈上了一个新的台阶；也是在这个月，她又与芬兰裔指挥家萨洛宁指挥的洛杉矶爱乐乐团联袂在素由好莱坞影星与摇滚歌星荟萃的好莱坞碗型剧院和迪斯尼音乐厅举行了音乐会。而在此前的 3 月 27 日和 28 日她还分别在德克萨斯州圣安东尼奥的威严剧院举行了两场别具一格的音乐会。这两场音乐会源于一个非常有创意的策划：在音乐会上莎拉使用一把安东尼奥·斯特拉迪瓦里名琴演奏了维瓦尔第的《四季》。由于维瓦尔第的名字也叫安东尼奥，这样，作曲家、小提琴就正好都与这座地处德州的城市同名，因而演出在这座并不以音乐氛围浓郁见长的城市里掀起了一股前所未有的音乐浪潮，对莎拉的赞誉之辞跃上了当地报刊醒目的标题和版面。对此，更具权威性的《纽约时报》的评论写道："张小姐是一个奇迹！她丰沛美妙的音色、无懈可击的抑扬顿挫和不事张扬的真挚情感使她的演奏堪称完美。听她演奏的每一个人都会觉得这两场音乐会的确物有所值！"

2001 年，张莎拉推出了她步入新世纪的第一张专辑《冰与火》（Fire & Ice，EMI 57220），这也是她签约 EMI 后的第十一张唱片。从某种角度而言它既有对此前艺术生涯的回顾和总结，又是其艺术个性的真实写照。与之合作的是由歌唱家转型而来的多明戈指挥的柏林爱乐乐团。这张专辑里的乐曲可以明显地分为两组：萨拉萨蒂的《流浪者之歌》、《卡门幻想曲》和拉威尔的《茨冈》以技巧华丽、情感炽热著称，它们是"火"的象征；而与之相对的巴赫的《G 弦上的咏叹调》、贝多芬和德沃夏克的两首浪漫曲以及马斯涅的《沉思》则以旋律柔美、恬静诚挚而驰名，它们在这里被指代为"冰"其实只是相对于前一组其音乐风格更为含蓄隽永，使人闻之清冽如泉，甘之如饴。这些风格、时代、气质截然不同的作品在莎拉的演绎下各具其姿，各呈其彩。当这些乐曲经由一快一慢、一张一弛的精心编排后，使得听者在这鲜明的对比中更觉火之炽热，冰之清凛了。其实，莎拉的个性又何尝不是如此。在演出舞台上她是一位从不惧怕大场面、能够即时进入最佳状态的艺术家；而在现实生活中，她又是一位恬淡文静、亲切和善的女性，在她身上秉承着韩国女性优秀的民族优点，低调内敛，谦和有礼。她不喜欢豪华奢侈的打扮，不喜欢抛头露面的场合。虽然身为当红小提琴家且至今未婚，却绝难听到关于她生活中的八卦绯闻。她对自己的名誉看的如同自己的两把名琴一样珍重。而纵观她的唱片专辑，诸如门德尔松与西贝柳斯小提琴协奏曲、肖斯塔科维奇第一与普罗科菲耶夫第一的搭配仿佛也处处在昭示世人"冰与火"是其演奏艺术的不变主题。

除了演奏经典曲目，莎拉对 20 世纪的现当代作品也充满着极大的热诚。她曾多次演奏过贝尔格的小提琴协奏曲并把它称为"我最喜爱的协奏曲",还演奏过戈德马克和康戈尔德的小提琴协奏曲。她也非常喜欢美国作曲家巴伯的协奏曲。她说:"我在纽约茱莉亚学习的全是常规的协奏曲;而巴伯的这首协奏曲似乎'从门缝里给溜走了',当学生时我从未接触过它,因而我必须以我自己的方式去学习它。巴伯协奏曲的前两个乐章美得不可思议;可第三乐章则变成了一场小提琴与乐队之间的'战争',整个乐章都采用一种无穷动式的速度向前推进着,独奏在这里没有哪怕片刻的闲歇,必须一气呵成。当你胸有成竹,在演奏时能与乐队的韵律节奏一同跌宕起伏时它就会变得非常趣味盎然,令人兴奋……通过对它的学习我掌握了属于自己的学习方式,这是比演奏好巴伯协奏曲更使我具有成就感的事,因为实在有太多我以前没有拉过的小提琴协奏曲在前面等着我呢!"

作为一位韩国裔移民,莎拉说自己从未真正在自己的祖国生活居住过,但她对故国仍具有非常强烈的归属感,因为那儿是她的根脉所系。2002 年,21 岁的莎拉应邀到朝鲜首都平壤与汉城爱乐乐团举行了一场史无前例的音乐会,"这对我来说是一次难忘的经历。此时此刻我头脑中想的是:能够成为一名音乐家该是多么幸运。我真切地感受到音乐是一种、并且也是唯一一种世界性的语言。"

2004 年,莎拉被选为奥运会火炬手参加了在纽约的接力传递;2005 年耶鲁大学宣布将该校斯普拉格音乐厅内的一把椅子用莎拉的名字予以命名。2011 年她更接受美国总统奥巴马的任命,担任美国的文化大使。她一直以充沛的精力,旺盛的热情在世界各地传播着她美妙的琴声。2004 年 12 月 31 日她还作为演奏嘉宾在上海东方艺术中心的落成庆典新年音乐会上登场亮相。她的演奏正像《纽约时报》的评论所描述的那样,是意大利杰出画家波提切利笔下《维纳斯的诞生》里脚踏着美丽贝壳豁然现身的女神维纳斯的化身,那么地美妙动人,不可方物。

74. 她缔造了家族中的 三代弦乐三重奏
——莉莲·福克斯（Lilian Fuchs）

优秀的中提琴家较之小提琴家本来就少之又少，大约仅十居其一，而顶尖的中提琴家则更属稀世珍宝，弥足珍贵。套用一句俗之又俗的行话：假如在女性中提琴家里莉莲·福克斯排第二的话，那么这个世界上绝没有一个人有勇气站出来敢称第一。的确，莉莲堪称是福克斯音乐家族的一个传奇，也是 20 世纪中提琴领域一座至今他人难以逾越的丰碑。

福克斯家族的传奇是从莉莲的大哥约瑟夫·福克斯（Joseph Fuchs, 1899-1997）开始的。这位活了 98 岁的艺术大师是他那一辈最伟大的小提琴家之一。他被视为是美国本土音乐文化成就的标志性人物，被米尔斯坦誉为是"美国训练出来的最伟大的小提琴家"。1920 年 11 月 12 日约瑟夫在纽约埃奥利安音乐厅的独奏处子秀打破了包括米尔斯坦在内的俄裔移民小提琴名家对 20 世纪初美国艺术市场的垄断，他在其后长达 66 年的辉煌舞台生涯里为美国的演奏艺术家树立起了令人起敬的楷模。

莉莲比约瑟夫小 3 岁，她 1902 年 11 月 18 日出生于纽约。或许从她出生之时起就注定将被赋予在古典音乐世界担当一个不凡角色的使命。她的父亲菲利普·福克斯是一个家道殷实的商人，祖上是犹太裔的奥地利人。他热爱音乐，是一位颇具技艺的业余小提琴手，能够教邻居的小孩拉琴。由于在自己家里，长子约瑟夫已经学了小提琴，而幼子哈里（Harry Fuchs, 1908-1986）学的是大提琴，于是莉莲起先按照父亲的意愿就学了钢琴。学了几年之后，莉莲就能为大哥的小提琴独奏担任钢琴伴奏了。不过，在她的内心里她还是更喜爱弦乐演奏。于是，大约在十几岁左右她转而跟随父兄学起了小提琴。莉莲的学琴之路与她大哥几乎如出一辙，她进入纽约音乐艺术学院（即后来茱莉亚音乐学院的前身）师从路易斯·斯维森斯基（Louis Svecenski, 1862-1926）和弗朗兹·克纳塞尔（Franz Kneisel, 1865-1926）学习小提琴。这两位都是 20 世纪初美国的名师，其中克纳塞尔是德奥学派著名的小提琴家兼教师约瑟夫·赫尔梅斯贝格的学生,曾担任过波士顿交响乐团18年的乐团首席。莉莲在这两位老师的传授下接受了最为严格、系统的训练,其风格兼及德奥学派和俄罗斯学派,并掌握了大量的小提琴演奏曲目。与此同时,她又拜学院的作曲教授佩西·戈茨修斯(Percy Goetschius,1853-1943)为师学习作曲课程,成为后者的得意女弟子;而她的同门师兄里包括日后鼎鼎大名的作曲家霍华德·汉森(Howard Hanson,1896-1981)。

在以优异的成绩毕业后,1926年,年方24岁的莉莲·福克斯作为一名小提琴家完成了她的独奏处女秀。她的演出相当成功,并引起了报刊舆论的好评。然而,谁也不曾料到正当世人期待着这位富有潜质的小提琴家能在自己的事业上更上一层楼之际,莉莲却一头扎进了一支弦乐四重奏组——佩洛勒弦乐四重奏——拉起了中提琴。她在这个四重奏组里一拉就是20年,从此,这个世界上就多了一位中提琴大师而少了一位或许会陷于平庸的小提琴女性。

作为一名中提琴演奏者,就要具备足够的思想准备在演奏事业上要敢于充当助手与合作者,毕竟在世纪初专职的中提琴独奏家是凤毛麟角,屈指可数的。莉莲显然做好了这样的思想准备;同时,由于在家庭里经常与约瑟夫和哈里举行三重奏,她也从心底里醉心于室内乐演奏。就这样,从1926年一直到1945年的近20年里她一直作为佩洛勒弦乐四重奏的中提琴手频繁地活跃在国内外乐坛。在1940年代中期,她的大哥约瑟夫发起成立了一个名叫"音乐家行会"(Musician Guild)的演出团体。毫无疑问,福克斯三兄妹是这个团体里的核心成员,不仅经常举办福克斯的弦乐三重奏,也分别与其他的艺术家合作演奏弦乐四重奏、钢琴五重奏等室内乐。他们的演出在纽约的市政大厅举行,在整个20世纪四五十年代,由"音乐家行会"组织的音乐会一直是纽约音乐生活一道亮丽的文化景象。

当然,与室内乐并行不悖的是莉莲的独奏生涯。她作为一名中提琴独奏家在欧美举行了多次巡演。她与欧洲一流的交响乐团合作演奏了柏辽兹的《哈罗尔德在意大利》,演奏贝多芬、勃拉姆斯、舒伯特、德沃夏克、德彪西和米约的室内乐作品;而她与大哥约瑟夫演奏的小提琴、中提琴二重奏更是为人津津乐道,这就不得不提及他们兄妹俩对莫扎特《降E大调交响协奏曲》的经典诠释了。在20世纪前半叶这首作品几乎成了福克斯兄妹舞台传奇的代名词,光唱片录音就有四个版本,其中尤以1953年在法国普拉德举行的卡萨尔斯艺术节上的现场版最为出名,它由卡萨尔斯亲自指挥普拉德艺术节管弦乐团予以协奏(Koch 7004)。也正是在艺术节现场亲耳聆听了福克斯兄妹的精湛诠释,令在座的捷克作曲家马蒂努激赏不已,由他们的演奏触发了艺术灵感的作曲家次年专门为这对兄妹创作了他优美动人的小提琴、中提琴二重奏《牧歌三首》（DECCA 8510, LP），并由他们作了世界首演。其实，马蒂努最青睐的还是莉莲的高超艺术，于是，他又先后特地为中提琴度身定制了中提琴与乐队的《狂想协奏曲》和《中提琴独奏奏鸣曲》题献给莉莲·福克斯，都由莉莲首演后流行于世。

莉莲身材瘦小，由此而推想她的手指和手掌也一定不会长大。那么为何这样一位娇小玲珑的女子却能在中提琴演奏艺术上取得如此不凡的成就呢？以自己既拉过小提琴又拉过中提琴的经历而言，莉莲认为："这两种乐器在技术的各个方面都非常相似，只是中提琴在尺寸上更大，所以在学习它的演奏技巧时其灵敏性方面就会有难度。"然而，她认为这一点应当通过学习小提琴来得到解决，"因为所有著名的中提琴家都曾经是优秀的小提琴家。一位好的小提琴家当他拿起一把中提琴可以立即成为一位好的中提琴家，只要他具备敏锐的听觉，而且有灵活的运弓技巧，换一种乐器对他而言是不会有太多的困难的。"为了解决中提琴的琴弓分量更重的问题，莉莲有意识地在演奏中提高自己右手肘的位置，这样可以使右臂动作的线条连续不断，更可增强上半弓演奏的力度。当然，好马还须好鞍，琴的大小也十分重要。莉莲自己使用的是一把体积稍小的由 16 世纪意大利制琴名家加斯帕罗·达·萨洛制作的名琴，并且在 A 弦上使用羊肠琴弦，因为她认为在一把古老的意大利名琴上使用金属的 A 弦简直是一种亵渎！她使用的琴弓则是英国制弓家约翰·多德制作的，他的弓比起通常的中提琴琴弓都要更短些，十分适合像她这样身材娇小的演奏家使用。

正是使用了这把加斯帕罗名琴，这位中提琴女杰在她艺术生涯的黄金年代创造了一个演奏史上的神话，她首次用中提琴演释了巴赫的六首大提琴独奏组曲，并且还录成了唱片！此举一出，举世皆惊。莉莲为演奏好这套组曲花费了多年时间精心准备，她最初是受到卡萨尔斯演奏这六首大提琴组曲的感染，决意要在中提琴上"再现"此曲。在公开演奏之前她曾私下里为卡萨尔斯演奏过，想听一听这位绝对权威的评判。殊不料卡萨尔斯听后竟对这位比自己年少 26 岁、可以当他女儿的女中提琴家说：听了莉莲的演奏后他反而觉得巴赫的这套大提琴组曲用中提琴比自己用大提琴演奏的声音效果要更好（It sounded better on the viola than on the cello）！大提琴泰斗的鼓励大大激励了莉莲。在此后很长一段时间里，她将这套组曲一直作为自己音乐会上的保留曲目这场演一首，那场演一首，从而将它演奏得得心应手。她也由此成为用中提琴演奏这套作品的有史以来的第一人。在 20 世纪 50 年代她为 DECCA 录制了大量的唱片录音，这些极为珍贵的唱片大都至今还停留在 LP 的介质状态，唯有这套最负盛名的巴赫组曲全集却由加拿大的 Doremi 唱片公司于 2005 年转制成了 CD 予以面世（Doremi 7801, 2CD）。不出所料，唱片一经问世立即成了爱乐者争相购藏的圭臬至爱。

　　除了演奏之外,莉莲·福克斯在教学和作曲这两个领域所取得的成就也堪称斐然。1962年,她开始在曼哈顿音乐学院执教,1971年又成为母校茱莉亚音乐学院的中提琴教授。对于莉莲,教学也是她人生中的一大挚爱,她对学生们永远怀着一颗巨大的爱心。在辅导提升那些富有天资的年轻人,帮助他们迅速成才方面她所起到的作用和影响是非常实用而又具决定性的。也许许多人都不知道,20世纪不少杰出的提琴家诸如艾萨克·斯特恩、平恰斯·祖克曼以及杰出的提琴教师多萝西·迪蕾等都曾受益于莉莲的教诲。有感于中提琴教学中普遍遇到的教材与曲目的匮乏,她又施展起自己早年学得的创作技艺,先后创作了三套简练实用而又颇具艺术性的中提琴教材,即《十二首随想曲》(1950年)、《十六首幻想随想曲》(1961年)和《十五首个性练习曲》(1965年),全部都是无伴奏的中提琴练习曲。这些作品不仅是提高学生们演奏技巧的绝好教材,更是莉莲本人独奏音乐会上最受欢迎的加演曲目。她的这几套作品深得有"20世纪最伟大中提琴家"美誉的威廉·普里姆罗斯的高度赞赏,称其为中提琴的演奏曲目和教材填补了空白,具有无可替代的地位与影响。更有甚者她还着手为帕格尼尼的《二十四首随想曲》里的几首配了钢琴伴奏谱,这是她为其兄约瑟夫的演奏而专门谱写的,由此也可见莉莲的创作功力着实非同一般。

　　当然,作为20世纪最受人瞩目的中提琴女性,莉莲令人惊叹的精湛艺术也博得了当代作曲家们的青睐,他们竞相为她创作题献作品。犹太裔的意大利作曲家维托里奥·里埃蒂(Vittorio Rieti,1898-1994)更是效仿当年的贝多芬,为福克斯三兄妹创作了一首由小提琴、中提琴和大提琴独奏的《三重协奏曲》。当然,这里还不得不提的一首作品,就是无伴奏的《田园奏鸣曲》,这首标题性的奏鸣曲是作为一名作曲家的莉莲于1956年献给作为中提琴家的自己的(Sonata Pastorale,DECCA 5414/5415,2LP)。

　　当年,约瑟夫、莉莲和哈里·福克斯的家族三重奏闻名遐迩,他们演奏的贝多芬《c小调弦乐三重奏》(DECCA 9574,LP)在一个相当长的时期内都堪称是令人羡慕的家庭三重奏的楷模。然而,人们更没有料想到的是,在这个著名的音乐家族里竟然有着三代人前承后续的三组弦乐三重奏,而这三代人的三组三重奏都离不开莉莲·福克斯的身影。

　　莉莲的丈夫路德维希·斯坦因是一名商人,犹太裔的男子服饰用品商店的老板。同时他也是一位造诣颇深的小提琴家,也会拉中提琴和弹钢琴。莉莲婚后生下了一对双胞胎千金,她们成了福克斯家族音乐传统的第二代传承者。姐姐芭芭拉·马洛(Barbara Mallow)是一位大提琴家;妹妹卡萝尔·阿马多(Carol Amado)则继承了她大舅舅约瑟夫的衣钵,成了一名优秀的小提琴家。于是,当她们成年后家族里第二个弦乐三重奏也自然而然地产生了。这个由母女仨组成的三重奏被命名为"莉莲弦乐三重奏组"(Lilian Fuchs Trio)。而当莉莲逐渐韶华老去,家族里的第三代弦乐三重奏又适时地接班了。这第三个弦乐三重奏由芭芭拉领衔,芭芭拉的女儿、中提琴家让娜·马洛(Jeanne Mallow)和卡萝尔的儿子、小提琴家大卫·阿马多(David Amado)成了福克斯音乐家族的新成员。

让娜最早学的是小提琴,或许在她的基因里流淌着外祖母对中提琴的满腔挚爱,因而她也逐渐为中提琴所具有的相对幽暗但却更为深厚的音色所吸引,遂改习中提琴,这几乎是完全复制了当年莉莲的求艺之路。她曾受教于小提琴名宿金戈尔德,被誉为是"一位受人尊敬的音乐传统的继承者,她的演奏具有忧郁的贵族气质,令人激动的吟唱和一种娓娓倾诉的音乐感"。让娜曾多次在卡内基音乐厅举行过中提琴独奏音乐会。在 2006 年,让娜录制了一套唱片,在这里面收录了外祖母为中提琴创作的所有独奏作品(Naxos 8·557932-33,2CD)。更具纪念意义的是,让娜在录音时演奏的那把琴正是莉莲生前一直使用的加斯帕罗!

莉莲的艺术生涯出奇的长,她生前最后一次在公开场合举行音乐会是 1976 年的 8 月 21 日,那是在美国科罗拉多州举行的阿斯本艺术节上她与她的合作者演奏了舒伯特的《鳟鱼钢琴五重奏》,时年 75 岁! 她的寿命与其兄长约瑟夫同样长寿,直到 1995 年 10 月 5 日在新泽西去世,享年 92 岁。

从莉莲·福克斯的身上,人们可以看到以她为代表的音乐家族是如何在百年的沧桑传承过程中从单纯的弦乐演奏向着更广阔的领域延伸、开拓,福克斯家族就是以这种生生不息、血脉相传的方式谱写着家族的传奇;而莉莲·福克斯不愧为是一手造就了这个家族三代人的三个弦乐三重奏的缔造者,这即便是在音乐家族相当普遍的西方乐坛上恐怕也是绝无仅有的。

75. 中提琴领域的"半边天"
——今井信子（Nobuko Imai）

俗话说英雄莫问出身，可在音乐领域数百年仍"陋习"未改，讲求的还就是师承渊源，吃香的就是名牌效应。这个名牌指的自然是名校名师。譬如在美国，大都言必称茱莉亚、柯蒂斯；在苏联-俄罗斯，谁又不惟莫斯科、圣彼得堡马首是瞻呢？欧洲诸国也亦大抵如是。在日本，有一所音乐院校堪称"东方的茱莉亚"，这便是位于东京的桐朋学园。桐朋学园自1955年创建以来，在60年里已培养造就出了众多在当今乐坛声名显赫的各类音乐艺术家，硕果累累，闻名遐迩。即便是在相对冷门的中提琴专业，桐朋也为世界贡献了一位当代最著名的女性演奏大师，她就是被誉为在中提琴领域"撑起了半边天"的今井信子。

在整个20世纪的中提琴艺术史上，如果说前半个世纪由出身著名提琴世家的莉莲·福克斯领衔称雌，那么当她于战后逐渐淡出舞台之后，中提琴界因红颜老却未免显得有那么几分凋零孤寂。所幸今井信子的适时崛起填补了这个空白，因而这位来自东方的亚洲女性就格外受到世人的关注和青睐。

今井信子1943年3月18日出生于东京，自幼学习小提琴。进入桐朋学园中学部后师从日本著名小提琴家江藤俊哉（1927-2008）。江藤毕业于东京艺术大学，后入美国柯蒂斯留学。1951年他在纽约卡内基音乐厅登台，成为战后在美举行独奏音乐会的第一人。后来他担任桐朋学园的弦乐系主任。信子跟随江藤老师学了四年小提琴。在升入大学之后，她经过对前途一番深思熟虑的分析考量，果断决定更弦易辙改学中提琴。不过，即便在桐朋，专业优秀的中提琴指导教师也是不多的。于是，从桐朋毕业后信子即转赴美国，师从著名的德国中提琴演奏家瓦尔特·特兰普勒（Walter Trampler，1915-1997）。特兰普勒是提琴世家出身，他6岁正式习琴，很早便开始在欧洲举行巡演，曾任柏林广播乐团的中提琴首席。二战前夕他移居美国，先后在茱莉亚音乐学院和耶鲁大学音乐系任教，并且是耶鲁四重奏的中提琴手。信子在这位欧洲名师的门下获益良多,并跟随着乃师从茱莉亚一路转学到耶鲁,终在那里完成了自己的学业。尽管对信子在此期间求学的资料付之阙如,然而,她在国际比赛中的骄人成绩足以为人们说明一切。

1967 年,年方 24 岁的信子在国际青年音乐会艺术家的试听比赛中获得了头名,这也是该项比赛历史上第一次由一位中提琴演奏者能够战胜人数众多的钢琴和小提琴选手而独占鳌头。这次的比赛使得信子对接下来的竞争更有信心,更加从容自信了。话说世界上的各类音乐比赛尽管名目繁多,不胜枚举,然而含有中提琴比赛项目的赛事终究还是很少的,分别创办于 1939 年的日内瓦国际音乐比赛和 1952 年的慕尼黑国际音乐比赛不仅历史悠久,而且还是举办项目齐全的两项最负盛名的赛事,有综合国际音乐比赛中的"双璧"之称。信子的目标就瞄准了这两个顶尖的大赛。

今井信子具有日本民族特有的勤奋刻苦、顽强好胜的意识,她寒窗面壁数载,图的就是在这样的国际大赛里去检验自己的学习成果和实力水平。同年九月,她赴德国参加第十六届慕尼黑国际音乐比赛,在空前激烈的角逐面前,这位身材娇小、气质单纯的日本姑娘全无惧色,在演奏中发挥得异常出色,听得在场的评委们不住地点头称许。评委们一致为这位出色的女中提琴选手打出了高分,最终在第一名空缺的情况下,信子获得了这届比赛的第二名——最高奖!第二年,适逢日内瓦国际比赛又隆重开赛,于是信子遂厉兵秣马,再接再厉地转战瑞士。这一次,她又在各路男性选手的层层围追堵截包围中脱颖而出,成为最受众人瞩目的亮点,一举又夺得了一枚银牌。尽管两次都未金榜题名,然而这一年信子的惊艳表现已足以令世界乐坛惊诧不已了,因为在她之前还从没有哪怕是一位中提琴选手能同时在这两项最高级的国际大赛上获得过这么高的名次。而在信子的祖国日本,音乐界更是难抑民众的激动之情,报刊杂志上连篇累牍地刊发着有关她参赛和获奖的报道,对她的为国争光大加赞赏。一时间信子俨然成了琴坛上迅速崛起的天之骄女。

今井信子长着日本人典型的身材,身材不高,娇小玲珑。她的手自然也比西方人来得更小。倘若当初以手取人的话,那么谁也无法相信就是这双纤纤玉手竟能在日后的中提琴演奏舞台上掀起波澜,名闻遐迩。她使用的是一把制于 1690 年的瓜内利名琴,这把珍贵的名琴却比较宽大,与通常男性演奏家使用的琴相差无几。这可苦了手小的信子,为此她苦练指法,常年不辍,为能成为这把琴真正的主人付出了常人难以想象的艰辛和汗水。成名后的她小指已显得略有变形,这就是这种辛劳代价的明证。然而,信子为此所换取的回报也足以令她欣慰。自国际大赛声誉鹊起后,她随即加盟了在欧洲乐坛颇具声望的荷兰弦乐室内乐重奏组"维尔米尔弦乐四重奏",成为中提琴手。与此同时,她又以独奏家的身份开始活跃于世界乐坛。她曾先后与柏林爱乐团、伦敦交响乐团、BBC 交响乐团、波士顿交响乐团、芝加哥交响乐团、阿姆斯特丹皇家音乐厅管弦乐团以及维也纳交响乐团等世界一流的乐团合作举行音乐会,并且作为世界上难得的女中提琴演奏家频繁地出现在各个著名的音乐艺术节的舞台上。除了演奏外,她于 1980 年代开始签约著名的唱片公司,录制了不少脍炙人口的唱片,它们真实再现了信子风靡乐坛的艺术魅力。

今井信子演奏的舒伯特《a 小调琶音奏鸣曲》(Chandos 8664)录制于 1990 年,她以沉稳从容的气质、流畅轻盈的弓法很好地再现了作品所具有的沙龙式悠闲的意蕴。尽管舒伯特的这首著名的奏鸣曲如今大多以大提琴来演奏,然而作曲家却是为即便在当时也不很流行的吉他形大提琴(或称梨形大提琴)而创作的。这种形似吉他的琴有六根琴弦,它的高音弦比大提琴的 A 弦要高出五度,因而采用中提琴去演释这首作品或许比起大提琴来要更接近于吉他形大提琴的实际音色效果。在乐曲的第三乐章里颇多位于高音区的旋律,容易出现中提琴演奏中常见的发尖发硬的通病;可信子奏来却仍能保持其音色的圆润丰泽和旋律的清晰流畅,足以显见她的功力非同一般。而她演绎的柏辽兹《哈罗尔德在意大利》(Philips 416 437)则又意趣迥异,琴声中散发着人性的光泽;于深情里寄寓忧郁,于失意里透出憧憬。在她的指尖,一位愤世嫉俗又苦闷彷徨的青年贵族形象跃然在听者眼前,她准确地把握了作品的主旨,独奏中提琴既无意与整个乐队戏剧性的描绘去争奇斗异,但又时刻保持着自己的音色尊严,用典雅诗意的气韵凛然超脱于华丽的配器之外。她以女性特有的细腻与感性去揭示主人公微妙的内心世界,以天鹅绒般的丰满音色为我们刻画了一位孤独者的人生之旅。信子与有"柏辽兹作品权威"美誉的著名指挥家柯林·戴维斯指挥的伦敦交响乐团的合作可谓是强强联手,舆论对这个版本的评价要高过由戴维斯与梅纽因合作的 EMI 版以及由指挥家夏尔·迪图瓦与祖克曼合作的 DECCA 版,被推荐为《企鹅唱片评鉴》的三星名版。

1994 年,信子在瑞士录制了一张题为《中提琴花束》(Viola Bouquet Philips 446 103)的小品集锦。它收录了十六首脍炙人口的小品,堪称是曲曲珠玑,声声悦耳。这张专辑以其优美感人的艺术表现一扫中提琴历来为人轻慢疏忽的颓气,为中提琴背负了几个世纪"缺乏个性魅力"的黑锅彻底正了名! 在这张专辑里,信子的演奏艺术体现得多彩多姿,淋漓尽致:福列《梦后》之纤丽华美,埃尔加《爱的致意》之深沉甘醇;克莱斯勒《美丽的罗斯玛琳》之清新活泼以及布洛赫《希伯来组曲》之深沉忧伤无不被呈现得各尽其态,熠熠生辉。在由柯达伊改编的巴赫《d 小调半音阶幻想曲》里,信子的演技更是发挥到捭阖纵横的境地,她以奔放的气势尽显原作那种令人叹为观止的戏剧高潮和奇幻丰富的音乐色彩,将中提琴的音域幅度和表现手段都提升到一个令人难以想象的高度。而艺高人胆大的信子更是将德国作曲家亨德米特那四首令人生畏的无伴奏中提琴奏鸣曲来了一番全盘录制(BIS 571),为这套曲目录音的长期"缺席"填补了必要的空缺!

❧ ～～～～ ～～～～ ❧

作为一位出生于日本的演奏家,今井信子对于自己本民族的音乐作品有着一种执着甚至是顽固的偏爱,她深知一位中提琴独奏家要想在世界乐坛安身立命没有一部属于她自己的看家曲目是难乎其难的。事实上,由于中提琴文献的小众化,在当代几乎没有一部中提琴作品不是作曲家为其钟爱的演奏家而度身定制的,如巴托克为苏格兰中提琴家普里姆罗斯、沃尔顿为同胞特尔蒂斯、施尼特凯为同胞巴什梅特都创作了中提琴协奏曲。那么属于信子的协奏曲出自何人之手呢? 它来自日本当代最杰出的作曲家武满彻。

1989 年,身为当代世界级大师的武满彻受法国文化部邀约为庆祝法国大革命 200 周年创作一部作品,武满彻即完成了这首标题为《秋之弦》的中提琴协奏曲(A String Around Autumn),他将此作题献给信子,并由信子会同日裔指挥家长野健(Kent Nagano,1951-) 指挥的巴黎管弦乐团于当年 11 月 29 日首演于巴黎的秋季音乐节。武满彻长期致力于将西方现代技法与日本传统音乐的融合,探索音乐中东方语汇独特的表现方式。他的创作体现的是东方人独具的注重意境表达的写意美感。这首协奏曲以缓慢而优雅的单一乐章构成。在颇具印象派风格的丰富和声烘托下,信子的中提琴以一种超凡脱俗的情调徜徉于对秋日景象的吟咏之中。作品的主题素材以东方的五声音阶为基础,在游移不定的调性、虚幻飘渺的旋律背景的渲染中,独奏中提琴的琴声亦诗亦歌,如梦如幻,形象地阐释了作曲家所要表达的"一个人在秋天对大自然的参悟和思考",从对大自然的感受中获取对人性意义的感悟的主旨。独奏中大量泛音音色的运用赋予原本音色较为抑郁晦暗的中提琴"本色"展现出了光怪陆离的缤纷色调,使整首作品焕发出一种东方水墨画恬淡清静而又悠久深远的意境,着实令人心旷神怡,美不胜收。由于作品的首演取得了极大的成功,当年信子与日本指挥大师小泽征尔指挥的斋藤秀雄管弦乐团为 Philips 录制了《秋之弦》的录音(Philips 432 176),成为演录俱优的名版。

信子与武满彻相识于 1984 年的爱丁堡艺术节上。当时信子在艺术节音乐会上演奏了英国作曲家布里顿为中提琴创作的著名乐曲《哭泣》(Lachrymae),并首演了他的

《悲歌》(Elegy),她琴声中传递出的惊人的艺术感染力令在座的武满彻大为震撼。演出结束后武满彻急切地找到了这位比自己小 13 岁的女同胞,动情地对她说:"以往我听音乐的时候从不落泪,但是今天你的琴声却让我的眼睛湿润了。"从此,作曲家就一直在寻找能与信子合作的机会。《秋之弦》的成功使他得偿所愿。1994 年,他又为信子创作了另一首中提琴作品《一只病鸟的步态》(A Bird Came Down The Walk, Bis 829)。

随着时间的推移,今井信子在世界乐坛的声誉日见响亮,她的演奏曲目也日益拓展。她对同为中提琴家出身、曾被誉为"德国第一中提琴"的作曲家亨德米特的作品尤为青睐,不仅录制了他的四首中提琴独奏奏鸣曲,还录制了他的三首奏鸣曲以及协奏曲。她演奏的现代作曲家的作品也可圈可点,为 BIS 录制的当代俄罗斯著名作曲家施尼特凯的《中提琴协奏曲》、杰尼索夫的《双中提琴、大键琴与弦乐队协奏曲》皆口碑上佳。1997 年,Philips 唱片公司隆重推出了她的又一部惊世之作——巴赫的全套《大提琴独奏组曲》的中提琴版(Philips 462 789, 2CD)。信子甚至做到了令男性同行都没能做到的事,这充分体现出作为一位日本女性不达目的誓不罢休的自强精神和坚韧毅力。鉴于她为世界中提琴艺术所作出的卓越贡献,1993 年信子荣获了艾冯艺术大奖;又因她对日本音乐的出色诠释和推广,1995 年又获得三得利音乐大奖。自 1983 年起的 20 多年里,她一直是德国北威州德特莫尔德音乐学院的中提琴教授,并经常作为客席教授执教于荷兰阿姆斯特丹皇家音乐学院以及瑞士的锡昂和日内瓦音乐学院。为了更好地培养和选拔年轻优秀的中提琴人才,信子于 2003 年组建了主要由日本和荷兰的青年才俊组成的"东西巴洛克协会"(East West Baroque Academy),亲自负责指导乐团的训练与演出,在国际上产生了较大的影响。

今井信子与荷兰人冯·邦乔维结婚后定居于荷兰,她也爱上了这个郁金香之国。她育有一对儿女。在家庭生活中,信子不再是舞台上那个仪态万方的提琴大师,而变身为一位温馨可人的贤妻良母。她喜欢烹饪,有滋有味地品尝着家庭生活带来的乐趣。她的个人爱好也极为丰富,最喜欢的运动项目就是打高尔夫;然而,有这份闲情逸致的时间对于信子而言委实是太少了,谁让她是当今乐坛中提琴的"独门闺秀"呢?

76. 火一般激情的女大提琴家

——奎尔赫米娜·苏吉亚

（Guilhermina Suggia）

在音乐舞台上出现的第一位女性大提琴家据信是法国的丽萨·克里斯蒂亚尼（Lisa Cristiani, 1827-1853），她有着高雅的风度和优异的技艺，曾在19世纪上半叶的欧洲举行过巡演。当她在莱比锡演出时还受到了门德尔松的激赏，后者将他的那首《无词之歌》（作品109）题献给这位大提琴女性。不过，她的艺术生涯与她的生命一样短暂，26岁就因罹患霍乱逝于巡演途中。在整个19世纪，女性作为大提琴演奏家的个案是极为鲜见的；但到了20世纪，这种局面大为改观，不少在青史留名的女大提琴家得以涌现，据说在20世纪初光在英伦乐坛上有名有姓的女大提琴家就不下二十位；而在她们之中，尤以梅·穆克尔（May Mukle, 1880-1963）、奎尔赫米娜·苏吉亚、贝娅特丽丝·哈里森和塞尔玛·莱斯（Thelma Reiss, 1906- ？）形成了琴坛上四女争春的瑰丽风景。这四人中唯有苏吉亚并非英国人氏，但她堪称是20世纪大提琴的女性第一人！

奎尔赫米娜·苏吉亚是葡萄牙人，她1885年6月27日出生于葡萄牙第二大城市波尔图。其父奥古斯托·苏吉亚有意大利和西班牙裔血统，他是当地的一位大提琴家，曾在里斯本音乐学院担任过大提琴教师。奥古斯托有两个女儿，大女儿维吉尼娅幼学钢琴，而比她小3岁的奎尔赫米娜父亲却有意让她继承自己的衣钵，于是，当女儿还在断文识字之前，奥古斯托就从巴黎买了一把3/4的童琴，手把手地教小女儿练习拉琴。

在波尔图，奥古斯托可算是当地的名流，他结交的大都是上流社会的朋友，因而苏吉亚姐妹从小就在一种十分浓郁的文化氛围中长大。而当两个女儿相继学了音乐之后这个家庭更成了波尔图众人羡慕的音乐之家。姐妹俩以小童星的姿态频频出现在当地公众场合和集会地点，联袂献演。当她俩在1892年第一次在一个叫做马托辛诺斯的俱乐部演出时,简直成了当地轰动一时的大事件。7岁的奎尔赫米娜被报纸形容为"身着蓝色外衣,端坐在一张极小的椅子里,怀里搂抱着她的大提琴,在我们看来简直就如同是一个令人爱不释手的小小玩偶。她在演奏时脸上带着微笑,就仿佛此刻她是在自己的房间里玩着一个玩具那么自然。然而她拉的弓却是强劲有力和坚实可靠的。由于年龄太小,手指尚未完全发育,因而左手缺乏延伸度和灵敏度;但即便如此她的演奏已足以令人惊骇了。一曲甫毕全场无论男女老幼都起立为她鼓掌喝彩,并一拥而上抱着这个小姑娘亲吻个不停"。

苏吉亚在父亲的亲授下学琴的步伐异常神速。说来也许有些难以置信,12岁时的她已被当地的俄耳甫斯管弦乐团任命为乐团的首席大提琴了。在此期间,姐妹俩仍继续联袂演出,她们是波尔图当地的音乐沙龙中最受欢迎的女性演奏者。后来,随着姐妹俩的名声越来越大,连葡萄牙国王和王后都风闻了她们的事迹,于是国王卡洛斯和王后阿梅丽娅特意邀请她们到里斯本的宫廷里为王公贵胄作专场演出。自然,她们的演奏也打动了国王和王后。王后甚至当场送给姐妹俩一人一枚镶嵌着心形红宝石的金手镯以表达对她们的欣赏。当王后问奎尔赫米娜她最大的心愿是什么时,小姑娘不假思索地答道她想去国外进一步深造。阿梅丽娅王后承诺将会帮助她实现梦想。于是,八个月后,得到王室资助的苏吉亚来到德国莱比锡,进入莱比锡音乐学院师从著名的大提琴教师裘里斯·克伦格尔(Julius Klengel,1859-1933),当时她17岁。

说起克伦格尔,可谓是当时的一代名师。作为提琴教师他门生遍及全欧,其中最著名的两大弟子分别是大名鼎鼎的福尔曼和皮亚蒂戈尔斯基。克伦格尔的技艺高超,他的另一名弟子、英国大提琴家威廉·普利斯(William Pleeth,1916-1999)称他具有一种"幻想色彩和帕格尼尼式风格的演奏技巧",他以其对德奥古典作品精准的诠释和阐释尺度被认为是德国大提琴学派的杰出代表。他的这种对演奏风格精准的把握度以及要求演奏必须一丝不苟的严谨理念也深深影响着苏吉亚的成长。在克伦格尔的悉心栽培下,她的琴艺更是得到了突飞猛进的发展。到德国的第二年,通过克伦格尔的举荐,苏吉亚在这个德国文化之都完成了她艺术生涯中的处女秀,在由伟大的指挥家尼基什指挥的格万德豪斯管弦乐团的协奏下,她第一次以大提琴独奏家的身份出现在专业的艺术舞台上。这次首演可用"惊艳"来形容,由此宣告了苏吉亚时代的到来。

苏吉亚是一位非常独立的女性,十分清楚自己的人生目标。她的个性自幼就显得颇为鲜明,对于音乐的情感从来没有丝毫动摇过,无论是在她成名以后收获名誉和荣耀时,还是在情感挫折受到打击和困顿时都是如此,用她自己的话来说:"我从未让羡慕嫉妒的恶魔或虚荣廉价的喝彩污损到我的演奏事业。尽管我承认那会使我感到一丝自豪……作为一位艺术家我永远是不满足的,在寻求着抵达完美巅峰的每一瞬间。我每天都要练习,会一直练到掌握所有我要学习的曲目为止。我是一个对自己有着最严厉标准的评论家,当我感到演奏不尽如人意时我对听众们的掌声是不会表现出欣喜之色的,因为在我的观念里这种演奏没有'达标'"。

在苏吉亚的艺术人生中,她与西班牙大提琴家卡萨尔斯的情感经历是一个绕不开的话题,也是后人一直试图揭开的一个谜团。本来,一位是 20 世纪最伟大的大提琴泰斗,另一位则是 20 世纪初最杰出的大提琴女性,他俩的结合该是音乐史上多么令人艳羡的一幕啊!

其实,苏吉亚很早就已认识了卡萨尔斯。1898 年夏,卡萨尔斯为了寻求一份演奏职业来到葡萄牙城市绪品努,在一个赌场的七重奏乐队里担任大提琴手。绪品努离波尔图只有 16 公里,因而卡萨尔斯也会在周末到波尔图举办他的大提琴独奏音乐会。那时 22 岁的卡萨尔斯尽管没有后来这样功成名就,却也小有名气。苏吉亚的父亲奥古斯托自然也是知道卡萨尔斯的,因此他带着 13 岁的苏吉亚去见卡萨尔斯,让女儿演奏给他听。卡萨尔斯凭着他的艺术直觉立刻意识到眼前这个小女孩拥有成为一名优秀大提琴家的巨大潜质。他同意教苏吉亚。于是,苏吉亚就独自乘坐火车从波尔图到绪品努去跟随卡萨尔斯学习了一个夏天,直到这年秋天卡萨尔斯返回他巴塞罗那的老家为止。卡萨尔斯与苏吉亚的人生第二次邂逅是在莱比锡。卡萨尔斯作为克伦格尔的客人造访了后者的家,在这里又遇见了作为克伦格尔学生的苏吉亚。1906 年的卡萨尔斯已远非当年落魄地充当葡萄牙赌场酒肆的乐手可比拟;而年方 18 岁的苏吉亚也早已不是卡萨尔斯当年所见的那个小丫头了,她出落得婷婷玉立,俨然是一位气质不凡的花容少女了。正是由于两人的再度重逢,就有了苏吉亚在完成了莱比锡的学业后去巴黎之举,因为卡萨尔斯在巴黎已经闯出了一片天。到了巴黎后,苏吉亚很可能又跟随卡萨尔斯学了一阵,但后来随着两人的关系由相识到相知,情感不断地升华,于是 1907 年起苏吉亚就住进了卡萨尔斯位于巴黎郊外奥特尔的别墅,昔日的师徒关系也顺理成章地发展成恋人关系。在随后的七年里两人的同居关系是人所共知的。在此期间,苏吉亚也曾以"卡萨尔斯夫人苏吉亚"(Mme Casals-Suggia)的名义见诸于他俩共同演出的海报和报章上,他们的朋友们更是早已把他俩视作是一对天造地设的神仙眷侣了;而卡萨尔斯在巴黎音乐圈内的好友诸如作曲家布索尼、埃涅斯库;钢琴家柯托、霍尔佐夫斯基;小提琴家蒂博、克莱斯勒和伊萨伊等也同时成了苏吉亚甚为相熟的朋友。

然而,苏吉亚终究没能成为卡萨尔斯的妻子。究竟是什么阻碍了他俩步入神圣的婚姻殿堂呢？由于在两人分手后各自都刻意回避了他们的这段罗曼史，讳莫如深，卡萨尔斯在他的自传和多次谈话中几乎从未谈及苏吉亚；而苏吉亚在临终前还将她生前的相关信件付之一炬，因而给后来的人们留下了一个难解的谜团。不过，一个比较一致的看法是卡萨尔斯和苏吉亚的个性都太强。对于苏吉亚而言，卡萨尔斯既是她初尝爱情甜蜜的崇拜偶像，又是她备受情感煎熬的伤心之源。两人同居后，卡萨尔斯仍不断地应邀外出巡演，而由他的管家负责苏吉亚在巴黎的生活起居。这不免引起同样渴望在艺术上有更大发展的苏吉亚的不快，作为一位优秀的大提琴家，要她长期生活在卡萨尔斯的阴影里是不可能的。她只能在家里教教大提琴，然而这显然非她所愿。此外，还有一个重要的原因，那就是卡萨尔斯的嫉妒心也很重，每当听到别人赞扬苏吉亚而没有提到他时，他的脸色往往就显得很难看。在这多重因素的累积下，1912年夏的一件事终于成了使他俩彻底分手的导火索。当时，英国作曲家兼钢琴家，也是著名的《音乐分析》一书的作者唐纳德·托维来到卡萨尔斯在西班牙圣萨尔瓦多的海滩别墅，他带来了为卡萨尔斯和苏吉亚创作的《双大提琴奏鸣曲》。当时作曲家格拉纳多斯夫妇等也在座。孰料托维的此番到来却将事情拖入了无可挽回的糟糕境地。朋友们谈着谈着不料卡萨尔斯突然间发作了，据猜测很可能是托维与苏吉亚过于亲密的交谈惹怒了他，两个男人之间爆发了一场令人始料未及的激烈冲突。它搅得这次休假不欢而散，随后托维随即回到了伦敦；而不久苏吉亚也离开了卡萨尔斯。尽管昔日的恋情不再，但与卡萨尔斯分手后的苏吉亚却对他仍保留着足够的尊重，称他为"现在世界上最卓越的大提琴第一人"。

1913年，苏吉亚告别了巴黎，离开了卡萨尔斯，她来到了与法国隔海相望的英国。其后的30年是苏吉亚演奏事业迈向高峰的时期。在英伦她丝毫也不因语言、文化的不同而感到局促拘束，相反却显得如鱼得水，收放自如。1914年，她与匈牙利小提琴家杰莉·达兰尼以及英国钢琴家范妮·戴维斯（Fanny Davies，1861-1934）组成了20世纪乐坛上最早、也最知名的女子三重奏组，活跃于欧洲各国的艺术舞台上，形成了一道既令人享受又养眼怡情的风景线。她个人也频频举行大提琴独奏音乐会，欧洲各大城市的音乐舞台上都留下了她的倩影。

在当时的人们眼中，音乐世家的出身和艺术素养的全面使得苏吉亚有着高贵的气质和雍容的举止；而她的演奏又正是在诠释着这种高贵和雍容。"她身材颀长，外貌端庄，一身橄榄色的肤色，一头乌黑发亮的头发。她性格豪放，不时发出爽朗的笑声，无论在生活中还是舞台上她天生注定就是一位受人瞩目的中心人物"，这，就是当时伦敦的音乐界对她的评价。就演奏风格而言,苏吉亚早期从其父和克伦格尔那里学到了讲究质朴而克制但又极其注重精准和规范的德国学派的传统;而在卡萨尔斯那里她又汲取了法国学派的精髓要义。卡萨尔斯对于技巧的要求是被他称之为"带有规则的自由"(Freedom with order)的"革命性的技巧",他声称"最完美的技巧是在演奏中完全不去意识到技巧的存在",他的这种艺术理念对于苏吉亚个性风格的形成和影响同样是难以估量的。她演奏的巴赫被评论界誉为是"在情绪的纤柔悲悯上凸显出女性的特征;在节奏韵律上是非常精巧细腻的。她的演奏非常迷人却又绝不朦胧含混。"当她在匈牙利演出时,著名的大提琴作曲家兼演奏家大卫·波佩尔(David Popper,1843-1913)在她的记事簿上题道:致现今最优秀的大提琴家奎尔赫米娜·苏吉亚——你的忘年交朋友大卫·波佩尔上。而在捷克首都布拉格,她则与德沃夏克的女儿见了面,后者告诉她自己非常喜欢苏吉亚演奏父亲的大提琴协奏曲,她甚至说其演奏的效果正如父亲当初创作时所希望达到的感觉。不过,苏吉亚在演奏中的强势也是不容置疑的。她与英国钢琴家杰拉尔德·莫尔合作的勃拉姆斯大提琴奏鸣曲被评论家称为:"大提琴的音响太突出了,远远盖过了钢琴部分,它使人想到这仿佛是一场巨人与小矮人之间的竞赛。"

或许是由于个性太强,甚至是乖张孤僻,苏吉亚留给今天的人们的录音是极少的,即便是黑胶时代的唱片也很难见诸于唱片目录。幸而英国的 Dutton 于 1989 年将她在二三十年代演奏的海顿《D 大调大提琴协奏曲》、拉罗《d 小调大提琴协奏曲》以及布鲁赫的《科尔·尼德莱》转制成了 CD 再版面世(Dutton 9748);而 Pearl 发行的《唱片上的大提琴历史》第一卷里仅收录了她演奏的辛尼加利亚的《幽默曲》(Pearl 9981/83,3CD),根本不足以窥其艺术之全貌。

苏吉亚结婚很晚,直到她 42 岁时才嫁给葡萄牙一位 X 光专家何塞·梅纳,自然他们也没有孩子。大约在二战前她逐渐退出演出舞台,战争期间他们夫妇回到了葡萄牙。战后苏吉亚又重返英国,她演奏了埃尔加的大提琴协奏曲,风采一如战前,音质极为清晰悦耳。她生前的最后一场音乐会是在 1949 年的爱丁堡艺术节上,当时的她已 61 岁了。

苏吉亚生前拥有两把珍贵的大提琴,早年爱用的蒙塔格纳保存在她家乡波尔图的音乐学院内;而成名之后更偏爱的那把 1717 年制的斯特拉迪瓦里名琴苏吉亚则将它遗赠给伦敦的皇家音乐学院。这把琴后来被拍卖,拍卖所得用来筹建资助年轻大提琴家的基金会。

1950 年 7 月 30 日,苏吉亚因患癌症病逝于家乡波尔图,享年 65 岁。今天的人们大都是通过一幅著名的油画作品去认识这位 20 世纪初的大提琴女神的,它的作者是英国画家奥古斯都·约翰。作品准确而传神地捕捉到了苏吉亚在演奏的一瞬间她那沉醉而迷人的姿态，进而揭示出人物内心奔放不羁的个性特征。作品极具艺术张力，使观者产生了强烈的视觉震撼。正如茱莉亚音乐学院人类学教授阿妮塔·梅契尔博士撰文中指出的那样：苏吉亚是一位具有火一般激情的伟大艺术女性！

苏吉亚与卡萨尔斯

奥古斯都·约翰所绘的油画作品
《演奏中的苏吉亚》

77. 大提琴是她生命全部的意义和目的
——贝娅特丽丝·哈里森
(Beatrice Harrison)

英国作曲家埃尔加创作的两首协奏曲有一个非常奇特而有趣的现象,那就是他的小提琴协奏曲总是男性比女性拉得好;而反过来他的大提琴协奏曲却似乎总是女性演奏家的版本更胜一筹。事实上,《e小调大提琴协奏曲》之所以能够随着时代的推移越来越经典,在很大程度上确实依赖于那几位杰出的女大提琴家,因为当它于1919年10月首演时可谓是一场彻头彻尾的失败。其后,正是一位年轻的女大提琴力排众议,在自己的音乐会上坚持反复演奏这首作品,方使听众慢慢接受并喜爱上了它。埃尔加的这首晚年力作得以拨云见日,进而熠熠生辉成为20世纪的大提琴经典文献,这位大提琴家功不可没。她就是贝娅特丽丝·哈里森。

❧❧❧

在20世纪上半叶的英国乐坛,哈里森家族是一个极为知名的音乐家族。这个家族历史悠久,出身高贵,在几百年的繁衍进程中诞生过不少著名的音乐人才。而到了贝娅特丽丝这一辈,更是结出了璀璨的硕果,她和她的姐妹一门四女皆名噪一时,其声名直追文坛上的勃朗特三姐妹,成为乐坛上一道令人艳羡的亮丽风景。

贝娅特丽丝的父亲约翰·哈里森是英国皇家海军的上校,皇家工程院圣托马斯坑道与雷管学院的主要负责人。他的妻子安妮年轻时学习过声乐,具有良好的专业素质。婚后安妮选择了相夫教子而放弃了自己的专业,然而她却立下誓言:只要她的孩子们哪怕显示出一丁点儿的音乐才情,她也要不惜一切地将她们培养成才。事实也果真如此!若干年后哈里森家真的腾飞出了四只金凤凰!

贝娅特丽丝是四姐妹中的老二。她的大姐梅·哈里森比她大两岁,是一名小提琴家、俄罗斯小提琴学派的创始人奥尔的学生;她的两个妹妹莫妮卡·哈里森和玛格丽特·哈里森一位是歌唱家,一位是大提琴家兼钢琴家,后来也各领风骚。然而,若要论姐妹花里最负世界声誉者,当数贝娅特丽丝。她1892年12月9日出生于英国殖民地——印度西北部的罗尔基,这是由于其时她父亲正受军队派遣在那里工作之故。不过,贝娅特丽丝出生3个月后全家就返回了英国。约翰任职的皇家工程院有一支由科学家们组成的业余管弦乐队,他们定期举办音乐会自娱自乐。就这样,才1岁半的小贝娅特丽丝被父母抱着去参加了她平生的第一场音乐会,这成为了她的音乐启蒙。稍长,父母让她学过钢琴和小提琴。本来父母想让贝娅特丽丝往钢琴方面发展。孰料老二却偏偏被乐团里的大家伙——大提琴吸引住了。于是等到她长到8岁,父亲便为她买来了大提琴。贝娅特丽丝仿佛天生就是为演奏大提琴而生的,乐器一经上手,就被她摆弄得有模有样。习琴不久,长辈们就让她到工程院的业余乐队里参与演出,因而自小她就获得了相当丰富的实践经验。

在她10岁那年,贝娅特丽丝与姐姐梅分别参加了由各自乐器协会举办的音乐比赛,结果姐妹俩双双夺冠,成为小提琴和大提琴比赛的第一名。贝娅特丽丝凭着比赛获得的奖学金在第二年进入皇家音乐学院,师从威廉·怀特豪斯教授(William Whitehause,1859-1935)。怀特豪斯在当时的英国可谓权倾琴坛,他身兼皇家音乐学院、三一学院、剑桥大学和曼彻斯特大学数所院校的教职于一身,门下弟子无数。说起来,埃尔加大提琴协奏曲的首演者菲利克斯·萨尔蒙德(Felix Salmond,1888-1952)也正是怀特豪斯的学生。不过,贝娅特丽丝可是怀氏门下的头一位女弟子,且才情更高于那些男性俊彦。1907年,尚在校学习的15岁的她就在王后大厅完成了自己的处女秀。她在大指挥家亨利·伍德指挥的伦敦交响乐团的协奏下充满自信而又技艺娴熟地演奏了圣-桑的《a小调第一大提琴协奏曲》。第二天出版的《泰晤士报》佳评如潮,将她誉为“一位地地道道的音乐家”。

为了使女儿们有更好的深造环境,1908年老约翰带着全家又迁居德国柏林。在旅居柏林的两年里,贝娅特丽丝拜德国学派的大提琴名师雨果·贝克尔(Hugo Becker,1863-1949)为师。贝克尔门下弟子甚众,而贝娅特丽丝则是他的第一位女弟子。柏林音乐学院设有门德尔松奖,此奖专为在德国学习的非德籍学生而设。1910年,18岁的贝娅特丽丝以其优异的成绩成为该奖历史上最年轻的获奖者,她的获奖作品是舒曼的《a小调大提琴协奏曲》。据说当她获奖后,不可一世的德皇威廉二世还自欺欺人地宣称:“一个英国姑娘获奖了?这不可能!或许她会在高尔夫球比赛中得奖;但在音乐比赛里这简直是太令人难以置信了!”然而,贝娅特丽丝非但得了奖,并且还以德国作为其职业演奏生涯的起点。她开始在欧洲举行巡演,在一系列成功的巡演中既有她的大提琴独奏,也有她与自己的姐妹梅和玛格丽特组成的弦乐三重奏音乐会,在当时的欧洲着实刮起了一股不小的“哈里森旋风”。

贝娅特丽丝·哈里森的一生保持着不少堪称"吉尼斯纪录"的第一：除了前述她分别是怀特豪斯和贝克尔的第一位女学生外，1913 年她又成为进入纽约卡内基大厅的第一位女大提琴独奏家。在卡内基，她分别与著名的波士顿交响乐团和芝加哥交响乐团举行了两场协奏曲音乐会，而这又刚好是这两支交响乐团历史上首次与一位女性独奏家进行合作！在美期间，她还与不少世界顶尖的艺术大师合作举行室内乐音乐会，他们之中有小提琴泰斗克莱斯勒、伟大的作曲家兼钢琴家拉赫玛尼诺夫以及杰出的澳大利亚女高音梅尔芭等。1918 年 3 月 11 日，26 岁的哈里森在比彻姆指挥的皇家爱乐乐团协奏下演奏了德沃夏克著名的《b 小调大提琴协奏曲》。她的老师贝克尔亲聆了这场精彩的演出，他对坐在身旁的亨利·伍德说，哈里森的这场演出甚至比她在柏林的首演更为出色。当然，同时在场的英国作曲家埃尔加对哈里森的艺术造诣也是极为激赏的，这就有了日后哈里森对他的大提琴协奏曲的不朽诠释。

就演技而言，哈里森可以随心所欲地驾驭任何主流的大提琴经典曲目，她演奏的巴赫大提琴组曲深得德国大提琴学派之要领，弓法扎实，音色饱满。然而，无论是在欧洲还是北美，她在音乐会上总是有意识地把英国作曲家的作品作为自己的保留曲目，通过自己的影响和声望向世人传扬民族音乐文化。最突出的例子表现在她对英国作曲家德留斯作品的大力弘扬上。德留斯是哈里森家族的老朋友，他与老哈里森的关系非常密切。后来，当哈里森家的几个女儿相继出息后德留斯更是简直成了这个音乐之家的"御用作曲家"。他不仅为贝娅特丽丝专门创作了自己的大提琴奏鸣曲、协奏曲，更仿效勃拉姆斯为她和她姐姐梅度身定制了一首《小提琴、大提琴双重协奏曲》，这些作品毫无例外都由被题献者进行了首次公演。在贝娅特丽丝极少数被转制成 CD 的唱片里还能欣赏到由她演奏的德留斯的大提琴奏鸣曲和梅演奏的小提琴奏鸣曲，都由她们的妹妹玛格丽特予以钢琴伴奏 (Symposium 1140)。德留斯与哈里森家的情感依恋甚至还体现在他的临终遗言里。德留斯 1935 年去世后，其家人根据他的遗愿把他的遗体葬于哈里森姐妹位于萨里郡的家附近；在葬礼仪式上，当指挥家比彻姆在宣读悼词时，贝娅特丽丝则以她深沉而哀伤的大提琴演奏寄托着她对这位长者的缅怀与哀思。

与德留斯同时期的英国作曲家巴克斯的大提琴协奏曲也是为贝娅特丽丝而作并经由她首演而成为大提琴文献的，她 1932 年与亨利·伍德指挥的 BBC 交响乐团的录音也得以传世 (Symposium 1150)。然而，在贝娅特丽丝一生的演奏艺术中，若论她对大提琴作品所作出的突出贡献，则没有哪首作品能比得上她演奏的埃尔加的《e 小调大提琴协奏曲》了，甚至可以说，如若没有她的演奏，这首日后被每一位大提琴家奉为圭臬的经典之作很有可能甫一问世就会遭遇夭折的命运！如前所述，埃尔加的这首大提琴协奏曲经由萨尔蒙德首演以失败而告终。埃尔加自然不服气，当他在1921年听了由贝娅特丽丝在赫尔福德艺术节上演奏的此曲后决定要在这位29岁的女大提琴家身上试试运气。他极力推荐由她来为自己的大提琴协奏曲录音。于是在EMI的前身HMV（His Master Voice）唱片公司的录音室里就留下了两个版本的录音：第一个录制于1919年，它实际上是作曲家的一个删节版；而1928年的录音才是完整版，两次录音均由作曲家亲自指挥交响乐团协奏。1928年版的《e小调大提琴协奏曲》（EMI 69786）堪称历史录音中最为重要且具收藏价值的经典，因为贝娅特丽丝就如何演绎好这首作品曾当面请教过埃尔加，并对作曲家的创作要旨作了详细的笔录纪要，还录制了彩排时的录音拿回家去细细研究，以求在演奏过程中最为准确传神地体现作曲家的精神内涵，因而这个版本成为日后每一位后来者演奏此曲必备的参照楷模。

当贝娅特丽丝完成了录音之后，埃尔加又向她提出了进一步的要求，请她与自己在王后大厅再次联袂合作演出这部作品，因为他急于想挽回因首演失败而造成的负面影响。贝娅特丽丝深知此次演出的意义非同一般，她非常慎重。在当晚的音乐会上她特意挑选了一袭"饰有天堂般绿松石图案"的蓝色雪纺绸晚礼裙，因为她认为这种图案和颜色与作品所要表现的情绪色彩最为契合。果然，演出获得了巨大的成功。自此，这首大提琴协奏曲经由她的反复诠释和录音而拨云见日，熠熠生辉，成了20世纪大提琴文献中一颗最为璀璨的瑰宝。

在二战期间，贝娅特丽丝·哈里森也没有放下手中的琴，她经常出现在由英王乔治五世的妹妹维多莉娅公主举办的慈善音乐会上，为前线将士义演。尽管是战时，而位于伦敦郊外萨里郡的哈里森家里却仍是一个高朋满座的文化沙龙，除了英国的王室成员外，一流的音乐家们、大文豪萧伯纳还有美国第一夫人埃莉诺·罗斯福等都是经常来此造访的座上客。每当华灯初上，哈里森家的"夜莺花园"里总要举行形式多样的家庭音乐会。乐音袅袅伴随着宾客们的谈笑风生，遂成萨里郡一处引以为傲的文化盛景。

"上帝总是公平的"，然而，当人们将这句名言套用在哈里森四姐妹身上时则会感受到某种苦涩和残忍。在乐坛上活色生香的四姐妹尽管个个都风姿绰约，身怀绝技，但她们四人的情感生活却是不约而同地一片空白，四姐妹里没有一个组织过家庭，令人唏嘘。就以贝娅特丽丝来说，她的生活中就没有为任何一个男性留下过位置。早年她在德国求学时曾多次担任过其钢琴伴奏的知名钢琴家兼作曲家尤金·达尔伯特

(Engene d'Albert, 1864-1932)尽管曾有过多达五次失败的婚姻,却仍难以抵御哈里森的丽质和才华,频频向其抛出橄榄枝,却被一次次婉拒。后来又相继有几位相当出色的圈内圈外男士向她示爱也同样无功而返,因为在她看来,大提琴简直成了她生命中的一切。就连在无法推脱的社交场合和家庭聚会上她也总是在传统的礼节性客套寒暄之后就一个人躲进自己的房间里埋头练琴。哈里森使用的是一把名贵的瓜内利琴,琴声浑厚圆润,散发着其具有独特个性的馥郁柔情和高雅气质。毫无疑问,在她的全盛时期她的演技堪与当时第一流的男性演奏家比肩,柯达伊那首令人咋舌的《无伴奏大提琴奏鸣曲》正是由她首度搬上英国的音乐舞台。她最后一次出现在公众场合是在1958年的一次电视转播音乐会上,这是为建造一座新的考文垂大教堂而举办的慈善募捐义演。自那以后,她的身影便从人们的视线里消失了。

晚年的哈里森是在萨里郡家族的乡间别墅里度过的。她隐身于此,每日与花园里的夜莺对歌抒情。某天黄昏时分,她甚至躲进了森林里,对着落日余晖的大自然演奏了里姆斯基-柯萨科夫的《印度客人之歌》。照料其日常起居的护工们不见了她的踪迹开始四处寻找,正在他们手足无措时但见她身心大悦地回到了家。她说:"当我对着森林拉琴时突然感到在我周围升腾起一种荣耀般的回声。我在琴上奏着颤音,它引来了林中鸟儿的唱和啁啾。在此之前我还从未听到过鸟儿的吟唱是如此的动听悦耳,这对我而言简直是一个奇迹!"受此启发,她邀请了BBC交响乐团的指挥家约翰·霍恩与她合作,将她与夜莺的这种"对话二重奏"以自然的方式录制下来,为此她甚至让一支小型乐队专门驻守在她的家里以随时伺机"实况录音"。果然,这种神奇而独一无二的录音后来就经由HMV的唱片被记录下来,并通过广播传向了整个欧洲。《印度客人之歌》《伦敦德里小调》《夜莺》(Nightingales)《黎明降临在一个老式的花园里》(Dawn in An Old World Garden)《母亲教我的歌》等这些大提琴曲的录音至今还保留在78转的粗纹唱片上(HMV B2470、B2469、B2853)。通过这样的录音和传播,女大提琴家哈里森的名字更是变得家喻户晓,世人皆知,来自世界各地的问候和致贺有如雪片般地飞往这个素来宁静的英国小镇,给老年的大提琴家带来了无限的温馨和慰藉。她的大姐梅去世得较早,20世纪60年代,当她的两个妹妹也相继退出舞台后,三姐妹重又在她们童年时成长起来的故居重聚了。老姐仨过着悠闲恬淡的英国乡村田园生活。1965年3月10日,贝娅特丽丝·哈里森辞世,享年73岁。

哈里森的一生既未曾大红大紫,惊天动地,却也未见大起大落,顿挫失意。对于她的成就,著名的弦乐杂志《斯特拉德》的评论写道:"对于贝娅特丽丝·哈里森而言,大提琴和它的音乐无疑就是她生命的全部意义和目的。"

78. 落英终有缤纷时

——萨拉·内尔索娃
（Zara Nelsova）

　　若问 20 世纪上半叶领衔的大提琴泰斗为谁，回答大致无外乎卡萨尔斯、福尔曼和皮亚蒂戈尔斯基这"三座大山"了。自他们在世纪初傲然崛起，后继者如能跟随其中的一位上几次课便已是天大的荣幸了。若一旦风云际会，能够成为三位大师共同的弟子，并得其真传，那真得套用广告词里的一句话，是"了不得，不得了"了。而在女大提琴家中还真有这样一位演奏家，果真在其学琴经历中得到了这三位大师的面授亲炙，成为集万千宠爱于一身的幸运儿。她，就是加拿大大提琴家萨拉·内尔索娃。20 世纪中叶当大提琴界的一代天骄杜·普雷尚未风靡乐坛之时她可是女性大提琴家中当之无愧的第一人。

━━━━━━━━━━━━━━━━━━━━

　　萨拉·内尔索娃 1918 年 12 月 23 日出生于加拿大的温尼伯市。在她降世之前，这个从俄罗斯移民而来的犹太裔家庭里已经有了两个小女孩——安娜和艾达。她们的父亲格里戈尔·内尔索夫是毕业于圣彼得堡音乐学院的长笛家，而母亲则是只会说犹太意第绪语的普通家庭主妇。格里戈尔携家来到北美后原本想要干出一番事业，不料结果却不尽如人意。当小萨拉出生后，他便把自己的希望寄托在三个宝贝女儿身上。由于前两个女儿已经学了钢琴和小提琴，因而小萨拉自 4 岁多起父亲就让她学习大提琴，因为他想模仿在俄罗斯时期当时一个很出名的切尼亚夫斯基三兄弟组成的钢琴三重奏组，决心要把自己的三个女儿也培养成一个女子三重奏。为了达到这个目的，父亲经常在冬日的清晨就把小萨拉从被窝里拽起，塞给她一把小型的大提琴监督她练琴。无奈即使是这把童琴对萨拉来说还是太大了，于是父亲后来又找来了一把成人用的中提琴，在琴的底部安上尾柱，让女儿像演奏巴洛克时期古中提琴的方式那样坐着练琴。

　　虽说格里戈尔本人的专业是长笛，可他却亲自负责小女儿的大提琴教学，因为他家的经济条件无法聘得起音乐教师。及至到了上学的年龄,萨拉才被送到专业大提琴教师德绍·马哈列克(Dezso Mahalek)那儿开始系统的训练。马哈列克是旅居加拿大的匈牙利人,他本人曾师从著名的匈牙利大提琴家兼作曲家大卫·波佩尔;但同时格里戈尔也没有因此而放松对女儿学习的督促和关心。严父良师双管齐下,萨拉的琴艺自是提高很快。11岁那年她参加了当地举办的一个"天才儿童音乐比赛"并进入了决赛。她的优异表现令在场的评委们眼睛为之一亮。评委之一的休·罗伯顿爵士当即建议格里戈尔应当把他的女儿们送去英国接受更好的音乐教育。望女成凤的父亲于是在1930年又举家迁居英国,他们的姓氏也由当初来到加拿大后改的卡兹内尔森又一变而为更盎格鲁撒克逊化的尼尔森(Nelson)。

刚来英国时,全凭出人头地一腔热血的尼尔森家在异国他乡并无半点根基,日子过得非常艰难。后来萨拉还添了一个小弟弟,一家六口人就居住在两个不大的房间里,而这六人中却有四位是要时常练习音乐的。不过,如此糟糕恶劣的学习环境却反倒使萨拉练就了过硬的演奏基础,并且具备了极强的抗干扰能力,这个与众不同的本领使她在日后漫长的演奏生涯中受用终身。

等家庭经济状况稍有好转,父亲把萨拉送去跟随赫伯特·沃伦(Herbert Walenn)学琴。这位沃伦先生虽说名气不咋的,可他却有一个有利条件,就是他的家就在伦敦的皇家音乐学院的对马路。因此他以自己的家作为校舍开办了一所教授大提琴的学校。别小看这个家庭作坊式的学校,沃伦在那里负责100多个程度不等的学生的教学,并且还果真培养出了一批日后声誉颇隆的优秀大提琴家,萨拉·内尔索娃就是其中的佼佼者。她随沃伦习琴六年,获益甚丰,不仅练就了非常扎实的演奏技巧,也积累起了一定的演奏曲目。12岁时,萨拉在学校对面的皇家音乐学院的演奏厅里完成了演奏处女秀。过了两年,她又在著名指挥家萨金特领导的伦敦交响乐团协奏下成功地演奏了拉罗的《d小调大提琴协奏曲》,从而一举成名,声誉鹊起。1936年,18岁的萨拉又在温格莫尔音乐厅举行了自己的独奏音乐会。她的演奏感染了座中的一位,他就是与萨金特齐名的大指挥家巴比罗利。巴比罗利也是大提琴家出身,所谓英雄相惜,他对萨拉的卓越天赋和艺术潜力大为赞赏。除了给予这位年轻的演奏者以长辈的建议外,巴比罗利还特意把萨拉引荐给来英国作访问演出的卡萨尔斯。卡氏听了萨拉的试奏后断言这个小姑娘的确才能不凡,遂热情邀请她到自己在法国南部的普拉德艺术节开办的大师班去进修。不过,这时格里戈尔一心期盼的三姐妹三重奏却早已崭露头角了。他亲自出任经纪人,带领着三姐妹在全英、欧洲和北美举行巡演,名利双收;而三姐妹里的萨拉更是成为报刊评论家们竞相评头论足的热点人物。

　　因大姐安娜远嫁美国,二姐艾达体弱多病,成年后的萨拉走上了独自发展的艺术之路。她凭借着自己出色的演技频频亮相于英伦的音乐舞台。二战爆发后她重回加拿大,几乎是立刻就坐上了多伦多交响乐团大提琴首席的位子,须知此前的她还从未在乐团里拉过琴啊!尽管此时的她已是名声在外,对艺术有着更高要求的萨拉还是不放弃任何投访名师、发展完善的机会。这一时期她幸运地得到了本文开头提及的三位顶级大师的耳提面命,这成为她艺术生命中永难磨灭的精彩一页。

　　说到内尔索娃跟随皮亚蒂戈尔斯基学琴,还有这么一段小插曲:"回到多伦多后我一直没有老师,那年我已23岁了。当时皮氏正在多伦多演出,我渴望让他听听我的演奏。不过对如何与他打交道心里着实没底。最终我鼓足勇气直接找上门去。我问他是否能给我几分钟时间,不料他却婉言拒绝了我,因为第二天一早他就要动身离开去下一站的巡演。我猜他离开酒店的时间不会早于早上八点,于是第二天清晨五点我就翻身起床,提着大提琴候在他下榻的酒店,把他堵个正着。大师见到我自然万分惊讶,忙把我让进房间。就这样我成了他的学生。我总共跟他学了三个暑期班,一首接一首地练经典曲目中的协奏曲。使我感到惊奇的是皮氏的演奏音色是如此辉煌灿烂,技巧也无与伦比。除此而外便是他对于大提琴领域几乎无所不知的渊博学识,所有这些都令我对他崇拜得五体投地。"1942年福尔曼也在美国,不过他住在纽约。于是内尔索娃就专程去那里拜师学艺。至于卡萨尔斯,当她再次见到这位大师时已是战后的1948年了,距离两人的头一次会面已过了10多年,"显然他还记得10多年前在他面前演奏的那个青涩的小姑娘。如果说我从皮氏和福氏那里形成了温暖而富于幽默情趣的独特风格的话,那么从卡萨尔斯这里我获取的最大财富就是掌握了音乐演奏中的逻辑性。"

　　"我有幸成为了这三位顶尖大师的学生,虽然跟他们学习的时间都不长,但从他们身上我都学到了很多东西,那便是皮氏的辉煌音色、卡氏崇尚的音乐视野以及福氏对乐器完美无缺的控制力。"在潜心面壁蛰伏了几年后,厚积薄发的内尔索娃在1942年重又出现在音乐舞台上。她在纽约市政大厅举行了在美国的首演,引发了如潮佳誉,由此她的艺术事业迈出了决定性的一步。她加入了美国国籍。1949年她又重返欧洲,再度以伦敦为基地展开自己的艺术活动。1960年代她又到苏联去举行巡演,成为战后第一位到苏联举行独奏音乐会的美国籍大提琴艺术家。在莫斯科和圣彼得堡,她演奏了柯达伊和拉赫玛尼诺夫的大提琴奏鸣曲,听众们报之以狂热的欢呼和雷鸣般的掌声,他们把她视为离家经年又重回故土的亲人——因为她是俄罗斯裔的女儿。

内尔索娃长得身材高大,天生生就一双强健有力的大手,使她在拉琴时手指的跑动伸曲自若,毫无技巧负担;而她与生俱来的禀赋悟性和女子天性又使她在演奏中得以充分施展其细腻柔美的个性色彩,洋溢着洒脱的灵性和盎然的生机。就以柯达伊的那首《无伴奏大提琴奏鸣曲》来说,自该曲问世以来,敢于问津者寥寥,其中女性所占比例更不及一成!不过,所谓会家不难,内尔索娃的演奏版便是乐坛巾帼不让须眉的雄辩范例。她一上来的几个和弦就掷地有声,振聋发聩,产生出巨大的震撼力。作品中大提琴的各种高难度技巧可谓无所不用其极,但内尔索娃奏来却丝毫没有牵强拘谨和力不从心之感,无论是双弦的颤音、拨奏拉奏的交替与并置还是近琴马处的急弓音色特殊效果都处理得干净利落,不遗半点瑕疵。她演奏的两首法国协奏曲——拉罗的《d 小调大提琴协奏曲》和圣-桑的《a 小调大提琴协奏曲》(Testament 1361)浪漫情调风味十足,弓法华丽,走句轻灵,奏来真如童子念经,朗朗上口,赏心悦耳。

由于内尔索娃在 20 世纪 50 年代所确立起的卓著声誉,因而不少当代作曲家也都与她建立起了一种更为紧密的合作友谊。她是肖斯塔科维奇、亨德米特的奏鸣曲和沃尔顿、巴伯的协奏曲在英国的首演者。

说起内尔索娃演奏的巴伯大提琴协奏曲,乐坛上还流传着一则广为人知的惊险故事。一次,在伦敦的国王大厅里,内尔索娃正在作曲家本人的亲自指挥下与乐团合作录制这首协奏曲的唱片(Pearl 0151)。录制结束后人们似乎还都沉浸在对动人音乐的遐思中。这时乐队里的一名大提琴手突然跳将起来,他一边舞动着手里的乐器一边近似疯狂地嚷着:在听了内尔索娃刚才的演奏后他发誓自己从此再也不拉琴了!说时迟那时快,还没等众人反应过来,只见此人操起自己的大提琴朝着墙上狠命地砸去。在场的内尔索娃被惊得差点昏厥过去。她以手掩面,全身颤抖不止。当然这个歇斯底里的场面很快被平息了。从这件偶然触发的事件中却也真实地反映出内尔索娃的演奏具有何等撼人心魄的艺术感召力和震撼力了。

作为一名犹太裔演奏家,内尔索娃与同为犹太人的当代作曲家布洛赫的友谊更堪称乐坛佳话。尽管内尔索娃不是布洛赫代表作《所罗门》的首演者,然而她却是作曲家唯一认可的演奏者,这不仅表现在他俩时常在一起畅谈艺术,切磋和交流心得,更体现在相同的血统使彼此的灵犀相通,心心相印。布洛赫甚至说过这样的话:"内尔索娃就是我的音乐(女神)(Zara Nelsova is my music)。"内尔索娃一生总共录制过三个版本的《所罗门》。后来布洛赫还专门为他的"女神"创作了三首无伴奏大提琴组曲。当然,内尔索娃也是布洛赫的《祈祷者》《希伯莱冥想曲》《荒野之声》《犹太人生活》等大提琴作品的权威诠释者。这些作品连同她演奏的贝多芬大提琴奏鸣曲全集，德沃夏克、拉罗、圣-桑和巴伯的大提琴协奏曲，柯达伊的《无伴奏大提琴奏鸣曲》、拉赫玛尼诺夫的大提琴奏鸣曲等艺术精华都被收录于 DECCA 发行的"大师原声系列"的套装里（DECCA 4756327，5CD）。

内尔索娃从未参加过什么重要的国际比赛，可她仍然以其无可置疑的艺术魅力赢得了她在乐坛上的事业和地位。她把艺术家的健康成长形象地比喻为"烘蛋糕"，艺术的积淀是需要日积月累的，不可能一蹴而就。20世纪五六十年代是内尔索娃演奏事业的黄金年代，以上的录音大都形成于这一时期。

内尔索娃1963年与美国钢琴家格兰特·约翰内森结婚，其时她已44岁了，比她的新婚丈夫还大两岁。婚后，夫妇俩经常在一起举行大提琴、钢琴二重奏音乐会；然而他们的婚姻只维系了10年光景。

内尔索娃在演奏中使用的是一把制于1726年的斯特拉迪瓦里名琴，这把琴有个别号，叫"科伯隆伯爵"，此琴被私人收藏。1960年英国的一位业余女大提琴家奥黛丽·内尔维尔出资担保将琴借出供内尔索娃使用。每当她外出巡演旅行时，这把名贵的大提琴就是她枯燥乏味的旅途中一位形影不离的亲密伴侣。

纵然与同时代最杰出的男性大师们相比，内尔索娃在演奏某些作品时仍感在力度上难免有所欠缺，然而她凭借其对于旋律的敏锐感觉和出众的情感表达仍深深打动并征服了她的听众们。1970年代后她在频繁地从事演奏生涯的同时又应邀担任茱莉亚音乐学院和辛辛那提音乐学院的大提琴教授。她的教学也秉承卡萨尔斯等前辈对自己的教诲，并不直接进行技巧方面的传授而注重对作品的解读和表达。她认为一个学员选用何种弓法和指法应视个人的艺术个性和具体条件，不能一概而论；教师应将指导学生的重点放在演奏中的情感表达和个性展现上，因为在演奏中永远应该遵循艺术第一、技术第二的原则。

随着杜·普雷等大提琴新生代的强势崛起，内尔索娃的名字渐渐淡出人们的记忆，然而，落英终有缤纷时，时至今日，人们还能为她优美而感人的琴声所陶醉，就如她所说的那样："对于我而言，演奏是分享我对音乐的爱、对人类的爱的一种方式。如何让我的听众牢牢抓住音乐与我一起去尽情地享受呢？唯一的方法就是通过美妙的演奏把我的爱传递到他们的心中……"

79. 站在巨人肩膀上的俄罗斯名家

——娜塔莉娅·古特曼
（Natalia Gutman）

提起娜塔莉娅·古特曼,恐怕还要从她曾被要求改姓这件事说起。那是在 1958 年,16 岁的她在苏联乐坛上已小有名气了。一天,她的母亲被莫斯科爱乐乐团的团长助理叫到了他的办公室,团长助理悄悄地对她说:"你的女儿非常有才华,其潜力无可限量啊。但是我要给你一个忠告:为她今后的前途着想,还是把她的姓氏改一改吧。"什么? 要改姓氏? 为什么? 娜塔莉娅的母亲猛然被他这么一说有些丈二和尚摸不着头脑。原来,这位团长助理的建议是善意的,同为犹太人的他深知古特曼这个典型的犹太姓氏在当时掌握着艺术家生杀大权的当权者的有色眼镜里将会如何阻碍这颗艺术幼苗的发展前景。于是,母亲也不敢怠慢,回到家就把这件事告诉了女儿,和她商量。殊不知 16 岁的娜塔莉娅却果断地拒绝了。她认为古特曼这个姓氏是家族荣誉的象征,岂可随意变更? 在德语里 Gutman 的含义是"高尚情操的人"啊! 后来当她提起这件事时说:"我的祖父就是在斯大林统治时期惨遭不测的。我因这个姓氏而变得坚强,我为此而感到骄傲。我不想改变这个姓氏,因为这是祖父留给我的!"

❧〜❧

娜塔莉娅·古特曼 1942 年 7 月 14 日出生于苏联位于伏尔加河中游鞑靼斯坦自治共和国的首府喀山,但从童年起她就随全家迁到了首都莫斯科,并在那里学习和成长。古特曼的家庭可谓是一个不折不扣的音乐世家,她的外祖父是小提琴一代宗师奥尔的学生;而她的外祖母更厉害,她不仅是一位小提琴家,而且是奥尔和约阿希姆的双料弟子。她的母亲也是一名钢琴家。不过,对孩提时期的她影响最大的还是她的继父罗曼·沙波日尼科夫,他是一位大提琴家。古特曼从小就是听着继父在家里为学生们上课的琴声长大的。在她 5 岁那年,继父给她带回了一把儿童大提琴,开始教她学习大提琴。

15岁那年,古特曼以优异的成绩考入苏联最著名的中等音乐学校——格涅辛音乐学校,在那里她遇见了人生中的第一位真正的老师加琳娜·柯佐卢波娃(Galina Kozolubova,1935-)。柯佐卢波娃也是名门之后,她的父亲谢苗·柯佐卢波夫(Simeon Kozolubov,1884-1961)是俄罗斯大提琴学派的奠基人、有"大提琴界的沙皇"之称的大卫多夫的再传弟子。柯佐卢波夫在1921年到1961年的整整四十年里一直是莫斯科音乐学院的大提琴教授,门下桃李难以胜数,其中声誉最彰者当数罗斯特洛波维奇了。由于古特曼的继父也曾是柯佐卢波夫的学生,因而很显然古特曼并没有因换了新的老师而去被迫适应新的教学方式,加琳娜与自己继父的教学理念是一脉传承的。她说:"我刚开始跟加琳娜学习时对她简直是又爱又怕。由于我的继父在我学琴的头三年里已让我接触了不少大提琴曲目,所以当加琳娜接手教我时发现我的技巧已经相当成熟了。她在指导我拉琴时我们的意见不见得总是一致的,但她尊重我的想法;当然我也虚心地向她学我自己还不懂或认识含糊的东西。艺术是无止境的,四年里从她那儿学到了不少有益的知识和才艺。"

古特曼真的很幸运,当她从格涅辛升入列宁格勒音乐学院时,她的主课老师竟然就是大名鼎鼎的罗斯特洛波维奇,又一位柯佐卢波夫的嫡派传人!尽管罗氏的演出活动很频密,她的课程难免会被时常打断,但这也是所有师从这位著名的当代大师所必须承受的"机会成本"和"幸福的烦恼"。罗斯特洛波维奇对古特曼的提点和示范作用是不言而喻的,这种影响贯穿在她日后长年的演奏生涯里。"他上课总是非常生动形象的。他对我的个性发展采取容忍甚至是鼓励的态度,有时还会在教学时对着我大声地喊叫,以此激发我的演奏情绪"。在罗氏的精心栽培与呵护下,古特曼的琴艺有了前所未有的提高和飞跃。1962年,年仅20岁的古特曼在本国举行的柴科夫斯基国际音乐比赛上获得了大赛的第三名,第一次引起了音乐界的注意。五年后的1967年,刚刚走上职业演奏艺途的她更是在慕尼黑国际音乐比赛上技压群雄,荣获金奖,顿时成为万众瞩目的乐坛新星。值得一提的是,同样在这项赛事上,她还与自己的同胞、钢琴家阿力克谢·纳塞金(Aleksey Nasedkin,1942-)摘取了二重奏奖项的金牌。指出这一点是有意义的,因为它最直接影响了日后古特曼对于室内乐演奏持之以恒的热爱和参与。

在慕尼黑收获两枚金牌的古特曼原本应该乘势顺利地走上国际舞台,展开她的职业演奏生涯；然而，事实却并非如此。说来也许有些令人难以置信，这竟也与她的恩师罗斯特洛波维奇有关！古特曼与罗斯特洛波维奇的关系早已超越了普通的师生之情，他们成了一对亦师亦友的知音。但恰恰是这种关系却给正欲大展宏图的古特曼带来了麻烦。罗斯特洛波维奇由于公开声援诺贝尔文学奖获得者索尔仁尼琴而被当局视为"持不同政见者"，并在1974年携全家被迫离开祖国远走他乡，还被褫夺了神圣的公民权。受此事株连，古特曼发现她也被当局有意识地限制出境了。"他们总是试图削弱犹太音乐家的事业和影响"，而在罗氏去国后她更是被打入另册，演出被大大压缩，克格勃干脆禁止她出国巡演。古特曼刚刚起步的国际音乐交流事业不得不戛然而止，为时竟长达九年之久！

有道是失之东隅，收之桑榆。事业上的暂时失意却间接促成了古特曼爱情上的收获。在一次朋友的聚会上她邂逅了一位长相英俊、极富音乐才华的小提琴家，他就是比自己小4岁的奥列格·卡冈（Oleg Kagan，1946—1990）。卡冈出生于苏联远东的萨哈林地区，7岁时随全家迁居拉脱维亚的首府里加。卡冈8岁师从约阿希姆·布朗学小提琴，五年后进入莫斯科音乐学院继续深造，1965年在芬兰举行的首届国际西贝柳斯小提琴比赛上一举夺魁，载誉而归。三年后的1968年，在德国莱比锡举行的国际巴赫音乐比赛上他再一次为祖国赢得了荣誉，名列榜首。当他在莫斯科音乐学院的老师去世后，他转投伟大的奥伊斯特拉赫，成为奥氏门下与克莱默、克里莫夫、皮卡伊曾以及小奥伊斯特拉赫齐名的"奥门五杰"之一。卡冈不仅独奏技艺出众，并且从25岁起就与苏联的钢琴巨匠李赫特组成二重奏从事室内乐演奏。而当他与古特曼喜结连理后，这个钢琴二重奏则顺理成章地变成了一个钢琴三重奏，并且成为苏联乐坛上继享誉世界的奥伊斯特拉赫、奥柏林、克努舍维茨基和柯冈、吉列尔斯、罗斯特洛波维奇这两个大师级的钢琴三重奏之后最负盛名、活动时间也最长的一个钢琴三重奏组。

卡冈与古特曼夫妇不仅是音乐舞台上令人艳羡的高超艺术家，也是音乐生活中异常活跃的社会活动家，他们与乐坛上的当代作曲家们都保持着非常紧密的联系与友谊。他们视肖斯塔科维奇为精神上的导师，与他过从甚密。当1975年肖氏去世后，他们夫妇俩被挑选为在他的葬礼上担任演奏者，由此可见彼此之间的相知与信任非同一般。而俄罗斯当代另一位杰出的作曲家施尼特凯也堪称是他们夫妇的知音。施尼特凯非常欣赏这对夫妇的艺术才华，他将自己的《第三小提琴协奏曲》和《第二大协奏曲》题献给了卡冈；而将《第一大提琴协奏曲》题献给了古特曼。

提起这首《第一大提琴协奏曲》的诞生，还有着一个动人的故事。古特曼在接受一次采访时回忆了当时的情形："这首作品创作于1986年，当时正值施尼特凯大病初愈。这场病危险极了，医院甚至已宣告了他的临床死亡。然而，他却奇迹般地复活了。

因之,施尼特凯将这视为自己的第二次生命,两个月后他就着手创作这首协奏曲。当然,它是在秘密状态下进行创作的,因为医生绝对禁止他工作。他们不会懂得音乐创作所给予施尼特凯的生命意义。作品完成后我去医院探望他,他问我是否能首演这首协奏曲。我感到这是一种极大的荣耀,尤其是它是在这样一种特殊背景下创作出来的! 这不是一首普通的协奏曲,作曲家在协奏曲的最后采用了巴洛克时代的宗教众赞歌旋律,以表达他内心对上帝的感恩。他把作品称为是'大慈大悲的命运的礼物'。"自然,古特曼毫无争议地成了它最具权威的首演者和诠释者(Regis 1141)。

古特曼的演奏继承了俄罗斯大提琴学派的深厚传统和技术特点,音色浑厚饱满,技艺精湛扎实。虽说她是一位女性,然而其演奏却如同她的姓氏那样颇具男子气概,没有忸怩作态的矫情,反而充溢着从容的自信。与她长期合作的钢琴家李赫特曾对她有一个评语,这几乎成了日后世人对这位女大提琴家的一个特殊的称谓:她在音乐中是一个真诚的化身(She is an incarnation of truthfulness in music)。她演奏的贝多芬大提琴奏鸣曲全集(Live Classics,207/208,2CD)和舒曼的大提琴协奏曲激情洋溢,德国风范十足;而她演奏的德沃夏克大提琴协奏曲(EMI 73707)和德彪西的大提琴奏鸣曲则又展示出她对于民族乐派和印象派作品的出色诠释和精准把握。然而,这都比不上她对俄罗斯大提琴作品的杰出诠释。她演奏的肖斯塔科维奇、普罗科菲耶夫和拉赫玛尼诺夫的大提琴文献都是她的老师罗斯特洛波维奇的保留曲目。当被问及她的演奏是否受其老师的影响时,古特曼朗声答道:"我的目标就是要与他演奏得不一样! 尽管我喜爱他的演释,虽然他的诠释堪称经典,但我却宁愿从作曲家的总谱中去寻找答案,而不是从他的录音里。"1985年,古特曼与阿巴多指挥的伦敦交响乐团在英国演奏了普罗科菲耶夫的《大提琴交响协奏曲》,英国的《每日电讯报》作了如下评价:"甚至罗氏本人也没有将这首作品演绎得如此出色。在这场演出中他已完全被自己这位昔日弟子的光芒所遮盖。"当人们听到这样的评语时不可忘了这首作品当年可是作曲家为罗斯特洛波维奇度身定制的啊! 相同的情况也发生在肖斯塔科维奇的两首大提琴协奏曲里,它们也都是肖氏与罗氏深厚友谊、惺惺相惜的结晶。古特曼对肖氏的协奏曲极为钟爱,她在2012年的上海夏季音乐节以及2013年随纽约爱乐乐团的访华演出中都演奏了肖氏的《降E大调第一大提琴协奏曲》。这首作品是她的压箱底保留曲目,早在1976年就由著名指挥家康德拉辛指挥全苏广播电视大型交响乐团录制成了唱片(Live Classics 202)。古特曼的琴声可谓是直抵人心的心灵之声,拉到情深处不禁令人潸然泪下。国内的评论家赞曰:"在音乐风格趋同化和凌驾于音乐之上的个性纵横乐坛的时代,古特曼的演奏堪称是今天的'活化石',在她之后几乎很难再有人能像她这样给予肖氏大提琴协奏曲如此丰富的诠释。从她的演奏中人们似乎能与20世纪五六十年代那个叼着烟卷、架着厚厚镜片并拧着眉头的伟大作曲家直面相视。"

"对于我而言,音乐是给予我的最好报答,"这是古特曼经常挂在嘴边的一句话。的确,她就仿佛是为音乐而生的。20世纪80年代中后期,卡冈与古特曼夫妇移居德国,积极地活跃于西方乐坛。1989年,正当她丈夫卡冈在演奏事业上达到巅峰之际却不幸遭受了癌症的侵袭,他先后作了几次外科手术,顽强地与病魔抗争,并且在身体允许的情况下带着病痛继续在欧洲巡演。卡冈最后一次出现在公众面前是同年7月在慕尼黑郊外的特格尔斯举行的国际艺术节上。这个艺术节是他与古特曼共同发起创办的。1990年7月15日,卡冈在德国去世,年仅44岁。丈夫去世后,古特曼决心继承他未竟的事业,她将艺术节视为对丈夫怀念的最好方式,每年7月她总要邀请她和亡夫的一干好友来到位于阿尔卑斯山脚的特格尔斯湖畔,以乐会友。聚拢在她身边的音乐会搭档和经常合作的演奏家除钢琴大师李赫特外有中提琴家尤里·巴什梅特(Yuri Bashmet,1935-)、钢琴家埃丽索·维尔萨拉泽(Elisso Virsaladze,1942-)和大管演奏家瓦莱里·波波夫(Valery Popov,1937-)等。由卡冈和古特曼夫妇领衔演奏的梅西安《末日四重奏》是一个非常著名的版本(Live Classics 712)。

如今,年逾七旬的古特曼依然宝刀未老,精神矍铄地奔走在世界各地的音乐舞台上。她被誉为是音乐界的常青树,因其对音乐艺术所作出的突出贡献而被德国总统授予"联邦十字勋章";而英国王储查尔斯则授予其"英国皇家音乐学院荣誉会员"称号。她曾说:"当我演奏时,我的内心总能听到我的外祖父、继父、我的亲密合作者卡冈、李赫特以及我的老师罗斯特洛波维奇在与我交谈。"因而,《波士顿环球报》将娜塔莉娅·古特曼形象地称作是"一位站在巨人肩膀上的俄罗斯大提琴家!"

80. 天赋神授的大提琴女杰
——杰奎琳·杜·普雷
(Jacqueline Du Pre)

1999年一部名为《希拉莉和杰基》(Hiraly And Jackie)的影片问世在世界乐坛上引发了一阵不小的震动。这部被中国译为《她比烟花寂寞》(又名《狂恋大提琴》)的主人公是12年前过早陨灭的英国大提琴女神杜·普雷。影片之所以会引发广泛的兴趣和不小的争议在于它不仅记叙了杜·普雷在艺术上人所共知的辉煌,而且首次向世人揭示了她在情感生活中不曾为人道的隐秘。那么这位20世纪罕见的"狂恋大提琴"者究竟是怎样的一位人物呢? 且让我们循着音乐史料所提供的线索去重温一下她辉煌耀眼的轨迹。

❦❦❦

杰奎琳(杰基)·杜·普雷这个名字无论是其姓还是名都令人有理由相信她的祖上应该来自法兰西。她1945年1月26日出生于英国著名的大学城牛津。她是德里克·杜·普雷与妻子艾莉丝的第二个孩子。德里克是一名劳埃德银行的会计师,后来成为英国《会计师》杂志的主编;而艾莉丝则是一位颇有造诣的钢琴家,在皇家音乐学院任教。作为一名音乐教育者,她亲自负责两个女儿的音乐启蒙,并将她们都培养成为日后专业的音乐演奏家。杰奎琳的姐姐希拉莉学习长笛,而杰奎琳4岁那年在广播里听到了大提琴的声音,小家伙立刻要求母亲为她找来这样一种乐器,说自己就想学习大提琴。艾莉丝自然不敢怠慢,去买了一把儿童大提琴回来自己教她拉琴,同时还为女儿编写一些简易的练习曲让杰奎琳练习。艾莉丝还亲自动手绘制了如何演奏大提琴的插图。小杰奎琳拉琴的热情根本不需要旁人督促,对她来说拉琴就是她的童年游戏,一坐下来就拉,拉得满头大汗却从不叫苦嫌累。

在她5岁那年母亲把她送到由大提琴教育家赫伯特·沃伦主持的伦敦大提琴学校师从女教师艾莉森·达尔里姆波尔(Alison Dalrymple)学习。由于天资聪颖,悟性过人,第二年她便能在公开场合演奏了。10岁时,杰奎琳一面在克罗伊敦女子寄宿学校过起了离家的独立生活,一面转投大提琴名师威廉·普利斯(William Pleeth, 1916-1999)门下成为其弟子。普利斯是英国最好的大提琴教师,他本人是德国名家克伦格尔的学生,多年来担任闻名遐迩的阿莱格里弦乐四重奏组的大提琴家。杰奎琳只随他上了一次课就认定他是自己最理想的老师。虽然此后杰奎琳又进过女王音乐学院学习过,但不久就退学了,此后她便再也没有上过正规的音乐学院,然而她跟普利斯学琴的历程却从未中断过。不用说日后她演奏中那种激情四溢的气质与饱满浓郁的音质就颇得益于乃师的长期熏陶,因为当年普利斯本人也正是以奔放的激情、多变的色彩而著称于乐坛的。

小小的杰奎琳不愧是大提琴的宠儿,自从她进了学校就没有什么奖与她不沾边的。从 11 岁起她就获得了以葡萄牙女大提琴家苏吉亚名字命名的苏吉亚奖,连续五年,回回第一名。1959 年,年仅 14 岁的她以天才少年的身份出现在 BBC 的电视音乐会上,演奏了拉罗的《d 小调大提琴协奏曲》;同年五月她又与 BBC 威尔士管弦乐团现场演奏了这首协奏曲。1960 年她荣获了由市政厅音乐学院颁发的金质奖章。这时,她的老师普利斯推荐她参加为 30 岁以下的青年演奏家而设的女王音乐比赛。这是一项不分表演类别的比赛,各路英雄豪杰纷纷前来,意欲问鼎。然而,提着一把大提琴进场的杜·普雷一上台她那舍我其谁的霸气便把在场的所有人都给镇住了。待她一出手,其娴熟的演技和动人的琴声更是征服了所有的听众。以著名小提琴家梅纽因为主席的评委会一致同意将大赛首奖授予这位尚未成年的天才少女。此后,梅纽因还不断邀请她们姐妹俩与自己一起演奏三重奏。当然,诸多荣誉的背后却承载着杜·普雷超负荷的付出,小小年纪就不得不只身提着沉重的琴盒跟在经纪人后面在乐坛闯荡:柏林、维也纳、巴黎、马德里、莫斯科……她在欧洲各国的音乐舞台上初露锋芒,惊人的艺术才华为世人所惊叹折服。她的学习则几乎是在旅行演出途中并行不悖地进行着。在巴黎,她师承法国大师保尔·托特利埃;在瑞士又受教于卡萨尔斯;在莫斯科她与比她小 3 岁的米沙·梅斯基(Mischa Maisky, 1948-)同为罗斯特洛波维奇的学生。她以旺盛的精力如饥似渴地学习着,演奏着,仿佛除了大提琴之外更不知世上还有他物存在。

1961 年 3 月,刚满 16 岁的杜·普雷在伦敦的温格莫尔音乐厅举行了她的个人处女秀,在音乐会上她演奏了勃拉姆斯和德彪西的大提琴奏鸣曲,德·法雅的《西班牙舞曲》以及巴赫的一首大提琴独奏组曲。就在这场音乐会结束之后,她收到了由一位不愿透露姓名的人士捐赠给她的一把 1673 年制的斯特拉迪瓦里名琴"大卫多夫",捐赠者认为：只有杜·普雷这样才艺超卓的演奏家才配得上这把名贵之琴的身价！正是凭着这把名琴，杜·普雷在国际乐坛上又掀起了一股巨澜。1962年3月21日，她在由鲁道夫·施瓦兹指挥的BBC交响乐团的协奏下平生第一次演奏了埃尔加的《e小调大提琴协奏曲》，地点是在伦敦的节日大厅。这场演出犹如"一石激起千层浪"，引爆了全场雷鸣般的欢呼与掌声。甚至可以毫不夸张地说，即便以后杜·普雷再也没有演奏过其他乐曲，仅凭这一首埃尔加的协奏曲就足以奠定她在大提琴名人堂里的一席之地。因为在她之前不少大提琴的前辈名家也都曾演释过这首作品，然而他们的演奏与杜·普雷的阐释相比则多少显得有些微不足道。1963年，在伦敦的逍遥音乐节上她又与指挥名家萨金特合作再度献演这首协奏曲，仍是好评如潮，先后谢幕三次欲罢不能。而1965年，年方二十的杜·普雷与由大指挥家巴比罗利领导的伦敦交响乐团合作，终于将埃尔加的大提琴协奏曲搬上了EMI的唱片（EMI 56219），这张唱片为她带来了巨大的国际声誉，也一举树立了她作为这首作品绝对权威的不争地位。它被评论家们赞誉为是"决定性的和传奇性的"，甚至连她的老师罗斯特洛波维奇在听到了杜·普雷的版本后也悄然将此曲从自己的保留曲目里移走！

经历了创作上盛衰沉浮的作曲家埃尔加晚年创作的这首多少有些表现黄昏迟暮、聊表孤寂的作品为何竟能在一位芳龄二十的少女演绎中一改其阴郁惆怅色彩，而变得如此光彩照人又扣人心弦呢？答案只有一个，那就是她对于音乐所具有的敏锐率真的天性直感和不拘前人的大胆诠释征服了听众们的心！《e小调大提琴协奏曲》第一乐章里那个诚挚恳切而又富于韵律的主部主题仿佛就是作曲家专门为杜·普雷定制的，在她的演绎中，这支旋律所激发起的情感呼唤足以令人闻之潸然泪下。而杜·普雷演奏中体现的诗情写意风格与活力四溅的蓬勃朝气又对第三乐章的宁谧浪漫和第四乐章的豪迈洒脱展示出了情趣意象上鲜明对比的全面美感。1989年，著名音乐艺术片制作人克里斯托弗·纳彭（Christopher Nupen）在由他执导的影片《杜·普雷与埃尔加的大提琴协奏曲》问世之际谈到了他与这位大提琴女杰交往25年的切身感受："她个性中的天然害羞和对音乐所体现出的勇敢无畏在她的琴声中被不可思议地结合在一起。她天生具有一种超常的能力，使自己的演奏以充满自信的方式表达出来，仿佛它不可能再以任何其他的方式被表述。与此同时，她在音乐色彩和乐句表述上运用令人意想不到的变化、转换从而产生出一种神奇的魔力，几乎能够控制听众的呼吸，使人心无旁骛地接受她的诠释，并排他性地牢牢占据着你的脑海。"这，就是杜·普雷演奏的埃尔加大提琴协奏曲之所以空前绝后的原因所在。可以说杜·普雷的一生与埃尔加的大提琴协奏曲结下了浓得化不开的不解之缘，而接踵而至的音乐会巡演和唱片录制合约更使她的声名扶摇直上，如日中天。

　　1965 年,杜·普雷应邀访美,在纽约的首场音乐会上,她与 BBC 交响乐团合作的仍是埃尔加的大提琴协奏曲。转眼到了 1966 年,事业成功的杜·普雷在个人的情感生活中也迎来了崭新的一页。在当年的除夕聚会上她与一位长相英俊的青年钢琴家不期而遇,一见钟情,他就是出生于阿根廷的犹太裔钢琴家丹尼尔·巴伦波伊姆(Daniel Barenboim,1942-)。在对待自己的爱情上,杜·普雷同样表现出自己的大胆执着,敢爱敢恨。他俩从相识、相恋到最终决定结合是"一首一气呵成的快板"。为了与心上人能早日成婚,杜·普雷竟置有演出合约在身于不顾,与巴伦波伊姆径自飞往后者的祖国——以色列的耶路撒冷;而她的皈依犹太教则为这场婚礼扫清了最后的障碍。他俩于 1967 年 6 月 15 日喜结连理。从此,妇唱夫随的身影便不时出现在世界各国的音乐舞台上。

　　杜·普雷长得身高手大,先天生理上的优势使她在驾驭手中的大提琴时能够从容自如,随心所欲。她对于大提琴艺术那种与生俱来的感悟力和洞察力,那种仅凭内心直感便足以触发作品灵魂的才气和造诣令人将她与世纪初的琴坛奇才福尔曼联系起来,把她视为福尔曼传奇风范的再现。事实也正是如此。在纳彭执导的另一部影片《杰奎琳·杜·普雷——她举世无双与不朽才华的礼赞》里就记录下了她用大提琴娴熟地演奏门德尔松《e 小调小提琴协奏曲》的珍贵镜头;而这恰是当年福尔曼在大指挥家乔治·塞尔面前演绎的绝活! 她演奏的音质之丰沛淋漓、变幻多彩又使人想起了小提琴界卓越而高傲的海菲兹所具有的不可言传、难以模仿的个性烙印。的确,杜·普雷是战后乐坛的一个不朽传奇,尽管她曾师从法、俄、英诸派大师,却能始终自成一格,演奏风格呈天马行空之势。她的演奏台风也极具亲和力,拉琴时肢体随着乐曲律动有节奏地大幅摇曳,俨然与音乐忘情交融。纵然时有评论家对此颇有微词,称其与那种胸有成竹、藏而不露的大家风范相去甚远,然而普罗大众却对这种与乐共舞的形体语言大加喝彩。在她的艺术和生活中实在有着太多令人无法解释的现象,只能用"天赋神授"一言以概之了。

　　杜·普雷的艺术黄金生涯仅仅持续了十年,从她留下来的唱片录音里可以强烈地感受到这位大提琴奇才的天赋造诣是多么地惊人。她的演奏水准根本无所谓那种学琴者"渐进式"的成熟过程,而是从一开始就已经到达了一个很高的起点,其技艺之纯熟,情感之丰沛,气度之不凡,成就之超卓无不令人耳热心动,这也是音乐艺术上一切早熟天才的共同特征。在她早期的录音里有一首作品,那是她与老师普利斯合作的库泊兰的大提琴二重奏《第九首皇宫合奏曲》。在演奏这首作品时,18 岁的她鲜明的艺术特色已毕显无遗。而在同一张唱片上的《第四首新音乐会曲》里,杜·普雷随着流动的音乐节奏晃动的倩影以及普利斯在一旁欣慰地面露微笑之姿简直可以从他们生动的演奏中呼之欲出,如浮眼前(EMI 63166)。

杜·普雷为后人留下了近三十个大型协奏曲的演奏曲目,其中那些最为经典的演绎都被收入在她《最受人喜爱的大提琴协奏曲》专辑里(EMI 63283, 3CD),其中既有海顿的两首协奏曲,德沃夏克的 b 小调协奏曲,也有舒曼和圣-桑的两首 a 小调协奏曲。当然,不可或缺的是埃尔加的 e 小调协奏曲,它被称作一个典范的杰作(benchmark)。自从她的这个录音问世后便再也没有从唱片目录的名录上消失过!而还有一首 18 世纪奥地利作曲家马蒂亚斯·穆恩(Mattias Monn,1717-1750)的《g 小调大提琴协奏曲》则是杜·普雷的演奏"专利",它失传已久,20 世纪初经作曲家勋伯格予以编订整理,再经由杜·普雷的传神演释,成为迄今无可替代的"海内孤本"。

然而,正如音乐史上一切超常天才的必然宿命一样,才艺双绝的杜·普雷也最终未能走出过早凋零的不幸命运。1971 年,事业正如日中天的她在一次演奏时突然发现自己的左手不听使唤了,她失去了对手指的控制。经医生诊断她患上了对演奏家而言最致命的多发性硬化症。她被迫放下了手中的大提琴去接受治疗。可是,随着时间的推移,她想重返舞台的希望在一天天地破灭!对肌肉失去感觉的硬化症从双手逐渐扩大到全身,等待着她的是艺术上和生理上双重的死亡判决!尽管此后她仍录制过少量作品,但毕竟是在忍受着病魔的痛苦折磨下顽强坚持的结果,演奏水准已大不如前。在 1973 年完全终止演奏生涯后,杜·普雷又积极地投身于教学,坐在轮椅上指导青年人练琴。学生时代的马友友曾受教于她,而马友友今天使用的那把名为"大卫多夫"的斯特拉迪瓦里名琴正是杜·普雷去世前转赠给他的。

尤为难能可贵的是,1977 年杜·普雷发起成立了以她名字命名的多发性硬化症研究基金,希望通过科学研究在将来能治愈患此疾病的不幸者。而在 1976 年,英国王室授予她大英帝国女爵的荣誉称号以表彰她对音乐艺术所作出的突出贡献。同样,在热爱她的英国民众心目中,她的形象仍是那么容光焕发,笑意灿烂。人们由衷地赞誉她是"一位伟大的艺术家、一位勇敢坚强的女性",他们把 1980 年度"最杰出艺术家"的殊荣送给了她。1987 年 10 月 17 日,一代大提琴才女在伦敦去世,年仅 42 岁。噩耗传来,人们痛哭失声,整个乐坛也沉浸在一片悲痛和惋惜之中。正如为她制作了五部艺术纪录片的纳彭所说的那样:"对我的耳朵来说,她的表演风格是全新的。个性与天赋被如此完美地结合在一起,那么自然,那么持续地影响着我,使我感到她似乎是唯一能实现伟大音乐理想的女性。对我而言,她的瞬间一瞥即成永恒!"

81. 琴坛难得此佳丽

——奥芙拉·哈诺伊
（Ofra Harnoy）

由于女性普遍手比较小,学习大提琴的人数远远低于对于她们来说更为得心应手的小提琴,因而要在大提琴演奏领域成才并脱颖而出殊为不易。战后在世界乐坛声闻九皋、素负盛誉者唯杜·普雷耳。而与杜·普雷同一年龄段的女大提琴家在东亚有仓田澄子(1943-)、郑明和(1944-)和藤原真理(1949-);在欧美则有娜塔莉娅·莎霍芙斯卡娅(Natalia Shakhovskaya,1935-)、娜塔莉娅·古特曼以及来自美国的克里斯蒂娜·瓦莱夫斯卡(Christine Walewska,1945-)等名家。她们人数不可算众,但已足以使同一年龄段的男性大提琴家们相形见绌,羡慕嫉妒了。

就在一代红伶杜·普雷忍痛告别舞台不久,大提琴领域的又一株琴坛奇葩已悄然长成,含苞欲放了。不消多时她已以其才艳双绝之名而红遍乐坛,成为杜·普雷的当然接班人以及 20 世纪 80 年代大提琴界的头牌花旦。她,就是奥芙拉·哈诺伊。

哈诺伊 1965 年 1 月 31 日出生于以色列的哈德拉,是一位纯正的犹太裔音乐演奏家。她的父亲雅各布·哈诺伊是小提琴家,自女儿出世后就立志要把她培养成一位音乐会演奏家。大约从 4 岁开始父亲就着手教女儿习琴。可是雅各布毕竟只会拉小提琴,而女儿偏偏心仪的却是大提琴,因此父亲无法在大提琴方面给予女儿更多的启迪。于是他们全家决定前往北美的加拿大定居。哈诺伊 6 岁那年随父母来到了加拿大的多伦多。一开始,父亲为她联系了多伦多交响乐团的两名大提琴手教她练琴。直到哈诺伊 11 岁时她才有了自己第一位正规的大提琴教师,他就是多伦多大学的大提琴首席教授弗拉基米尔·奥尔洛夫(Vladimir Orloff,1928-)。奥尔洛夫出生于苏联著名的音乐之乡敖德萨一个大提琴世家,但他却是在罗马尼亚的布加勒斯特音乐学院完成了自己的学业并以优异的成绩毕业。奥尔洛夫在 1953 年举办的布加勒斯特国际音乐比赛上荣获第一名,并于 1964 年加入著名的维也纳爱乐乐团成为大提琴首席。

自1971年移居加拿大后,奥尔洛夫就一直在多伦多大学任教长达20年之久。奥尔洛夫不仅自己的演奏技艺出众,而且他的教学经验丰富,育才有方。哈诺伊跟他学艺三年,在技艺水平上有了显著的提高。14岁那年她在加拿大全国音乐比赛上夺得了第一名,并以此身份获得了去英国参加阿尔德伯恩音乐艺术节的机会。在那次音乐盛会上哈诺伊得以邂逅她心目中的偶像杜·普雷。

当时的杜·普雷已是病魔缠身,她是应邀为音乐节期间举办的大师班授课的,而在大师班的学员里就有张着一双水汪汪大眼睛求学若渴的哈诺伊。在学习期间,哈诺伊有幸得以为坐在轮椅上的杜·普雷拉琴给她听。为了这一天的到来,哈诺伊事先早已把杜·普雷演奏的德沃夏克大提琴协奏曲的唱片反复听了好几遍,自认模仿得也有模有样。然而,杜·普雷在听了她的演奏之后却推心置腹地对她说:“你这样的演奏尽管很具诱惑力,但我不认为你应当这么拉。”鉴于自己的身体状况已不允许她定期授课,于是杜·普雷便把自己的老师、也是英国最优秀的大提琴教师威廉·普利斯推荐给哈诺伊。杜·普雷的一片至诚使这位来自加拿大的少女备受感动。

于是,在其后的三年里哈诺伊就在普利斯的悉心指导下继续深造,琴艺磨砺得更为成熟,她的艺术个性也日渐成型。普利斯是位高明的教师,他从不试图改变学生原先的技术特点而灌输自己的教学思路,相反他使他们的艺术个性得以充分地施展,在此基础上再去着力拓宽学生的想象空间。比如练习同一首乐曲普利斯会给哈诺伊示范出二三十种不同的表述方式,让她从中去挑选最适合自己演奏特点的一种。这样的教学自然使得从小就主意挺大的哈诺伊如鱼得水,因而收获甚丰。通过自己的提高,她认识到在自己的一生里只有普利斯的教学方法使自己最为受益,“许多优秀的大提琴家都教过我,但都不如他那样具有教学的天赋,”哈诺伊说道。

哈诺伊尽管身为女儿身,但其个性中却有着与杜·普雷甚为相似的禀赋气质,那就是自信大胆,热情奔放,表现欲极强,对于出头露面的场合她从不畏惧。她的舞台生涯开始得很早,10岁那年她就已作为独奏者与由指挥家伯德·尼尔指挥的多伦多交响乐团合作演奏大提琴协奏曲了。这次处女秀获得成功后她又随即与多伦多交响乐团以及蒙特利尔交响乐团签订了一系列在国内举行音乐会的演出合同,被舆论称为“加拿大的琴坛神童”。1978-1979年她又相继荣膺蒙特利尔国际音乐比赛和加拿大全国音乐比赛的两项桂冠。此时的哈诺伊早已是“杨家有女初长成”而不患“养在深闺人未识”了。等到她跟随普利斯学成归来,她的琴艺如虎添翼,在国际乐坛上的崛起已是指日可待了。当然,在她师从的诸位名师中还必须提及俄罗斯艺术家罗斯特洛波维奇对她的提点与教诲。罗大师不愧为识才之伯乐,早在哈诺伊10岁时就断言其必成大器。哈诺伊长大后又曾在大师班上得到过罗氏的耳提面命,对大师的奖掖提携也常感恩再三,念念不忘。

1982年,年方十七的金发妙龄美女哈诺伊决心到美国去"闯世界"。她参加了在纽约举行的每年一度的"音乐会艺术家新人奖"的角逐,这是一项不分表演类别的综合性竞技比赛,参加者中各学科门类的高手云集,大都身怀绝技觊觎着大赛桂冠而来。哈诺伊毫不示弱,她以热情洋溢的演奏和形象迷人的风采征服了在场的评委和听众,结果她一路过关夺隘,杀入决赛,并最终独占鳌头,一举夺冠。她就此成为该项比赛36年历史上最年轻的优胜者!她的闪亮登场使世人在时隔十年之后又恍然重睹了昔日杜·普雷那叱咤风云、颠倒众生的舞台英姿,又一次领略了乐坛红颜所展示的迷人风采。同年,她应邀到美国顶尖的卡内基音乐厅举行了她的协奏曲和独奏音乐会首演,照样是佳评如潮,掌声汹涌。第二年,哈诺伊被《美国音乐》杂志授予"年度青年音乐家"称号。眼看着哈诺伊在邻国大红大紫,加拿大政府也不甘人后,授予她本国演艺界最高奖——朱诺奖中的最佳古典音乐器乐艺术家奖。就这样,哈诺伊在一片鲜花和掌声中款款步入世界乐坛,开始了她举世瞩目的独奏艺术生涯。

哈诺伊的美是举世公认的。她身材苗条颀长,一头长长的美发恰似瀑布轻泄,将一张姣好标致的脸掩映其间。一双望断秋水的大眼睛,颦笑之间娇媚丛生。她的外型清纯而艳丽,气质既典雅又炽热。对于爹妈给的、令男性羡女性妒的天然优势,哈诺伊自然不会熟视无睹;而唱片公司更是深谙其道,将之发掘得恰到好处。在RCA唱片公司为其接连推出的唱片封套上,几乎无一不是利用哈诺伊的动人美貌大做文章,并且依据时尚的演变把她塑造得时而清纯可人,时而性感异常;时而诗意盎然,时而又冷若冰霜。对此不少评论家啧有烦言,认为商业气息过重以致亵渎了艺术作品本身。然而哈诺伊却不以为然,她一方面承认"我希望以充满现代感的形象来吸引听众,使年轻的乐迷们看到新一代的古典音乐演奏家其实和他们一样,也是追求时尚的人,而并非是一群单调古板的老古董。我需要不断以新的形象去和广大乐迷打成一片"。另一方面,她又向传统的艺术审美观提出挑战:"要说我单凭性感的唱片封面去吸引听众我不敢苟同。请问:塞琳·迪昂(加拿大著名流行女歌星)在她的唱片封面上甚至穿着睡衣都没有人说什么,我还没有像她那样出格,人们为什么却要喋喋不休拿我做文章呢?我不认为人们一张接着一张地买我的唱片只是为了看封面上的我,如果那样的话他们完全可以去买时尚杂志啊,那里面我的照片还要更出挑!"

哈诺伊说这番话时显得底气十足。的确,她并不是个乐坛上的时髦花瓶,而是一位千呼万唤始出来的乐坛才女。出道伊始的哈诺伊就身手不凡。1986年发行的哈诺伊的首张专辑（RCA 71003）就在乐坛上掀起了一阵不小的波澜。在这张唱片上她演奏了柴科夫斯基的《洛可可主题变奏曲》、奥芬巴赫的《G大调大提琴协奏曲》以及圣-桑的《a小调大提琴协奏曲》三首作品，其中尤为引人注目的是那首奥芬巴赫的协奏曲。世人皆知奥芬巴赫是19世纪法国轻歌剧的杰出代表，但却少有人知这位作曲家年轻时曾是一名优秀的大提琴家。倘若奥芬巴赫日后没有更弦易辙地从事作曲的话，他原本可能像小提琴界的约阿希姆那样成为在弦乐演奏史上开宗立派的一代先师的。他的这首单乐章的协奏曲便足以显示他作为杰出的演奏家的超卓才华。当独奏大提琴进入时，舞曲式的轻盈主题就出现在大提琴的高音区，哈诺伊以活泼可掬、轻松悠闲的琴声奏出类似小提琴般的明丽音色，尽管音量不大，却极具韵味；而在对比性的抒情主题的幽婉陈述中她的琴声又恰似空谷幽兰，于静谧中透出娇嗔之色，于吟咏中倾吐芬芳之气。奥芬巴赫的这首大提琴协奏曲在演奏技法上大量借鉴与他同时代的帕格尼尼的华丽技巧，在经典大提琴协奏曲中难得一见的连断弓、抛弓的使用，跨弦连弓的轮奏以及双弦上的滑音等高难度的技巧在这首炫技性的协奏曲里比比皆是。哈诺伊奏来显得驾轻就熟，得心应手。自然，她对乐曲出色的演释依据于作品的原创性。必须指出的是，这个录音完成于1983年，这也是该曲在世界上首次被记录在唱片载体上！前无古人的首录版本为哈诺伊的演奏留出了极其宽广的施展空间，使得她能依据自己的艺术直感和技术特点去尽情发挥。她也演奏录制了奥芬巴赫的其余两首大提琴作品：《协奏曲式的回旋曲》和《引子与忧郁圆舞曲》（Introduction et Valse Melancolique）。迄今为止，在奥芬巴赫的大提琴曲录制领域哈诺伊的版本都保持着独一无二的"孤本"荣耀。

随着演奏经验的日见丰富和积累以及艺术风格的不断成熟和完善，哈诺伊在90年代录制的作品中已一扫早期在有些作品诠释上的稚拙粗疏，风格日显雍容大气，音色更趋丰沛润泽，她演奏的勃拉姆斯两首大提琴奏鸣曲（RCA 71255）韵致悠远，堪与男性大师们相提并论。

如今，哈诺伊作为RCA的当家大提琴花旦已为唱片公司录制了30多张专辑，其艺术质量与艺坛名声成正比。作为一位中生代名家，她一年中往往有十个月奔波于世界各地的音乐舞台。她的演奏曲目丰富多彩，且反响不俗，多有名列《企鹅唱片指南》三星榜者。与此同时，这位非常富有主见的女性还将相当多的精力放在那些尚未广为人知作品的研究整理上。维瓦尔第的小提琴协奏曲早已家喻户晓，然而他的大提琴协奏曲却长期被埋没而无人问津。哈诺伊成了这些作品的第一位"吃螃蟹者"。她在由指挥家保罗·罗宾逊指挥的多伦多室内乐团协奏下录制了维瓦尔第的全部二十五首为大提琴所作的协奏曲（RCA 67886，4CD），其中包括为两把大提琴而作的协奏曲以及为小提琴、大提琴而作的双重协奏曲。而在那张封套以"野兽般美女"姿态示人的《三部曲》专辑（Trilogy，RCA 61228）里，哈诺伊又一口气演奏了三首 18 世纪作曲家的作品，其中波希米亚作曲家米斯利维塞克（Josef Myslivecek，1737-1781）和意大利作曲家维奥蒂的两首《C 大调大提琴协奏曲》也都是由她创造世界首次录音纪录的作品，尤其是她还为后者配写了长达三分钟的华彩乐段，更是在世人面前展露了过人的创作天赋和精湛技艺，其勇气与才情直追已故师姐杜·普雷！除了上溯古典主义之前的巴洛克作品外，哈诺伊也对 20 世纪音乐作品以及跨界音乐充满了浓厚的兴趣。大提琴泰斗卡萨尔斯的《鸟之歌》（Song of The Birds）是她最喜爱演奏的返场曲；她还录制了加拿大当代作曲家莱昂·祖克特（Leon Zuckert 1904-1992）根据其弦乐四重奏改编的大提琴独奏曲以及美国当代作曲家哈尔西·斯特文斯（Halsey Stevens，1908-1989）为两把大提琴而作的《二重奏》。

自 1990 年以来，哈诺伊已三度荣获加拿大朱诺奖的"年度器乐艺术家奖"荣誉，她的唱片还多次入选《留声机》杂志、《高保真》杂志评选的"年度最佳"和"评论家之选"榜单。天生红颜难自弃，由于哈诺伊才色双绝，她理所当然地成为大众传媒的宠儿。据统计，她在世界各国的荧屏上亮相展技的次数竟超过 500 次，足以令每一位比她资历更深、名气更大的男性大师退避三舍，自叹不如。当然，这多少也应归功于她的老爸雅各布。自女儿出道以来，这位不成功的小提琴家就干脆放弃了演奏，改行当起了女儿的职业经纪人来。从女儿的第一张唱片伊始，老雅各布的名字赫然列于唱片"音乐监制"或"制作人"一栏。他全权负责决定女儿的演出合同和日程。如此的肥水不流外人田，羡慕得那些男性演奏家的父母直呼"不重生男重生女"。人们由衷地期盼哈诺伊能在录音上保持多项首演纪录的同时，凭借自己的实力和毅力，去创造一个乐坛上新的女性神话。

82. 从缤纷 T 台到
宁静致远的音乐世界
——尼娜·科托娃（Nina Kotova）

1999 年 6 月的一天，俄罗斯首都莫斯科。

这天天气燥热无比，在莫斯科音乐学院大演奏厅内录制唱片的乐团演奏家们都恨不得人人都用湿的床单把自己紧紧地裹起来，因为剧场内的空调突然出了毛病，停止了制冷。所幸这并不是世界的末日，因为整场音乐会的最后一缕音符此时正在音乐厅的上空慢慢飘散开去……

就在众人四散离去，刚才还火烧火燎的演奏厅重又恢复了静寂安谧之际，那位美女大提琴独奏家、29 岁的尼娜·科托娃却并没有离开，她正围绕着空旷的演奏厅座位慢慢踱着步，她的背影挺拔、舒展，看上去就如同一位训练有素的舞蹈家那般矫健和娇美。最后她重又走上了刚刚演奏过的舞台，伫立于圆形天顶下。她双眼微翕，仿佛正在静静地倾听着什么。哦，那是来自她父亲那把低音大提琴所发出的低沉洪亮的乐声。是的，今晚她可以告慰父亲在天之灵的是，自己不仅完成了人生中的首张个人专辑，更是完成了多少年来深埋于心头那份沉甸甸的人生夙愿。这场音乐会也是献给逝去的父亲的啊！自己生命中奇诡不定的传奇历程的每一步不正是为了今晚的这场音乐会吗？

❦❦❦❦❦

尼娜·科托娃 1970 年出生于苏联一个知识分子家庭。她祖父是著名的数学家，而父亲伊凡·科托夫（Ivan Kotov, 1950-1985）则是国内最具知名度的低音大提琴演奏家，在他手里，那把硕大无比的低音提琴被形容为"就像掌控一把小提琴那样得心应手"。1973 年 23 岁的科托夫在日内瓦国际音乐比赛上为苏联拿到了低音提琴的头一枚金牌。论理，当局对于为国争光的优异人才应该是青睐有加，然而，就是这样一位未来的大师级人才却被当局视为"一个麻烦制造者"，因为他的言行经常会触怒当权者的神经。科托夫的演奏事业也就此受到不正常的打压和排挤，他的艺术天分遭受压抑而无法尽情施展出来。于是当他的同学们在国际上频频获奖并陆续踏上了艺术坦途之际，他却不得不委身于国家交响乐团的乐队里充当一名普通的低音提琴手，并且还是乐团里排名第五的低音提琴手！

郁郁不得志的科托夫把自己未竟的理想寄托在自己的小女儿身上，这就是他生命中唯一的精神慰藉。小尼娜自幼聪颖伶俐，3岁那年她就调皮地往父亲的低音提琴的琴孔里塞糖果，说是想听听"吃了糖果的琴"是否音色会更加优美动听，惹得父亲哈哈大笑。几年后日渐懂事的她用自己的耳朵感受到了大提琴雄浑而又柔美的音色，她向父亲提出自己要学大提琴。于是，7岁的尼娜被送入莫斯科的中央音乐学校学习。在学校里，尼娜与比她大不少的学生们一起学习，虽然她人小，可志不小，练起琴来还真有一股蛮劲。只要琴一上手便轻易不肯停下来，非得等手指磨起了泡、头颈酸疼了为止。11岁那年，尼娜与学校的管弦乐团一起演奏了大提琴协奏曲，被公认为是班上的尖子。后来她直接升入大学部，即著名的莫斯科音乐学院继续攻读大提琴演奏。

1985年，年仅15岁的尼娜·科托娃经过层层选拔，代表苏联参加了在捷克首都布拉格举行的"布拉格青年演奏家协奏曲国际音乐比赛"。赛前，似乎谁也没有想到要把这位洋娃娃似的小姑娘作为他们琴坛逐鹿的对手，即使是在赛后，他们仍无法相信最后站上最高领奖台的比赛夺冠者正是这位没有被他们放在眼里的尼娜·科托娃！

尼娜凯旋而归。然而，因胜利和荣誉带来的喜悦却因父亲病情的每况愈下而被迅速地浇灭了。科托夫的健康状况一直很糟，他还曾被强行送进精神病院。最后他终因晚期癌症不治而亡，年仅35岁。对于尼娜而言，父亲的去世是她15年人生经历中所遭受到的最沉重的打击。不仅如此，她很快发现父亲遭受的厄运还有进一步朝自己蔓延的趋势。因为征象是明显的：获奖归来后她既没有得到政府方面提供的任何嘉奖，更没有获得比赛主办方提供的音乐会演出合约。更有甚者，不久她在音乐学院的主课老师也悄悄劝说尼娜母亲把女儿送出国去，因为她在这里不会有任何未来！尼娜的预感终于被证实了，她确信自己有义务去完成父亲的遗愿，那就是有朝一日到国际舞台上去展示自己的艺术才华。

1989年，19岁的尼娜从莫斯科音乐学院毕业了。经老师推荐她赴德国科隆音乐学院深造。离开祖国时她只挎了一个小提包，里面装着作为礼物送给异国教授的俄罗斯特产——套娃和一瓶伏特加酒。但她的肩上却背着一个沉甸甸的庞然大物，那是她父亲生前心爱的低音提琴。在德国，她师从著名的俄裔大提琴家鲍里斯·佩尔戈门希科夫（Boris Pergamenshikov，1948-），他是罗斯特洛波维奇的得意弟子。尼娜本就家学渊源，天赋异禀，又勤奋好学，强记博学，如今再得名师指点，其艺术造诣更是非往昔可比。在德国的学习大大开拓了尼娜的艺术视野。1993 年她又转赴美国，因为她得到了耶鲁大学的奖学金，由此踏上了赴大洋彼岸的求学之路。

然而当尼娜满怀希望地跨入耶鲁校门不久，她就发现仅靠由院方提供的奖学金（哪怕是全额奖学金）也根本不足以维持自己在那里最低的生活费用。三个月后，万般无奈的尼娜离开了耶鲁来到纽约，她继父（一位英国商人）的朋友在这座世界第一大都市。不过，到了纽约虽说靠这位朋友的帮助解决了温饱和住宿，但求学之路依然渺茫。尼娜变得越来越绝望，她迫切需要寻找一份工作为自己去挣得学费！

某日，她的一个朋友向尼娜建议，像她这样身材高挑、仪态万方的俄罗斯美人儿何苦坐拥愁城而不去找一份好工作呢？她绝对应该去给有名的福特模特代理行留一个电话。尽管尼娜从未想过要用自己的姿色去挣钱，然而现实毕竟是残酷的。于是，尼娜不得已平生头一次往自己的眼上涂抹上眼睫膏，带着一百个不情愿低下她高贵的头去了模特公司试镜。尼娜的到来使模特公司的主管们大为惊艳，他们爽快地与她签了合约，着意将这位绝世美女打造成一位名噪 T 台的新天后。当尼娜拿到了她当模特的第一份工资——300 美元后毫不犹豫地走进了乐器行，她买了一把大提琴——当然，是廉价的那种。从此，大提琴和化妆盒便成为她生活中同样不可或缺的两样必备装备。尼娜把这把廉价大提琴昵称为自己的"大提琴先生"（Mr.Cello）。

后来尼娜又转到另一家知名模特经纪公司，那里甚至为她取了一个模特的艺名——尼卡！从此，她的玉照频频出现在 Fendi、Chanel 这样著名的时装品牌的秀场以及 ELLE、Vogue 这样畅销的时装杂志封面上。她所到之处无不被闻风而至的长枪短炮所簇拥包围。在介绍她的文章里这样写道："她在照相机前自信地走着猫步，同时正在日益远离她的音乐。或许她还能用她的双手拉琴，只是她的头脑中再也听不见音乐了……"其实，尼娜从不怀疑自己终有一天会远离这个缤纷诱人的行业，重归她心爱的音乐世界。"我是一个音乐家，打从我 7 岁起就是！"

1995 年，早已摆脱了贫困并有了相当经济实力的尼娜毅然决然地告别了大红大紫的模特行业，她移居英国伦敦，来到母亲和继父身边。她重新静下心来埋头于大提琴的刻苦练习中。第二年春，为了让女儿重返音乐舞台，母亲和继父为尼娜在家里举办了一个私人宴会，这是尼娜以音乐家的身份重返国际乐坛的前奏。四个月后她就接到了一个经纪人的电话，告知他手下的一位演奏家因故无法出席即将在伦敦温格莫尔音乐厅举行的音乐会，希望尼娜能借此复出，火速救场。这时距离音乐会的日期仅有两周时间。

1996 年 7 月 22 日,穿着一袭红色真丝礼服的尼娜站在了温格莫尔的舞台上,她的美着实令人眩目。但见她拿起弓子在琴弦上舞动起来,动人的旋律随之倾泻而出,先是普罗科菲耶夫、柴科夫斯基的作品,然后竟是她自己创作的大提琴曲《猫步素描》(Sketches From The Catwalk),琴声撼动着每一位听众的心弦。是啊,《猫步素描》何尝不是尼娜对过去两年模特生涯的真实写照和切身感受呢? 同年,尼娜签约 Philips 唱片公司,这就有了本文开头的那一幕。在这张个人首张专辑里(Philips 462 612)她总共演奏了 14 首乐曲,其中绝大多数是她的祖国俄罗斯作曲家的经典名曲,如格拉祖诺夫的《降 D 大调悲歌》、拉赫玛尼诺夫的《练声曲》、里姆斯基 - 柯萨科夫的《太阳颂》和斯特拉文斯基的《俄罗斯舞曲》,也有肖邦的《升 c 小调练习曲》、福列的《悲歌》和德·法雅的《火祭舞》;还有三首出自尼娜本人之手,其中就包括那首《猫步素描》和她根据俄罗斯民歌改编的大提琴版的《深沉的蓝色》(Dark Blue)。唱片一经问世即大行其道,在很短的时间里被售出了近五万张。尼娜·科托娃一炮而红,几乎一夜之间就成了当今日渐式微的古典唱片业的救星,她的唱片在古典音乐排行榜上停留了数周之久。早年的那个美女大提琴家又回来了!

在演艺事业上,尼娜的声誉也居高不下。她在美国卡内基音乐厅、纽约市政大厅、伦敦的巴比肯艺术中心和东京的三得利音乐厅都成功地举行了独奏音乐会,还受邀在东京为日本皇室成员做专场演出。与她合作的包括世界一流的指挥大师们和著名的交响乐团。当然她手中的琴也早已不是当年花区区 300 美元所买的那把"大提琴先生"了,而改成了一把价值 100 万美元的 1696 年制的瓜内利名琴。这把琴有一个绰号,叫"大熊"(Bear),因为它特别高大,这对于这位来自俄罗斯的身材高挑颀长的大提琴家来说倒是既得心应手,又恰如其分。

成功使人陶醉,荣誉令人自豪。但对于尼娜而言,她感到自己最大的成功莫过于重又在音乐世界里寻找到了她的快乐。进入新世纪后,2002 年尼娜又签约 Delos 推出了她的第二张专辑(Delos 3305)。这张里面的曲目不再像首张的那么星散短小,也不再以炫技煽情取胜。四首作品中的重头戏是一头一尾两首曲目:布洛赫的《所罗门》和她自己的新作《大提琴协奏曲》。虽然尼娜本人并不是犹太人,但她还是喜欢把她的这张专辑称为"犹太大提琴作品",因为专辑里的布鲁赫和布洛赫两位作曲家都是著名的犹太音乐大师,而她自己的丈夫——一位美国达拉斯的艺术商也是犹太裔,自然她也就成了犹太人的家属了。尼娜为自己这首无标题的大提琴协奏曲制定了一个似乎是过于宏大的创作构思,意图通过这首长约 30 分钟的作品去展现俄罗斯百年来历史与文化的广袤空间。自第一乐章伊始,由小号奏出的进行曲节奏作品就渲染出斯特拉文斯基式的新古典风格清新、简约的基调;时不时出现在低音区的独奏大提琴的顿音令人自然联想到俄罗斯各个历史时期那压抑窒息的形态氛围。与此形成对照的是主题那高亢而又略带凄婉的抒情旋律,它分明是俄罗斯民族忍辱负重又不失乐观通达的性格写照,其意蕴内涵与音乐语汇大有追慕肖斯塔科维奇之风的鲜明印迹。第二乐章慢板的浪漫曲是全曲最为抒情柔美的女性化所在,它是否代表着作曲家本人心中对一切美好理想的憧憬和诉求呢?第三乐章终曲倒也不出俄罗斯作曲诸位先贤的成规,照例是欢快活泼的快板。独奏大提琴极尽掉阖纵横、妙笔生花之能事,将尼娜的名家风范表现得淋漓尽致。总体而言,无论从作品的构思、乐思的发展还是结构的完整性方面都呈现出大气、多维的鲜明特征,单听作品决计不会想到它出自一位女性之手。加之演奏者率性洒脱的演技,更为作品增添了魅力。著名弦乐杂志《斯特拉德》写道:"尼娜·科托娃自己的协奏曲绝不比布鲁赫和布洛赫的经典差多少,它综合了施尼特凯、肖斯塔科维奇和卡巴列夫斯基等人的音乐元素,并令人信服地将之熔于一炉。终曲乐章的风格活脱脱就像巴托克的《乐队协奏曲》,相信欣赏者会以迅捷的姿态对这份曲意丰沛、富于创造的乐谱击节称快的。"《旧金山纪事报》的奥塔维奥·罗卡也称她的这首协奏曲实在扣人心弦,并预言她注定要成为一位引人瞩目的人物。值得注意的是,当这首协奏曲于 2000 年首演时,为尼娜指挥乐团协奏的指挥家也是一位女性,她就是来自中国台湾的许静心(Apo Hsu);不过在唱片中则换成了兼有乌克兰和美国血统的康斯坦丁·奥贝利安(Constantine Orbelian,1956-)指挥的俄罗斯爱乐乐团,录制地点仍然是莫斯科音乐学院内的大演奏厅。她的大提琴协奏曲经唱片问世后立刻受到音乐界和乐迷的极大兴趣,西方各大电台、电视台都争相播放了这首作品并对作曲家进行了个人访谈。1983 年,她还模仿巴赫的大提琴组曲创作了大提琴与乐队组曲《六幅毕加索袖珍画》;而她自己演绎的巴赫大提琴独奏组曲全集也于 2014 年面世发行(Warner 639411,2CD)。这套唱片被评论家形容为"深刻、激情与内省式的抒情取得平衡统一的优异演释","是一种真正个性化的声音"。(a genuinely personal voice can be heard《留声机》杂志)

在 2004 年,尼娜首次来中国访问演出,她在北京演奏了埃尔加的大提琴协奏曲;而在上海则演奏了勃拉姆斯和拉赫玛尼诺夫的大提琴奏鸣曲,全面地展示了她的演奏才华。她说:"大提琴是一种独一无二的乐器,它能反映人类心灵最不可思议的神奇特质。"直到今天,她仍在为她的父亲而演奏,因为她确信,无论她在哪里演奏,她所崇敬的父亲的在天之灵一定能听见!

83. 一手执琴一手挥棒的韩国"80后"
——张汉娜（Han-na Chang）

"出名要趁早，"这是中国的张爱玲说的；"成功的秘诀无非是养成尽快去做的习惯，趁着潮水涨到最高点的一刹那顺势而上。因为那一瞬间非但没有阻力，并且还能帮助你迅速地冲向目标，"这是英国的劳伦斯说的。

张爱玲与劳伦斯，这两位中外文坛名宿说的其实是一个意思，那就是要在人生的历程中认清自己的优势所在，发掘自己的巨大潜力，进而把握自己的成才之路。在艺术表演领域，早聪早慧的例子比比皆是，不胜枚举。有道是少时了了，大未必佳。少年天才要想日后成就大器，还真需要具有持续刻苦的努力和锲而不舍的定力。现今乐坛上一个最有代表性的个案就发生在一位韩国的女音乐家身上，她就是一位"80后"的大提琴家兼指挥家张汉娜。

❧ ❧

张汉娜 1982 年 12 月 23 日出生于韩国的历史文化名城水原市一个音乐家庭，她的母亲是一名作曲家。打从汉娜来到这个家庭后就沐浴在浓郁的音乐氛围之中，母亲的钢琴声和唱片里传来的音乐声使她从小练就了极为敏锐的音乐辨识力，还未牙牙学语却已能嘴里哼哼着听到的简易而悦耳的旋律音调了。3 岁那年母亲就着手教她弹钢琴。小家伙识谱很快，记忆力也极强，教她的乐曲几乎都是一学就会，且过目不忘。只不过小汉娜弹着弹着却渐有不尽兴之感，她的兴趣转到了音色低沉醇厚又优美动人的大提琴身上。对于女儿的学习意愿父母自然是有求必应，于是母亲为她请来了一位汉城交响乐团的大提琴手教汉娜学拉大提琴。汉娜的进步仍然神速，她 8 岁时已受邀在电视上演出了，节目播出后她被韩国的观众称为音乐神童。

光阴荏苒，转眼到了 10 岁，随着汉娜演奏能力的飞快提高，在汉城已很难找到可以教她的老师了。为了求得女儿更有利的发展，父母不惜携汉娜举家移居美国纽约。母亲抱着试试看的心情将女儿的演奏录音寄往茱莉亚音乐学院，不曾想汉娜居然被这所著名的音乐学府录取了。她先是在大学的预科学习,师从巴西裔的大提琴教授阿尔多·帕里索特(Aldo Parisot,1921-),后来升入本科阶段仍师从这位著名的大提琴家。

然而,无论是在茱莉亚预科还是本科,汉娜除在学校里认认真真地学习外,对她演奏获益更大的还是在校外。学生时代的汉娜参加了在意大利锡耶纳举行的大提琴大师班,就此结识了主持大师班教学的当今大提琴演奏名家米沙·梅斯基。这位长着一头卷发、留着漂亮连鬓胡子的犹太裔艺术家自1972年离开苏联后就一直活跃在世界乐坛上,被西方誉为是继皮亚蒂戈尔斯基和罗斯特洛波维奇之后俄罗斯大提琴学派的第三代传人。梅斯基非常喜欢这位来自东方的小不点儿,他不但喜欢汉娜的聪明乖巧,更赞赏她的刻苦用功,有着一股不达目的不罢休的执着劲儿。在大师班上汉娜的年龄是最小的,然而当授课结束时她的学业成绩却是全班最优异的一个!汉娜与梅斯基这位比自己年长34岁的大师成了忘年之交,她还把梅斯基亲切地称作"梅斯基爸爸";当她回到美国后仍寻找一切机会私人跟随梅斯基学艺。

经过一年校内校外扎实严格的系统训练,汉娜的演奏水平有了长足的提升。1994年,她经过选拔来到法国首都巴黎参加第五届罗斯特洛波维奇大提琴比赛的角逐。这项以罗氏名字命名的赛事创办于1977年,由大师本人出任比赛评委会的主席。它的比赛规格相当高,在世界上具有重要的影响,当今不少知名大提琴家就是经由这项赛事脱颖而出进而步入国际舞台的。汉娜的老师梅斯基也正是第二届比赛的优胜者。在第五届比赛的评委会里除了罗斯特洛波维奇外,还有法国当代作曲家迪蒂耶、原籍苏联的大提琴名家大卫·格林戈斯(David Geringas,1946-)、女大提琴家娜塔莉娅·古特曼、日本的堤刚(1942-)以及来自韩国前辈赵英昌(Young-chang Cho)。评委会的阵容强大,而选手们的身手也不含糊。经过一轮轮激烈的角逐,这位年仅12岁、扎着传统马尾辫的韩国小姑娘竟战胜了来自传统音乐强国德国、法国、美国、俄罗斯、以色列以及保加利亚的各路好手,摘得了大赛的金奖!与此同时她还带回了一枚当代作品最佳演奏奖。当比赛结果宣布的那一刻,有多少镁光灯在她面前闪耀,有多少长枪短炮在她耳畔"咔嚓"。消息传到韩国后,汉娜的家人与祖国的同胞为之欢欣鼓舞,引以自豪。然而,人们所不知道的是,当初汉娜参加这项赛事的初衷竟完全不是冲着金牌和锦标,而是为了去完成她的一个心愿——跟随罗大师去学琴。"在茱莉亚学了一年后我一直希望能当面拉琴给大师听听。不过一个十几岁的孩子又怎有机会见得到大师本人呢?唯一的办法就是参加由他亲自主持的大提琴比赛,这样不就等于可以在大师面前演奏了吗?"

　　张汉娜的这番良苦用心果然没有白费。罗斯特洛波维奇在颁奖典礼上不仅亲自为她颁赠了金质奖章和证书,还亲口允诺满足了汉娜要求跟随自己学习的夙愿。于是,在以后的日子里汉娜与大师之间建立起了一种亲密的友谊。两者 66 岁的年龄差距并没有构成辈分上的代沟,相反,在追求大提琴艺术真谛的目标上他们是亦师亦友的同行。罗大师不仅悉心地指导、启发她的演奏,帮助她在艺术上更臻成熟和完善,他还运用其在国际乐坛上的地位与影响,热情地把这颗被他称之为"汉娜宝贝"的艺术新星推荐给音乐厅的经理和唱片公司的掌门人。就是在他的大力举荐下,1995 年张汉娜与著名的唱片巨头 EMI 签订了长约,并于当年推出了她的第一张专辑——柴科夫斯基的《罗可可主题变奏曲》和圣 - 桑的《a 小调大提琴协奏曲》(EMI 56126),由罗氏指挥伦敦交响乐团予以协奏,为自己的爱徒保驾护航。

　　汉娜无疑是幸运的。在她的成长道路上不仅先后得到了像帕里索特、梅斯基和罗斯特洛波维奇这样世界顶尖的提琴大师的教诲和栽培,同时她也得到了诸多一流指挥大师的青睐与提携,这其中首先应提及的就是已故的意大利指挥家西诺波利。汉娜的舞台处女秀就是 1995 年 3 月与由西诺波利领导的德累斯顿国家管弦乐团合作完成的。首演获得了巨大的成功,汉娜藉此而正式步入独奏艺术生涯。谈起这位戴着金丝边眼镜、留着一鬓浓密大胡子的著名指挥家,汉娜的心里充满着敬仰与感激之情。她说:"西诺波利大师是自我 12 岁以来就合作最密切的指挥家。在我与他合作的过程中他告诫我在演奏那些西方经典时应该保持亚洲人的情感特性;这样才能使西方的听众从演奏中体验到一种与众不同的艺术魅力和欣赏情趣。唯有如此才能在当今强手如林的乐坛竞争中占有自己的一席之地。在我日后的成长中始终牢记他的这一谆谆教导。我从心底里感激他。"汉娜的第二张专辑——海顿的两首大提琴协奏曲也正是与西诺波利指挥的德累斯顿国家管弦乐团合作的 (EMI 57438)。本来,汉娜与西诺波利还计划继续录制由唱片公司策划的一系列曲目,然而,西诺波利 2001 年在柏林指挥歌剧《阿依达》时不幸突发心脏病过早地结束了他的生命致使这个计划戛然而止。尽管西诺波利英年早逝,但大师身上那种对于作品学术分析式的理性研究、对于演奏缜密细腻的艺术处理的鲜明风格与个性气质潜移默化地感染着汉娜,因而她的大提琴演奏也以细腻稳重与敏锐精准而著称;同时又不失年轻女性所特有的朝气与灵气,热情与抒情。同样是演奏海顿的大提琴协奏曲,与汉娜心目中的偶像杜·普雷恣肆纵意、大开大合的风格相比,她的诠释更为含蓄内敛、疏雅清逸,赋予作品更多的写意况味。她认为海顿尽管是一位古典主义作曲家,但他的作品里已然透出浪漫主义的端倪,汉娜就将自己在海顿大提琴协奏曲中所感受到的"那种光和影的对话以及情感的交织纠缠"传递给她的听众,唱片问世后赢得了评论家的一致好评。当然,西诺波利对汉娜重大影响的另一个丰硕成果就是日后直接导致了这位大提琴家对于指挥生发出了浓厚的兴趣。

在世纪之交的乐坛上,张汉娜以独奏家的身份与一系列世界一流的交响乐团进行了合作;在唱片录音方面,自 2000 年以后她相继推出了小品专辑《天鹅》和由普罗科菲耶夫、肖斯塔科维奇两位作曲家大提琴作品组成的两张专辑,全面地展示了她作为俄罗斯学派嫡传弟子的艺术风采。值得一提的是,后两张专辑与她合作的都是由意大利裔指挥家安东尼奥·帕帕诺(Antonio Pappano,1959-)指挥的伦敦交响乐团。之所以选择一位意大利裔指挥家,或许在汉娜的潜意识里这是她西诺波利情结的一种延续。普罗科菲耶夫的《大提琴交响协奏曲》与《大提琴奏鸣曲》这张唱片(EMI 57438)分别获得了 2003 年度法国戛纳、德国"回声"以及英国《留声机》杂志三项古典音乐"最佳协奏曲专辑"大奖;而在 2006 年她又被《留声机》杂志命名为"明日古典超级之星"(A Classical Super-Star of Tomorrow)。

正当人们满心期待张汉娜能一张接一张地为他们奉献她的大提琴演奏专辑时,未曾想自 2008 年以后她却骤然停止了唱片录音,甚至连在各大音乐舞台上亮相的频次也大大减少了。其实,她在人们视野里的低调"消失"并非是遭遇到了生理上的疾患抑或心理上的困扰,而是在此期间她已开始了自己一个新的人生阶段的起步——她决定朝乐团指挥的方向发展!

对指挥乐团感兴趣绝不是汉娜一时的心血来潮,也并非不切实际的好高骛远。其实,早在她 20 岁左右时她已对交响乐团的演奏产生了浓厚的兴趣,她会注意收集马勒交响曲的总谱加以细细研读,尽管这与她的大提琴独奏丝毫不沾边,然而她却乐此不疲。她此举纯粹是出于对马勒音乐的喜爱。几个世纪以来,女性一直被排斥在指挥领域之外,即便到了 20 世纪这种情形也未有丝毫的改变和松动。直到 2007 年美国女指挥家马琳·艾尔索普被聘为巴尔的摩交响乐团的音乐总监,成为第一位担任主流交响乐团的女性掌门人,从而彻底颠覆了男性对指挥的垄断。然而,人们所不知道的是,几乎与此同时有一位来自东方的女性也正在跃跃欲试走上挥坛。

汉娜是从 2003 年开始学习指挥的,她的老师是其母校茱莉亚音乐学院的指挥教授詹姆斯·德普利斯特(James DePriest,1936-2013)。德普利斯特是美国乐坛上第一位出任主流交响乐团的黑人首席指挥,曾经担任过纽约爱乐乐团的助理指挥和华盛顿国家交响乐团的副首席、客座首席指挥。如果说罗斯特洛波维奇和西诺波利是汉娜开启指挥魅力之门的钥匙的话，那么德普利斯特和洛林·马泽尔便是引领她进入指挥艺术殿堂的烛光，是他们在汉娜学习指挥的成长道路上悉心呵护，用心栽培。在这两位大师的辅佐提携下，汉娜于 2007 年首次作为一名指挥出现在音乐舞台上，那是在韩国城南市举办的"国际青年交响乐团艺术节"上指挥一支青年交响乐团。她的指挥首秀获得成功后，汉娜就把自己的艺术事业重心又从美国移到了祖国。在接下去的日子里她不断地指挥乐团为家乡的儿童与父老们积极普及推广古典音乐，并在此基础上于 2009 年发起组建了"绝对古典艺术节"（Absolute Classical Festival）。

"用音乐改变社会"，这是汉娜的"绝对古典艺术节"的口号与宗旨。对此她说道："我确信古典音乐能使这个社会变得更美好。尽管这种改变不可能在一朝一夕得以完成，甚至需要漫长的时间，但这种改变终将有效地渗透人的个性之中，就如同水和空气只要渗透到大树的根基，就会换来来年的萌芽绽放，枝繁叶茂。"在每年一届的艺术节上，汉娜作为音乐总监不仅演奏大提琴，还指挥交响乐团，因而获得了"大提琴家兼指挥家"（Cellist-Conductor）的美誉。至今这个艺术节已举办了五届，影响力在不断地扩大，汉娜也因之而被城南市市长授予"荣誉市民"的光荣称号。

在国内得到了历练、积累了足够的底气后，汉娜旋即又转战国际。2012 年 1 月她在伦敦指挥了老牌的英国爱乐管弦乐团；2 月又指挥了皇家利物浦爱乐乐团。在 2013-2014 演出季里她又分别与德国的德累斯顿国家管弦乐团和科隆广播交响乐团举行了首度合作，皆得到了乐团演奏家与评论家们的高度首肯。2013 年 9 月，张汉娜正式走马上任执掌卡塔尔爱乐乐团，出任这支于 2007 年成立的亚洲交响乐团第三任首席指挥。毋庸讳言，这支年轻乐团的演奏员们有着不同国籍、民族的背景，人员的流动性也很大，这成了摆在 31 岁的汉娜面前的首要难题。然而，汉娜却并不退缩，而是勇敢地迎接挑战。由于这支由 101 人组成的乐团成员大都为 35 岁左右的年轻人，因而汉娜与他们之间的沟通便不会有多少障碍。"我们在一起工作就等于是分享同时代人的理想和抱负。我们的共同目标就是创造音乐！我想将乐团打造成一支亚洲一流、并具有国际影响的艺术新军。"在 2014 年 9 月，汉娜率领着她麾下的卡塔尔爱乐乐团头一次踏上了去欧洲巡演的历程。她认为指挥将能使她从另一种高度与维度去理解音乐、表现音乐，它会给自己带来更多的灵感和快乐。的确，无论是作为一位成熟的大提琴演奏家还是初出茅庐的指挥家，年轻的张汉娜的 21 世纪永远在路上！

84. 长笛女王

——伊莱娜·沙弗 (Elaine Shaffer)

　　美国宾夕法尼亚州的洛克海文是一个人口不足一万人的小城镇。别看它城市小,人口少,这里可是一个优雅而又宁静的"世外桃源"。这座以著名的洛克海文大学为中心的大学城到处呈现出一派现代大都市少有的田园景色。在2009年1月9日的《美国快报》上,音乐评论家兼作家麦特·康纳在其题为《一个洛克海文小女孩变成了长笛女王》的文章就以这样颇具诗意的笔调开始:"设想一下在1940年代早期的某个春日,当你走在洛克海文的西教堂大街上,也许你头脑里还被二战的战局搅得苦恼和厌倦;你热爱的人们正在与德国法西斯和日本军国主义者进行着殊死的抗争。然而当你走过雷克斯·沙弗的家门时,你的心会突然被从那儿传出的优美曼妙的长笛旋律所提振起来。只需驻足一小会,让自己沉浸在那优美的音色之中,那么你萎靡不振的心情一定会顿时烟消云散,只觉得生活仍是这般美好,那么光明……"

　　不错,就在这人口不足万人的小城镇上,曾诞生过一位令世界乐坛为之瞩目的音乐名人,整座城市以她为荣,以她为傲,她就是这家主人雷克斯·沙弗的女儿——伊莱娜·沙弗。当时她还只是一个年仅16岁的妙龄少女,可她日后却成了备受世人爱戴的长笛女王。

　　伊莱娜·沙弗1925年10月25日出生于宾州的中部城市阿尔图纳。当时她的家境应当是相当富庶的,因为其父雷克斯·沙弗是美国以生产趣多多、奥利奥、乐之等饼干和休闲食品闻名的纳贝斯克公司阿尔图纳分公司的总经理。雷克斯喜爱音乐的爱好也多多少少地影响了他的女儿。伊莱娜从小就受到音乐的熏陶,尽管没有接受过正规的音乐教育,但也会弹弹琴,唱唱歌,并且会随父亲到邻近的大城市去听音乐会。

　　后来,他们全家来到了洛克海文。在伊莱娜·沙弗的成长经历中,音乐的第一缕阳光就是从她在洛克海文上高中时学校的音乐教室里开始冉冉升起的。在那里她加入了学校的一个管乐小乐队，后来又成为学校学生乐团的一员。不过无论是在管乐队还是学生乐团里她都是演奏定音鼓的女鼓手。对于定音鼓这种乐器她可不太中意，于是她将关注的目光转向了木管乐器中的长笛。她发现女孩子演奏起长笛来姿势非常优雅；当然，更主要的还是长笛奏出的那种具有银铃般的音色深深地吸引了沙弗。于是，在征得了学生乐团指挥的同意后她放弃了定音鼓改习长笛。事实上当初的这种更弦易辙竟把这个十几岁的小姑娘由此带入到一个连她自己也未曾预料到的最广阔的音乐之梦中。很快，沙弗就成了学生乐团里最出挑的女长笛手。与她同在乐团担任长笛演奏的弗兰克·克里在耄耋之年回忆起当年的情景仍历历在目。当他被问及那时是否已感受到沙弗身上独特的音乐天分时，克里以毋庸置疑的口吻答道："是的。我想乐团里的每个人都对此深信不疑。那时她在我们眼里不仅是一位含苞待放的长笛女郎，并且还不时流露出十足的音乐禀赋。"

沙弗的父亲眼看着自己的女儿已深深地爱上了长笛演奏，且技艺了得，大有以此为业的势头，于是他也想为女儿做些什么。当时雷克斯听说在佛蒙特州有人想出售一支银质长笛。可等他好不容易抽空前去洽购时却被卖主告知那支长笛已经由轮船被带到了洛克海文，现在在一个年轻姑娘手上。卖主告诉雷克斯，假如那个姑娘试用后感到适合她使用的话，那么他愿意以二百美元的价格将这只银笛转让给长笛少女。这时雷克斯方才恍然大悟，原来自己的购笛计划被女儿抢了先手。当他还在试图和卖主讨价还价时，女儿早已"先斩后奏"，买下了她演奏生涯中的第一支银质长笛。

得到了心爱的银质长笛后，伊莱娜·沙弗的人生已与长笛演奏密不可分了。

高中毕业后沙弗进入了位于费城的著名音乐学府柯蒂斯音乐学院。她无疑是幸运的，在这里她遇上了艺术生涯中一位真正的恩师——威廉·金凯德（William Kincaid，1895-1967）。金凯德堪称是美国长笛学派的祖师爷，他是19、20世纪之交长笛由金属取代木器时代演变进程中美国大陆上涌现出的第一位杰出的代表。他年青时曾在纽约爱乐乐团担任第二长笛。1921年金凯德转投费城管弦乐团，成为乐团的首席长笛。他在这个位置总共待了近40年直至退休。与此同时，从1928年起他就执教于柯蒂斯音乐学院，一生门生遍于天下。据统计他教过的学生有165人之多。这些学生日后大都成为美国各大交响乐团的当家长笛或长笛独奏艺术家。沙弗自投到他门下后很快便以其对专业的执着勤奋和对音乐的聪慧悟性而深受金凯德的喜爱与呵护。金凯德对沙弗演奏艺术上的提高是显而易见的，因为毕竟在此之前她的长笛演奏技艺几乎是在无师自通的自学状态下获得的。金凯德的提点与教诲使她的造诣产生了质的飞跃。

1947 年,22 岁的沙弗从音乐学院毕业后进入中西部的堪萨斯市立交响乐团担任第二长笛手。在这里她遇上了一位自己艺术上的引路人,他就是乐团的首席指挥埃夫伦·库尔茨(Efrem Kurtz,1900-1995)。库尔茨对这位新进团的女长笛手予以悉心的关怀和细致的指导,一年后,当库尔茨转任南部的休斯顿交响乐团首席指挥时也把沙弗带到了休斯顿,沙弗顺理成章地成为了乐团的长笛首席。在休斯顿交响乐团的五年也是她与库尔茨的情感纽带日益紧密的五年,这对年龄相差 25 岁的忘年恋也瓜熟蒂落,水到渠成。

埃夫伦·库尔茨原籍俄罗斯,是圣彼得堡音乐学院格拉祖诺夫和齐尔品的学生。苏联十月革命后他离开祖国,到柏林随著名指挥尼基什学习指挥。在 20 世纪二三十年代他是法国闻名遐迩的蒙特卡洛俄罗斯舞蹈团的音乐指导,与伟大的女舞蹈家安娜·巴甫洛娃有过密切的合作,声名由此鹊起。二战期间他到了美国,成为美国公民,此后便一直活跃在美国的交响乐界。由于在与沙弗交往时库尔茨尚未结束与第一位妻子的婚姻,因而他们一直没能举行婚礼。直到 1955 年沙弗 30 岁那年,库尔茨与自己的原配离了婚,两人才正式步入婚姻的殿堂。而那时沙弗已离开了休斯顿交响乐团。这时的她已准备以一名独奏家和室内演奏家的身份去闯荡乐坛了。

尽管与欧洲相比,20 世纪上半叶的美国乐坛对于女性从事音乐艺术表演还是持比较宽容、体谅的态度,然而直到 1940 年代也才刚刚有女性能够在正规的交响乐团里谋得一席半职。从这个意义上说,伊莱娜·沙弗在堪萨斯和休斯顿的经历堪称是乐团女乐手们的"开路先锋"(trail-blazer)。至于她作为一位独立的艺术家从事独奏和重奏演出,则更是开了一代风气之先。在这方面她是美国女性中当之无愧的第一人。1959 年,34 岁的沙弗在纽约的市政大厅举办了她人生中的首场独奏音乐会,宣告了她作为乐坛"独行侠"生涯的肇始。她去了欧洲,先后在各个著名的音乐艺术节上亮相,在英国伦敦的音乐会上也赢得了高度的评价。她与著名小提琴家耶胡迪·梅纽因以及他的妹妹、钢琴家赫芙齐芭·梅纽因(Hephzibah Menuhin,1920-1981)、大键琴家乔治·马尔科姆(George Malcolm,1917-1997)经常在一起举办室内乐重奏与合奏音乐会。她在 EMI 录下的那些唱片就是这种友谊的见证:如她与由梅纽因领导的巴斯节日管弦乐团合作的巴赫的《b 小调第二乐队组曲》(收录于 EMI 67425,2CD)、《勃兰登堡协奏曲》第二首和第五首(收录于 EMI 17617,2CD),与马尔科姆合作的巴赫三首长笛奏鸣曲(Angel S 36337,LP)等。与此同时,作为一位极富艺术禀赋的女性,除自己的演奏事业外,沙弗在欧洲还活跃于上层建筑的诸多领域,在不同的艺术领域内她都以其知性的气质,典雅的姿态以及颇具见地的谈吐风度为自己赢得了广泛的朋友。沙弗俨然成了 20 世 50 年代欧洲社交圈里的名媛。

～～～～～～

伊莱娜·沙弗的"长笛女王"(Queen of the flute)的称号最早见诸美国《时代》周刊的一篇文章里。不言而喻,经由这份具有极大影响力和普及性杂志的传播,这个雅号迅即在国际乐坛上不胫而走,后来简直成为沙弗具有标志性的代名词。音乐评论界的"大佬"哈罗德·勋伯格在听了她 1959 年在纽约市政大厅的独奏音乐会后在他《纽约时报》的评论里写道:"她能吹奏出音色优美而又音量控制得极好的乐句;而在演绎大段的柔美旋律时她的表现更堪称异禀过人。"

作为长笛独奏家,沙弗不仅能出色地演奏莫扎特的两首长笛协奏曲(EMI S 60123,LP)、《C 大调长笛与竖琴协奏曲》(收录于 EMI 68533,2CD)、莫扎特之子弗朗兹·萨维·莫扎特(Franz Xaver Mozart,1791-1844)的《长笛奏鸣曲乐章》、舒伯特的《枯萎的花朵变奏曲》这样的古典曲目,也擅长演绎 20 世纪的当代长笛作品,例如亨德米特、普罗科菲耶夫和普朗克的长笛奏鸣曲,伊贝尔和尼尔森的长笛协奏曲,她还是美国作曲家维吉尔·汤姆森(Virgil Thomson,1896-1989)《长笛协奏曲》的世界首演者。出生于瑞士的美籍犹太裔作曲家欧内斯特·布洛赫非常赏识沙弗的艺术才华,为了表示对这位长笛女王的敬意,几乎从未写过长笛作品的布洛赫在其晚年专门创作了两首长笛作品题献给沙弗,分别是《调式组曲》(Suite Modale)和《两首最后的音诗"也许"》(Two Last Poems 'Maybe')。这两首作品都由沙弗与由其丈夫库尔茨指挥的乐团予以世界首演,可惜的是它们都未能给后人留下珍贵的录音资料。

后来,沙弗随丈夫库尔茨迁居瑞士,但她仍活跃于欧美的音乐舞台上。1965 年 1 月,年届不惑的沙弗在离家 20 年之后首度返乡"省亲",并在当地的首都剧院举行了一场音乐会。当晚的听众里既有她年迈的父母,也有像弗朗克·克里这样的昔日好友和音乐伙伴。家乡人民对她的精彩演出报以雷鸣般的欢呼和掌声,演出结束时成束成束的鲜花从四面八方投向舞台中央,其场面之感人令人潸然泪下。

1967 年对于沙弗而言是特殊的一年,因为在这一年的 3 月她的恩师金凯德去世了。沙弗与金凯德有着非同一般的师生情谊,她是老师众多弟子里最受宠爱的一位。金凯德弥留之际特意嘱咐把自己的那支铂白金长笛赠送给沙弗。此后它就伴随着她的演奏和教学从未离身。睹物思人,沙弗在恩师逝世的悲痛时刻更觉得要为恩师做些什么。于是,她与金凯德的另一位学生、后来曾任纽约长笛俱乐部主席和美国长笛协会会长的约翰·索拉姆(John Solum,1935-)共同发起,由他们组织金凯德的学生们一起举办一场纪念音乐会。而作为纪念活动的另一个组成部分,他们向美国当代最伟大的作曲家科普兰提出委约,请他创作一首长笛作品。这直接催生出了作曲家的那首《为长笛和钢琴而作的二重奏》。作品完成后,1971年10月由沙弗和赫芙齐芭·梅纽因合作将这首作品做了世界首演。当然,其实沙弗内心更大的愿望是能与身为作曲家和钢琴家的科普兰共同去演绎这首具有特殊意义的作品。而在当年的一月,她又回到了自己的家乡洛克海文,在洛克海文州立学校的大礼堂里又一次举行了她的"汇报音乐会"。

但谁又能料到这竟会是沙弗一生旅程中向家乡人民的最后诀别。一年以后她被诊断出患了肺癌,这个致命的打击是她始料未及的,因为她从不抽烟,何况年龄还未过五十,艺术上正步入炉火纯青的最佳状态。就在得知噩耗前夕,她还在纽约与著名的长笛修复技师兼乐器商阿尔伯特·维瑟利为即将举行的新录音而探讨技术与音响问题呢。晚年的沙弗终于完成了两项她最后的计划,其一就是举办了一场巴赫长笛奏鸣曲的独奏音乐会;其二就是她终于实现了与科普兰的合作,1972年在哥伦比亚唱片公司的录音室里诞生了更经典更权威的《为长笛和钢琴而作的二重奏》版本,它被收录到《阿伦·科普兰音乐创作50周年纪念集第二卷》(SONY 89326,2CD)。这个版本的诞生也成为沙弗人生旅程行将谢幕的一个绝唱。录音完成的两个多月后这位长笛女王于1973年2月19日在伦敦辞世,年仅48岁。

伊莱娜·沙弗的一生既见证了荣耀与辉煌,又充满了传奇与悲情。正如麦特·康纳在他的文中所描述的那样:"她是一位富于灵感的艺术家。人们从她那支细长而又闪烁着晶莹光泽的长笛中感受到时而如涓涓细流,时而如宣泄之瀑;时而如呢喃独白,时而如小鸟啼啾的悦耳音流与美妙旋律。她所吟唱出的难忘音色就如同她手中的那支14克拉的长笛一样灼灼闪光,熠熠生辉!"

85. 名如其人　乐如其人
——苏珊·米兰（Susan Milan）

在四年一度的奥林匹克运动会上，有一个比赛项目也许会被电视机前的大多数观众所忽视，然而它却绝对会令在现场观看比赛的人们情绪亢奋，血脉喷张，那就是三项全能。何谓三项全能？它是由游泳、自行车和短程马拉松三种不同种类的运动综合而成的一个竞技项目，要求同一位运动员依先后次序予以完成并计算成绩。三项全能最早起源于 20 世纪 20 年代的法国，在 2000 年悉尼奥运会上成为正式比赛项目。请看它的达标要求：游泳，1500 米，属中长距离的；自行车，40 公里，山地的，崎岖的；跑步，10 公里，泥泞的，需不时跨越障碍的。因而，这项运动又以"铁人三项"而闻名，它是对运动员体力极限和意志临界的全面考验。敢于迎接这项挑战的都是"铁人"，强人。殊不知在国际乐坛上也涌现出了一位拥有"三项全能"称号的女艺术家，她，就是英国当代长笛演奏家苏珊·米兰。那么她究竟因哪三项全能记录而荣誉加身呢？且容在下细细道来。

❧～～～～～～❧

苏珊·米兰 1947 年 9 月 3 日出生于首都伦敦，她是一对在政府机构任职的公务员夫妇的女儿。说来也怪，她从小就对音乐有着天然的爱好，自 2 岁起父母就允许她摸钢琴听唱片，3 岁时还第一次登上舞台在公众面前展现了自己表演的芭蕾舞才艺。在其后的岁月里她唱歌弹琴学了不少，可自从 9 岁那年第一次听到了长笛吹出的清脆而悠扬的音色时才感到"真正找到了属于自己的声音"。于是，惊异于女儿不凡的音乐禀赋，父母为她买来了一支长笛，由此确立了她一生与长笛厮守相伴的音乐之路。在念书时米兰跟随学校里的音乐老师学习吹奏长笛，还积极参与学校的音乐演出。也许是她对长笛实在是太喜爱了，她的演奏技艺以令老师和同学吃惊的速度在飞快进步着。到 1958 年，年仅 11 岁的米兰竟通过了著名的英国皇家音乐学院的入学考试，成为年龄最小的在册学生，她曾多次因成绩优异而获得奖学金。在为她颁奖的嘉宾里，就有女王伊丽莎白二世，更有大名鼎鼎的指挥大师马尔科姆·萨金特，其风光一时在全校无二。

在皇家音乐学院,米兰师从身兼皇家长笛协会秘书长的约翰·弗朗西斯(John Francis)教授。这株艺术幼苗在他的指点和栽培下得以茁壮成长。在读期间,13 岁的米兰已成为伦敦高中交响乐团的长笛手,在首都的音乐舞台上经过风雨,见过世面。不仅如此,在专修长笛的同时她还兼修声乐和钢琴课程。就这样,米兰以这样的高标准严要求尽情地充实着自己。1963 年,苏珊·米兰年方十六,当别人还以这样的年纪刚刚跨入大学校门时她已以全优的成绩本科毕业了。

毕业后的米兰一方面留在学校里担任最年轻的长笛助教,一方面早已名声在外的她已开始和伦敦多支交响乐团合作举行音乐会了。可即便如此,她也丝毫没有放松对自己技艺的提升。这时,她又拜市政大厅音乐学院的知名教授杰弗瑞·吉尔伯特(Geoffrey Gilbert, 1914-1989)为师继续深造。吉尔伯特曾经是英国乐坛长笛界的一面旗帜,他 19 岁就成为由著名指挥家比彻姆创建的伦敦爱乐乐团的长笛首席,二战结束后又成为皇家爱乐乐团的长笛首席直至退休。米兰之所以选择跟随吉尔伯特深造是由于他和自己此前所学的皇家音乐学院的教学方法确有不同且独到之处。况且就舞台实践而言,吉尔伯特也比自己在皇家音乐学院的教授弗朗西斯更胜一筹。除此而外,她还连续六年参加了由法国长笛学派的杰出代表马塞尔·莫伊塞(Marcel Moyse, 1889-1984)在瑞士博斯维尔举办的长笛大师班讲学,这为她日后因诠释法国长笛作品而备受赞誉打下了坚实的基础。

1967 年,时年 20 岁的苏珊·米兰在伦敦著名的温格莫尔音乐厅首次亮相,成功地上演了自己的处女秀。所谓厚积薄发,她的音乐会一鸣惊人,备受各界瞩目。第二年她就受聘出任伯恩茅斯小交响乐团的长笛首席。虽然这只是一支五六十人规模的室内乐团,但毕竟这是她在交响乐团里得到的第一个固定的职位。她在伯恩茅斯小交响乐团待了五年,算是为日后辉煌的艺术履历"热了身"。真正使她扬名英伦的还是五年后的 1973 年,她创造了英国音乐演出史上的一个记录,成为主流大交响乐团——皇家爱乐乐团的第一位女性声部首席。自然,能够得到有"伦敦四大交响乐团"之一的皇家爱乐乐团的青睐离不开米兰精湛高超的演奏技艺,同时也得益于她的业师、昔日的乐团长笛首席吉尔伯特的大力举荐,正是他在退休前夕把自己的首席职位"预留"给了这位得意门生。当时担任乐团首席指挥的是原籍匈牙利的著名指挥家安塔尔·多拉蒂(Antal Dorati, 1906-1988)。多拉蒂对这位 26 岁的长笛女首席分外垂青,因为每当交响作品中有精彩而艰深的长笛独奏片段时,苏珊·米兰的表现从不会使他失望。米兰在皇家爱乐的八年里与这位声誉卓著的忠厚长者结下了深厚的忘年之交，甚至在多拉蒂的晚年，这位早年曾在匈牙利李斯特音乐学院师从巴托克、柯达伊学习过作曲的指挥家为了她而"重操旧业"，为她创作了一首长笛二重奏作品《阿西西奏鸣曲》（Sonata per Assisi，阿西西是意大利佩鲁贾所属的一座城市的名称），并在 1981 年由米兰和另一位法国长笛大家马克森斯·拉吕（Maxence Larrieu, 1934-）在意大利的莱斯庇基艺术节上予以首演。

自 1981 年离开皇家爱乐乐团之后，米兰开始了其作为独立艺术家的多元、多彩的艺术人生。她几乎受聘于英国所有的重要交响乐团与之合作，或担任他们的客座首席，或与他们一起演奏协奏曲。他们之中包括"伦敦四大"中的其余三家——伦敦爱乐、伦敦交响、BBC 交响，还有 BBC 的苏格兰和威尔士管弦乐团、圣马丁室内乐团、英国室内乐团等。拿句中国的俗语来说，就是"铁打的米兰流水的乐团"，这便是米兰三项全能中的第一项——英伦交响乐团的全能长笛首席。

米兰的第二项全能则来自她的多重身份。早先她是一名优秀的乐团长笛首席，自从离开乐团"单飞"后，她便以独奏家、室内乐演奏家、教育家、编曲家、作家与社会活动家的多重身份活跃于世界乐坛。作为长笛艺术家，其身份的前两项自不待言。说到教育家，就不得不提她自 1963 年持续至今在皇家音乐学院整整半个世纪的执教经历。其实自本科毕业后她的身影就从未在母校的教室和校园里消失过。起先是作为学校最年轻的助教；1984 年，37 岁的她又成为母校最年轻的长笛教授。而在演奏、教学之余，米兰还撰写过几本关于长笛演奏的书籍，对于演奏之中经常会碰到的技术处理、艺术理解甚至是音乐会上不同类型曲目的搭配组合都给出了既具自身感受又高屋建瓴的指导。作为当今长笛演奏领域的名家，她还主持过一项极富创见的音乐工程，那就是负责选编修订了一套 20 世纪上半叶那些长笛大师们的历史录音选集。那些录音原本都记录在 78 转的粗纹胶木唱片上。Master Classics 唱片公司起意将其转制成 CD 便于在当代发行。但因其录音质量受时代所限，部分作品难免会出现不完整或残损的缺憾，苏珊·米兰主持这套历史录音的修复与整理可谓是不二人选。1997 年由她负责选编的这套名为《长笛档案》的历史录音发行面世了，它被《留声机》杂志誉为"所有长笛演奏家和学生的必听之曲"。而作为一位音乐社会活动家，米兰还组建了自己的伦敦室内乐小组（The London Chamber Music Group）。她也和自己的儿子、大提琴家克里斯托弗·耶普森（Christopher Jepson）以及自己在皇家音乐学院的同事、钢琴家安德鲁·波尔（Andrew Ball）组成"米兰长笛三重奏"而享誉伦敦的古典乐坛。

苏珊·米兰的第三项全能是在长笛的演奏曲目方面,她称得上是一位通才、全才。她的演奏曲目涵盖巴洛克时代的大、小巴赫,泰勒曼、斯塔米茨;古典浪漫时期的莫扎特、贝多芬、舒伯特;19世纪后期的圣-桑、德彪西、伊贝尔;20世纪的普朗克、普罗科菲耶夫、哈恰图良等,应有尽有。需要指出的是,在当今乐坛上她也许是被作曲家题赠作品最多的一位长笛演奏家了。专门为其度身定制并题献给她作品的有瑞士作曲家弗兰克·马丁;英国作曲家马尔科姆·阿诺德、理查德·罗尼·本内特、罗伯特·辛普森、埃德温·罗森伯格和罗伯特·萨克斯顿;美国作曲家卡尔·戴维斯;捷克作曲家英德里希·菲尔德以及丹麦作曲家奥勒·施密特等创作的各类长笛曲不下十几首。自从1979年她的首张专辑由英国的独立品牌ASV发行以来,她的唱片一直与英国品牌Hyperion和Chandos紧密地维系在一起,尤其是后者,几乎发行了她所有最具代表性的长笛代表作录音。

莫扎特的两首长笛协奏曲或许是每位长笛演奏家必演的经典曲目,其版本多得不胜枚举。但米兰1988年录制的版本(Chandos 8613)仍具有无法替代的独特魅力。她的演奏呈现出那种既具名门闺秀的端庄典雅、又不乏女性灵动的妩媚婉转的大气与从容,丝毫没有那种在有些男性演奏家身上隐约可闻的"烟火气",堪称是"浓淡相宜,张弛有度"的典范。而另一首莫扎特被人百听不厌的经典曲目《C大调长笛与竖琴协奏曲》则被制作方构思巧妙地与传说中他的冤家对头萨利埃里的一首《C大调长笛与双簧管协奏曲》并置于一张唱片之内(Chandos 9051),使人在领略米兰悦耳动听的笛声的同时生发出一种富有戏剧情景想象的穿越感。以上莫扎特作品的华彩乐段都出自米兰本人之手,足见她了得的编曲功夫和演奏造诣。

在她的诸多唱片录音中,有两张法国作曲家的作品专辑博得人们的特别赞誉,一张是标题为《长笛的魅惑》(La Flute Enchantee, Chandos 8840)的专辑,收录了由米兰演奏的圣-桑、伊贝尔、戈达尔、若利韦等人的长笛协奏曲和音乐会曲;而另一张则是她向法国长笛学派的奠基者之一菲利普·高贝尔(Philippe Gaubert, 1879-1941)的致敬之作,收录了高贝尔曾演绎过的代表作,以此表示自己对大师的敬意与爱戴。米兰在这两张唱片里充分展现出她受法国长笛学派影响所形成的独特气质,那就是典雅精致,纤巧细腻。基于苏珊·米兰在长笛演奏与教学等诸多领域所享有的成就与声望,1990年她被一致推选为英国长笛协会有史以来的第一位女性会长。1999年她又从查尔斯王储手中接过了授予她的皇家音乐学院荣誉会员的证书和奖章。

多年来,苏珊·米兰的演奏足迹遍及世界各地,除欧美外她还到过大洋洲的澳大利亚、新西兰,非洲的南非、津巴布韦,亚洲的日本、韩国等。近年来她与中国大陆及台湾、香港地区产生了越来越频繁的联系。2001 年她被任命为台湾长荣管弦乐团木管乐器声部的艺术指导;而如今她是河南大学艺术学院的外籍教授。米兰与中国的关系如此密切很大程度上是因为她现在的丈夫许靖华(Kenny Xu)是一位华裔旅欧科学家。许靖华 1929 年生于江苏南京,1948 年毕业于南京中央大学地质系,同年赴美留学,在洛杉矶加州大学获博士学位。他历任国际沉积学会主席、国际海洋地质学委员会主席、欧洲地球物理协会首任会长,并当选为美国国家科学院和台湾"中央"研究院院士,是国际知名的一流地质学家和自然科学家,在因科学巨人爱因斯坦毕业而闻名遐迩的瑞士联邦理工学院担任教授直至退休。米兰是许靖华的第三任妻子。他俩之所以能在一位 74 岁、一位 56 岁时成为眷属,音乐是他们的姻缘纽带。素来以向传统科学理论挑战而闻名的"许大胆"许靖华在音乐方面也颇有造诣。他最新的研究探佚成果发表在其新著《莫扎特的爱与死》(三联书店,2006 年 12 月一版)里,他结合莫扎特生命中最后三年的音乐作品和相关文献,运用科学论证的方法并经过严密推理后得出了自己的结论——早夭的天才不是死于疾病或被传说中的萨利埃里嫉妒毒杀,而是死于他所爱上的女人丈夫之手,也就是死于一场情杀。2006 年 12 月 5 日在北京的中山公园音乐堂举办了这本书的发布会暨讲座,许靖华亲临现场做了题为"上帝宠儿的情殇——莫扎特死亡真相探寻"的演讲。为给夫婿助阵壮色,苏珊·米兰领衔英国的巴德克四重奏组在讲座结束后演奏了莫扎特的两首长笛四重奏(G 大调和 C 大调)、贝多芬为长笛、小提琴和中提琴所作的《小夜曲》等作品,让中国听众第一次亲眼目睹了她的精湛才华和艺术风采。

米兰,米兰,行文至此不由联想到了在我国南方广为人识,在东南亚一带也有广泛分布的这种芳香类观赏植物。每逢气候适宜它会盛开小米粒状的金黄色花蕊,气味淡雅芬芳而不浓艳,个性高贵而不矜持。它的名字就叫米兰! 以此物喻此人,实在没有什么比这更恰当的了。

86. 上帝送给长笛的礼物
——莎朗·贝扎利（Sharon Bezaly）

在器乐演奏领域，相对浩如烟海、汗牛充栋的钢琴和小提琴文献而言，或许任何其他的器乐作品都只能是望洋兴叹和难以比拟的。面对此种局面，大多数的演奏家们在徒唤奈何的同时也只能依据自身的艺术个性和演奏特长去发掘、移植一些声乐、钢琴和小提琴作品加以改编，以此充实自己的保留曲目。不过，有这样一位女性长笛演奏家却不愿继续沿袭 100 多年来的陈规旧俗，她在自己成名后竟剑走偏锋，突发奇想，想完成一套像编纂词典那样按照作曲家姓氏的首字字母从 A 到 Z 的编排顺序的长笛作品集，它将涵盖音乐史上各个时期、各种风格的长笛优秀代表作。此举一出，举世皆惊。这位令国际乐坛为之刮目相看的长笛演奏家就是莎朗·贝扎利。

莎朗·贝扎利来自素以尊重知识、热爱艺术著称的犹太民族，她 1972 年出生于以色列的特拉维夫。贝扎利的父亲是当地一所女子高级中学的校长，母亲是钢琴教师，因而自小她就浸淫在音乐气氛很浓的家庭环境之中。父母自然也是极希望自己的小女儿学习音乐的，可是，别看还是个小丫头，贝扎利的个性却很倔强。母亲想让她随自己学钢琴，女儿却偏偏不喜欢那种叮叮咚咚的琴声。这也许是母亲在家练琴实在是太多了，反而使女儿因此产生了逆反心理。贝扎利童年时性格倒更像一个男孩子，热爱体育运动。正当父母为此而一筹莫展时，不料有一天小女儿回到家里突然向他们宣布：我要学吹长笛。这可把父母给惊到了，母亲特别不理解女儿的这个决定，也许在一位钢琴教师的眼中，长笛压根不算是种真正值得学习的乐器吧。为了使父母相信自己可不是一时的心血来潮，贝扎利还真找来了一支小学生吹的竖笛，煞有介事地吹了起来。

由于父母根本就没把这当回事，因而贝扎利的竖笛学习完全是无师自通的。也还别说，小家伙对于木管乐器还真有股子天分，她的竖笛吹得有模有样，这无疑为她打动父母支持她学习长笛加了分。果然，有感于女儿的认真与坚持，他们为她找来了能请到的最好的长笛老师，开始教她长笛。不过，至于她日后会成就为一位全职的优秀长笛家,恐怕当时无论是她父母,还是她的老师都是万难想到的。

或许正如她成名后被美国的《时代》周刊誉为是"上帝送给长笛的礼物"那样,莎朗·贝扎利仿佛冥冥之中就是为长笛而生的。学习长笛对她来说是件轻松而愉快的乐事,她的进步已令周围人们吃惊的速度飞快提升着。尽管没有什么名师指点,三年后大指挥家祖宾·梅塔还是听说了这个小姑娘的奇迹。于是梅塔邀请她与由自己指挥的以色列爱乐乐团在首都举行的音乐会上进行合作。这次艺术生涯中的处女秀奠定了贝扎利之后的人生之路。又过了四年,在贝扎利 17 岁时,享誉乐坛的法国长笛大师让 - 皮埃尔·朗帕尔来以色列访问演出。贝扎利自然不会放弃这样一个天赐良机,她不仅去听了大师的音乐会,更因梅塔引荐有幸结识了大师本人。朗帕尔在听了贝扎利的试奏后建议她到法国去进一步随名师深造。这可真是一个从天而降的超级大礼包啊。试想,还有比能去以长笛学派闻名于世的法国去学长笛更大的喜讯吗? 于是,在高中毕业后贝扎利就直接去了法国巴黎。她依照朗帕尔的指点进了法国长笛学派的摇篮——巴黎音乐学院,先后拜两位名家为师,他们就是雷蒙·久奥(Raymond Guiot,1930-)和阿兰·马里翁(Alain Marion,1938-1998)。他俩都是日内瓦国际长笛比赛的金奖得主,是法国长笛学派的杰出代表,其中马里翁更是在 20 世纪下半叶的国际乐坛声名卓著。贝扎利得到这两位名师的悉心栽培和调教,其在艺术成长上的飞跃自不待言。在法国的四年里她学到了法国长笛学派演奏艺术的真谛。此外,她竟还跟随法国双簧管名家莫里斯·布尔格(Maurice Bourgue,1939-)学习过一段时间的双簧管,出席过另一位长笛大师奥莱利·尼科莱(Aurele Nicolet,1926-)主持的长笛大师班学习。当然,从巴黎音乐学院毕业时她怀揣的毕业证书上的成绩也是全校最优异的。

从音乐学院毕业后,莎朗·贝扎利又到了捷克首都布拉格,在那里他接受了室内乐演奏的训练。正巧,在布拉格她遇上了艺术道路上的一位贵人,他就是原籍匈牙利的指挥家桑多尔·维格(Sandor Vegh,1912-1997)。维格不仅是一位优秀的指挥家,也是造诣精湛的小提琴家兼室内乐演奏家,20 世纪战后最负盛名的维格弦乐四重奏组就是以他的名字命名的。维格向贝扎利发出邀请,让她在集训结束后就去奥地利加入由他担任首席指挥的萨尔茨堡室内乐团,出任首席长笛。

这支室内乐团隶属著名的莫扎特音乐学院,其成员大多为莫扎特音乐学院毕业的高材生。贝扎利在日后的访谈里提到,在此期间维格以他对音乐艺术的深刻睿智和渊博学识对于自己的影响是无可替代的。在两年的乐团生涯里,她学会了在演奏中的倾听与合作,领悟了音乐表现上技术与艺术的相互关系。然而,当 1997 年维格去世后贝扎利还是选择了离开。依据自己的技术特点和艺术风格,她认定当一名独立的长笛演奏家更适合今后的事业发展。她想要走一条自己的路!

贝扎利加入了由著名小提琴家基顿·克莱默于1997年组建的"克莱默波罗的海室内乐团"(Kremerata Baltica)的巡演。当他们巡演到北欧的瑞典时,那音色出众而又和谐默契的演奏引起了Bis唱片公司总裁罗伯特·冯·巴尔的关注与兴趣。作为创立于1973年的北欧独立唱片品牌,Bis向来以推广北欧音乐作品而在国际唱片业独树一帜。巴尔请"克莱默波罗的海室内乐团"为Bis录音,由此也开启了贝扎利和这位唱片公司掌门的不解之缘。在唱片录制过程中,巴尔发现贝扎利的长笛演奏音色清亮,流畅委婉,非常具有个性特色,细问之下才得知乃得自法国长笛学派的真传。北欧诸国向来缺乏一流的国际长笛高手,于是巴尔建议贝扎利再为Bis录制一张个人的长笛专辑。由此,贝扎利的首张个人专辑《以色列情愫》(The Isaeli Con-nection, Bis 959)便应运而生了。她与出生于克罗地亚的钢琴家德扬·拉契奇(Dejan Lazic, 1977-)合作的这张专辑里荟萃了多位犹太作曲家的长笛作品,其中有埃尔温·舒尔霍夫的长笛奏鸣曲、约亚夫·塔尔米的《独白》组曲(Monologue)、德扬·拉契奇的《哈瓦·纳吉拉主题变奏曲》等,还有一首贝扎利根据拉威尔为声乐所作的犹太教赞美歌改编的《珈蒂什》(Kaddich)。这张唱片处女作既充分展示了贝扎利的演奏功底,又显露了她的编曲才华,由此更得到了Bis老板巴尔的垂青和倚重。她已然成为了Bis的器乐当家花旦。

贝扎利纵然缺乏国际比赛所积累的名气,但她却很好地运用了唱片这个媒介的作用,首张个人专辑的发行面世使得她的声誉不胫而走。毕竟,在25岁的年龄要想以个人的独奏在国际乐坛上占有一席之地是只有极少数艺术家才能做到的事,更何况她还是一个女性。基于她学习阶段的独特传承渊源,她首先在法语世界获得了认可。她的演奏音色晶莹剔透,清新而富于热情;她的气息流畅贯通,舒展而不乏活力。她的音量控制尤其出色独到,这得益于当年在萨尔茨堡室内乐团任长笛首席的那段经历,因为维格对长笛音色总有忌惮,担心过分清亮的长笛会盖过他所偏爱的弦乐,于是在排练中总会不厌其烦地用手势提醒着贝扎利,"轻点,再轻点",久而久之使贝扎利已自觉养成了对自己音量准确拿捏、合理驾驭的好习惯。当然,她也从其业师尼科莱那里学到了循环气息控制技法,这有利于她能够从乐器本身构造的局限中解放出来,以科学而完美的技艺去控制自己的呼吸,从而拓宽了音乐色彩和情感的表现幅度,提高了诠释的高度和难度。

贝扎利个人事业的第二站是她的祖国以色列。当她再次站在以色列爱乐大厅的舞台上与由梅塔指挥的以色列爱乐乐团合作时,昔日腼腆青涩的小女孩已成长为婷婷玉立、仪态万方的青年长笛演奏家了。她的演奏受到了祖国人民的热烈欢迎,犹太民族也以为乐坛贡献了又一位世界一流的青年演奏艺术家为傲。此后,贝扎利的足迹由英伦而至中欧,再至北欧;从北美、南美到亚洲,不断扩大着自己的知名度;她也站上了诸如维也纳金色大厅、巴黎城堡剧院、科隆爱乐大厅、东京三得利音乐厅的舞台,并在各个音乐艺术节上接受喜爱她的听众们的欢呼与鲜花。

　　莎朗·贝扎利的唱片都由 Bis 唱片公司予以发行,至今已发行了二十多张。这不奇怪,因为从一开始她就是 Bis 的专属艺术家,后来更与它的老板巴尔结为连理,成为公司当仁不让的"老板娘"和女当家。这种身份的改变自然赋予她在曲目选择上更大的自由度和选择权。她演奏的曲目林林总总,包罗万象。作为一位一流的长笛艺术家,她录制过莫扎特的长笛协奏曲和长笛四重奏以及其他古典浪漫派的经典作品。在《优美的长笛之声》(Flutissimo,Bis 1039)专辑里她演奏了肖邦的《"我心忧郁"主题变奏曲》(原为大提琴曲)、巴契尼的《精灵之舞》(原为小提琴曲)、意大利长笛家布里契阿尔迪的《威尼斯狂欢节变奏曲》、法国长笛家波尔内的《"卡门"主题辉煌幻想曲》以及法国长笛学派开山宗师塔法内尔的《"迷娘"主题幻想曲》和《"魔弹射手"主题幻想曲》等六首令人入胜的长笛炫技乐曲。在这些作品里双吐音、三吐音的高难度演技层出不穷,充分展示了她那令人咋舌、叹为观止的精湛技艺。而在另一张题为《牛奶咖啡》(Café Au Lait,Bis 1239)的专辑里,贝扎利又通过演绎福列、塔法内尔和高贝尔等法国作曲家和演奏家的一组优雅温馨之作表达了她对法国长笛学派的崇敬之情。

　　然而,贝扎利的唱片中最为人称道的无疑是她对长笛边缘曲目的开发和对新创作的委约之作的推广,这集中体现在她那套别出心裁的按作曲家姓氏"A-Z"排列的长笛曲目录音工程中。她说:"我不想循规蹈矩地一味录制那些传统经典。于是,一个创意突然涌现在我的脑海里:按照作曲家姓氏从 A 到 Z 字母排列去录制他们的长笛作品!为什么不呢?"她当即给巴尔打了电话,问他是否知道有哪位作曲家的姓氏是以字母 A 打头的。巴尔几乎是条件反射般地脱口而出:有!芬兰作曲家卡列维·阿霍(Kalevi Aho,1949-),他就作有一首长笛协奏曲。不过,巴尔认为这位现代作曲家的作品太难了。贝扎利可不管这些,她取来了阿霍的协奏曲乐谱,乍一看还真有无从下手之感。可是,俗话说万事开头难,既然已起意做了,焉有畏难回头之理?贝扎利硬是将这首无论在技术上还是音乐上都很难的协奏曲给啃了下来。至今为止她已在世界各地将它演奏了十多次。

　　阿霍的协奏曲问世后,巴尔依靠他的丰沛人脉将唱片投寄给他所认识的所有当代作曲家。贝扎利说:"我希望通过激励富于挑战性的作曲家去创作新作品来提高长笛乐器的知名度,并为后人提供更多的标准曲目。"此举果然奏效,在以后的日子里她陆续收到了不同作曲家的近二十首各类体裁的长笛曲,其中意大利当代作曲家福尔维奥·卡尔迪尼(Fulvio Caldini, 1959-)的作品很有意思,曲名就叫《贝扎利小奏鸣曲》(Bezaly Sonatine)。

在这批委约之作里,最重要的无疑是俄罗斯当代女作曲家索菲娅·古拜杜丽娜(Sofia Gubaidulina, 1931-)的那首长笛协奏曲了。尽管古拜杜丽娜的创作计划排得非常满,但出于对贝扎利技艺的首肯和对她倡导长笛新创作的支持,古拜杜丽娜还是专门写了一首标题性的长笛协奏曲,曲名为《希望与绝望的虚幻假面》(Deceitful Face Of Hope And Despair, Bis 1449)。为了表现作品里希望和绝望的性格对比,这首协奏曲需要在演奏中使用三支音区不同的长笛予以展现。当这首具有里程碑意义的作品于 2006 年发行面世后,获得了预期之中的高度评价,同时也深得作曲家本人的心仪和激赏。就这样,这套"A-Z"的录制计划从 2000 年 10 月在瑞典的福鲁拜教堂开始"动工",至今已完成了全套十二张里的前三张(Bis 1159, 1259, 1459),今后还将有条不紊地进行下去。一旦全集完成,可以想见它既是莎朗·贝扎利个人演奏事业上的一个骄人成果,也是长笛演奏文献里一笔不可多得的宝贵财富。

基于贝扎利在当代乐坛对长笛事业所作出的突出贡献,2002 年她荣获了德国的古典唱片"回声奖"的年度最佳器乐演奏家奖;2003 年她又将戛纳古典年度青年艺术家奖的荣誉收入囊中。而在 2006 到 2008 的三年里她更是连续三届当选为英国 BBC 三台授予的"新生代艺术家"的荣誉称号。

贝扎利说:"当我站上舞台时我总是试图通过自己的演奏与现场的听众产生互动和沟通,因为他们总能给予我获得成功所需的全部灵感……人们总爱谈论古典音乐的危机,我却宁愿把它视为是一种挑战。我所作出的努力就是让人们对古典音乐产生兴趣。音乐是一种鲜活的艺术形式,它也是我的生活方式!"

87. 东方的长笛魔女
——塞菲卡·库特鲁尔
（Sefika Kutluer）

莫扎特的最后一部歌剧是《魔笛》，他在这部与同为共济会会员的剧作家席卡内德尔创作剧本的歌剧里将故事的发生地设在了中东的埃及。埃及王子塔米诺凭借着一支能够化腐朽为神奇、变塞滞为通途的魔笛战胜了代表黑暗邪恶的夜女王，通过重重考验最后与他心爱的姑娘帕米娜终成眷属。这部歌剧在一定程度上表现了作为 17、18 世纪盛行于欧洲的秘密社团——共济会与西亚北非地区的东方神秘主义宗教之间的某种必然的联系以及它们对歌剧创作者的精神感召，从而为莫扎特的这部杰作披上了一层神秘诡谲的色彩。

正是由于这部歌剧所产生的巨大影响，因而此后凡世界一流顶尖的长笛演奏家大都被赋予一顶"魔笛"的荣誉桂冠。这种情形在女性演奏家里也不例外。塞菲卡·库特鲁尔就是被誉为"长笛魔女"的当代长笛名家。正巧，她就来自歌剧《魔笛》背景发生地——西亚的土耳其。

土耳其是一个横跨亚欧两个大洲的国家，特殊的地理位置决定了其在漫长的历史进程中一直起着沟通两大洲经济、文化的桥梁作用；在历史上它堪称是东西方璀璨文明的交汇路口。

塞菲卡·库特鲁尔出生于土耳其首都安卡拉这座具有 3000 年悠久历史的文化古城。她的父亲雷菲克·库特鲁尔是土耳其第一位取得旅游法律顾问资质的商人，是阿拉班达旅游代理公司的合伙人兼总裁，因而家境富庶，成为当地的一方富绅。塞菲卡自幼喜爱音乐，十几岁起开始学习吹奏长笛。但她真正爱上这种乐器并决定将其作为安身立命的职业还是在高中毕业后。她进了安卡拉国立音乐学院接受科班教育，并以优异的成绩于 1979 年毕业。

毕业后的塞菲卡不满足于在本国所受到的专业训练，于是她又先后赴奥地利维也纳和意大利罗马拜师深造。德、奥、意的长笛学派尽管不如法国学派那么博大精深，闻名遐迩，但也具有深厚的文化积淀与艺术传承。果然，在负笈留学期间她开始崭露头角。1981 年，她获得了意大利"维雷特里之春"音乐节上的最佳演绎奖；其后她又于 1985 年参加了维也纳国际长笛比赛的角逐，一举闯进决赛并收获了铜奖。然而，生性好胜要强的塞菲卡却并不满意，回来后她更加刻苦地练习钻研，第二年她卷土重来，终于如愿以偿摘得金奖，凯旋而归。结束留学生涯后，塞菲卡回到了国内，成了首都"总统交响乐团"的一名长笛演奏员。

20 世纪 80 年代，在文化习俗相对保守的土耳其，一个女子要在一支交响乐团里占有一席之地是一件十分不易的事情，况且这还是一支以总统名义冠名的交响乐团。按理说，塞菲卡应该如愿知足了。可是胸怀大志的塞菲卡在几年后还是辞别了乐团，因为她渴望能有一片更广阔的天地，以便自己尽情驰骋，自由翱翔。她也由此成为伊斯兰世界里第一位从事独奏的长笛艺术家。

塞菲卡·库特鲁尔生就一副土耳其美女的姣好容貌，她拥有卷曲的亚麻色长发，线条分明的鼻梁，一双盈盈秋水的明眸，五官玲珑而精致，可谓是面似桃花，珠圆玉润。站在舞台上的她更是显得亭亭玉立，风姿绰约。她的长笛演奏之美丝毫不逊色于她的容貌。《美国唱片指南》的评论家斯蒂芬·里特尔这样描述："土耳其长笛家塞菲卡·库特鲁尔有着我所听过的最诱人的优美音色。她具备的规范演奏技巧使她跻身于当今世界最绚丽耀眼的长笛独奏艺术家之列。注意，我说的是独奏艺术家！她的演奏总是那么富饶丰沛和使人兴奋，长笛的吟唱能跃然凌驾于整个乐团的音群之上。我完全被这位年轻女性演奏的动人旋律给听晕了。在她身上体现出一种真正的大师风范，她能从容驾驭长笛这种音色、技巧变化多端的乐器所带来的技术细节的所有挑战，这在当今这个奉行'技术决定一切'的时代是非常少见的。她呈现给我们的是对音乐旋律和线条的感官梳理和精神感受，她的音色醇厚而精美，高雅而轻快。"

如若说音乐评论家的评说和推荐难免带有某种不可避免的个人主观倾向的话，那么与她合作过的、阅人无数的指挥大师的赞誉显然更具可信度和说服力。指挥大师梅塔曾如此赞叹道："她具有丰富超凡的技巧控制力，足以驾驭手中的那支长笛吹奏出柔美动听、清新悦耳的美妙旋律来。"而查尔斯·马克拉斯则公开宣称："对于我而言，能够与塞菲卡·库特鲁尔在一起合作是人生中的一大快事。她演奏的莫扎特长笛协奏曲有如一缕阳光在金色湖面上的折射那般灼灼闪光，显得是那么和煦温暖，沁人心脾。"

自步入长笛独奏的 25 年间，塞菲卡的足迹已遍及世界各地。她平均每年要举行

70 场个人音乐会,而这些音乐会的绝大部分都是在她的祖国土耳其以外举行的。她的靓丽身影也活跃于各大音乐艺术节上,通过举行个人音乐会和长笛大师班全方位地展示自己的出众才华和精湛技艺。1995 年,SONY 为她在维也纳的一场名为"国际长笛获奖者"的音乐会录制了现场录音,这就是后来经由 Gall 发行的法国作品专辑《卡门幻想曲》(Gall 1108)。在这张唱片里,塞菲卡以惊人的演技演绎了波尔内的《卡门主题辉煌幻想曲》、拉威尔的《帕凡》、《哈巴涅拉》、福列的《帕凡》、《西西里舞曲》、伊贝尔的《入场式》和德彪西的《黑娃娃之舞》等形象各异、风格多变的长笛乐曲和改编曲。但万变不离其宗,她所展示给人们的是对长笛演奏艺术的精妙理解和自如诠释。正如里特尔指出的那样:"听这些乐曲就仿佛这是她在演奏自己国家的音乐那么得心应手,风格纯正。她在演奏中所注入的柔情和热情甚至比一位法国的长笛家能做到的都更丰富。欣赏她在这张唱片里的演奏就如同是她在用音乐与你私下交谈,旋律如流淌而出的音流那样滔滔不绝。"正是凭借她在这张唱片里令人惊叹的超卓演技和完美诠释,SONY 于 1995 年向她颁发了"金唱片"奖。

塞菲卡对于巴洛克时期长笛作品的演绎同样令人击节称道。2002 年推出的《巴赫作品集》(Gall 1114)里有她演奏的四首巴赫作品:《d 小调托卡塔与赋格》、《b 小调第二乐队组曲》、《a 小调长笛协奏曲》(原为同调的小提琴协奏曲,BWV 1041)和《a 小调长笛协奏曲》(原为 f 小调第五大键琴协奏曲,BWV 1056),其中尤以第一首更为不同凡响,闻之几有"凌然见奇峰"的惊世之感。《d 小调托卡塔与赋格》是什么作品?乃代表"音乐之父"管风琴创作最高成就的杰作,它以其丰富的乐思与想象在管风琴那恢宏瑰丽的音响中尽显出他的宏伟创意和华丽技巧。这首作品经由著名指挥家斯托科夫斯基在 20 世纪改编成管弦乐曲之后,更以其宽广宏大的音乐织体与交响层次著称于世。而长笛只是一件旋律性、色彩性的木管乐器,又如何能在演奏中体现出作品中的那种博大精深和恢宏壮丽呢?这或许可以难倒所有的长笛演奏家,但却难不倒"敢揽瓷器活"的美女长笛家塞菲卡。在柏林爱乐乐团演奏组的烘托映衬下,塞菲卡的演奏运用了高超的颤音技巧形象地表现出管风琴所特有的压缩的空气经由音栓控制的哨管振动而产生的那种流动感,音质圆润清澈,气息贯通流畅,音型颗粒饱满,将托卡塔的高屋建瓴、起伏跌宕和赋格的规整有致、活泼灵动展现得华美绚丽,淋漓尽致。这张唱片无疑又成为令塞菲卡扬名立万的名版,它的问世极大提高了这位美女长笛家的人气和地位。她的唱片代表作还有维瓦尔第《长笛协奏曲集》、巴赫《长笛奏鸣曲集》、莫扎特《长笛协奏曲集》以及包括多普勒的《匈牙利田园风格幻想曲》和普朗克的《长笛奏鸣曲》在内的《浪漫长笛曲》(Gall 810)等。时至今日,她已为瑞士的唱片品牌 Gall(即以前的 Gallo)录制了十六张专辑,成为 Gall 旗下当之无愧的当家花旦。而具有 40 年历史的 Gall 也自豪地宣称：她的名字就是成功的保证（her name is success）。基于她在国际乐坛的影响力，Gall 不仅向她颁发了"金唱片奖"，同时还宣布她在公司录制的所有唱片都被冠以"金唱片收藏版"（Golden CD Collection）予以发行。2005 年 4 月 5 日，授奖仪式在瑞士举行。土耳其驻瑞士大使、驻联合国常任大使、驻日内瓦总领事等政府官员都莅临与会，这再清楚不过地表明，在今日之土耳其，塞菲卡业已成为代表这个国家文化艺术的标杆与象征。

❧　　　☙

　　1995 年，塞菲卡·库特鲁尔荣获了由土耳其总统亲自颁发的"总统勋章"，这是土耳其授予其公民的最高荣誉。1998 年，她又荣获"国家艺术家"的光荣称号。

　　作为一位土耳其艺术家，塞菲卡在当今国际乐坛的重要性还体现在她自觉地弘扬祖国的音乐文化，致力于东西方音乐文化的交流与融合。作为一位长笛界的后起之秀，一位在演奏领域内男性占统治地位的乐坛巾帼，她的这种担当和责任意识是尤为难能可贵的。2003 年，塞菲卡推出了她的《梅弗拉纳·鲁米》（Mevlana Rumi, Gall 1108）专辑，收录了两位土耳其作曲家伊利亚斯·米尔扎耶夫创作的长笛协奏曲《从梅弗拉纳到今天》和阿里夫·梅利洛夫创作的具有浓郁民歌元素的《长笛与弦乐队协奏曲》。

　　除了经典的和本民族的长笛作品外，塞菲卡还表现出多元的音乐活动才能：她曾与斯洛伐克出生的钢琴家兼指挥家彼得·布莱纳（Peter Breiner, 1957-）领衔的爵士钢琴三重奏以室内乐的形式演奏录制了根据爵士风格改编的巴赫作品，并且还录制了两张题为《为长笛迎来的巴赫》（Coming Bach For Flute）的跨界唱片（Gall 1163, 1164）。苏格兰的词曲作者兼歌手伊安·安德森（Ian Anderson, 1947-）是著名前卫摇滚乐队"耶瑟罗·图尔"（Jethro Tull）的主唱、长笛兼电声吉他手。就是这样一位摇滚音乐的玩家，专门为塞菲卡创作了一首《塞菲卡的探戈》（Sefika's Tango）题献给她，并且在她与乐队的巡演中首演了这首作品。她也在自己的音乐会上演奏了法国爵士钢琴家克洛德·博林（Claude Boling, 1930-）为长笛大师朗帕尔创作的那首《长笛与爵士钢琴三重奏组曲》，作品既具巴洛克的优雅风格，又富摇摆爵士的轻柔特征，这首作品也成为她的保留曲目。

　　有感于古典音乐领域长期由西方主导地位格局的考虑，2010 年塞菲卡在自己的家乡安卡拉创立了以自己名字命名的"塞菲卡·库特鲁尔国际艺术节"，每年一届的艺术节在为期一个多月的诸项活动中始终贯穿着东西方文化交流沟通的主旨。它的前三届的主题都为"当东方遇上西方"。受邀嘉宾既有巴黎小交响乐团、布拉格名家合奏团和欧盟室内乐团等西方乐团,也有来自东方的日本古筝演奏名家、中国吉林省民族乐团和土库曼斯坦的民族舞蹈团等,还有墨西哥当代作曲家何塞·埃利宗多的长笛新作由塞菲卡在艺术节期间予以首演。除演出外,艺术节期间还举办诸如《土耳其艺术与音乐在欧洲的影响》等学术研讨和大师班。以一位长笛演奏家的身份创立自己的音乐艺术节,在当今乐坛塞菲卡又是独此一家。

作为一位才艺双绝的女性演奏家,塞菲卡在当今乐坛有着超高的人气和影响力。她的演奏不仅获得了乐迷与评论家的喜爱,还得到了各国政要的推崇与赞赏。她曾在马德里的广场上为到场的西班牙国王胡安·卡洛斯和王后陛下现场演奏;她的唱片也被美国前国务卿希拉里·克林顿称作是"我在访问土耳其时所收到的友好的土耳其人民给予我的令人惊叹而又具有纪念价值的最好礼物"。日本的现任天皇明仁的婶婶、三笠宫崇仁亲王王妃高木百合子也是她的忠实拥趸,称:"在她之前我从未听到过一支长笛的音色是那么的使人心醉神迷。"她也是联合国儿童基金会任命的慈善大使。

塞菲卡使用的是一支由传奇的德国长笛制作家约翰内斯·哈米格赠送给她的纯金长笛,这支长笛乃是哈米格家族的传家之宝,当年由他的祖父伯恩哈德·哈米格手工打造而成。诚所谓"良马配金鞍,宝剑赠英雄"。制笛名家的长笛赠与塞菲卡,得其所矣。正如评论家们指出的那样:"塞菲卡·库特鲁尔之所以选择长笛作为她的终身事业,是因为她必须去从事。从某种程度而言这不是她自己所能选择的……这是一件神赐的礼物。在这个世界上仅有极少数人能领受到这种天赐神授的神迹,而她正是有福而成为被神选中的那一位!"

88. 莫扎特双簧管协奏曲的 20 世纪首演者

——埃芙琳·巴比罗利

(Evelyn Barbirolli)

先让我们将记忆的思绪拉回到 18 世纪下半叶，说一个发生在莫扎特身上的小故事。

且说 1777 年的 9 月，21 岁的莫扎特与他的母亲由家乡萨尔茨堡乘马车启程前往德国的曼海姆求职。此次旅行虽未能如愿得到他希冀的宫廷音乐家职位，却由此结交了几位驰誉欧洲的优秀音乐家。经长笛演奏家温德林介绍，他被推荐给了来自荷兰的长笛家斐迪南·德·让。当时的莫扎特由于求职无果自然很需要些旅行时的食宿盘缠；而正好这位富有的荷兰长笛家愿意解囊相助，条件是要莫扎特为他写几首长笛作品。可是，莫扎特并没有完全按照德·让的要求完成全部委约创作——四首长笛四重奏他完成了三首；而三首长笛协奏曲则只交付了两首。很显然，作为雇主的德·让对这样的履约结果并不满意。然而使他更为胸闷的是他发现莫扎特竟然在他的眼皮底下施"调包计"，在业已完成的两首长笛协奏曲中的第二首（D 大调）经精明的德·让鉴别，分明就是作曲家将一年前创作的那首《C 大调双簧管协奏曲》经过移调几乎原封未动地照搬到这首长笛协奏曲里来的。

至于莫扎特为何有此违约之举，后人说法不一。然而，在经历了这场移花接木的风波后一个不争的事实却是：《D 大调第二长笛协奏曲》越演越火；而它的前身《C 大调双簧管协奏曲》却反而从此不见踪影，埋没尘世。这首双簧管协奏曲在销声匿迹了一个半世纪之后，直到 1920 年才由莫扎特的老乡——奥地利著名指挥家、音乐学家伯恩哈德·鲍姆加特纳（Bernhard Paumgartner，1887-1971）在萨尔茨堡莫扎特音乐学院的图书馆里重新找到了作品的乐谱，并于 1949 年经他整理后在伦敦将总谱予以付梓出版。其实，就在总谱面世的前一年，《C 大调双簧管协奏曲》的演奏版却已然亮相于音乐舞台。在 1948 年的萨尔茨堡艺术节上，一位女性双簧管演奏家使它重返人间，重见天日，她有幸成了这部作品在 20 世纪的首演者。她，就是埃芙琳·巴比罗利。

埃芙琳·巴比罗利在她 59 岁之前的名字是埃芙琳·罗瑟韦尔（Evelyn Rothwell），1911 年 1 月 24 日出生于英国伯克郡泰晤士河沿岸的沃林福德。她的家境优裕富庶，父亲是伦敦的茶叶商人。埃芙琳虽然从小就喜爱音乐，家中也不乏艺术人士往来频繁，但在她的童年和少女时代却从未正式学过任何一样乐器。在高中阶段她上的是一所女子学校——唐纳中学，这所学校的一个不同寻常之处就在于它拥有一支各种乐器齐全的乐队。埃芙琳起先是学校合唱队的成员，17 岁时她突然心有所悟，跟随学校的音乐教师奥利弗·威尔斯学起了双簧管来。后来埃芙琳索性放弃了合唱，一心一意地吹起了双簧管。

凭着一支廉价的学生用双簧管和威尔斯那"半吊子"的授课经历，经过了 6 个月的学习摸索，几乎没有任何正规学习经历的埃芙琳高中毕业后在母亲以及一位从事音乐的姨妈的鼓励下决定报考伦敦的皇家音乐学院。她的运气还算不错。通过考试的试奏，皇家音乐学院给了她一份一年的奖学金，她就此跨入了音乐学院的大门。在 20 世纪的二三十年代，双簧管演奏还是一个冷门学科，甚至连堂堂皇家音乐学院里也没有固定的双簧管教授，聘请的老师都为英国各主要交响乐团的双簧管演奏家。学校为埃芙琳延聘的是当时欧洲第一流的双簧管名家莱昂·古森斯（Leon Goossens，1897-1988）。

莱昂·古森斯出生于一个著名的音乐家族，他 17 岁就成为英国最伟大的指挥家之一——亨利·伍德领导的女王大厅管弦乐团的首席双簧管，后又相继成为柯文特皇家歌剧院和伦敦爱乐乐团的首席。尽管莱昂·古森斯的演奏技艺名噪一时，但他似乎更倾心于舞台演奏，对教学却不很感兴趣。他既没有一套完整的教学课程使埃芙琳可以按部就班地循序渐进，也没有足够的时间使自己的教学能一以贯之地持续下去。因而埃芙琳就处于这样一个颇为尴尬的境地：纵然头上顶着一个名师之徒的招牌，可实际上真正能从这位名师身上学到的技能和诀窍却寥寥无几。不过，这反而激发出埃芙琳的学习热情，她通过摸索，慢慢琢磨出一套自我"修炼"的学习方法。当时，埃芙琳最感缺乏的就是演出实践的机会实在太少。她发现在伦敦西部的剧院区内，许多剧院都拥有供自身演出需要的小型乐队。于是，在学习之余她就积极投身这些小型乐队的演出，在实践中磨砺、检验自己的演奏水平。一年的试读期很快过去了。这时学校的管弦乐系主任休·艾伦找到了埃芙琳，告诉她"如果你确实热爱双簧管演奏的话，那么我将把其余三年的奖学金也都颁发给你"。这时的埃芙琳早已彻底地爱上了这一行，于是在接下去的三年里她边学边演，顺利完成了四年的学业，并以优异的成绩毕业于皇家音乐学院。

虽说莱昂·古森斯在对埃芙琳的专业学习方面未能做到尽心尽力,然而,作为一位在乐坛上举足轻重的演奏名家,他还是成了引导埃芙琳走上艺术之路的领路人。埃芙琳毕业后,古森斯将自己的这位女弟子安排在自己任职的乐团里担任第二双簧管手。不曾想,这却由此而成为改变埃芙琳一生艺术与人生的转折。

一天晚上,古森斯临时有约无法参与当晚的演出,这样一来势必将由埃芙琳暂代他的首席双簧管之职。面对着突如其来的抉择,初出茅庐的埃芙琳没有丝毫的慌乱,她沉着镇静地扮演起了一个全新的角色,很好地完成了这次"救火"演出。她的出色表现引起了乐团里一位拉中提琴的女同事的注意。她把埃芙琳此前未曾展示出的优异潜质告诉了她的哥哥——一位指挥家。不久,埃芙琳接到了这位署名为巴克沃思的指挥家的信,让她参加一个柯文特皇家歌剧院为即将开始的巡演而组织的招考。在为巡演选拔人才的试听会上,这位巴克沃思要求埃芙琳演奏斯美塔纳的歌剧《被出卖的新嫁娘》序曲里一个颇为困难的演奏片段。这个要求对时年23岁的埃芙琳而言委实是难了些。她在试奏的过程中有些磕磕绊绊,并没有完全掌握好。然而,姑娘却以坚毅的眼神和坚定的神情告诉那位指挥,自己回去后一定会把这段音乐练好了再来。就冲着姑娘的这种精神和决心,指挥家对埃芙琳投了赞成票。事后,天真的埃芙琳才得知面试她的指挥家根本不是他信上自称的巴克沃思,而是20世纪享誉英国、与阿德里安·博尔特、托马斯·比彻姆并称为"指挥界三B"之一、大名鼎鼎的约翰·巴比罗利(John Barbirolli,1899-1970)。这是埃芙琳与巴比罗利的第一次相识。

于是,埃芙琳成了由巴比罗利率领的柯文特皇家歌剧院音乐巡演中的一员,担任乐团的第二双簧管手。通过这次巡演,巴比罗利对这位长着一头金发,身材娇小可爱的双簧管女部下有了进一步的了解;同时他也对这位踏上艺术之路不久的艺术新苗给予悉心的呵护和精心的指导。由此,两人的关系由考场上的相识发展成为共事中的相知,慢慢地,又进一步上升为彼此的倾慕与爱恋。可是,当时的巴比罗利是有妇之夫,这成为横亘在他与埃芙琳之间的一道鸿沟。不过,巴比罗利很快就离开了柯文特,因为他被任命为苏格兰国家管弦乐团的音乐总监。而埃芙琳也决意追随自己的心上人来到了苏格兰,在这里她首次成了乐团的首席双簧管。

在苏格兰国家管弦乐团的三年时光里,巴比罗利因对乐团的出色治理和调教使自己的声誉跻身国际一流指挥大师的行列。在此期间,为使埃芙琳有更大施展艺术才华的空间,除安排她与乐团上演巴洛克时期那些经典的双簧管协奏曲外,这位曾在皇家音乐学院学过作曲的指挥家还亲自动手,改编并创作了几首双簧管作品供自己的爱侣担任独奏。在这些乐曲里最著名的当数经他改编的柯莱利的《A 大调双簧管协奏曲》和由他根据佩戈莱西的音乐主题而创作的《c 小调双簧管协奏曲》了。意大利 18 世纪作曲家柯莱利并未如他的同时代人马切罗、萨马蒂尼、契马罗萨那样写过双簧管协奏曲,因而他的《A 大调双簧管协奏曲》实际上是巴比罗利取自作曲家著名的《十二首小提琴奏鸣曲》(作品 5)的最后一首移植改编而成的。它由序曲以及由它引导的四个舞曲乐章组成,在结构上类似巴洛克风格的组曲。序曲由双簧管描绘出田园牧歌意境的氛围,宁静安谧。随之而来的是相对活泼的阿拉曼德舞曲。在慢板的萨拉班德乐章里,首先由独奏双簧管奏出略带忧郁伤感的主题,其后由乐队里的一把大提琴对主题予以复述,其音色较之双簧管更浓郁醇厚,俨然形成了你唱我和的二重奏。这无疑泄露了改编者的天机。因为在改行从事指挥前,巴比罗利的老本行正是一位优秀的大提琴家。在这里他很巧妙地将自己的情感融入音乐之中,使之成为与心爱的独奏者倾诉衷肠的真实写照!

如果说巴比罗利对柯莱利作品的改编手法还仅限于移植的话,那么他的《c 小调双簧管协奏曲》则可谓原创。虽然乐曲里的主题来源于另一位意大利巴洛克时期作曲家佩戈莱西的音乐,但就如同斯特拉文斯基同样"借用"这位天才而早逝的作曲家的音乐而创作了他的芭蕾舞音乐《普尔钦奈拉》那样,巴比罗利的这首协奏曲里也选用了佩戈莱西的音乐素材,用"结构重组"的方式加以演绎发展而成。这首由四个乐章组成的协奏曲既赋予独奏者以展示演奏艺术的更大空间,同时又运用巧妙的手法将作品 18 世纪的巴洛克风格特征描摹得惟妙惟肖,从而尽显巴比罗利的创作功力。协奏曲的第三乐章"小行板"里由独奏双簧管与首席小提琴奏出类似歌剧咏叹调的主题,优美动人,深情款款。而在最后的快板乐章里,则由独奏者奏出颤音加花的旋律,给予了其充分施展炫技的机会。这两首协奏曲毫无疑问都由埃芙琳予以担纲首演,并在 20 世纪的 50 年代留下了珍贵的录音(Dutton 1009)。而这一时期埃芙琳与由巴比罗利指挥的苏格兰国家管弦乐团以及伦敦交响乐团还在格林德伯恩艺术节上献演了多首双簧管协奏曲。更为重要的是,在二战前,埃芙琳与另一位双簧管女演奏家娜塔莉·坎恩(Natalie Caine,1909-2008)也以骄傲的姿态成为这个世界上第一批在主流交响乐团立足的女性木管乐器演奏家。

1939 年,埃芙琳·罗瑟韦尔与约翰·巴比罗利在结束了多年的爱情长跑后终于如愿以偿,结为一对令人羡慕的音乐伉俪。只是这时他们已远离硝烟弥漫的欧洲,来到了美国,因为自 1936 年起巴比罗利已接替伟大的托斯卡尼尼执掌了纽约爱乐乐团的指挥棒。正当他俩在异国他乡的音乐舞台上风生水起之际,1943 年巴比罗利受到了英国首相丘吉尔的召唤,请他回国主持哈勒管弦乐团的重建工作。作为一位英国艺术家,巴比罗利二话没说,当即辞去了纽约爱乐乐团的职务,返回尚在危难之中的祖国开始了光荣而艰巨的"拯救哈勒"的工作。哈勒管弦乐团创建于 1858 年,是英国历史上最悠久的交响乐团之一。巴比罗利到任后旋即开展极其紧张繁重的组团工作,在不到一个月的时间里就从各地精选了 30 名新的乐手,达到可以举行音乐会演奏的基本人数,这在战争期间人才奇缺的条件下不啻是一个奇迹。而在这个过程中埃芙琳一直扮演着在丈夫身边积极协助的关键角色,为乐团的重建起到了不容忽视的重要作用。而一俟乐团重新走上正规,埃芙琳即恢复了她双簧管演奏家的身份。但这时的她已不再是一名乐团演奏员而成了一名独奏家,这在世界范围内又属当之无愧的No.1。作为独奏家她与哈勒管弦乐团、伦敦交响乐团、伦敦爱乐乐团以及 BBC 交响乐团等一流乐团都进行了成功的合作。

战后,令埃芙琳声名远播的就是 1948 年在萨尔茨堡艺术节上首演了莫扎特的《C大调双簧管协奏曲》,从而使自己成为这首被湮没了一个半世纪作品的当代诠释第一人。自埃芙琳后,这首双簧管协奏曲已然成为人见人爱的经典,在此后的 60 年里涌现出了多个优秀的演奏版本。它也成为音乐学院里学生喜爱学习的重点曲目。凡此诸举,埃芙琳皆功不可没焉。同样,她在伦敦的逍遥艺术节音乐会上也首演了英国作曲家沃恩·威廉斯和捷克作曲家雅纳切克的双簧管协奏曲。为她题献双簧管作品的当代作曲家还有阿诺尔德·库克、阿瑟·本杰明、埃德蒙·鲁布拉以及女作曲家伊丽莎白·马康奇等。埃芙琳演奏的这些作品都无一例外被收录到由约翰·巴比罗利协会编辑的巴比罗利大全集(70CD)里(除前面提及的 Dutton 1009 外,还有 1006,1045/46)。

由于巴比罗利坚决反对要孩子,因而在埃芙琳与他共同生活的 30 多年里夫妇俩一直是形影不离,比翼而飞的。而当丈夫的健康状况恶化时她再次放弃自己的演奏,全身心地去照料看顾。1970 年巴比罗利去世后,成为遗孀的埃芙琳·罗瑟韦尔将自己的名字改为埃芙琳·巴比罗利,以此纪念与自己相濡以沫的丈夫。

晚年的埃芙琳生活在伦敦北部汉普斯蒂德的庄园里。她爱好园艺,陶醉于英国闲适的乡村生活,但偶尔也会在公众场合露面。她以其卓越的艺术贡献而被英国王室授予女爵勋位。2008 年 1 月 25 日,刚过完 97 岁寿辰的她在自己的寓所里安详地去世。在《卫报》刊载的讣告中这样写道:"幸运? 宿命? 或无论您愿意把它称作的什么,在杰出的双簧管演奏家埃芙琳的艺术生涯里确实有一种因素在扮演着一个比通常需要的演艺与才情更为强大的作用。"

89. 德国的管乐女王

——萨宾娜·梅耶
(Sabine Meyer)

萨宾娜·梅耶是一位标准的德国美人,她有着日耳曼民族引以自豪的金黄色头发,令人一见难忘的俊美脸型和一双望断秋水的明眸丽眼。如果说穆特是德国的小提琴女神的话,那么她就是当今无可争议的日耳曼管乐女王。

说来也巧,与穆特如出一辙,萨宾娜·梅耶的一举成名也与卡拉扬的"御笔钦点"有着莫大的关系。1982年9月,为了使这位自己看好的单簧管女演奏家成为柏林爱乐乐团的一员,卡拉扬硬是置乐团建团之初开宗明义"不得招收女性演奏员"的传统于不顾,试图以专制的权威来压制乐团的反对之声。这激发起乐团的不满和抵抗。于是,经过乐团管理委员会的民主表决,以73票对4票的绝对优势否决了卡拉扬的提议。不料这下可捅了马蜂窝。向来颐指气使的卡拉扬哪容得下部下的"哗变"?他一怒之下在该年年底"自动暂停履行对乐团的责任和一切演出",向乐团发起宣战。而历来顺从的乐团为了捍卫自身的尊严和民主权利也拒绝向"暴政"低头。一时间,指挥皇帝"冲冠一怒为红颜"与乐团的火拼之事震动了整个国际乐坛。这次争端最后以双方的和解而告终,但无论对卡拉扬还是柏林爱乐乐团而言,他们无疑都是输家。真正的赢家只有一位,她就是事件的中心人物——梅耶。经过媒体的轮番轰炸,她的名字已不胫而走,广布天下。

❧❧❧❧❧

萨宾娜·梅耶1959年3月30日出生于德国南部克莱尔谢姆的一个音乐之家。她的父亲卡尔·梅耶就是一位单簧管演奏家,只是他擅长的是爵士乐,还拥有一支自己的大乐队(Big Band)。她的哥哥沃尔夫冈·梅耶(Wolfgang Meyer, 1956-)已经在父亲的指导下学习单簧管了。老卡尔的初衷倒也确乎希望自己的小女儿学钢琴,怎奈萨宾娜在琴凳上就是坐不住,"当我还是一个小姑娘时我就习惯了听爸爸在单簧管上作着即兴演奏"。只要家里单簧管那醇厚悦耳的声音一起,她就忙不迭地从琴凳上爬下来,跑到父亲或哥哥的身边痴痴地看着他们演奏。后来父亲又试图让她拉小提琴,她仍是心有旁骛,志不在此。眼见女儿一心铆上了单簧管,老卡尔便也不再勉强,因材施教,让兄妹俩一起学。8 岁那年,萨宾娜终于有了一支属于自己的小型降 B 调单簧管。13 岁时父亲把兄妹俩一同送到斯图加特,让他们师从斯图加特音乐学院的奥托·赫尔曼教授系统地学习。一年之后他俩又转到名气更大的汉诺威音乐学院汉斯·德恩泽尔(Hans Deinzer,1934-)教授门下继续深造。

德恩泽尔是德国第一流的单簧管演奏家兼教育家,门下弟子无数。他是 20 世纪第一位在专业演奏中使用经过打磨的簧管哨嘴(rubber Mouthpieces)的演奏家,同时也是大力倡导使用历史乐器进行本真演奏的先行者。他的演技高超,教学也极富见地。梅耶兄妹的演奏技艺在他的悉心指导下得到了极大的提升。1975 年,年方十六的少女梅耶便举行了她的演奏处女秀。演出当晚,她的父母和哥哥全家都赶往现场助阵。舞台上的梅耶端的是亭亭玉立,乐声款款。她与斯图加特广播交响乐团合作的莫扎特《A 大调单簧管协奏曲》取得了成功,就此吹响了她迈向职业演奏之路的号角。

从汉诺威音乐学院毕业后,梅耶进入前西德名气和实力仅次于柏林爱乐的巴伐利亚广播交响乐团,成为乐团的一名演奏员。其时乐团的首席指挥是著名指挥家拉斐尔·库贝利克。这位原籍捷克的指挥家对她疼爱有加,在严格要求的同时也不忘对她的呵护扶植。大师颇为看中她对音乐所具有的敏锐感觉和过人的演奏天赋,使得她常有机会作为独奏者与本团以及其他交响乐团合作,这便有了日后她与柏林爱乐的那段因缘,令她始料未及的是就此引发了一场震惊乐坛的乐团危机。在经历了那场"血雨腥风"之后,梅耶对昔日心向神往的这支"神圣的乐团"已兴味索然,于是在进入柏林爱乐的九个月后她义无反顾地离开了乐团,从此便不再与任何乐团签约,成了一名全职的独奏艺术家。梅耶对自己的自信从不建筑在自大和虚妄上,她凭借的是自己的扎实功底和精湛技巧。果不其然,自打她离开柏林爱乐便先后收到了 80 多家专业交响乐团的邀请,请她前去合作。在整个 1980 年代,她的足迹遍及欧洲大陆,还曾先后到北美、日本、巴西、以色列以及非洲和澳洲举行巡演,声誉鹊起。她以富有鲜明个性的优美感人的音乐向世人证明了自己即便是脱离了卡拉扬的羽翼也照样活得很精彩。正如评论家杰拉尔丁·奥布莱恩指出的那样:"离开柏林爱乐后她没有往回看,芝加哥交响、伦敦爱乐、NHK 交响、瑞士罗曼德管弦,还有维也纳、巴塞尔、华沙、布拉格和布达佩斯的广播交响乐团,她被所有人都奉若上宾!"

然而,成功并不意味着永远伴随着鲜花与喝彩。诚如梅耶自言:"一位国际性演奏家的生涯可能总是与孤独为伴。对于你而言那是一种悲惨的生活，那就是独自一人不停地在这个世界上飞来飞去。"荣耀背后所必须承受的内心孤寂与痛苦是常人难以体验的。为了打破这种长年的孤寂感，在1983年她发起组织了一个室内乐性质的演奏团体——单簧管三重奏（Trio di Clarone）。这个重奏组的向心力是独树一帜的，因为它既是一个纯粹的校友重奏，又是一个纯正的家族重奏。三位成员萨宾娜·梅耶、沃尔夫冈·梅耶和赖纳·韦勒（Rainer Wehle, 1954-）是师出同门的学友，皆师承汉诺威音乐学院的德恩泽尔；而赖纳·韦勒此时已成为萨宾娜的夫婿，因而他和两位梅耶是夫妻和郎舅的关系。说起组建三重奏的初衷，还应从他们共同喜爱的莫扎特谈起。

莫扎特时期的单簧管在今天被称为"巴塞特"（basset horn），它与现代单簧管的音色有着不小的差异。它通常为 F 调，比降 E 调中音单簧管高一个全音，音色甘醇而又稍带伤感，曾被形容为"几乎是无法描绘的"。这种单簧管在德语国家一直非常受欢迎。梅耶的恩师德恩泽尔就是一位巴塞特的追捧者，他曾用巴塞特录制过两版莫扎特的《A 大调协奏曲》。无疑，老师的审美情趣和艺术追求极大地影响了他的学生们。然而，当这个三重奏真要演奏巴塞特时发现它的演奏技巧还真不容易掌握，因为在表现音乐的抑扬顿挫方面它与现代单簧管有着相当不同的处理方式。为此，三个人还颇下了一番功夫进行探讨和摸索，终于掌握了它的演奏要领。于是，在他们的三重奏音乐会上，交替着巴塞特和现代单簧管的演奏曲目，藉此让听众明白它们各自的音色特点和表现魅力。音乐会大受欢迎，仅在德国，梅耶的单簧管三重奏音乐会就举行了三百多场，其声名不胫而走。除了用巴塞特演绎室内乐，梅耶本人的两版莫扎特《A 大调协奏曲》更都是以巴塞特演奏的（EMI 66949, EMI 56832）。在这里她近乎完美地诠释了这首经典，在演奏时可以清晰地感受到气流通过木制管壁所引起的细微的振动之声；而在略带凄美的第二乐章里，它的音色更楚楚动人，将作曲家晚年的凄苦辛酸之状刻画得淋漓尽致，入木三分。梅耶在乐段之间加入的气息悠长的装饰音和即兴奏更是在别的演绎版本里听不到的，温馨心怡之况味令人久难释怀。

随着单簧管三重奏影响的日益扩大，五年后萨宾娜·梅耶又组建了以自己名字命名的"萨宾娜·梅耶木管合奏团"（Blaserensemble Sabine Meyer）。其实，无论是单簧管三重奏还是木管合奏团，容貌出众而又才艺干练的梅耶始终是团体里的核心与中坚。自那以后，这支木管合奏团相继在德国和欧洲其他国家都举行了巡演，他们的身影也出现在柏林艺术节、莱茵艺术节上。他们不仅积累起了一批古典曲目，还委约当代著名作曲家如杰尼索夫（Edison Denisov, 1929-1996）、细川俊夫（1955-）、卡斯蒂利奥尼（Niccolo Castiglioni, 1932-）等为乐团创作新作并由他们予以首演。为了争取更多的听众，他们还大手笔地请人将歌剧和交响曲也改编成木管合奏版以供演出之需。最有代表性的当数由他们演奏的莫扎特歌剧《后宫诱逃》的管乐合奏版（EMI 67646）和贝多芬的第七、第八交响曲的管乐合奏版（EMI 54136）了。用一组木管重奏表现传统意义上的歌剧与交响曲，在乐团艺术家精湛巧妙的诠释中其表现力丝毫没有被削弱，反而使人领略到一种前所未有的新鲜感乃至对木管乐器具有的无穷魅力所生发出的折服和赞叹。

$$\begin{array}{c} \diamondsuit \end{array}$$

尽管萨宾娜·梅耶领导的单簧管三重奏和木管合奏团以其演奏形式的丰富变化已使单簧管的演奏曲目扩充了数倍，然而这仍未能使这位当代的单簧管女杰感到满足。为此，她大胆开拓和创新，敢于向流行音乐"要曲目"。她把目光投向了跨界音乐，转向了爵士乐。1998年，她和哥哥沃尔夫冈推出了她的第一张跨界之作《向本尼·古德曼致敬》（EMI 56652）。本尼·古德曼（Benny Goodman，1909-1986）是美国爵士乐历史上的一代宗师。然而，他所拥有的高超精湛的演技使他能驾轻就熟地演绎莫扎特的单簧管协奏曲和单簧管五重奏，并且还留下了堪称经典的录音唱片。之所以要向古德曼致敬，是梅耶认为他是"单簧管演奏史上一位非常重要的人物，因为他演奏莫扎特，所以我和我的哥哥当然也可以演奏爵士乐"。这张唱片的曲目编排相当独到，既有阿诺德、科普兰的单簧管协奏曲、斯特拉文斯基的《乌木协奏曲》和伯恩斯坦的《前奏曲、赋格和里弗斯》；又有古德曼根据帕格尼尼作品改编的《第24小提琴想曲》、埃迪·萨厄特（Eddie Sauter，1914-1981）别出心裁地将一对著名的乐坛宿敌——勃拉姆斯和瓦格纳的的音乐素材融合而成的"袖珍型协奏曲"《王者风范的单簧管》（Clarinet a la King）以及古德曼本人所作的《拉切尔的梦境》（Rachel's Dream）等。"作为一位音乐家，不断追求发展是非常重要的。我当然可以在我的一生中都演奏莫扎特和韦伯；但只做这些便不会再有更多的乐趣。从当代作曲家和其他领域的作品中不断汲取新的艺术灵感对我同样重要。"梅耶是这样说的，也是这样做的。之后，她还与不少地道的爵士乐高手们多次合作，并与德国单簧管演奏家米歇尔·里斯勒（Michael Riessler，1957-）共同策划了"2000年的巴赫"露天爵士音乐会。

在当今21世纪的独奏音乐会上，假如梅耶发现自己的节目单上没有一些新的曲目，她通常会向经纪人和主办方提出疑义。她始终坚持在自己的演出中要体现一些她所谓"出格的东西"（out of the ordinary）。她并不担心听众们会因生涩古怪的作品而被吓跑，"当你面向听众谈及当代作品时，就会发现他们的接受程度要远超主办方的预期……一旦你开始对他们细细讲解和用心演奏，那么横亘在演奏家与听众之间的那条鸿沟就消失了。他们会感到有台上的演奏家在帮助他们理解，他们就能在一部不熟悉的作品里感受到更多的东西。"

在 2012 年和 2013 年,梅耶的固定签约公司 EMI 分别推出了由她演奏的单簧管协奏曲(EMI 73572,5CD)和单簧管室内乐(EMI 31267,7CD)的套装,集中展现了梅耶美轮美奂的演奏艺术。她不仅是当今乐坛首屈一指的管乐女王,同时也是一位悉心育人的教育家,自 1993 年起她就被全欧洲管乐教学最出色的德国吕贝克音乐学院聘请为单簧管教授。她的丈夫韦勒也同时受聘于该校。从那时起他们就把自己的家安到了这座曾经留下过巴赫足迹的东北部的宁静小城。

在忙忙碌碌的演奏、教学之余,梅耶会尽可能花时间给自己的丈夫以及他们的两个孩子——儿子西蒙和女儿阿尔玛,与他们一起共享天伦之乐。作为一位懂生活的艺术家,梅耶有着诸多爱好,喜欢阅读、烹饪,还有骑马。她的烹饪技术是跟她的一名中国学生学的。而说到骑马那更是梅耶的最爱。她家在吕贝克的农庄里养了四匹马,几只小猫,还有一条名叫"奥斯卡"的牧羊犬。梅耶的骑术精良,还是一名相当不错的驯马师。她喜欢在郁郁葱葱的林中策马驰骋,以此给自己繁忙紧张的演奏生活减压。在并不算繁荣的吕贝克,梅耶一家生活得惬意而低调,除了前来受教的音乐学院学生外,周围的人们没有多少人知道他们的邻居居然是一位在世界乐坛响当当的奇女子:她可是八次德国古典音乐"回声奖"的获奖者,也是法国政府授予的法兰西文学与艺术骑士勋章获得者。时至今日,又有多少人会将她 20 多年前的那场轩然大波旧事重提呢?今日梅耶依然风采动人,步伐轻盈;她还有新的高峰要去攀登,她的辉煌尚未有穷期……

90. 在舞台上翩然起舞的
单簧管演奏家

——艾玛·约翰森
(Emma Johnson)

艾玛(Emma, 又译为爱玛, 埃玛)是西方女性常见的名字, 它的原义为情感丰富, 和善友好, 富有教养, 因而被广泛地使用在人名之中。比如英国女作家简·奥斯汀的长篇小说就叫做《爱玛》; 法国作家福楼拜长篇小说《包法利夫人》里的女主人公名字也叫爱玛。音乐领域的女性也构成了音乐圈内的"艾玛军团"。仅在器乐演奏方面, 就有大提琴家艾玛·普里查德(Emma Pritchard)、竖琴家艾玛·格兰杰(Emma Grainger)以及打击乐演奏家艾玛·布罗迪(Emma Brodie)等。但在她们之中, 在当今乐坛上锋头最劲、享有盛誉的当数英国单簧管演奏家艾玛·约翰森了。

艾玛·约翰森1966年5月20日出生于英格兰东部赫特福德郡的巴尔内特。她的家庭属于英国的中产阶级。她从小就喜爱音乐, 先后就读于纽斯泰德女子学校和著名的赛文欧克斯学校。赛文欧克斯学校创立于15世纪, 是一所实行贵族化教育的全日制寄宿制中学。学校里不仅设置宗教课和拉丁语课, 也以传授音乐而闻名。艾玛从中学时代起开始跟随学校里的音乐老师约翰·布莱特维尔学习吹单簧管。由于学习用功, 进步很快, 于是在她15岁那年, 经过层层选拔她成了英国国家青年管弦乐团的单簧管手。

1984年, 时年十八芳龄的艾玛在英国广播公司(BBC)每年一度的评选中因出色地演奏了古典时期著名芬兰作曲家克鲁瑟尔的《第二单簧管协奏曲》而成为当年度"BBC青年音乐家"的获奖者。这份荣誉对于尚在学校里读书的艾玛来说无疑是一剂激励其更为刻苦学习的强心剂。它的意义还在于, 获得BBC青年音乐家奖的获奖者也即自动取得了代表英国参与角逐欧洲青年音乐家比赛的资格。于是, 艾玛在备战欧洲大赛的那段日子里更是厉兵秣马, 发奋勤练, 她要在这个更大的舞台上去展示自己的才艺。在第二年举行的欧洲青年音乐家大赛上,有备而来的艾玛果然表现不俗,在这项不分性别、不论表演种类的比赛上她夺得了总成绩的第三名,成为一名女性"探花郎"。

对于艾玛·约翰森的凯旋而归,英国文化部门给予了足够的重视。为此,他们特意在 1982 年新落成的、被英国女王伊丽莎白二世誉为"现代世界奇迹"的伦敦巴比肯艺术中心为她举行了一场汇报演出。1985 年 2 月 10 日,19 岁的艾玛与英国室内乐团合作,在巴比肯的舞台上上演了莫扎特著名的《A 大调单簧管协奏曲》。一曲甫毕,全场顿时掌声雷动,喝彩阵阵,人们无不为这位英国少女的精彩演奏而击节叫好。须知,此时的艾玛还只是一名高中的在校学生,几乎从未接受过任何名家的指点调教。不过,这反而更映衬出她的独特天赋以及身上所蕴含的巨大艺术潜质。

如果说艾玛在欧洲的获奖和在巴比肯的一鸣惊人足以给英国的国人带来惊喜的话,那么接下来她的举止又一次令国人为之惊诧了。高中毕业后,她并没有去上人们普遍认为是不二选择的皇家音乐学院,而是进入剑桥大学 31 所学院中历史最悠久之一的彭布罗克学院。在那里她主修英国文学,同时也继续深造音乐。在大学期间她方开始拜师,先后师从于西德尼·费尔(Sidney Fell)和杰克·布莱梅尔(Jack Brymer,1915-2003)。费尔是 20 世纪 50 年代伦敦交响乐团的首席单簧管;而布莱梅尔更是被《泰晤士报》誉为"他那个时代第一流的单簧管演奏家,也许还是 20 世纪第一流的顶尖高手"。在得到这两位名师的提点教诲后,艾玛更是技艺大进,她已由当初的"小荷才露尖尖角"出落成了"映日荷花别样红"。

聪明的人总是领先他人一步。艾玛·约翰森的成名早于她进入专业的学习之前;而她的舞台演奏生涯也超前于她跨出校门的那一刻。还在大学学习期间她已定期地出现在国内外的音乐舞台上,至大学三年级已在全国所有的一流音乐厅里都举行过音乐会了。自然,与她合作的也都是一流的专业乐团。及至她从彭布罗克学院修完学业,她很自然地为自己选择了作为独奏家的艺术人生——她从未作为一名乐团演奏家在乐团里任过职。踏入艺坛之后,她的俊俏身影与甜美微笑频繁地出现在舞台和荧屏上,受到乐界的广泛欢迎。北爱尔兰文化网的评论这样写道:"艾玛·约翰森从技术上说已是一位超级的演奏家了,纵然还是有不少使她获得国际性声誉的阻碍,但这似乎并不能阻止她在艺术的道路上一往无前。"接着,评论给出了这样一个意味深长的提问:"那么,究竟是什么原因使得她那造诣深厚的音乐感、在演奏中善于捕捉作曲家创作灵感思绪的能力以及向听众忘我地传递出她的情感抒发表现力是如此的与众不同呢?"

尽管评论没有给出它的答案,然而,人们在艾玛的演奏里不难体味到她动人的艺术魅力与鲜明个性。人如其名,艾玛凭藉其女性富于知性的敏锐感知以及与生俱来的天然悟性去逼近作品的内核,并运用其高超的演技和精湛的才艺将它们展现在喜爱她的听众面前。她的唱片录音几乎与职场生涯同时起步。1985年,她就与英国独立唱片品牌ASV签约,成为其旗下重点推出的专属艺员。同年,由ASV发行的首张专辑就面世了,曲目是由艾玛与英国指挥家雷蒙德·莱帕德指挥的英国室内乐团合作的莫扎特的《A大调单簧管协奏曲》(ASV 532)。唱片一经问世,立刻引发乐迷的追捧,而舆论对此也是好评如潮。第一炮打响后,第二年她再接再厉,又趁势推出了克鲁瑟尔的《f小调第二单簧管协奏曲》。如果说莫扎特的协奏曲是被每一位单簧管演奏者视为圭臬的必奏经典的话,那么选择克鲁瑟尔协奏曲可谓是出自演奏者的良苦用心。的确,作为作曲家,克鲁瑟尔之于莫扎特,其声望真乃天壤之别;而两人的协奏曲的境遇遭际也大相径庭。克鲁瑟尔协奏曲的确是一个冷门,但对于艾玛而言,它的意义可非同一般。当年,她就是凭借着这首克鲁瑟尔的协奏曲在欧洲青年音乐家大赛上斩获了季军的荣誉啊!

伯恩哈德·克鲁瑟尔(Bernhard Crusell,1775-1838)不仅是与莫扎特同时代的古典时期单簧管演奏大师,也是一位优秀的作曲家,他最主要的作品就是三首单簧管协奏曲和三首单簧管五重奏。这些作品都曾在德国出版并盛行一时,只是到了后来却被长期束之高阁,沦入无人问津的境地。艾玛·约翰森是当代较早涉足克鲁瑟尔作品的演奏家,她先后将克鲁瑟尔的三首协奏曲都搬上了舞台并且录了音。她录制的唱片被《企鹅唱片指南》评为"三星"评鉴。Regis从ASV获得了许可,将艾玛演奏的这三首协奏曲和与克鲁瑟尔同时期的作曲家斯波尔的c小调、科泽鲁克的降E大调以及克罗默尔的降E大调六首单簧管协奏曲辑成一套予以发行(RRC 2011,2CD),从中可以感受到艾玛的演奏风采。

克鲁瑟尔的这三首协奏曲各具鲜明的特点:第一首威严堂皇,曲调雄浑,富有高昂的壮阔声势;第二首以小调写成,一开始紧张不安的情绪将人带入忧郁婉转的伤感气氛之中。它的第二乐章更是如同一曲由单簧管抒发的内心独白。独奏单簧管在弦乐简单的映衬下充分施展其音域宽广、音色柔和圆润的特质,为世人描摹出一幅具有田园牧歌色彩的安谧沉思、恬淡舒缓的音乐画卷,旋律中那怅然若失的淡淡感伤意境与莫扎特协奏曲著名的第二乐章有着异曲同工之妙,因而这首协奏曲成为三首里最为著名的一首。而第三首与前两首相比,则更富于朝气,充满活力。由于克鲁瑟尔本人是一位单簧管高手,因而他创作的协奏曲必定和与他同时代的帕格尼尼、阿尔班等出身演奏名家的作曲家那样,在其作品里大量遍布着高难度的演奏技巧手法。然而,在技艺高超、成竹在胸的艾玛面前它们都不成问题。她的诠释演技到位,驾驭有据:连音韵味十足,顿音富有弹性;琶音如生花妙笔,跳音似珠玉落盘。尤其需要指出的是,纵观克鲁瑟尔的这三首协奏曲,有一种总的感觉,那就是协奏曲的乐队部分写得分量很足,这显然与作曲家曾长期在军乐队里任职不无关系。这就要求独奏家在演绎时既要表现出一定强度的力量,以凸显独奏乐器在音乐中的地位和声线,又需要掌握与乐队配合的契合度,以求获得呼应与唱和的最佳效果。可以说在这两方面艾玛的表现都可圈可点,对作品的把握既显得雍容大气,又色彩斑斓,达到了理想的艺术境地。时至今日,她已成为这三首协奏曲版本的演奏权威。

自 1980 年代中期以来,艾玛·约翰森以出色的演奏艺术在世界五大洲都已确立起了其职业独奏家的声誉。她演绎的作品范畴广阔,包罗万象,既有巴洛克、古典时期的协奏曲,又有浪漫派、印象派的奏鸣曲,更有现当代和爵士风格的作品。特别是2000 年以后她又展现出对爵士、布鲁斯以及犹太民族中流行的克莱兹梅尔(Klezmer)愈来愈浓厚的兴趣。说到艾玛对当代音乐的热衷,就不得不提到她在演奏舞台上那独树一帜的演奏风格。

艾玛在演奏单簧管时不同于其他演奏家那样基本姿势是站在原地,最多只是随着音乐的起伏而略微扭动一下身躯而已。她演奏时不仅全身摇晃得厉害,情之所至甚至还会在舞台上来回移步。《牛津泰晤士报》就以现场直击的笔调记叙了艾玛一场独奏音乐会的精彩之处,文章中写道:"她是一位非常具有视觉意识的演奏者,在舞台上她总是不断地移动着自己的位置。她展现了比当年本尼·古德曼那个时代的摇曳爵士(swing)幅度更大的摇晃身姿。当演奏进入热情高涨处时,她的动作几乎可以称之为是在翩然起舞了(at times almost dancing in her enthusiasm)。不仅如此,在每首作品演奏开始前,她那增进教益和引人愉悦的介绍与评点也更增强了这场音乐会的艺术特色。比如在演奏韦伯的《西尔瓦娜主题变奏曲》前她会向听众们介绍这是根据歌剧《西尔瓦娜》(又名《林中女郎》)里的咏叹调主题为基础创作的。故事发生在一个宁静安谧的傍晚,然而就在这个夜晚却爆发了一场激烈的争斗……最后歌剧将引向一个空前热闹的舞会高潮,上演了一出姐妹易嫁的喜剧。再如,她会告诉听众德彪西的《第一单簧管狂想曲》是作曲家身为巴黎音乐学院学生时的一首习作,但在作品里却已展露出其大师般的手笔。在你听了她的介绍和演奏后,你会感到她演绎的德彪西是真实的,可信的。她总是将充满童真纯洁的语汇和清新动人的演绎特色引入到单簧管文献中去,用自己的乐器准确地寻找到最符合作曲家创作意图的音色,并以灵气十足的演奏牢牢地吸引在场所有听众的关注。"

艾玛使用的是一支名贵的彼得·伊顿品牌单簧管,她用这件乐器演奏并录制了众多的唱片录音。2004 年,ASV 为纪念即将到来的艾玛签约公司 20 周年而发行了《艾玛·约翰森的艺术》的特别版套装(ASV 506,5CD),其中囊括了她历年来最具代表性的单簧管演奏作品。而在 2005 年她改签 Nimbus 后,风格又有了明显的转变。在《旅行》(Yoyage,Nimbus 6118)里她带给人们的是一组轻松休闲的跨界之作和令人耳花缭乱的炫技名曲,前者如传统乐曲《斯卡波罗集市》、《我的爱像红、红的玫瑰》和乔普林的《喜剧演员》;后者如根据帕格尼尼的《第 24 小提琴随想曲》、里姆斯基-柯萨科夫的《野蜂飞舞》和根据肖邦的《幻想即兴曲》改编的超高难度的独奏曲,教人见识了她运用循环呼吸法而练就的间不容发、一气呵成的超卓技艺。而她在《莫扎特专辑》(Mozart Album,Nimbus 6116)里再度演绎了莫扎特的《A 大调协奏曲》,只是在这个版本里她不仅是独奏者,并且还是协奏曲的指挥者。

为了表彰艾玛在古典音乐领域所作出的突出贡献,1996 年她被授予大英帝国勋章。她也是英国利兹音乐学院的客座教授,在那里每年举行大师班。她甚至还担任了其高中母校赛文欧克斯中学的校长,全面主持管理学校的日常行政工作。正如《卫报》的评论指出的那样:"每个时代都有属于自己时代的艺术家,他为这个时代以及之后的时期制定艺术标准。在今日之英格兰和国际乐坛,这个人就是艾玛·约翰森!"

91. 她的演奏使乐句的持续音和延长音仍张力十足
——莎朗·坎姆（Sharon Kam）

意大利著名水城威尼斯的狂欢节举世闻名。狂欢节，也称谢肉节，是欧洲一个古老而又盛大的节日。

《威尼斯狂欢节》就是在历史悠久的狂欢节演变进程中自然形成的一首当地的民谣，它的唱词里最初有"我的帽子有三个角"之类的简单通俗的内容。由于它曲调优美，风趣活泼，后来就被不少专业作曲家改编成各种乐器演奏的器乐曲。帕格尼尼、李斯特和肖邦都曾将这个主题用于他们的作品之中；而由法国作曲家阿尔班改编的小号独奏曲、热南改编的长笛独奏曲、西班牙作曲家塔列加改编的吉他独奏曲以及英国作曲家吉布森改编的钢琴独奏曲等也盛传不衰，享有很高的知名度。在 20 世纪，还有将其改编为难度更高的长号独奏曲的。然而，许久以来，人们却从未听过用单簧管演奏这首脍炙人口的乐曲。不过，在 20 世纪 80 年代这个尘封已久的记录终被打破了。第一位演奏《威尼斯狂欢节主题变奏曲》的女单簧管演奏家就是莎朗·坎姆。

莎朗·坎姆 1971 年 8 月 11 日出生于以色列的特拉维夫。她是一个犹太音乐家庭的孩子，母亲拉切尔·坎姆（Rachel Kam）是以色列爱乐乐团里的中提琴手。既是家庭传承的遗传基因，也是犹太民族热爱音乐的天性使然，莎朗与她的哥哥奥里·坎姆（Ori Kam）在母亲的熏陶启蒙下也先后走上了音乐之路，成了职业演奏家。哥哥奥里秉承母业，成为一名中提琴演奏家；而莎朗则日后成为当今乐坛新生代的单簧管独奏家。

莎朗的童年和少女时代是在以色列度过的。早年母亲曾想让她也学小提琴，后来又想让她学习钢琴。这两种乐器莎朗都试了，也都学了，但都不合她的心意。她在家听唱片时，被莫扎特单簧管协奏曲里那柔美悠扬的乐声所打动，于是小小年纪就决定选择单簧管作为自己学习的专业。不过，在当时的以色列，要找到一位一流的单簧管教师还真不是件容易的事。于是，母亲凭借她在以色列爱乐乐团的关系，请来乐团的演奏家为小女儿上课指导,手把手地教她吹奏。莎朗的音乐悟性还真高,她不仅总能按时按质地完成老师布置的课业,并且还总爱就学习中碰到的问题主动地询问老师,同时开动自己的脑筋思考琢磨。就这样,她的单簧管演奏即便在这种"半专业"的学习方式之下也进步得很快。1987年,这位十六妙龄的少女着实令国人吃了一惊:她在由指挥大师梅塔指挥的以色列爱乐乐团的合作下,以一曲韦伯的《c小调单簧管小协奏曲》完成了自己的舞台处女秀。

20世纪六七十年代可谓是优秀的犹太音乐苗子人才辈出、天才横溢的黄金时代,像帕尔曼、祖克曼和敏茨等一大批在当今乐坛叱咤风云的提琴俊彦都是在那个时期涌现出来的。不过,当时诞生的那一批尖子大都从事的是提琴类和钢琴类的演奏,却很少有从事管乐演奏的;而在他们之中青年女性演奏家就更是凤毛麟角,屈指可数了。也许正是见到了莎朗·坎姆这颗难得的好苗子,在她首秀现场见识其不凡才艺与潜质的犹太裔提琴巨擘艾萨克·斯特恩以其敏锐的洞察力感到台上的这位亭亭玉立、又略显青涩的少女是块可堪造就的栋梁之才。于是,他运用其身兼美—以文化基金会主席的身份,积极鼓励莎朗去美国进行进一步的专业系统训练,一如他当年亲手把帕尔曼们一个个地送到美国一样。为了使女儿有一个更好的成才环境,母亲为此特意辞去了在以色列爱乐乐团的工作,他们全家迁居美国加州圣地亚哥的拉贺亚。

来到美国后,莎朗首先师从的是单簧管演奏家埃利·埃班(Eli Eban)。埃班是出身在纽约的犹太裔音乐家,曾任以色列爱乐乐团首席十三年,被英国《卫报》誉为"一位有着高亢的力度与令人兴奋的音色的演奏家"。除跟埃班学习单簧管外,为了进一步全面地掌握音乐理论和乐队知识,莎朗还跟随犹太裔小提琴教师兼乐队指挥夏姆·陶博(Chaim Taub)学习,参与他们的乐队训练与合奏。待到她逐渐习惯了在美国的生活和学习后,斯特恩这才运用他在乐坛上的影响力,为莎朗争取到了一份奖学金,使她得以进入著名的茱莉亚音乐学院,师从单簧管教授查尔斯·奈迪赫(Charles Neidich)。

奈迪赫与莎朗一样,身上也流淌着犹太民族的血。他的父亲是苏联犹太人,母亲则是希腊后裔。他从小就跟随父亲学习单簧管,后来进入莫斯科音乐学院的鲍里斯·迪科夫教授班继续深造。随着犹太民族移民大潮来到美国后,1974年,当时还是耶鲁大学学生的奈迪赫就在纽约的独奏音乐会上一鸣惊人。1979年和1982年,他在三年里接连夺得了日内瓦国际比赛和慕尼黑国际比赛两项重要赛事的大赛银奖。后来奈迪赫定居于纽约,更是成为著名的茱莉亚、曼哈顿、曼恩斯与纽约市立大学王后学院四所大学的教授,集万千荣耀于一身。在跟随奈迪赫之后,莎朗·坎姆的学习才算正式纳入到科班的系统范畴内。由于老师本人是一位名家高手，演奏过的经典曲目不计其数，因而作为他的学生，莎朗也就能够站在更高的起点上，以更开阔的艺术视野去接纳一切先进科学的演奏技艺与方法，从而使自己的演奏水平较此前跃升了一个大大的台阶。

从茱莉亚毕业后，莎朗步乃师之后尘，走上了职业独奏家的艺术之路。1992年，刚刚二十出头的她来到了德国慕尼黑，参与每年一度的慕尼黑国际音乐比赛的角逐。这一年参加单簧管比赛报名的选手特别多，水平也特别高。然而，就在这群雄逐鹿的激烈竞争中，不意却偏偏被来自以色列的二十出头的女子莎朗·坎姆拔得头筹，摘得金牌。相较于十年前在此夺得银牌的乃师，她真可谓是青出于蓝而胜于蓝了。慕尼黑大赛的夺冠无疑为莎朗步入职场扫清了一切的障碍，为日后的成功奠定了一块坚实的基石。她获奖的消息不胫而走，而请她前去担任独奏的邀约也纷至沓来。从这时起，莎朗以德国为中心，在欧洲各主流音乐舞台上全方位地展示出自己的才艺与魅力。

在评论家与听众的眼中，身材颀长，长相甜美的莎朗是一位具备了几乎全能的演奏技艺、准确精妙的艺术感觉和丰富多变的演奏曲目的演奏家，她为"70后"一代的音乐家树立起了一种堪称楷模的艺术家形象。如果说桃李年华的她以精湛演技证明了自己成功的话，那么十年后三十出头的她则用作为国际唱片界宠儿的事实证明了自己的声名业已达到了国际性级别。1995年她开始签约贝塔斯曼旗下的 Teldec，推出的第一张唱片就是《舒伯特艺术歌曲集》（Apex 4680717）。在这张由美国女高音歌唱家芭芭拉·邦尼（Barbara Bonney 1956-）与钢琴家杰弗瑞·帕森斯（Geoffrey Parsons，1929-1995）领衔的专辑里，莎朗尽管只露了一小会儿脸，但却是一个殊为重要的角色，那就是为舒伯特的艺术歌曲《岩石上的牧羊人》（Der Hirt auf Dem Felsen）担任单簧管助奏。舒伯特的这首歌曲是他一生中所作600多首歌曲里唯一一首使用钢琴以外的乐器担任伴奏的作品。在钢琴以外再加上一支单簧管，不仅在音色上为歌曲增添了迷人的抒情浪漫色彩，更为意境的营造起到了极其出众的烘托作用。莎朗的单簧管独奏为舒伯特这首真正的"天鹅之歌"掀开了忧伤寂寥的序篇，在歌曲的吟唱过程中，她的助奏时而悲伤叹息，凄美感人；时而又昂扬激情，喷薄而出，在歌唱的段落之间为情绪的渲染与转换起到了画龙点睛的艺术效果。

如果说这张唱片还只是莎朗小试牛刀的话，那么第二年她的下一张专辑《韦伯单簧管协奏曲集》（Apex 4680711）则全面地展示了她作为新一代单簧管高手的出众才艺与艺术风采。这张由她与马祖尔指挥的莱比锡格万德豪斯管弦乐团合作的唱片在1998年为她赢得了第一个唱片奖——德国古典音乐"回声"大奖！

迄今为止,莎朗·坎姆在多个不同的品牌公司里已经录制了近二十张唱片专辑。2006年,适逢莫扎特诞辰250周年,世界各地都竞相举办伟大作曲家的纪念音乐会。当年的1月27日,在莫扎特最喜爱的捷克首都布拉格的伊斯泰德剧院,奥地利指挥家曼弗雷德·霍内克(Manfred Honeck,1958-)指挥捷克爱乐乐团以莫扎特三部在该剧院首演的杰作作为这场音乐会的演奏曲目,它们分别是歌剧《唐璜》序曲,《A大调单簧管协奏曲》和《D大调第三十八交响曲》(布拉格)。莎朗也躬逢其盛,应邀担任单簧管协奏曲的独奏。身着一袭抹胸黑色礼裙,手执泛着黝黑光泽的单簧管,莎朗以极为沉着自若的姿态与精湛感人的演绎诠释了这首于215年前在此首演的经典之作,受到音乐会听众雷鸣般的掌声与欢呼(Euroarts 2055158,DVD)。而三年之后,她又以巴塞特单簧管录制了新一版的录音(Berlin Classics 16672)。在莎朗演绎的《A大调单簧管协奏曲》里,评论家们甚至在音乐里听到了莫扎特最后一部歌剧《魔笛》里的"弦外之音":"极少有人能在演奏中找到如此完美而又奇妙的丰饶音色,从竖笛般的低音到长笛式的高音,还有贯通流畅的断奏与绵延起伏的连音都能一览无遗地从乐曲里获取享受的美感。这里没有《魔笛》里萨拉斯特罗与夜女王那样的正邪交锋,有的只是莎朗·坎姆在协奏曲第二乐章里以圆号为点缀的喃喃絮语,犹如被孤寂地困于萨拉斯特罗宫殿里的帕米娜那忧郁伤感的倾诉独白;而第三乐章那欢快自由的旋律声线以及滔滔不绝的雄辩音流又酷似捕鸟人帕帕基诺的机警和饶舌。这种徜徉恣肆、洗练利落的韵律表述丝毫没有任何人为表现的痕迹,却将乐器的性能发挥到了极致而尽显其心醉神迷的魅力。"这张唱片又为莎朗摘取了法国唱片界的翘楚——"金音叉"大奖。

莎朗的现场演奏表现也是众口一词,可圈可点。英国的《留声机》杂志的评论写道:"从普朗克的奏鸣曲到舒曼的单簧管小品,听众分明经历了由高卢民族的尖锐辛辣到德奥乐派的浪漫热情的情绪转换。在舒曼的作品里,她的演奏几乎全由更为轻快活泼的音调与恰到好处的情绪相伴随——它是情挚意切而又缠绵不绝的,音色甜美却又决不腻得令人反胃。她的天资与魅力的一个突出标志就是她甚至能让乐句的持续音和延长音都保持十足的艺术张力。这种对于旋律上遣词造句的能力和在音色上富于层次的明暗变化的结合,正是使她的演绎如此引人入胜的令人惊叹之处!"

对于单簧管演奏艺术的不断探索与追求使得莎朗对积累自己的演奏曲目充满着积极的动力。比如与门德尔松同时代并长期担任其助手和作品编订者的德国作曲家裘利乌斯·里兹(Julius Rietz,1812-1877)的那首《g小调单簧管协奏曲》(作品29)

就是经由莎朗的发掘和整理予以重现舞台的,她还为它录制了唱片(Berlin Classics,16202),获得了高度赞誉。在这张唱片里,她与她的哥哥奥里·坎姆联袂合作,演奏了布鲁赫的《e小调单簧管、中提琴双重协奏曲》。同样,莎朗也乐于将现当代的精品佳作奉献给听众,如当代波兰作曲家潘德列茨基将自己的《中提琴协奏曲》改编为单簧管协奏曲的演奏版本正是由莎朗予以首演的,时间是1999年。至于本文开头时提及的那首《威尼斯狂欢节主题变奏曲》则收录于她2008年的专辑《纪念》里(Souvenirs,Berlin Classics 16342)。这张专辑都为优美而隽永的音乐会作品,诸如布洛赫的《祈祷者》、埃尔加的《爱的敬礼》、格拉纳多斯和萨拉萨蒂的《西班牙舞曲》以及克莱斯勒的《爱之忧郁》和《美丽的罗丝玛琳》等根据各种乐器改编的单簧管独奏曲。

2013年,莎朗·坎姆颇有些出人意外地推出了一张标题为《歌剧》的新专辑(Opera! Berlin Classics 300547)。在这张专辑里,她与德国伍腾堡室内乐团合作,演奏了根据意大利作曲家罗西尼、威尔第、普契尼、彭契埃利以及沃尔夫—费拉里的歌剧音乐改编的单簧管作品。在谈及录制这张专辑的初衷时,莎朗快人快语地表示:"我喜爱歌剧。我喜欢进歌剧院就如同迈入音乐厅一样!从某种角度而言,歌剧在我的生活里是经常出现的,因为我的丈夫格雷戈尔·彪尔(Gregor Buhl)就是一位德国的歌剧指挥家。我们经常在一起听歌剧,并互相学习彼此知识方面所欠缺的一切。和他结婚18年来我已经涉猎并爱上了众多的舞台作品。我已能越来越体味到一场音乐会和一部歌剧这两种原本非常不同的演出形式之间所具有的艺术共性。我非常幸运,这两个不同的音乐世界却在我的家里得以统一会聚。某天,格雷戈尔对我说:'既然你如此喜爱歌剧,为何不自己做一张歌剧的唱片呢?'这个主意正中我的下怀。于是我找到了知名的编曲家安德拉斯·N.塔克曼。我们用了几年的时间终于完成了这张专辑的制作。在乐队绿叶般地映衬下,我的单簧管俨然成了歌剧中'真实的歌剧头牌女伶'(Veritable Singing Prima Donna),它在演奏中阐释着伟大的情感与改变生活和人物命运的那一个个动人的时刻。因而我必须得说能够完成这张唱片,达成我的多年梦想别提有多么高兴啦。"

的确,莎朗·坎姆用她的单簧管不仅在优美地演奏着,她也用她的"宝贝"在优雅地吟唱着……

92. 竖笛奇葩

——米凯拉·佩特瑞
（Michala Petri）

说米凯拉·佩特瑞是当代管乐界的巾帼翘楚或许没有多少人会对此提出质疑，但却难免令部分乐迷感到有些陌生，这是因为她所演奏的乐器竖笛不仅不会现身于正规的交响乐团里，而且对于现代人而言恐怕还是相当生疏的。换句话说，在当代，一位演奏家要选择这样一种乐器去做营生的几率恐怕不到千分之一；而即便从事竖笛演奏，能够以此安身立命并发扬光大进而征服世界的又有几人？30多年来，正是凭借着佩特瑞对竖笛艺术孜孜不倦的探索和追求，终使这种古老的乐器重新回到人间，焕发出了它昔日的荣耀，并堂而皇之地步入了今日乐坛的大雅之堂。如果把钢琴与交响乐团里的各种常见乐器比喻为奥运会上的一个个竞赛项目的话，那么佩特瑞演奏的竖笛就像吉他界的泰斗塞戈维亚、管风琴界的巨匠瓦尔哈（Helmut Walcha，1907-1991）那样，在乐坛的"非奥运项目"领域同样作出了令人称奇的卓越贡献。

❧❦❧

米凯拉·佩特瑞1958年7月7日出生于丹麦首都哥本哈根。她的母亲汉娜（Hanna Petri）毕业于丹麦皇家音乐学院，是一名大键琴家。在她的影响下，米凯拉和她的弟弟大卫（David Petri）后来都走上了音乐之路。竖笛在西方的儿童世界里非常盛行，它是一种简单易学的音乐启蒙乐器。米凯拉从3岁起就开始接触竖笛了，后来在母亲的指导下正式学习竖笛。不过，她可不像其他的孩子们只是把它作为会出声的玩具随心所欲地玩玩，而是很认真地完成每天布置的功课。就这样，她作为小童星被邀请到丹麦国家广播电台去录音，这位5岁稚童的美妙笛声通过电波为国人所知。荣誉感满足了小小年纪的米凯拉的好奇心，同时更成为她刻苦好学的鞭策和动力。1969年，11岁的她就完成了自己的艺术处女秀，她在首都的蒂沃利音乐厅作为独奏者与丹麦广播交响乐团合作，演奏了维瓦尔第的竖笛协奏曲，技惊四座。

也正是从此时起，米凯拉才脱离了家庭式的学艺教育正式拜师学艺。她来到德国,进入汉诺威音乐学院师从斐迪南·康拉德教授。康拉德是 20 世纪欧洲最著名的竖笛演奏家兼教育家,他早年毕业于柏林音乐学院,是巴洛克长笛和竖笛领域的学科带头人。据称他的演奏风格轻快流畅,音色清晰纯正,充满自信。米凯拉日后演技的坚实基础正是在康拉德这里打下的。她的学艺履历相当简洁,从汉诺威学校毕业后未闻其再另择名师深造。这或许是竖笛演奏本身就是乐坛的"偏道旁门",故而求学者少而为师者更寡的缘故吧。不过,冷门热门的区别总是相对而言的,因为就在米凯拉行将踏上社会之际,她正好遇上了人生中一个千载难逢的机遇。

竖笛这种乐器可谓年代久远,历史绵长。一般认为它起源于文艺复兴时期的意大利,16 世纪到 18 世纪逐渐盛行于整个欧洲乐坛,到了巴洛克时代更是成为作曲家们的宠儿,在巴赫、亨德尔、泰勒曼、斯卡拉蒂、维瓦尔第和普塞尔的声乐与器乐创作里都还为它留有一席之地。然而,进入古典时期后,由于现代管弦乐团的组合已然成型,竖笛终因其表现的音域、力度所限而被挡在了管弦乐团的大门之外,其地位一落千丈。然而在 20 世纪五六十年代开始发轫,七八十年代开始勃兴的本真主义运动却让这件"过时的乐器"又重返人间。因而,在 1973 年,15 岁的米凯拉毕业后便以其掌握的竖笛演奏特长适时地投身于这场运动中去,并很快在这场"复兴运动"里崭露头角。

米凯拉具有北欧人所特有的一头金发,她容貌雅丽清秀,身材苗条匀称,喜穿时髦新潮的服饰。像这样一位乐坛丽人,手执几个世纪以前的古乐器出现在舞台上,这本身就颇具新闻性;更何况她的演技是那么出众娴熟,笛声又是那么缭绕动人,因而很快她就征服了音乐会上的听众。最初,她与母亲以及演奏大提琴的弟弟以"佩特瑞三重奏"(Petri Trio)的组合亮相于乐坛,也在母亲的伴奏下举行竖笛独奏音乐会,在世界一流的舞台上到处都留下了她美丽的倩影和美妙的乐声。1979 年,Philips 公司签下了这位 21 岁的美女竖笛家作为专属艺人。两年后她为 Philips 录制的第一套唱片就是巴赫的《六首勃兰登堡协奏曲》(Philips 400 076,400 077)。

这套《勃兰登堡协奏曲》是与著名指挥家马里纳指挥的圣马丁室内乐团合作完成的。与年轻的米凯拉同场竞技的则是那些名气都比她大得多的一流艺术家,他们之中有小提琴家谢林、长笛大师朗帕尔和双簧管名家霍利格尔等,米凯拉的表现得到了这些前辈们的首肯。这个名家荟萃的版本获得了《企鹅唱片评鉴》三星的高分。在以后的艺术生涯中,与她合作过的著名音乐家还有长笛家詹姆斯·高尔韦、小号家莫里斯·安德列、小提琴家萨尔瓦托雷·阿卡尔多、平恰斯·祖克曼、大键琴家肯思·雅雷特(Keith Jarret,1945-)以及指挥家阿巴多和霍格伍德等。

不过,假如说在20世纪七八十年代人们被竖笛音乐所吸引在很大程度上是出于猎奇和图新鲜的话,那么随着本真运动的日益普及,如果不能以真正的艺术本身去打动听众和提供更丰富的曲目以满足他们需求的话,竖笛艺术就很有可能还会陷入第二次被听众疏远的境地。对此,米凯拉有着清醒的认识。她说:"竖笛的音色比较独特,偏于柔和。由于它是一种古老乐器,因而在处理音乐的渐强和渐弱的转换上往往较难掌握得恰如其分。所以过去我一直认为它是一件很难吹奏的乐器,但现在我认为它是可以被当代人完美地掌握的,至少与其他乐器相比在难易程度上并无太大的差别。"为了还竖笛那纯正清丽、轻盈柔和像小鸟般歌唱的音色本质,为了追求属于自己的表演艺术风格,米凯拉不断尝试着各种快慢节奏和强弱乐音的转换方式,以进一步丰富、完善这一古老乐器的演奏技法和表现手段。1987年,她转投美国的RCA唱片公司,立即成为公司旗下的当家花旦。

米凯拉·佩特瑞演奏的乐曲从早期的巴洛克一直到现当代作品,从原创的竖笛曲到移植、改编的独奏、重奏、协奏曲,林林总总,应有尽有,几乎从来不受时代、风格的局限。1980年她在依奥娜·布朗指挥的圣马丁室内乐团的协奏下录制的维瓦尔第的《六首长笛协奏曲》(作品10)为她赢得了国际声誉;而1987年她在大键琴家兼指挥家乔治·马尔科姆指挥的协会大厅弦乐合奏团协奏下录制的维瓦尔第的《四季》(RCA 86656)则成为了竖笛移植改编作品的成功典范。在演奏中,由竖笛来描摹林中小鸟的啁啾鸣唱较独奏小提琴竟还要生动形象几分;而竖笛那有些古朴的音色似乎也更贴近巴洛克风格的时代背景。米凯拉在诠释《四季》时至少选用了三支不同音域的竖笛,供四首不同的协奏曲以及每首协奏曲里的不同乐章演奏使用,以丰富作品的音乐形象和意境。它们在高音区善于吹奏快速跳跃的乐句;而在中音区又擅长演奏舒缓如歌的旋律,可谓相得益彰,各显其长。尽管竖笛无法像小提琴那样运用多变的颤音去丰富歌唱时的表情,但米凯拉却有意识地在气息悠长的旋律里恰当地加入了装饰音藉以求得变化,使乐曲不至于流于平直、单调。值得指出的是,虽然这个竖笛版的《四季》一经推出就好评如潮,但米凯拉却以精益求精的姿态于2005年又录制了新版《四季》。这一次她是与丹麦新生代指挥家托马斯·道斯加德(Thomas Dausgaard,1963-)指挥的瑞典室内乐团合作的(EMI 44171)。在这版录音里她使用的是由著名制笛家尼克·塔拉索夫和约阿希姆·佩措尔德新研制出的"当代竖笛"。它与传统的巴洛克式竖笛相比赋予演奏家更多的力度表达和更大的音量幅度空间,因而在诠释作品时较之18年前的那一版显然又成熟完善了不少。有兴趣的乐迷不妨拿这两个版本做一比较,更可将竖笛版与小提琴版作比较鉴赏,从中更可体味米凯拉的良苦用心和艺术追求。

在佩特瑞已经问世的三十余款唱片之中，发行于 1999 年 6 月的《世纪的艺术家们》（Artists of The Century，RCA 59112，2CD）似乎占有着某种特殊的重要地位。这张专辑是为纪念米凯拉从事演奏生涯三十年而制作的，辑选了她过去的录音精华。大卫·伯奇在他的评论里写道："我必须承认在听了她的演奏之后我已经彻底成了她的粉丝，尽管我本人也是一位竖笛演奏者。不过，现在我感到我应该把我的乐器立刻扔到离自己最近的那个垃圾筒里去。"多么熟悉的语气，多么类似的句式。原来这位评论家在抒发着当年克莱斯勒听了青年海菲兹的演奏后同样的感慨。他的评论接着写道："米凯拉以全部的技巧和音乐控制力去驾驭这件乐器，并使它成功地上升为具有与其他独奏乐器同等的地位。然而，它也有着属于它自身的独特音色效果：富于穿透力，音色甜美无比。这张专辑可谓集她之前唱片之大成，有些曲子改编自那些非常可爱的钢琴小品——诸如格里格的那几首抒情曲，我感觉或许改编成竖笛曲后它们可能还比原先的钢琴独奏曲显得更为迷人。"

米凯拉的演奏艺术在室内乐领域也建树多多，她与母亲(大键琴家)、弟弟(大提琴家)组成的家族三重奏的演出贯穿于其整个演艺生涯中；在《竖笛的迷人之作》（Recorder Favorites，Eloquence 4643612）里，三位佩特瑞向人们呈现了他们演绎的库泊兰、巴赫、泰勒曼、勒克莱尔等的巴洛克作品，更有舒伯特的《蜜蜂》、蒙蒂的《查尔达什舞曲》和里姆斯基 - 柯萨科夫的《野蜂飞舞》等经典炫技曲。除与母亲、弟弟组成三重奏外，米凯拉也特别钟情于竖笛与吉他二重奏这种形式。她曾先后与瑞典的戈兰·索尔舍（Goran Sollscher，1955-）、日本的山下和仁（1961-）和古巴的曼努埃尔·巴鲁埃科（Manuel Barrueco，1952-）等吉他高手都成功地举行过合作和巡演。然而，她最稳固的吉他合作伙伴却不是以上诸位，而是她的夫婿拉斯·汉尼拔（Lars Hannibal，1954-）。

汉尼拔也是米凯拉的同胞，他就学于皇家音乐学院，毕业后又转赴荷兰、日本学习琉特琴演奏，在丹麦国内他也是一位重量级的人物。1991 年，37 岁的汉尼拔与比自己小 4 岁的米凯拉开始正式交往。尽管此前他们都是国内的音乐知名人士，但对彼此却因为"道不同不相为谋"而知之甚少。直到两人相恋后才发现原来彼此的共同语言是如此的宽泛广阔，两人对"本真运动"艺术也是同样地一往情深。婚后，这对音乐伉俪的华丽亮相和精彩演出立即受到了听众们的热烈追捧，被国人誉为是"音乐界的模范情侣"。RCA 为他们的竖笛与吉他二重奏发行了多张专辑，在《灵感》（Inspirations，RCA 75479）里他们联手深情款款地诠释了柴科夫斯基的《如歌的行板》、拉赫玛尼诺夫的《练声曲》、马斯涅的《沉思》等优美动人的篇章,还有一首由米凯拉根据丹麦民歌《疯狂的道斯》作所的主题变奏曲和法国作曲家拉罗的《挪威幻想曲》等具有北欧风格的作品。这对形影不离的音乐伉俪也曾来到中国访问演出。

自2007年开始,米凯拉转投丹麦唱片品牌Our Recording,在新的唱片公司又接连推出了几张有分量、有特色的专辑。在以丹麦民歌《我梦见了自己的一个梦》(Dromte Mig En Drom)为题的专辑里她演奏了数位丹麦作曲家的民歌改编竖笛曲,其中就有四位尼尔森的作品。而在2010年发行的《中国的竖笛作品集》(Our Recordings,6220603)里她用竖笛在由著名华裔指挥家水蓝指挥的哥本哈根爱乐乐团协奏下演奏了唐建平的《飞歌》、盛宗亮的《月笛》、台湾作曲家马水龙的《梆笛协奏曲》和陈怡的《古代中国美女》四首作品,表达了她对东方笛子艺术的喜爱与向往;而2012年推出的《英国竖笛协奏曲集》(Our Recordings,6220606)则是一张当代作曲家题献给这位竖笛演奏家的作品专辑,收录了马尔科姆·阿诺德的《竖笛协奏曲》、理查德·哈维的《魔咒协奏曲》以及戈登·雅各布的《竖笛与弦乐队组曲》,这三首作品都由米凯拉予以世界首演而赢得赞誉。

作为当代乐坛上一位杰出的女性艺术家,米凯拉·佩特瑞于1997年荣获"德意志唱片大奖"。2000年她又荣获北欧最重要的音乐奖项"索宁音乐大奖"。基于她为弘扬祖国的声誉而作出的巨大贡献,1995年,丹麦女王玛格丽特二世授予她荣誉骑士勋章。2005年她还获得了专门为欧洲的独奏艺术家所颁发的"欧罗巴独奏奖"。诚如评论家罗伯特·卡明斯所指出的那样:"她的出色诠释完全发自内心深处,所带给听众的是一种自然情感的释放。"是的,竖笛来自民间,又盛行于巴洛克宫廷;它是古老的,又在现代艺术家的手里重现璀璨。米凯拉·佩特里不愧为是使它"化腐朽为神奇"的竖笛奇葩。

93. 苏格兰玫瑰
——卡伦·盖根（Karen Geoghegan）

如今，在电视荧屏上出现的达人选秀类节目越来越多，用"你方唱罢我登场"来形容其花样之多、名目之繁、转换之快绝不为过。一时间，它成为民间草根借此展现自己、一鸣惊人的成才平台。其实，达人秀（talent show）是西方的舶来品。就以最早举办达人秀的英国来说，自 2007 年创办的两年里，似乎也是波澜不惊，人们只是图个热闹新鲜而已。但在 2009 年举办的第三季达人秀上，却由于苏珊大妈的腾空出世，才使这种电视选秀的形式一下子如火如荼地"火"了起来。来自苏格兰中南部小镇的 48 岁农妇苏珊·博伊尔长着一张扁平脸，水桶腰，外加一头毛糙的卷杂草似的头发。舞台上的她看上去衣着寒酸，不修边幅，在评委面前还颇有些手足无措，语无伦次。然而，当她引吭唱起音乐剧《悲惨世界》里的唱段"我曾有梦"时，端的是歌声撩人，众人皆惊。就是这样一位来自矿工家庭、全无专业背景的苏珊大妈竟在比赛中一路高歌杀进决赛，从此成为无数平民百姓竞相仿效的草根楷模。

无独有偶。在古典音乐领域，偏偏也有一个类似的电视选秀节目，它就是与英国达人秀几乎同时起步的"古典之星"（Classical Star）。该节目是由 BBC 二台筹划研发的新样式，旨在发掘年龄在 20 岁以下的富有潜质的年轻艺术人才。似乎是有意要和屡创惊奇的达人秀比一番高下，在"古典之星"的节目中也果然涌现出一位令业界始料未及的乐坛新星，她的熠熠星光不仅在普罗大众甚至在专业音乐圈内都激起了巨大的反响，被誉为是"21 世纪古典乐坛上的一个奇迹"。巧合的很，她也是一位女性，并且和苏珊大妈一样也是苏格兰人，她的名字是卡伦·盖根。

❧❧❧

卡伦·盖根 1988 年出生于苏格兰一个音乐教师的家庭里。她从小就沐浴在良好的音乐氛围里，母亲也成为她走上音乐之路的第一位启蒙者。在她 3 岁那年母亲就教她弹钢琴，5 岁又让她学习小提琴。然而，也许是卡伦志不在此，小提琴学得磕磕绊绊，足足花了七年光景才勉强达到五级的程度。母亲看在眼里，急在心头。不过，以她音乐教师的职业敏感相信自己的女儿决不会是一个庸才,因为卡伦有着不一般的敏锐听觉和对音乐作品超乎同龄人的宽泛涉猎。

母亲的直觉没有错!果不其然,在卡伦 12 岁那年她仿佛转眼之间就开了窍,她人生中的契机不期而至。"那年,我在学校的一个储藏室里发现了一件乐器,它静静地躺在那儿,看上去已有多时未曾被人碰过了。后来我才得知这是一支大管,它本来属于学生乐队的一位同学,但这个同学感到它太难学了,于是去学了另一种乐器,这支大管被打入了冷宫。可当我看到它的一瞬间,我感到它是那么地亲切和自然,我们的邂逅可谓是一见如故。一个念头在我脑海里油然而生:这一切都是为我而安排的,"卡伦说。

于是,卡伦抱起这支沉甸甸的木管乐器,主动找到校方要求同意自己作为大管的新主人。学校乐队的负责人看着这个一脸稚气却态度坚定得出奇的小姑娘,始而惊异,继而又为她的诚恳和执着所打动,同意了卡伦的请求,并特意为她延聘了专业的音乐教师。卡伦的第一位老师是拉塞尔·柯维森(Russell Cowieson),他毕业于苏格兰皇家音乐与戏剧学院和伦敦市政厅音乐学院,是技艺出众的大管演奏家。在柯维森那里,卡伦从一个对大管毫无所识的"白丁"成长为掌握了乐器基本演奏技艺、初通大管演奏曲目的专业学生。小学毕业后,柯维森介绍卡伦进了自己的母校——苏格兰皇家音乐与戏剧学院附中,让自己的好友、附中的大管教师珍妮特·布洛克斯维奇(Janet Bloxwich)负责卡伦的教学。

珍妮特·布洛克斯维奇堪称是英国乐坛上木管乐界的一位奇女子,毕业于皇家音乐学院的她有着精湛娴熟的演奏技艺和优雅质朴的艺术风格。作为演奏家她曾出任过 BBC 交响、皇家利物浦爱乐以及北方歌剧院管弦乐团的大管首席;在大管领域她几乎是个通才,不仅能演能教,甚至还会自己制作和修复乐器,她本人演奏的大管就是由她亲手制作的。在师从珍妮特的五年里,卡伦在这位女教师的言传身教中深切地感受到大管音乐的可爱与魅力,这时的她已由早年对乐器的一见倾心转变为对它的由衷热爱了。她立志要当一名职业的大管演奏家。在学期间,由于成绩突出,她获得了吉尔伯特·因内斯木管演奏奖和 2004 年度的协奏曲比赛优胜,又在 2004 年、2005 年连续两年被授予奥尔福德奖学金。在告别了青涩的中学时代后,卡伦以第一名的成绩进入她梦寐以求的伦敦皇家音乐学院,投在名师约翰·奥尔福德(John Orford)门下继续深造。

提起奥尔福德,他可是国际大管界真正的大牌,卡伦所获的奖学金就是以他的名字命名的。作为一名顶级的大管演奏家,他几乎与国内外所有一流交响乐团合作过。1984 年奥尔福德被同时任命为皇家音乐学院和伦敦市政厅音乐学院两所高校的大管教授。应当说,当卡伦来到奥尔福德班上时她已是一位能够熟练掌握演奏曲目的青年演奏者了。然而,越是对具有天赋异禀的学生,奥尔福德的要求就越是严格甚至是严酷。在执教卡伦的日子里,奥尔福德针对卡伦的演奏特点和艺术个性耳提面命,对她练习的每一部作品都一个细节一个细节地予以分析提炼,务必使之达到完美的程度。当时,要找到有大管独奏的唱片来听还是很困难的,于是他就要求卡伦去听伦敦交响音乐会上各支交响乐团里首席大管们的演奏,以此开拓卡伦的艺术视野,博采众家之长。

经过奥尔福德的悉心调教和栽培,2007 年,皇家音乐学院二年级的学生、19 岁的卡伦站到了由 BBC 二台创办的“古典之星”电视选秀节目的舞台上。说实话,当初卡伦对自己在这项比赛中究竟能走多远根本没有把握,因为参赛的选手可不是达人秀里的草根平民,而大都是专业级别的青年俊彦;并且比赛是不分演奏乐器的种类的。相比于钢琴、小提琴,管乐本来就够冷门的了,而大管更是冷门中的冷门!因而,对于豆蔻年华的卡伦而言,她的参赛初衷也无非是与大多数的同龄人那样,只是出于好奇,到电视这个大众平台上去秀一把,检验一下自己的演奏水平。不料,她竟顺利通过了海选和初赛阶段,进入到最后十八人的电视录像决赛的行列之中。在以后的日子里,她与其余十七位选手一样,被电视摄像机全天二十四小时地追踪报道。

决赛的那天是电视实况转播,但见留着一头亚麻色披肩秀发、容貌清纯可爱的卡伦手执那支福克斯 201 型大管,在乐团的协奏下演奏了洪梅尔著名的《F 大调大管协奏曲》。对于这首需要高度技巧的经典之作,卡伦演奏得从容稳健,张弛有度;音色饱满,气韵生动。一曲甫毕,就博得了现场评委与听众的热烈掌声。当然,或许还是由于大管乐器的普及程度以及影响力等因素的掣肘所致,“大管天使”未能在比赛上一举夺魁,她获得了大赛的第三名。然而,卡伦却因在现场的出色发挥,赢得了与大赛冠军同样的殊荣———一份与 Chandos 唱片公司签订录制三张唱片的大合同。要知道,“古典之星”冠军的最终奖赏也不过是一纸三张唱片的合约啊!

2008 年 1 月,在布拉福德的圣乔治大厅,卡伦与由青年指挥家本杰明·沃尔费什(Benjamin Wallfisch,1979-)领导的北方歌剧院乐团合作,完成了她签约 Chandos 的首张个人专辑。这是一张为她的走红更添上一把火的唱片(Chandos 10748)。在这张专辑里,她参加“古典之星”决赛时演奏的洪梅尔的协奏曲理所当然地成为了主打曲目之一。其实,就在几年前,Chandos 曾推出过俄罗斯优秀的大管名家瓦列里·波波夫(Valery Popov,1937-)演奏的同一曲目的版本。尽管与波波夫的版本相比,卡伦的演技尚显稚嫩,但在自己的诠释中她仍显示出了鲜明的个性与特长。著名管乐评论家卡拉·里斯写道:"洪梅尔的协奏曲是卡伦的成名作,这个录音无疑将使人们对这位令人激动的青年演奏家的演奏艺术留下深刻的烙印。从这件通常被称为一捆柴火(fagotto)的笨重乐器的外表,人们会想当然地认为大管的演奏非常之难,可在卡伦的手里它却变得轻盈敏捷,柔韧可爱起来了。在协奏曲的慢板乐章里,大管的气息舒缓流畅,人们仿佛可以感受到演奏者完全是在和与她相隔一个半世纪的作曲家在倾心交谈;该乐章的华彩乐段尤其令人感到美不胜收。卡伦以富有共鸣的低音旋律与高音区的歌唱性乐句作着鲜明的对比,对乐句之间的转换她有着一种出自本能的良好感觉。而她演奏的终曲乐章则显得妩媚动人,体现出一种朝气蓬勃的欢乐,从头至尾都使人心旷神怡。"专辑里的另几首乐曲也都是音乐会甚至是唱片收藏中的"稀缺品":如韦伯的《行板与匈牙利回旋曲》、贝瓦尔德的《音乐会小品》;卡尔·雅各比的《引子与波罗乃兹》以及英国当代作曲家大卫·阿诺德根据格什温歌剧《波吉与贝丝》里的著名咏叹调《夏天到》(Summertime)配器改编的同名大管与乐队曲。对于最后这首作品卡伦也是情有独钟,因为它是卡伦在"古典之星"决赛场上的返场曲目。

由于卡伦的首张专辑一炮而红,此后,她以每年一张的频率向世人不断地展示新的演奏才艺。2009年是她从皇家音乐学院毕业步入职业演奏生涯的头一年,她推出了包含有德彪西、福列和迪蒂耶作品在内的法国大管专辑;2010年与BBC爱乐乐团合作了莫扎特、克鲁瑟尔和有"德国的克罗采"之称的康拉丁·克罗采(Conradin Kreutzer, 1780-1849)的三首大管协奏曲专辑(Chandos 10613)。在2011年推出的《大管幻想曲》(Fantasies for Bassoon,Chandos 10703)里,卡伦演奏了由德国作曲家伯恩哈德·君特改编的舒伯特的《琶音奏鸣曲》,为这首著名的乐曲又增添了一个引人入胜的演奏版本;而在2012年的韦伯专辑里,又录制了韦伯的大管协奏曲。至此,她将大管领域内的三大经典协奏曲(莫扎特、洪梅尔和韦伯)都已全部呈现,也算是功德圆满。

的确,在卡伦·盖根的手里,大管——这种昔日为人们忽视甚至是轻视的"一捆柴火"已华丽转身,变成了创造奇迹的"一根魔杖"。评论家约翰·布朗甚至为此断言:卡伦成功的某些影响已足以改变大管独奏"面临死亡"的局面。毕竟在今日的舞台上几乎根本看不到一场专业的大管独奏音乐会了;而卡伦的崛起令这一切都发生了改变。对此,这位现年27岁的"大管天使"有着很强烈的使命感,她想通过自己的艺术实践致力于把大管作为独奏乐器的振兴事业。对此她说:"按照我的思路,积累大管演奏曲目是计划中打下的第一块基石,如今与Chandos的这份唱片合同对我的计划实施有着莫大的帮助。同时我以为一个人的个性和意志也是实现计划的一大关键。有多少优秀的大管作品淡出人们的视线久矣。我将会通过我的发掘和演奏去表明它们的存在价值。举例来说，维瓦尔第就曾创作过多达三十七首大管协奏曲，当然还有许多其他的作品，问题是在今天的舞台上它们根本就没有得到演出的机会啊！"目前，她不仅致力于大管的独奏，与交响乐团合作的协奏，也积极参与木管乐器的室内乐重奏，她眼下是皇家音乐学院女子大管合奏团的核心。

　　"古典之星"的电视选秀造就了卡伦·盖根这位古典乐坛上"灰姑娘"的脱颖而出，她在充分享受成名所带来的这一切的同时，也对自己今后的人生有着清醒的认识："不错，在电视选秀出名后我获得了不少机会，人们在路上遇见我时会一眼认出我来。不过，选秀明星的光环终究不可能持久。我知道现在乐迷们在踊跃预定我音乐会的票，他们当然不再想看我在电视上的表演，而是真心实意地来欣赏我的大管演奏。"看来，这位清纯可爱的"苏格兰玫瑰"瘦弱的肩膀上肩负的却是为有 400 年"高龄"的古老乐器带去生机和转折的艰巨使命呀！

94. 从全国高校女王
到世界小号女王
——卡萝尔·多恩·莱因哈特
（Carole Dawn Reinhart）

人的名字除了是其所独有的身份符号外，它与人的生命究竟有没有关联，或者说它能在多大程度上影响甚至决定一个人的一生，这似乎一直是中国人千百年来给予高度关注的问题。因为在中国人的传统观念里，名字既承载着对象的信息，也蕴含着他的价值。一个好的名字不仅可以给人留下深刻的印象，还关系着这个人今后一切与其人生相关的前途。西方人名字的命名尽管不像我们这样复杂，但长辈为刚诞生的婴儿取名时，却同样寄寓着对下一代的殷切期望和美好祝愿。当然，人的一生与他的名字究竟是否能够契合，这在很大程度上需要"天注定"。在当代女性演奏家中就有这么一位，她曾公开说："我的一生是上帝早有安排的。"她，就是美国的小号演奏家卡萝尔·多恩·莱因哈特。

不妨先来看一下这个名字的构成：卡萝尔（Carole）是圣诞期间所唱的颂歌；多恩（Dawn）则是黎明拂晓，晨光初曦的意思。卡萝尔正是在1941年圣诞前夕的12月20日黎明时分诞生的。她呱呱坠地的那一刻，迎接圣诞的钟声和歌声已随处可闻，因而父母就为她起了这样一个极具寓意的名字。她的家位于新泽西州的罗塞尔，而她之所以日后成为一位小号演奏家也是必然的，因为她的母亲玛勃尔·莱因哈特就是管乐演奏家，她吹奏的是长号。卡萝尔的父亲是祖籍德裔的移民，尽管他不会演奏乐器，但也同样热爱音乐，是当地伊丽莎白教堂合唱团的骨干成员。

在20世纪中叶的新泽西，莱因哈特家可是当地一个著名的音乐家族，除母亲演奏长号外，卡萝尔的姨妈会演奏短号，两个舅舅是小号手，而另一个舅舅则是大号演奏家；此外，再加上比卡萝尔大6岁的哥哥罗尔夫·莱因哈特后来也学了小号，他们家几乎就是一支小型的铜管乐队,所有乐器一应俱全。

当卡萝尔 2 岁半时,一把小型的短号就被塞到了她的小手上,它既是卡萝尔的孩童玩具,也是她的启蒙乐器。这把小型短号是她的舅舅约翰在一家典当行里以 15 美元购得的。它起先归哥哥罗尔夫学习,后来便很自然地又传到了她的手里,由母亲亲自教她吹奏。卡萝尔的出名也实在很早。在伊丽莎白教堂举行的一场圣诞音乐会上,出现了一个扎着小辫子的小姑娘表演的小号演奏,她就是卡萝尔,她独奏的乐曲是《白色的圣诞节》。她 7 岁时和哥哥一起在音乐会上表演了小号二重奏,由她担任主奏,而罗尔夫则为她担任伴奏声部。

1951 年夏天,时年 10 岁的卡萝尔在当地的一个音乐比赛上凭借美国作曲家埃德温·戈德曼创作的在南北战争时期流传甚广的进行曲《流浪,流浪,流浪》获得了比赛的优胜并得到了一笔奖学金。于是,母亲把她送到了纽约茱莉亚音乐学院附中,让她跟随爱德华·特吕泰尔(Edward Treutel, 1913-1997)教授学习。特吕泰尔是美国著名的小号演奏家兼教育家,他本人在茱莉亚的教学生涯长达六十年之久。“我不喜欢过多地单调练习,因为这时我所掌握的技艺已使我很容易在第一次接触一首作品时就能把它演奏正确。以前我每天只练习 45 分钟,在茱莉亚我每天的练习也就个把小时。在附中的 6 年里,特吕泰尔教会我的是一种非常熟练的视谱能力。”从茱莉亚附中毕业后,回到新泽西后的卡萝尔坐上了州立管弦乐团与管乐团里小号的头把交椅。

在西方信奉基督教的国家,有一种以军队形式为其组织构架、宣扬救世福音并开展社会服务的宗教与慈善公益组织,这就是“以爱心替代枪炮”为宗旨的救世军(The Salvation Army)。救世军里同样有着举行慈善义演和宣教功能的军乐队。卡萝尔就是军乐队里的小号手。在她 13 岁那年,她成为救世军历史上年龄最小,且是第一位女性的乐队长(bandmaster)。其实,原先担任乐队长的正是她的哥哥罗尔夫。后来罗尔夫去了迈阿密大学读书,乐队长一职空缺,于是,乐队长的职位就顺理成章地给了已在茱莉亚学了三年的卡萝尔。只是由于她的年龄实在还太小,因而这个乐队长的头衔是虚的。尽管如此,13 岁的少女还是担起了领导的职责,但见她右手执号,吹着领奏;左手则像模像样地打着手势,指挥着这支 15 人的军乐队,还果真干出了名堂。一直到她 16 岁成年后,乐队长的职务才实至名归地落到了她的头上。卡萝尔在回忆她少女时代的这段光荣历史时深有感触:“这真是一段非常可贵的学习经历,不仅历练了演奏的实践,也有助于我与其他人的交流沟通。”

到了上大学的年龄,卡萝尔却没有选择她已非常熟悉的茱莉亚音乐学院,而是步她哥哥之后尘,前往南方佛罗里达,进入迈阿密大学。在那里,她的老师是杰克·平托(Jack Pinto)。平托也是一位优秀的小号教授,毕业于茱莉亚音乐学院。除在大学里任教外,他还是迈阿密大学管弦乐团的首席小号。在比较了特吕泰尔与平托的教学后,卡萝尔认为在前者那儿她认识到了在演奏中张口(yawning)与打开喉头的重要性;而在后者那里她又进一步掌握了舌根技术的运用,而这是成功演奏双吐音、三吐音技巧的关键所在。这两位老师所传授的精髓的结合正是成为一位优秀的小号演奏家所必须具备的先决条件。所幸的是,卡萝尔将这两者很好地融会贯通,糅入到自己的演奏实践之中。

1960年,19岁的卡萝尔因其在校期间出类拔萃的优异成绩,再加上她身上体现出的代表美国少女健康活泼、蓬勃向上的美貌与朝气,荣膺了当年度的"全国高校女王"(National College Queen)的美名。不过,那时的她却面临着人生关头何去何从的抉择,因为军乐队里的乐手们走上社会后大都改吹爵士乐或流行乐。事实上,当军乐队在其驻地——纽约第六大道的无线电城音乐厅演出的时候,他们就被要求能演奏所有种类和风格的作品;而卡萝尔想在古典领域寻求更大的发展空间。于是,凭借着她所获得的富尔布莱特奖学金,她去了欧洲,师从维也纳音乐学院著名教授赫尔穆特·沃比什(Helmut Wobisch,1912-1980)继续深造。沃比什是欧洲最优秀的小号演奏家,先后任职于维也纳国家歌剧院和维也纳爱乐乐团,并在1954-1968年间担任维也纳爱乐乐团的团长。他自战后的1953年就在维也纳音乐学院执教,无论其演奏造诣还是教学资历都非常人所能比拟,是一位地地道道的名师。卡萝尔从沃比什那里学到了德奥小号学派对于发音、律动和声响的明确概念与清晰规范以及对演奏德奥经典作品的深邃理解。学成归国后,卡萝尔再入茱莉亚攻读本科学历。她成了学校的乐团指挥让·莫雷尔组建小号声部的第一位入选者,随团频繁地参加校内外的音乐会,既在乐团里担任首席,也站在舞台前列出任小号独奏。于是乎,这位品学兼优又才艺双绝的女号手又成了茱莉亚校园里一朵人人艳羡的校花。

从茱莉亚毕业后,卡萝尔先是在纽约市立音乐厅的交响音乐会上崭露头角,继而又在伟大指挥家斯托科夫斯基领导的全美交响乐团里担任小号演奏员。与此同时,她仍与高中、大学的学生乐团以及形形色色的交响乐团举行合作,担任小号独奏。她还被请上了知名的电视节目"今晚"(Tonight Show)担任嘉宾,并在由著名爵士乐小号手艾尔·赫特(Al Hirt,1922-1999)主持的"号角喧腾"(Fanfare Show)节目里亮相。除了表演独奏外,还与赫特合作了一把"跨界"的小号二重奏。

　　纵然卡萝尔在纽约的音乐舞台上演得风生水起，但纽约的主流交响乐团还是没能为她敞开大门。技艺超群的她要想与大型交响乐团合作，还必须得到西部的犹他交响乐团以及自己的老关系——南部的迈阿密爱乐乐团才能如愿。然而，正如卡萝尔在接受著名音乐撰稿人、小号演奏者罗宾·卡尔德女士的采访中所说的那样："我确信我的一生是由上帝早有安排的。所以，我只要切切实实地做好自己的部分，那么他老人家就会安排好我其余的一切。因为通常当我失去一个机会时，总有更好的机会接踵而至。"事实也正是如此。正当她事业遭遇"瓶颈期"之际，上帝早已为她打开了一扇窗，这扇窗在欧洲！

　　其实，早在 1970 年夏天，卡萝尔就已在欧洲举办了几场音乐会，深受当地人民的欢迎。于是，1971 年正值而立之年的卡萝尔前往德国。在柏林她邂逅了一位在维也纳音乐学院的同窗曼弗雷德·斯托帕赫尔，他当时在柏林广播电台所属的一支舞蹈乐团里担任小号首席。在斯托帕赫尔的引荐下，卡萝尔进入柏林的德意志歌剧院担任首席小号，这也是她获得的第一个固定的乐团职位。没有想到的是，在德国，卡萝尔这位有着德国血统的美国小号艺术家受欢迎的程度丝毫不亚于纽约。她不仅在德国收视率最高的电视节目里演奏了令观众瞠目结舌的《威尼斯狂欢节主题变奏曲》，还通过斯托帕赫尔的奔走斡旋，世界最著名的 DG 唱片公司给她寄来了邀请函，让她去录制 DG 的"艺术家首演"系列中的个人专辑。在 1973 年面世的这张专辑（DG 2555 008，LP）里，卡萝尔演奏了亨德米特的《小号奏鸣曲》、奥涅格的《英特拉达》（Intrada）、卡尔·比尔斯的《小号协奏曲》以及约瑟夫·巴拉特的《c 小调幻想曲》等六首作品。而在音乐会领域，她最大的突破是在凯泽斯劳滕与西南广播交响乐团合作的那场音乐会。在音乐会上她出色地诠释了自己最拿手的洪梅尔的《降 E 大调小号协奏曲》。

　　在接下去的日子里，卡萝尔不断地出现在诸如维也纳金色大厅这样著名的演出场所，她的声誉很快就由德国、奥地利传到了整个欧洲。在 20 世纪 70 年代，她成了整个欧洲的乐坛红伶。在位于图林根州的霍亨索伦家族（这个家族统治了德意志帝国达五个世纪之久）的哥特式城堡里，她的小号独奏音乐会由家族的继承者、腓特烈大帝的孙子路易斯·斐迪南主持；在希腊著名的雅典卫城的音乐会上，意大利王国的最后一位王后玛丽·何塞殿下亲临出席，成为她的崇拜者。而在英国伦敦的阿尔伯特音乐厅举行的铜管乐比赛颁奖音乐会上，更是由卡萝尔领衔呈现了一场史无前例的由六千名号手同场共奏的盛大壮观场景。她还频繁地亮相于诸如萨尔茨堡、维也纳、柏林、巴黎、波尔多等地的艺术节。此后，她的足迹更遍及全球，在以色列的耶鲁撒冷、南非的约翰内斯堡和开普敦、日本东京和中国香港的伊丽莎白皇后音乐厅都留下了她动人的号声和美丽的倩影。特别值得一提的是,在澳大利亚的墨尔本,卡萝尔与澳大利亚交响乐团合作,演奏了海顿的《降 E 大调小号协奏曲》。这场音乐会经由电视向全国现场转播,受众达十万人。

在 1980 年代,卡萝尔更是立足于欧洲,频繁地往返于欧洲与美国。她在欧洲平均每年要举行 80-120 场各类音乐会,俨然成了国际乐坛上的"小号女王"(The first queen of trumpet)。在 1986 年,一直忙于自己演艺事业的小号女王终于嫁作人妇。她的夫婿不是别人,就是那位昔日的同窗、今时的伯乐斯托帕赫尔。这一年卡萝尔已经47 岁了。她把家安在了德国慕尼黑,这样便于她履行慕尼黑音乐学院铜管乐系系主任的工作。这时的她可谓是教学相长,相得益彰。

在 20 世纪七八十年代的鼎盛时期,卡萝尔曾录制过大量唱片,其中有相当数量的现场录音:如 1976 年在皇家阿尔伯特音乐厅的那场铜管乐艺术节的现场独奏专辑(RCA LSA 3285, LP)、与著名女高音歌唱家卢契娅·波普合作的康塔塔与咏叹调专辑,还有与瑞士的国家救世军军乐队合作的《铜管乐的赞美》(Brass of Praise)等,但都未能将 LP 转制成 CD 予以面世,这在一定程度上阻碍了当今听众对她的了解与认识。但可喜的是,位于德国的 Acanta 唱片公司倒是将她最具代表性的小号协奏曲作品制成了 CD (Acanta 43324, 2CD)。这套唱片于 2011 年被著名的发烧品牌 TOP MUSIC 制成一款人见人爱的发烧碟(TM-UQCD 1073, 2CD),经过 192 赫兹 32 比特的高保真再生技术,将卡萝尔演绎的小号三大协奏曲(海顿、老莫扎特和洪梅尔)以及泰勒曼、法施、阿尔比诺尼、普塞尔、亨德尔等的小号经典无不真切而又极具动态感地还原呈现在听众的耳际。

1996 年,55 岁的卡萝尔终于结束了她长达 40 余年之久的独奏生涯,"主要原因还是因为不想给自己太多的压力。我为了自己的职业牺牲了许多东西。我的大多数旅行都只是孤身一人,因为曼弗雷德有他自己的事业。我的一个闺蜜甚至开玩笑地说:'你们结婚十年,但聚少离多,两人在一起的时间加起来也只有三年光景。'我不愿长此以往下去。"在此之前的 1994 年,她的自传《卡萝尔·多恩·莱因哈特:一种艺术生涯的方式》(Aspects of a career)已在维也纳出版问世。走下舞台后的她仍没有远离她心爱的小号事业,她在学校里授业课徒,并在世界各地举办大师班,担任小号比赛的评委工作。她的愿望是让一切有志于铜管乐演奏的年轻人都能通过自己的努力,并借助外界的扶植最终像自己一样实现心中的梦想。卡萝尔以自己的成功树立起了"女儿当自强"的楷模。

95. 美女小号新生代

——艾丽森·巴尔松

（Alison Balsom）

评论家理查德·莫里森在 2008 年 9 月的《泰晤士报》这样评价艾丽森·巴尔松的演奏："她以一种无可抗拒的丰沛而又雄辩的音色使小号吟唱出动人美妙的旋律。"其实，早在 2006 年，这位新生代的美女小号演奏家就因其在《小号世界里的巴赫》专辑里的出色诠释而荣获了当年度的全英古典音乐奖（Classic BRIT）的最佳青年演奏家奖；而在 2009 年，艺术造诣更臻成熟完美的她再次站上了皇家阿尔伯特音乐厅的领奖台，这一次，她战胜了 2007、2008 年蝉联全英古典音乐奖最佳女艺术家的当红女高音歌唱家安娜·奈瑞贝科将这个分量最重的年度大奖揽入囊中。一位小号演奏家的获奖不仅在全英古典音乐奖的颁奖史上是首次，而一位女性小号演奏家在如此重量级的国际大奖上获奖，则几乎是整个小号演奏史上的第一次。仅就这点而言，艾丽森·巴尔松的成功堪称创造了演奏史上的一个奇迹。

令人难以想象的是，这位在当今乐坛红透半边天的"万人迷"却来自一个与音乐毫无所涉的家庭。1978 年 10 月 7 日，巴尔松出生在英国赫特福德郡的罗伊斯顿。他的父亲是建筑工人，母亲则是家庭主妇。夫妇俩虽然心灵手巧，勤俭持家，但在音乐方面可是一窍不通。不过，令人称奇的是他们的几个子女却不约而同地对音乐充满着热爱和向往，比如儿子理查森后来学会了吹大号；而女儿艾丽森则从小就对叔叔家里的那把更小巧精致的小号产生了兴趣："小号是我人生中学习的第一件乐器。我 7 岁时有机会在学校里任意选择自己喜爱的乐器来学习，在所有的乐器里我对黄澄澄亮闪闪的小号一见钟情，我甚至感到它的音色十分性感。于是我从学校图书馆里借来了爵士小号大师吉列斯皮的专辑唱片整天地听，完全沉浸在小号那美妙的音色之中。我想是我自己发现了对小号的爱好，我的梦想就是长大后当一名小号演奏家。从那时起我与小号的情缘便再也没有中断过。"

真正使巴尔松将小号视作不可须臾离别的亲密朋友，并最终决定献身小号演奏的得益于她 10 岁时的一场音乐会。在伦敦的巴比肯音乐厅举行的那场音乐会上巴尔松与她的父母一起聆听了由杰出的瑞典小号演奏家哈坎·哈登伯格（Hakan Hardenberger，1961-）演奏的洪梅尔的小号协奏曲，他的精湛演技和动人音色使得在场的一家人如中魔咒，兴奋得无法自拔。巴尔松打那一刻起就打定主意，有朝一日要拜这位人靓艺高的名家为师。不过，眼下，这位小姑娘可还得踏踏实实地循序渐进。她在当地的格雷内维学校随阿德里安·雅戈布斯学习，4 年后进入伦敦市政厅音乐戏剧学院的少年班，师从约翰·米勒教授。这些学习都为她日后的学业奠定了坚实的基础。

在巴尔松 15 岁那年，她担任了英国国立青年管弦乐团的小号演奏员，已经在舞台上崭露头角了。1997 年，19 岁的巴尔松正式升入市政厅音乐戏剧学院，先后师从于斯蒂芬·基维和保罗·本尼斯顿两位教授。尽管一路的学习顺风顺水，但她却并不满足，毕业后又专赴巴黎音乐学院，终于得偿所愿，成为少女时的音乐偶像哈登伯格的门下弟子。后来，她又来到苏格兰皇家音乐学院，拜曾任爱乐管弦乐团首席小号兼独奏家的约翰·华莱士（John Wallace）为师。很显然，巴尔松之所以要拜这两位名家为师是因为她绝不满足仅仅当一名乐队演奏员，"当我发现从音乐学院毕业的学生大多数其实只能坐在乐团的后排演奏的事实后，我的野心仍然是要当一名小号独奏家！"

立志以弘，其行业远。1998 年，年方二十的巴尔松在由 BBC 三台主办的"BBC 青年音乐家大赛"上一举进入决赛阶段，在这项不分乐器种类的比赛上她以自己明亮而又铿锵的小号之声打动了在场的唱片巨头 EMI 的老板，将其罗致麾下成为专属艺人。2000 年，巴尔松又参加了以 20 世纪"小号之王"莫里斯·安德列名字命名的第四届国际小号大赛，在第三名空缺的情况下获得第四，并获最佳音色奖。自此，巴尔松开始成为古典乐坛的宠儿，演出和录音合同纷至沓来。

艾丽森·巴尔松的演奏手法纯熟精湛，对作品的把握精准到位。如果单凭聆听唱片，那么从演奏之中人们几乎分辨不出这是出自一位曼妙女性之口。就像不少评论家指出的那样：小号这种由金属管缠绕的铜管乐器一旦到了她的手里，就会立刻变幻出像小提琴一样高亢而又甜美的乐声。她的恩师华莱士也对其赞曰："当她吹起号角，甜美的音乐足以让最狂躁的心灵也为之平复安宁。"

巴尔松的第一张专辑问世于 2003 年。在这张题为《首演——为小号和管风琴而作的音乐》（EMI 75683）里就向世人展示了这位女性小号演奏家的多变风格和宽阔视野。在这张专辑里，既有巴洛克时期根据斯韦林克、巴赫和普塞尔的管风琴和歌剧作品改编的作品，又有 20 世纪作曲家梅西安的《练声曲—练习曲》（Vocalise-Etude）

和捷克现代作曲家彼得·艾本（Petr Eben, 1929-2007）的管风琴作品改编曲《窗》（Windows），其演绎作品的跨度之大，对比之强令人刮目相看。而她的获奖专辑《小号世界里的巴赫》（EMI 58047）的创意则更别出心裁。众所周知，巴赫在世时没有为小号独奏创作过一首作品；然而，巴尔松认为在巴赫那个年代，他为小号写的音乐变化丰富，技巧艰深，乃至19世纪前巴洛克时代小号的演奏标准在很大程度上要以他的作品作为依据。基于这样的出发点，巴尔松将巴赫的小提琴帕蒂塔、大提琴组曲、双簧管协奏曲以及《b小调第二乐队组曲》里由长笛主奏的谐谑曲等都拿来改编成小号独奏曲予以演奏。凭借着她对巴洛克风格精髓的洞悉和掌握以及对巴赫作品的深入理解，她在小号乐器上实现了对小提琴、大提琴、双簧管和长笛原有演奏乐器的音色转换，使它们衍生出了小号的当代诠释版本。著名音乐杂志《留声机》在评价这张专辑时称之为"辉煌夺目"，认为它充分展示出了巴尔松娴熟的技巧和天才般的表现力。

自从踏入职业演奏的那一刻起，巴尔松就清醒地意识到要使小号音乐深入人心，还得不断发掘、拓展小号演奏的曲目文献，因为毕竟经典的小号原创作品实在是太有限了。她的前两张专辑无不是这种理念的体现。而在她的第三张专辑《随想曲》（Caprice, EMI 53255）里她更是将这种理念发挥到了淋漓尽致。这次，她得到了她的好友、爱乐管弦乐团的第二小提琴首席朱利安·米隆（Julian Milone）的帮助，后者为她精选了十二首脍炙人口的经典作品，两人合力将它们改编成小号独奏曲。它们之中既有充满高度技巧、令人"耳"花缭乱的莫扎特的《土耳其进行曲》、歌剧《魔笛》里夜女王的咏叹调；也有诗意隽永、摇曳生姿的拉赫玛尼诺夫的《练声曲》和德彪西的《潘神绪任克斯》，更有当代作曲家亨利·托玛西的《夜曲》和皮亚佐拉的《自由探戈》和《角鲨》（Escuato）等。该专辑由瑞典哥德堡交响乐团协奏，指挥家正是巴尔松的热恋男友爱德华·加德纳（Edward Gardner, 1974-）。需要指出的是，专辑里有四首作品的改编出自巴尔松本人之手，这其中就包括那首帕格尼尼的《第24小提琴随想曲》。在谈及对这首经典而又艰深的乐曲的改编时她说道："既然现在小号的发展已使得它能演奏出所有的音符，所以我决定着手改编这首作品。我知道这在小号上是极其困难的，因为原曲要求在小提琴上同时演奏三个音，这在小号上是根本不可能的，需要我对音乐作一些改变。但这种改变纯粹是演奏技巧上的，乐曲的调性、特征和风格仍谨遵原作。如果连这些都变化了那么音乐还怎么能打动人呢？我喜欢改编作品，因为这使我可以不断地演奏新作品。当然，这对我而言是一个慢慢展开的进程。"于是，人们在唱片里头一次听到了由巴尔松精彩诠释的小号版帕格尼尼随想曲，她的演奏似行云流水，疾风吹拂，时而悠扬，时而激越，运用其高超的双吐音、三吐音技法，将这首被一切演奏家视为畏途的辉煌变奏曲演绎得酣畅淋漓，炉火纯青，令人叹为观止。

有天赋的明星历来总是万众关注的焦点所在,而才华卓越的美女明星就更难躲过世人无所不在的追逐目光了。容貌娇美,一头金发的巴尔松亭亭玉立,仪态万方,她只要往舞台上这么一站,就是音乐会上一道令人眩目的风景。随着她的出名和走红古典乐坛,诸如"小号公主"、"小号天使"之类的头衔美誉纷纷加冕到她的身上。这让人难免担心身处 21 世纪的当代,这位美女演奏家是否能经受得起围绕着她的这种追捧与诱惑。然而,巴尔松对此却显得非常淡定与清醒。她说:"我一点儿也不介意这些头衔,我觉得这些很不错,我很享受;不过,人们之所以对我倾注这么大的热情,我想他们更感兴趣的还是那些我演奏的令人惊叹的作品吧。"

尽管在当代乐坛女性已在一个又一个领域取得了登台亮相的突破,然而在管乐,特别是在铜管乐器演奏领域似乎仍然进步甚微。诚然,这是由于铜管乐器演奏本身的复杂技艺以及因乐器的形制构造需要演奏者具备更大的肺活量体格所造成的。通常来说,成年女性的肺活量仅为男性的十分之七,且因性别上的差异,女性更缺乏爆发力和持久力。然而,这一切对巴尔松却似乎并不存在,她天生就是为小号演奏而生的。当她于 2009 年 12 月 4 日首度在上海的音乐舞台上亮相时,人们还惊异地发现她的面色珠圆玉润,小肚微微隆起。然而,即便是怀孕期间的巴尔松照样为听众奉献了一场使人倍感享受和回味的精彩演出。作为一位女性,她也难免会由于性别而受人质疑。然而,她却把这种质疑成功地转化为促使自己不断前进的动力,"作为一位女性小号独奏家,让人感觉新奇,吸引更多关注也不足为奇。我的重要工作和责任之一就是使人们保持住这份关注。我认为女性在演奏铜管乐器时没有什么生理上的特别障碍。在舞台上我是在创造音乐!"

在唱片上玩转了小号的改编曲后,巴尔松又接连推出了两张小号协奏曲专辑。这两张专辑的曲目分据于古典时期和现代作品的两端,显示了她从容驾驭小号作品的极大自由度和宽泛性。在由她担任独奏并亲自指挥德国不莱梅爱乐室内乐团的古典协奏曲专辑(EMI 16213)里她演奏了海顿、洪梅尔和波西米亚作曲家伊日·聂鲁达的三首经典的《降 E 大调协奏曲》以及意大利作曲家托雷利的《D 大调协奏曲》。巴尔松曾分别用巴洛克小号和现代小号演奏过这些作品。从这个意义上说她是一位"双栖"小号演奏家,因为巴洛克小号不用活塞,因而与现代小号的演奏有着非常不同的演奏技法。巴尔松认为研习和掌握不同的小号演奏对于诠释不同时期的作品有着极大的帮助。比方说当她与古乐团合作时就可以使用巴洛克小号来演奏,以尽可能逼真地还原时代的艺术风格。

2012 年,巴尔松又推出了《天使》专辑(EMI 6785902)。仿佛是与前一张专辑遥相呼应似的,在这张专辑里她演奏了四首当代作曲家的小号协奏曲。其主打曲目《天使》是苏格兰作曲家詹姆斯·麦克米兰(James MacMillan,1959-)专门题献给巴尔松,并由她予以世界首演的。而亚美尼亚作曲家亚历山大·阿鲁秋年的小号协奏曲则是前苏联小号大师蒂莫菲·多克希策(Timofei Dokschitzer,1921-2005)的保留曲目,而巴尔松的诠释为这首作品提供了一个难得的女性参照版本。德国当代作曲家贝尔恩德·阿洛伊斯·齐默尔曼(Bernd Alois Zimmermann,1918-1970)是"拼贴音乐"的先驱,以在作品里经常采用前人的音乐素材再以现代化的写作技法予以创作而著称。在这张专辑里,就分别收入了著名的黑人灵歌《没有人知道我遇到的痛苦》(Nobody Knows the trouble I've seen)以及齐默尔曼据此而创作的同名标题协奏曲。它的前一个权威版本演绎者正是巴尔松的老师哈登伯格;而即便是那首作为原作的黑人灵歌,也有爵士小号的巨匠路易斯·阿姆斯特朗演奏的珠玉在前。巴尔松正是通过自己的个性诠释向这两位前辈致以敬意。通过这两张专辑的发行与传播,巴尔松将自己的演奏艺术提升到了一个新的高度。

除了音乐,巴尔松人生中的另一大乐趣就是航海。事实上,她的航海经历与她的学号生涯一样长。她也喜欢去海边晒日光浴和冲浪,因为所有这些在户外与大自然亲近的运动都有助于她保持昂扬充沛的体力,增强肺活量,保证她能随时以一种饱满的精神状态投入到近乎密集的演出之中。

2009 年她与现任英国国家歌剧院首席指挥的男友爱德华·加德纳构筑了爱巢,并于第二年生下了儿子查利。然而,随着宝宝的降生她却成了一位单亲妈妈,她与加德纳分居了。其实,生活就是这样,月有阴晴圆缺,人有悲欢离合。生活还要继续,事业仍未有穷期。就像巴尔松能个人驾快艇独自在海上度过六天六夜的传奇经历那样,"也许我是一个肾上腺素分泌得过于旺盛的人,我喜欢迎接挑战! 无论是在舰艇上还是在舞台上,都是如此。"

96. 圆号世界里的偶像
—— 朱莉·兰德斯曼
（Julie Landsman）

让我们把时钟的指针播回到1984年。

这一年，圆号演奏家朱莉·兰德斯曼在纽约辉煌壮丽的大都会歌剧院管弦乐团的招聘试奏会上以其令人信服的演奏而得到了乐团首席圆号的职位，由此而成为大都会歌剧院管弦乐团铜管乐组的第一位女性演奏家，并且还是女性的首席。这在美国乃至世界交响乐团的历史上都是一个划时代的时刻，因为此前还没有哪支主流交响乐团里能容纳一位全职的铜管乐女性！

当兰德斯曼从试奏的遮蔽幕布后走出来时，她显然令所有在现场评判打分的男性评委们都吃了一惊，因为他们谁都未曾料到刚才用精湛完美的乐声打动他们的竞聘者竟然是一位女性。兰德斯曼事后是这样形容当时的情景的："他们都惊讶得几乎喘不过气来。这真是一个美妙的瞬间！我乐意看到这样的场景。我本来没有想到自己竟能在这场试奏会上脱颖而出，战而胜之。我想，假如评委们事先知道我是女性的话，我不认为自己会如愿以偿获得这个职位，因为有没有竞聘时面前的那道幕布，评委们对试奏者的标准是不一样的。"

朱莉·兰德斯曼1953年4月3日出生于纽约布鲁克林地区一个中产阶级的家庭，她的父亲在市郊拥有一家五金店，而母亲则是经营古董的商人。兰德斯曼从小并未接受过早期的音乐启蒙，她接触的第一件乐器就是圆号！那时的她刚进入中学学习，那所中学里有一支学生乐队。乐队里的其他位置都已满员，唯独就缺一个演奏圆号的学生。为了能够进入学生乐队，作为学校新生的兰德斯曼自告奋勇，愿意成为乐队的圆号手。其实，12岁的她当时对这种外形显得有些稀奇古怪、体形又有些笨重的乐器毫无所知。

兰德斯曼选择圆号有个天然的优势，那就是她从小就是个身体结实的小姑娘，胖墩墩的,而且胆子也大,不惧怕学习新鲜的事物。除此而外,她还有一个当时不可为外人道的"私心",因为学校里并没有能够辅导她学习圆号的老师,可以允许她跟随校外的老师上课,这样较之其他的乐队成员她上课、训练的时间就比较自由,这样她可以抽空去帮着母亲照料打理古董店的生意,因为她的母亲是个"淘宝达人",喜欢到大街上到处淘便宜货而经常不在店里。

尽管兰德斯曼学习圆号的初衷颇有些"动机不纯",然而,一旦当她爱上了这件乐器,就再也没有什么事能使她学习和进步的步伐停止下来。她如此描绘圆号对她的诱惑:"它的音色飘进我的耳际,钻入我的脑海,久久无法散去。我试着吹了几次,感觉演奏它完全没有问题。在学校里我其他科目的成绩不怎么样,因而我确实需要在某个方面来证明一下自己也有过人的长处。从这个意义上说,圆号实在是一件上天赋予我的礼物,它对于成长中的我而言,意味的可不仅仅只是音乐。"

兰德斯曼最初的圆号教师是卡鲁索。卡鲁索?对,没有错!但不是那位世人皆知的意大利男高音歌王恩里克·卡鲁索,而是传奇性的美国音乐教师卡尔米纳·卡鲁索(Carmine Caruso,1904-1987)。在 20 世纪下半叶,有来自世界各地的铜管乐学生都来到纽约,就因为这里有一位能为提高他们的演技点石成金的神奇教师卡鲁索。兰德斯曼从 13 岁起就跟随这位良师学习圆号,"这简直就是一种特权,是怎样的一种幸运啊!他经常来指导我们的学生乐队,就这样我与他结识了,成了他的学生。正是他,给了我学习圆号的最初启蒙以及最正确的演奏姿势与练习方法。"在卡鲁索的悉心指教下,兰德斯曼逐步地成长起来了。就这样,学校的学生乐队由于兰德斯曼的加盟而得以健全编制;而对于兰德斯曼而言,成为学生乐队的圆号手还只是她艺术人生中迈出的第一步。尽管当时几乎所有人都对这个提着重重的圆号盒往来于校园内外的小女孩感到不可思议,连她的父母都不认为自己的女儿靠圆号真能吹出些什么名堂来,更别指望靠它去安身立命了。然而,在兰德斯曼看来,成为一名圆号演奏家绝不是一件古怪可笑的事:"那时的我还只有十几岁,可我已经打定了主意,要成为一名专业的演奏家,这才是我所需要的人生!"

高中毕业后,兰德斯曼进入著名的茱莉亚音乐学院。在茱莉亚她的主课老师是詹姆斯·钱伯斯(James Chambers,1920-1989)。钱伯斯毕业于柯蒂斯音乐学院,长期担任费城管弦乐团与纽约爱乐乐团的圆号演奏员,其中在纽约爱乐更是担任首席圆号长达 23 年之久,并于 1969 年离开舞台后又担任了 15 年的乐团总经理。在职业演奏的同时他也是柯蒂斯与茱莉亚两所音乐学院的圆号教授。他对兰德斯曼这位女弟子的发展前景颇为看好,认为凭借她的身体条件与艺术禀赋,完全能将其培养成一位合格的专业演奏人才。不过,同时他也是一位严师,除非学生们在上课或训练之前已经做好了充足的准备,否则的话他就决不愿意为他们传授任何知识。他有一句名言:任何人都能吹响一根管子,可只有极少数人才能使管子吹奏出音乐来!

兰德斯曼自然不会是那种临阵磨枪或得过且过的懒学生,她的勤奋好学与刻苦钻研是学校里出了名的,因而钱伯斯非常喜欢她,尽其所学倾心相授。此外,她还得到了时任纽约爱乐乐团第三圆号手的、绰号叫"迪尼"的雷尼埃·德·英廷尼斯(Ranier De Intinnis)的指导。尽管钱伯斯与英廷尼斯都属于所谓"老派"的圆号名家,然而,正是他们给少女时代的兰德斯曼打下了扎实的传统根基,使得她日后能在此基础上继续发展出自己的演奏特色。有这两位老师的"保驾护航"和悉心栽培,兰德斯曼的技艺自是突飞猛进,日臻成熟。

从茱莉亚音乐学院毕业后,兰德斯曼的理想就不再仅仅是成为一名圆号演奏家了,她的愿望是成为乐团里的第一圆号手(a first horn player)。然而,这在当时的纽约做不到。于是她离开了纽约,到了南方的德克萨斯,成为休斯顿交响乐团的联合首席(co-principal horn)。在正式的乐团生涯里,她的表现与联合首席里的另一位男性圆号手同样出色,两人轮流领导乐团的圆号声部。几年后她又出任圣保罗室内乐团的首席圆号。在短短的几年时间里她已完成了从一个音乐学院的学生到一位乐团职业演奏家的身份蜕变。更重要的是,经过乐团演出的实践历练,她从所演奏的作品里更深切地感受到圆号在一支交响乐团里所担当的角色和所占有的地位的重要性。

在1984年的某一天,时任大都会歌剧院管弦乐团圆号首席的霍华德·T.霍华德(Howard T Howard)给兰德斯曼打来了电话,告知自己行将退休,乐团准备通过试奏招考圆号首席的消息。兰德斯曼闻讯后简直要跳起来,她实在是太兴奋了,因为能进入大都会歌剧院管弦乐团那可是她梦寐以求的理想啊!

霍华德也曾是少女时代的兰德斯曼的执教老师之一,两人一直保持着近似父女般的友谊。而大都会歌剧院对兰德斯曼更不陌生,身为纽约人的她从学生时代开始就是歌剧院的一名"站票看客"(standee)。"可以毫不夸张的说,在我的高中期间我每星期总有五个晚上是在那儿度过的。我拿着剧院分发的望远镜总是目不转睛地盯着乐池里的铜管乐组,盯着圆号演奏员,看他们在演奏时的一举一动。从那时起我就在编织自己的梦,能够进入大都会歌剧院的确是我在非常年轻时就勾画起的人生蓝图。"

在赢得了那场划时代的试奏后,1985年朱莉·兰德斯曼正式进入大都会歌剧院,成为乐团圆号声部的首席。那年她32岁。当时大都会的掌门人是年仅30岁就出任这座世界上最豪华歌剧院的美国本土指挥家詹姆斯·莱文。他对乐团里出现的第一位铜管乐女性也报以热情的支持。而兰德斯曼也以自己精湛的演技和厚实的功底回报给了指挥与同事们。她非常自豪地说：大都会歌剧院管弦乐团的圆号声部由于她的加入而变成了整支乐团里最受重视的珍珠宝石；而经过改善后的圆号声部也由此成为世界交响乐团中最优秀的一个演奏组合！

众所周知，圆号在所有管乐器里管身最长，尽管它具有音域宽广、表现力极为丰富的音色。然而，由于其构造复杂的管身回绕曲折，因而也是所有管弦乐器里最难演奏的乐器种类之一。在人们欣赏交响乐音乐会的经历中，演奏过程出现放炮、走音或"冒泡"等不谐和音的"罪魁祸首"往往由它而起。故而，对于一位圆号演奏家，尤其是独奏家和乐团里的首席圆号而言，使自己的演奏能够体现出作品所赋予其的音色内涵，为音乐铺垫渲染着时而明亮辉煌，时而又柔和温馨的旋律是对他最基本的要求。兰德斯曼最突出的演奏特色就是对气流的控制掌握具备一流的艺术水准，对音色的拿捏展现形神兼备。约翰·考克斯，现任美国奥勒冈交响乐团的首席圆号，也曾是兰德斯曼举办大师班时的学生之一，他亲身体验了兰德斯曼在波特兰举办大师班教学时的感受。在大师班上，兰德斯曼向她的学生们强调了在演奏中对气流控制的极端重要性。由于圆号弯曲的管身对气流的要求更高，因而它的起奏如何与乐团里的其他乐器整齐同步一直是困扰着每位演奏员的难题。在这方面兰德斯曼有着不少独特的艺术心得。"她给我们传授了非常有效的起奏前作准备工作（warm-up）的技巧，这些技巧在运用呼吸以及增强呼吸的强度方面直到今天仍然在我从事的演奏实践中运用着，"约翰·考克斯如此说。

的确，在兰德斯曼的手中，圆号这种音色优美丰饶而又富于诗意的乐器已成为她得心应手的制胜法宝，尽管它是出了名的难于演奏，且需要极大的呼吸强度。为了使自己有足够的体力与胸腔，兰德斯曼自进入茱莉亚音乐学院学习后就"未雨绸缪"，有意识地锻炼自己的体格和肺活力，为从事演奏打下坚实的基础。从青年时代起，她就规定自己每天要做 100 个仰卧起坐，训练自己的肺活量和肌体的反应能力。这样，不仅能使自己拥有充沛的体力和强健的体魄，同时也能保持舌、唇肌肉和手部肌肉的柔韧灵活和迅疾敏捷。随着年岁的增长，她的身影又总是出现在游泳池或健身房，练瑜伽，做普拉提（一种舒缓全身肌肉及提高人体躯干控制能力的瑜伽类课程），还有踩单车运动。她喜欢把自己称作"忘却年龄的运动员"（aging athlete），"你必须善于发现保持你自己良好演奏状态的不同方式。当你年华渐老，肌肉就会变得逐渐僵硬。很显然，一位圆号演奏家的艺术生命要比一位小提琴家或是钢琴家更为短暂。"

　　然而,兰德斯曼的艺术生命绝不短暂。除了在大都会歌剧院的本职工作外,她也出现在形形色色的音乐艺术节上,包括由大提琴泰斗卡萨尔斯创立的马尔孛罗艺术节、阿斯本艺术节、圣达菲室内音乐节,还有拉霍亚的夏季狂欢节等。

　　作为一位长年累月端坐在歌剧院舞台下乐池里管弦乐团的一份子,兰德斯曼大部分时间在为歌剧的演出作着默默奉献;然而,兰德斯曼也有她引以自豪的高光时刻。她的得意之作就是在 1988/1989 演出季歌剧院历史上首次推出的《尼伯龙根的指环》全剧演出,它由詹姆斯·莱文指挥成功上演。这是一个现场版(DG 445 354,14CD)。在四联剧最后一部《众神的黄昏》第三幕前奏曲里有一段非常著名的"齐格弗里德的呼唤"就是由圆号演奏的。由兰德斯曼领衔的圆号声部在演奏这段音乐时简直将舞台上太阳投射在莱因河上熠熠闪光,河面上女水仙在等待着齐格弗里德猎号的呼唤的情景意趣极尽完美地诠释出来了,给听众们留下了难以磨灭的深刻印象。由于这首前奏曲演绎得太出色了,因而当《指环》首轮演出临终前,应听众们的一致要求他们又加演了一遍第三幕前奏曲。"听众们为之疯狂了,欢呼声与尖叫声像一股巨浪向着我们席卷而来,它不是送给舞台上的歌唱家而是献给乐池里的我们的。我想我总共参加过四轮《指环》的演出。在每一轮里我们的圆号声部都绝对把'齐格弗里德的呼唤'渲染到了极致,可以毫不夸张地说它的艺术效果足以使人激动得浑身战栗、颤抖!"

　　而在音乐会舞台上,兰德斯曼与著名的奥菲欧室内乐团紧密合作,在 DG 推出了多款经典唱片录音,它们之中有包括阿尔比诺尼的《慢板》、帕赫尔贝尔《卡农》在内的巴洛克专辑(DG 429 390)、瓦格纳的《齐格弗里德牧歌》(DG 431 680)以及科普兰的《阿帕拉契亚的春天》、《简短交响曲》(DG 427 335)等,这样的演奏以及她在艺术节上与朋友们演奏的莫扎特、贝多芬和勃拉姆斯的室内乐重奏曲又极大地满足了兰德斯曼在音乐会舞台上展示自己艺术才华的愿望。

　　2011 年,年已 58 岁的兰德斯曼告别了她为之奉献了足足 25 年的大都会歌剧院管弦乐团,结束了她的舞台生涯。告别舞台后的兰德斯曼生活依然多姿多彩。她回到了自己的母校从事教书育人的事业,并在世界各地举办大师班和担当各类比赛的评委。她没有结过婚,然而,她的"孩子们"却已相继走进各个一流交响乐团,更有几位女学生步她之后尘,成为大都会歌剧院管弦乐团的铜管乐演奏员。正如约翰·考克斯说的那样:"可以非常确定地说:兰德斯曼的出现已经产生了一个巨大的影响。她是一位令人吃惊的音乐家,是圆号世界里的偶像(an icon in the horn world)。"

97. 20 世纪第一位
走进交响乐团的女性
——莉莉·拉斯金（Lily Laskine）

　　1982 年，指挥大师卡拉扬为了让自己喜爱的单簧管女演奏家萨宾娜·梅耶坐入柏林爱乐乐团的演奏席，几乎与他率领多年的这支乐团上演了一场震惊世界乐坛的"火拼"。

　　其实，早在 20 世纪初，国际乐坛上也曾爆发过一场类似的震撼、当时巴黎歌剧院的管弦乐团里出现了一位女性的身影，她的出现岂止是歌剧院历史上的第一次，即便在整个世界交响乐团的演奏史上恐怕也属"开天辟地"头一遭。因为当时虽有极少数知名的钢琴、小提琴女性独奏家走上了音乐会舞台，然而，在乐团范畴内无论任何组别的乐器都还仍是男性的一统天下。这位女演奏家演奏的乐器是竖琴。正是由于她的出现，女性率先冲破男性垄断的乐团堡垒，从而形成了惯例，使竖琴演奏这个职位牢牢地掌控在女性手里。时至今日，乐团里假如竖琴演奏是一位男性的话反倒会令人有生分和意外的感觉了。这位为女性打开交响乐团大门的竖琴演奏家就是莉莉·拉斯金。

　　莉莉·拉斯金 1893 年 8 月 31 日出生于法国巴黎一个俄罗斯移民的家庭里。她步入乐坛与她的父母很有些关系。母亲朵拉是当地一位小有名气的钢琴家，有着事业女性所特有的坚强执着的个性。她的父亲是一位医生，但却狂热地喜欢音乐。

　　莉莉从小就在母亲的指导下学习钢琴。由于要照顾她和哥哥，朵拉后来干脆放弃了自己原本颇有前景的钢琴家事业，把大部分时间花在对子女的音乐教育上。她对莉莉的期许尤高。不过，幼年时的莉莉却并未显示出她对钢琴有多大的学习热情，于是，母亲建议她是否去试试其他的乐器。一次，家中举行亲朋好友的音乐聚会，莉莉平生第一次见到了一种比站着的人还要高出一大截的乐器。母亲告诉她这是竖琴。莉莉回忆道："在我第一次与竖琴接触的经历中我并不感到它有多么优美动听；相反感到它有几分无关痛痒的淡漠和可笑。我把我的感受告诉了母亲，她对我说：'我的孩子，竖琴可是天使的音乐啊！'这句话对我震动很大，这促使我选择了它作为我的学习方向。"

当日后莉莉功成名就，誉满天下时，别人向她讨教她成功的秘笈，她不无感慨地说："演奏竖琴是命运使然？扯淡！我之所以比别人具有优势除了拥有一双好的手指外，就是割舍了一个纯真而又欢乐的童年。"的确，一旦打定主意学习竖琴，那就意味着她从此将失去活泼幸福的童年时光而与她的竖琴长相厮守。莉莉每天要花六小时练习，节假日无休不说，还得忍受不能和小伙伴一起玩耍嬉戏的孤独寂寞。她8岁时父母离异了，从此母亲更是将全副心血倾注在这个女儿身上。她带着莉莉叩响了正式拜师学艺的大门，让她跟随巴黎音乐学院的竖琴教授阿尔方斯·艾塞尔曼（Alphonse Hasselmans，1845-1912）学习。艾塞尔曼出身一个著名的竖琴世家，他长期在斯特拉斯堡和巴黎的音乐学院任教，培养出了20世纪法国乐坛上整整一代重要的竖琴名家。

凭借着在名师艾塞尔曼那里得到的真传，三年后莉莉顺利地进入巴黎音乐学院。那年她只有11岁，不仅是学院内年龄最小的学生，也是学习竖琴唯一的女学生。莉莉身上无疑秉承了母亲遗传给她的坚强性格和敢于向自我挑战的竞争意识。步入音乐学院之初，她面对的是那些比她更年长也更有经验的男生，他们根本不把这个身材瘦削而娇小的女同学放在眼里。他们之中的一个甚至怀疑她在年龄上造假，曾当面对她说："你也许还没有做好与我们这些男生较量的准备吧？"可是，半年下来莉莉就用事实证明了她是班上最出色的一位！第一学年的学习结束她就以一曲法国女作曲家埃丽耶特·雷尼（Henriette Renie，1875-1956）的《c小调竖琴协奏曲》赢得了学校比赛的二等奖；而第二年（即1906年）她则以德国作曲家阿尔伯特·扎贝尔（Albert Zabel，1834-1910）的《传奇》（La Legende）登上了第一名的领奖台。这一次她真的使所有曾经轻视过她的男生们刮目相看了。在学习的岁月里，莉莉从不会为竞争而胆怯，她有一句名言："所谓比赛，就是一场比试胆识与勇气的战争（Competition is the nerve of war）。"

莉莉·拉斯金登上音乐舞台的日子非常早。当她1906年荣获巴黎音乐学院最高演奏奖的同时她即已开始了自己的演奏生涯。从学校毕业后，步入社会的莉莉对自己作为竖琴演奏家的身份有着清醒的认识。她知道竖琴不像钢琴、小提琴那样很容易得到一个独奏或重奏的舞台，因此，她拒绝人们把她视为一位音乐会独奏家，而是想方设法去寻找一切有竖琴演奏的机会，因为在20世纪初的乐坛还没有任何一支交响乐团会聘用一位女性演奏家。这一时期莉莉的演奏活动更多地是与当时流行在市民阶层的通俗歌曲形式——香颂(chanson,法语世俗流行歌曲,以甜美浪漫的情调著称)联系在一起的。在巴黎那些灯火通明的舞厅与夜总会里,她为著名的香颂歌手谢瓦利埃、萨尔杜、蒂诺·罗西以及最伟大的女歌手埃迪特·皮亚芙演唱的歌曲伴奏。就这样,在社会上摸爬滚打了几年后,在1909年她终于获得了巴黎歌剧院的召唤,从而成为世界上第一位走进交响乐团的职业女性。

当然,作为第一位交响乐团的女性演奏家,莉莉头一次坐在乐团座席上的感觉一定如同她刚进音乐学院时一样,因为周遭都是男性投来的质疑、困惑的目光。但莉莉毫不惧怕这种无形的压力,她以自己的手指和乐器回应了同事们的质疑和困惑。那一年她仅有16岁,在外形上还是一位处于豆蔻年华的妙龄少女。然而,从她指尖流淌而出的乐声已然证明了她所演奏的音乐是多么地成熟和老练,她的琴声完全融入在整支乐团所要表现的音乐内涵之中。

事实证明,莉莉在巴黎歌剧院的工作是驾驭自如,卓有成效的,因为这一时期除本职工作外她还有足够的余力将自己的兴趣放在唱歌和舞蹈领域。在第一次世界大战期间,她就在这两个领域很是过了一把瘾。她甚至说:"尽管我的歌唱音量有些偏弱,但我的确有一副好嗓子。我想,当初假如没有选择竖琴的话,作为一位歌唱家我也很可能会有一个非常不错的前途。"

1926年,莉莉离开了巴黎歌剧院管弦乐团,因为她想更多地运用手中的乐器去演奏交响乐作品。而在20世纪的二三十年代,在法国乐坛上风生水起的是一些私人的交响乐团体,诸如成立于1881年的拉慕勒管弦乐团、1926年创建的斯特拉勒姆管弦乐团以及由著名的俄裔指挥家库塞维茨基领导的乐团等。这些以指挥家名字命名的乐团撑起了法国乐坛的一片天。在这些乐团里,莉莉凭借其高超的艺术水准无不扮演着靓丽的"乐团皇后"的角色。而当法国乐坛结束了私人乐团当红局面而进入国家乐团主导时期,莉莉又当仁不让地成为众所追逐的第一人选,她于1934年进入由政府主导的法国国家管弦乐团组建时的首选阵容,成为这支后来成长为世界一流名团的创始成员。

与此同时,莉莉迎来了她艺术生涯的全盛时期,她的独奏事业与她乐团演奏的工作相得益彰地齐头并进。在1930年代,她在欧洲先后举行了几次巡演,将她的艺术和声名传播至整个欧洲大陆。这一时期她也开始为唱片录音。莉莉对于每个时期的各类体裁作品都具有深刻的理解和诠释,这不仅源自她对于竖琴文献近似宗教般的热诚探求,也源于她对于与音乐相关的其他文学艺术的广泛涉猎和渊博学识。比如她演奏的法国竖琴作品就清晰地表明了其基于对法国文学、美术的熟稔而引发的"化学反应"。在《神奇的竖琴》专辑（The Magic of Harp, Erato 92131）里她演绎了一系列精彩的法国竖琴作品，既有拉莫的《小步舞曲》，圣 - 桑的《a 小调幻想曲》；也有德彪西的《亚麻色头发的姑娘》和《浪漫圆舞曲》；更有她一生中唯一的恩师艾塞尔曼创作的两首竖琴作品：《可爱的春天》（La Source）和《淘气的小精灵》（Follets），表达了她对祖国音乐经典的热爱以及对恩师的敬意。

⚜

　　说到莉莉·拉斯金演奏的竖琴协奏曲，首推莫扎特为长笛和竖琴而作的《C 大调双重协奏曲》了。身为法国竖琴"第一夫人"的她尤其钟爱这首旋律明快动人，古典风格十足的作品，一生曾演奏过不下数百遍。她几乎与同时代的所有法国长笛名家都合作过这部作品，光录音就留下了六个版本，这六位长笛名家分别是马塞尔·莫伊塞（Marcel Moyse, 1889-1984）、雷尼·勒·洛瓦（Rene Le Roy, 1898-1985）、弗朗索瓦·朱利安（Francois Julien, 1909-）、让 - 皮埃尔·朗帕尔（Jean-Pierre Rampal, 1922-2000）、罗热·布尔当（Roger Bourdin, 1923-1976）以及米歇尔·德波依斯（Michel Debost, 1934-），其中以她与莫伊塞和朗帕尔的两个版本最为经典（Pearl 9118, Erato 48532）。

　　莉莉十分清楚，古往今来作曲家为竖琴创作的作品可谓少之又少，因而她运用自己的影响力不断地去发掘和整理那些被埋没、被忽视的竖琴音乐。1966 年，她推出了她唱片录音里最有代表性的协奏曲专辑（Erato 55039），它收录了四首原创然而却佚失已久的 18 世纪竖琴协奏曲，分别是亨德尔的《降 B 大调协奏曲》、以创作了歌剧《白衣圣母》著称的法国作曲家布阿德约的《C 大调协奏曲》、与布阿德约同时期的作曲家兼竖琴家尼古拉 - 夏尔·波赫萨的《d 小调第一协奏曲》以及以一曲《加沃特舞曲》流传于世的戈塞克的《为两架竖琴而作的交响协奏曲》。戈塞克的这首交响协奏曲自 19 世纪以来就匿迹于舞台之上不知所踪。莉莉为了追寻它找遍了巴黎的各家图书馆，最后终于使它的总谱重现于世，并亲自把它搬上了 20 世纪的舞台。经她演出而重获新生的还有德国作曲家雷尼克的《e 小调竖琴协奏曲》、法国作曲家皮尔纳为竖琴和乐队所作的《音乐会练习曲》、德彪西为长笛、中提琴和竖琴而作的《奏鸣曲》、拉威尔为竖琴、长笛、单簧管与弦乐队而作的《引子与快板》以及鲁塞尔为小、中、大提琴、长笛与竖琴而作的《小夜曲》等。三位同逝于 1937 年的法国作曲家拉威尔、皮尔纳和鲁塞尔都与莉莉结下了亦师亦友的友谊，而鲁塞尔的那首《小夜曲》更是为莉莉而度身定制的。尽管在 20 世纪上半叶，身为竖琴演奏家的莉莉的巡演有限，她个人也很少有机会去世界各地旅行，然而她那独一无二的奇妙精湛的演奏却经由她的唱片传递到了这个世界的每个角落。她的演奏具有发音格外洪亮，又蕴含着女性不可思议的柔韧温馨的特质,这种富于灵感的诠释无疑发自她的内心。或许,她正是将母亲曾经对她说过的"竖琴是天使的歌唱"作为其一生艺术追求的最高境界。她对前来采访的记者如此说:"当我在演奏竖琴时,眼前经常会浮现出那种'本能的场景'(distinct scenes),它是由基于对作品本身的想象变幻而出的,因而在我的演奏里从来就不缺少情感的流露。音乐是一种心灵的语言,早在我12岁那年我听德彪西歌剧《佩里亚斯与梅丽桑德》时就已意识到情感的表达在音乐演绎中是多么的重要了。"

在1948年至1958年的十年中,莉莉又作为竖琴教授在母校教书。其实,她在音乐学院授课的历史早在她当年获得音乐比赛第一名后就已开始了,那时她学生的年龄比她还要大。莉莉·拉斯金终生未婚,因而她对待自己的学生就如同自己的孩子一样,关怀备至,体贴呵护。在学生们的眼中,这位弱小却精干的女教授语言幽默风趣,技巧出类拔萃;而她对于艺术追求执着的精神和勇气更堪称楷模,这些都成为对学生们人格塑造潜移默化的榜样力量。在她执教的十年间,她的学生总共获得了15个比赛一等奖,教绩斐然。1983年,她与自己的得意女弟子、法国竖琴演奏家玛丽埃勒·诺德曼(Marielle Nordmann,1958-)录制了一张师生俩的竖琴二重奏专辑(Duet for Harp,Erato 92862)。师徒俩共同演奏了莉莉的老师艾塞尔曼德《淘气的小精灵》、波赫萨的《第二号竖琴二重奏》以及阿尔伯特·扎贝尔《降E大调二重奏》等作品。尽管诺德曼的艺术个性与演奏风格与莉莉迥然有异,但莉莉却非常尊重学生的个性与创见,终使她也成长为一位当代优秀的竖琴名家。

基于莉莉·拉斯金对音乐艺术所作出的突出贡献,她被授予法国荣誉军团骑士称号;她是梅里特大十字勋章获得者,入选法国文学与艺术院院士。尽管一生荣誉等身,但她仍然始终保持着这个世界上一切伟大女性都具有的崇高美德,那就是谦逊和蔼,高贵大气。她不仅是一位罕见的音乐家,也是一位能够照亮别人的女性,对她所遇见的任何人都充满着敬意与尊重。她每到一处总能成为人群的中心,受人爱戴。诚如她所言:"我的本能驱使我博爱。我爱人类更甚于热爱音乐。"

莉莉·拉斯金1988年1月4日逝于巴黎,享年95岁。

98. 西班牙的竖琴天使

——玛丽莎·罗芙莱斯

（Marisa Robles）

榜样的力量是无穷的。尽管这句话是否出自著名的文哲学者弗朗西斯·培根之口还有待考证，然而，无数的历史佐证告诉我们，这确是一句颠扑不破的至理名言。

自莉莉·拉斯金在20世纪初一马当先，以一己之力冲破了交响乐团男性统治的藩篱，将竖琴演奏的职位牢牢地攥在自己手里开始，世界乐坛上女性竖琴演奏家的涌现可谓如雨后春笋般地层出不穷，英才迭现。来自英国音乐世家的玛丽·古森斯和西朵妮·古森斯姐妹紧随其后，分别担任了伦敦皇家柯文特歌剧院管弦乐团和BBC交响乐团的竖琴手；而直接受惠于莉莉·拉斯金的竖琴女性更不遑多让。然而，诚所谓强中更有强中手，山外青山楼外楼，若论继莉莉·拉斯金之后竖琴领域的领军人物，恐怕非来自西班牙的玛丽莎·罗芙莱斯莫属了，她堪称是20世纪下半叶国际乐坛上竖琴演奏的标杆性艺术代表。

玛丽莎·罗芙莱斯1937年5月4日出生于西班牙首都马德里，她父亲是一位部长级的政府高官，同时也是一位受人尊敬的教授学者，他非常喜欢古典音乐，自然家中收藏的唱片也不会少。当女儿玛丽莎出生后他即着手培养她对音乐的兴趣和热爱。小玛丽莎从4岁起开始学习音乐，学过钢琴和小提琴。6岁那年，一次在父母带领下全家去欣赏了一场马德里爱乐乐团的音乐会。由于和乐团里的一位首席熟识，在演出结束后，父母带着玛丽莎到后台去与那位首席见面。玛丽莎对长辈们的交谈寒暄不感兴趣，便径自走上舞台。空荡荡的舞台上只剩下了等待整理装箱的乐器。她看看这瞧瞧那，唯独对位于弦乐组位置后面那件比大人更高的乐器产生了好奇。后来，乐器的主人来了，她是位举止优雅的女性。她告诉玛丽莎这件乐器叫竖琴，并且还随手拨弄了几下，示范给这个小姑娘听。玛丽莎当即被这种与众不同的演奏姿势和清澈流畅的音色诱惑住了。回到家后她就向父亲提出自己要学习竖琴。

父亲在得悉女儿接触竖琴的原委后，尽管认为以女儿矮小的个头和稚嫩的小手去学习竖琴似乎不太合适,但毕竟拗不过掌上明珠的执着,所以就送她去拜了一位竖琴老师,她就是路易莎·门纳尔奎兹(Luisa Menarquez)。路易莎是西班牙国内最知名的竖琴教师,但她看到像小不点似的玛丽莎要跟自己学琴还以为是小孩子闹着玩,坚决不肯收她为徒。当她发现小姑娘确实是打定主意要来"真格"的后才收下了这个她门下年龄最小的女学生。所喜玛丽莎学习起来还真有股"疯劲",粉嫩的小手在琴弦上往来弹拨,磨出了水泡,长出了硬茧,可她硬是眼里噙着泪,咬着牙坚持练习。她的音乐天赋也颇高,通常老师传授的技艺她总在最短的时间里便能掌握要领,并运用在自己的练习和演奏之中。9 岁那年,玛丽莎即以天才儿童的形象公开亮相于马德里的音乐演出场所。在音乐会上她以独奏及与老师二重奏的形式演奏了西班牙作曲家阿尔贝尼兹、格拉纳多斯的作品,受到听众们的欢迎和赞赏。

1949 年,12 岁的玛丽莎·罗芙莱斯进入西班牙的最高音乐学府——马德里音乐学院。除师从学院里的教授外她继续充当路易莎·门纳尔奎兹的私人弟子,同时接受两方面的教学指导。四年后的 1953 年,她以优异的成绩毕业,时年仅 16 岁。二八妙龄的少女罗芙莱斯在第二年就亮相于马德里的音乐舞台,她与比自己年长 15 岁的法国长笛大家朗帕尔合作,以一曲莫扎特的《C 大调长笛、竖琴双重协奏曲》完成了自己的职业处女秀。这次首演非常成功,它所产生的一个直接因果就是这首作品将成为她整个艺术生涯中一首标志性的代表作!

作为一位西班牙的竖琴演奏家,罗芙莱斯非常清晰地意识到在她的面前屹立着一位学习赶超的楷模,他就是自己的同胞——尼卡诺尔·扎瓦莱塔(Nicanor Zabaleta,1907-1993)。扎瓦莱塔既是世界竖琴领域的一座高山,也是一座丰碑。说起来,这位 20 世纪的竖琴泰斗与罗芙莱斯还有着不小的渊源。原来扎瓦莱塔不仅是她马德里音乐学院的学长,也曾当过路易莎·门纳尔奎兹的学生。罗芙莱斯在随路易莎上课时可没少听老师提及她昔日的这位得意弟子,因而,罗芙莱斯暗暗将这个名字牢记于心,视为自己的偶像。尽管扎瓦莱塔长年在欧美各国举行巡演,但只要他返回国内举行音乐会,罗芙莱斯总是一场不落地去现场观摩,亲身感受她这位师兄的精彩演绎,从中汲取艺术上的养料,提升自己的演奏造诣。她暗自下定决心,终有一日自己也能成为像扎瓦莱塔那样蜚声乐坛的竖琴大家。

1958 年,21 岁的罗芙莱斯嫁给了比自己大两岁的英国长笛演奏家克里斯托弗·海德 - 史密斯(Christopher Hyde-Smith,1935-),并随夫移居英国。海德 - 史密斯是一位优秀的长笛独奏家,后来出任皇家音乐学院的长笛教授,还是英国长笛协会的首任主席。罗芙莱斯与海德-史密斯的结合，既是音乐结的缘，在某种程度上也可谓是莫扎特的《长笛、竖琴双重协奏曲》作的媒，正是在1957年海德-史密斯访问西班牙期间与罗芙莱斯合作了莫氏协奏曲，奠定了两人的情缘。不过，当罗芙莱斯与海德-史密斯结婚并成为英国公民后，夫妇俩的合作反倒变得少了；而后来与她合作莫氏协奏曲更出名的是长笛界的另一名后起之秀——詹姆斯·高尔韦（James Galway,1939-）。

　　通常，演奏家与演奏家或演奏家与指挥家之间就同一首作品合作录音三次以上就称得上是寥若晨星了，非常稀少。然而，罗芙莱斯与高尔韦录制莫扎特协奏曲的次数竟是这个数字的一倍，达六个版本！这个记录不说可以载入吉尼斯世界大全的记录，至少在当代乐坛也堪称绝无仅有。当然，除了录音而外，他俩合作演出的这首作品的次数更是超过了一千次！关于罗芙莱斯与高尔韦的相识相知，她在2014年1月12日接受英国《独立报》记者苏·福克斯的采访时回忆道："在我被安排第一次与他合作前就听闻人们到处都在谈论着这位来自北爱尔兰首府贝尔法斯特的年轻长笛家。不过，当时的我可比他有名得多，作为一位独奏家我早已建立起了自己的声誉。当我们正式见面时我感觉自己与他仿佛在冥冥之中就已相识。我一直是个非常相信命运的人。吉米（高尔韦的爱称）是位非常风趣的人。在我们进行首次排练时我2岁半的大儿子圣约翰也在排练现场。他不小心跌倒磕破了头，这时吉米拿出一枚一便士的硬币放在他的伤口上，说这样会使他的感觉更舒服些。至今我的儿子还珍藏着他的那枚硬币呢。"

　　"当我们在舞台上首度合作时，又出现了一个意外：在演奏中我竖琴的一根琴弦迸断了！这个事件被报章媒体炒得纷纷扰扰，来自家乡西班牙的电话铃也响个不停。但自始至终，在这段时间里吉米一直陪伴在我的身边，他紧张地关注着事态的发展，直到我平安渡过这场'危机'。我以为莫扎特的这首双重协奏曲仿佛就是为我和吉米而创作的。事实上也不会有任何两位音乐家比我们的合作更默契无间，心心相印的了。我们也许是合作时间最长久、最标准的音乐拍档。在我们合作20周年之际，我们两家人在坎辛顿宫的橙园里举行了一场家庭的音乐艺术节以资庆贺。在这20年里，他出过车祸，腿上打过钢钉；而我得过胸腺癌，动过手术。我们也各自经历了婚变，又都重新组织了家庭。可以说我和他几乎共享了生活中的喜怒哀乐。但无论是遭遇何种变故，我们都互相鼓励对方，早日走出困境，重新站上音乐舞台。只要我们站在同一个舞台上，在演奏中根本无需看对方一眼，凭直觉和默契就会知道这首作品将会以怎样的方式呈现给听众。在我看来，与他一起演奏莫扎特的协奏曲实在是这个世界上最自然不过的一件事！"他俩合作的六个版本里，至少有三个版本值得重点推荐：1995年由马里纳指挥圣马丁室内乐团协奏版（RCA 5478072）；2008年由高尔韦本人担任指挥的欧洲室内乐团版（RCA 7861，2CD）以及由迈克尔·蒂尔森·托马斯指挥伦敦交响乐团版（RCA 61789），这是一个现场版，是 1993 年罗芙莱斯与高尔韦在美国电视"艾美奖"的颁奖音乐会上演奏的。

玛丽莎·罗芙莱斯自己的个人专辑大都在 DECCA 发行的唱片里。在题为《竖琴协奏曲》的专辑（DECCA 425 723）里收录了她与由依奥娜·布朗指挥的圣马丁室内乐团合作的亨德尔降 B 大调、布阿德约的 C 大调、奥地利作曲家迪特斯多夫的 A 大调三首著名的竖琴协奏曲以及亨德尔、贝多芬和奥地利作曲家安东·厄贝尔根据莫扎特音乐主题创作的三首竖琴变奏曲。而在《受人喜爱的竖琴》（Harp Favorite，DECCA 436 293）专辑里，罗芙莱斯则呈现了她的同胞作曲家阿尔贝尼兹、德·法雅、耶苏斯·奎尔迪的作品，福列的《竖琴即兴曲》、皮尔纳的《竖琴即兴随想曲》、法国作曲家兼竖琴家卡洛·萨尔泽多的《夜之歌》（Chanson dans la Nuit）；还有更引人入胜的根据巴赫的钢琴《十二平均律》第一卷第一首改编的《C 大调前奏曲》以及肖邦的《雨滴前奏曲》和《将 B 大调玛祖卡》等改编曲。这些令人耳熟能详的钢琴原作经由竖琴演绎时，使人生发出一种全新的艺术感受。

罗芙莱斯生得端庄甜美，气质高雅；而她和蔼可亲而又活泼可爱的人物形象是她舞台艺术的重要组成部分，有许多听众正是先喜爱上了她的舞台形象进而爱上竖琴音乐的。在英国，她简直成了电视节目里的明星人物，不时地在各类演出、采访节目里精彩亮相。她也非常善于利用这样的大众传媒平台，把自己的竖琴艺术分享给喜爱她的广大听众观众。除了在舞台和荧屏上深得人心外，"竖琴天使"的精湛造诣也博得了当代作曲家们的青睐，这其中首先要提到的就是西班牙著名的盲人作曲家罗德里戈。罗德里戈以一曲《阿兰胡斯吉他协奏曲》闻名于 20 世纪的乐坛，他也为吉他这种西班牙人引以自豪的民族乐器创作了众多的作品。然而，人们很少知晓的是罗德里戈对竖琴同样抱有非同一般的兴趣。

1952 年，罗德里戈把《小夜曲式的协奏曲》（Concierto Serenata）题赠给了他的加泰罗尼亚老乡扎瓦莱塔；而另一首竖琴与乐队曲《希拉达的钟声》（Sones en la Giralda，又名《塞维利亚幻想曲》）则题献给了罗芙莱斯。作曲家一生仅有这两首原创的竖琴作品，仅此就足以彰显罗芙莱斯的超卓不凡了。因为在罗德里戈的眼中，玛丽莎·罗芙莱斯这样杰出的竖琴女性与扎瓦莱塔一样值得他尊重和自豪。高 104 米的希拉达钟楼是塞维利亚城内的地标性建筑，位于主教堂的旁边。它原是中世纪摩尔人统治时期建造的清真寺，后来当它回归到西班牙人手里后被改建成了教堂钟楼。

罗德里戈的这首竖琴与乐队曲以两个互为对比的乐章描绘了这座文化古迹的沧桑变迁。与他的其他代表作一样,优美的旋律性和炽热的情感性构成了这首作品的鲜明特征。它创作于1974年,是作曲家专门为罗芙莱斯开始的第二段婚姻所呈献的贺礼之作,并由罗芙莱斯在当年首演于BBC的音乐节目之中。值得一提的是,数年后作曲家又亲自动手将此曲改编为同名吉他与乐队曲题献给了西班牙著名的吉他演奏家佩佩·罗梅罗(Pepe Romero,1944-)。

同样为罗芙莱斯度身定制、创作竖琴作品的还有另一位西班牙作曲家曼努埃尔·莫雷诺-布恩迪亚(Manuel Moreno-Buendia,1932-)。他在1958年就写了一首竖琴协奏曲给罗芙莱斯,当时后者还只是一个初出茅庐的21岁少女呢!到了1994年,作曲家在时隔36年后再次为她创作,这是一首为竖琴、马林巴琴与弦乐队而作的作品。此外,为罗芙莱斯创作竖琴作品的英国作曲家也大有人在,其中有威廉·阿尔文的长笛与竖琴幻想奏鸣曲《水仙女们》(Naiades,Lyrita 293,2CD),还有艾伦·霍迪诺特、威廉·马蒂亚斯与斯蒂芬·道森等创作的竖琴协奏曲,林林总总不下十余部,以此可窥见罗芙莱斯在今日乐坛上受人尊崇的地位与声望。

从1971年起,罗芙莱斯开始在伦敦的皇家音乐学院执教直到1993年;与此同时她仍频繁地活跃于世界各地的音乐舞台和艺术节上,还曾于1998年来中国举行了访问演出,受到中国听众的热烈欢迎。基于她在世界竖琴界的巨大声望,1991年她当选为在威尔士首府加的夫举行的第一届世界竖琴艺术节的艺术总监,第二年又蝉联该职。

在谈及玛丽莎·罗芙莱斯的人品时,她的知音高尔韦说道:"她的个性非常鲜明,并具有幽默风趣的特征和令人惊叹的情感。她是一位罕见的能将对音乐的真诚热爱与内心深刻的心灵表露融合而一的艺术家。她是一位值得拥有的伟大而忠实的朋友,我俩称得上是心灵的伴侣!"

99."古典吉他领域的莫奈"
——莎朗·依斯宾(Sharon Isbin)

她,是一位古典吉他演奏家。吉他艺术即便在属于小众艺术的古典音乐界也是"小众中的小众",然而,她却在这片小舞台上干出了一番惊天动地的大气象。

纽约的茱莉亚音乐学院够高端大气上档次了吧? 可这座始建于 1905 年的音乐学府的吉他演奏系是由她一手创立的;美国的格莱美奖够牛了吧? 可在半个多世纪的格莱美历史上她是第一位将古典音乐演奏奖抱回家的吉他艺术家;纽约爱乐乐团堪称是国际顶尖、世界一流了吧? 可这支创建于 1842 年的交响乐团在 2004 年前的 162 年岁月里还从没有过为一位古典吉他演奏家协奏的记录。然而,正是由于她的出现而使这个记录颓然作古,他们录制的唱片也就此成为乐团与吉他独奏家合作的首张专辑。

她,就是当代杰出的吉他女演奏家莎朗·依斯宾。2004 年 10 月,她在接受《波士顿环球报》记者理查德·戴尔的访问时说:"我并不打算征服这个世界,我只想成为最好的吉他演奏者。我的一生以及其后许多事的发生并不是我能事先预设的……"

莎朗·依斯宾 1956 年 8 月 7 日出生于美国明尼苏达州圣路易斯的一个犹太裔家庭。她的父亲赫伯特·依斯宾是明尼苏达大学的教授,一位核科学家,《核反应原理导论》的作者。母亲凯瑟琳也是同一领域的专家。原本这个家庭可以说与音乐并无多大关联,充其量也只是喜爱古典音乐而已。莎朗尽管从小学习过钢琴,但父母还是希望她长大后像他们一样成为一名对国家作出贡献的科学家。不过,事情的发展却由于莎朗 9 岁时他们全家搬到意大利后发生了转折。当时,赫伯特受聘于意大利的一个原子研究机构,担任它的技术顾问。

来到意大利后,莎朗的大哥——一位对流行音乐偶像"猫王"和"甲壳虫乐队"狂热追捧的乐迷就提出他要去学习吉他。于是,父亲给他找来了意大利著名的吉他高手阿尔多·米内拉(Aldo Minella,1939-)当他的老师。米内拉是吉他巨擘塞戈维亚的高足,在意大利乐坛堪称一绝。岂料莎朗的大哥一看为他请来的尊师与他想成为一名摇滚乐明星的目标风马牛不相及,况且还被告知每天至少要练习一个小时的基本功,他吓坏了,决定放弃昔日的勃勃雄心。对于儿子的知难而退父母感到殊为可惜,因为要找到米内拉这样一位优秀的教师实在是太不容易了。就在为此而召开的家庭会议上,9岁的莎朗自告奋勇举起了她的小手,她愿意接替大哥去当米内拉的学生。她回忆道:"那时,我对古典吉他还毫无所识,但我决定放弃学了两年的钢琴。因为学钢琴的孩子太多了,即使我不学,还会有20个其他的孩子能弹同样的曲子;可跟随米内拉学吉他就不是一般人都有这样的机会的……是啊,假若我们不曾去欧洲,那么我学习吉他这件事就决不会发生!"

在意大利的几年里,除跟随启蒙业师米内拉外,依斯宾还先后请教过另两位名师阿利里奥·迪亚兹(Alirio Diaz,1923-)和奥斯坎·吉利亚(Oscan Ghiglia,1938-),广泛采纳众家之长。当然,在欧洲的岁月里她获得的最大财富莫过于与吉他巨擘塞戈维亚的会面了,那年她14岁。依斯宾有幸跟西班牙这位国宝级的大师上过几次课,当面聆听了他对吉他演奏的真知灼见。"他当时已77岁高龄了,是位非常宽厚慈祥的老人。我每次上课的时间都超过一小时。他让我演奏自己喜欢的曲目,然后再加以点评和指正。和这样的大师在一起你能感受到的不只是他对音乐的精辟诠释和高深造诣,仅仅是与他相处的这段经历就是不可复制的。在我跟他学习的最后一堂课上,我在一个小时的时间里尽情地演奏着自己颇为得意的作品,而他也放弃了往日的点评和指正,只是在一旁不断地鼓励我'太可爱了,再弹些别的吧'……"

告别了意大利重返美国,依斯宾在17岁时进入耶鲁大学音乐学院,以优等生的成绩完成了本科学业;嗣后她继续深造,又获得了耶鲁的硕士学位。无论是读本科还是研究生,她在学校里都是引人注目的佼佼者。

莎朗·依斯宾是位古典乐坛的美人儿:一头卷曲的栗褐色长发,一管挺直而又极富个性的高鼻梁;一双黝黑而又深嵌于眼眶的大眼睛,眼神十分勾人、传神。假如她不是一位古典音乐的诠释者的话,那么凭借其美丽容貌与聪慧睿智也足以在其他领域脱颖而出。事实上,当她成名后,据统计她的形象登上过至少超过40家杂志刊物的封面,这其中既有专业的音乐、吉他杂志,也有像《她》(ELLE)、《时尚》(Vogue)这样的一流时尚杂志。由此可见,她受欢迎的社会层面是如此的多元化和多方位。

从音乐学院毕业后,依斯宾就开始了作为一位女性吉他独奏家的人生之旅。与此同时,国际乐坛就掀起了一股"依斯宾吉他旋风",所到之处,无不望风披靡。作为

"我们时代最卓越的吉他艺术家"，她曾与世界上 170 多支交响乐团举行过合作；而她的独奏音乐会更是不计其数。她演绎的曲目自巴洛克时代的维瓦尔第、巴赫直到当代作品包罗万象，应有尽有。1978 年，22 岁的依斯宾录制了她的首张个人专辑，曲目中包含了西班牙作曲家阿尔贝尼兹、索尔、墨西哥作曲家庞塞、委内瑞拉作曲家安东尼奥·劳罗和古巴作曲家莱奥·布劳威尔等拉丁语系作曲家的作品。

　　1981 年的《西班牙吉他作品集》（Denon 7012，LP）是依斯宾的首张与乐队合作的专辑，她与日本东京都交响乐团合作演奏了西班牙著名作曲家的吉他名曲。这也是她首次录制罗德里戈的《阿兰胡斯协奏曲》。对于任何一位吉他演奏家而言，《阿兰胡斯协奏曲》几乎是一篇"必读的《圣经》"。"我已记不清楚头一次演奏它是何年何月了，不过 1979 年在西班牙参加由广播电台主办的音乐比赛上演奏这首作品的情形我却仍然记忆犹新，因为这次比赛使我与这位伟大的作曲家结下了友谊。那次比赛是通过电台直播的，罗德里戈在广播中听了我的演奏后马上就打电话联系了我，让我去看他。那年他已 78 岁了，而我只有 23 岁。我俩因这首协奏曲成为忘年之交。他亲自告诉我协奏曲最著名的第二乐章的创作经历：当时他的妻子经历了一次流产，孩子没了。罗德里戈去医院探望了妻子后晚上彻夜难眠。于是他坐到钢琴前试图用音乐排遣心里的痛苦烦闷，结果脑海里浮现出了那个充满着乡愁、忧伤与悲切心绪的动人主题，并把它发展成与前后两个欢快情绪的乐章构成对比的慢板乐章，这便是被后人称作《爱的浪漫曲》的优美篇章。后来，作曲家又自己动手，将这个动人主题改编成一首抒情的歌曲，它的歌词正出自他妻子之手。"这首名为《追忆阿兰胡斯》（Aranjuez ma Pensee）的歌曲后来由依斯宾与美国女中音歌唱家苏珊娜·门策尔（Susanne Mentzer，1957-）合作，被收录到她的专辑（Warner 61591）里；而由她独奏的《阿兰胡斯协奏曲》则共录制了三个版本，除前述的 LP 版外，尚有与卢塞恩室内乐团合作版（Virgin 82001）和与纽约爱乐乐团合作版（Warner 60296）。

　　1988 年，32 岁的依斯宾的又一张独奏专辑轰动了乐坛，这就是她演奏的巴赫《琉特琴组曲》全集（Virgin 62198）。琉特琴是一种比吉他更古老的弹拨乐器，其长颈琉特琴的历史可追溯到公元前 2000 多年。它最早起源于阿拉伯，后传入欧洲，成为文艺复兴时期和 17 世纪最重要的世俗乐器。为了录制好这张专辑，依斯宾作了长达十年的酝酿与准备，她特地拜以演奏巴赫键盘作品权威著称的当代钢琴家兼大键琴家罗莎琳·图瑞克为师，让她为自己讲解和分析巴赫作品的复调思维与独特风格；然后再加上自己的用心揣摩和悉心领会，十年磨一剑，终于完成了这套组曲的录制。用她自己的话来说，这是她师从图瑞克十年的一个自然的结果。

　　在完成巴赫琉特琴组曲录制的第二年，依斯宾的又一个大手笔震撼了国际乐坛，那就是她在具有 80 多年历史的茱莉亚音乐学院建起了吉他演奏系。年仅 33 岁的依斯宾亲自出任该系的系主任,主持招生与教学的一系列工作。关于在茱莉亚设立吉他系,依斯宾是基于她自己在欧洲学习吉他的经历。她告诉记者:在美国能够传授吉他演奏的院校实在是太少了。在自己学琴的年代,全美国能够培养演奏级吉他人才的音乐院校数量还不满十所。尽管吉他在流行音乐界被视作必不可少的构成,但古典吉他在美国人的眼中仍是有些怪怪的乐器。由于自己的成功,她亲眼目睹了听众对于古典吉他艺术的喜爱和需求;而要进一步振兴与弘扬吉他艺术,大力培养新生力量刻不容缓,为此她愿意当一名吉他教学领域的"拓荒者"。尽管时至今日,在茱莉亚音乐学院的官网上,吉他演奏系的教师仍只有莎朗·依斯宾"光杆司令"一个,但它却能为学生颁发本科、研究生以及演奏家三种不同程度的文凭;它还联手诺尔玛·麦克坎比吉他基金会为青年演奏人才提供实践与演出的平台。可以说,在美国古典吉他教学领域,依斯宾是一位名副其实的独行侠和先驱者。

或许,在教学领域莎朗·依斯宾难免会有独孤求败的落寞;然而,在她多姿多彩的演出与录音事业上,她却是"集万千宠爱于一身"的吉他巨星,她受欢迎的程度甚至还引发了评论家之间的一场"角斗",因为这批向来自以为是的笔杆大腕都竞相标榜自己的形容辞藻才是最准确传神地描述依斯宾精湛演绎的生花妙笔。有的评论家则干脆另辟蹊径,将她的演奏艺术与视觉艺术联系在一起:如有人将之比喻为 17 世纪荷兰画家维米尔的画,"是一种教科书式的毫无瑕疵、精致温馨且能净化心灵的艺术享受";有的则将之比喻为 19 世纪的法国印象派巨匠莫奈,称她是一位像莫奈那样的吉他色彩大师(Monet of Classical Guitar——A Master Colorist)。对此,依斯宾说道:"我喜欢用吉他的抒情性、力度感,它的对比、神韵、乐句、音节,还有色彩与音质的展示手法去表现我的情感,这些技术手段都是为我的音乐服务的。我用我的情感与听众们进行交流。我之所以会选择音乐作为自己的事业是由于不仅热爱它,并且发现只有它最能表达我内心的感受。"

在依斯宾的面前,吉他音乐的种类、体裁、风格、形式的分野不再那么泾渭分明。立足于古典基础之上,她演奏起爵士、波萨诺瓦(Bossa Nova,一种融合了巴西桑巴与美国爵士的音乐样式)抑或民间、乡村和摇滚来都能驾轻就熟,得心应手。如她 2001 年首度摘得格莱美"最佳器乐独奏奖"的专辑《一个世界的梦》(Dream of A world,Teldec 25736)就如同它的副标题所示,是一张由民间音乐激发灵感的唱片,这些作品都浸淫着浓郁鲜明的民间特色和地域特征。而一年后的 2002 年,她又将另一座格莱美奖抱回了家。与前一张大相径庭的是,这张专辑的曲目是东西方两位当代作曲家美国的克里斯托弗·卢斯(Christopher Rouse,1949-)和谭盾创作的两首吉他协奏曲(Teldec 81830)。这两首协奏曲都是接受依斯宾的委约而为她度身定制的。在依斯宾的众多唱片里,还有一张也非常著名,这就是标题为《美国风景》(American Landscapes, Virgin 55083)的专辑,它收录了美国作曲家约翰·科里利亚诺(John Corigliano,1938-)的《游吟诗人》、卢卡斯·福斯(Lukas Foss,1922-)的《美国风景》以及约瑟夫·施万特纳(Joseph Schwantner,1943-)的《自远方》三首标题性的吉他与乐队作品。这三首作品也无一例外是应依斯宾的邀约而作,并且依斯宾还对作品的题材选择提出了具体的要求。尤其值得浓墨重彩地增添一笔的是,这张专辑问世后因其所具有的鲜明的当代美国特色,在1995年11月它被美国航天飞机"亚特兰蒂斯号"带入太空,并在第二年的3月22日与在太空运行的俄罗斯"和平号"空间站实现成功对接后,由美国著名女宇航员珊农·露西德作为礼物赠送给了俄罗斯同行。

依斯宾还与华裔小提琴家林昭亮共同录制了由她的耶鲁大学音乐学院同学、美国作曲家阿隆·杰伊·科尔尼斯(Aaron Jay Kernis,1960-)为她而作的《吉他、小提琴双重协奏曲》;而与著名的美国民谣女歌手琼·贝兹(Joan Baez,1941-)合作的专辑《到新大陆的历程》(Journey To The New World, SONY 745456)则为她斩获了个人的第三个格莱美奖。在她的最新专辑《吉他激情:莎朗·依斯宾与朋友们》(Guitar Passions :Sharon Isbin & Friends, SONY 784219)里,她实现了与众多爵士、摇滚吉他手的跨界合作。"因为他们都是我心目中的吉他英雄。无论是巴赫还是贝兹,我的目标一如既往,都是使我的音乐充满着新鲜感、想象力和发自内心的由衷情感。"

2009年11月4日,莎朗·依斯宾应邀进入白宫,在总统官邸与著名小提琴家约书亚·贝尔(Joshua Bell,1967-)联袂为奥巴马夫妇献演了帕格尼尼的《如歌的行板》等经典名曲。

从纽约的卡内基大厅到伦敦的巴比肯中心,再到华盛顿的白宫,无论出现在哪里,依斯宾的音乐会现场总是人头攒动,座无虚席。如今,这位古典吉他领域的莫奈依然在运用她的吉他"画笔"描绘着音乐的缤纷五彩,挥洒着她心中的喜怒哀乐……

100. 将打击乐器搬到舞台中央演奏的"赤足仙子"
——埃芙琳·格兰尼
(Evelyn Glennie)

四年一度的奥运会是世界范围内竞技运动的一次全方位较量的体育盛会；而历届奥运会盛大的开幕式则是弘扬彰显各主办国人民历史、传统、民族、文化的全景式展示。在2012年伦敦奥运会的开幕式演出上，有一位特殊的乐手人们不会忘却。正是在她击出的隆隆鼓声的烘托下，将英国社会的变迁由16、17世纪的田园牧歌岁月带入到影响整个人类变革的工业革命时代。在开幕式现场，这位戴着眼镜，披着长发的女鼓手激情忘我的演奏使在场的八万余名观众都深受感染与震撼。然而，也许观看现场直播的绝大多数观众都不会想到，这位女鼓手竟是一位有着严重听觉障碍的残疾人！她无法听到现场爆发出的雷鸣般欢呼与掌声，但她却用自己的精彩向世人诠释了奥林匹克的相互理解、团结和平的人文主义精神，也为自己的音乐人生巅峰时刻的到来而击鼓讴歌。埃芙琳·格兰尼，她的名字将随着伦敦奥运会开幕式的举行而为音乐圈以外的各国人民家喻户晓。

❧ ❧

埃芙琳·格兰尼是当今世界上最杰出的打击乐演奏家之一；其实，即使不在这些最杰出的打击乐演奏家前面再加上"女性"的定语，那么她也完全可以当之无愧地堪称国际乐坛打击乐领域的世界第一人，并且她还是有史以来唯一一位全天候的、不隶属于任何交响乐团的古典音乐打击乐独奏家。这就奇了！一位女性，并且还是身患听力障碍的女性，是如何做到令所有男子都不敢想象的这一切的呢？格兰尼的"钢铁是怎样炼成的"呢？

埃芙琳·格兰尼1965年7月19日出生于苏格兰北部的阿伯丁，其父赫伯特·阿瑟·格兰尼是养牛的牧场主，经营着一个颇具规模的牧场。埃芙琳自小就与她的两个哥哥一起帮着照看家庭的牧场。赫伯特业余喜欢音乐，是当地一支乡村舞蹈乐队的手风琴手；他的妻子伊索贝尔则是学校的音乐老师，并且在教会里演奏风琴。受父母影响，埃芙琳从小就练就了异常敏锐的听力。她在别人演唱或演奏时能非常准确地辨认和演唱出音符的音高。父母也正由于女儿的这个独特天赋，遂起意让她学习音乐。埃芙琳先学习钢琴，后来又学了一年单簧管演奏，进步很快。不过，从 8 岁开始她逐渐感觉到自己的耳朵出了问题：起先是不断地发炎、疼痛；继而开始听力下降。随着时间的推移，听觉每况愈下，到 11 岁时她已必须要借助于助听器才能听清课堂上老师的讲课内容了。这令她倍感苦恼，心烦意乱，学习成绩一落千丈。

12 岁时由于无法继续在正常的学校就读，她被转到了特殊的聋哑学校。所幸那所聋哑学校有着非常棒的音乐教学师资和设施。一次，她看到一位同班同学在练习鼓乐，顿时心有所动，暗自思忖：较之钢琴和单簧管，鼓乐击出的声音无疑要响亮得多；或许自己真能在这方面走出一条梦想的音乐之路来。于是，她也报名加入了学习鼓乐的队伍。她告诉记者："打击乐正是最合适我的乐器。"后来，经医生们反复会诊，确认埃芙琳的听觉障碍是由于难以康复的神经损伤造成的，几乎没有痊愈的可能性。但是，父亲的鼓励和内心的信念都在告诉她自己：一定要去做自己想做的事，决不放弃！

这时的埃芙琳尽管没有像医生所预言的那样将在一二年内变成全聋，但她的听力也确已到了不用助听器简直无法与人沟通交流的程度。作为一位残障患者，欲学习音乐她必须采取与众不同的特殊方法，必须让她身体上的其他感官成为自己的"耳朵"！为了辨别音高，刚开始时她用手掌扶住墙壁，由老师击打出高低不同的音符让她根据声音的反射原理用手去分辨出振动的震感，从而得到实际音高的准确位置。这，就是她用身体"聆听"的最基本方法。不光是用手，她也会在学习和演奏时脱掉鞋子，用自己的脚去感知音乐，甚至用手腕、用膝盖，总而言之是用她的全身肢体去感觉乐音的振动。她是这样描述自己对"听"的理解的："聆听是一种需要用全身心投入的感知。我的一生都与声音息息相关。声音赋予我存在的意义，它能让我松弛下来，感到自己是安全的。声音是我生命时钟的钟摆，带给我前进的动力。聆听于我是一种无法言传的'触摸'。当声音向你靠近时，我几乎可以迎身上前去感知它。"

正是凭借着这样特殊的"聆听"，埃芙琳"听"到了一个不同寻常的世界。她对于自幼就确立起的要当一名职业演奏家的目标更为明确坚定了。于是，在 16 岁那年她勇敢地向位于伦敦的皇家音乐学院提出了入学申请。她的申请在音乐学院引起了一场不小的争论，因为毕竟之前还从没有一位听力严重障碍的学生提出过学习音乐的先例。然而，当所有面试的教师在听了她的当场试奏后都心悦诚服地被她所征服了，因为她的"听力"和乐感实在是太好了，打击的手型和对节奏的把握也基础扎实，是块可堪造就的良材。就这样,她顺利地入了学,成为皇家音乐学院历史上第一位听力残障的打击乐学生。

诚然,作为皇家音乐学院的学生,埃芙琳·格兰尼的先天条件是残缺的;然而,作为四年后的毕业生她的学习成绩却又是同窗中最优异的。究其原因,除了她具有坚定的信念和良好的天赋外,最突出的就是她在学习阶段所表现出的顽强不屈的意志和勤奋苦练的精神。即便如此,格兰尼对自己的今后人生仍有着清醒的认识与定位。作为一名残障演奏家,如果到一支交响乐团里去任职,那么与指挥和身边其他乐手的契合度自然要比一般正常的打击乐手困难得多。要实现自己的童年梦想到音乐舞台上去展示自己的才华,唯一的出路就是选择当一名独奏的打击乐演奏家!

在格兰尼之前,全球范围内全职的古典打击乐独奏家几乎闻所未闻,这注定将是一条充满荆棘坎坷的艰辛之路。然而,对于笑容可掬而内心坚强的格兰尼来说,这也是一条她冥冥之中与生俱来的人生之路。对此,她没有丝毫的彷徨和犹疑,而是义无反顾地向前迈进。1985年,年仅20岁的格兰尼就成功地完成了她的专业处女秀。第二年,她就奔赴日本,因为那里是著名打击乐器太鼓(Taiko,又名和太鼓)的故乡和马林巴琴的盛行之地。在为期一年的学习里,她不仅跟随日本著名的作曲家岱敏郎(1929-1997)、三木稔(1930-2011)等学习太鼓音乐的表现技法,也师从著名女作曲家兼马林巴演奏家、具有"现代马林巴之母"称号的安倍圭子(1937-)认真学习马林巴的演奏技巧。此外,在这一年的东方之旅中,她还到过印度,向著名的印度打击乐演奏家特里洛克·库尔图(Trilok Gurtu,1951-)学习民间的打击乐器演奏。格兰尼对打击乐器的学习和钻研简直到了"走火入魔"的程度。据她自己说她发现现存于世的打击乐器超过1000多种,"打击乐在常规的交响乐团里总是置身于舞台的最后一排,人们对它的认识和重视还远远不够。其实,它真的是一类最普及的乐器,你在世界上任何地方都能发现它的音乐存在;并且你能通过它与任何年龄层次的人们去交流、分享,而不管他是25岁还是80岁,"格兰尼如此说。

诚所谓博观而约取,厚积而薄发。正由于格兰尼的艺术起点如此之高,因而在她职业演奏的头一个十年里她就已经确立起了自己作为一位全职打击乐独奏家的乐坛地位。1990年,格兰尼在RCA推出了她的首张个人专辑《韵律之歌》(Rhythm Song,RCA 60242),其中收录了她使用木琴、钟琴和定音鼓等乐器演奏的11首打击乐曲,既有福列的《摇篮曲》、里姆斯基-柯萨科夫的《野蜂飞舞》、蒙蒂的《查尔达什舞曲》、肖邦的《黑键练习曲》和圣-桑的《引子与回旋随想曲》等经典名曲的改编曲,也有美国作曲家克莱尔·奥马尔·穆瑟（Clair Omar Musser, 1901-1998）、戈登·斯托特（Gordon Stout, 1952-）以及安倍圭子等为打击乐器而写的原创作品。值得注意的是，在这首张专辑里还有一首由格兰尼本人创作的小品《一位小祈祷者》（A Little Prayer），从中已初显她的创作欲望与创作才干。首张专辑获得成功后，第二年格兰尼又趁热打铁推出了《翩然起舞》专辑（Dancin'），它仍以打击乐改编曲为主打，尽显她的精湛才艺，其中给人留下最深刻印象的无疑是拉威尔的《波莱罗》和韦伯的《邀舞》。在对《波莱罗》的演绎里她使用了各种打击乐的乐器和技法，对那个一成不变、却又由轻到响、由单薄到丰满的主题作了如同乐队配器式的绘声绘色的描摹和诠释；而由她主奏的打击乐版《邀舞》较之常见的乐队版，似乎给人增添了更多的灵动和欢愉之感，在乐队的烘托下打击乐器的独奏在这首优美而欢快的乐曲里起到了提纲挈领的作用，令人听后难以忘怀。这张专辑后来还被意大利的 Sabato 唱片公司辑入作为"女性音乐艺术家"系列里的一种而流传更为广泛。

毋庸讳言，较之钢琴、提琴，甚至是木管和铜管乐器来，可以说在埃芙琳·格兰尼出现之前，作曲家专为打击乐器而写的器乐曲是极为罕见的，尤其是大型的原创作品用"寥若晨星，凤毛麟角"形容一点儿也不为过。格兰尼深知作为世上首位打击乐独奏家所面对的残酷现实，因而自从她走上社会之后，就将不断丰富自己的演奏曲目作为迫在眉睫的第一要务。为此，她给作曲家们写信，请他们为自己创作委约作品；她给交响乐团写信，让他们安排与自己合作的机会；她也给音乐会主办者写信，让他们留出打击乐音乐会的档期。总之，她给任何一个对她演奏感兴趣的人主动联系，交流切磋，为自己创造更多更大的演出平台。

天道酬勤。格兰尼这种积极的姿态使她收获了丰硕的成果。1992 年，她衷心期盼的第一首委约作品如期而至，那是她的同胞、苏格兰作曲家詹姆斯·麦克米兰（James MacMillan, 1959-）创作的标题协奏曲《维尼，维尼，埃曼努埃尔》（Veni, Veni, Emmanuel），它由格兰尼于当年在伦敦的皇家阿尔伯特音乐厅予以世界首演。首演的次年仍由格兰尼主奏，作曲家亲自指挥苏格兰室内乐团在爱丁堡的艾雪大厅录制了它的录音（Catalyst, 61916）。唱片问世后好评如潮，大为畅销。它被《企鹅唱片指南》评为"三星带花"名版，甚至被唱片发烧友公认是检验自己音响器材是否"达标"的试音标准碟。

麦克米兰的打击乐协奏曲一炮而红，为其他的作曲家起到了极大的示范效应，于是，他们不甘人后竞相投入创作，并将完成的作品交由格兰尼首演。据不完全统计，迄今为止接受格兰尼委约的作品超过80部之多。在标题为《复兴》（Rebounds，RCA 61277）的专辑里就收录了由她与苏格兰室内乐团合作的四首打击乐协奏曲。除米约的那首外，由英国作曲家理查德·本内特（Richard R·Bennett，1936-2012）、巴西作曲家内伊·罗萨洛（Ney Rosauro，1952-）和日本作曲家三善晃（1933-2013）创作的三首协奏曲都是为格兰尼度身定制的。而由美国当代作曲家约瑟夫·施万特纳于1994年完成，兼有定音鼓、邦戈鼓、马林巴、木琴、定音钹、颤音琴和大鼓等多种打击乐器主奏的《打击乐协奏曲》也由格兰尼录制了迄今为止它的唯一版本（RCA 68692）。

格兰尼不仅不放过任何一首为打击乐器创作的作品，也从不放过任何一种可供她施展艺术才艺的打击乐器。除了名目繁多的各种打击乐器外她甚至还发明了自己的打击乐器，那是一种将汽车的消音器经过改装后形成的敲击物，演奏时用三角形的槌棒予以敲击。爵士乐鼓手出身的英国当代作曲家德扬戈·贝茨（Django Bates，1960-）曾为她创作了一首乐曲。在这首乐曲里格兰尼全部使用厨房里日用的厨具作为演奏乐器，她将之称为"我梦中的厨房"（my dream Kitchen）。"在我们的合作中没有任何不可逾越的规则和边界，也没有任何束缚我们创作的限制与窠臼。我们的目标就是要寻找到心目中最理想的声音。"

"由于我选择的是打击乐独奏职业，这注定了我将不停地在世界各地游走。"的确，尽管是一位身患残疾的弱女子，可格兰尼却总是显得精力充沛，从不知疲倦。她每年要在世界范围内举行100多场音乐会，而每次巡演总要带上20件到50件不等的各类打击乐器。正如《时代》杂志的迈克尔·沃尔什形容的那样："她是一位带着优雅美感的天生的运动员。在演奏时她从一件乐器跳到另一件乐器面前，光着脚，活像一个赤足仙子。在她面前，音乐是没有边界的。"而《华盛顿邮报》的评论则干脆把她在音乐会上所展示的旺盛活力和充沛体力称为"格兰尼式的体育锻炼"。1985年，她的自传《美好的震颤》（Good Vibrations）出版问世后一时洛阳纸贵，成为人们争相购买的励志畅销书。而今，身为英帝国荣誉女爵，荣膺"苏格兰十年最佳女艺人"称号并入选打击乐艺术协会名人堂的当今打击乐第一人，格兰尼的标杆意义正在于"她是打击乐界涌现出的最有使命感和责任心的艺术家。是她，使打击乐器从交响乐团的最后一排被搬到了舞台表演的中央，成为受大众瞩目和欢迎的演奏乐器！"

后 记

《国际乐坛上的巾帼风采——100 位享誉世界的女性表演艺术家》即将出版问世了。该书动笔于 2013 年底,2015 年三八妇女节那天恰告杀青。对于一本篇幅 50 余万字的写作而言,一年半的时间算不上很长;然而,对此所作的酝酿和积累则为时长远得多。

自 20 世纪 70 年代后期,改革开放的春风普降大地,国外优秀的音乐文化恰似破壁而出的五色美玉呈现在久受思想禁锢之苦的国人面前,使人感受到久旱逢甘霖、他乡遇故知的亲切和温暖。与之相应的各类音乐普及类书籍以及报刊文章也如雨后春笋般地扑面而来。记得最早大约是 1981 年报刊上就有诸如《世界十大歌唱家》、《世界十大钢琴家》和《世界十大小提琴家》的文章出现。我注意到此类文章落笔的重点基本在男性上,女性除了《世界十大女高音》外似乎在其他的"十大"中大多是作为男性的陪衬和点缀,很少有成系列、具规模地介绍她们在音乐艺术上成就的。当时代的车轮迈入 21 世纪,这种情形也依然未有丝毫改变,还是只有那篇《世界十大女高音》在为音乐女性扛旗呐喊;而其实在过去的 20 年里我们已在中国的舞台上亲眼目睹了阿梅林、卡伐耶、卡纳瓦、郑京和、西崎崇子和佩特瑞等国际著名声乐、器乐女性大师们的艺术风采。有感于此,我开始有意识地留意收集关于女性表演艺术家的相关资料,不经意间我搜索到国外有一个"音乐中的女性"(Beauty In Music)的专题网站,里面分门别类地列出了各表演门类、行当众多知名女性音乐家的内容,这引起了我的莫大兴趣。时常浏览之余,也证实了我之前的判断,那就是在音乐表演领域实在有太多国人所不了解、不熟悉的杰出女性。因之,一个促使我着手整理、发掘除十大女高音之外的广阔领域的想法油然而生。

2004 年起,我率先在《现代音响技术》杂志上撰写了一组《女大提琴列传》(共八篇)算是投石问路,反应不错;2005 年我又为广播电台分别撰写了《当今世界著名女歌唱家》和《当代女钢琴家剪影》两个系列的稿件,制作播出后也得到了听众的认可。然而,真正下决心要搞一本完全由女性担当主角的音乐普及类书籍还是在本人完成了上一本书《国际乐坛上的名门望族——30 位享誉世界的音乐家与他们的音乐家族》之后。上海音乐学院出版社夏楠女士力促我完成此事。夏楠不仅是我前一本书的责任编辑,也是我 10 年前为之撰稿的上海人民广播电台的音乐部主任。她认为无论是作为《国际乐坛上的名门望族》的姐妹篇还是我历年来有志于对女性表演艺术家资料的搜集和积累,现在这本书的写作和出版都是适宜的。为此她还特意为我申请了一笔项目基金,这下我箭在弦上不得不发了。

毋庸讳言,音乐表演艺术领域的各门类因其形成、发展、应用以及普及等诸方面的因素,在普通听众中各自的权重和影响力是无法等量齐观的。比如女高音较之女中音、女低音;小提琴较之中提琴、大提琴;钢琴、弦乐器较之管乐器、打击乐器自然在听众的认知上有着无可否认的优势。不过,既然本书名为《国际乐坛上的巾帼风采》就不能按照以往的思路和做法,只为"强者"立传;而是立足于全方位地展示女性在整体音乐表演领域的艺术成就。基于这个考虑,就必得权衡表演艺术领域里的每个门类,力求做到每行每业尽管"人数有多少"但"皆堪称佼佼"。本书收入的100位音乐艺术家分为声乐、指挥和器乐三大部分:声乐中包括女高音、女中音和女低音;而器乐中庶几涵盖了现代交响乐团的各个演奏乐器种类。而本书内有关管乐器、古乐器、竖琴、吉他以及打击乐器演奏家的内容,或许本人孤陋寡闻、坐井观天,然这部分人物的资料自认尚属目前国内同类书中所鲜见者,这姑且算是本书一个与众不同的鲜明特征吧。

本书100位音乐家每人一篇,通过其生平传略、艺术个性与生活点滴去描绘勾勒她们各自的靓丽风采。在文字表述上力求客观公正、实事求是,既不拔高夸大,也不刻意避讳,行文中尽可能引用她们自身的言谈、同行的感受或媒体的评价去揭示出其鲜明的艺术特征。相较于男子,女性在人生中显然对生活与情感有着更高的期许和追求,舒曼就曾创作过著名的声乐套曲《妇女的爱情与生活》;因而在表现女性音乐家的精彩人生时除表现她们过人的艺术才华外,展示她们的情感生活和兴趣爱好也本是应有之义,这也构成了本书不同于那些纯资料类相关书籍的又一重要特征。

古往今来,女性成才不易是一个老生常谈的话题。随着20世纪60年代女权运动的勃兴,女性意识的觉醒,女性在各个领域展现其话语权的诉求更是有增无已。而自1980年代以来,西方学者更是将"女性与音乐"作为音乐理论研究、音乐学和音乐人类学等学科加以考察和关注的重要课题。曾编辑出版了门德尔松姐弟书信集,并撰有《克拉拉·舒曼:艺术家与女性》的女学者南茜·莱克(Nancy B.Reich)在考察了19、20世纪众多职业女性音乐家的生存方式、经济地位和婚姻状况后甚至以此作为构筑其论文《作为音乐家的女性:一个阶级问题》的依据,她将职业女性音乐家从通常人们认为的享有优裕生活的中产阶级中剥离出来,作为她称之为"艺术家-音乐家阶级"的特殊人群而加以观照。她指出:"这个阶级的成员都从事艺术生产但经济地位低下;更重要的是她们都依靠自己的工作养活自己!"然而正是如此,反而激发了音乐女性的自立自强、奋发有为。而在实践层面,20世纪确乎是一个音乐女性登堂入室、人才辈出的时代:当莉莉·拉斯金成为交响乐团里的第一位女性演奏员;玛丽安·安德森第一次站在林肯纪念堂前引吭高歌；玛琳·艾尔索普第一次出现在伦敦逍遥音乐节的舞台上以及萨宾娜·梅耶第一次出现在柏林爱乐乐团纯男性演奏员不无敌意的视线面前时，她们所引发的不仅仅是一次国际乐坛的"地震"，更是一场撼动社会生活中向来男性至上习俗的革命。本书中记叙的正是音乐史上女性高光闪耀的这一个个动人的时刻，这一幕幕感人的场景。

作为一本音乐普及类书籍，本书的受众以普通的音乐爱好者居多。作为沪上知名乐评人、《新民晚报》音乐版高级编辑的沈次农先生在不少乐迷心目中有着教父级的地位，在音乐爱好者圈内人气颇高。承蒙沈先生抬爱，在繁忙的日常安排之余欣然命笔，为本书写下了热情洋溢又阐发哲思的序言。诚如他在序言中提到的那样：我是他的同时代人，几乎有着完全相同的经历和感受。然而，无论是作为当年下乡插队的知青，进入传媒行业的编辑，还是涉足音乐写作的爱乐人，他都堪称是比我先行一步、资历更深的兄长。有他的妙笔作序，自然为拙著增色多多。稿子完成后，在编辑、审校的日子里，这本关于女性音乐艺术家的书籍也全然由一个女性的团队予以落实、完成。她们是：本书的策划夏楠女士、责任编辑李绚小姐、封面设计李节小姐、文字排版许淑琴女士，她们各自以女性的感性视角去审视本书，务求作品更显名副其实。在此，一并向以上诸位致以诚挚的感谢。当然，还有一位女性也在我感谢之列，就是我的太太张红。没有她为我免除后顾之忧，我也不可能颇为顺畅地在业余时间完成本书的码字工作。

最后，让我引用书中著名小提琴家艾达·亨德尔在其自传中的一句话作为这篇后记的结语："我们永远都有一个明天！"

夏 宏

2016 年 4 月 10 日